2025

세무사 기업진단 실무

한국세무사회

발간사

한국세무사회는 2012년 8월 건설업에 대한 기업진단보고서 1호 교부식을 시작으로 세무사의 기업진단 업무를 시작하였으며, 어느 덧 10여년 이라는 시간이 지났습니다.

당시 건설업에만 한정되었던 진단업무가 현재는 전기공사업, 정보통신공사업, 국가유산 수리업, 산림사업, 소방시설공사업, 국방부 기술용역 적격심사, 의약품 도매업, 방송채널 사용사업 등 모든 업종으로 확대되었으며, 현재까지 21,860여 건의 기업진단보고서가 한국세무사회를 경유하여 교부되는 등 제도가 안정적으로 정착되었습니다.

한편 기업에 대한 가치평가 및 컨설팅에 대한 수요는 해마다 늘어나고, 회원들의 기업진단 업무에 대한 관심도 크게 높아졌지만 사회의 다변화 등으로 인해 기업의 자본금 충족 여부 확인이라는 본연의 업무를 수행하는 것에 대한 판단은 나날이 어려워지고 있습니다.

이 책은 건설업 등록기준 자본금부터 해마다 개정되는 사항을 반영하여 해당 법령 별 체계적으로 정리하였으며, 자주 묻는 질문 뿐만 아니라 기업진단관련 회규 내용 및 감리규정까지 담아 실무적인 이해를 높이기 위해 노력했습니다.

특히 건설업에 대한 심층 분석과 더불어 각 업종별 기업진단 사례를 제시하여 독자의 이해를 돕고자 하였습니다.

앞으로도 한국세무사회에서는 최신 개정법령 및 새로운 예규·판례 등 다양한 실무사례를 반영하여 업무수행 시 실질적으로 도움이 되는, 가장 먼저 찾는 실무서를 발간하도록 노력하겠습니다.

끝으로 「세무사 기업진단 실무」가 관련 종사자뿐만 아니라 다양한 분야에서 일하시는 분들에게도 유용한 자료가 되길 바라며, 집필에 힘써주신 정병창 세무사님의 노고에 감사를 전합니다.

2025년 10월

한국세무사회 회장 구재이

머리말

2025년 업종별 기업진단 실무(개정7판)가 출간된다. 건설업, 전기공사업, 정보통신공사업 등을 중심으로 기업진단업무는 등록기준(실질자본금) 충족 여부 확인이라는 본연의 업무를 수행하는 것으로 그 범위가 지속적으로 확대되고 있으며, 그 수가 증가함에도 불구하고 한국세무사회를 경유한 기업진단보고서는 그 신뢰성이 입증되고 있어, 이에 본 서가 조금이나마 보탬이 되는 것 같아 기쁘다.

이번 개정7판에서는 건설업 등록기준 자본금부터 매년 개정이 되는 사항들이 많아 해당 법별로 최대한 반영하려고 노력하였다. 무엇보다도 본 서는 회원들이 업종별로 기업진단업무를 수행하는데 있어 도움이 될 수 있도록 기술하고자 하였다. 본 서는 다음과 같은 점에 중점을 두어 집필하였다.

첫째, 건설업 편을 자세히 기술함으로써 기업진단 업무 뿐만 아니라 결산시에도 도움이 되도록 하였다.

둘째, 기업진단이 업종별로 이루어지므로 그 내용을 각각 기술하여 해당 업종편만 보면 기업진단이 수행가능하도록 하였다.

셋째, 기업진단지침을 조문별로 해설하는 방식으로 진단자가 쉽게 조문을 찾아 그 내용을 파악하고 진단할 수 있도록 하였다.

넷째, 각 업종별로 기업진단 사례를 제시하였고, 특히 한국세무사회 기업진단프로그램으로 작성한 진단보고서 작성 방식을 직접 제시하여 진단자가 본 서를 참조하여 바로 진단 업무를 수행할 수 있도록 고려하였다.

다섯째, 2025년 8월까지 개정된 관련 법령 및 진단지침을 모두 반영하여 가장 최신의 규정으로 해설함으로써 우리 회원들이 진단업무를 효율적으로 수행할 수 있도록 하였다.

본 서를 작업함에 있어 주어진 시간과 저자 능력의 부족으로 미비한 점이 있을 수 있지만 회원들의 정확한 실질자본금 확인이라는 중요한 업무수행에 도움이 될 수 있도록 최선을 다하여 집필하였다. 기업진단은 기업의 재무구조를 보수적으로 파악함으로써 부실기업의 퇴출에도 기여한 그 신뢰성이 입증된 아주 중요한 업무이다. 이제 기업진단이 경영컨설팅이라는 시장의 개척으로 우리의 업역을 확대하고 부실업체 퇴출이라는 기업진단 본연의 목적에 충실한 그러한 업무가 되길 기대한다.

본 서를 작업하는데 있어 도움을 준 한국세무사회 기업진단지원센터 및 연수출판팀, 일선에서 열심히 활동하시는 세무사 회원들 그리고 세무법인 성우 구성원 및 가족들에게 항상 감사하다는 말을 전하고 싶다.

정 병 창 세무사

차 례 CONTENTS

PART 01 •• 기업진단 총론 / 1

PART 02 건설업 / 33

차 례 CONTENTS

PART 03 전기공사업 / 215

차 례 CONTENTS

PART 04 •• 정보통신공사업 / 311

PART 05 •• 국가유산수리업 등 / 383

차 례 CONTENTS

PART 06 •• 산림사업 / 445

PART 07 소방시설공사업 / 497

차 례 CONTENTS

PART 09 ●● 의약품 도매상 / 597

차 례 CONTENTS

PART 10 방송채널사용사업 / 655

PART 01

기업진단 총론

CHAPTER. 1 기업진단 이해

CHAPTER. 2 한국세무사회 경유 안내

CHAPTER 01

기업진단 이해

제1절 기업진단 개념

1. 기업진단 개요

기업진단이라 함은 기업의 경영합리화 및 재무구조를 체계적으로 분석하고 확인하기 위하여 특유의 진단기법에 의해 객관적인 입장에서 조사, 분석하고 문제점의 원인을 찾아내서 그에 대한 합리적인 개선책을 제공하는 것을 말하는데 일반적 기업진단(광의)과 업종별 기업진단(협의)으로 구분할 수 있다.

2. 기업진단 비교

■ 일반적 기업진단과 업종별 기업진단 비교

구 분	일반적인 기업진단(광의)		업종별 기업진단(협의)	
1. 목 적	경영환경 개선 및 진단		실질자본금 및 재무상태 확인	
2. 주요업종	구분 없음 (무관)		건설업, 전기공사, 정보통신, 의약품도매상, 산림사업, 소방공사업 등	
3. 분 류	정성분석	정량분석	실질자본금 진단	재무상태 확인
4. 진단기간	약 6주	약 4주	약 10일	약 10일
5. 진단방법	재무자료 분석(양적분석) 비재무자료 분석(질적분석)		재무제표를 통한 진단	
6. 산출물	경영진단보고서 경영컨설팅보고서 사업계획서(타당성분석)		기업진단보고서 재무관리상태진단보고서(건설업) 재무상태진단결과보고서(국방부)	
7. 용역수수료	범위에 따라 별도 책정		개별 보수표에 의함	

제2절 기업진단 대상업종

1. 진단대상 업종 및 기준자본금

<table>
<tr><th rowspan="2">업종</th><th rowspan="2">업종명(세부)</th><th colspan="2">기준자본금</th><th rowspan="2">업종명(세부)</th><th colspan="2">기준자본금</th></tr>
<tr><th>법인</th><th>개인</th><th>법인</th><th>개인</th></tr>
<tr><td rowspan="3">종합
건설업</td><td>토목공사업</td><td>5억</td><td>10억</td><td>산업환경설비공사업</td><td>8.5억</td><td>17억</td></tr>
<tr><td>건축공사업</td><td>3.5억</td><td>7억</td><td>조경공사업</td><td>5억</td><td>10억</td></tr>
<tr><td>토목건축공사업</td><td>8.5억</td><td>17억</td><td colspan="3"></td></tr>
<tr><td rowspan="7">전문
건설업</td><td>지반조성·포장공사업</td><td>1.5억</td><td>1.5억</td><td>철도·궤도공사업</td><td>1.5억</td><td>3억</td></tr>
<tr><td>실내건축공사업</td><td>1.5억</td><td>1.5억</td><td>철강구조물공사업</td><td>1.5억</td><td>3억</td></tr>
<tr><td>금속창호·지붕건축물조립공사업</td><td>1.5억</td><td>1.5억</td><td>수중·준설공사업</td><td>1.5억</td><td>1.5억</td></tr>
<tr><td>도장·습식·방수·석공사업</td><td>1.5억</td><td>1.5억</td><td>승강기·삭도공사업</td><td>1.5억</td><td>1.5억</td></tr>
<tr><td>조경식재·시설물공사업</td><td>1.5억</td><td>1.5억</td><td>기계가스설비공사업</td><td>1.5억</td><td>1.5억</td></tr>
<tr><td>철근·콘크리트공사업</td><td>1.5억</td><td>1.5억</td><td>가스난방공사업</td><td>-</td><td>-</td></tr>
<tr><td>구조물해체·비계공사업</td><td>1.5억</td><td>1.5억</td><td>상·하수도 설비공사업</td><td>1.5억</td><td>1.5억</td></tr>
<tr><td colspan="7">☞ (종합 • 전문 건설업) 자본금 1회 50% 감면적용 및 기술자 중복 가능</td></tr>
<tr><td rowspan="3">건설엔지니어링업
(건설기술진흥법)</td><td>종 합</td><td colspan="5">2억</td></tr>
<tr><td rowspan="2">설계·사업 관리</td><td colspan="3">일 반</td><td colspan="2">2억</td></tr>
<tr><td colspan="3">설계 등 용역 일반</td><td colspan="2">5천</td></tr>
<tr><td>소방시설
공사업</td><td>전문소방시설공사업</td><td>1억</td><td>1억</td><td>일반소방시설공사업</td><td>1억</td><td>1억</td></tr>
<tr><td colspan="2">전기공사업</td><td colspan="2">1.5억</td><td>정보통신공사업</td><td colspan="2">1.5억</td></tr>
<tr><td rowspan="2">감리업
(전력기술관리법)</td><td>종합감리업</td><td colspan="2">1억</td><td rowspan="2" colspan="3"></td></tr>
<tr><td>전문감리업</td><td colspan="2">5천</td></tr>
<tr><td rowspan="3">의약품
도매상</td><td>의약품도매상</td><td>5억</td><td>5억</td><td>수입의약품</td><td>2억</td><td>2억</td></tr>
<tr><td>시약</td><td>2억</td><td>2억</td><td>원료의약품</td><td>2억</td><td>2억</td></tr>
<tr><td>한약업</td><td>2억</td><td>2억</td><td>보건복지부장관이
고시하는 일부 의약품</td><td>2억</td><td>2억</td></tr>
</table>

업종	업종명(세부)	기준자본금		업종명(세부)	기준자본금	
		법인	개인		법인	개인
산림 사업법인	산림경영계획 및 산림조사	1억	없음	산림토목	3억	없음
	숲가꾸기 및 병해충방제	1억	없음	자연휴양림 등 조성	3억	없음
	나무병원	1억	없음	도시림 등 조성	1억	없음
	☞ 기술자 및 자본금 50% 중복 ○			숲길 조성·관리	3억원	없음
종합 국가유산 수리업	보수단청업	2억	2억			
전문 국가유산 수리업	조경업	5천	5천	보존과학업	5천	5천
	식물보호업	5천	5천	단청공사업	5천	5천
	목공사업	5천	5천	석공사업	5천	5천
	번와공사업	5천	5천	미장공사업	5천	5천
	온돌공사업	5천	5천			
방송채널 사용사업	5억					
국가유산 실측설계업		없음	없음	인터넷 멀티미디어 방송사업	5억	-
국가유산 감리업		5천	5천			
국방부 적격심사	기술용역적격심사	없음	없음	비율분석		

주의사항 **기준자본금 충족 여부를 파악하기 위한 기준자본금의 이해**

기준자본금은 진단대상사업의 실질자본(실질자산에 실질부채를 차감한 금액으로 계산함)을 말하는데, 법인의 경우 법인등기부등본상 납입자본금을 말하고, 개인사업자의 경우에는 순자산가액을 말한다. 다만, 소방공사업의 경우에는 예외적으로 실질자본으로 판단하고 있다.

예를 들어, 건설업의 경우 건설업관리규정 제2장 바목에 따르면, 다른 법률에 따른 등록업종 등을 보유하는 경우로써 자본금기준 등 건설업 등록기준의 적격여부를 검토할 때에는 건설업종 중복보유 및 주택건설업, 전기공사업, 정보통신공사업, 소방시설공사업 등 다른 법률에 따른 자본금기준 등 등록기준이 있는 업종을 함께 보유하고 있는지 확인하고, 이를 고려하여 적격여부를 판단하여야 한다.

2. 관련부처 및 근거규정

연번	기업진단 업종	부 처	근거규정 및 시행일자
1	건설업 (종합/전문)	국토교통부	건설산업기본법 제49조 개정(2019. 4. 30.)
			「건설업 관리규정(기업진단지침)」 (국토해양부 예규 제372호, 2023. 9. 15.)
2	국가유산수리업	국가유산청	「국가유산수리업 등에 관한 관리지침」 (국가유산청 고시 제2024-75호, 2024. 3. 19.)
3	전기공사업	산업통상 자원부	「전기공사업 운영요령」 (산업통상자원부 고시 제2018-226호, 2018. 12 .13.)
4	산림사업법인	산림청	「산림자원의 조성 및 관리에 관한 법률 시행규칙」 (농림축산식품부령 제527호, 2022. 4. 11.)
5	정보통신공사업	과학기술 정보통신부	「정보통신공사업 기업진단 요강」 (과학기술정보통신부고시 제2018-19호, 2018. 3 .13.)
6	방송채널사용사업		「방송법 시행규칙」 (과학기술정보통신부령 제91호, 2022. 7. 12.)
7	인터넷 멀티미디어방송 컨텐츠사업		「인터넷멀티미디어방송사업 허가·신고·등록·승인 절차 및 기준」 (과학기술정보통신부고시 제2017-7호, 2017. 8. 24)
8	전문광해방지사업	산업통상 자원부	「전문광해방지사업자 자산평가액 산출방법 고시」 (산업통상자원부고시 제2018-226호, 2018. 12. 13.)
9	소방시설공사업	소방청	「소방시설공사업법 시행규칙」 (행정안전부령 제330호, 2022. 4. 21.)
10	의약품 도매상	보건복지부	「의약품 도매상 기업진단 요령」 (보건복지부고시 제2022-172호, 2022. 7. 7.)
11	국방부 기술용역 적격심사	국방부	「[별표2]외부감사 비대상업체의 재무상태진단요령」 (국방부훈령 제2384호, 2020. 1. 10.)

제3절 기업진단 수행절차

진단자는 피진단자(수진업체)가 진단을 의뢰하는 경우에는 다음의 절차를 거쳐 진단 업무를 수행하여야 한다. 진단자는 기업진단지침에 의하여 독립성을 준수해야 하므로 기장(결산 및 세무조정 포함) 또는 자문을 수행하였거나 수행중인 회사에 대하여는 기업진단 업무를 수행할 수 없음에 특히 유의해야 한다.

■ 기업진단 업무수행 세부절차

기업진단신청서	신청서를 통한 업종별 기업진단사유 및 기준일 체크
↓ 증빙자료 수집	(정기, 수시) 결산 재무제표 및 관련 증빙서류
↓ 기업진단 실시(약 5일 소요)	• 업종별 기업진단지침에 의거 진단 업무 수행 • 수임업체 진단 불가(교차 진단만 가능함) • 관련 자료 비치 및 보고서상 진단의견 기재 등
↓ 기업진단 보고서 작성(2일 소요)	진단자(등록 세무사 또는 세무법인)
↓ 기업진단 보고서 경유(1~2일 소요)	• 기업진단보고서 경유 확인[한국세무사회]
↓ 기업진단 보고서 제출	• 진단자는 진단보고서 2부 피진단자에게 제출 • 피진단자는 진단서류를 등록관청에 제출
↓ 기업진단 보고서 보관	• 진단자는 증빙서류 등을 5년 이상 보존

CHAPTER 02 한국세무사회 경유 안내

제1절 기업진단보고서 경유절차

1. 기업진단 경유업무 처리 안내 - 원칙: 전자제출

기업진단보고서 작성

한국세무사회 홈페이지 → 세무사전용 → 기업진단지원센터 좌측 배너 중 기업진단보고서 작성프로그램(정식판)

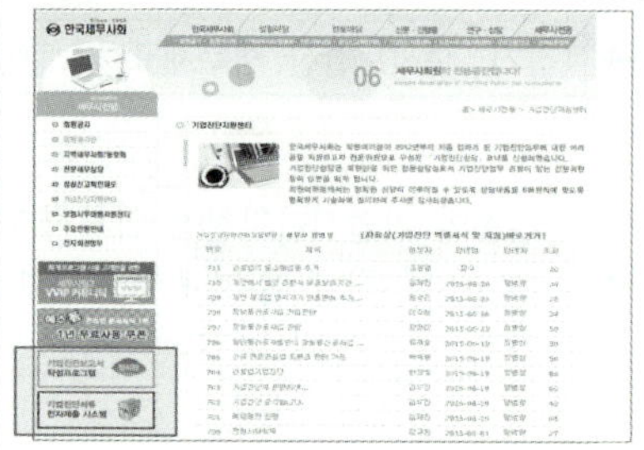

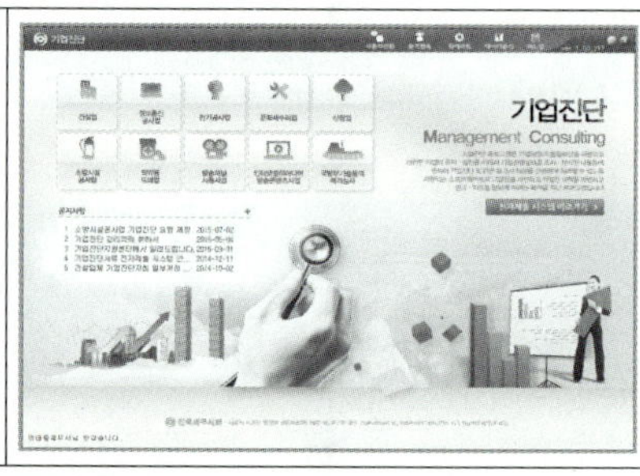

↓

전자 제출

- 기업진단 작성프로그램을 통한 전자제출

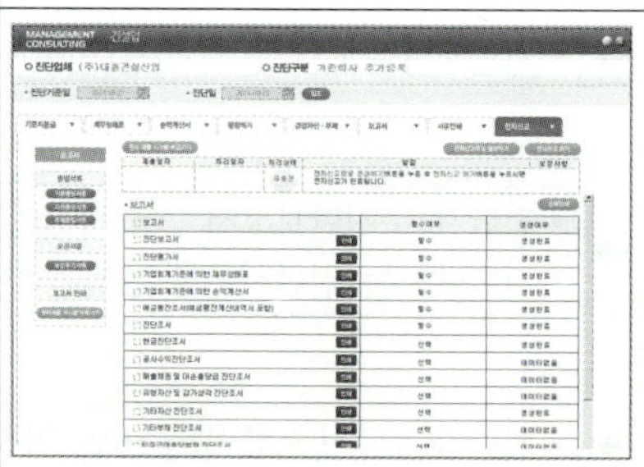

↓

사전감리실시

- 기업진단 감리위원회의 전자감리
- 자료가 불충분하거나 오류가 발견된 경우 보정 요구, 다만 미보정 시 반려 조치(보정시간은 48시간에서 제외됩니다.)

↓

적정여부판정
- 감리위원은 감리결과에 대해 적정여부 판정

↓

경유확인 및 출력
- http://bmc.kacpta.or.kr/
- 경유수수료(건당 30,000원)를 납부 후 출력가능
- 필요한 부수(통상 3부)를 출력하여 진단자의 도장을 날인하여 업체에 제출

> • 경유수수료 입금계좌정보
> - 입금계좌: (하나은행) 182-090001-00404 / 예금주: 한국세무사회

2. 기업진단 경유업무 처리 안내 – 예외: 직접 방문 또는 우편접수

(방문 또는 우편) 접 수
- 본회 기업진단지원센터에 아래의 서류를 제출(직접방문 또는 우편접수)
  ① 기업진단 보고서 4부
  ② 감리의뢰서 (엑셀양식 참조)
  ③ 진단불능사유 확인서(엑셀양식 참조)
  ④ 관련 증빙서류(상세내용은 엑셀양식 참조)

↓

사전감리 실시
- 기업진단 감리위원회 당일 감리위원의 서면감리로 제출서류에 대한 조사, 검토
- 자료가 불충분하거나 오류가 발견된 경우 보정 요구, 다만 미보정 시 반려 조치(보정시간은 48시간에서 제외됩니다.)

↓

감리결과보고
- 감리결과 및 처리보고서를 작성하여 회장에 보고

↓

적정여부판정
- 감리위원은 감리결과에 대해 적정여부 판정

↓

경유확인
- 본회 5층 기업진단지원센터에서 경유확인 도장 날인
- 경유수수료 납부 후 문자로 인증번호 전송(건당 30,000원 / 계좌이체만 가능)

> • 경유수수료 입금계좌정보
> - 입금계좌: (하나은행) 182-090001-00404 / 예금주: 한국세무사회

3. 기업진단보고서 경유방법

(1) 진단자가 진단보고서 작성

1) 진단의뢰를 받은 회원은 관련 기업진단지침과 기업회계기준 등을 적용하여 관련 증빙과 사실관계를 충분히 검토하여 기업진단보고서를 작성합니다.
2) 기장을 하고 있거나 경제적 이해관계 등이 있는 경우에는 진단을 하지 못하므로 진단불능 사유를 충분히 검토한 후 진단업무를 진행합니다.(건설업기업진단지침 제8조 제2항 등 각 업종별 기업진단지침 참조)

(2) 본회 기업진단지원센터에 경유 서류 제출

기업진단업무를 수행하는 회원은 아래의 서류를 본회 기업진단지원센터에 전자제출을 원칙으로 하되, 전자제출이 불가능한 예외적인 경우에는 직접 방문 또는 우편접수가 가능합니다.

① 기업진단보고서 4부(본회보관용 1부, 진단의뢰자용 각3부)
② 진단조서, 감리의뢰서, 진단불능사유확인서
③ 기타 감리상 필요서류(보고서작성프로그램 인쇄 메뉴 참조)

(3) 확인업무(사전감리) 실시

1) 기업진단 감리위원회는 회원이 제출한 기업진단보고서에 대하여 그 진단 조서(진단내역서)와 진단시 첨부서류를 검토하고 적정여부를 확인합니다.
2) 첨부서류가 불충분하거나 오류가 있을 경우 해당 진단자에게 추가서류 제출 및 오류의 수정 보완을 요구할 수 있습니다(이 경우 추가서류 제출 및 수정, 보완 시간은 경유소요시간 48시간에서 제외).
3) 경유확인 부적격 판정을 받은 진단보고서는 반려합니다(반려 시 소요되는 비용은 해당 회원이 부담).

(4) 경유확인 기업진단보고서 교부

1) 감리결과 적격판정을 받은 기업진단보고서는 문자로 안내되며, 기업진단보고서 전자제출시스템(http://bmc.kacpta.or.kr/)에서 본인인증 절차 후 출력할 수 있

습니다.

서면으로 제출한 보고서는 본회경유 확인을 날인하여 해당 회원에게 직접수령 또는 택배배송 등의 방법으로 교부합니다(택배로 배송할 경우 택배비용은 회원부담).

2) 경유확인을 받을 회원은 기업진단보고서 수령 시 경유확인에 대한 소정의 수수료(30,000원)을 본회에 납부하셔야 합니다.

- 기업진단 관련 온라인 및 전화 상담
  1) 온라인: 한국세무사회 홈페이지 → 세무사전용 → 기업진단지원센터 게시판
  2) 전화상담: 02-597-7936, 02-6011-8631, 8634. (FAX: 02-597-7938)
- 한국세무사회 기업진단지원센터 우편접수처
  (06660) 서울 서초구 명달로105(서초동) 한국세무사회 5층 기업진단지원센터

제2절 기업진단 확인(감리)

1. 기업진단 확인(감리)

(1) 확인(감리) 제도의 필요성

기업진단 경유 확인 및 감리 제도는 등록기준 충족여부를 확인하는 업종(기업진단 대상업종) 대부분의 경우에 기업진단 관리지침(규정)에 규정되어 있다. 즉, 한국세무사회(타자격사는 소속협회)의 경유 확인을 통하여 기업진단의 적정성을 확인하고 있다. 또한 확인 과정에서 오류나 잘못이 발견되는 경우에는 보정요구를 통해서 이를 진단자가 보완함으로써 정확하고 신뢰받는 기업진단보고서가 작성·발급될 수 있도록 전문위원들이 매일 확인하는 과정을 거치고 있다. 이러한 확인(감리) 제도를 통해서 진단수임업체 뿐만 아니라 등록관청(행정기관)에서도 신뢰받은 기업진단보고서가 발급됨으로써 업종별 부실기업을 조기에 차단할 수 있게 되어 기업의 재무구조 유지 및 향상, 행정관청의 업무효율성 강화 및 나아가 건전한 국가경제의 발전에 기여할 수 있다. 기업진단은 진단자가 기업진단보고서를 작성한 후 한국세무사회를 경유할 때 사전감리(확인)을 거쳐 혹시 발생할 수 있는 오류 등도 바로잡고 있으며, 기업진단보고서를 등록관청에 제출한 후 등록관청에서 사후감리 요청이 오면, 한국세무사회 기업진단감리위원회를 개최하여 특별감리를 진행하게 된다. 이 또한 기업진단보고서의 정확성과 신뢰성을 확보하기 위한 감리 제도인 것이다.

(2) 주요 업종별 감리 규정

1) 건설업 : 건설업체 기업진단지침 제10조 및 제11조

제10조(진단보고 및 진단조서의 작성·비치 등) ① 진단을 실시한 진단자는 진단의 결과를 별지 제1호부터 제4호까지의 서식에 따라 작성하고 기명날인한 후 진단자가 소속된 협회의 확인(전자문서상 결재를 포함한다)을 받아 진단을 받는 자에게 교부한다.

② 진단을 실시한 진단자는 진단조서 및 관련 증빙서류(이하 "진단조서 등"이라 한다)를 작성·비치하여야 하며 이를 5년간 보존하여야 한다.

③ 국토교통부장관 또는 법 제91조제1항, 제3항제2호의2부터 제2호의4까지 및 같은항 제6호에 따른 위임·위탁을 받은 자(이하 "위임·위탁받은 자"라 한다)는 진단보고서의 적정성을 판단하기 위하여 진단자에게 진단조서 등의 제출을 요구할 수 있고, 진단자는 제출 요청을 받은 날로부터 7일 이내에 진단조서 등을 국토교통부장관 및 위임·위탁받은 자에게 제출하여야 한다.

제11조(진단보고서의 감리 요청 등) ① 위임·위탁받은 자는 다음 각 호의 어느 하나에 해당하면 한국공인회계사회, 한국세무사회 또는 한국경영기술지도사회 기업진단감리위원회에 진단보고서의 감리를 요청하여야 한다. 다만, 위임받은 자가 종합건설업 등록에 관하여 감리를 요청하는 경우에는 위탁받은 자를 경유하여야 하며 이 경우 위탁받은 자는 사전 검토를 거쳐 감리요청 여부를 판단하여야 한다.

1. 제10조제3항에 따른 진단조서 등을 제출하지 않는 경우
2. 진단보고서의 신뢰성이 의심되거나 진단의견에 영향을 줄 수 있는 진단오류가 예상되는 경우
3. 감사보고서상 감사의견이 의견거절이거나 부적정의견인 재무제표에 대한 진단보고서가 제출된 경우
4. 외감법에 따라 외부감사대상에 해당하나 외부감사를 받지 아니한 재무제표에 대한 진단보고서가 제출된 경우
5. 진단자가 제8조제2항을 위반하여 업무를 수행한 경우

② 위임·위탁받은 자는 감리결과 부실진단으로 확인되고 관계법령에 위배된다고 판단되는 때에는 해당 진단자를 국토교통부장관에게 보고하고 수사기관에 고발하는 등 필요한 조치를 하여야 한다.

2) 전기공사업 : 전기공사업운영요령 제28조

제28조(진단보고) ① 진단자는 진단보고를 별지 제10호 서식에 의하되, 소속협회(한국공인회계사회, 한국경영기술지도사회, 한국건설경영진단협회, 한국세무사회)의 확인을 받아야 한다.

② 소속협회장은 제1항의 규정에 의하여 확인하는 기업진단보고서가 이 고시에 의거 작성되고 평가되었는지를 검토하여야 하며, 진단 내용이 이 고시에 위반하여 평가되었거나 허위로 작성한 사실이 있을 때에는 이를 즉시 반려하여야 한다.

3) 정보통신공사업 : 정보통신공사업 기업진단요강 제6조 제5항 및 제27조

제6조(진단방법 및 진단의견 등) ⑤ 과학기술정보통신부장관, 시·도지사 및 법 제69조에 따른 위임·위탁자는 다음 각 호의 어느 하나에 해당하면 소속 협회(한국공인회계사회, 한국경영기술지도사회, 한국세무사회)의 기업진단감리위원회에 진단보고서의 감리를 요청하여야 한다.

1. 기업진단보고서의 적정성을 판단하기 위해 제5조에 따른 진단서류 등을 제출하지 않는 경우
2. 진단보고서의 신뢰성이 의심되거나 진단의견에 영향을 줄 수 있는 진단오류가 예상되는 경우
3. 감사보고서상 감사의견이 의견거절이거나 부적정의견인 재무제표에 대한 진단보고서가 제출된 경우
4. 「주식회사의 외부감사에 관한 법률」에 따라 외부감사대상에 해당하나 외부감사를 받지 아니한 재무제표에 대한 진단보고서가 제출된 경우

제27조(진단보고) ① 진단자는 진단보고를 별지 제2호서식에 의하되, 소속 협회(한국공인회계사회, 한국경영기술지도사회, 한국세무사회)의 확인을 받아야 한다.
② 한국공인회계사회장, 한국경영기술지도사회장 및 한국세무사회장은 제1항의 규정에 의하여 확인하는 진단결과보고서가 이 고시에 의거 작성되고 평가되었는지를 검토하여야 하며, 진단내용이 이 고시에 위반하여 평가되었거나 허위로 작성한 사실이 있을 때에는 즉시 이를 반려시켜야 한다.

4) 국가유산수리업 등 : 국가유산수리업 등에 관한 관리지침 제22조

제22조(진단보고) ① 진단자는 진단보고를 별지 제3호 서식에 의하되, 소속협회(한국공인회계사회, 한국세무사회, 한국경영기술지도사회, 한국건설경영진단협회)의 확인을 받아야 한다.
② 소속협회장은 제1항의 규정에 의하여 확인하는 기업진단보고서가 이 고시에 의거 작성되고 평가되었는지를 검토하여야 하며, 진단 내용이 이 고시에 위반하여 평가되었거나 허위로 작성한 사실이 있을 때에는 이를 즉시 반려하여야 한다.

5) 산림사업 : 산림사업법인 관리지침 제19조

제19조(진단보고 및 진단서류의 보존) ① 진단을 실시한 진단자는 진단의 결과를 진단자가 소속된 협회의 확인을 받아 진단을 받는 자에게 교부한다.
② 진단을 실시한 진단자는 진단조서 및 관련 증빙서류 등을 5년 이상 보존하여야 하며, 산림청장이나 시 · 도지사의 요구가 있을 때에는 제출하여야 한다.
③ 전항의 규정에 따라 진단 서류 등을 제출받은 자는 진단자에 대하여 진단내용을 소명하게 하거나, 소속협회 기업진단감리위원회에 감리를 요청할 수 있다.

6) 소방시설공사업 : 소방시설공사업 기업진단 요령 제13조 및 제14조

제13조(진단보고) 진단자는 진단보고를 별지 제1호서식에 따라 작성하여 소속된 협회의 확인을 받아야 한다.

제14조(진단서류의 보존 등) ① 진단자는 진단서류 등을 소방청장이나 시·도지사 또는 「소방시설공사업법」 제33조에 따라 위임·위탁받은 자의 요구가 있을 경우에는 제출하여야 한다.
② 제1항에 따라 진단서류 등을 제출받은 자는 진단자에 대하여 진단내용을 소명하게 하거나, 제13조제1항의 소속협회 기업진단감리위원회에 감리를 요청할 수 있다.

2. 한국세무사회 기업진단 감리규정

제정 2012. 4. 20	개정 2021. 5. 25
개정 2012. 7. 26	개정 2022. 2. 10
개정 2013. 4. 10	개정 2025. 7. 22
개정 2014. 5. 23	
개정 2014. 12. 10	
개정 2015. 3. 17	
개정 2017. 2. 10	
개정 2018. 11. 27	
개정 2020. 9. 8	

제1장 총 칙

제1조(목적)

이 규정은 회칙 제41조 제1항 및 제6항에 따라 기업진단감리위원회(이하 "위원회"라 한다)의 구성과 운영에 관한 사항을 정함을 목적으로 한다.(2012. 7. 26 개정)

제2조(감리의 구분)

감리는 사전감리와 사후감리로 다음 각 호와 같이 구분한다.

1. 사전감리는 본회를 경유하는 기업진단보고서에 대하여 확인날인 하기 전에 수행하는 감리를 말한다.
2. 사후감리는 다음 각 목의 어느 하나에 해당하는 기업진단보고서에 대하여 사후에 수행하는 감리를 말한다.(2017. 2. 10 개정)
   가. 본회 확인날인을 거친 기업진단보고서
   나. 제18조 제1항 제2호의 경우로 본회 확인날인을 거치지 않았으나 상임위원회에서 감리를 수행하기로 의결한 기업진단보고서

제3조(감리의 준거기준)

감리업무를 수행함에 있어 준거하여야 할 기준은 다음 각 호와 같다.

1. 기업진단 관련 법규
2. 업종별 기업진단기준

3. 기업회계기준
4. 한국세무사회가 정하는 회칙, 기준 또는 지침 등

제4조(감리서류의 제출)

① 제3조의 기업진단보고서를 작성한 회원은 감리업무수행에 필요한 다음 각 호의 서류를 제출하여야 한다.
1. 기업진단보고서
2. 진단조서
3. 기타 감리업무에 필요하다고 인정되는 서류
② 제1항의 서류제출은 본회에 직접, 우편 또는 전자적 방법으로 할 수 있다.

제5조(감리방법)

감리는 서면감리 또는 전산감리로 수행하며 기업진단보고서, 진단조서 및 관계서류 등을 조사·검토하는 방법으로 실시한다.(2014. 5. 23 개정)

제6조(감리의 실시장소)

감리는 한국세무사회 회관에서 실시한다. 다만, 회장이 필요하다고 인정하는 경우 회장이 지정한 장소에서 할 수 있다.(2014. 5. 23 개정)

제 2 장　감리위원회

제7조(구성)

① 위원회는 위원장 1명과 간사 1명을 포함한 위원 50명 이하로 구성하며, 위원 중 15명 이하의 상임위원을 둔다.(2017. 2. 10 개정)
② 위원회는 그 운영에 필요한 사항을 심의·의결하기 위하여 상임위원회를 둔다.
③ 위원장은 위원회 및 상임위원회의 위원장이 된다.
④ 감리반은 3명으로 구성하고 반장1명을 두며, 협의제로 운영한다.(2017. 2. 10 개정)
⑤ 위원회의 업무를 보좌하고 제3장의 사전감리업무를 전담하기 위하여 사무처 직원으로 감리팀을 구성한다.(2017. 2. 10 개정)

제8조(임면)

위원장은 회칙 제32조 제1항 제6호 및 제41조 제5항 규정에 의하여 회장이 임면하고, 상임위원 및 간사, 위원은 위원장의 추천에 의하여 회장이 임면한다. 다만, 선임되는 위원 대상자에는 임기가 만료되는 위원 5분의 1 이상을 포함시켜야 한다. (2020. 9. 8 개정)

제9조(임기)

위원장, 위원 및 간사의 임기는 본회 임원의 임기에 준한다. 다만, 차기 위원회 구성전까지 그 임기를 연장한다.(2022. 2. 10 개정)

제10조(임무)

① 위원회는 다음 업무를 담당한다.
1. 감리업무 수행
2. 감리서류의 접수·보관에 관한 사항
3. 감리사례집의 발간에 관한 사항

② 상임위원회는 다음의 사항을 심의·의결한다.
1. 감리계획에 관한 사항
2. 감리판정에 대한 처리 및 부실감리 대책에 관한 사항
3. 감리반편성 및 감리배정에 관한 사항
4. 감리실시와 절차에 관한 사항

제11조(회의)

① 위원회 및 상임위원회는 필요에 따라 위원장이 소집하며, 위원장이 위원회의 의장이 된다.

② 위원회 및 상임위원회는 재적위원 4분의 1 이상 출석으로 성립하고, 출석위원 과반수의 찬성으로 의결한다. 가부동수인 때에는 의장이 결정한다.(2018. 11. 27 개정)

제12조(직무대행)

위원장이 유고시에는 상임위원 중 등록번호순으로 그 직무를 대행한다.

제13조(감리위원의 제척)

위원은 다음 각 호의 어느 하나에 해당하는 기업진단보고서에 대하여는 감리할 수 없다.(2017. 2. 10 개정)

1. 본인 또는 본인이 소속한 세무법인이 작성한 경우
2. 「국세기본법」 제2조 제20호 및 동법시행령 제1조의2의 특수관계인의 범위에 속하는 사람이 작성한 경우

제 3 장 사전감리

제14조(감리의 대상)

사전감리의 대상은 각 법령 등의 규정에 따라 회원이 작성하여 본회를 경유하는 기업진단보고서로 한다.

제15조(감리의 실시)

① 사전감리는 감리위원 선정, 감리배정 등 상임위원회의 감리계획에 따라 실시한다.(2017. 2. 10 개정)

② 제4조의 감리서류의 제출여부, 진단자의 교육이수여부 및 기업진단대상인지를 확인하여 요건이 불충분한 경우 이를 반려한다.

③ 접수된 기업진단보고서는 본회경유기업진단보고서관리대장〈별지 제8호서식〉에 등재하여 관리하여야 한다.

제16조(감리결과 보고, 판정, 보정요구 및 취하)

① 상임위원회의 결정에 따라 감리를 실시한 감리위원은 감리결과에 대하여 적격여부를 판정한다.

② 제1항에서 적격으로 판정한 기업진단보고서는 해당 감리결과 및 처리보고서〈별지 제4호서식〉를 작성하여 회장에게 보고하고 경유확인날인하여 교부한다.

③ 제1항에서 부적격으로 판정한 기업진단보고서는 해당 감리결과 및 처리보고서〈별지 제4호서식〉를 작성하여 회장에게 보고하고 반려한다.

④ 감리위원은 감리결과 기업진단보고서상 필요적 기재사항의 누락, 형식의 미비, 내

용의 오류 등으로 보정이 필요한 경우에는 20일 이내의 기한을 정하여 〈별지 제11호서식〉 기업진단보정요구서로 보정을 요구할 수 있다.

⑤ 제4항에 따른 보정요구사항이 실질자본 충족 등 감리결과의 적격여부에 중대한 영향을 미치는 경우에는 2인 이상의 감리위원이 감리를 실시한다.

⑥ 기업진단보고서를 감리의뢰하였던 자가 감리의뢰를 취하하고자 할 경우에는 〈별지 제12호서식〉 기업진단보고서 감리의뢰 취하서를 회장에게 제출하여야 한다.

【2017. 2. 10 전문 개정】

제17조(수수료)

① 본회의 경유확인의 날인을 받은 회원은 소정의 감리수수료를 납부하여야 한다.

② 제1항의 감리수수료는 기업진단 건당 3만원으로 정한다.

제4장 사후감리

제18조(감리의 대상)

① 사후감리의 대상은 회원이 작성한 기업진단보고서로서 다음 각 호와 같다.(2017. 2. 10 개정)

1. 오류비율이 높거나 부실진단으로 지적받아 상임위원회에서 감리할 필요가 있다고 인정하여 요구하는 기업진단보고서(2017. 2. 10 개정)
2. 기업진단관계 국가기관 및 지방자치단체가 기업진단기준 위반혐의를 구체적으로 기재하여 조사를 의뢰한 기업진단보고서(2014. 5. 23. 개정)
3. 공공기관·회사관계자·기타 이해관계자 등이 기업진단기준 위반혐의를 구체적으로 기재하여 관련증빙자료와 함께 실명으로 제보 또는 감리를 요청한 기업진단보고서 중 상임위원회에서 필요하다고 인정하여 요구하는 기업진단보고서(2025. 7. 22 개정)
4. 삭제(2025. 7. 22)

② 제1항에 의한 사후감리대상에 대하여는 사후감리대상선정및처리결과관리부〈별지 제9호서식〉를 작성하여 관리하여야 한다.

③ 다음 각 호의 어느 하나에 해당하는 경우에는 감리를 실시하지 아니할 수 있다.(2017. 2. 10 신설)

1. 기업진단과 관련하여 수사기관의 수사, 소송이 진행중인 경우
2. 기업진단보고서의 진단의견이 "부적격"인 경우
3. 기타 회장이 감리의 실효성 등을 고려하여 감리할 필요가 없다고 인정하는 경우

제19조(감리의 실시)

① 사후감리는 실시시기, 감리반 편성 및 배정 등 상임위원회의 감리계획에 따라 실시한다.
② 기타 감리실시에 관한 사항은 상임위원회의 결정에 의한다.

제20조(질문 및 자료제출)

① 감리위원장은 감리에 필요하다고 인정하는 경우에는 관계자를 출석시켜 질문하거나 보충자료의 제출을 요구할 수 있다.
② 제1항의 규정에 의하여 관계자에게 질문을 하기 위하여 출석을 요구할 때에는 회장이 발부한 출석요구서〈별지 제1호서식〉에 의하고, 출석요구서에는 출석요구의 취지를 명백히 기재하여야 한다. 출석요구서는 출석요구서발급대장〈별지 제1-1호서식〉에 등재하여 관리한다.
③ 관계자가 출석한 경우에는 책임소재와 그 한계를 명확히 하고 행위의 동기·원인 또는 해명을 듣기 위해 관계자와의 문답서〈별지 제2호서식〉를 작성할 수 있다.
④ 제1항의 규정에 의하여 관계자에게 장부와 서류의 열람, 기타의 자료를 요구할 때에는 회장이 발부한 자료제출요구서〈별지 제3호서식〉에 의하고, 자료제출요구서에는 제출할 자료, 제출기한 등을 명백히 기재하여야 한다. 자료제출요구서는 자료제출요구서발급대장〈별지 제3-1호서식〉에 등재하여 관리한다.

제21조(입증자료의 요구 등)

① 감리반장은 감리결과 위반행위가 발견된 경우에는 이를 입증할 증거자료를 받아야 하며, 필요한 경우에는 관련자의 확인서를 받을 수 있다.
② 감리반장은 제1항의 위반행위에 대하여 관련자의 책임소재와 그 한계를 명확히 하고 행위의 동기와 배경 등을 듣기 위하여 관련자와 문답서〈별지 제2호서식〉를 작성할 수 있다.
【2017. 2. 10 전문 개정】

제22조(소명기회의 제공)

① 감리반장은 감리결과 위반행위가 발견되는 경우에는 회원 등에게 질문서를 발부하여 이에 대한 답변과 소명의 기회를 주어야 한다. 다만, 감리과정에서 확보한 문답서, 진술서 또는 확인서에 질문서를 발부하고자 하는 목적과 내용 등이 충분히 소명된 경우에는 질문서의 발부를 생략할 수 있다.

② 제1항의 규정에 의한 질문서에 대하여 회원 등이 의견제출을 하지 아니하는 경우에는 의견이 없는 것으로 본다.

제23조(감리조서 등의 작성 및 제출)

제19조에 의하여 감리를 수행한 감리반장은 감리내용 및 감리결과를 기재한 감리조서〈별지 제6호서식〉를 위원장에게 제출하여야 한다.

제24조(감리결과 보고 및 판정)

① 감리를 수행하는 감리반장은 감리진행상황을 수시로 위원장에게 보고하여야 하며, 위원장은 감리조사시에 발견된 위반사항이 중대하고 긴급한 처리가 필요하다고 인정되는 경우에는 그 사실을 회장에게 보고하고 그 지시에 따라야 한다.

② 감리반장은 제23조에 의한 감리결과를 다음 각 호와 같이 판정하여 이를 위원장에게 보고하여야 한다.

1. 발견된 지적사항 없음
2. 주의사항 지적
3. 윤리위원회 회부요구

③ 제2항에 의한 감리결과에 대하여 감리결과보고및처리(안)〈별지 제6-1호서식〉을 부의(안) 형식으로 작성하여야 한다. 위원장은 이를 상임위원회에 부의하여 감리결과를 최종 판정한다.

④ 위원장은 제3항에서 판정한 감리결과를 회장에게 지체없이 보고하여야 한다.

제25조(감리결과의 처리)

① 제24조 제4항에 의하여 감리결과를 보고받은 회장은 이를 지체없이 처리하고 그 감리결과를 감리결과통지서〈별지 제5호서식〉에 의하여 관계인 및 회원에게 통보하여야 한다.

② 제24조의 규정에 의하여 주의사항을 지적받은 회원이 이의가 있는 경우에는 통보를 받은 날로부터 2주일 이내에 1차에 한하여 회장에게 재심을 청구할 수 있으며, 위원장은 재심요구가 있을 때에는 30일 이내에 재심의하여 그 결과를 관계인에게 통보하여야 한다.

③ 상임위원회는 고의 또는 중대한 과실로 부실한 진단서를 작성한 회원에 대하여는 윤리위원회에 회부요구한다.

④ 감리결과에 대한 처리결과에 대하여 사후감리대상선정및처리결과관리부〈별지 제9호서식〉를 작성하여 관리하여야 한다.

제5장 보 칙

제26조(회원의 준수의무)

① 회원은 다음 각 호의 사항을 지켜야 한다.

1. 기업진단보고서를 작성하고자 하는 회원은 본회에서 정한 관련 교육과정을 이수하여야 한다.
2. 회원은 기업진단보고서 작성에 있어서 제3조의 감리의 준거기준에 따라야 하고 그 진단조서를 반드시 첨부하여야 한다.(2013. 4. 10 개정)
3. 회원이 각 법령 등에 의하여 경영실태조사에 대한 진단업무를 수행하는 경우 해당 기업진단보고서는 반드시 본회를 경유하도록 하여야 한다.(2017. 2. 10 개정)

② 회원은 감리위원의 조사에 관하여 적극적이고 진실한 협조의 의무를 다하여야 한다.

제27조(징계 등)

① 위원이 조사한 사실을 위원회에 보고하지 아니하거나 왜곡하여 보고한 경우 또는 제28조의 비밀엄수 및 개인정보 보호에 관한 의무를 위반한 경우 회원윤리규정에 의하여 징계할 수 있다.

② 회원이 위원의 조사를 방해하는 행위 또는 제20조의 협조의무를 고의로 기피 또는 비방한 경우에는 회원윤리규정에 의하여 징계할 수 있다.

③ 위원으로서 정당한 사유없이 회의소집에 응하지 아니한 때에는 회원윤리규정에 의하여 징계할 수 있다.

제28조(비밀엄수 및 개인정보 보호)

① 감리위원장, 감리위원 및 감리업무 전담 사무처직원은 업무상 알게 된 비밀이나 회원(회원이 진단한 기업진단보고서의 작성대상자를 포함한다)에 관한 정보를 누설하여서는 아니 된다.(2017. 2. 10 개정)
② 감리업무와 관련하여 알게 된 개인정보 등에 대해서는 보안책임을 지며, 이를 감리목적 이외의 용도로 이용하여서는 아니된다.

제29조(위원의 수당)

① 감리업무를 수행하기 위하여 감리에 참석한 위원에게 본회 예산의 범위 내에서 수당을 지급할 수 있다.
② 감리업무를 성실하게 수행한 위원에게는 포상을 할 수 있다.

제30조(서식 및 문서관리)

① 위원회에서는 감리업무와 관련하여 기안 및 접수 또는 발급하는 문서와 서식에는 문서번호 또는 일련번호를 부여하여 관리하여야 한다.
② 감리팀에서는 제1항에 의한 문서철 및 서식관리대장에 소정사항을 기재하여 기록을 유지 하고 감리관련 서류철은 5년간 보관하여야 한다.

제31조(기타사항)

① (2017. 2. 10 삭제)
② 기타 이 규정에 정하지 아니한 감리업무수행에 관한 사항은 위원회의 의결에 의한다.

부 칙 (2012. 4. 20)

제1조(시행일) 이 규정은 2012년 4월 20일부터 시행한다.

부 칙 (2012. 7. 26.)

제1조(시행일) 이 규정은 2012년 7월 26일부터 시행한다.

부 칙 (2013. 4. 10.)

제1조(시행일) 이 규정은 2013년 4월 10일부터 시행한다.

부 칙 (2014. 5. 23.)

제1조(시행일) 이 규정은 2014년 5월 23일부터 시행한다.

부 칙 (2014. 12. 10.)

제1조(시행일) 이 규정은 2014년 12월 10일부터 시행한다.

부 칙 (2015. 3. 17.)

제1조(시행일) 이 규정은 2015년 3월 17일부터 시행한다.

부 칙 (2017. 2. 10.)

제1조(시행일) 이 규정은 2017년 2월 10일부터 시행한다.

부 칙 (2018. 11. 27)

제1조(시행일) 이 규정은 2018년 11월 27일부터 시행한다.

부 칙 (2020. 9. 8)

제1조(시행일) 이 규정은 2020년 9월 8일부터 시행한다.

부 칙 (2021. 5. 25)

제1조(시행일) 이 규정은 2021년 5월 25일부터 시행한다.

부 칙 (2022. 2. 10)

제1조(시행일) 이 규정은 2022년 2월 10일부터 시행한다.

부 칙 (2025. 7. 22)

제1조(시행일) 이 규정은 2025년 7월 22일부터 시행한다.

3. 기업진단 확인 및 감리 요령

〈저자주〉
본 내용은 기업진단 사전감리시 판단하는 기본내용으로서 업종별로 차이가 존재하기는 하지만 기본적인 사항이므로 진단자가 진단업무를 수행하는 시점에 참조하면 진단보고서를 경유하는데 도움이 될 것으로 사료됩니다.

(1) 서류검토

기배포한 서류정리 순서에 따라 정리가 되었는지와 누락된 서류가 없는지 확인한다.

- 사전감리시 확인 서류
- 기업진단 감리의뢰서
- 재무관리상태진단보고서
- 예금평균잔액계산서
- 사업자등록증
- 법인등기부등본(법인일 경우)
- 공사업 등록증(겸업이 있거나, 건설업 旣 보유면허가 있는 경우에 한함)

〈자 산〉
- 재무제표: 재무상태표, 손익계산서, 제조/공사원가 명세서, 합계잔액시산표 등
- 통장거래내역 (계좌조회서(통장Copy본 불가)): 임의 조작 배제 목적

➜ 진단기준일 포함한 기간의 거래내역을 확인. 또한, 평균잔액의 적정 여부 확인
➜ 특히, 종합건설업은 원칙대로 별도의 통장에 예금예치를 필요로 함
➜ 통장거래내역 중 출처가 불분명한 자금의 유입·유출을 확인하고 매출채권 회수나 매입채무 상환의 유무 확인

- 잔액증명서, 금융거래확인서: 진단기준일 및 진단일
- 금융상품 증빙자료: 금융권, 보험사 등의 입증서류

- 선급금

→ 발생 당시 계약서와 금융자료 등 증빙자료 확인. 또한, 진단일 현재 계약이행 여부 및 진행 상황을 검토하여 실재성을 확인한 경우 다음에 해당하면 실질자산으로 인정
  1. 계약서상 선급금 규정에 의한 선급금 중 기성금으로 정산되지 않은 금액
  2. 진단대상사업을 위하여 입고 예정인 재료의 구입대금으로 선지급한 금액
  3. 주택건설용지를 취득하기 위하여 선지급한 금액

  - 다음의 경우는 부실자산임
    실재하지 않는 계약인 경우, 진단일 현재 계약일로부터 1년이 초과되었으나 그 사유를 객관적으로 소명하지 못하는 경우, 진단일까지 계약이 해제된 경우로서 불입금액이 예금으로 환입된 후 그 일부 또는 전부가 부실자산이나 겸업자산으로 출금되거나 유지되는 경우 등

- 매출채권: 거래처원장, 계정별원장, 기준일 현재 잔액에 대한 세금계산서
  특히, 받을어음 내역: B_2B통장 등 받을어음 입증 자료

→ 채권이 회수되었음에도 불구하고 매출채권으로 계상되어 있는지 반드시 확인
→ 국가기관 등을 제외한 거래처로부터 1년(건설업은 2년) 이상 장기성 매출채권은 부실자산 임
→ 대손설정 반드시 해야 함

- 재고자산 명세서

→ 재고자산의 종류, 취득일자, 취득사유, 금융자료, 현장일지, 실사 등을 통하여 진단기준일 현재 진단대상사업을 위하여 보유하고 있는지 유무를 확인
→ 재고자산의 경우 당기순이익과 직결되기 때문에 회사의 규모나 매출액 규모를 감안하여 적절성도 고려하여야 함
→ 겸업사업용 재고자산 유무 확인

- 투자자산

→ 특수목적법인의 지분증권, 공제조합의 출자금, 금융기관(한국금융투자협회 회원사)으로부터 발급받은 유가증권을 제외한 유가증권은 겸업자산으로 봄
  - 특정 건설사업의 수행을 위해 취득하는 특수목적법인의 지분증권은 <u>취득원가로 평가</u>
  - 진단대상사업과 관련된 공제조합의 출자금은 <u>시가평가</u>
  - 금융기관(한국금융투자협회 회원사) 발급잔고증명서를 제출한 유가증권 <u>시가평가</u>
    그러나, 사용 또는 인출이 제한된 때에는 겸업자산으로 보며, 겸업자산으로 보는 유가증권과 직접 관련된 차입금 등도 겸업부채로 처리

    유가증권이 진단기준일 이후 매도되어 예입된 매매대금이 입금 후 60일 이내에 그 일부 또는 전부가 부실자산이나 겸업자산으로 출금 또는 유지된 경우에는 **부실자산**으로 봄

→ 소유권, 자산의 실재성 및 진단대상사업에 대한 관련성을 종합하여 평가하며, 등기 또는 등록대상인 자산으로서 법적 및 실질적 소유권이 없는 경우에는 부실자산 임
→ 임대자산이나 운휴자산 등 진단대상사업과 관련이 없는 유형자산은 겸업자산으로 보며, 토지 또

는 건물의 일부가 임대자산인 경우에는 전체 연면적에 대한 임대 면적의 비율로 계산한 금액을 겸업자산으로 봄

➜ 유형자산은 기업회계기준에 따라 취득원가모형이나 재평가모형 중에서 진단을 받는 자가 회계장부에 반영한 방식으로 평가

- (건설업) 건물: 20 ~ 40년 정액법 감가상각(건물구조에 따라 다름)
- (건설업) 차량운반구 등: 5년 정액법 감가상각

이 경우 감가상각누계액은 취득일부터 진단기준일까지의 감가상각비로 「법인세법」에 따른 기준내용연수와 정액법으로 계산한 금액으로 함

➜ 유형자산 중 등기 또는 등록대상인 자산으로서 법적 및 실질적 소유권이 없는 경우에는 부실자산으로 봄

- 토지와 건물의 등기부등본을 통하여 부외부채에 대한 유무를 반드시 확인하여야 함
- 부외부채 존재시 금융자료와 비교 검토하여야 하며 제시된 금융권 이외의 부채가 있는지 확인 필수

- 유형자산: 유형자산 명세서 확인(유형자산 감가상각명세서)- 건설업

➜ 사용수익기부자산, 산업재산권은 사업관련성이 있는 경우에 한하여 인정되나 정액법에 의한 감가상각을 하여야 한다.

- 무형자산

  임차보증금: 임대차계약서

➜ 보증금에 대한 지출증빙 자료와 임대자로부터 발급받은 보증금 영수증 확인

➜ 주변시세와 현저한 차이가 나거나 특수관계인과의 거래인 경우 더욱 철저하게 검토하여야 함

〈부 채〉

- 매입채무: 계정별원장

➜ 수익비용의 대응 원칙에 입각하여 매출채권의 증가에 따른 매입채무의 비례적 증가나 현금성 자산 등의 감소를 전체적 맥락에서 검토하여야 함. 즉, 전기 회계자료나 합계잔액시산표 등을 확인하여 적정성을 검토하여야 함.

- 미지급금 등: 계정별원장

➜ 장부 외의 미계상 미지급금 유무확인

- 장·단기차입금: 차입금 명세서
- 퇴직금추계액명세서(기업회계기준: 추계액의 100%)
- 미지급법인세 등

➜ 진단기준일 현재 과세기간이 종료한 세무신고에 대하여 진단일까지 과세관청에 신고한 세무신고

서를 확인하여 미지급세금 등 확인
➜ 과세기간이 종료되지 않았다하더라도 수익·비용의 대응과 기업회계기준에 따라 기준일 현재의 당기순이익에 대해서 미지급법인세를 반영하여야 함. 단, 세법에 의한 과세표준이 산출되지 않더라도 진단의 취지상 보수적인 방법으로 진단시 평가 반영하여야 한다.

(2) 진단지침에 따른 진단의 적정성 검토: 부실진단 여부 확인

➜ 각 계정에 대한 입증 자료와 행정자료를 통해 적정하게 진단하였는지 확인한다.
➜ 부실징후 자료에 대해서는 즉시 보완자료 요청한다.

(3) 겸업자산의 적정성 판정

➜ 기존보유면허의 종류와 납입자본금, 손익계산서, 사업자의 업태나 종목을 면밀히 검토하여 겸업사업의 유무를 확인하고, 진단자가 적정하게 겸업판정을 하였는지에 대해 감리한다.

〈겸업자본 평가 순서〉
첫째, 겸업자산으로 열거된 자산, 그 겸업자산과 직접 관련된 부채는 겸업부채로 함
둘째, 구분경리를 통해서 진단대상사업과 겸업사업이 분명한 경우에는 실지귀속에 따라 겸업자산과 겸업부채를 구분
셋째, 진단기준일의 수입금액비율에 따라 겸업 산정. 단, 수입금액비율이 없는 경우 사용면적, 종업원 수 등 합리적인 방법
넷째, 기준자본금이 정해진 경우 기준자본금 비율
위 방법으로 순차적(또는 선택적)으로 비율을 산정해야 함

(4) 겸업사업자의 신규등록 신청 시 실질자본의 평가

➜ 회사가 등록기준 자본액 이상의 자본금을 보유하고, 주주총회 또는 이사회 결의를 통하여 동액 이상의 이익잉여금을 진단대상사업에 사용하기 위해 유보하고 있는 경우. 단, 증자액 또는 이익잉여금 유보액을 별단예금으로 예치하고 있어야 함.

4. 자주 물어보는 내용(Q&A)

〈저자주〉
본 내용은 세무사가 기업진단업무를 수행할 때 판단하는 내용(질의가 가장 많은 내용) 중 가장 기본적이면서 애매한 상황에 대하여 자주 물어보는 내용(Q&A)으로 구성하였다. 업무에 참고하면 진단업무를 수행하는데 도움이 될 것으로 사료됩니다.

Q1. 기업진단과 결산 재무제표 작성은 다른가요?

A. 기업진단은 진단기준일로 작성된 결산(정기 또는 수시) 재무제표를 근거로 기업진단지침(또는 요령)에 의하여 실질자본금을 파악하는 업무입니다. 주로 재무건전성이 부족하여 부실공사 등의 우려가 있는 업종에서 부실기업을 퇴출하고, 등록기준 충족여부 확인을 위하여 기업진단보고서 제출을 요구하고 있습니다. 이에 비하여 결산 재무제표는 기업회계기준에 따라 신뢰성 있게 작성하여 회계정보이용자들에게 유용한 정보를 제공하기 위한 목적입니다. 따라서 기업진단과 재무제표 결산은 그 목적 자체 뿐만아니라 작성방법도 전혀 다른 업무입니다.

Q2. 기업진단은 주로 언제 필요한가요?

A. 기업진단은 주로 자본금 요건을 필요로 하는 업종을 신규로 등록하거나 업종을 추가하거나 구조조정(합병, 분할, 양수도 등)을 하는 경우 또는 등록관청에서 실태조사를 진행하는 경우에 필요합니다. 다만, 국방부기술용역 적격심사 시 재무상태진단은 재무비율 분석을 한 기업진단으로 그 내용이 상이합니다.

Q3. 재무제표를 작성(또는 세무조정)하는 세무사가 해당 업체에 대한 기업진단이 가능한가요?

A. 재무제표 작성업무(세무조정업무)를 수행하는 세무사는 해당 업체에 대한 기업진단이 불가능합니다. 특히, 같은 세무법인이나 조정반 소속인 경우의 업체도 불가능하다고 해석하고 있습니다. 이는 독립성 위배(건설업 관리지침 제8조 진단불능 참조)에 해당하기 때문입니다.

Q4. 기업진단보고서가 작성되면 반드시 한국세무사회를 경유(전자문서 결제 포함)해야 하나요?

A. 기업진단은 의약품도매상을 제외하고는 진단보고서의 신뢰성 확보를 위하여 기업진단지침 등에 경유확인 란(전자문서 결제 포함)을 두고 확인을 받도록 하고 있고, 기업진단보고서의 감리를 요청할 수 있도록 하고 있습니다.(건설업의 경우 건설업 관리지침 제10조 진단보고 및 진단조서의 작성 • 비치 등, 제11조 진단보고서의 감리 요청 등 참고).

Q5. 기업진단 업무를 수행할 때 신규 면허 등록 시 겸업의 개념이 무엇인가요?

A. 기업진단 시 실질자본금 확인을 위하여 재무제표를 확인할 때 신규로 등록하는 면허(등록증)에 사용할 목적의 자산 및 부채, 그리고 부실자산 및 부채를 제외하고는 전부 겸업자산 및 부채가 됩니다. 참고로 기업진단 당시에는 대부분의 자산 및 부채가 종전 사업용 자산 및 부채에 해당하므로 대부분이 겸업자산 및 부채에 해당하게 됩니다. 따라서 진단대상 면허를 발급받기 위해 준비한 자산(주로 예금)을 제외하고는 모두 겸업으로 판정됩니다.

Q6. 기업진단보고서(추가 등록의 경우)를 작성할 때 겸업 여부는 어떻게 구분하나요?

A. 진단대상업체의 진단대상업종을 먼저 파악한 후 해당 업종이 속한 법률 및 시행령을 먼저 확인해야 합니다. 예를 들어, 甲회사(건축공사업 및 전기공사업 보유 가정)가 건설업 중 실내건축공사업(면허)를 등록하는 경우로써 기업진단을 해야 한다면, 건설산업기본법의 적용을 받는 건축공사업은 진단대상사업에 포함되고, 전기공사업법의 적용을 받는 전기공사업(면허)는 겸업으로 분류됩니다.

Q7. 기업진단보고서(실태조사 등의 경우)를 작성할 때 겸업 여부는 어떻게 구분하나요?

A. 진단대상업체의 진단대상업종을 먼저 파악한 후 해당 업종이 속한 법률 및 시행령을 먼저 확인해야 합니다. 예를 들어, 甲회사(건축공사업 및 전기공사업 보유 가정)가 건설업인 건축공사업에 대한 실태조사가 나와서 기업진단을 해야 한다면, 건설산업기본법의 적용을 받는 건축공사업은 진단대상사업에 포함되고, 전기공사업법의 적용을 받는 전기공사업(면허)는 겸업으로 분류하여 각각의 자산과 부채를 구분합니다. 다만, 공통 자산과 부채는 겸업비율(건설업 관리지침 제28조 참조: 기준자본금 비율 등)로 안분하여 겸업 자산과 부채를 파악한 후 진단대상사업(건축공사업) 자산과 부채를 파악해야 합니다.

Q8. 기준자본금이 없는 업종(제조업 가정)을 영위하다가 건설업(철근콘크리트공사업)을 등록하려면 겸업 구분은 어떻게 해야 하나요?

A. 진단대상업체의 종전 자산・부채는 모두 겸업 자산・부채에 해당합니다. 따라서 건설업(철근콘크리트공사업: 자본금 1.5억원)을 등록하려면, 해당 업종에 사용할 금액(주로 예금)을 별도로 보유(법인의 경우 납입자본금 증액 포함)한 후 이사회를 열어 해당 자산을 건설업에 사용하겠다는 결의서를 작성해 두어야 합니다. 이 경우 주의할 점은 종전 제조업이 결손이라 장부상 자본총계가 자본잠식 상태라면, 자본금 증자를 통해서 순자산을 반드시 유지(건설업 1.5억원 포함)해야 합니다.

Q9. 진단기준일과 진단일은 어떻게 다른가요?

A. 기업진단이 각 업종별 등록기준 중 실질자본금 충족여부를 확인하는 업무이므로 진단기준일은 재무제표작성일을 말합니다. 재무제표는 정기결산과 수시결산으로 크게 구분해 볼 수 있는데, 각 기업진단지침에서 규정된 진단기준일(건설업의 경우 관리지침 제5조 참조)을 확인하여 해당 일을 기준으로 작성된 (정기, 수시) 결산재무제표를 기준으로 기업진단을 수행하면 됩니다. 진단일은 기업진단을 의뢰받고 실제 기업진단을 수행하여 기업진단보고서를 발급하는 날을 말합니다. 통상 진단일은 진단기준일 후의 최소 2~3일에서 30일 이내의 날이 되게 됩니다. 왜냐하면, 진단보고서 작성 및 발급에 통상 3~4일 이상이 소요되기 때문입니다.

Q10. 신설법인이 건설업(상하수도설비공사업:자본금 1.5억원)을 등록하는 경우 진단기준일과 진단일은 어떻게 되나요?

A. 건설업의 경우 진단기준일은 설립등기일입니다.(건설업 관리지침 제5조 진단의 기준일 참조) 다만, 건설업 관리지침 제8조 제1항 제4호에 의하여 설립등기일로부터 20일 이내의 날을 진단일로 하는 경우에는 진단불능사유에 해당합니다. 따라서 설립등기일로부터 21일 이후가 진단일(진단서 발급일)이 됩니다.
〈주의사항〉 전기공사업, 정보통신공사업 등은 설립등기일이 아닙니다.

Q11. 기업진단보고서를 발급받은 후 수진업체는 언제까지 등록신청을 해야 하나요?

A. 건설업의 경우 진단기준일로부터 30일 이내에 제출해야 합니다. 다만, 정보통신공사업 등의 경우 90일 이내 제출하도록 하고 있습니다. 따라서 등록하려는 업종마다 지침을 잘 참조하여 등록을 신청해야 합니다. 만약, 해당 기한 내에 등록을 신청하지 못하고 이후에 등록을 신청해야하는 경우에는 기업진단을 새롭게 받아서 제출해야하는 불이익이 있습니다.

Q12. 영업정지 후 기업진단 시 진단기준일은 언제이며, 언제까지 등록관청에 보고서를 제출해야 하나요?

A. 건설업의 경우 영업정지(약 6개월)가 종료되는 날을 기업진단기준으로 하는 것이 원칙입니다. 그 외의 경우에는 등록관청에 사전에 확인하여 진단기준일을 확인 받은 후 기업진단을 준비하면 됩니다.

Q13. 건설업의 경우 30일의 예금평균잔액의 확인을 요구하는데, 일시적으로 입금한 가수금(예금)도 평균잔액 계산 시 반영할 수 있나요?

A. 30일 예금평균잔액을 통하여 예금의 실제성을 파악하고 있습니다. 따라서 예금평균잔액을 높이기 위하여 임의로 입금한 가수금은 예금평균잔액 계산 시 반영할 수 없습니다. 또한 실질자본금 만큼 예금을 많이 넣어두어 가수금이 증가되는 경우라 하더라도 증가된 가수금을 실질자본으로 인정받을 수 없습니다.

Q14. 결산재무제표상 현금 시재는 얼마까지 인정받을 수 있나요?

A. 건설업은 자본총계의 1%까지 인정받을 수 있습니다. 따라서 이를 초과하는 금액은 부실자산으로 봅니다. 또한, 전기공사업 등은 자산총계의 2%까지 인정받을 수 있습니다.

Q15. 면허를 양수도 하는 경우로써 건설업 등의 실적을 승계받을 수 있는 경우는 어떤 경우인가요?

A. 건설업 등의 면허만의 양도·양수는 건설업의 실적을 승계받을 수 없습니다. 따라서 실적을 승계받을 수 있는 양도·양수가 되려면 ① 지분의 이전을 하거나 ② 개인사업자 법인전환, ③ 합병, ④ 분할(분할합병 포함)의 방법만이 가능합니다. 즉, 면허만의 양수도는 실적이 승계되지 않음에 유의해야 합니다.

Q16. 사업양수도 시 진단기준일은 양수도 계약일 인가요 아니면 양수도일 인가요?

A. 양수도 계약일을 진단기준일로 합니다. 그리고 건설업 등의 경우 건설산업기본법 등에서 1개월 이상의 공고를 의무화하고 있으므로 이를 확인하여 양수도계약일을 파악해야 합니다.

Q17. 기업진단 규정이 없는 업종의 기업진단 의뢰가 들어오면 어떻게 기업진단보고서를 작성후 제출해야 하나요?

A. 먼저 의뢰가 들어온 기업진단의 목적을 파악해야 합니다. 실질자본금 확인을 위한 기업진단인지, 재무분석(경영분석)을 위한 기업진단인지를 파악한 후 기업진단업무를 수행하면 됩니다. 이 경우 본 교재 12장(한국세무사회 기업진단지침)에 의거하여 기업진단업무를 수행하면 되지만, 만약, 재무분석을 위한 기업진단이면, 제8장(국방부 기술용역 적격심사)을 참고하여 진단자가 기업진단보고서(양식)를 만들어서 해당 목적에 맞게 제출하면 됩니다.

MEMO

PART 02

건설업

CHAPTER 01

건설업 이해

제1절 용어 정의

1. "건설산업"이란 건설업과 건설용역업을 말한다.
2. "건설업"이란 건설공사를 하는 업(業)을 말한다.
3. "건설용역업"이란 건설공사에 관한 조사, 설계, 감리, 사업관리, 유지관리 등 건설공사와 관련된 용역(이하 "건설용역"이라 한다)을 하는 업(業)을 말한다.
4. "건설공사"란 토목공사, 건축공사, 산업설비공사, 조경공사, 환경시설공사, 그 밖에 명칭에 관계없이 시설물을 설치·유지·보수하는공사(시설물을 설치하기 위한 부지조성공사를 포함한다) 및 기계설비나 그 밖의 구조물의 설치 및 해체공사 등을 말한다. 다만, 다음 각 목의 어느 하나에 해당하는 공사는 포함하지 아니한다.
   가. 「전기공사업법」에 따른 전기공사
   나. 「정보통신공사업법」에 따른 정보통신공사
   다. 「소방시설공사업법」에 따른 소방시설공사
   라. 「국가유산 수리 등에 관한 법률」에 따른 국가유산 수리공사

참고 **겹업여부 판정시 주의사항**

건설업 기업진단시 광의의 건설업에 포함되는 전기공사업, 정보통신공사업 등은 겸업에 해당한다. 따라서 해당 업종을 영위하는 상태에서 건설업을 추가로 등록하고자 하는 경우에는 반드시 해당 업종을 겸업으로 구분하여야 한다. 다만, 건설업(건축공사업)을 영위하는 업체가 건설업(지반조성포장공사업)을 추가로 등록하고자 하는 경우에는 겸업으로 구분할 필요가 없이 전액을 건설업 실질자본으로 본다.

5. "종합공사"란 종합적인 계획, 관리 및 조정을 하면서 시설물을 시공하는 건설공사를 말한다.
6. "전문공사"란 시설물의 일부 또는 전문 분야에 관한 건설공사를 말한다.
7. "건설사업자"란 건설산업기본법 또는 다른 법률에 따라 등록 등을 하고 건설업을 하는 자를 말한다.

8. “건설사업관리”란 건설공사에 관한 기획, 타당성 조사, 분석, 설계, 조달, 계약, 시공관리, 감리, 평가 또는 사후관리 등에 관한 관리를 수행하는 것을 말한다.
9. “시공책임형 건설사업관리”란 종합공사를 시공하는 업종을 등록한 건설사업자가 건설공사에 대하여 시공 이전 단계에서 건설사업관리 업무를 수행하고 아울러 시공 단계에서 발주자와 시공 및 건설사업관리에 대한 별도의 계약을 통하여 종합적인 계획, 관리 및 조정을 하면서 미리 정한 공사 금액과 공사기간 내에 시설물을 시공하는 것을 말한다.
10. “발주자”란 건설공사를 건설사업자에게 도급하는 자를 말한다. 다만, 수급인으로서 도급받은 건설공사를 하도급하는 자는 제외한다.
11. “도급”이란 원도급, 하도급, 위탁 등 명칭에 관계없이 건설공사를 완성할 것을 약정하고, 상대방이 그 공사의 결과에 대하여 대가를 지급할 것을 약정하는 계약을 말한다.
12. “하도급”이란 도급받은 건설공사의 전부 또는 일부를 다시 도급하기 위하여 수급인이 제3자와 체결하는 계약을 말한다.
13. “수급인”이란 발주자로부터 건설공사를 도급받은 건설사업자를 말하고, 하도급의 경우 하도급하는 건설사업자를 포함한다.
14. “하수급인”이란 수급인으로부터 건설공사를 하도급받은 자를 말한다.
15. “건설기술자”란 관계 법령에 따라 건설공사에 관한 기술이나 기능을 가졌다고 인정된 사람을 말한다.

제2절 종합건설업

1. 종합건설업 개요

종합건설업이란 종합적인 계획, 관리 및 조정을 하면서 시설물을 시공하는 건설공사를 하는 업(業)을 말한다.

2. 종합건설업 종류

(1) 토목공사업

종합적인 계획·관리 및 조정에 따라 토목공작물을 설치하거나 토지를 조성·개량하는 공사를 말한다. 예를 들면 도로·항만·교량·철도·지하철·공항·관개수로·발전(전기제외)·댐·하천 등의 건설, 택지조성 등 부지조성공사, 간척·매립공사 등이다.

(2) 건축공사업

종합적인 계획·관리 및 조정에 따라 토지에 정착하는 공작물 중 지붕과 기둥(또는 벽)이 있는 것과 이에 부수되는 시설물을 건설하는 공사를 말한다.

(3) 토목건축공사업

토목공사업과 건축공사업의 업무내용에 속한 공사를 말한다. 토목건축공사업의 경우에는 건설산업기본법 제29조 제3항을 적용함에 있어서 토목공사업 또는 건축공사업과 동일한 업종으로 본다.

참 고 **건설산업기본법 제29조 제3항**

하수급인은 하도급받은 건설공사를 다른 사람에게 다시 하도급할 수 없다. 다만, 다음 각 호의 어느 하나에 해당하는 경우에는 하도급할 수 있다.

1. 발주자가 공사품질이나 시공상 능률을 높이기 위하여 필요하다고 인정하여 서면으로 승낙한 경우에 한하여 종합공사를 시공하는 업종을 등록한 건설사업자가 하도급받은 경우로서 그가 하도급받은 건설공사 중 전문

공사에 해당하는 건설공사를 그 전문공사를 시공하는 업종을 등록한 건설사업자에게 다시 하도급하는 경우

2. 전문공사를 시공하는 업종을 등록한 건설사업자가 하도급받은 경우로서 다음 각 목의 요건을 모두 충족하여 하도급받은 전문공사의 일부를 그 전문공사를 시공하는 업종을 등록한 건설사업자에게 다시 하도급하는 경우
   가. 공사의 품질이나 시공상의 능률을 높이기 위하여 필요한 경우로서 국토교통부령으로 정하는 요건에 해당할 것
   나. 수급인의 서면 승낙을 받을 것

(4) 산업·환경설비공사업

종합적인 계획·관리 및 조정에 따라 산업의 생산시설, 환경오염을 예방·제거·감축하거나 환경오염물질을 처리·재활용하기 위한 시설, 에너지 등의 생산·저장·공급시설 등을 건설하는 공사를 말한다. 예를 들면 제철·석유화학공장 등 산업생산시설, 소각장·수처리설비·환경오염방지시설·하수처리시설·폐수종말처리시설·중수도 및 하·폐수처리수 재이용시설 등 환경시설공사, 발전소설비공사 등이다.

(5) 조경공사업

종합적인 계획·관리·조정에 따라 수목원·공원·녹지·숲의 조성 등 경관 및 환경을 조성·개량하는 공사를 말한다. 예를 들면 수목원·공원·숲·생태공원 등의 조성공사 등이다.

제3절 전문건설업

1. 전문건설업 개요

전문건설업이란 시설물의 일부 또는 전문 분야에 관한 건설공사를 하는 업(業)을 말한다.

2. 전문건설업 종류

가. 지반조성 · 포장공사업

1) 토공사

땅을 굴착하거나 토사 등으로 지반을 조성하는 공사를 말한다. 예를 들면 굴착·성토·절토·흙막이공사·철도도상자갈공사, 폐기물매립지에서의 굴착·선별·성토공사 등이다.

2) 포장공사

역청재 또는 시멘트콘크리트·투수콘크리트 등으로 도로·활주로·광장·단지·화물야적장 등을 포장하는 공사(포장공사에 수반되는 보조기층 및 선택층 공사를 포함한다)와 이의 유지·수선공사를 말한다. 예를 들면 아스팔트콘크리트포장공사, 시멘트콘크리트포장공사, 유색·투수콘크리트포장공사, 소파보수 및 덧씌우기 포장공사, 과속방지턱설치공사 등이다.

3) 보링·그라우팅·파일공사

가) 보링 · 그라우팅공사 : 지반 또는 구조물 등에 천공을 하거나 압력을 가하여 보강재를 설치하거나 회반죽 등을 주입 또는 혼합처리하는 공사를 말한다. (보링[boring: 시추(試錐)하는 것, 그라우팅[grouting: 균열이나 공동(空洞) 등의 틈새에 그라우트(주입액)를 주입하거나 충전(充塡)하는 것]]

나) 파일공사 : 항타(杭打)에 의하여 파일을 박거나 샌드파일 등을 설치하는 공사를 말한다. 예를 들면 샌드파일공사, 말뚝공사 등이다.

나. 실내건축공사업

가) 실내건축공사

건축물의 내부를 용도와 기능에 맞게 건설하는 실내건축공사 및 실내공간의 마감을 위하여 구조체·집기 등을 제작 또는 설치하는 공사를 말한다. 예를 들면 실내건축공사, 실내공간의 구조체 제작 및 마감공사, 그 밖에 집기 등을 제작 또는 설치하는 공사 등이다.

나) 목재창호·목재구조물공사

목재로 된 창을 건축물 등에 설치하는 공사 및 목재구조물·공작물 등을 축조 또는 장치하는 공사를 말한다. 예를 들면 목재창호공사, 목재 등을 사용한 칸막이공사, 목재구조물·공작물 등을 축조 또는 장치하는 공사 등이다.

다. 금속창호지붕건축물조립공사업

1) 금속구조물·창호·온실공사

가) 창호공사

각종 금속재·합성수지·유리 등으로 된 창 또는 문을 건축물 등에 설치하는 공사를 말한다. 예를 들면 창호공사, 발코니창호공사, 외벽유리공사, 커튼월창호공사, 배연창·방화문설치공사, 자동문·회전문설치공사, 승강장스크린도어설치공사, 유리공사 등이다.

나) 금속구조물공사

(1) 금속류 구조체를 사용하여 건축물의 천장·벽체·칸막이 등을 설치하는 공사. 예를 들면 천정·건식벽체·강재벽체·경량칸막이 등의 공사 등이다.

(2) 금속류 구조체를 사용하여 도로, 교량, 터널 및 기타의 장소에 안전·경계·방호·방음시설물 등을 설치하는 공사. 예를 들면 가드레일·가드케이블·표지판·방호울타리·휀스·낙석방지망·낙석방지책·방음벽·방음터널·교량안전점검시설·버스승강대·도로교통안전시설물 등의 공사 등이다.

(3) 각종 금속류로 구조물 및 공작물을 축조하거나 설치하는 공사. 예를 들면 굴뚝·탱크·수문설치·셔터설치·옥외광고탑·격납고도어·사다리·철재프레임·난간·계단 등의 공사 등이다.

다) 온실설치공사

농업·임업·원예용 등 온실의 설치공사를 말한다. 예를 들면 농업·임업·원예용 등 온실설치공사와 부대설비공사 등이다.

2) 지붕판금·건축물조립공사업

가) 지붕·판금공사

기와·슬레이트·금속판·아스팔트싱글 등으로 지붕을 설치하는 공사, 건축물 등에 판금을 설치하는 공사를 말한다. 예를 들면 지붕공사, 지붕단열공사, 지붕장식공사, 판금공사, PVC가공 부착공사, 빗물받이 및 홈통공사 등이다.

나) 건축물조립공사

공장에서 제조된 판넬과 부품 등으로 건축물의 내벽·외벽·바닥 등을 조립하는 공사를 말한다. 예를 들면 샌드위치판넬·ALC판넬·PC판넬·세라믹판넬·알루미늄 복합판넬·사이딩판넬·클린복합판넬·시멘트보드판넬·악세스바닥판넬 등의 공사 등이다.

라. 도장 · 습식 · 방수 · 석공사업

1) 도장공사

시설물에 칠바탕을 다듬고 도료 등을 솔·로울러·기계 등을 사용하여 칠하는 공사를 말한다. 예를 들면 일반도장공사, 도장뿜칠공사, 차선도색공사, 분사표면처리공사, 전천후경기장바탕도장공사, 부식방지공사 등이다.

2) 습식·방수공사

가) 미장공사

구조물 등에 모르타르·플러스터·회반죽·흙 등을 바르거나 내·외벽 및 바닥 등에 성형단열재·경량단열재 등을 접착하거나 뿜칠하여 마감하는 공사를 말한다. 예를 들면 일반미장공사, 미장모르타르공사, 합성수지모르타르공사, 미장뿜칠공사, 다듬기공사, 줄눈공사, 단열재 접착 및 뿜칠공사, 견출 및 코킹공사, 내화충전공사 등이다.

나) 타일공사

구조물 등에 점토·고령토를 주된 원료로 제조된 타일을 붙이는 공사를 말한다. 예를 들면 내·외장 타일 붙임공사, 모자이크, 테라코타타일공사 및 합성수지계타일공사 등이다.

다) 방수공사

스팔트·실링재·에폭시·시멘트모르타르·합성수지 등을 사용하여 토목·건축구조물, 산업설비 및 폐기물매립시설 등에 방수·방습·누수방지 등을 하는 공사를 말한다. 예를 들면 방수공사, 에폭시공사, 방습공사, 도막공사, 누수방지공사 등이다.

라) 조적공사

구조물의 벽체나 기초 등을 시멘트블록·벽돌 등의 재료를 각각 모르타르 등의 교착제로 부착시키거나 장치하여 쌓거나 축조하는 공사를 말한다. 예를 들면 블록쌓기공사, 벽돌쌓기공사, 벽돌붙임공사 등이다.

3) 석공사

석재를 사용하여 시설물 등을 시공하는 공사를 말한다. 예를 들면 건물외벽 등 석재공사, 바닥·벽체 등의 돌붙임공사, 인도·광장 등 돌포장공사, 석축 등 돌쌓기공사 등이다.

마. 조경식재 · 시설물공사업

1) 조경식재공사

조경수목·잔디 및 초화류 등을 식재하거나 유지·관리하는 공사를 말한다. 예를 들면 조경수목·잔디·지피식물·초화류 등의 식재공사 및 이를 위한 토양개량공사, 종자뿜어붙이기공사 등 특수식재공사 및 유지·관리공사, 조경식물의 수세회복공사 및 유지·관리공사 등이다.

2) 조경시설물설치공사

조경을 위하여 조경석·인조목·인조암 등을 설치하거나 야외의자·파고라 등의 조경시설물을 설치하는 공사를 말한다. 예를 들면 조경석·인조목·인조암 등의 설치공사,

야외의자·파고라·놀이기구·운동기구·분수대·벽천 등의 설치공사, 인조잔디공사 등이다.

바. 철근 · 콘크리트공사업

철근·콘크리트로 토목·건축구조물 및 공작물 등을 축조하는 공사를 말한다. 예를 들면 철근가공 및 조립공사, 콘크리트공사, 거푸집 및 동바리공사, 각종 특수콘크리트공사, 프리스트레스트콘크리트(PSC)구조물공사, 포장장비로 시공하지 아니하는 2차로 미만의 농로·기계화 경작로·마을안길 등을 시멘트콘크리트로 포장하는 공사 등이다.

사. 구조물해체 · 비계공사업

가) 구조물해체공사

구조물 등을 해체하는 공사를 말한다. 예를 들면 건축물 및 구조물 등의 해체공사 등이다.

나) 비계공사

건축물 등을 건축하기 위하여 비계를 설치하거나 높은 장소에서 중량물을 거치하는 공사를 말한다. 예를 들면 일반비계공사, 발판가설공사, 빔운반거상공사, 특수중량물설치공사, 높은 장소에서 행하여지는 공사 등이다.

아. 상 · 하수도설비공사업

가) 상수도설비공사

상수도, 농·공업용수도 등을 위한 기기를 설치하거나 상수도관, 농·공업용수도관 등을 부설하는 공사를 말한다. 예를 들면 취수·정수·송배수를 위한 기기설치공사, 상수도, 농·공업용수도 등의 용수관 설치공사(옥내급배수설비공사를 제외한다), 관세척 및 갱생공사, 각종 변류이형관설치공사, 옥외스프링클러설치공사 등이다.

나) 하수도설비공사

하수 등을 처리하기 위한 기기를 설치하거나 하수관을 부설하는 공사를 말한다. 예를 들면 하수 등의 처리를 위한 기기설치공사, 하수·우수관 부설(옥내급배수설비공사를 제외한다)및 세척·갱생공사 등이다.

자. 철도 · 궤도공사업

철도·궤도를 설치하는 공사를 말한다. 예를 들면 궤광공사, 레일공사, 레일용접공사, 분기부공사, 침목공사, 도상공사, 궤도임시받침공사, 선로차단공사, 아이빔 및 거더설치공사, 건널목보판공사 등이다.

차. 철강구조물공사업

가) 교량 및 이와 유사한 시설물을 건설하기 위하여 철구조물을 제작 · 조립 · 설치하는 공사. 예를 들면 교량 등의 철구조물을 하도급받아 조립·설치하는 공사 등이다.
나) 건축물을 건축하기 위하여 철구조물을 조립 · 설치하는 공사. 예를 들면 건축물의 철구조물조립·설치하는 공사 등이다.
다) 대형 댐의 수문 및 이와 유사한 시설을 건설하기 위하여 철구조물을 조립 · 설치하는 공사. 예를 들면 대형 댐 수문설치공사 등이다.
라) 그 밖의 각종 철구조물공사. 예를 들면 인도전용강재육교설치공사, 철탑공사, 갑문 및 댐의 수문설치공사 등이다.

카. 수중 · 준설공사업

1) 수중공사

수중에서 인원·장비 등으로 수중·해저의 시설물을 설치하거나 지장물을 해체하는 공사를 말한다. 예를 들면 수중암석파쇄공사·수중구조물의 설치 및 해체공사·계선부표 및 수중작업이 요구되는 항로표지설치공사, 수중구조물방식공사, 해저케이블공사 등이다.

2) 준설공사

하천·항만 등의 물밑을 준설선 등의 장비를 활용하여 준설하는 공사를 말한다. 예를 들면 항만·항로·운하 및 하천의 준설공사 등이다.

타. 승강기 · 삭도공사업

1) 승강기설치공사

건축물 및 공작물에 부착되어 사람이나 화물을 운반하는데 사용되는 승강설비를 설치·해체·교체 및 성능개선공사를 말한다. 예를 들면 승객·화물·건설공사용 엘리베이터 및 에스컬레이터설치공사, 무빙워크설치공사, 기계식주차설비공사 등이다.

2) 삭도설치공사

삭도를 신설·개설·유지보수 또는 제거하는 공사를 말한다. 예를 들면 케이블카·리프트의 설치공사 등이다.

파. 기계설비 · 가스공사업

1) 기계설비공사

건축물·플랜트 그 밖의 공작물에 급배수·위생·냉난방·공기조화·기계기구·배관설비 등을 조립·설치하는 공사를 말한다. 예를 들면 건축물 등 시설물에 설치하는 급배수·환기·공기조화·냉난방·급탕·주방·위생·방음·방진·전자파차단설비공사, 플랜트안의 배관·기계기구설치공사, 기계설비를 자동제어하기 위한 제어기기·지능형제어시스템·자동원격검침설비 등의 자동제어공사, 시스템에어컨(GHP·EHP)공사, 지열냉·난방 기기설치 및 배관공사, 보온·보냉 등 열절연공사, 옥내급배수관개량·세척공사, 무대기계장치공사, 자동창고설비공사, 냉동냉장설비공사, 집진기공사, 철도기계신호공사, 건널목차단기공사 등이다.

2) 가스시설공사(제1종)

가) 가스시설시설공사(제2종)의 업무내용에 해당하는 공사
나) 도시가스공급시설의 설치·변경공사
다) 액화석유가스의 충전시설·집단공급시설·저장소시설의 설치·변경공사
라) 도시가스시설 중 특정가스사용시설의 설치·변경공사
마) 저장능력 500kg 이상의 액화석유가스사용시설의 설치·변경공사
바) 고압가스배관의 설치·변경공사

하. 가스 · 난방공사업

1) 가스시설공사(제2종)

가) 가스시설공사(제3종)의 업무내용에 해당하는 공사

나) 도시가스시설 중 특정가스사용시설 외의 가스사용시설의 설치·변경공사
다) 도시가스의 공급관과 내관이 분리되는 부분 이후의 보수공사
라) 배관에 고정설치되는 가스용품의 설치공사 및 그 부대공사
마) 저장능력 500kg 미만의 액화석유가스사용시설의 설치·변경공사
바) 액화석유가스판매시설의 설치·변경공사

2) 가스시설공사(제3종)

공사예정금액이 1천만원 미만인 다음의 공사
가) 도시가스시설 중 특정가스사용시설 외의 온수보일러 · 온수기 및 그 부대시설의 설치 · 변경공사
나) 도시가스시설 중 특정가스사용시설로서 5만kcal/h이하의 온수보일러 · 온수기 및 그 부대시설의 설치 · 변경공사를 말한다.
다) 액화석유가스사용시설 중 온수보일러 · 온수기 및 그 부대시설의 설치 · 변경공사를 말한다.

3) 난방공사(제1종)

가) 「에너지이용 합리화법」 제37조에 따른 특정열사용기자재 중 강철재보일러 · 주철재보일러·온수보일러 · 구멍탄용 온수보일러 · 축열식 전기보일러·가정용 화목보일러 · 태양열집열기 · 1종압력용기 · 2종압력용기의 설치와 이에 부대되는 배관 · 세관공사를 말한다.
나) 공사예정금액 2천만원 이하의 온돌설치공사를 말한다.
※ 가스난방공사업 중 난방공사(제1종)를 주력분야로 등록한 자는 연면적 350제곱미터 미만인 단독주택의 난방공사(제1종)를 하는 경우에는 해당 주택의 기계설비공사를 함께 수행할 수 있다.

4) 난방공사(제2종)

가) 「에너지이용 합리화법」 제37조에 따른 특정열사용기자재 중 태양열집열기 · 용량 5만kcal/h 이하의 온수보일러 · 구멍탄용 온수보일러 · 가정용 화목보일러의 설치 및 이에 부대되는 배관 · 세관공사를 말한다.
나) 공사예정금액 2천만원 이하의 온돌설치공사를 말한다.

※ 가스난방공사업 중 난방공사(제2종)를 주력분야로 등록한 자는 연면적 250 제곱미터 미만인 단독주택의 난방공사(제2종)를 하는 경우에는 해당 주택의 기계설비공사를 함께 수행할 수 있다.

5) 난방공사(제3종)

특정열사용기자재 중 요업요로·금속요로의 설치공사를 말한다.

거. 시설물유지관리업(2023년 12월 31일까지 유효)

시설물의 완공 이후 그 기능을 보전하고 이용자의 편의와 안전을 높이기 위하여 시설물에 대하여 일상적으로 점검 · 정비하고 개량 · 보수 · 보강하는 공사로서 다음의 공사를 제외한 공사를 말한다.

가) 건축물의 경우 증축 · 개축 · 재축 및 대수선 공사

나) 건축물을 제외한 그 밖의 시설물의 경우 증설 · 확장공사 및 주요구조부를 해체한 후 보수 · 보강 및 변경하는 공사

다) 전문건설업종 중 1개 업종의 업무내용만으로 행하여지는 건축물의 개량 · 보수 · 보강공사

■ 시설물유지관리업 유예 조치

시설물유지관리업은 2023년까지 사업자의 선택에 따라 종합건설(업종) 1개 또는 전문건설(업종) 3개로 전환이 가능하다. 업종이 전환된 업체는 전환 업종의 등록기준 및 주력분야 지정기준을 2026년까지 유예하고, 국토교통부장관이 정하는 요건에 해당하는 영세업체는 추가 3년을 연장하여 2029년까지 유예한다. 만약 2023년까지 전환하지 않은 업체는 2024년 1월부터 실적·기술능력·자본금 등을 고려하여 국토교통부장관이 고시하는 기준에 따라 1개의 전문업종(1개)으로 전환한다.

CHAPTER 02

건설업 등록기준

제1절 건설업 등록기준 이해

건설업 등록기준	근거법령
1. 기술능력	건설산업기본법 제13조 동 법 시행령 [별표2]
2. 자본금(개인의 경우 영업용 자산평가액)	
3. 시설·장비·사무실	
4. 그 밖의 필요한 사항(보증가능금액확인서 등)	

1. 기술능력

(1) 기술능력 충족 및 적격여부 확인

1) 기술능력 중 기술자격취득자는 상시 근무하는 사람을 말하며, 「국가기술자격법」에 따라 그 자격이 정지된 사람과 「건설기술 진흥법」에 따라 업무정지처분을 받은 건설기술인은 제외한다.
2) 한국건설기술인협회의 업체별 건설기술자 자료와 기술자자격증 사본, 업체로부터 제출받은 고용보험 가입증명(사업장별 피보험자격 취득자 목록 및 피보험자격 이력 내역서 등을 말하며, 「고용보험법」 제10조에 따른 적용제외 근로자인 경우에는 국민연금보험, 국민건강보험 또는 산업재해보상보험 가입증명 중의 어느 하나로 갈음할 수 있다) 등을 상호대조·확인하여 처리한다.
3) 기술능력기준을 확인함에 있어서 필요한 때에는 건설기술자 개인별 경력사항, 고용계약서 사본 등 사실 확인을 위한 자료를 추가로 제출받아 실제 근무 여부를 확인할 수 있다.

2. 자본금

(1) 자본금 충족여부 확인(건산업 별표2 비고)

1) 주식회사 외의 법인인 경우에는 출자금을 자본금으로 한다.
2) 자본금이 총자산에서 총부채를 뺀 금액보다 큰 때에는 총자산에서 총부채를 뺀 금액을 자본금으로 한다. 이 경우 총자산과 총부채의 산정은 「주식회사 등의 외부감사에 관한 법률」 제5조에 따른 회계처리기준에 따른다.
3) 실내건축공사업, 습식·방수공사업, 석공사업, 도장공사업, 금속구조물·창호·온실공사업을 하는 사람이 「국가기술자격법」에 따른 건축 분야 기능장을 보유한 경우에는 해당 업종의 최저 자본금기준의 2분의 1을 감경한다.
4) 가목부터 다목까지의 규정 외에 자본금을 산정하는 기준 및 방법은 국토교통부장관이 정하여 고시하는 바에 따른다.

(2) 자본금 적격여부 확인

1) 자본금 기준 충족여부는 업종별 등록기준에서 요구하는 확인대상 기간의 자본금(납입·실질) 상시충족 여부에 대하여 확인하는 것을 말한다.
2) 재무관리상태진단보고서를 제출받지 않는 경우(관리규정 제2장 제3호 나목)
재무관리상태진단보고서를 제출받지 않는 경우에는 다음에 따라 처리한다. 다만, 재무재무상태표상의 자산계정에 예금 등의 금융상품이 있을 때에는 건설업등록신청을 심사하는 시점까지 그 금액의 계속 보유(경상적인 경영활동에 의한 인출은 제외한다) 여부를 확인하여야 하고, 자본금기준에 미달하는 때에는 건설업등록기준의 부적격으로 처리하여야 한다.
가. 신설법인[1]이 아닌 경우에는 다음 중 어느 하나에 해당하는 재무제표로 확인한다.
① 「주식회사의 외부감사에 관한 법률」(이하 "외감법"이라 한다) 제2조에 따라 외부감사를 받은 재무제표
② 「법인세법」 및 「소득세법」에 따라 관할 세무서장에게 제출한 정기 연차결산일 기준 재무제표(세무대리인이 확인한 것을 말한다)
③ 위의 각 경우에 대하여 별지2 건설업체 기업진단지침에 따라 재무제표를

1) 신설법인이란 법인설립등기일부터 건설업 등록신청 접수일까지 90일이 경과되지 아니하고 별도의 영업실적이 없는 법인을 말한다.

검토, 자본금기준의 적격여부를 확인하여야 한다.

④ 건설공제조합 등 보증가능금액확인서 발급기관으로부터 대출·융자 받은 금액이나 금융기관으로부터 대출받은 금액이 부채에 포함되지 않은 경우에는 이를 부채총계에 가산하며, 이 경우 필요한 때에는 신용정보조회서 또는 금융거래확인서 등 증빙자료의 제출을 요구할 수 있다.

나. 신설법인의 경우에는 재무상태표와 자산증빙 서류로 확인한다.

등록신청자가 제출한 재무상태표상의 자산 및 부채항목을 종합적으로 고려하되, 자산항목 입증을 위해 등록신청자(법인인 경우 대표이사 및 이사 명의의 자산은 불인정) 명의로 된 다음의 서류를 확인한다.

① 보증가능금액확인서 발급을 위한 예치금

② 30일 이상의 은행평균잔고증명서

③ 사무실 임차시 임차보증금이 있음을 증명하는 서류

④ 공사용 장비를 구입한 경우에는 장비구입영수증

⑤ 그 밖에 등록신청자 명의의 재산보유를 증명하는 서류

다. 등록신청서를 접수받아 심사하는 기관은 (가)목 및 (나)목의 경우 외에도 재무관리상태진단보고서 제출없이 자본금기준 적격여부를 확인할 수 있는 경우에 대한 세부기준을 정하여 운영할 수 있다.

3) 재무관리상태진단보고서를 제출받는 경우

재무관리상태진단보고서를 제출받아 자본금기준의 적격여부를 확인한 경우에는 다음에 따라 처리한다. 다만, 재무관리상태진단보고서상의 자산계정에 예금 등의 금융상품이 있을 때에는 건설업등록신청을 심사하는 시점까지 그 금액의 계속 보유(경상적인 경영활동에 의한 인출은 제외한다) 여부를 확인하여야 하고, 자본금기준에 미달하는 때에는 건설업등록기준의 부적격으로 처리하여야 한다.

가. 등록신청서를 접수받아 심사하는 기관은 매월 10일까지 지난달의 진단자 현황을 국토교통부장관에게 보고하여야 한다.

나. 재무관리상태진단보고서의 내용에 부실자산이나 겸업자산이 포함되어 있는 것을 확인하였거나 의심이 되는 경우에는 진단자에게 진단조서 및 건설업체 기업진단지침 제7조에 따른 증빙자료의 제출을 통한 소명을 요구하여 적정성 여부를 확인하여야 한다.

다. 나.에 따른 소명자료의 확인결과, 건설업체 기업진단지침 제11조 제1항 각 호의 어느 하나에 해당하는 경우에는 「공인회계사법」에 따른 한국공인회계사회 기업진단감리위원회 등에 재무관리상태진단보고서의 감리를 요청하는 등

필요한 조치를 하여야 한다.

4) 자산계정에 예금 등의 금융상품이 있는 경우 적격여부 확인

재무상태표나 재무관리상태진단보고서상의 자산계정에 예금 등의 금융상품이 있을 때에는 신설법인(재무상태표와 자산증빙 서류로 확인)와 재무관리상태진단보고서를 제출받아 자본금기준의 적격여부를 확인하는 경우에도 불구하고 건설업등록신청을 심사하는 시점까지 그 금액의 계속 보유(경상적인 경영활동에 의한 인출은 제외한다) 여부를 확인하여야 하고, 자본금기준에 미달하는 때에는 건설업 등록기준의 부적격으로 처리하여야 한다.

보론 건설업 등록기준의 중복 인정 특례 (건설산업기본법 시행령 제16조 및 건설업 관리규정 제2장 아목)

건설업 등록기준 중 자본금과 기술능력의 중복 인정은 다음과 같이 적용한다. 다만, 건설업자가 가스난방공사업(가스시설공사 제2종 및 제3종 또는 난방공사 제2종 및 제3종에 한정한다)의 등록을 추가로 신청하는 경우에는 기술능력에 해당하는 자 중 공동으로 활용할 수 있는 기술인력은 이미 갖춘 것으로 본다.

1. 자본금

(1) 최저 자본금의 2분의 1 인정 특례

건설사업자가 다른 업종의 건설업 등록을 추가로 신청하는 경우에는 보유하고 있는 업종의 별표 2에 따른 최저 자본금기준(보유하고 있는 업종이 둘 이상인 경우 최저 자본금기준이 최대인 업종의 최저 자본금기준을 말한다)의 2분의 1을 한도로 1개 업종에 한정하여 등록하려는 업종의 최저 자본금기준의 2분의 1에 해당하는 자본금을 이미 갖춘 것으로 본다. 따라서 추가 등록하려는 업종이 다수인 경우에는 그 중 법정 "최저 자본금기준"이 가장 큰 업종의 "최저 자본금기준"의 2분의 1까지에 해당하는 자본금을 이미 갖춘 것으로 본다. 또한, 건설사업자가 아닌 자가 최초로 둘 이상의 건설업종을 동시에 신청하려는 경우에도 이를 준용한다.

(2) 15년 이상 장기 건설업자 자본금 인정 특례

등록기준의 특례를 인정받은 건설업자 중 다음 각 호의 요건을 모두 갖춘 건설업자가 다른 업종의 건설업 등록을 추가로 신청하는 경우에는 보유하고 있는 업종의 최저 자본금기준(보유하고 있는 업종이 둘 이상인 경우 최저 자본금기준이 최대인 업종의 최저 자본금기준을 말한다)의 2분의 1을 한도로 1회에 한정하여 등록하려는 업종의 최저 자본금기준의 2분의 1에 해당하는 자본금을 이미 갖춘 것으로 인정받을 수 있다. 다만, 최저 자본금기준의 2분의 1에 해당하는 자본금을 이미 갖춘 것으로 인정받아 등록한 이후 영업정지처분이나 벌칙을 받은 경우에는 해당 처분 또는 벌칙을 받은 날부터 60일 이내에 추가로 등록한 업종의 최저 자본금기준을 갖추어야 한다.

1) 15년 이상 건설업을 영위한 건설업자일 것
2) 최근 10년간 법 제82조, 제82조의2 또는 제83조에 따른 영업정지 등의 처분이나 이 법 위반에 따른 벌칙을 받지 아니하였을 것

2. 기술능력

보유하고 있는 업종의 별표 2에 따른 기술능력과 추가로 등록하려는 업종의 기술능력이 같은 종류·등급으로서 공동으로 활용할 수 있는 경우에는 1개 업종에 한정하여 1명(공동으로 활용할 수 있는 기술인력이 5명 이상인 경우에는 2명)의 기술능력을 이미 갖춘 것으로 본다. 다만, 건설사업자가 가스난방공사업을 추가로 등록[가스난방공사업 중 난방공사(제1종)을 주력분야로 등록하는 경우는 제외한다]하려는 경우에는 공동으로 활용할 수 있는 기술인력은 이미 갖춘 것으로 본다. 따라서 「건설업등록기준 중 기술능력 중복인정 기준」에 따라 건설업 등록기준 중 자본금과 기술능력의 중복 인정은 다음과 같이 적용한다. 다만, 건설업자가 가스난방공사업(가스시설공사 제2종 및 제3종 또는 난방공사 제2종 및 제3종에 한정한다)의 등록을 추가로 신청하는 경우에는 기술능력에 해당하는 자 중 공동으로 활용할 수 있는 기술인력은 이미 갖춘 것으로 본다.

참고 **"1개 업종에 한정하여"의 의미**

"1개 업종에 한정하여"란 특례 적용시점에서 특례적용이 되는 업종을 1개에 한정함을 의미하는 것으로써, 그 동안의 적용횟수와 관계없이 적용되고, 자본금과 기술능력에 대한 각각 한번의 횟수를 말하며, 둘 이상의 업종을 동시에 추가 등록하는 경우에는 자본금의 인정 업종과 기술능력의 인정 업종을 각기 달리 선택하여 특례 인정을 받을 수 있다.

3. 폐업 시 중복인정 특례

(1) 등록기준 특례를 신청하지 아니하고 2개 업종을 보유한 자가 그 중 1개 업종을 폐업한 후 폐업한 업종과 동일한 업종을 재등록하는 경우에는 등록신청일이 폐업으로 인한 등록말소일로부터 6개월 이내인 경우에는 특례 인정을 받을 수 없으나 6개월을 초과한 경우에는 특례 인정을 받을 수 있다.
(2) 특례 인정을 받은 업종을 폐업한 후 다시 등록하는 경우에는 특례 인정을 받을 수 없다.
(3) 1개 업종을 보유한 자가 추가 등록을 통해 특례 인정을 받은 후 기존 업종을 폐

업하는 경우에는 추가 등록한 업종이 건설업등록기준에 충족하도록 보완하여야 한다.

(4) 2개 이상의 업종을 보유한 자가 추가 등록을 통해 특례인정을 받은 후 기존 업종을 폐업하는 경우에는 폐업하는 업종의 등록기준 등에 따라 자본금 및 기술능력의 보완 여부를 판단하여야 한다.

> **예** 토목공사업(5억원)과 승강기삭도공사업(1.5억원)을 보유한 자가 지반조성포장공사업(1.5억원)과 조경공사업(5억원) 2개 업종을 추가 등록하여 특례 인정을 받은 후에 토목공사업을 폐업하는 경우에는 추가 등록시 토목공사업을 기준으로 자본금과 기술능력에 대한 특례(자본금 2억5천만원, 기술자 1인) 인정을 받았으므로 토목공사업의 폐업과 동시에 기 보유업종인 승강기삭도공사업을 기준으로 특례 인정의 등록기준을 갖추어야 함

3. 보증가능금액확인서

(1) 건설산업기본법 시행령 제13조 제1항 제1호의2에 따른 보증가능금액확인서 발급기관으로서 「건설산업기본법」 제54조에 따라 설립된 "건설공제조합", "전문건설공제조합", "대한설비건설공제조합" 및 「보험업법」 제5조에 따라 설립된 "서울보증보험주식회사"를 지정한다.

(2) 건설산업기본법 제17조에 따른 업무처리시 다음 각 호의 경우에는 피상속인·피합병법인·양도인의 보증가능금액확인서를 상속인·합병법인·양수인에 해당하는 것으로 볼 수 있다.

1) 상속으로 인한 건설업 등록의 이전

2) 합병으로 인한 건설업 등록의 이전

3) 건설업의 양도가 양도인의 건설업에 관한 자산과 권리·의무의 전부를 포괄적으로 양도하는 경우로서 다음 중 어느 하나에 해당하는 때에는 양도인의 건설업영위기간을 합산할 수 있다.

① 개인이 영위하던 건설업을 법인사업으로 전환하기 위하여 건설업을 양도하는 때

② 건설사업자인 법인을 합명회사 또는 합자회사에서 유한회사 또는 주식회사로 전환하기 위하여 건설업을 양도하는 때

③ 건설사업자인 회사가 분할에 의하여 설립되거나 분할합병한 회사에 그가 영위하는 건설업의 전부를 양도하는 때

(3) 보증가능금액확인서 발급기관은 보증가능금액확인서를 발급하고 난 후 해당 업종의 관할 등록기관에 보증가능금액확인서 발급내용(발급일 기준)을 통보(건설산업종합정보망을 이용한 통보를 포함한다)하여야 한다.

(4) 보증가능금액확인서의 제출방법으로는 개별제출 및 발급기관의 통보(건설산업종합정보망을 이용한 통보를 포함한다) 모두 인정한다.

(5) 보증가능금액확인서 발급을 위해 예치되는 현금에 해당하는 출자증권에 대해서는 건설산업기본법 시행령 제13조 제1항 제1호의2 다목에 따른 확인서 발급기관이 확인서 기재금액에 해당하는 보증의무를 부담하게 되므로 보증가능금액확인서 발급기관은 출자증권을 교부하지 않도록 한다.

4. 시설·장비 중 사무실

(1) 시설·장비·사무실 충족여부

1) 등록기준(시설·장비·사무실)의 장비 중 「건설기계관리법」 등 그 밖의 법령의 적용을 받는 장비는 해당 법령에 따라 자기소유로 등록된 것이어야 한다.
2) 장비는 그와 동등 이상의 성능이 있다고 인정되는 것으로 갈음할 수 있다.
3) 작장·현도장은 각각 자기소유로 등기된 것이어야 한다.
4) 난방시공업(제3종)의 등록기준 중 장비는 임차한 장비로 갈음할 수 있다.
5) 사무실은 「건축법」 등 그 밖의 법령에 적합한 건물이어야 하며, 건설업의 등록을 하려는 시·도 안에 있어야 한다.

(2) 시설·장비·사무실 적격여부 확인

1) 사무실의 범위

가. 사무실은 건설산업기본법 시행령 별표2 비고3호 바목에 따라 「건축법」 등 관련법령에 적합한 것이어야 하며 등록하고자 하는 시·도내에 위치하여야 한다.

나. 건물등기부등본 또는 건축물대장 등에서 정한 용도가 사무실이 아니라도 건물의 형태, 입지 및 주위여건 등 제반상황을 고려하여 상시 사무실로 이용 가능한 것으로 확인되는 경우라면 사무실로 인정한다.

다. 나.에도 불구하고 다음 각 호의 건물 등 건설업의 사무실로 사용함이 타당하지 않다고 인정되는 건물은 건설업등록기준에 따른 사무실로 인정하지 아니한다. 다만, 건축물대장 등을 통하여 용도변경을 한 사실이 객관적으로 인정되는 경우에는 예외로 한다.

① 단독주택, 공동주택 등 주거용 건물
② 축사, 퇴비사, 온실, 저장고등 농업·임업·축산·어업용건물
③ 그 밖에 상시적으로 사무실로 이용하기 부적합한 건물

라. 건설업등록기준의 사무실은 건설업영위를 위한 용도로 사용되어야 한다.

마. 무허가건물 및 가설건축물은 사무실로 인정하지 아니한다. 다만, 「건축법」 제20조 제1항에 따라 시장·군수·구청장이 도시계획시설 또는 도시계획시설예정지에 건축을 허가한 가설건축물로서 사무실로 상당한 기간 동안 상시 이용이 가능하고 해당 가설건축물 소유자가 건설업등록을 하는 경우라면 사무실

로 인정할 수 있다.

바. 사무실은 다른 건설사업자 등의 사무실과 명확히 구분되어야 하며, 건설업 영위를 위해 필요한 책상 등 사무설비와 통신설비의 설치 및 사무인력이 상시 근무하기에 적합한 정도의 공간이어야 한다.

2) 사무실보유 증명서류로 건축물대장을 제출할 수 있는지 여부

건물소유자가 건물등기를 하지 않은 경우 등 불가피한 사정으로 인하여 임차인이 건물등기부등본을 제출할 수 없는 경우에는 「건축법」 제38조에 따른 건축물대장상의 소유자가 실제소유자임이 확인되는 경우(재산세 납세증명서 확인 등)에 한하여 건물등기부등본을 대신하여 건축물대장을 제출할 수 있다.

3) 사무실기준의 적격여부는 해당 사무실의 소재지를 방문하여 확인하여야 한다. 다만, 제출받은 서류의 심사결과와 사무실의 주소·전화번호·팩스번호 등의 확인 등 사정을 고려하여 방문 확인이 필요하지 않다고 판단되는 경우에는 이를 생략할 수 있다.

5. 그 밖의 시설·장비

각종 공부(건물등기부등본, 건축물대장, 등록증, 등기필증)와 임대차계약서를 상호 대조하여 확인한다.

6. 다른 법률에 따른 등록업종 등을 보유하는 경우(관리지침 제2장 바목)

(1) 자본금기준 등 건설업 등록기준의 적격여부를 검토할 때에는 건설업종 중복보유 및 주택건설업, 전기공사업, 정보통신공사업, 소방시설공사업 등 다른 법률에 따른 자본금기준 등 등록기준이 있는 업종을 함께 보유하고 있는지 확인하고, 이를 고려하여 적격여부를 판단하여야 한다.

※ 2004.9.17 개정된 「주택법」 시행령 제14조 제4항에 따라 「건설산업기본법」 제9조에 따른 종합공사를 시공하는 건설업종을 등록한 건설사업자(토목건축공사업 또는 건축공사업에 한함)와 주택건설사업자(또는 대지조성사업자)에 대하여는 상호 중복인정이 가능한 자본금·기술인력 및 사무실 면적은 중복 인정함

(2) (1)에 따라 확인한 결과, 다른 법률에 따른 등록업종별로 각각의 등록기준을 모두 충족하지 아니한 때에는 건설업등록기준을 부적격한 것으로 처리하되, 해당 신청인이 보유한 등록업종의 등록기준을 모두 충족시키는 조치를 취한 경우에는 적격으로 처리한다.

제2절 건설업 등록기준

1. 종합건설업 등록기준

종합건설업 등록을 위한 등록기준의 세부 내용은 다음과 같다. 다만, 건설산업기본법 시행령 제16조 등록기준 특례를 고려하여 판단해야 한다.

업종	기술능력	자본금 (개인인 경우 영업용자산평가액)		시설·장비· 사무실
토목 공사업	「국가기술자격법」에 따른 토목 분야의 토목기사 또는 「건설기술 진흥법」에 따른 토목 분야의 중급 이상의 건설기술인 중 2명을 포함한 토목 분야 초급 이상의 건설기술인 6명 이상	법인	5억원 이상	사무실
		개인	10억원 이상	
건축 공사업	「국가기술자격법」에 따른 건축 분야의 건축기사 또는 「건설기술 진흥법」에 따른 건축 분야의 중급 이상의 건설기술인 중 2명을 포함한 건축 분야 초급 이상의 건설기술인 5명 이상	법인	3억5천만원 이상	사무실
		개인	7억원 이상	
토목 건축 공사업	다음 각 호의 기술인을 포함한 「건설기술 진흥법」에 따른 초급 이상의 건설기술인(같은 법 시행령 별표 1 제3호차목 중 건설금융·재무, 건설기획, 건설정보처리 분야는 제외한다) 11명 이상 1. 「국가기술자격법」에 따른 토목 분야의 토목기사 또는 「건설기술 진흥법」에 따른 토목 분야의 중급 이상인 건설기술인 중 2명을 포함한 토목 분야 초급 이상의 건설기술인 5명 이상 2. 「국가기술자격법」에 따른 건축 분야의 건축기사 또는 「건설기술 진흥법」에 따른 건축 분야의 중급 이상의 건설기술인 중 2명을 포함한 건축 분야 초급 이상의 건설기술인 5명 이상	법인	8억5천만원 이상	사무실
		개인	17억원 이상	

업종	기술능력	자본금 (개인인 경우 영업용자산평가액)		시설·장비·사무실
산업·환경설비 공사업	기계·금속·화공 및 세라믹·전기·전자·통신·토목·건축·광업자원·정보처리·국토개발·에너지·안전관리·환경·산업응용 분야의 기술인으로서 기사 또는 「건설기술 진흥법」에 따른 중급 이상의 건설기술인 중 6명을 포함한 산업기사 또는 「건설기술 진흥법」에 따른 초급 이상의 건설기술인(같은 법 시행령 별표 1 제3호차목 중 건설금융·재무, 건설기획, 건설정보처리 분야는 제외한다) 12명 이상	법인	8억5천만원 이상	사무실
		개인	17억원 이상	
조경 공사업	1. 「국가기술자격법」에 따른 국토개발 분야의 조경기사 또는 「건설기술 진흥법」에 따른 조경 분야의 중급 이상 건설기술인 중 2명을 포함한 조경 분야 초급 이상의 건설기술인 4명 이상 2. 「건설기술 진흥법」에 따른 토목 분야 초급 건설기술인 1명 이상 3. 「건설기술 진흥법」에 따른 건축 분야 초급 건설기술인 1명 이상	법인	5억원 이상	사무실
		개인	10억원 이상	

2. 전문건설업 등록기준

전문건설업 등록을 위한 등록기준의 세부 내용은 다음과 같다. 다만, 등록기준 특례를 고려하여 판단하여야 한다.

통합 전 업종	기술능력[2]	통합 후 업종	자본금 (개인인 경우 영업용자산평가액)		시설·장비·사무실
실내건축 공사업	「건설기술 진흥법」에 따른 건축 분야 초급 이상의 건설기술인 또는 「국가기술자격법」에 따른 관련 종목의 기술자격취득자 중 2명 이상	실내건축 공사업	법인 및 개인	1.5억원 이상	사무실
철근·콘크리트 공사업	「건설기술 진흥법」에 따른 토목·건축 분야 초급 이상의 건설기술인 또는 「국가기술자격법」에 따른 관련 종목의 기술자격취득자 중 2명 이상	철근·콘크리트 공사업	법인 및 개인	1.5억원 이상	사무실
비계구조물해체 공사업	「건설기술 진흥법」에 따른 토목·건축·광업 분야(화학류관리 분야만 해당한다) 초급 이상의	구조물해체 비계 공사업	법인 및 개인	1.5억원 이상	사무실

통합 전 업종	기술능력2)	통합 후 업종	자본금(개인인 경우 영업용자산평가액)		시설·장비·사무실
	건설기술인 또는 「국가기술자격법」에 따른 관련 종목의 기술자격취득자 중 2명 이상				
상·하수도 설비 공사업	「건설기술 진흥법」에 따른 기계·토목 분야 초급 이상의 건설기술인 또는 「국가기술자격법」에 따른 관련 종목의 기술자격취득자 중 2명 이상	상·하수도 설비 공사업	법인 및 개인	1.5억원 이상	사무실
철도·궤도 공사업	1. 「국가기술자격법」에 따른 토목 분야 토목기사·철도보선기사 또는 「건설기술 진흥법」에 따른 토목 분야의 중급 이상의 건설기술인 중 1명을 포함한 토목 분야 초급 이상의 건설기술인 2명 이상 2. 「건설기술 진흥법」에 따른 기계 분야 초급 이상의 건설기술인 1명 이상 3. 전기·가스·특수용접기능사 1명을 포함한 「국가기술자격법」에 따른 관련 종목의 기술자격취득자 2명 이상	철도·궤도 공사업	법인	1.5억원 이상	1. 운반궤도차(모터카) 1대 이상(견인력 25톤 이상) 2. 트롤리(trolley: 흙 등 운반 차량) 4대 이상(적재하중 10톤 이상) 3. 타이탬퍼(tie tamper: 철로 자갈을 다지는 장비) 2대 이상 4. 레일을 연결하는 특수용접설비[플래시버트용접(불꽃막대기용접)·가스압착용접(가스압접)] 중 1조 이상 5. 양로기(揚路機: 레일 틀을 드는 기구) 1대 이상 6. 사무실
			개인	3억원 이상	
토공사업	「건설기술 진흥법」에 따른 토목·광업 분야(화약류관리 분야만 해당한다) 초급 이상의 건설기술인 또는 「국가기술자격법」에 따른 관련 종목의 기술자격취득자 중 2명 이상	지반 조성 포장 공사업	법인	1.5억원 이상	사무실
포장 공사업	1. 「건설기술 진흥법」에 따른 토목 분야 초급 이상의 건설기술인 1명 이상 2. 「국가기술자격법」에 따른				

통합 전 업종	기술능력2)	통합 후 업종	자본금 (개인인 경우 영업용자산평가액)		시설·장비·사무실
	관련 종목의 기술자격취득자 2명 이상				
보링·그라우팅 공사업	「건설기술 진흥법」에 따른 토목 분야 초급 이상의 건설기술인 또는 「국가기술자격법」에 따른 관련 종목의 기술자격취득자 중 2명 이상		개인	3억원 이상 (포장공사만)	
금속구조물·창호·온실 공사업	「건설기술 진흥법」에 따른 기계·토목·건축 분야 초급 이상의 건설기술인 또는 「국가기술자격법」에 따른 관련 종목의 기술자격취득자 중 2명 이상	금속 창호 지붕 건축물 조립 공사업	법인 및 개인	1.5억원 이상	사무실
지붕판금·건축물 조립 공사업	「건설기술 진흥법」에 따른 기계·토목·건축 분야 초급 이상의 건설기술인 또는 「국가기술자격법」에 따른 관련 종목의 기술자격취득자 중 2명 이상				
도장 공사업	「건설기술 진흥법」에 따른 토목·건축 분야 초급 이상의 건설기술인 또는 「국가기술자격법」에 따른 관련 종목의 기술자격취득자 중 2명 이상	도장 습식 방수 석공사업	법인 및 개인	1.5억원 이상	사무실
습식·방수 공사업	「건설기술 진흥법」에 따른 토목·건축 분야 초급 이상의 건설기술인 또는 「국가기술자격법」에 따른 관련 종목의 기술자격취득자 중 2명 이상				
석공사업	「건설기술 진흥법」에 따른 토목·건축 분야 초급 이상의 건설기술인 또는 「국가기술자격법」에 따른 관련 종목의 기술자격취득자 중 2명 이상				
조경식재 공사업	「건설기술 진흥법」에 따른 조경 분야 초급 이상의 건설기술인 또는 「국가기술자격법」에 따른 관련 종목의 기술자격취득자 중 2명 이상	조경식재 시설물 공사업	법인 및 개인	1.5억원 이상	사무실

통합 전 업종	기술능력[2]	통합 후 업종	자본금 (개인인 경우 영업용자산평가액)		시설·장비·사무실
조경 시설물 설치 공사업	「건설기술 진흥법」에 따른 조경 분야 초급 이상의 건설기술인 또는 「국가기술자격법」에 따른 관련 종목의 기술자격취득자 중 2명 이상				
강구조물 공사업	1. 「건설기술 진흥법」에 따른 기계·토목·건축 분야 초급 이상의 건설기술인 중 2명 이상 2. 「국가기술자격법」에 따른 관련 종목의 기술자격취득자 2명 이상	철강 구조물 공사업	법인	1.5억원 이상	1. 제작장(건축물의 바닥면적이 2천제곱미터 이상) 2. 현도장(길이 50미터 이상, 폭 15미터 이상) 3. 기중기(50톤 이상) 4. 전기용접기(30KVA 이상) 5. 사무실
철강재 설치 공사업	1. 「국가기술자격법」에 따른 토목 분야의 토목기사 또는 「건설기술 진흥법」에 따른 토목 분야의 중급 이상의 건설기술인 중 1명을 포함한 토목 분야 초급 이상의 건설기술인 2명 이상 2. 「국가기술자격법」에 따른 건축 분야의 건축기사 또는 「건설기술 진흥법」에 따른 건축 분야의 중급 이상의 건설기술인 중 1명 이상 3. 「건설기술 진흥법」에 따른 용접 분야 건설기술인 1명을 포함한 기계 분야 초급 이상의 건설기술인 2명 이상		개인	3억원 이상	
수중 공사업	1. 「국가기술자격법」에 따른 잠수산업기사 또는 잠수기능사 1명 이상 2. 「건설기술 진흥법」에 따른 기계·토목 분야 초급 이상의 건설기술인 또는 「국가기술자격법」에 따른 관련 종목의 기술자격취득자 중 1명 이상	수중 준설 공사업	법인 및 개인	1.5억원 이상	1. 다음 각 목의 장비를 모두 갖춘 표면공급식 잠수설비 2세트 이상 가. 잠수헬멧(KMB 또는 Super Lite-17) 나. 공기압축기 다. 수상·수중통화기 라. 생명줄 일체(저압공기호스, 수심계

통합 전 업종	기술능력2)	통합 후 업종	자본금 (개인인 경우 영업용자산평가액)		시설·장비·사무실
					호스, 통화용전선 각 200미터 이상) 2. 스쿠버 장비 5세트 이상 3. 사무실
준설 공사업	1. 「국가기술자격법」에 따른 토목 분야의 토목기사 또는 「건설기술 진흥법」에 따른 토목 분야의 중급 이상의 건설기술인 중 1명을 포함한 토목 분야 초급 이상의 건설기술인 3명 이상 2. 「국가기술자격법」에 따른 기계 분야의 건설기계기사 또는 「건설기술 진흥법」에 따른 건설기계 분야의 중급 이상인 건설기술인 중 1명을 포함한 기계 분야 초급 이상의 건설기술인 2명 이상				1. 다음의 준설선 중 2종 이상 가. 펌프식(2천마력 이상) 나. 그랩(grab)식(6세제곱미터 이상) 다. 디퍼(dipper)식(5세제곱미터 이상) 라. 버킷(bucket)식(2천마력 이상) 2. 예선(200마력 이상) 3. 앵커바지(anchor barge: 톱니바퀴닻 화물운반선, 100마력 이상) 4. 사무실
삭도 설치 공사업	1. 「건설기술 진흥법」에 따른 기계·토목·안전관리 분야 초급 이상의 건설기술인 각 1명 이상 2. 「국가기술자격법」에 따른 관련 종목의 기술자격취득자 2명 이상	승강기 삭도 공사업	법인	1.5억원 이상	1. 기중기(50톤) 2. 전기용접기(30KVA 이상) 3. 동력윈치(동력winch: 쇠중량물을 끌어올리거나 당기는 동력기계) 4. 발전기 5. 사무실
승강기 설치 공사업	「국가기술자격법」에 따른 관련 종목의 기술자격취득자 2명 이상		개인	3억원 이상 (삭도설치공사업만)	
기계설비 공사업	「건설기술 진흥법」에 따른 기계·건축 분야 초급 이상의 건설기술인 또는 「국가기술자격법」에 따른 관련 종목의 기술자격취득자 중 2명 이상	기계 가스 설비 공사업	법인 및 개인	1.5억원 이상	1. 기밀시험설비 2. 내압시험설비 3. 자기압력기록계 4. 가스누출검지기 5. 공기호흡기 또는 공기를 내보내는 마스크 6. 볼트 및 암페어미터

통합 전 업종	기술능력2)	통합 후 업종	자본금 (개인인 경우 영업용자산평가액)		시설·장비·사무실
가스시설 시공업 제1종	1. 가스 관계 업무에 종사한 실무경력이 5년 이상인 사람으로서 「국가기술자격법」에 따른 가스산업기사 이상의 기술자격취득자 1명 이상 2. 「건설기술 진흥법」에 따른 토목 분야 초급 이상의 건설기술인 또는 「국가기술자격법」에 따른 용접산업기사 또는 가스기능사 이상의 기술자격취득자 중 1명 이상 3. 다음 각 목의 어느 하나에 해당하는 사람 중 1명 이상 가. 「국가기술자격법」에 따른 용접기능사(전기용접·가스용접을 포함한다)·특수용접기능사 또는 배관기능사 이상의 기술자격취득자 나. 가스관계업무에 종사한 실무경력이 5년 이상인 사람으로서 한국가스안전공사가 실시하는 가스시설시공관리자양성교육을 이수한 사람				(전류계) 7. 절연저항측정기(500V 1천MΩ) 그 밖의 측정기[아들자캘리퍼스(아들자calipers: 아들자가 달려 두께나 지름을 재는 기구)·내외경마이크로미터(내외경미세측정기)·초음파측정기·다이얼게이지(톱니바퀴식측정기)·도막(도료도포막)측정기 등] 8. 각종 압력계 9. 표준이 되는 온도계 10. 사무실
가스시설 시공업 제2종	다음 각 호의 어느 하나에 해당하는 사람 중 1명 이상 1. 「국가기술자격법」에 따른 가스기능사(고압가스 기계기능사보·고압가스 화학기능사보 및 고압가스 취급기능사보를 포함한다) 이상의 자격을 가진 사람으로서 한국가스안전공사에서 실시하는 시공자양성교육과정을 이수한 사람 2. 한국가스안전공사에서 실시하는 일반시설안전관리자양성교육을 이수한 사람으로서 한국가스안전공사에서 실시하는 시공자양성과정을 이수	가스 난방 공사업	없음	없음	1. 기밀시험설비 2. 자기압력기록계 3. 가스누출검지기 4. 사무실

통합 전 업종	기술능력[2]	통합 후 업종	자본금 (개인인 경우 영업용자산평가액)		시설·장비·사무실
	한 사람 3. 한국가스안전공사가 실시하는 가스시설시공관리자양성교육을 이수한 사람				
가스시설시공업 제3종	다음 각 호의 어느 하나에 해당하는 사람 중 1명 이상 1. 다음 각 목의 어느 하나에 해당하는 기술자격을 가진 사람으로서 한국가스안전공사에서 실시하는 온수보일러시공자양성교육 또는 온수보일러시공관리자양성교육을 이수한 사람 가. 「국가기술자격법」에 따른 가스기능사(고압가스기계기능사보·고압가스화학기능사보 및 고압가스취급기능사보를 포함한다) 또는 온수온돌기능사 이상의 자격을 가진 사람 나. 한국가스안전공사에서 실시하는 일반시설안전관리자양성교육·도시가스시설안전관리자양성교육·판매시설안전관리자양성교육 또는 사용시설안전관리자양성교육을 이수한 사람 다. 난방시공업 제1종 또는 제2종의 등록을 한 사람 2. 한국가스안전공사에서 실시하는 가스시설시공관리자양성교육을 이수한 사람 3. 난방시공업 제1종 또는 제2종의 기술능력을 가진 사람으로서 한국가스안전공사에서 실시하는 온수보일러시공관리자양성교육을 이수하고, 온수보일러시공자양성교육을 이수한 사람				1. 기밀시험설비 2. 자기압력기록계 3. 가스누출검지기 4. 사무실

통합 전 업종	기술능력2)	통합 후 업종	자본금 (개인인 경우 영업용자산평가액)		시설·장비·사무실
난방 시공업 제1종	「국가기술자격법」에 따른 관련 종목의 기술자격취득자 또는 「건설기술 진흥법」에 따른 초급(같은 법 시행령 별표 1 제3호차목 중 건설금융·재무, 건설기획 및 건설정보처리 분야는 제외한다) 이상의 건설기술인 중 2명 이상				1. 수압시험기 1대 이상 2. 사무실
난방 시공업 제2종	제1종의 기술능력자격자 중 1명 이상				1. 수압시험기 1대 이상 2. 사무실
난방 시공업 제3종	「국가기술자격법」에 따른 금속·재료 분야(금속재료·금속가공·금속재료시험·금속제련·세라믹 직종) 기사 및 기능장, 기계 분야 기사 및 기능장, 에너지관리기사 이상의 건설기술인 중 1명 이상				1. 가스분석기 1대 이상 2. 광고온계(光高溫計: 밝기로 온도를 재는 기계) 1대 이상 3. 열전식 또는 저항식으로서 온도측정범위가 1,200℃ 이상인 온도측정기 1대 이상 4. 온도측정범위가 300℃ 이하인 표면온도측정기 1대 이상 5. 아들자캘리퍼스 및 마이크로미터 1식 이상 6. 압축강도시험기 1대 이상 7. 한국산업규격에 규정된 내화도(耐火度: 열에 견디는 정도) 시험에 적합한 내화도 측정기 1대 이상 8. 사무실

2) 통합된 동일 업종 내에서 주력분야 확장 시 이를 용이하게 할 수 있도록 주력분야 추가 지정 시 기술능력은 횟수 제한 없이 1/2 수준으로 완화

CHAPTER 03

건설업 관리규정

[국토교통부 예규 제420호, 2025. 5. 2., 일부개정]

〈개정 연혁〉

1. '02.11.13(전면개정)
2. 제3장 제3호나목 개정 및 동 제3호의2신설 - '03. 2.19(일부개정)
3. 별지1 제19조 제2항 단서신설 - '03. 3.19(일부개정)
4. 시행령개정에 따른 제5장 및 별지4 기술자격변경 - '03. 8.19(일부개정)
5. 별지1 제10조 제3항신설 - '05. 5.31(일부개정)
6. '05. 7.22(일부개정)
7. 별지5 기술자격취득자 및 재등록시 주기적 신고 변경 - '06. 2.21(일부개정)
8. 중복처벌 방지를 위한 제7장 제1호 신설 - '06. 4. 6(일부개정)
9. 법령개정에 따른 일부개정 - '07.12.28(일부개정)
10. 시행령 개정 등에 따른 일부개정 - '08. 7. 8(일부개정)
11. 국토해양부 예규로 변경 - '09. 8.24(일부개정)
12. 시행령 개정 등에 따른 일부개정 - '10.11.10(일부개정)
13. 시행령 개정 등에 따른 일부개정 - '12. 7. 5(일부개정)
14. 별지1 및 서식6 서식에 세무사 누락으로 수정 - '12. 7.10(일부개정)
15. 시행령 개정 등에 따른 일부개정 - '13.12.30(일부개정)
16. 일부개정 - '14.9.29(일부개정)
17. 일부개정 2018.1.8.
18. 일부개정 2020.7.1.
19. 일부개정 2021.12.14.
20. 일부개정 2023.9.15.
21. 일부개정 2025.5.2.

제1장 목 적

이 규정은 「건설산업기본법」, 같은 법 시행령 및 같은 법 시행규칙에서 정하는 바에 따라 건설업을 관리함에 있어서 공정성과 효율성을 도모하기 위하여 필요한 기준을 정함을 목적으로 한다.

제2장 건설업의 등록

1. 처리기관

가. 종합공사를 시공하는 업종의 등록은 「건설산업기본법 시행령」(이하 "영"이라 한다) 제87조 제1항 제1호 각 목의 업무를 위탁받은 기관(이하 "대한건설협회"라 하며, 그 시·도회를 포함한다)이 접수하여 심사하고, 시·도지사(신청인인 법인 또는 개인의 주된 영업소 소재지를 관할하는 시·도지사를 말한다. 이하 같다)가 처리한다.

나. 전문공사를 시공하는 업종 및 주력분야의 등록은 신청인(법인 또는 개인)의 주된 영업소 소재지를 관할하는 시·도지사 또는 시장·군수·구청장(이하 "시·도지사 등"이라 한다)가 처리한다.

다. 시·도지사 등은 전문공사를 시공하는 업종 및 주력분야 신청인의 등록처리를 위하여 건설산업정보센터에 해당 등록기준(기술능력, 자본금, 보증가능금액확인서) 충족여부 확인을 요청할 수 있다.

2. 동일 업종의 중복보유 제한

법인(개인)은 동일한 종류의 건설업종을 2개 이상 보유할 수 없으며, 양도·합병·상속 등의 사유로 동일한 종류의 건설업종을 2개 이상 보유한 경우에는 지체없이 폐업·등록말소 처리하여야 한다. 이 경우 토목공사업이나 건축공사업은 토목건축공사업과 동일한 종류의 건설업종으로 본다.

3. 건설업등록기준의 적격여부 확인

가. 기술능력

(1) 한국건설기술인협회의 업체별 건설기술인 자료와 기술자자격증 사본, 업체로부터 제출받은 고용보험 가입증명(사업장별 피보험자격 취득자 목록 및 피보험자격 이력 내역서 등을 말하며, 「고용보험법」 제10조에 따른 적용제외 근로자인 경우에는 국민연금보험, 국민건강보험 또는 산업재해보상보험 가입증명 중의 어느 하나로 갈음할 수 있다) 등을 상호대조·확인하여 처리한다.

(2) 기술능력기준을 확인함에 있어서 필요한 때에는 건설기술인 개인별 경력사항, 고용계약서 사본 등 사실 확인을 위한 자료를 추가로 제출받아 실제 근무 여부를

확인할 수 있다.

(3) 영 별표 2 비고 제1호 가목에서 "상시 근무에 지장이 없는 경우"라 함은, 기술인력에 해당하는 사람이 해당 건설업 사업장에서 「근로기준법」제2조제1항제9호에 따른 단시간근로자에 해당되지 않고, 「근로기준법」제2조제1항제8호에 따른 소정(所定)근로시간 동안에는 다른 사업을 영위하지 않는 경우를 말한다.

나. 자본금

(1) 재무관리상태진단보고서를 제출받지 않는 경우에는 다음 각목에 따라 처리한다.

(가) 신설법인(법인설립등기일부터 건설업 등록신청 접수일까지 90일이 경과되지 아니하고 별도의 영업실적이 없는 법인을 말하며, 이하 같다)이 아닌 경우에는 다음 각 호의 어느 하나에 해당하는 재무제표로 확인

① 「주식회사의 외부감사에 관한 법률」(이하 "외감법"이라 한다) 제2조에 따라 외부감사를 받은 재무제표

② 「법인세법」 및 「소득세법」에 따라 관할 세무서장에게 제출한 정기 연차 결산일 기준 재무제표(세무대리인이 확인한 것을 말한다)

③ 위의 각 경우에 대하여 별지2 건설업체 기업진단지침에 따라 재무제표를 검토, 자본금기준의 적격 여부를 확인하여야 한다.

④ 건설공제조합 등 보증가능금액확인서 발급기관으로부터 대출·융자 받은 금액이나 금융기관으로부터 대출받은 금액이 부채에 포함되지 않은 경우에는 이를 부채총계에 가산하며, 이 경우 필요한 때에는 신용정보조회서 또는 금융거래확인서 등 증빙자료의 제출을 요구할 수 있다.

(나) 신설법인의 경우에는 재무상태표와 자산증빙 서류로 확인
등록신청자가 제출한 재무상태표상의 자산 및 부채항목을 종합적으로 고려하되, 자산항목 입증을 위해 등록신청자(법인인 경우 대표이사 및 이사 명의의 자산은 불인정) 명의로 된 다음의 서류를 확인한다.

① 보증가능금액확인서 발급을 위한 예치금

② 30일 이상의 은행평균잔고증명서

③ 사무실 임차시 임차보증금이 있음을 증명하는 서류

④ 공사용 장비를 구입한 경우에는 장비구입영수증

⑤ 그 밖에 등록신청자 명의의 재산보유를 증명하는 서류

(다) 등록신청서를 접수받아 심사하는 기관은 (가)목 및 (나)목의 경우 외에도 별지2의 규정에 의한 재무관리상태진단보고서 제출없이 자본금기준 적격여부

를 확인할 수 있는 경우에 대한 세부기준을 정하여 운영할 수 있다.

(2) 별지2에 따른 재무관리상태진단보고서를 제출받아 자본금기준의 적격여부를 확인한 경우에는 다음에 따라 처리한다.

(가) 등록신청서를 접수받아 심사하는 기관은 매월 10일까지 별지6에 따라 지난달의 진단자 현황을 국토교통부장관에게 보고하여야 한다.

(나) 재무관리상태진단보고서의 내용에 부실자산이나 겸업자산이 포함되어 있는 것을 확인하였거나 의심이 되는 경우에는 진단자에게 진단조서 및 별지2 건설업체 기업진단지침 제7조에 따른 증빙자료의 제출을 통한 소명을 요구하여 적정성 여부를 확인하여야 한다.

(다) (나)에 따른 소명자료의 확인결과, 별지2 건설업체 기업진단지침 제11조 제1항 각 호의 어느 하나에 해당하는 경우에는 「공인회계사법」에 따른 한국공인회계사회 기업진단감리위원회 등에 재무관리상태진단보고서의 감리를 요청하는 등 필요한 조치를 하여야 한다.

(3) 재무상태표나 재무관리상태진단보고서상의 자산계정에 예금 등의 금융상품이 있을 때에는 (1) (나)와 (2)에도 불구하고 건설업등록신청을 심사하는 시점까지 그 금액의 계속 보유(경상적인 경영활동에 의한 인출은 제외한다) 여부를 확인하여야 하고, 자본금기준에 미달하는 때에는 건설업등록기준의 부적격으로 처리하여야 한다.

다. 보증가능금액확인서

(1) 영 제13조 제1항 제1호의2에 따른 보증가능금액확인서 발급기관으로서 「건설산업기본법」(이하 "법"이라 한다) 제54조에 따라 설립된 "건설공제조합", "전문건설공제조합", "대한설비건설공제조합" 및 「보험업법」 제4조에 따라 설립된 "서울보증보험주식회사"를 지정한다.

(2) 법 제17조에 따른 업무처리시 다음 각 호의 경우에는 피상속인·피합병법인·양도인의 보증가능금액확인서를 상속인·합병법인·양수인에 해당하는 것으로 볼 수 있다.

(가) 상속으로 인한 건설업 등록의 이전

(나) 합병으로 인한 건설업 등록의 이전

(다) 건설업의 양도가 양도인의 건설업에 관한 자산과 권리·의무의 전부를 포괄적으로 양도하는 경우로서 건설산업기본법 시행규칙(이하 "규칙"이라 한다) 제18조 제6항 각 호의 어느 하나에 해당하는 경우

(3) 보증가능금액확인서 발급기관은 보증가능금액확인서를 발급하고 난 후 해당 업종의 관할 등록기관에 보증가능금액확인서 발급내용(발급일 기준)을 통보(건설산업종합정보망을 이용한 통보를 포함한다)하여야 한다.

(4) 보증가능금액확인서의 제출방법으로는 개별제출 및 발급기관의 통보(건설산업종합정보망을 이용한 통보를 포함한다) 모두 인정한다.

(5) 보증가능금액확인서 발급을 위해 예치되는 현금에 해당하는 출자증권에 대해서는 영 제13조 제1항 제1호의2 다목에 따른 확인서 발급기관이 확인서 기재금액에 해당하는 보증의무를 부담하게 되므로 보증가능금액확인서 발급기관은 출자증권을 교부하지 않도록 한다.

라. 시설·장비 중 사무실

(1) 사무실의 범위

(가) 사무실은 영 제13조 제1항 제2호에 따라 「건축법」 등 관련법령에 적합한 것이어야 하며 등록하고자 하는 시·도(종합건설의 경우) 또는 시·군·구(전문건설업의 경우) 내에 위치하여야 한다.

(나) 건물등기부등본 또는 건축물대장 등에서 정한 용도가 사무실이 아니라도 건물의 형태, 입지 및 주위여건 등 제반상황을 고려하여 상시 사무실로 이용 가능한 것으로 확인되는 경우라면 사무실로 인정한다.

(다) (나)에도 불구하고 다음 각 호의 건물 등 건설업의 사무실로 사용함이 타당하지 않다고 인정되는 건물은 건설업등록기준에 따른 사무실로 인정하지 아니한다. 다만, 건축물대장 등을 통하여 용도변경을 한 사실이 객관적으로 인정되는 경우에는 예외로 한다.

① 단독주택, 공동주택 등 주거용 건물

② 축사, 퇴비사, 온실, 저장고 등 농업·임업·축산·어업용 건물

③ 그 밖에 상시적으로 사무실로 이용하기 부적합한 건물

(라) 건설업등록기준의 사무실은 건설업영위를 위한 용도로 사용되어야 한다.

(마) 무허가건물 및 가설건축물은 사무실로 인정하지 아니한다. 다만, 「건축법」 제20조 제1항에 따라 시장·군수·구청장이 도시계획시설 또는 도시계획시설 예정지에 건축을 허가한 가설건축물로서 사무실로 상당한 기간 동안 상시 이용이 가능하고 해당 가설건축물 소유자가 건설업등록을 하는 경우라면 사무실로 인정할 수 있다.

(바) 사무실은 다른 건설사업자 등의 사무실과 명확히 구분되어야 하며, 건설업

영위를 위해 필요한 책상 등 사무설비와 통신설비의 설치 및 사무인력이 상시 근무하기에 적합한 정도의 공간이어야 한다.

(2) 사무실보유 증명서류로 건축물대장을 제출할 수 있는지 여부
건물소유자가 건물등기를 하지 않은 경우 등 불가피한 사정으로 인하여 임차인이 건물등기부등본을 제출할 수 없는 경우에는 「건축법」 제38조에 따른 건축물대장상의 소유자가 실제소유자임이 확인되는 경우(재산세 납세증명서 확인 등)에 한하여 건물등기부등본을 대신하여 건축물대장을 제출할 수 있다.

(3) 사무실기준의 적격여부는 해당 사무실의 소재지를 방문하여 확인하여야 한다. 다만, 제출받은 서류의 심사결과와 사무실의 주소·전화번호·팩스번호 등의 확인 등 사정을 고려하여 방문 확인이 필요하지 않다고 판단되는 경우에는 이를 생략할 수 있다.

마. 그 밖의 시설·장비

각종 공부(건물등기부등본, 건축물대장, 등록증, 등기필증)와 임대차계약서를 상호 대조하여 확인한다.

바. 다른 법률에 따른 등록업종 등을 보유하는 경우

(1) 자본금기준 등 건설업 등록기준의 적격여부를 검토할 때에는 건설업종 중복보유 및 주택건설업, 전기공사업, 정보통신공사업, 소방시설공사업 등 다른 법률에 따른 자본금기준 등 등록기준이 있는 업종을 함께 보유하고 있는지 확인하고, 이를 고려하여 적격여부를 판단하여야 한다.

※ 2004.9.17 개정된 「주택법 시행령」 제14조 제4항에 따라 「건설산업기본법」 제9조에 따른 종합공사를 시공하는 건설업종을 등록한 건설사업자(토목건축공사업 또는 건축공사업에 한함)와 주택건설사업자(또는 대지조성사업자)에 대하여는 상호 중복인정이 가능한 자본금·기술인력 및 사무실 면적은 중복 인정함

(2) (1)에 따라 확인한 결과, 다른 법률에 따른 등록업종별로 각각의 등록기준을 모두 충족하지 아니한 때에는 건설업등록기준을 부적격한 것으로 처리하되, 해당 신청인이 보유한 등록업종의 등록기준을 모두 충족시키는 조치를 취한 경우에는 적격으로 처리한다.

사. 〈삭제〉

아. 건설업등록기준의 중복 인정에 관한 특례 적용기준

영 제16조 및 「건설업등록기준 중 기술능력 중복인정 기준」에 따라 건설업 등록기준 중 자본금과 기술능력의 중복 인정은 다음과 같이 적용한다. 다만, 건설업자가 가스난방공사업(가스시설공사 제2종 및 제3종 또는 난방공사 제2종 및 제3종에 한정한다)의 등록을 추가로 신청하는 경우에는 기술능력에 해당하는 자 중 공동으로 활용할 수 있는 기술인력은 이미 갖춘 것으로 본다.

(1) 추가 등록하려는 업종이 다수인 경우에는 그 중 법정 "최저 자본금기준"이 가장 큰 업종의 "최저 자본금기준"의 2분의 1까지에 해당하는 자본금을 이미 갖춘 것으로 인정한다.

(2) 영 제16조 제1항의 "1회에 한정하여" 중 "1회"란 자본금과 기술능력에 대한 각각 한번의 횟수를 말하며, 둘 이상의 업종을 동시에 추가 등록하는 경우에는 자본금의 인정 업종과 기술능력의 인정 업종을 각기 달리 선택하여 특례 인정을 받을 수 있다.

(3) 〈삭제〉

(4) 〈삭제〉

(5) 1개 업종을 보유한 자가 추가 등록을 통해 특례 인정을 받은 후 기존 업종을 폐업하는 경우에는 추가 등록한 업종이 건설업등록기준에 충족하도록 보완하여야 한다.

(6) 2개 이상의 업종을 보유한 자가 추가 등록을 통해 특례인정을 받은 후 기존 업종을 폐업하는 경우에는 폐업하는 업종의 등록기준 등에 따라 자본금 및 기술능력의 보완 여부를 판단하여야 한다.

(7) 영 제16조 제1항 제2호의 기술능력에서 "같은 종류·등급으로서 공동 활용할 수 있는 경우" 중 "같은 종류"란 같은 직무분야(기계, 토목, 건축 등)를 말하며, "같은 등급"이란 직무수행능력의 수준에 따른 「건설기술진흥법」에 따른 건설기술자의 단계(초급, 중급, 고급, 특급), 「국가기술자격법」에 따른 국가기술자격듸 단계(기술사, 기능장, 기사 등)를 말한다.

(8) 영 제16조 제1항 제2호의 "공동 활용할 수 있는 경우"란 기존 보유업종의 "최소 기술능력"에 따라 실제 보유한 기술능력을 확인하여 추가 등록하려는 업종의 "최소 기술능력"으로 공동 활용할 수 있는 경우를 말한다.

(9) 보유하고 있는 업종의 "최소 기술능력"이 추가 등록하려는 업종의 기술능력과 같은 종류·등급으로서 공동으로 활용할 수 있는 "최소 기술능력"이 5인 이상인 경우에는 기술능력을 2인까지 중복 인정한다.

(10) 추가 등록시 공동으로 활용할 수 있는 기술능력이 없어 기술능력을 인정받지 못한 경우에는 이후 다른 업종을 추가 등록할 때 기술능력의 중복 인정을 받을 수 있다.

(11) 건설사업자가 영 제16조제6항에 따라 등록기준 특례 적용을 받고자 하는 경우 종합공사를 시공하는 업종의 경우에는 대한건설협회에서 접수를 받아 시·도지사 등이 처리하고, 전문공사를 시공하는 업종의 경우에는 시·도지사(시장·군수·구청장) 등이 처리한다. 이 경우 대한건설협회가 특례 적용 신청을 받은 때에는 별지2의8 서식에 따라 시·도지사에게 그 확인결과를 지체없이 통보하여야 하며, 시·도지사 등은 특례 적용을 처리한 날 또는 처리결과를 통보받은 날부터 3일 이내에 건설행정정보시스템에 입력하고 이를 공고하여야 한다.

자. 전문건설업종 통합에 따른 중복인정에 관한 특례 적용기준

영 제16조제5항에 따라 전문건설업종 내 기술능력의 중복 인정은 다음과 같이 적용한다. 다만, 가스난방공사업을 등록한 자가 주력분야[난방공사(제1종)은 제외한다]를 추가로 등록하거나 가스난방공사업을 등록하려는 자가 둘 이상의 주력분야[난방공사(제1종)은 제외한다]를 등록하려는 경우에는 기술능력에 해당하는 자 중 공동으로 활용할 수 있는 기술인력은 이미 갖춘 것으로 본다.

(1) 같은 업종의 주력분야를 추가로 등록하거나 전문공사를 시공하는 업종을 등록하려는 자가 둘 이상의 주력분야를 등록하려는 경우에는 기술능력이 같은 종류·등급으로서 공동으로 활용할 수 있는 기술인력 중 1명은 주력분야별로 이미 갖춘 것으로 본다.

적용례

- 통합된 도장·습식·방수·석공사업자가 도장공사를 주력분야로 등록한 후 추가로 습식·방수공사를 주력분야로 등록하려는 경우 기술인력 1명은 중복특례 적용 가능
- 통합된 금속창호·지붕건축물조립공사업을 등록하면서 금속구조물·창호·온실공사와 지붕판금·건축물조립 공사를 주력분야로 동시에 등록하려는 경우 하나의 주력분야에는 기술인력 1명은 중복특례 적용 가능

(2) 전문건설업종간 통합으로 인해 종전에 인정받았던 자본금 및 기술능력 중복특례가 소멸된 경우, 다른 건설업종에 대해 1회에 한하여 시행령 제16조제1항의 등록기준 특례를 신청할 수 있다.(시행령 제16조제2항 및 제16조제6항에 따라 적용받은 등록기준 특례가 소멸된 경우에도 또한 같다.)

적용례

- 업종통합 전 토공사업을 등록하고 포장공사업에 기술인력 중복특례를 받은 경우, 지반조성·포장공사업으로 통합 후 포장공사업의 중복특례는 소멸되고, 상·하수도설비공사업을 추가로 등록하려는 경우 업종간 기술인력 중복특례 적용 가능

(3) 대통령령 제31328호 부칙 제7조제2항에 따라 동 시행령 시행 전에 종전의 규정에 따라 전문공사를 시공하는 업종을 등록한 자가 종전에 등록한 전문공사를 시공하는 업종의 업무내용에 해당하는 업무분야를 제7조의2의 개정규정에 따른 주력분야를 등록한 것으로 인정받은 경우 제16조제5항의 주력분야 등록기준의 특례를 적용할 수 있다.

적용례

- 업종 통합 전 금속구조물·창호·온실공사업, 지붕판금·건축물조립공사업을 중복특례 적용 없이 보유한 건설사업자가 통합된 금속창호·지붕건축물조립공사업으로 전환된 경우, 하나의 주력분야에는 기술인력 중복특례 적용 가능

차. 시행령 별표 2 비고 제3호 다목 규정과 시행령 제16조제1항제1호에 따른 자본금 등록기준의 중복 특례는 한 개의 업종에 중복하여 적용할 수 없다.
(예) 실내건축공사업 관련 기능장 보유 시
- (적용가능) 기능장 보유 실내건축공사업 0.75억 + 신규등록 중복특례 적용 철근콘크리트공사업 0.75억
- (적용불가) 구조물해체·비계공사업 1.5억 + 실내건축공사업 0억(기능장 보유+중복특례 적용)

4. 종합공사를 시공하는 업종의 심사결과 통보 등

가. 대한건설협회가 건설업 등록신청서를 접수받아 심사한 때에는 규칙 제4조 제2항에 따라 심사결과를 시·도지사에게 통보하여야 한다.

나. 위의 통보는 당해 건설업 등록신청이 법정처리기간 내에 최종 처리될 수 있도록

법정처리기간의 3분의 2에 해당하는 기간내에 통보하는 것을 원칙으로 한다.

다. 건설업 등록신청 서류는 대한건설협회가 보관하며 중요서류는 10년간, 그 밖의 서류는 3년간 보관한다.

라. 심사결과의 통보방법은 FAX, E-Mail 등 대한건설협회와 관할 시·도지사간 협의하여 정하는 방법에 따른다.

마. 시·도지사는 건설업등록신청을 수리한 때에는 그 내용을 당해 신청인 및 대한건설협회에 통보하여야 한다.

제 3 장 건설업등록기준에 관한 사항의 주기적 신고 <삭제>

제 4 장 건설업등록증·등록수첩의 기재사항 변경

1. 처리기관

종합공사를 시공하는 업종의 경우에는 대한건설협회, 전문공사를 시공하는 업종의 경우에는 시·도지사 등으로 한다.

2. 처리방법

가. 처리기관은 기재사항변경신청서 접수시 제출받은 서류 및 건설산업종합정보망 등을 통하여 관련내용(법 제13조 제1항 각 호의 건설업등록 결격사유를 포함한다)을 확인하고, 건설업등록증 등을 변경 기재하여 신청자에게 교부한다.

나. 신청인의 주된 영업소 소재지 변경으로 처리기관이 달라지는 경우의 처리기관은 변경후 주된 영업소 소재지를 관할하는 대한건설협회 또는 시·도지사 등으로 한다. 다만, 30일 이내에 2회 이상 변경사항이 발생하여 관할 처리기관이 달라지는 경우에는 최종 변경후 소재지 관할기관에 일괄하여 신청할 수 있다.

다. 나목의 경우 변경후 주된 영업소 소재지를 관할하는 처리기관은 제49조 및 제91조 제3항 제9호에 따라 필요시 사무실 구비여부 등에 대한 실제 확인을 할 수 있다.

라. 〈삭제〉

3. 종합공사를 시공하는 업종의 처리결과 통보 등

가. 대한건설협회가 건설업등록증 및 등록수첩 기재사항변경신청을 처리한 때에는 별지2의3서식에 따라 시·도지사에게 그 처리결과를 지체없이 통보하여야 한다.

나. 서류보관 및 결과통보방법은 제2장 제4항 다목 및 라목을 준용한다. 다만, 기재사항변경신청 서류의 보관기간은 3년으로 한다.

제 4 장의2 건설업양도, 법인합병 및 상속

1. 처리기관

제2장 제1항에 따른 기관으로 한다.

2. 처리방법

가. 건설업의 양도 또는 합병신고서를 접수받아 심사하는 기관은 양도인 또는 피합병법인이 법 제49조 및 제91조 제3항 제9호에 따른 건설업등록기준에 적합한지 여부를 확인할 수 있으며, 심사기준은 [별지 7]의 건설업 실태조사규정을 준용한다. 이 경우 확인대상기간은 최초의 건설업등록일(최초결산일이 미도래하는 경우), 직전 정기연차 결산일부터 양도양수계약일 또는 합병계약일이 속하는 달의 직전월 말일까지로 한다.

나. 법 제17조 제1항에 따른 건설업의 양도 또는 합병에 의하여 해당 건설업종의 주된 영업소 소재지가 변경되는 경우의 업무처리는 다음의 각 목에 따른다. 이 경우 법 제17조 제3항에 따른 상속의 경우도 이를 준용한다.

(1) 처리기관은 양도인, 피합병법인, 피상속인을 관할하는 대한건설협회 또는 시·도지사 등으로 한다.

(2) 처리기관은 신고수리를 한 경우 건설업등록증 및 등록수첩의 기재사항을 변경기재하고, 관련서류일체를 양도 또는 합병후 존속하는 법인을 관할하는 기관에 이송하여야 한다. 이 경우 이송받은 기관은 필요시 법 제49조 및 제91조 제3항 제9호에 따라 등록기준 적격여부의 확인을 할 수 있다.

3. 종합공사를 시공하는 업종의 심사결과 통보 등

가. 심사결과의 통보는 제2장 제4항에 준하여 처리하며, 심사결과의 통보서식은 각각 별지2의4, 별지2의5 및 별지2의6에 따른다.

나. 대한건설협회가 건설업양도신고서를 접수한 때에는 규칙 제18조 제6항에 따라 양도인의 건설업영위기간이 합산되는 경우에 해당하는지 여부를 확인하여 시·도지사에게 통보하여야 한다.

4. <삭제>

5. 시정명령, 영업정지 등이 예상되는 경우 처리방법

법 제81조부터 제83조까지의 규정에 따른 시정명령, 영업정지, 등록말소 등이 객관적으로 명백히 예상되는 경우이나, 동 행정처분을 하기 전에 건설업체가 양도신고, 합병신고를 하는 경우에는 아래와 같이 처리한다.

가. 건설업 양도

(1) 건설업 양도신고 수리전에 사실 확인 및 청문 등 처분절차를 조속히 이행하고, 처분여부 결정후 처리

(2) 양도신고를 하고자 하는 업체가 (1)의 절차에 따라 영업정지를 받는 경우에는 법 제20조에 따라 처리

(3) 양도신고를 하고자 하는 업체가 (1)항의 절차에 따라 시정명령을 받는 경우에 동 시정명령기간 중에는 양도수리 불가

(4) 영업기간 및 실적 등이 승계되는 규칙 제18조 제6항 각 호의 경우는 양수인이 양도인의 지위를 포괄적으로 승계하므로 먼저 양도신고 수리 후 양수인에 대해서 처분 가능

나. 건설업 합병

합병의 경우 존속법인이 소멸법인의 권리의무를 포괄적으로 승계하므로 먼저 합병신고 수리 후 존속법인에 대해 처분 가능

제5장 전문건설업종의 통합에 따른 등록번호와 등록일자 기준

대통령령 제31328호 부칙 제7조에 따라 시행령 시행 전에 종전의 규정에 따라 전문공사를 시공하는 업종(이하 "종전 업종"으로 한다.)을 등록한 자가 개정된 별표1의 업종(이하 "통합 업종"으로 한다.)으로 전환되고 종전에 등록한 전문공사를 시공하는 업종의 업무내용에 해당하는 업무분야를 영 제7조의2의 개정규정에 따른 주력분야를 등록한 경우 등록번호와 등록일자의 부여기준은 다음과 같다.

가. 통합 업종의 등록번호와 등록일자는 종전 업종의 등록번호와 등록일자로 한다. 다만, 2개 이상의 업종이 하나의 업종으로 통합된 경우에는 가장 먼저 등록된 업종의 등록번호와 등록일자로 하고 등록일자가 같은 2개 이상의 업종이 하나의 업종으로 통합된 경우에는 대통령령 제31328호 시행 전의 별표1의 연번이 빠른 업종의 등록번호를 부여한다.

나. 종전 업종으로부터 등록된 주력분야의 등록일자는 종전업종의 등록일자로 한다.

다. 종전 업종으로 등록된 주력분야의 등록사항을 말소하고 동일한 주력분야를 새로 등록한 경우에는 새로 등록한 날을 등록일자로 한다.

제 6 장 건설업 폐업신고 및 재등록

1. 처리기관

처리기관은 신청인(법인 또는 개인)의 주된 영업소 소재지를 관할하는 시·도지사등으로 한다.

2. 건설사업자가 폐업신고시 시·도지사 등은 규칙 별지 제16호의2 서식에 따라 처리하고 폐업신고를 수리한 날부터 3일 이내에 건설행정정보시스템에 입력하고 이를 공고하여야 한다.

3. 법 제81조부터 제83조까지의 규정에 따른 시정명령, 영업정지, 등록말소 등이 객관적으로 명백히 예상되는 경우이나, 동 행정처분을 하기 전에 건설업체가 건설업을 폐업신고하는 경우의 처리방법은 아래와 같다.

가. 폐업수리조치 전에 위법행위에 대한 사실 확인 및 청문 등 처분절차를 조속히 이행하고, 처분여부 결정후 처리

나. 폐업신고하고자 하는 건설사업자가 "가"항의 절차에 따라 영업정지를 받은 경우에는 영업정지기간 중이라도 폐업신고 및 등록말소가 가능함

다. 폐업신고하고자 하는 건설사업자가 "가"항의 절차에 따라 시정명령을 받는 경우에, 동 시정명령 기간 중에는 폐업신고 불가(시정명령에 불응하는 경우 영업정지처분으로 이어지므로 영업정지처분을 받은 이후에 폐업가능)

4. 법 제20조의2에 따른 폐업신고에 의하여 건설업의 등록이 말소된 자가 6월 이내에 법 제9조에 따라 다시 건설사업자로 등록한 경우 실무처리방법은 아래와 같다.

가. 종전 건설사업자의 지위승계가 인정되는 6월 이내 건설업등록 여부의 판단기준일은 폐업으로 인한 등록말소일부터 재등록 신청일까지가 6월 이내인 경우로 한다.

> 예 '06.6.1 등록말소→'06.11.30 재등록 신청 ➡ 지위승계 인정
> '06.6.1 등록말소→'06.12.1 재등록 신청 ➡ 지위승계 불인정

나. 폐업신고로 인하여 등록말소된 법인과 다시 건설업을 등록하는 법인간의 동일성의 판단은 상호, 대표자 및 소재지 등이 변경되는 경우라도 법인등록번호가 동일(등록말소기간 동안 기업의 분할·합병·상속된 경우를 포함한다)한 경우 종전과 동일한 법인으로 인정

다. 등록절차 및 건설업 등록번호 부여 기준
건설업을 다시 등록하는 경우에는 신규등록절차에 따라 처리하되, 건설업 등록공고시 법 제85조의2의 규정에 의하여 종전 건설사업자의 지위를 승계함을 함께 표시하여야 하며, 기 보유했던 건설업종의 등록번호와 관계없이 폐업신고후 재등록하는 건설사업자의 업종번호는 신규로 부여함

라. 〈삭제〉

마. 영업정지 기간의 산정
영업정지 기간 중 폐업신고에 의해 건설업등록이 말소된 경우에는 지정정보통신망에 의한 건설업등록 말소일부터 영업정지 기간의 기산은 일시 중지되고 6월 이내에 다시 등록하는 경우에는 폐업신고 전의 영업정지 처분 효력이 승계되어 건설업 재등록일부터 잔여 영업정지 기간의 기산일이 개시되어 계속 진

행되는 것으로 봄. 이 경우 건설업등록 공고시 잔여 영업정지기간을 함께 표시하여야 함.

> 예 영업정지 처분 3월(2006. 6. 10 ~ 2006. 9. 9)을 받은 경우
> - 폐업신고로 인한 등록말소일: 2006. 7. 10 (영업정지기간 일시 중지됨)
> - 건설업 재등록일: 2006. 8. 10 (영업정지 기간 개시)
> - 따라서 영업정지 기간(3월)은 2006. 10. 9 만료한 것으로 봄

5. 대통령령 제31328호 시행 이전에 전문건설업종을 폐업한 자가 해당 규정 시행 이후에 재등록시 업무 처리 방법은 다음과 같다.

(예1) 토공사업을 폐업한자가 재등록할 경우에는 통합된 지반조성·포장공사업으로 재등록

(예2) 습식·방수공사업을 폐업한자가 재등록할 경우에는 통합된 도장·습식방수·석공사업으로 재등록

제 7 장 건설행정정보시스템(CIS)

1. 영 제10조에 따라 건설업등록관청이 건설업 및 주력분야의 등록, 건설업등록증·등록수첩의 기재사항변경, 건설업양도, 합병, 상속, 시정명령, 영업정지, 과징금부과, 등록말소, 과태료부과, 주력분야의 등록사항 말소 등의 조치를 한 경우에는 3일 이내에 이를 건설행정정보시스템(Construction administration Infor mation System: con.kiscon.net)에 입력하여야 한다.
2. 영 제87조 제1항 제6호에 따라 대한건설협회 등이 건설업등록기준 적합여부에 대한 실태조사를 실시한 경우에는 등록기준 위반 혐의업체를 별지 2의7 서식에 따라 건설산업종합정보망(KISCON)을 관리하는 기관 및 건설업 등록관청에 통보하여야 한다. 이 경우 건설산업종합정보망(KISCON)을 관리하는 기관은 등록기준 위반 혐의업체를 건설행정정보시스템(CIS)에 입력하여야 하며 건설업 등록관청은 등록기준 위반 혐의업체에 대한 처분결과(무혐의 처리 등을 포함한다), 청문을 실시한 경우 청문일자 및 청문내용을 건설행정정보시스템(CIS)에 입력하여야 한다.
3. 규칙 제36조의3에 따라 건설산업종합정보망(KISCON)에 건설업 등록말소 등의 공고시 공고기간은 다음과 같다.

가. 등록말소: 등록말소일부터 5년

나. 영업정지: 영업정지종료일부터 3년(소송 등으로 영업정지기간이 재산정된 경우, 재산정된 영업정지종료일 기준)

다. 과징금, 과태료 및 시정명령: 행정처분일부터 3년

제8장 법 위반자에 대한 제재기준

1. 영업정지 또는 과태료 등 중복 제재 금지

가. 법 제82조·제83조·제99조·제100조에 따른 영업정지, 과태료 등 제재처분은 위반행위별로 하여야 하며, 이미 처분한 동일한 위반행위에 대하여 다시 처분하여서는 아니된다.

나. 〈삭제〉

다. 2개 이상의 건설업종을 보유한 건설사업자에 대해 영업정지 등 제재처분을 하는 때에는 위반행위별로 해당 업종에 한하여 처분하며, 건설업등록기준이 일부 업종만 미달한 경우로서 등록기준 미달 업종을 선택할 수 있으면 청문과정에서 해당 업체의 의견을 들어 처리하여야 한다. 이 경우 업종을 선택한 결과 제재처분을 받을 업종이 다른 등록관청의 소관에 속하는 때에는 그 사실을 지체없이 해당 등록관청에 통보하여야 한다.

2. 영업정지 또는 과징금부과 결정기준

가. 법 제82조에 따른 위반행위로 인하여 제재처분을 하고자 하는 경우 해당 업종별로 그 종류(영업정지 또는 과징금)는 다음에 따라 결정할 수 있다.

(1) 영업정지처분

(가) 제재처분대상 건설사업자가 객관적으로 보아 시공능력을 상실한 것으로 인정된 때

(나) 제재처분대상 건설사업자가 과징금부과를 원하지 아니하거나 이미 부과된 과징금이 체납된 때

(다) 다음에 해당되는 사유로 법 제81조의 규정에 의한 시정명령 또는 시정지시하였으나 정당한 사유없이 이에 응하지 아니하여 제재 처분하는 때

① 법 제28조의 규정에 의한 하자담보책임을 이행하지 아니한 때

② 건설공사의 현장에 건설기술인을 배치하지 아니한 때

③ 건설공사를 성실하게 수행하지 아니함으로써 부실시공의 우려가 있는 때

(라) 법 제82조 제1항 제6호에 해당되는 사유로 인하여 10인 이상의 사망 사고가 있는 때

(2) 과징금부과

(가) 위반행위가 위 영업정지처분에 해당되지 아니한 때

(나) 영 별표6 2. 개별기준 나목 중 비고란의 직선보간법 적용례는 별지3에 의한다.

나. 법 제83조에 따른 위반행위 중 다음의 경우에는 등록말소처분을 한다.

(1) 법 제83조 제3호(건설업등록기준 미달)에 해당되는 건설사업자로서 기술능력, 자본금, 시설·장비 및 보증가능금액확인서 등 동일한 사유에 해당하는 등록기준의 미달로 최근 3년 이내에 제재처분을 받은 사실이 있는 때

> **예** 등록기준 중 기술능력 미달로 행정처분을 받은 후 처분일부터 3년 이내에 기술능력미달에 해당하는 사유가 다시 발생한 때

(2) 법 제83조 제9호에 해당되는 건설사업자가 법 제83조 제3호의 사유가 함께 계류되어 있는 때

(3) 법 제83조 제3호(건설업등록기준 미달)에 해당되어 영업정지처분을 받은 건설사업자가 처분종료일까지 등록기준의 미달사항을 보완하지 아니한 때

다. 나 (3)의 경우 시·도지사 등은 영업정지처분 종료일까지 등록기준 미달사항의 보완 여부를 확인하여야 하며, 보완자료(건설업등록기준 중 자본금은 영업정지처분 종료일을 기준일로 한 재무관리상태진단보고서)를 영업정지처분 종료일부터 30일 이내에 제출받아 확인하여야 한다. 다만, 건설산업기본법 시행령 별표6 1. 마.1)가) "시정을 완료한 경우로서 정상을 참작할 필요가 있는 경우"로 감경받았을 경우와 건설행정정보시스템에서 보완여부를 확인 할 수 있는 경우에는 제출받은 것으로 본다.

3. <삭제>

4. <삭제>

5. 영업정지 처분시기(개시일 포함)의 결정기준

특별한 사유가 없는 한 영업정지처분과 효력발생의 시기에 대해서는 「행정절차법」 제15조(송달의 효력발생) 및 제22조(의견청취) 등을 준용하여야 한다.

6. 기 타

가. 법령 위반행위의 통보·인지된 때에는 서면으로 당해 건설사업자에게 10 ~ 20일의 기간을 정하여 소명할 수 있는 자료 등을 제출하게 할 수 있다. 다만, 구체적인 위반내용이 객관적으로 입증될 수 있는 증거가 있는 경우에는 그러하지 아니하다.

나. 법 제86조의 규정에 의한 청문출석 등을 통지받은 건설사업자가 정당한 사유를 들어 서면으로 청문 등을 연기 요청하는 경우에는 2회까지 청문 등을 연기하여 줄 수 있다.

다. 위반건설사업자에 대한 청문 등은 별지4에 의하여 위반동기, 내용 등에 관한 질문과 답변을 기록하여 청문에 참석한 자의 서명 또는 기명날인을 받아야 한다.

라. 당해 사건과 관련하여 재판이 계류 중인 경우에 처분권자는 소송진행과 별도로 행정처분을 할 수 있다. 다만, 사실관계 확정을 위해 필요한 경우에는 검찰기소 또는 1심 판결 이후에 행정처분을 할 수 있다.

마. 영업정지 등 처분절차의 진행 중에 처분대상자의 주된 영업소 소재지가 변경되어 관할 등록관청이 달라지는 때에는 「행정절차법」 제6조 제1항에 따라 제재처분 관련서류를 지체없이 관할 등록관청에 이송하여야 한다. 다만, 청문이 진행중인 때에는 처분대상자의 의견을 들어 청문을 마친 후에 이송할 수 있으며 이 경우 이송받은 등록관청은 이미 이루어진 청문결과를 반영하여 처분할 수 있다.

바. 법 제22조제7항, 제34조, 제36조제1항, 제37조, 제38조제1항·제2항 또는 제68조의3제1항에 따른 의무 위반행위가 통보·인지되어 "가"항, "나"항 및 "다"항의 절차를 거쳐 위반사실이 확정된 경우 업종별로 해당 위반이력을 건설행정정보시스템에 입력하여야 한다.

사. 법 제49조에 따른 실태조사를 통해 등록기준 미달혐의가 확인되어, 청문절차 과정에서 해당 건설사업자가 소명자료를 제출하는 경우 등록관청은 등록기준 심사기관에 해당 소명자료에 대한 확인 및 의견제출을 요청할 수 있다.

아. 대통령령 제31328호에 따라 위반행위 적발 및 행정처분 부과 당시의 업종이 전환된 경우, 전환된 업종에 대하여 행정제재처분의 효과를 승계한다. 이 경우 2이

상의 주력분야를 보유한 건설사업자에 대하여는 종전에 영업정지처분을 받은 업종의 업무내용에 해당하는 주력분야를 제외한 통합업종의 건설공사를 수행할 수 있다.

자. 2021년 12월 31일 이후의 등록기준 미달 및 등록기준 보완 여부 판단은 통합된 업종의 등록기준을 적용한다.

제 9 장 「국가기술자격법」에 따른 관련종목의 기술자격 취득자의 범위

1. 시·도지사가 전문건설업 및 주력분야의 등록과 감독업무를 수행함에 있어서 영 별표2 비고1 다목에 따라 전문공사를 시공하는 업종의 업무분야별 등록기준으로 인정할 수 있는 『국가기술자격법에 의한 관련종목의 기술자격취득자의 범위』는 별지5에 의한다.

2. 종전에 전문공사를 시공하는 업종의 등록기준으로 인정받은 기술자격취득자를 고용한 건설사업자는 해당 기술자격취득자가 교체될 때까지는 이 규정에 따라 기술자격취득자를 고용한 것으로 본다.

3. 국가기술자격법령의 개정으로 명칭 등이 변경되었거나 다른 법령에 특별한 규정이 신설된 경우에는 해당 법령에서 정한 바에 따른다.

제 10 장 재검토기간

국토교통부장관은 이 예규에 대하여 「훈령 · 예규 등의 발령 및 관리에 관한 규정」에 따라 2025년 7월 1일 기준으로 매 3년이 되는 시점(매 3년째의 6월 30일까지를 말한다)마다 그 타당성을 검토하여 개선 등의 조치를 하여야 한다.

부 칙 〈제420호, 2025.05.02.〉

제1조(시행일) 이 예규는 발령한 날부터 시행한다.

CHAPTER 04

건설업 기업진단지침

제1장 총 칙

제1조(목 적)

이 지침은 영 제9조에 따른 재무관리상태의 진단을 실시함에 있어 진단자의 진단에 통일성과 객관성을 부여하기 위하여 필요한 사항을 규정함을 목적으로 한다.

해 설

건설업 기업진단이란 건설산업기본법에서 규정하고 있는 등록기준을 상시 충족하고 있는지를 평가하기 위하여 기업의 재무상태를 평가하고 이를 평정하여 순자산가액이 법정자본금(등록기준 자본금)을 충족하였는지를 진단하는 실무절차를 말한다. 이러한 기업진단을 건설업 기업진단지침에 의거하여 실시함으로써 진단자의 진단에 통일성과 객관성을 부여하고자 함에 있다.

관련 규정

건설산업기본법 제49조(건설사업자의 실태조사 등) ① 국토교통부장관 또는 지방자치단체의 장(제91조제1항에 따라 위임받은 사무를 처리하기 위하여 필요한 경우에만 해당한다. 이하 이 조에서 같다)은 등록기준에의 적합 여부, 하도급의 적정성, 성실시공 여부 등을 판단하기 위하여 필요하다고 인정하면 기간을 정하여 건설사업자로부터 그 업무, 재무관리 상태, 시공 상황 등에 관한 보고를 받을 수 있고, 소속 공무원으로 하여금 대통령령으로 정하는 바에 따라 건설사업자의 경영실태를 조사하게 하거나 공사 시공에 필요한 자재 또는 시설을 검사하게 할 수 있다.

② 국토교통부장관 또는 지방자치단체의 장은 다음 각 호의 어느 하나에 해당하는 경우로서 필요한 때에는 공인회계사, 세무사 또는 국토교통부령으로 정하는 요건을 갖춘 전문경영진단기관으로 하여금 건설사업자의 재무관리상태를 진단하게 할 수 있다.

1. 제1항에 따른 건설사업자의 경영실태를 조사하기 위한 경우
2. 건설사업자 또는 제9조에 따른 건설업 등록을 하려는 자가 건설업 등록기준에 적합한지 여부를 확인하기 위한 경우

③ 국토교통부장관 또는 지방자치단체의 장은 제1항에 따라 건설사업자의 경영실태를 조사

하기 위하여 필요하다고 인정하면 건설공사의 발주자, 「건설기술 진흥법」 제2조제9호에 따른 건설엔지니어링사업자, 그 밖에 건설공사 관계 기관(이하 이 조에서 "건설공사 관계 기관등"이라 한다)에 대하여 건설공사의 시공 상황에 관한 자료를 제출할 것을 요구할 수 있다. 이 경우 건설공사 관계 기관등은 특별한 사유가 없으면 이에 협조하여야 한다.

④ 국토교통부장관 또는 지방자치단체의 장은 제1항에 따른 조사를 하려면 조사 시작 7일 전까지 조사 일시, 조사 이유 및 조사 내용 등 조사계획을 미리 조사대상자에게 알려야 한다. 다만, 긴급한 경우나 사전에 알리면 증거인멸 등으로 조사 목적을 달성할 수 없다고 인정하는 경우에는 미리 알리지 아니할 수 있다.

⑤ 제1항에 따라 조사 또는 검사를 하는 공무원은 그 권한을 표시하는 증표를 지니고 이를 관계인에게 보여 주어야 하고, 조사 관련 장소에 출입할 때에는 성명, 출입시간, 출입 목적 등이 표시된 문서를 관계인에게 주어야 한다.

⑥ 국토교통부장관은 지방자치단체의 장에게 제1항부터 제3항까지의 규정에 따른 실태조사 등의 조치를 명할 수 있고, 그 조치 결과를 보고할 것을 요구할 수 있다.

⑦ 제1항 및 제6항에도 불구하고 국토교통부장관은 대통령령으로 정하는 바에 따라 연 1회 이상 건설사업자의 경영실태 조사를 실시하거나, 지방자치단체의 장에게 조사를 실시하여 그 결과를 보고하도록 요구하여야 한다.

건설산업기본법 시행령 제45조(건설사업자의 실태조사 등) ① 국토교통부장관 또는 지방자치단체의 장(제86조제1항에 따라 위임받은 사무의 처리를 위하여 필요한 경우에 한정한다)은 법 제49조제1항에 따라 소속 공무원에게 경영실태를 조사하게 하거나 자재 · 시설을 검사하게 하는 때에는 그 사유를 미리 건설사업자에게 통보해야 한다.

② 법 제49조 제1항의 규정에 의한 조사 또는 검사를 하는 공무원이 준수하여야 할 사항에 관하여 필요한 사항은 국토교통부령으로 정할 수 있다.

③ 법 제49조 제7항에 따른 경영실태의 조사는 법 제10조에 따른 건설업 등록기준에의 적합 여부에 관한 조사를 그 내용으로 한다.

④ 국토교통부장관 또는 지방자치단체의 장은 법 제49조제7항에 따라 경영실태의 조사를 할 때에는 조사의 기간, 내용 및 사유를 해당 건설사업자에게 통보해야 한다.

⑤ 국토교통부장관은 제3항 및 제4항에서 규정한 사항 외에 경영실태의 조사에 필요한 사항을 정하여 고시할 수 있다.

제 2 조(적용범위)

① 이 지침은 영 제13조에 따른 건설업 등록기준 중 사업자의 실질자본에 대한 진단에 관하여 적용한다.
② 진단을 실시함에 있어 이 지침에서 정하는 사항 및 다른 법령에 특별한 규정이 있는 경우를 제외하고는 기업회계기준에 따른다. 이 경우 "기업회계기준"이란 한국회계기준원 회계기준위원회가 공표하여 진단기준일 현재 시행하고 있는 회계기준을 말한다.

해 설

① 실질자본 = 실질자본금 = 진단대상사업의 실질자본 ≥ 등록기준 자본금
예를 들어 건축공사업(3.5억원) 영위업체의 진단 후 실질자본이 5억원이라고 가정하면 건축공사업의 실질자본금 5억원은 등록기준 자본금(3.5억원)이상이므로 "적격"에 해당한다.
② 〈1순위〉 건설업 기업진단지침 및 다른 법령의 특별한 규정
〈2순위〉 한국회계기준원 회계기준위원회가 공표하여 진단기준일 현재 시행하고 있는 기업회계기준, 다만 IFRS 적용 기업은 한국채택국제회계기준, IFRS 적용 기업외의 비상장기업은 일반기업회계기준에 의한다.

제 3 조(정의)

이 지침에서 사용하는 용어의 뜻은 다음과 같다.
1. "실질자산"이란 회사제시자산에서 이 지침에 따른 수정사항과 부실자산을 반영한 후의 금액을 말한다.
2. "실질부채"란 회사제시부채에서 이 지침에 따른 수정사항을 반영한 후의 금액을 말한다.
3. "겸업사업"이란 재무관리상태의 진단대상이 되는 사업 이외의 사업을 말한다. 이 경우 법인등기사항 등 형식적인 사업목적에 불구하고 그 실질적 사업내용에 따라 적용한다.
4. "겸업자산"이란 이 지침에서 겸업자산으로 열거한 자산과 겸업사업을 위하여 제공된 자산을 말한다.
5. "겸업부채"란 겸업자산과 직접 관련된 부채와 겸업사업에 제공된 부채를 말한다.
6. "겸업자본"이란 겸업자산에서 겸업부채를 차감한 금액을 말한다.
7. "진단대상사업 실질자산"이란 실질자산에서 겸업자산을 차감한 금액을 말한다.
8. "진단대상사업 실질부채"란 실질부채에서 겸업부채를 차감한 금액을 말한다.
9. "진단대상사업 실질자본"이란 진단대상사업의 실질자산에서 진단대상사업의 실질부채를 차감한 금액으로서 진단대상이 되는 사업의 실질자본을 말한다.

해 설

건설업 기업진단에서 진단대상사업이란 건설산업기본법상 건설업만을 말한다. 따라서 종합건설업과 전문건설업만이 여기에 해당한다.

1. 종합건설업(5종)

업 종	법인	개인
토목공사업	5억원 이상	10억원 이상
건축공사업	3.5억원 이상	7억원 이상
토목건축공사업	8.5억원 이상	17억원 이상
산업환경설비공사업	8.5억원 이상	17억원 이상
조경공사업	5억원 이상	10억원 이상

2. 전문건설업(14종)

업 종	법인	개인
실내건축공사업	1.5억원 이상	
비계·구조물해체공사업	1.5억원 이상	
철근·콘크리트공사업	1.5억원 이상	
상·하수도설비공사업	1.5억원 이상	
철도·궤도공사업	1.5억원 이상	3억 이상
지반조성포장공사업	1.5억원 이상	
금속창호지붕건축물조립공사업	1.5억원 이상	
도장습식방수석공사업	1.5억원 이상	
조경식재시설물공사업	1.5억원 이상	
철강구조물공사업	1.5억원 이상	3억 이상
수중준설공사업	1.5억원 이상	
가스난방공사업	없음	
기계가스설비공사업	1.5억원 이상	
승강기삭도공사업	1.5억원 이상	

사 례

건설업(도장습식방수석공사업, 자본금: 1.5억원)과 전기공사업(자본금: 1.5억원)을 겸업하는 (주)성우건설의 실질자산이 10억원, 실질부채가 5억원이라고 가정하고 전기공사업의 실질자산이 4억원, 실질부채가 2억원으로 겸업을 분류한 경우 (주)성우건설의 건설업(진단대상사업: 도장습식방수석공사업)의 실질자본은 다음과 같이 분류한다.

해설 진단대상사업(건설업: 도장습식방수석공사업)의 실질자본은 3억원이다. 그 계산 근거는 다음과 같다.

실 질 자 산	1,000,000,000	실 질 부 채	500,000,000
겸 업 자 산	400,000,000	겸업자본	200,000,000
겸업부채	200,000,000		
진단대상사업 실질자산	600,000,000	진단대상사업 실질자본	300,000,000
진단대상사업 실질부채	300,000,000		

〈참고〉 겸업자산과 겸업부채의 분류는 실지귀속에 따라 판단하고, 공통으로 사용되는 자산·부채의 경우에는 제28조 제1항 2호 나목에 의한다.

제 4 조(진단자)

진단자는 법 제49조 제2항에 따른 공인회계사(「공인회계사법」 제7조에 따라 금융위원회에 등록한 개업공인회계사 및 같은 법 제24조에 따라 등록한 회계법인을 말한다), 세무사(「세무사법」 제6조에 따라 등록한 세무사 및 같은 법 제16조의4에 따라 등록한 세무법인을 말한다) 또는 전문경영진단기관으로 한다.

해 설

기업진단 업무의 수행이 가능한 진단자는 다음과 같다. 다만, 진단자가 제8조 ②항의 규정이 적용되어 관계인에 해당하는 경우에는 독립성이 위배된 것으로 보아 기업진단업무의 수행이 불가능함으로 유의해야 한다. 따라서 기업진단 업무를 수행하는 경우에는 반드시 진단불능사유 확인서 작성을 의무화 할 필요가 있다.

1. 등록 세무사 및 세무법인
2. 등록 공인회계사 및 회계법인
3. 전문경영진단기관

전문경영진단기관은 다음의 요건을 갖춘 기관을 말한다(시행규칙 33조).

① 당해 법인의 설립목적이나 사업의 범위에 기업경영연구 또는 기업진단이 포함되어 있을 것

② 「공인회계사법」에 의하여 등록한 공인회계사 또는 「경영지도사 및 기술지도사에 관한 법률」 제8조에 따라 등록한 재무관리경영지도사(「주식회사의 외부감사에 관한 법률」에 의한 외부감사대상이 되는 건설사업자를 제외한 건설사업자의 재무관리상태를 진단하는 경우에 한한다) 2인 이상을 상시 고용하고 있을 것

제 5 조(진단의 기준일)

① 신규신청(건설업종 추가 등록을 위한 신청을 포함한다)의 경우 진단기준일은 등록신청일이 속하는 달의 직전월 마지막 날로 한다. 다만, 신설법인의 경우에는 설립등기일을 진단기준일로 한다.
② 〈삭제〉
③ 사업의 양수·양도, 법인의 분할·분할합병·합병, 자본금 변경 등에 따른 기업진단의 경우에는 다음 각 호에서 정하는 날을 진단기준일로 한다.
1. 양수·양도: 양도·양수 계약일
2. 분할·분할합병·합병: 분할·분할합병·합병 등기일. 다만, 납입자본금이 미달되어 등기일부터 30일 이내에 미달된 자본금 이상을 증자하고 변경등기한 경우 그 변경등기일
3. 자본금 변경: 다음 각 목의 어느 하나에 해당하는 법인인 경우에는 자본금 변경등기일
   가. 기존법인: 업종별 등록기준 자본금이 강화된 경우
   나. 신설법인: 기준자본금이 미달되어 추가로 증자한 경우

④ 당해 등록·신고수리관청이 실태조사 등의 목적에 의하여 기업진단을 실시하는 경우에는 당해 등록·신고수리관청이 지정하는 날을 진단기준일로 하되, 진단기준일은 법인인 경우 정관에서 정한 회계기간의 말일인 연차결산일을 말하고, 개인인 경우 12월 31일을 말한다. 다만, 회계연도의 변경이 있는 경우는 「법인세법」에서 정하는 규정에 따른다.

해 설

① 신규등록(추가등록 포함)을 하는 경우 진단기준일(= 재무제표 작성일 = 결산일)
1. 신설법인: 설립등기일

참 고 신설법인이 설립당시 부득이하게 실질자본이 부족하게 되는 사유가 발생하는 경우

신설법인이 설립당시 부득이하게 실질자본이 부족하게 되는 사유가 발생하는 경우에는 설립등기일을 기준으로는 실질자본이 유지되지 않아 건설업 면허를 등록하지 못하는 어려움이 발생한다. 이러한 경우에는 신설법인에 해당하는 경우에 한하여 다음과 같은 방법으로 실질자본을 충족하는 것이 가능할 수 있으니 참고하길 바란다.
방법1) 부족분 자본금을 증자하여 자본금변경등기일을 기준으로 재무제표를 작성하여 실질자본을 충족하는 방법
방법2) 90일이 경과하여 신설법인에 해당하지 않는 경우에 직전월말로 재무제표를 작성하여 실질자본을 충족하는 방법

2. 기존법인: 등록신청일이 속하는 달의 직전월 마지막 날

사 례

1. 신설법인 A가 8월 20일에 주금납입 2억 1천만원(발기인 대표 명의 통장)을 하고 8월 21일에 설립등기가 된 경우 진단기준일: 8월 21일

   참고 신설법인의 경우 발기인 대표 통장에 주금납입을 하고 주금납입증명서를 발급받으면 통상 그 다음날이 설립등기일이 되며, 이 경우 발기인 대표 통장의 주금납입액을 자본금으로 인정하게 된다. 왜냐하면, 신설법인의 경우 설립등기 신청 후 법인등기부등본이 발급되면, 이후 사업자등록을 신청하고, 사업자등록증이 발급되면, 금융기관에 법인통장의 개설이 가능해지기 때문이다.

2. 기존법인 B가 8월 21일에 건설업(철근콘크리트공사업)을 신규로 등록관청에 등록하고자 하는 경우 진단기준일: 7월 31일
3. 기존법인 C가 구조물해체비계공사업(2016년 7월 등록)을 영위하던 중 금속창호·지붕건축물조립공사업을 2025년 7월 21일에 추가로 등록하고자 하는 경우 진단기준일. 다만, 법인등기부등본상 자본금은 충족한 것으로 가정한다.: 2025년 6월 30일

③ 사업의 양수·양도, 법인의 분할·분할합병·합병, 자본금 변경 등에 따른 기업진단 시 진단기준일

1. 양수·양도: 양도·양수 계약일. 따라서 진단자는 수진업체의 양수도계약서를 정확하게 확인하여야 한다. 특히, 등록관청이 내부관리규정에 근거하여 양도업체와 양수업체 모두에 대하여 기업진단보고서 제출을 요청하는 경우도 있으므로 유의해야 한다.

문제점 건설업 양수도의 경우 진단기준일

건설업 양수도의 경우에 진단기준일은 양수도 계약일로 규정하고 있다. 그런데 건설산업기본법 제18조에 의하면 30일 이상의 공고의무규정을 두고 있어 건설업체가 양수도 계약을 하게 되면, 30일 이상의 공고를 하고 난 후 양수도가 이루어지게 된다. 하지만 기업진단은 진단기준일(양수도계약일)로부터 1개월 이내에 진단보고서가 등록관청에 제출되어야 하므로 현실적으로 1개월 이내에 제출할 수 없는 문제가 발생하게 된다. 따라서 사견으로는 양수도 시에 진단기준일을 양수도일로 변경할 필요가 있다고 판단된다.

2. 분할·분할합병·합병: 분할·분할합병·합병 등기일. 납입자본금이 미달되어 등기일부터 30일 이내에 미달된 자본금 이상을 증자하고 변경등기한 경우 그 변경등기일. 따라서 법인등기부등본을 통하여 등기일을 확인하여야 하며, 변경일을 진단기준일로 하면 안된다. 다만, 분할·합병 등기시점에서 합병비율 차이나 일방의 자본잠식 등의 사유로 납입자본금이 미달하게 되면, 등기일부터 30일 이내에 미달된 자본금 이상을 증자하고 변경등기한 경우 그 변경등기일을 진단기준일로 하면 된다.
3. 자본금 변경: 다음 중 어느 하나에 해당하는 예외적인 법인인 경우에는 자본금 변경등기일
   가. 기존법인: 업종별 등록기준 자본금이 강화된 경우
   나. 신설법인: 기준자본금이 미달되어 추가로 증자한 경우

참고 자본금 증자를 하는 경우 자본금 변경등기일을 진단기준일로 할 수 있는지 여부

건설업기업진단지침에서 제5조 3항 3호를 규정한 이유는 자본금 변경등기일을 진단기준일로 하는 경우를 제한하고자 하는데 그 이유가 있다. 따라서 기존법인과 신설법인은 다음과 같이 진단기준일을 정해야 한다.

① 기존법인은 등록신청일이 속하는 달의 직전월 마지막 날을 진단기준일로 하는 것이 원칙이다. 다만, 건설산업기본법의 개정으로 업종별 등록기준 자본금이 강화된 경우에는 자본금 변경등기일을 진단기준일로 할 수 있다.

② 신설법인은 설립등기일을 진단기준일로 하는 것이 원칙이다. 다만, 기준자본금이 미달되어 추가로 증자한 경우에는 자본금 변경등기일을 진단기준일로 할 수 있는 것이다.

사 례

1. 건설업체 E가 건설업을 양수하면서 양수도계약서상 계약일이 8월 20일 이고 양수일이 8월 31일인 경우 진단기준일: 8월 20일
2. 제조업을 영위하던 F(자본금 5천만원)가 8월 21일에 건설업을 신규로 등록하기 위하여 자본금을 2억원 증자하고 9월 초에 진단신청을 하는 경우 진단기준일: 8월 31일

④ 실태조사 등의 목적의 기업진단을 수행하는 경우 진단기준일

당해 등록·신고수리관청이 지정하는 날. 이 경우 등록관청은 실태조사를 위한 공문을 건설업체에 보내게 되므로 해당 공문을 통하여 진단일을 확인하고, 실질자본금 부실혐의에 해당하는지를 파악하여 기업진단 가능여부를 판단한 후 기업진단업무를 수행해야 한다. 따라서 진단자는 수진업체로부터 공문을 같이 받아서 확인을 할 필요가 있다.

사 례

1. 건설업체 G가 실태조사를 받는 공문을 등록관청으로부터 2026년 8월21일에 수령한 경우 (실태조사 공문에 진단기준일이 2025년 12월 31일로 표기됨) 진단기준일: 2025년 12월 31일
2. 건설업체 H가 건설업 등록기준 미달(자본금 기준)로 영업정지를 받은 후 영업정지 종료시 진단기준일 (영업정지기간은 2025년 4월 15일부터 8월 14일까지로 한다): 2025년 8월 14일 또는 등록관청의 지정일

관련 질의회신

1) 진단기준일을 자본금변경등기일로 할 수 있는 경우

건설업체 기업진단지침 제5조 제3항 제3호에 의한 자본금의 변경일(법인인 경우 변경등기일)을 진단기준일로 하는 경우는 건설업의 자본금에 관한 기준이 강화된 경우, 신설법인이

등록기준상 자본금에 미달하여 추가로 증자한 경우 등 특별한 경우에 한하여 적용하여야 함. 이 경우 자본금 변경일로부터 20일 이후의 날을 진단일로 하여 기업진단을 실시해야 함(舊건설교통부 2007.2.14.)

2) 사업양수도 시 진단기준일

건설업체의 사업 양수도 시 기업진단기준일은 양도양수계약일이며, 기업진단은 양수인이 받아야 함. 이는 양수도계약 당시 양수인이 건설산업기본법 제9조의 등록기준을 갖추었는지를 확인하기 위한 것으로, 등록 기준 미달되는 법인이 양수도를 통하여 건설업을 등록하는 것을 방지하기 위한 취지임.(舊건설교통부 2006.6.8.)

3) 회사설립 시 진단기준일(舊건설교통부 2005.8.26.)

건설업을 영위할 목적으로 법인을 설립한 경우라면 진단의 기준일은 설립등기일로 하여야 할 것이며, 건설업이 아닌 다른 업을 영위하던 중 건설업을 등록하기 위하여 기업진단을 받는 경우라면 등록신청일이 속하는 월의 직전월 말일로 하여야 함

4) 기업진단 시 개인사업자의 진단기준일 설정

- 질의: 건설업기업진단지침 제5조 제1항에서는 신설법인의 경우, 설립등기일을 그 진단기준일로 하도록 명시하고 있으나 개인사업자의 경우에는 진단기준일 설정에 관한 명시적 규정이 부재함.(국토해양부 2011.1.26.)
- 회신: 법인의 경우 그 설립등기일을 기준일로 한다는 점을 미루어 보아 개인의 경우에는 사업자 등록일 또는 사업개시일 등 실제로 사업을 영위한 날을 진단기준일로 설정하고 기업진단보고서를 작성하여야 할 것임.

제 6 조(재무제표와 진단 증빙 등)

① 진단을 받고자 하는 자(이하 "진단을 받는 자"라 한다)는 기업회계기준에 따라 작성한 재무제표(진단기준일이 연차결산일인 경우에는 「법인세법」 및 「소득세법」에 따라 관할 세무서장에게 제출한 정기 연차결산 재무제표를 말한다), 공사원가명세서, 회계장부 및 진단자가 요구하는 입증서류를 작성 제출하거나 제시하여야 한다.

② 제1항에도 불구하고 외감법 제2조에 따라 외부감사를 받은 법인은 재무제표 대신에 해당 감사보고서를 제출하여야 하며, 그 외의 법인으로서 재무제표를 한국채택국제회계기준에 따라 작성한 법인은 재무제표 대신에 감사보고서를 제출하여야 한다.

③ 제1항과 제2항에 따라 제출된 서류는 재작성 또는 정정 등을 이유로 반려를 요구하지 못한다. 다만, 이미 제출된 서류에 명백한 오류가 있는 경우에 한하여 진단자의 승인을 얻어 정정하거나 보완서류를 추가로 제출할 수 있다.

해 설

진단을 받는 자의 재무제표는 기업회계기준에 의하여 작성된 재무제표를 말한다. 따라서 진단을 받는 자(수진업체)의 정기 결산재무제표를 기준으로 작성해야 한다. 또한 정기 결산일이 진단기준일이 되는 경우에는 관할 세무서장에게 제출된 정기 재무제표만 인정됨에 유의해야 한다.

관련 질의회신

연차결산시 수정재무제표로 진단 가능 여부(국토해양부 2011.11.08.)

- 질의: 건설업 기업진단지침 제6조에 따르면 "진단을 받고자 하는 자는 진단기준일이 연차결산일일 경우 법인세법에 따라 관할 세무서장에게 제출한 정기 연차결산 재무제표를 제시하여야 한다"라고 규정하고 있음. 만약 진단받는 자가 최초 법인세 신고시 제출한 재무제표 대신에, 법인세 수정신고를 하기 위하여 재작성한 재무제표를 제출한 경우, 기업진단보고서를 발행할 수 있는가에 대하여
- 회신: 건설산업기본법 시행규칙에서는 제22조 제2항 제2호에서 나열한 재무상태를 증명하는 서류를 제출하도록 규정하고 있으며 또한 건설업 관리규정(국토해양부 예규 제2010-175호) 별지2 「기업진단지침」 제6조에서는 "진단을 받고자 하는 자는 기업회계기준에 따라 작성한 재무제표(진단기준일이 연차결산일인 경우에는 법인세법 및 소득세법에 따라 관할 세무서장에게 제출한 정기 연차결산 재무제표를 말함)"등을 제출하도록 규정하고 있으므로 진단기준일이 연차결산일인 경우에는 법인세법 및 소득세법에 따라 관할 세무서장에게 제출한 정기 연차결산 재무제표로서 진단할 수 있으며 진단받는 업체가 임의로 수정(세무서에 수정신고한 재무제표 포함)한 재무제표로는 진단할 수 없음.

제 7 조(실질자본에 대한 입증서류, 확인 및 평가 등)

① 실질자본에 대한 입증서류는 다음 각 호와 같다.

1. 실질자산을 확인하는 입증서류는 다음 각 목의 서류를 말한다.
   가. 기본서류(계정명세서, 계약서, 금융자료, 세금계산서, 계산서, 정규영수증, 등기·등록서류 등을 말하며, 이하 같다)
   나. 제2항 각 호에 따른 추가 증빙서류
   다. 진단자가 제2장에 따라 각 계정의 평가를 위하여 필요하다고 판단하는 보완서류
2. 실질부채를 확인하는 입증서류는 계정명세서, 신용정보조회서 또는 금융기관별 금융거래확인서, 공제조합 등 보증가능금액확인서 발급기관의 융자확인서를 말한다.

② 실질자본에 대한 확인과 평가는 다음 각 호에 의한다.

1. 계정명세서를 확인하여 무기명식 금융상품, 실재하지 않거나 출처가 불분명한 유가증권, 가지급금, 대여금, 미수금, 미수수익, 선급금, 선급비용, 선납세금, 재고자산, 부도어음, 장기성매출채권 및 무형

자산은 부실자산으로 분류하고, 비상장 주식과 임대 또는 운휴 중인 자산은 겸업자산으로 분류한다. 다만, 이 지침의 다른 조항에 따라 실질자산으로 인정되는 것은 제외한다.

2. 회사가 제시한 자본총계의 100분의 1을 초과하는 현금은 부실자산으로 본다.
3. 예금은 진단기준일 현재의 예금잔액증명서와 진단기준일을 포함한 60일간의 거래실적증명을 확인하되 허위의 예금이나 일시적으로 조달된 예금으로 확인된 경우는 부실자산으로 분류하고, 사용이 제한된 예금은 겸업자산으로 분류한다.
4. 매출채권은 기본서류와 거래처원장을 비교하여 실재성(實在性) 및 적정성을 평가한다.
5. 진단대상사업을 위한 재고자산으로서 원자재와 수목 등은 기본서류, 거래명세서, 현장일지로 확인하고, 단기공사현장의 미성공사는 기본서류, 공사원가명세서로 확인하며, 주택신축현장의 재고자산은 기본서류, 공사원가명세서, 분양내역서 등으로 확인하여 실재성이 인정될 경우에는 실질자산으로 본다.
6. 종업원 주택자금과 우리사주조합에 대한 대여금은 기본서류 등으로 확인하고, 장기성매출채권과 미수금은 기본서류, 제공받은 담보의 가치와 회수가능성을 입증하는 서류로 확인하며, 선납세금은 환급통보 내역을 입증하는 서류로 확인하여 실재성이 입증될 경우에는 실질자산으로 본다.
7. 시장성있는 유가증권과 금융기관에 보관 중인 유가증권에 대해서는 금융기관의 잔고증명서를 확인하여 사실과 다르거나 시가를 초과하는 금액은 부실자산으로 본다.
8. 유형자산은 기본서류와 감가상각명세서를 통하여 소유권과 실재성 및 금액의 적정성을 평가하고 담보대출이나 임대보증금 유무를 확인한다.
9. 임차보증금은 기본서류, 임대인의 세무신고 자료 및 시가 조회자료를 통하여 평가하고, 그 밖의 보증금은 기본서류, 보증기관의 확인서나 보관증으로 확인하여 사실과 다르거나 시가를 현저히 초과한 금액은 부실자산으로 본다.
10. 부동산물권은 제9호에 준하여 확인한다.
11. 산업재산권은 기본서류와 인허가기관의 확인서로 평가하며 사용수익기부자산은 기본서류, 수증자의 확인서와 세무신고 자료를 통하여 평가한다.

③ 실질부채를 확인하는 입증서류를 확인한 결과 차입금 등 부외부채가 있을 경우에는 실질자본에서 해당 금액을 차감하여야 한다.

④ 제1항부터 제3항까지와 이 지침의 다른 규정에 따라 해당 자산 및 부채의 실재성과 적정성을 확인할 수 없는 경우, 이 지침에서 부실자산이나 겸업자산으로 분류하는 경우 및 실질자본에서 차감하여야 하는 경우는 진단대상사업 실질자본에서 제외한다.

해 설

① 기업진단 시 구비서류

1. 신설회사

구비서류	개인	법인
1) (정기, 수시) 결산 재무제표	○	○
2) 사업자등록증(있는 경우에 한함) 사본	○	○
3) 법인등기부등본	×	○
4) 일자별 금융거래내역서(20일 이상)- 금융기관 발급분에 한함	○	○
5) 예금잔액 증명서 및 금융거래 확인서 (발급일자 : 진단기준일)- 금융기관 발급분에 한함	○	○
6) 임대차계약서	○	○
7) 공제조합 출자증명원	○	○
8) 기타 진단자 요청하는 서류(계정명세서 등)	○	○

2. 기존회사

입증 구비서류	개인	법인
1) (정기, 수시) 결산 재무제표(비교식) (합계잔액시산표 포함)	○	○
2) 사업자등록증 사본	○	○
3) 법인등기부등본	×	○
4) 타 업종 인·허가 등록증	○	○
5) 일자별 금융거래내역서(30일 이상)- 금융기관 발급분에 한함	○	○
6) 예금잔액 증명서 및 금융거래 확인서 (발급일자 : 진단기준일)- 금융기관 발급분에 한함	○	○
7) 각 계정별 명세서	○	○
8) 매출채권 명세서 및 세금계산서	○	○
9) 재고자산 명세서 및 공사계약서	○	○
10) 임대차계약서 또는 건물등기부등본	○	○
11) 공제조합 출자증명원 및 융자금확인서	○	○
12) 유형자산 감가상각명세서	○	○
13) 퇴직급여 추계액 명세서	○	○
14) 부가가치세 신고서 및 합계표	○	○
15) 기타 진단자가 요청하는 서류(계정명세서 등)	○	○

② 부실자산과 겸업자산으로 분류된 자산의 판단

1) 부실자산

㉠ 회사제시 자본총계의 1% 초과 현금

결산재무제표상 회사제시 현금과 전도금의 합계액이 재무제표상 자본총계의 1%를 초과하는 경우에는 그 금액을 부실자산으로 판단한다. 기업진단 당시에는 과거 직전월말(또는 직전연도말) 재무제표상 현금의 잔액을 파악하는 것이 현실적으로 불가능하므로 회사제시 자본총계의 1%로 그 한도액을 제한하고 있다.

㉡ 허위 또는 일시조달 예금

결산재무제표상 예금으로 제시된 금액이 허위이거나 일시에 조달된 것으로 확인되는 경우에는 해당 금액은 부실자산으로 본다. 따라서 예금의 부실자산 여부를 확인하기 위하여 기업진단지침 제15조 "예금은 진단기준일을 포함한 30일 동안의 은행거래실적 평균잔액으로 평가하며, 이 경우 30일 동안의 기산일과 종료일은 전체 예금에 동일하게 적용하여야 한다. 다만, 예금의 평가금액은 진단기준일 현재의 예금 잔액을 초과할 수 없다."에 규정을 하고 있다. 또한, 재무제표상 예금액이 과다한 경우에도 진단이 불가능한 경우가 존재한다.

㉢ 무기명식 금융상품

무기명식 금융상품의 대표적인 예는 양도성 예금 증서(Certificate of deposit: CD이다. 이는 은행이 발행하고 제3자에게 양도가 가능한 무기명식(無記名式)의 정기예금을 말하는데, 만기일에 증서의 마지막 소유자가 원금과 이자를 찾게 되는 형태이다. 기업진단 시에는 무기명식 금융상품의 경우 회사가 실제 소유자임을 파악하는 것이 거의 불가능하므로 실물이 존재하지 않는 이상 부실자산으로 판단하는 것이 타당하다.

㉣ 실재하지 않거나 출처가 불분명한 유가증권

실재하지 않거나 출처가 불분명한 유가증권의 대표적인 예는 국민주택채권 1종(복사본), ㅇㅇ캐피탈 주식(양수도계약서, 일시 입출금된 내역이 있는 통장사본 포함) 등이다. 해당 유가증권은 실제가 존재하지 않거나 상장사 명의를 악용한 형태의 출처분명 유가증권에 해당하므로 부실자산으로 판단하여야 한다.

㉤ 가지급금 및 대여금

가지급금(Suspense payment, 假支給金)이란 업무와 관련없는 자금의 대여액을 말한다. 재무제표에서는 가지급금, 주임종장단기대여금 등으로 주로 표시된다. 이러한 가지급금은 실제성이 없고 업무와 관련성 또한 없으므로 실질자본을 파악하는 기업진단에 있어서 부실자산으로 판단한다. 또한, 재무제표상 대여금(Loan, 貸與金)이란 업무와 관련된 자금의 대여액을 말한다. 건설업의 경우에 동종업종간에 자금의 대여가 이루어지는 경우가 많다. 하지만 기업진단규정에서는 대여금은 업무와 직접관련성이 있다고 보기 어렵고 실질자본을 구성한다고 볼 수 없어 부실자산으로 판단한다.

㉥ 미수금

재무제표상 미수금(An amount receivable, 未收金)은 일반적인 상거래(건설업) 외의 거래에서 발생하는 미수채권을 말한다. 외상매출금(매출채권) 및 공사미수금과 구분하여 그 실제성 여부를 파악하여야 하며, 실제성이 없거나 업무관련성이 없는 경우에는 부실자산으로 판단한다.

㉦ 미수수익

미수수익(Accrued income, 未收收益)이란 해당 회계기간 중에 발생은 하였으나 현금으로 입금되지 않은 수익을 말한다. 미수수익은 회사의 자산으로 계상은 되어 있으나 회사의 자산으로 회수가능성이 떨어지므로 부실자산으로 판단한다. 미회수 가지급금 인정이자나 대여금 이자 등이 대표적인 예이다.

㉧ 선급금 및 선급비용

선급금(Prepayment, 先給金)은 건설업을 영위함에 있어 원재료 등을 매입하기 위하여 미리 지급한 금액을 말한다. 또한 선급비용은 비용으로 지출하였으나 귀속시기가 차기 이후인 경우에 발생하는 자산항목을 말한다. 기업진단규정에서 부실자산으로 보는 선급금이나 선급비용은 건설업과 직접 관련이 없고 실제성이 없는 지급액을 말한다. 참고로 건설 원자재 매입을 위한 선급금으로서 진단당시 매입세금계산서가 발행되어 자산성이 인정되는 경우에는 실질자산으로 인정되는 경우도 있다.

㉨ 선납세금

법인세·소득세 중간예납액이나 원천징수세액 등 선지급한 세금을 말하는데, 해당 금액은 자산성이 인정되지 않으므로 부실자산으로 판단한다.

㉩ 재고자산

재고자산(Inventory, 在庫資産)은 정상적인 건설공사 과정에서 투입될 원재료나 미성공사를 말한다. 이러한 재고자산은 1년 미만의 단기공사의 경우에는 인정받을 수 있으나, 장기공사의 경우에는 진행률에 반영(재고자산 -> 매출원가)되어야 하므로 재고자산이 자산성을 인정받을 수 있는 경우는 사실상 드물다. 기업진단규정에서도 재고자산은 실제성에 따라 판단하되, 대부분을 부실자산으로 판단하도록 하고 있다.

㉪ 부도어음

부도어음(Dishonored bill, 不渡於音)은 자산성을 인정받을 수 없으므로 부실자산으로 판단한다. 다만, 회수액이 존재하는 경우에는 해당 금액을 제외하고 부실자산으로 본다.

㉫ 장기성매출채권

장기성매출채권은 매출채권이 발생하고 통상 1년 이상이 경과한 경우를 말한다. 다만, 기업진단규정에서는 매출채권이 발생하고 2년이 경과한 경우에 부실자산으로 판단하도록 규정하고 있다.

㉬ 무형자산

무형자산은 건설업을 영위함에 있어서 사업관련 자산으로 보는 경우가 드물다. 따라서 무형자산은 대부분이 겸업자산이거나 부실자산에 해당하게 된다. 다만, 건설신기술(특허권 등에 한함)로서 그 실제성 및 자산성이 인정되고, 사업과 직접 관련성이 있는 경우에는 실질자산으로 인정받을 수 있다.

㉭ 시가 초과 또는 사실과 다른 임차보증금

임차보증금은 실질자산에 해당한다. 다만, 임대차계약이 특수관계인과 이루어져 있거나 시가를 초과한 임차보증금의 계약인 경우로서 실제성이 인정되지 않는 경우에는 해당 금액을 부실자산으로 판단하여야 한다. 통상 2천만원을 초과하는 임차보증금의 경우에는 실제성 여부를 면밀하게 판단하여야 한다.

2) 겸업자산

㉠ 사용이 제한된 예금

질권 등이 설정되어 사용이 제한된 예금은 실제성이 인정되는 경우에는 겸업자산으로 분류하여 진단대상사업의 실질자산에서 차감하여야 한다.

㉡ 비상장 주식

비상장 주식은 건설사업과 직접 관련성이 없으므로 실제성이 인정되는 경우라 하더라도 겸업자산으로 분류하여 진단대상사업의 실질자산에서 차감하여야 한다.

㉢ 임대 또는 운휴 중인 자산

임대 또는 운휴 중인 자산은 건설사업과 직접 관련성이 없으므로 실제성이 인정되는 경우라 하더라도 겸업자산으로 분류하여 진단대상사업의 실질자산에서 차감하여야 한다.

제 8 조(진단불능)

① 진단자는 다음 각 호의 사유에 해당하는 경우에는 진단불능으로 처리하고, 진단을 받는 자 및 진단자가 소속된 협회에 통보한다. 다만, 제1호부터 제3호까지의 사유에 따라 진단불능으로 처리된 경우는 다른 진단자로부터 별도의 진단을 받을 수 없다.

1. 제6조 제1항 및 제2항에 따른 자료의 제출과 제시를 하지 않은 경우
2. 진단에 필요한 입증서류와 보완요구를 거부·기피·태만히 하는 경우
3. 진단받는 자가 작성·제출한 서류 중 실질자본에 중대한 영향을 미치는 허위가 발견된 경우
4. 신설법인이 법인설립등기일이후 20일 이내의 날을 진단일로 하여 기업진단을 의뢰하는 경우

② 진단자는 진단을 받는 자에 대한 장부의 작성 및 재무제표 작성업무를 수행한 경우(수행하는 경우를 포함한다)에는 해당 회계연도에 대한 재무관리상태 진단을 행할 수 없으며 또한 다음 각호의 1에 해당하는 자에 대한 재무관리상태 진단을 행할 수 없다.

1. 진단자 또는 진단자의 배우자가 임원이거나 이에 준하는 직위(재무에 관한 사무의 책임있는 담당자를 포함한다)에 있거나, 과거 1년 이내에 이러한 직위에 있었던 자(회사를 포함한다. 이하 이 항에서 같다)
2. 현재 진단자 또는 진단자의 배우자가 사용인이거나 과거 1년 이내에 사용인이었던 자
3. 진단자 또는 진단자의 배우자가 주식 또는 출자지분을 소유하고 있는 자
4. 진단자 또는 진단자의 배우자와 채권 또는 채무관계에 있는 자. 이 경우 진단자를 규율하는 관련 법 등에서 세부적으로 정한 경우에는 해당 규정에 따른다.
5. 진단자에게 무상으로 또는 통상의 거래가격보다 현저히 낮은 대가로 사무실을 제공하고 있는 자
6. 진단자의 고유업무 외의 업무로 인하여 계속적인 보수를 지급하거나 그 밖에 경제상의 특별한 이익을 제공하고 있는 자
7. 진단을 수행하는 대가로 자기 회사의 주식·신주인수권부사채·전환사채 또는 주식매수선택권을 제공하였거나 제공하기로 한 자

해 설

① 4. 신설법인이 법인설립등기일이후 20일 이내의 날을 진단일(= 진단보고서 발급일)로 하여 기업진단을 의뢰하는 경우 진단불능사유에 해당함에 주의하여야 한다.
따라서 신설법인은 설립등기일 이후 20일이 지난 날을 진단일(= 진단보고서 발급일)로 하여 기업진단을 받아야 한다. 또한, 개인사업자의 경우에는 사업개시일로부터 20일이 지난 날을 진단일로 하여야 한다. 즉, 진단기준일은 설립등기일(개인: 사업개시일)이 되고 진단일(= 진단서 발급일)은 21일째 되는 날 이후이여야 한다.

② 진단자와 진단받는 업체와의 독립성을 확보하기 위하여 진단불능사유를 강화하였다. 따라서 한국세무사회를 경유하는 진단보고서의 경우에는 진단불능사유확인서를 반드시 사전감리 시에 제출하여야 한다.

• 진단자는 아래 진단불능사유에 대한 확인서를 작성하여 제출하면서 스스로 체크하는 습관을 반드시 키워야 한다.

진단대상업체 기장 등 수임 세무사(법인) ≠ 진단대상업체 진단업무 수행 세무사(법인)

■ 진단불능사유에 대한 확인서

진단자는 다음 각 사항의 1에 해당하는 자에 대하여 건설업에 대한 기업진단 업무를 수행할 수 없습니다(건설업기업진단지침 제8조 제2항 참조). 따라서 아래의 사항을 충분히 검토하신 후 해당되는 곳에 V표시를 해주시기 바랍니다.

확인 내용	해당여부	
	여	부
1. 진단을 받는 자에 대해 장부작성 및 재무제표 작성업무를 수행한 경우 또는 수행하는 경우		
2. 진단자 또는 진단자의 배우자가 임원이거나 이에 준하는 직위(재무에 관한 사무의 책임있는 담당자를 포함한다)에 있거나, 과거 1년 이내에 이러한 직위에 있었던 자(회사 포함)		
3. 현재 진단자 또는 진단자의 배우자가 사용인이거나 과거 1년이내에 사용인이었던 자(회사 포함)		
4. 진단자 또는 진단자의 배우자가 주식 또는 출자지분을 소유하고 있는 자(회사 포함)		
5. 진단자 또는 진단자의 배우자와 채권 또는 채무관계에 있는 자 또는 회사(진단자를 규율하는 관련 법 등에서 세부적으로 정한 경우에는 해당 규정에 따름)		
6. 진단자에게 무상으로 또는 통상의 거래가격보다 현저히 낮은 대가로 사무실을 제공하고 있는 자(회사 포함)		
7. 진단자의 고유업무 외의 업무로 인하여 계속적인 보수를 지급하거나 그 밖에 경제상의 특별한 이익을 제공하고 있는 자(회사 포함)		
8. 진단을 수행하는 대가로 자기 회사의 주식·신주인수권부사채·전환사채 또는 주식매수선택권을 제공하였거나 제공하기로 한 자(회사 포함)		

위 사항을 충분히 검토하여 허위 사실 없이 해당 여부를 확인하였습니다.

년 월 일

(등록번호) 진단자 : ( ) 인

제 9 조(진단방법 및 진단의견)

① 진단자는 진단을 받는 자가 제출 또는 제시하는 서류를 검토하되, 진단의견 결정에 필요한 경우 분석적 검토·실사·입회·조회·계산검증 등과 같은 전문가적 확인절차를 통하여 진단을 실시하여야 한다.
② 진단을 받는 자가 제1항에 따른 진단자의 진단의견 결정에 대하여 이의가 있을 때에는 이를 위해 반증을 제시할 수 있고, 진단자는 제시된 반증을 성실하게 평가한 후 진단의견을 결정하여야 한다.
③ 진단자는 별지 제1호 서식의 진단의견란에 다음과 같이 기재한다.
1. 진단을 받는 자의 진단대상사업 실질자본이 관련법규에서 정하고 있는 등록기준 자본액 이상인 경우에는 “적격”으로 기재하고, 미달인 경우에는 “부적격”으로 기재한다.
2. 제8조 제1항의 규정에 해당하는 경우에는 “진단불능”으로 기재한다.

해 설

진단자는 진단업무를 수행한 결과로 진단보고서에 “적격”, “부적격”, “진단불능”을 객관적으로 기재할 수 있다. 하지만, 사실상 진단자의 진단의견을 “적격”으로 기재한 진단보고서가 진단보고서로서 실질적 의미가 있다. 즉, 실무상 실질자본이 적격으로 나오지 않는 경우에는 수진업체는 진단을 받으려고 하지 않는 경우가 대부분이기 때문이다. 다만, 진단기준일에는 “부적격”이 나오더라도 2종의 건설업 면허 중 1종을 유지할 수 있는 실질자본이 나오거나 행정처분 중 영업정지기간의 단축을 위한 기업진단이 필요한 경우는 종종 있다.

제10조(진단보고 및 진단조서의 작성·비치 등)

① 진단을 실시한 진단자는 진단의 결과를 별지 제1호부터 제4호까지의 서식에 따라 작성하고 기명날인한 후 진단자가 소속된 협회의 확인(전자문서상 결재를 포함한다)을 받아 진단을 받는 자에게 교부한다.
② 진단을 실시한 진단자는 진단조서 및 관련 증빙서류(이하 “진단조서 등”이라 한다)를 작성·비치하여야 하며 이를 5년간 보존하여야 한다.
③ 국토교통부장관 또는 법 제91조 제1항, 제3항 제2호의2부터 제2호의4까지 및 같은항 제6호에 따른 위임·위탁을 받은 자(이하 “위임·위탁받은 자”라 한다)는 진단보고서의 적정성을 판단하기 위하여 진단자에게 진단조서 등의 제출을 요구할 수 있고, 진단자는 제출 요청을 받은 날로부터 7일 이내에 진단조서 등을 국토교통부장관 및 위임·위탁받은 자에게 제출하여야 한다.

해 설

진단자는 진단보고서를 작성하여 전자제출 등의 방법으로 한국세무사회를 경유 확인(사전감리를 통과한 경우에 한함)한 후 진단보고서를 수진업체에게 교부하여야 하며, 진단조서 및 관련 증빙서류는 5년간 반드시 보관하여야 한다. 이러한 증빙서류는 추후 사후감리나 특별감리가 진행되는 상황이 발생하면, 추가로 제출하거나 소명자료로서의 역할을 한다.

제11조(진단보고서의 감리 요청 등)

① 위임·위탁받은 자는 다음 각 호의 어느 하나에 해당하면 한국공인회계사회 또는 세무사회 기업진단감리위원회에 진단보고서의 감리를 요청하여야 한다. 다만, 위임받은 자가 종합건설업 등록에 관하여 감리를 요청하는 경우에는 위탁받은 자를 경유하여야 하며 이 경우 위탁받은 자는 사전 검토를 거쳐 감리 요청 여부를 판단하여야 한다.

1. 제10조 제3항에 따른 진단조서 등을 제출하지 않는 경우
2. 진단보고서의 신뢰성이 의심되거나 진단의견에 영향을 줄 수 있는 진단오류가 예상되는 경우
3. 감사보고서상 감사의견이 의견거절이거나 부적정의견인 재무제표에 대한 진단보고서가 제출된 경우
4. 외감법에 따라 외부감사대상에 해당하나 외부감사를 받지 아니한 재무제표에 대한 진단보고서가 제출된 경우
5. 진단자가 제8조 제2항을 위반하여 업무를 수행한 경우

② 위임·위탁받은 자는 감리결과 부실진단으로 확인되고 관계법령에 위배된다고 판단되는 때에는 해당 진단자를 국토교통부장관에게 보고하고, 수사기관에 고발하는 등 필요한 조치를 하여야 한다.

해 설

진단보고서에 신뢰성이 의심되거나 진단오류 등이 예상되는 경우 기업진단감리위원회에 감리요청이 가능하며, 부실진단이 확인된 경우에는 부실진단자의 명단을 국토교통부가 관리하고 지방자치단체에 통보하여 더 이상 부실 진단자가 재무관리상태진단을 하지 못하도록 관리 조치를 하도록 하였다.

제 2 장 실질자본의 진단

제12조(자산·부채 및 자본의 평가)

① 진단을 실시함에 있어서 자산, 부채 및 자본의 평가는 진단대상사업의 관련 법규와 이 지침에서 정하는 사항을 제외하고는 기업회계기준에 따른다.
② 이 지침에서 규정하는 계정은 진단을 받는 자가 작성한 재무제표 계정과목이나 계정분류에 불구하고 그 실질적 내용에 따라 적용한다.
③ 진단자는 한국채택국제회계기준을 적용하여 실질자본을 평가하여서는 아니된다. 다만, 진단받는 자가 제6조 제2항에 따라 재무제표 대신 감사보고서를 제출한 때에는 예외로 한다.

제13조(부실자산 등)

① 다음 각 호의 자산은 부실자산으로 처리하여야 한다.
1. 이 지침에서 부실자산으로 분류된 자산
2. 진단을 받는 자가 법적 또는 실질적으로 소유하지 않은 자산
3. 다음 각 목에 해당하는 자산. 다만, 이 지침에 따라 진단대상사업의 실질자산으로 평가된 자산은 제외한다.
   가. 무기명식 금융상품
   나. 실재하지 않거나 출처가 불분명한 유가증권
   다. 가지급금, 대여금
   라. 미수금, 미수수익
   마. 선급금, 선납세금, 선급비용
   바. 부도어음, 장기성매출채권, 대손 처리할 자산
   사. 무형자산

② 다음 각 호의 금액은 진단대상사업 실질자본에서 차감하여야 한다.
1. 제1항 각 호의 부실자산과 임의 상계된 부채에 상당하는 금액
2. 진행기준으로 매출을 계상한 후 세무신고를 통하여 그 일부 또는 전부를 세무상 수입금액에서 제외한 매출채권에 상당하는 금액
3. 발생원가 또는 비용을 누락한 분식결산 금액
4. 자산의 과대평가 등에 따른 가공자산이나 부채를 누락한 부외부채 금액

제14조(현금의 평가)

① 현금은 전도금과 현금성자산을 포함하며 예금은 제외한다.
② 현금은 진단자가 현금실사와 현금출납장 등을 통하여 확인한 금액만 인정한다. 다만, 진단을 받는 자가 제시한 재무제표의 자본총계의 100분의 1을 초과하는 현금은 부실자산으로 본다.

해 설

실질자산으로 인정되는 현금은 전도금을 포함하여 회사제시 자본총계의 100분의 1로 한다. 따라서, 회사제시 자산총계의 100분의 2을 초과하는 현금[3]이 아니라 결산 재무제표상 자본총계의 100분의 1을 초과하는 현금(전도금 포함)을 부실자산으로 본다.

사 례

(주)T건설의 재무제표상 자산총계는 20억원이고 부채총계는 14억원이며 납입자본금은 3억원이다. 재무제표상 현금(전도금 포함)이 8,000,000원이라고 할 때 부실자산에 해당하는 현금은 얼마인가?

해답 부실자산은 2,000,000원이다. 왜냐하면 진단을 받는 자가 제시한 재무제표의 자본총계의 100분의 1을 초과하는 현금은 부실자산이므로 (주)T건설의 자본총계는 6억원이고 100분의 1을 초과하는 금액은 8,000,000원 - 6,000,000원 = 2,000,000원이다.

제15조(예금의 평가)

① 예금은 진단을 받는 자의 명의로 금융기관에 예치한 장·단기 금융상품으로 요구불예금, 정기예금, 정기적금, 증권예탁금 그 밖의 금융상품을 말한다.
② 예금은 다음 각 호에 따라 평가한다.
1. 예금은 진단기준일을 포함한 30일 동안의 은행거래실적 평균잔액으로 평가하며, 이 경우 30일 동안의 기산일과 종료일은 전체 예금에 동일하게 적용하여야 한다. 다만, 예금의 평가금액은 진단기준일 현재의 예금 잔액을 초과할 수 없다.
2. 제1호 본문에도 불구하고 신설법인의 경우 은행거래실적 평균잔액의 평가기간은 진단기준일부터 진단일 전일까지로 한다.
3. 진단기준일 현재 보유하던 실질자산을 예금으로 회수하거나 진단기준일 후 실질자산의 취득 또는 실질부채의 상환을 통하여 예금을 인출한 경우에는 이를 가감하여 은행거래실적 평균잔액을 계산할 수 있다.

③ 다음 각 호의 경우는 부실자산으로 처리하여야 하고 제2항에 따른 은행거래실적 평균잔액을 계산할

3) 舊 건설업관리지침(국토해양부. 2009년 8월 24일)

때에도 이를 제외하여야 한다.

1. 진단기준일 현재 진단을 받는 자 명의의 금융기관 예금잔액증명과 진단기준일을 포함한 60일간의 은행거래실적증명(제2항 제2호의 경우에는 진단기준일부터 진단일까지 기간의 은행거래실적증명을 말한다)을 제시하지 못하는 경우. 다만, 은행거래실적증명이 발급되지 않는 금융상품의 경우에는 금융기관으로부터 발급받은 거래사실을 증명하는 다른 서류로 갈음할 수 있다.
2. 예금이 이 지침에서 부실자산이나 겸업자산으로 보는 자산을 회수하는 형식으로 입금된 후 진단기준일을 포함한 60일 이내에 그 일부 또는 전부가 부실자산이나 겸업자산으로 출금된 경우

④ 질권 설정 등 사용 또는 인출이 제한된 예금(진단대상사업의 수행을 위해 보증기관이 선급금보증, 계약보증 등과 관련하여 예금에 질권을 설정한 경우는 제외한다)은 겸업자산으로 보며, 제2항에 따른 은행거래실적 평균잔액을 계산할 때에도 이를 제외하여야 한다. 이 경우 겸업자산으로 보는 예금과 직접 관련된 차입금 등은 겸업부채로 처리한다.

⑤ 진단을 받는 자는 진단기준일 현재 예금이 예치되거나 차입금이 있는 금융기관별로 금융거래확인서를 발급받거나 전체 금융기관에 대한 신용정보조회서를 발급받아 진단자에게 제출하고 진단자는 부외부채 유무를 검토하여야 한다.

해 설

① 예금의 명의자

예금은 진단자 명의로 된 예금만을 말한다. 따라서 법인인 경우 법인 명의로 된 예금을, 개인사업자인 경우 개인사업자로 된 예금만을 인정하게 된다. 다만, 신설법인인 경우에는 진단기준일이 설립등기일이고, 설립등기일에는 법인의 예금통장이 존재하지 않으므로 주금납입당시의 발기인(대표자) 예금통장의 주금납입액을 인정받을 수 있다. 이 경우 발기인 통장의 주금납입액은 법인의 사업자등록증이 발급되어 법인명의의 통장이 개설되는 경우에 그대로 법인통장에 이체되어야 한다.

② 예금의 평가

1. 예금의 확인 및 평잔기간
   1) 기존법인
      (1) 예금의 확인기간

진단기준일 현재 진단을 받는 자 명의의 금융기관 예금잔액증명과 진단기준일을 포함한 60일간의 은행거래실적. 따라서 진단자는 수진업체의 통장거래내역을 최소 60일 이상 확인하여야 한다.

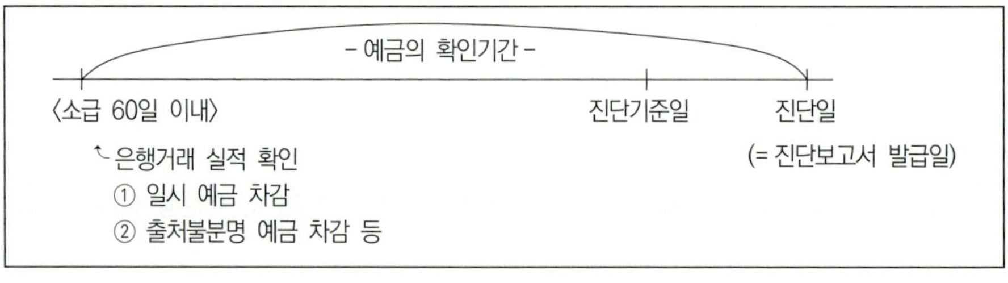

(2) 예금의 평잔기간

예금은 진단기준일을 포함한 30일 동안의 은행거래실적 평균잔액으로 평가하며, 이 경우 30일 동안의 기산일과 종료일은 전체 예금에 동일하게 적용하여야 한다. 다만, 예금의 평가금액은 진단기준일 현재의 예금 잔액을 초과할 수 없다. 따라서 진단자가 예금 평균잔액계산서를 작성할 때 진단 받는 자의 실질자본금이 최대한 많이 나오는 방향으로 평균잔액을 계산할 수 있다. 또한, 진단을 받는 자는 진단기준일 현재 예금이 예치되거나 차입금이 있는 금융기관별로 금융거래확인서를 발급받거나 전체 금융기관에 대한 신용정보조회서를 발급받아 진단자에게 제출하고 진단자는 부외부채 유무를 검토하여야 한다.

참조 예금 확인기간과 평잔기간의 구분

1) 예금 확인기간: 60일 이상
2) 예금 평잔기간: 30일(± 불가능함)

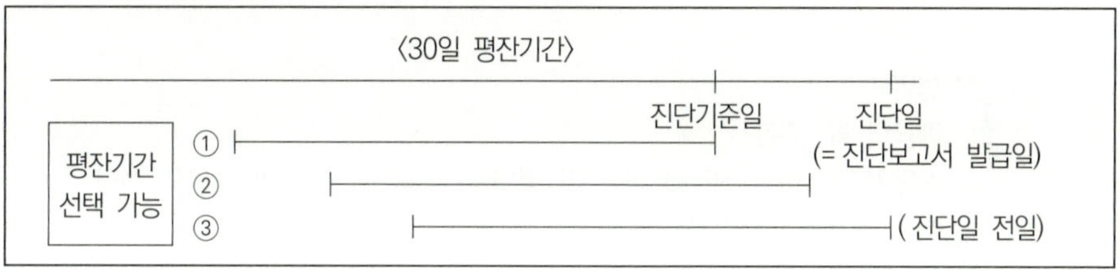

사 례

(주)U회사의 통장거래 내역이 8월 15일부터 10월 15일까지이고 9월 30일을 진단기준일(재무제표상 예금 잔액: 1.5억원)로 하여 재무제표를 작성한 경우 예금평잔 방법(진단일: 10월 16일) 및 부실자산에 해당하는 예금은 얼마인가?

〈평잔내역 예시〉

① 9월 1일부터 9월 30일까지 예금평잔(30일): 1.2억원
② 9월 10일부터 10월 9일까지 예금평잔(30일): 1.8억원
③ 9월 16일부터 10월 15일까지 예금평잔(30일): 1.4억원

해답 진단기준일인 9월 30일이 포함된 30일 평잔을 계산하여 9월 30일 재무제표상 금액(1.5억원)과 비교하면 된다. 즉 다음과 같은 방식으로 예금평잔을 진행하면 된다.
30일 예금평잔을 하는 기간은 진단기준일인 9월 30일만 포함하여 계속된 일자라면 계산방법이 다양하지만 부실자산이 나오지 않는 평잔기간을 판단하는 것이 중요하다. 즉, ①로 평잔을 계산하면 3천만원의 부실자산이 발생하게 되고 ②로 평잔을 계산하면 부실자산이 0원이 되며 ③으로 평잔을 계산하면 1천만원의 부실자산이 발생하기 때문에 ②로 평잔기간을 선정하는 것이 가장 유리하다.

참조 외상매출금이 평잔계산기간 중에 회수되어 진단기준일 현재 예금액이 갑자기 증가한 경우 평잔계산 방법

예를 들어 외상매출금 2억원이 평잔기간(8월 15일부터 9월 13일까지 30일로 가정함) 중인 8월 30일에 예금으로 회수(8월 31일 재무제표상 2억원의 예금이 증가됨)된 경우 진단기준일인 8월 31일에 추가적으로 증가해 있는 예금 2억원을 평잔에 반영할 수 있는지 여부가 관건이다.
이 경우 다음과 같이 평잔이 가능하다.
1안) 평잔액이 감소하게 되나 그래도 실질자본금이 나오는 경우에는 그대로 평잔에 반영하는 방법이다.
2안) 외상매출금을 회수하지 않은 것으로 하여 2억원을 예금평잔에서 제외하는 방법이다. 이 경우 진단자는 2억원을 제외하고 평잔을 한 후 부실자산여부를 파악하여야 한다.
➲ **주의사항:** 외상매입금 등이 있는 경우 반드시 형평성 있게 함께 고려하여야 한다.

2) 신설법인[4]

(1) 예금의 확인기간

진단기준일 현재 진단을 받는 자 명의의 금융기관 예금잔액증명과 진단기준일부터 진단일 전일까지 기간의 은행거래실적

(2) 예금의 평잔기간

진단기준일 현재 진단을 받는 자 명의의 금융기관 예금잔액증명과 진단기준일부터 진단일 전일까지 기간을 평잔을 한다. 따라서 60일간의 통장거래내역을 확인하는 것이 아님에 주의하여야 한다. 다만, 신설법인이 법인설립등기일 이후 20일 이내의 날을 진단일(= 진단서 발급일)로 하여 기업진단을 의뢰하는 경우에는 제8조(진단불능)에 해당하여 진단이 불가능하므로 예금평잔기간은 최소 20일 이상 90일 이내의 기간동안 평잔을 할 수 있다.

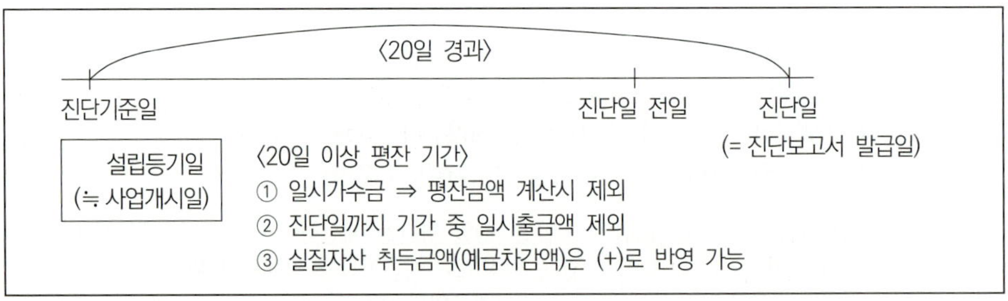

4) 신설법인이란 법인설립등기일 이후 90일이 경과되지 아니하고 별도의 영업실적이 없는 법인을 말한다.

사 례

(주)V법인이 8월 5일에 설립등기(등기부상 납입자본금: 1.5억원)한 후 사업자등록을 8월 10일에 완료하고 법인통장을 개설하였다. V법인은 발기인 甲이 주금납입을 8월 4일에 한 후 8월 10일 법인통장개설과 동시에 법인통장에 그대로 이체하였다. 진단 세무사가 진단을 수행하는 경우 평잔기간과 가장 빠른 진단일을 제시하시오.

해답 신설법인의 경우 평잔기간은 진단기준일(설립등기일)부터 진단일 전일까지로 하므로 8월 5일부터 8월 24일까지로 평잔기간을 설정하고 진단일은 8월 25일이 된다.
만약, 8월 30일(진단일 = 진단보고서 발급일)에 기업진단보고서를 발급하는 경우에는 8월 5일부터 8월 29일까지를 평잔기간으로 하여야 하며, 평잔기간은 최대 90일까지가 될 수 있다.

2. 부실자산으로 처리하여야 하는 예금

다음의 경우는 부실자산으로 처리하여야 하고 은행거래실적 평균잔액을 계산할 때에도 이를 제외하여야 한다.

1) 진단기준일 현재 진단을 받는 자 명의의 금융기관 예금잔액증명과 진단기준일을 포함한 60일간의 은행거래실적증명(신설법인의 경우에는 진단기준일부터 진단일까지 기간의 은행거래실적증명)을 제시하지 못하는 경우. 다만, 은행거래실적증명이 발급되지 않는 금융상품의 경우에는 금융기관으로부터 발급받은 거래사실을 증명하는 다른 서류로 갈음할 수 있다.
2) 예금이 부실자산이나 겸업자산으로 보는 자산을 회수하는 형식으로 입금된 후 진단기준일을 포함한 60일 이내에 그 일부 또는 전부가 부실자산이나 겸업자산으로 출금된 경우
3) 질권 설정 등 사용 또는 인출이 제한된 예금은 겸업자산으로 보며, 은행거래실적 평균잔액을 계산할 때에도 이를 제외하여야 한다. 이 경우 겸업자산으로 보는 예금과 직접 관련된 차입금 등은 겸업부채로 처리한다.
4) 재무상태표나 재무관리상태진단보고서상의 자산계정에 예금 등의 금융상품이 있을 때에는 건설업등록신청을 심사하는 시점까지 그 금액의 계속 보유(경상적인 경영활동에 의한 인출은 제외)여부를 확인하여야 하고, 자본금기준에 미달하는 때에는 건설업등록기준의 부적격으로 처리하여야 한다.(건설업 관리규정 제2장 3호 나. (3))

참고 유가증권 거짓 증빙에 대한 유의사항

실질자본금을 충족하기 위하여 일시적으로 유가증권을 매입하는 형식을 취하는 것은 부실자산이므로 특히 주의를 요한다.
예를 들어, 통장에 잔고를 넣었다 바로 인출하고 채권(ex. 국민주택채권, CD) 매입증서를 받고 몇 개월 후 환매 하는 형태로 예금을 다시 입금한 후 인출하는 방식을 취하는 경우가 있다. 소위 "통장찍기"라고 하는 방식의 불법 가공채권(채권 복사본만 회사가 보유하는 형태가 대부분임)을 말하는데 그러한 형태가 가끔 등장하고 있으므로 진단시 주의를 요한다.

3. 질의회신

1) '08.7.7. 건설업을 위하여 자본금 2억원으로 법인설립 '08.7.17. 건설공제조합출자금 5천만원과 임차보증금 2천만원 지출이후 '08.7.27.을 진단일로 하여 기업진단을 받고자 함. 이 경우 제예금은 165백만원(진단기준일 ~ 진단일까지 은행평잔)으로 평가 계상되나, 진단기준일(설립등기일) 현재로는 조합출자금과 임차보증금이 존재하지 아니함. 따라서 진단일 현재 이 법인의 실질자본금은 2억원이나 진단기준일(설립등기일) 현재로는 165백만원으로 평가되는데 1) 이럴 경우 실재성이 확인되는 출자금과 임차보증금을 어떻게 진단보고서에 기재해야 하는지? 2) 또, 제예금은 진단일 현재의 잔액은 130백만원임에도 평균잔액으로 평가하다보니 35백만원이 증가되었는데 평가증가된 금액은 어떻게 처리해야 하는지?

   • 회신: 건설업체기업진단지침 제15조(제예금의 평가)에 따라 제예금은 진단일 전일부터 역산하여 30일동안(법인설립후 30일이내에 진단하는 경우에는 진단기준일부터 진단일까지의 기간)의 은행거래실적 평균잔액으로 평가하도록 한 취지는 예금의 경우 특별한 원인 없이 수시 입출금(해지 포함) 할 수 있는 등 부실자산의 소지가 있으므로 이를 보완하여 적정한 평가가 되도록 하기 위한 것입니다. 따라서 그 예금이 일시적으로 조달된 것으로서 출처가 불분명한 경우 등 같은 조 단서에 해당하는 경우에는 그 범위내에서 부실자산으로 처리할 수 있는 반면, 귀 질의와 같이 진단기준일 이후에 다른 자산 형태로 전환된 것이 명확한 경우 등 특별한 사정이 있는 경우에는 그 전환된 자산금액을 제 예금 평가에 반영할 수 있을 것으로 판단되나, 구체적으로는 자산 형태의 변경내역 등 관련사실을 종합적으로 감안하여 진단자가 사실 판단할 사항으로 사료됩니다.

2) '08.7.7. 건설업을 위하여 자본금 2억원으로 법인설립 법인설립후 35일 경과 후 별도의 영업실적이 없어 설립등기일을 진단기준일로 하여 진단을 받고자 함. 설립자본금은 은행의 별단예금 형식으로 존재하다 '08.7.17.에 회사명의 통장으로 개설되어 2억원을 진단일인 '08. 8. 12.까지 보유. 이와같은 사례에서 기업진단시 제예금은 진단일 전일인 '08.8.11.부터 역산하여 30일인 '08.7.11.까지의 은행평잔으로 평정하도록 규정되어 있는데 구체적인 평정방법은?

   • 회신: 귀 질의의 경우 법인설립일('08. 7. 7.) 이후 별단예금 형식의 예금에 대해서는 실질적인 회사의 자산으로 인정할 있을 것이므로 건설업체기업진단지침 제15조(제예금의 평가)를 적용함에 있어서는 동 별단예금 형식의 기간을 포함하여 30일 평균잔액을 평가할 수 있을 것으로 판단되나, 구체적으로는 자산 형태의 변경내역 등 관련사실을 종합적으로 감안하여 진단자가 사실 판단할 사항으로 사료됩니다.

3) 도소매업을 영위하던 기존법인이 건설업등록 신청을 위해 '08.7.8. 2억원을 유상증자하여 A통장에 입금한후 기업진단을 받고자 함. 증자금액 중 1억원을 '08.7.18. 회사명의 새로운 B통장에 대체하여 진단일인 '08.8.8.까지 계속하여 보유중인데 이 경우 통장의 변경을 어떻게 처리해야 하는지?

   • 회신: 법인명의의 예금계좌가 수개인 경우 당해 법인의 예금자산이라는 점에서는 동일성이 인정되므로 건설업체 기업진단지침 제15조(제예금의 평가)를 적용함에 있어 귀 질의와 같이 계좌간 대체가 이루어진 경우라 하더라도 이를 통합하여 평가할 수 있습니다

4) MMF(Money Market Fund)

   MMF(Money Market Fund)는 건설업체 기업진단지침 제15조 제1항 "예금은 진단받는자의 명의로 금융기관에 예치된 장,단기 금융상품으로 요구불 예금, 정기예금, 정기적금, 증권예탁금, 그밖의 금융상품을 말한다"에서 의미하는 금융상품(CD, CMA, MMF)에 해당하므로 유가증권이 아닌 예금으로 봐야 함. 국토해양부(2011.01.04.)

제16조(유가증권의 평가)

① 유가증권은 보유기간 또는 보유목적에 따라 단기매매증권, 매도가능증권, 만기보유증권 및 지분법적용투자주식으로 구분되는 지분증권과 채무증권으로 구분된다.
② 다음 각 호를 제외한 유가증권은 겸업자산으로 본다.
1. 특정 건설사업의 수행을 위하여 계약상 취득하는 특수 목적 법인의 지분증권
2. 진단대상사업과 관련된 공제조합 출자금
3. 한국금융투자협회 회원사로부터 발급받은 잔고증명서를 제출한 유가증권
③ 제2항의 유가증권은 다음 각 호에 따라 평가한다.
1. 제2항 제1호의 지분증권은 계약서, 출자확인서, 금융자료 등으로 확인한 취득원가로 평가한다.
2. 제2항 제2호 및 제3호의 출자금 및 유가증권은 진단기준일 현재의 시가로 평가한다.
3. 제2항 제3호의 유가증권이 진단기준일 현재 사용 또는 인출이 제한된 때에는 겸업자산으로 보며, 이 경우 겸업자산으로 보는 유가증권과 직접 관련된 차입금 등도 겸업부채로 처리한다.
4. 제2항 제3호의 유가증권이 진단기준일 이후 매도되어 예입된 매매대금이 입금 후 60일 이내에 그 일부 또는 전부가 부실자산이나 겸업자산으로 출금 또는 유지된 경우에는 부실자산으로 본다.

해 설

① 유가증권에 대한 분류는 기업회계기준을 준용한다.
② 유가증권은 16조 ②항에서 규정한 유가증권을 제외하고는 전부 겸업자산에 해당한다. 다만, 겸업자산으로 분류하기 전에 부실자산에 해당하는 경우는 선순위로 제외한 후 겸업자산을 판단해야 한다. 또한, 실질자산에 해당하는 유가증권 중 공제조합 출자금은 기업진단시 반드시 진단기준일 현재 시가로 평가하되, 융자금(부채)를 반드시 확인하여야 한다.

1. 특정 건설사업의 수행을 위하여 계약상 취득하는 특수 목적 법인

1) SPC(유동화전문회사)

금융기관에서 발생한 부실채권을 매각하기 위해 일시적으로 설립되는 특수목적(Special Purpose)회사. 채권 매각과 원리금 상환이 끝나면 자동으로 없어지는 일종의 페이퍼 컴퍼니다. SPC는 금융기관 거래 기업이 부실하게 돼 대출금 등 여신을 회수할 수 없게 되면 이 부실채권을 인수해 국내외의 적당한 투자자들을 물색해 팔아넘기는 중개기관 역할을 하게 된다. 이를 위해 외부평가기관을 동원, 부실채권을 현재가치로 환산하고 이에 해당하는 자산담보부채권(ABS)을 발행하는 등 다양한 방법을 동원한다. SPC가 발행한 ABS는 주간사와 인수사를 거쳐 기관과 일반 투자자들에게 판매된다. 투자자들은 만기 때까지 채권에 표시된 금리만큼의 이자를 받고 만기에 원금을 돌려받는다. 자산 관리와 자산 매각 등을 통해 투자원리금을 상환하기 위한 자금을 마련하는 작업이 끝나면 SPC는 자동 해산된다.

2) PFV(프로젝트금융투자회사)

대형 부동산 개발 사업을 효율적으로 추진하기 위해 설립하는 명목 회사(페이퍼 컴퍼니)로 일명 프로젝트금융투자회사라 부른다.

2. 공제조합 출자금

진단기준일 현재 시가로 평가하여 자산에 반영하고 평가이익은 기업회계기준에 의하여 기타포괄손익누계액에 반영하는 것이 타당하다.

(차변) 출자금	○○○	(대변) 기타포괄손익누계액	○○○

사 례

1. W법인의 재무제표상 공제조합 출자금이 25,200,000원이고 진단기준일 현재 좌당 평가액이 668,000원이고 출자좌수가 38좌인 경우 평정사항을 반영하시오.

2. 수진업체인 W법인이 융자금(24,500,000원)을 재무제표에 반영하지 않은 경우 평정사항을 반영하시오.

해답 1. 1) 진단기준일 현재 평가액: 25,384,000원

2) 재무제표상 출자금: 25,200,000원

3) 평가증액: 184,000원

따라서 진단시 184,000원을 평정에 반영하여야 하며 이 경우 실질자본인 평정액만큼 증가하게 된다.

2. 융자금이 재무제표에 제외된 것이 융자금 확인서로 확인되는 경우에는 평정사항을 반영할 때 24,500,000원을 부채의 증가로 반영하여 진단하여야 한다. 이 경우 부채의 증가액만큼 실질자본은 감소하게 된다.

참 고 한국금융투자협회 및 회원사

(1) 설립 및 주요업무

2009년 2월 4일 자본시장과 금융투자업에 관한 법률에 의해 한국증권업협회, 자산운용협회, 한국선물협회가 통합하여 한국금융투자협회를 설립했다. 설립 목적은 회원 상호간의 업무질서 유지 및 공정한 거래를 확립하고 투자자를 보호하며 금융투자업의 건전한 발전에 기여하기 위함이다.

주요 업무는 회원 간의 건전한 영업질서 유지 및 투자자 보호를 위한 자율 규제, 회원의 영업행위와 관련된 분쟁의 자율 조정, 투자권유자문인력·조사분석인력·투자운용인력 등 종사자의 등록 및 관리, 증권시장에 상장되지 아니한 주권의 장외매매거래에 관한 업무, 금융투자업 관련 제도의 조사·연구, 투자자 교육 및 이를 위한 재단의 설립·운영, 금융투자업 관련 연수업무 등이다.

(2) 회원사 현황

회원사는 정회원, 준회원, 특별회원으로 구분하고 있다.

1) 정회원(약 170개사): 금융투자인가업자(투자매매·투자중개·집합투자업·신탁업)

2) 준회원(약 120개사): 금융투자등록업자(투자일임·투자자문업), 겸영금융투자업자

3) 특별회원(약 20개사): 일반사무관리회사, 집합투자기구평가회사, 채권평가회사, 한국상장회사협의회, 코스닥상장법인협의회, 한국예탁결제원, 협회 가입 희망자 중 이사회 승인을 득한 자 등

(3) 회원사로부터 잔액증명서를 제출받은 유가증권이 진단기준일 현재 사용 또는 인출이 제한된 때에는 겸업자산으로 보며, 이 경우 겸업자산으로 보는 유가증권과 직접 관련된 차입금 등도 겸업부채로 처리한다.

3. 질의회신
  1) 공사 수주목적 타 건설회사 출자금액에 대한 실질자산 인정여부(국토해양부, 2011.2.1.)
    • 회신: 특정건물의 건축이라는 특수목적 하에 주주들이 모여 회사를 설립하고 최대주주와 건축물 계약을 하였음. 계약서 상 회사의 경험과 능력이 미비하므로 타 건설회사를 인수하거나 출자하여 그 회사의 경험과 능력을 활용하도록 되어 있어, 회사가 건축공사를 수주하려면 타 건설회사에 대한 출자를 하여야 함. 이 경우 출자한 금액을 회사의 실질자산으로 볼 수 있는 지에 대하여, 건설업관리지침 제22조에서는 동 지침에서 따로 정하지 아니한 투자자산과 기타의 비유동자산은 겸업자산으로 보도록 규정하고 있으며 동 지침 제7조 제2항 역시 비상장주식은 겸업자산으로 분류하고 있음. 따라서 건설사업자가 다른 건설사업자에게 출자한 금액은 건설업 실질자산으로 볼 수 없음.
  2) 건설사업자가 주기적신고시 건설업 자산으로 국민주택 2종 채권을 제출한 경우 건설업 실질자산 인정여부(건설경제과-2203. 2011.5.12.)
    • 회신: 건설업관리규정에 따라 실재하지 않거나 출처가 불분명한 유가증권은 주기적신고시 자본총계에서 차감되고, 기업진단지침 16조에 따라 유가증권은 보유기간 또는 보유목적에 따라 단기매매증권, 매도가능증권, 만기보유증권 및 지분법적용투자주식으로 구분되는 지분증권(주식)과 채무증권(채권)으로 구분되며, 이 경우 특정 건설산업 수행을 위해 계약상 취득하는 특수 목적법인 지분증권, 공제조합 출자금, 한국금융투자협회 회원사로부터 발급받은 잔고증명서를 제출한 유가증권 등을 제외한 유가증권은 겸업자산으로 봄
    따라서 해당 건설사업자가 주기적신고시 제출한 국민주택2종 채권이 한국금융투자협회 회원사로부터 발급받은 잔고증명서로 확인이 가능한 경우에는 건설업 실질자산으로 인정(잔고증명서 미제출시 부실자산)됨

제17조(매출채권과 미수금 등의 평가)

① 매출채권은 공사미수금과 분양미수금으로 구분되고, 거래상대방에게 세무자료에 의하여 청구한 것과 진행기준에 의하여 계상한 것을 포함하며 대손충당금을 차감하여 평가한다. 다만, 진단대상사업과 무관한 매출채권은 겸업자산으로 본다.
② 세무자료에 의하여 청구한 매출채권은 계약서, 세금계산서·계산서의 청구와 금융자료에 의한 회수내역을 통하여 검토하며 필요한 경우에는 채권조회를 실시하여 확인하여야 한다.
③ 진행기준에 의하여 계산한 매출채권은 제2항에 따른 계약서 등을 통한 평가에 추가하여 진행률의 산정이 적정한지를 평가하여야 한다.
④ 다음 각 호를 제외하고 발생일로부터 2년 이상을 경과한 매출채권과 미수금 등 받을채권(이하 "받을채권"이라 한다)은 부실자산으로 본다.
1. 국가, 지방자치단체 또는 공공기관에 대한 받을채권. 이 경우 제25조에 따른 관련 부채를 차감하여

평가하여야 한다.

2. 법원의 판결 등에 의하여 금액이 확정되었거나 소송이 진행 중인 받을채권. 이 경우 다음 각 목에 따라 평가하여야 한다.
   가. 채권 회수를 위한 담보의 제공이 없는 경우에는 전액 부실자산으로 본다.
   나. 채권 회수를 위한 담보의 제공이 있는 경우에는 그 제공된 담보물을 통하여 회수가능한 금액을 초과하는 금액을 부실자산으로 본다.
3. 「채무자 회생 및 파산에 관한 법률」에 따라 법원이 인가한 회생계획에 따라 변제 확정된 회생채권

⑤ 매출채권을 건물(부속토지 포함)로 회수한 경우, 그 건물은 취득한 날부터 2년간 실질자산으로 본다.

⑥ 국가와 지방자치단체에 대한 조세 채권(조세불복청구 중에 있는 금액을 포함한다)은 부실자산으로 본다. 다만, 진단일 현재 환급 결정된 경우는 제외한다.

해 설

1. 매출채권의 구분

매출채권 보유기간	대상 사업	실질 여부
2년 이하	진단대상사업	실질자산
	진단대상사업 외	겸업자산
2년 경과	진단대상사업	부실자산
	진단대상사업 외	부실자산

2. 2년 경과 시에도 실질자산으로 인정되는 매출채권

국가, 지방자치단체 또는 공공기관에 대한 받을채권과 법원의 판결 등에 의하여 금액이 확정되었거나 소송이 진행 중인 받을채권은 실질자산으로 인정한다. 다만 법원의 판결이나 소송이 진행중인 경우의 매출채권은 다음과 같이 평가한다.

상 황	담보제공여부		실질 여부
법원판결 또는 소송 중인 채권	담보 ×		부실자산
	담보 ○	회수가능액	실질자산
		회수불능액	부실자산

3. 대손충당금 설정

2년 이내의 매출채권이나 미수금은 반드시 대손충당금을 설정하여야 하며, 회사가 객관적으로 산정한 대손추정률을 알 수 없거나 존재하지 않는 경우에는 세법상 대손충당금 한도액인 대손실적율과 1% 중 큰 금액을 설정한다. 특히, 발생일로부터 2년이 경과된 채권은 부실자산이므로 대손충당금을 설정하는 것이 아니라 부실자산으로 평정해야 함에 유의하여야 한다.

사 례

X법인의 진단기준일 현재 매출채권 잔액이 2억원이고 2년이 경과된 채권이 2천만원으로 확인되며 회사가 객관적으로 설정한 대손추정률은 존재하지 않는 경우 평정사항을 제시하시오.

해답 1) 부실자산: 2천만원(= 매출채권 중 2년 경과분)
2) 대손충당금: 1,800,000원(= 1.8억원 × 1%)

4. 매출채권을 건물(부속토지 포함)로 대물변제 받은 경우

매출채권을 건물(부속토지 포함)로 대물변제 받은 경우에는 그 건물을 취득한 날로부터 2년간 실질자산으로 보고, 이후에 건설사업에 직접 사용하지 아니하는 경우에는 겸업자산으로 본다.

매출채권 대물변제	기간		실질 여부
건물(부속토지 포함)	취득 후 2년 이내		실질자산
	취득 후 2년 경과	건설사업 사용	실질자산
		건설사업 미사용	겸업자산

5. 조세채권

조세채권의 경우 환급이 확정된 부분은 실질자산으로 인정하고 그 외에는 부실자산으로 본다. 예를 들어, 선납세금 등은 부실자산에 해당하고 부가세대급금이나 국세환급금은 실질자산에 해당하게 된다.

제18조(재고자산의 평가)

① 재고자산은 취득원가로 평가하되 시가가 취득원가보다 하락한 경우에는 시가에 의한다. 이 경우 「부동산가격공시 및 감정평가에 관한 법률」에 의한 감정평가법인이 감정한 가액이 있는 경우 그 가액을 시가로 본다.
② 원자재 및 이와 유사한 재고자산은 부실자산으로 본다. 다만, 보유기간이 취득일로부터 1년 이내인 재고자산으로서 그 종류, 취득일자, 취득사유, 금융자료, 현장일지, 실사 등에 의하여 진단기준일 현재 진단대상사업을 위하여 보유하고 있음을 확인한 경우에는 실질자산으로 본다.
③ 조경공사업이나 조경식재시설물공사업을 위한 수목자산과 주택, 상가, 오피스텔 등 진단대상사업과 연관이 있고 판매를 위한 신축용 자산(시공한 경우에 한함)의 재고자산은 보유기간에 관계없이 제2항 단서에 따라 확인한 경우에는 실질자산으로 본다.
④ 진단대상사업에 직접 관련이 없는 재고자산과 부동산매매업을 위한 재고자산은 겸업자산으로 본다.

해 설

1. 재고자산 평가방법
   1) 원칙: 원가법
   2) 예외: 저가법. 즉, 시가 〈 원가인 경우 시가(감정가액)로 한다.

2. 원자재 및 이와 유사한 재고자산
   1) 원칙: 부실자산
   2) 예외

보유기간		실질 여부
1년 이하	진단대상사업	실질자산
	이외 사업	겸업자산
1년 초과	진단대상사업	부실자산
	이외 사업	부실자산

3. 수목자산과 신축용 자산
   1) 수목자산
   종합건설업인 조경공사업이나 전문건설업인 조경식재공사업(건설산업기본법 개정 후 조경식재시설물공사업)을 영위하는 경우에 한하여 수목자산을 실질자산으로 인정한다. 실질여부를 확인하기 위하여 감정평가를 통하여 그 가치를 파악하고 있다. 다만 감정평가액이 취득원가를 초과하는 경우에도 평가증은 인정하지 않고 있다.

사 례

1. Y법인(조경공사업 영위)이 진단기준일 현재 재무제표상 수목자산을 2억원으로 계상하고 있는 경우 수목자산에 대한 감정평가법인의 감정가액이 다음과 같은 경우 평정사항을 제시하시오.
   1) 감정가액이 1.8억원인 경우
   2) 감정가액이 2.1억원인 경우

2. 만약 Y법인이 전문건설업인 조경식재시설물공사업을 영위하고 있는 경우 재무제표상 수목자산 2억원은 어떻게 구분해야 하는가?

해설 1. 조경공사업을 영위하는 경우
   1) 1.8억원으로 실질자산은 감소하므로 2천만원은 부실자산으로 평정하여야 한다.
   2) 자산의 평가증은 인정하지 않으므로 실질자산은 취득원가인 2억원 그대로이며 평정사항은 없다.

2. 조경식재시설물공사업을 영위하는 경우
   해설1.과 동일

2) 신축용 자산

주택, 상가, 오피스텔 등 진단대상사업과 연관이 있고 판매를 위한 신축용 자산(시공한 경우에 한함)의 재고자산을 말한다.

구 분	보유기간	시공 여부	실질여부
진단대상사업○	무관	자체시공	실질자산
		취득	겸업자산
		대물변제(2년미만 보유)	실질자산
진단대상사업×		자체시공	겸업자산
		취득	
		대물변제	

참고 **재고자산 중 부실자산 판정 사례**

재고자산의 경우 계약서, 명세서, 세금계산서, 통장거래, 수불내역, 현장일지 등을 통하여 실제성여부에 대한 판단을 하여야 한다. 특히 주택신축 등과 관련된 재고자산의 경우에는 용지의 취득내역, 공사원가명세서, 분양내역서, 준공서류 등을 통하여 그 실재성을 파악하여야 함에 유의해야 한다.

1. 원재료: 분식을 위하여 공사현장에 기 투입된 원자재 등을 재고자산으로 계상해 둔 경우
2. 수목: 결산서에 과다하게 계상하거나 취득증빙이 갖춰져 있지 않거나 과다하게 감정평가를 받은 경우
3. 가설재: 실재하지 않는 가설재를 재고자산 또는 유형자산으로 장기간 동안 계상한 경우
4. 미성공사: 진행기준에 따라 회계처리 해야 함에도 불구하고 미성공사를 계상한 경우

제19조(대여금 등의 평가)

① 「법인세법」상 특수관계자에 대한 가지급금 및 대여금은 부실자산으로 보며, 특수관계자가 아닌 자에 대한 대여금은 겸업자산으로 본다.

② 종업원에 대한 주택자금과 우리사주조합에 대한 대여금은 계약서, 금융자료, 주택취득 현황, 조합 결산서 등을 통하여 실재성이 확인되고 진단을 받는 자의 재무상태와 사회통념에 비추어 대여금액의 규모가 합리적인 경우에 한하여 실질자산으로 인정할 수 있다.

해 설

1. 가지급금

특수관계인에 대한 가지급금은 부실자산으로 본다. 또한 그 외의 자에 대한 가지급금은 대여금에 해당하므로 겸업자산으로 본다.

2. 대여금

특수관계	구 분		실질 여부
○	원 칙		부실자산
	종업원 주택자금 대여액	실재성 + 사회통념	실질자산
		×	부실자산
	우리사주조합 대여액	실재성 + 사회통념	실질자산
		×	부실자산
×			겸업자산

3. 법인세법상 특수관계자(인)

가. 임원의 임면권의 행사, 사업방침의 결정 등 당해 법인의 경영에 대하여 사실상 영향력을 행사하고 있다고 인정되는 자(상법 규정에 의하여 이사로 보는 자[5]를 포함)와 그 친족

나. 주주 등(소액주주 등을 제외)과 그 친족

다. 법인의 임원·사용인 또는 주주 등의 사용인(주주 등이 영리법인인 경우에는 그 임원을, 비영리법인인 경우에는 그 이사 및 설립자)이나 사용인외의 자로서 법인 또는 주주 등의 금전 기타 자산에 의하여 생계를 유지하는 자와 이들과 생계를 함께 하는 친족

라. 가 내지 다 에 해당하는 자가 발행주식총수 또는 출자총액의 100분의 30 이상을 출자하고 있는 다른 법인

마. 라 또는 아 에 해당하는 법인이 발행주식총수 또는 출자총액의 100분의 30 이상을 출자하고 있는 다른 법인

바. 당해 법인에 100분의 30 이상을 출자하고 있는 법인에 100분의 30 이상을 출자하고 있는 법인이나 개인

사. 당해 법인이 독점규제 및 공정거래에 관한 법률에 의한 기업집단에 속하는 법인인 경우 그 기업집단에 소속된 다른 계열회사 및 그 계열회사의 임원

아. 가 내지 다 에 해당하는 자 및 당해 법인이 이사의 과반수를 차지하거나 출연금(설립을 위한 출연금에 한한다)의 100분의 30 이상을 출연하고 그 중 1인이 설립자로 되어 있는 비영리법인

4. 질의회신

- 질의: 건설수주 목적을 위한 공사이행지출금의 실질자산 인정여부
  신도시건설시행을 위해 특별법, 지방조례를 제정하여 원주민 소득창출사업의 지원대책으로 공사를 수주하기 위해 그 조합에 공사이행 자금을 제공한 경우 이를 실질자산으로 인정할 수 있는가에 대하여 (국토해양부 2011.9.26.)
- 회신: 건설업관리규정 [별지2] 건설업체 기업진단지침 제19조에서 법인세법상 특수관계자에 대한 가지

5) 상법 제401조의2 제1항(업무집행지시자 등의 책임)
다음 각호의 1에 해당하는 자는 그 지시하거나 집행한 업무에 관하여 이를 이사로 본다.
1. 회사에 대한 자신의 영향력을 이용하여 이사에게 업무집행을 지시한 자
2. 이사의 이름으로 직접 업무를 집행한 자
3. 이사가 아니면서 명예회장·회장·사장·부사장·전무·상무·이사 기타 회사의 업무를 집행할 권한이 있는 것으로 인정될 만한 명칭을 사용하여 회사의 업무를 집행한 자

급금 및 대여금은 부실자산으로 보며, 특수관계자가 아닌 자에 대한 대여금은 겸업자산으로 본다'라고 규정하고 있고 또한 동 지침 제21조에서 임차보증금은 임대차계약서, 금융자료, 확정일자, 임대인의 세무신고서 및 시가자료 등에 의하여 평가하며, ① 거래의 실재성이 없다고 인정되는 경우 ② 임차목적물이 부동산이 아닌 경우 ③ 임차부동산이 본점, 지점 또는 사업상 소재지가 아닌 경우 또는 임직원용 주택인 경우에는 부실자산으로 보도록 규정하고 있으므로 원주민에게 소득창출사업의 일환으로 그 조합에 공사이행을 위해 제공한 자금(보증금)은 상기규정에 따라 겸업자산으로 분류하여야 하며 실질자산으로 인정할 수 없음.

제20조(선급금 등의 평가)

선급금이 발생한 당시의 계약서 및 금융자료 등 증빙자료와 진단일 현재 계약이행 여부 및 진행 상황을 검토하여 실재성을 확인한 경우 다음 각 호의 선급금은 실질자산으로 본다.

1. 계약서상 선급금 규정에 의한 선급금 중 기성금으로 정산되지 않은 금액
2. 진단대상사업을 위하여 입고 예정인 재료의 구입대금으로 선지급한 금액
3. 주택건설용지를 취득하기 위하여 선지급한 금액. 다만, 제23조 제4항에 따라 실질자산에 해당하지 않는 금액은 제외한다.
4. 기업회계기준에 따라 선급공사원가로 대체될 예정인 선급금

해 설

선급금이란 원재료 등을 매입하기 위하여 선지급한 금액을 말하며, 선급금이 발생한 당시의 계약서 및 금융자료 등 증빙자료와 진단일 현재 계약이행 여부 및 진행 상황을 검토하여 실재성을 확인한 경우 선급금은 실질자산으로 본다. 따라서 다음의 경우에는 부실자산으로 본다.

1) 장기선급금
2) 실재하지 않는 계약인 경우
3) 진단일 현재 계약일로부터 1년이 초과되었으나 그 사유를 객관적으로 소명하지 못하는 경우
4) 진단일까지 계약이 해제된 경우로서 불입금액이 예금으로 환입된 후 그 일부 또는 전부가 부실자산이나 겸업자산으로 출금되거나 유지되는 경우

제21조(보증금의 평가)

① 임차보증금은 임대차계약서, 금융자료, 확정일자, 임대인의 세무신고서 및 시가자료 등에 의하여 평가하며, 다음 각 호의 경우에는 부실자산으로 본다.

1. 거래의 실재성이 없다고 인정되는 경우
2. 임차목적물이 부동산이 아닌 경우. 다만, 리스사업자와 리스계약에 의한 리스보증금은 제외한다.
3. 임차부동산이 본점, 지점 또는 사업장 소재지 및 그 인접한 지역이 아닌 경우 또는 임직원용 주택인

경우
4. 임차보증금이 시가보다 과다하여 그 시가를 초과한 금액의 경우
② 진단대상사업을 수행하면서 예치한 보증금은 그 근거가 되는 계약서, 금융자료, 진단기준일 현재 보증기관의 보관증 및 보증금 납부 후 진단일까지 진단대상사업의 진행상황 등을 종합적으로 판단하여 실재성을 확인한다. 다만, 보증기간이 만료된 경우로서 보증금의 회수가 지체되는 때에는 회수가능금액으로 평가하고, 보증금과 관련한 소송이 계속 중인 경우에는 보증금의 범위에서 소송금액 총액을 차감하여 평가한다.
③ 법원에 예치한 공탁금은 진단일 현재의 소송 결과 등을 반영한 회수가능금액으로 평가한다.
④ 진단대상사업에 직접 제공되지 않는 임차보증금은 겸업자산으로 본다.

해 설

1. 보증금 평가

보증금은 진단대상사업에 직접 제공된 경우에 한하여 실질자산으로 인정한다. 실무상에서 특수관계인과 임대차계약을 통하여 시세보다 과대평가하여 임대차계약을 하는 경우가 가끔 존재하므로 주의를 요한다. 시세보다 높은 가격을 책정한 경우에는 임차보증금이 부인될 여지가 많다. 따라서 객관적인 제3자(공인중개사 등)의 시세확인 및 전세권 설정, 또는 임대인의 부가가치세 신고 현황 등을 통하여 실제 임대차 여부를 파악할 필요가 있다.

<table>
<tr><th>보증금의 실제성</th><th colspan="2">구 분</th><th>실질 여부</th></tr>
<tr><td>×</td><td colspan="2"></td><td>부실자산</td></tr>
<tr><td rowspan="6">○</td><td colspan="2">임차인이 다른 경우</td><td>부실자산</td></tr>
<tr><td rowspan="2">본점 등 및 인접 부동산</td><td>○</td><td>실질자산</td></tr>
<tr><td>×</td><td>부실자산</td></tr>
<tr><td colspan="2">임직원용 주택</td><td>부실자산</td></tr>
<tr><td colspan="2">시가초과 계상액 초과분</td><td>부실자산</td></tr>
<tr><td colspan="2">법원공탁금(회수가능액)</td><td>실질자산</td></tr>
</table>

참 고 보증금 진단시 유의사항

1. 사무실보증금

중소건설사업자의 경우 월세에 부가되는 임차보증금이 대부분이므로 임차보증금이 과대계상된 경우에는 부실의 징후가 있다고 보아 진단자는 주의를 기울여야 한다. 건설협회 및 등록관청에서는 이에 대하여 "가공" 계상의 징후가 있다고 보아 검토에 신중(특별감리 등을 통하여)을 기하고 있다.

2. 기타 보증금

특수관계인, 기타 사업자 등으로부터 각종 건설중장비, 승용차 등을 임차한 것으로 하여 거액의 보증금을 계상하는 행위도 부실자산으로 본다. 다만 정상적인 리스회사를 통한 경우에는 인정된다. 또한 임직원의 상시 주거용 주택도 부실자산에 해당함에 주의하자.

사 례

Z법인의 재무상태표상 임차보증금이 8천만원인 경우 아래의 상황에 따라 평정하시오.

상황1) 보증금이 3천만원에 월세 2백만원인 사실이 신고된 임대차계약서 등으로 확인되는 경우
상황2) 임차보증금 8천만원에 대한 전세권이 설정된 사실이 확인되는 경우
상황3) 임차보증금 8천만원이 현장직원의 주택을 임차한 경우

해설 상황1) 보증금 3천만원까지만 인정하므로 5천만원은 부실자산으로 평정한다.
상황2) 전세권이 설정되어 보증금에 대한 실재성이 확인되므로 부실자산으로 평정할 금액은 없다.
상황3) 임직원용 주택을 임차한 경우에는 부실자산에 해당하므로 8천만원 전액이 부실자산에 해당한다.

제22조(투자자산 등의 평가)

이 지침에서 따로 정하지 아니한 투자자산과 기타의 비유동자산은 겸업자산으로 본다.

해 설

1. 진단대상사업과 관련없는 투자자산과 기타의 비유동자산은 겸업자산으로 분류하므로 결국 실질자본을 감소시키게 됨에 유의하여야 한다. 특히 골프회원권 등이 대표적인 겸업자산에 해당한다.
2. 질의회신
   - 질의: 골프회원권의 진단대상 업종 관련성 판단
     회사는 건설업 면허를 취득하기 위하여 기업진단을 실시하고자 하는데 골프회원권을 가지고 있습니다. 골프회원권을 회사의 진단대상사업의 실질자산으로 평가할 수 있는지 아니면 진단지침 제20조 제1항의 투자자산의 평가 규정을 적용하여 진단대상 업종과 관련없는 자산으로 보아 겸업자산으로 처리해야 하는지 답변 부탁드립니다.
   - 회신: 진단대상업종과 관련이 없는 투자자산은 겸업자산으로 보아 사업별로 자산과 부채를 구분하여 판단하고 있는 바, 골프회원권은 진단대상 업종과 관련이 없는 것으로 봅니다.(국토해양부 건설수자원 정책실 건설정책관 건설산업과)

제23조(유형자산의 평가)

① 유형자산은 토지, 건물, 건설중인 자산 및 그 밖의 유형자산을 포함한다.
② 유형자산은 소유권, 자산의 실재성 및 진단대상사업에 대한 관련성을 종합하여 평가하며, 등기 또는 등록대상인 자산으로서 법적 및 실질적 소유권이 없는 경우에는 부실자산으로 본다.

③ 유형자산은 기업회계기준에 따라 취득원가모형이나 재평가모형 중에서 진단을 받는 자가 회계장부에 반영한 방식으로 평가한다. 이 경우 감가상각누계액은 취득일부터 진단기준일까지의 감가상각비로 「법인세법」에 따른 기준내용연수와 정액법으로 계산한 금액으로 한다. 다만, 진단을 받는 자의 회계장부상 감가상각누계액이 클 경우에는 그 금액으로 한다.
④ 건설중인 자산은 계약서, 금융자료, 회계장부 등으로 확인한다. 다만, 실재하지 않는 계약인 경우, 진단일 현재 계약일로부터 1년이 초과되었으나 그 사유를 객관적으로 소명하지 못하는 경우, 진단일까지 계약이 해제된 경우로서 불입금액이 예금으로 환입된 후 그 일부 또는 전부가 부실자산이나 겸업자산으로 출금되거나 유지되는 경우는 부실자산으로 본다.
⑤ 진단자는 토지와 건물의 등기부등본을 통하여 부외부채에 대한 평가를 하여야 한다.
⑥ 임대자산이나 운휴자산 등 진단대상사업과 관련이 없는 유형자산은 겸업자산으로 보며, 토지 또는 건물의 일부가 임대자산인 경우에는 전체 연면적에 대한 임대면적의 비율로 계산한 금액을 겸업자산으로 본다. 다만, 진단을 받는 자가 소유한 본사의 업무용 건축물(부속토지 포함)이 임대자산인 경우에는 실질자산으로 보며, 해당 임대자산에 대하여 진단을 받는 자 또는 타인 명의의 부채(담보로 제공된 경우 채권최고액)는 실질부채로 본다.

해 설

유형자산은 소유권, 자산의 실재성 및 진단대상사업에 대한 관련성을 종합하여 평가하며, 등기 또는 등록대상인 자산으로서 법적 및 실질적 소유권이 없는 경우에는 부실자산으로 본다. 특히, 토지와 건물의 등기부등본을 통하여 부외부채에 대한 평가를 하여야 한다. 따라서 기업진단시 법적 소유권과 실질적 소유권의 구분이 필요한 사항이 발생하는 경우에는 사실판단에 의하되, 실질적 소유권을 우선적으로 적용하여야 할 것으로 사료된다.

1. 유형자산 평가모형

유형자산은 기업회계기준에 따라 취득원가모형이나 재평가모형 중에서 진단을 받는 자가 회계장부에 반영한 방식으로 평가한다. 일반적으로 재무제표는 취득원가모형을 근거로 작성되고 있어 재평가모형을 적용해야 하는 경우에는 회계장부에 반영된 사항만을 기준으로 기업진단 업무를 수행하여야 한다.

➲ **주의사항:** 결산후 재평가금액을 진단시 반영할 수 있는지 여부

정기결산시 재평가모형으로 재무제표를 작성하지 않은 경우에는 재평가모형으로 평가한 금액을 기업진단시나 수정 재무제표 등을 통하여 반영하여 기업진단을 수행할 수는 없게 된다. 따라서 국토해양부 질의회신(2011. 11. 08.)에 의하면 진단기준일이 연차결산일인 경우에는 법인세법 및 소득세법에 따라 관할 세무서장에게 제출한 정기 연차결산 재무제표로서 진단할 수 있으며, 진단받는 업체가 임의로 수정(세무서에 수정신고한 재무제표 포함)한 재무제표로는 진단할 수 없도록 하고 있다.

2. 감가상각

유형자산의 감가상각은 법인세법에 의하되, 감가상각누계액은 취득일부터 진단기준일까지의 감가상각비로 법인세법에 따른 기준내용연수와 정액법으로 계산한 금액으로 한다. 다만, 진단을 받는 자의 회계장부상 감가상각누계액이 클 경우에는 그 금액으로 한다. 따라서 진단자는 진단대상사업연도를 기준으로 감가상각을 수행하면 되며, 일반적으로 취득월을 포함하여 월할 상각한다. 즉, 장부상 감가상각액이 계상되지 않았거나 과소계상된 경우에는 취득시부터 진단기준일까지 정액법으로 감가상각비를 계상하여야 한다.

(가) 법인세법상 감가상각자산의 범위(법인세법 시행령 제24조 제1항)

가) 유형자산

㉠ 건물(부속설비를 포함) 및 구축물

㉡ 차량 및 운반구, 공구, 기구 및 비품

㉢ 선박 및 항공기

㉣ 기계 및 장치

㉤ 동물 및 식물

㉥ 기타 ㉠ 내지 ㉤의 자산과 유사한 유형고정자산

(나) 법인세법상 내용연수: 법인세법 시행규칙 별표 5에서 규정된 건축물 등의 기준내용연수는 다음과 같다.

구분	기준내용연수 및 내용연수범위(하한-상한)	구조 또는 자산명
1	5년 (4년~6년)	차량 및 운반구(운수업, 기계장비 및 소비용품 임대업에 사용되는 차량 및 운반구를 제외), 공구, 기구 및 비품
2	12년 (9년~15년)	선박 및 항공기(어업, 운수업, 기계장비 및 소비용품 임대업에 사용되는 선박 및 항공기를 제외)
3[6)]	20년 (15년~25년)	연와조, 블록조, 콘크리트조, 토조, 토벽조, 목조, 목골모르타르조, 기타 조의 모든 건물(부속설비를 포함)과 구축물[7)]
4	40년 (30년~50년)	철골·철근콘크리트조, 철근콘크리트조, 석조, 연와석조, 철골조의 모든 건물(부속설비를 포함한다)과 구축물

3. 건설중인 자산

건설중인 자산은 계약서, 금융자료, 회계장부 등으로 확인한다. 다만, 실재하지 않는 계약인 경우, 진단일 현재 계약일로부터 1년이 초과되었으나 그 사유를 객관적으로 소명하지 못하는 경우, 진단일까지 계약이 해제된 경우로서 불입금액이 예금으로 환입된 후 그 일부 또는 전부가 부실자산이나 겸업자산으로 출금되거나 유지되는 경우는 부실자산으로 본다.

---

6) ① 구분 3과 구분 4를 적용함에 있어서 부속설비에는 당해 건물과 관련된 전기설비, 급배수·위생설비, 가스설비, 냉방·난방·통풍 및 보일러설비, 승강기설비 등 모든 부속설비를 포함하고, 구축물에는 하수도, 굴뚝, 경륜장, 포장도로, 교량, 도크, 방벽, 철탑, 터널 기타 토지에 정착한 모든 토목설비나 공작물을 포함한다. 다만, 부속설비를 건축물과 구분하여 업종별 자산으로 회계처리하는 경우에는 별표 6을 적용할 수 있다.

② 구분 3과 구분 4를 적용함에 있어서 건물중 변전소, 발전소, 공장, 창고, 정거장·정류장·차고용 건물, 폐수 및 폐기물처리용 건물, 유통산업발전법시행령에 의한 대형점용 건물(당해 건물의 지상층에 주차장이 있는 경우에 한한다), 국제회의산업육성에관한법률에 의한 국제회의시설 및 무역거래기반조성에관한법률에 의한 무역거래기반시설(별도의 건물인 무역연수원을 제외한다), 축사, 구축물 중 하수도, 굴뚝, 경륜장, 포장도로와 폐수 및 폐기물처리용 구축물과 기타 진동이 심하거나 부식성 물질에 심하게 노출된 것은 기준내용연수를 각각 10년, 20년으로 하고, 내용연수범위를 각각(8년~12년), (15년~25년)으로 하여 신고내용연수를 선택적용할 수 있다.

7) 건물(부속설비를 포함한다) 및 구축물이 기준내용연수 및 내용연수범위가 서로 다른 2 이상의 복합구조로 구성되어 있는 경우에는 주된 구조에 의한 기준내용연수 및 내용연수범위를 적용한다.

4. 겸업자산
   임대자산이나 운휴자산 등 진단대상사업과 관련이 없는 유형자산은 겸업자산으로 보며, 토지 또는 건물의 일부가 임대자산인 경우에는 전체 연면적에 대한 임대면적의 비율로 계산한 금액을 겸업자산으로 본다. 다만, 진단을 받는 자가 소유한 본사의 업무용 건축물(부속토지 포함)이 임대자산인 경우에는 실질자산으로 보며, 해당 임대자산에 대하여 진단을 받는 자 또는 타인 명의의 부채(담보로 제공된 경우 채권최고액)는 실질부채로 본다.

제24조(무형자산의 평가)

무형자산은 부실자산으로 본다. 다만, 진단대상사업과 직접 관련하여 취득한 다음 각 호의 경우는 예외로 한다.

1. 시설물을 기부채납하고 일정기간 무상으로 사용수익할 수 있는 권리를 보유한 경우에는 정액법에 따른 상각액을 차감하여 평가한다.
2. 산업재산권은 취득원가에 정액법에 따른 상각액을 차감하여 평가한다.
3. 부동산물권은 제21조 제1항 및 제23조 제2항에 준하여 평가한다.
4. 거래명세서 등에 의하여 실재성이 확인되는 외부에서 구입한 소프트웨어(유형자산의 운용에 직접 사용되는 경우에 한함)는 취득원가에 정액법에 따른 상각액을 차감하여 평가한다.

해 설

무형자산은 부실자산으로 본다. 다만, 진단대상사업과 직접 관련하여 취득한 사용수익기부자산과 산업재산권[8]은 실질자산으로 본다.

제25조(부채의 평가)

① 부채는 그 발생사유를 공사원가, 비용의 발생 및 관련 자산의 규모 등과 비교 분석하여 그 적정성 및 부외부채의 유무를 평가하여야 한다.
② 부외부채는 다음 각 호에 따라 평가한다.

1. 진단을 받는 자는 진단기준일 현재 예금이 예치되거나 차입금이 있는 금융기관별로 금융거래확인서를 발급받거나 전체 금융기관에 대한 신용정보조회서를 발급받아 진단자에게 제출하고 진단자는 부외부채 유무를 검토하여야 한다.
2. 제15조제3항에 따른 은행거래실적증명과 같은 기간 동안 지급한 부채내역을 제출받아 진단기준일

8) 산업재산권은 기술의 발달·장려를 위해 공업에 관한 지능적 작업이나 방법에 대해 일정기간 독점적·배타적으로 이용할 수 있는 권리로서 특허권·실용신안권·디자인권·상표권·상호권 및 상품명 등을 말하고 공업소유권이라고도 한다.

현재 부외부채 유무를 확인한다.
3. 진단기준일 현재 과세기간이 종료한 세무신고에 대하여 진단일까지 과세관청에 신고한 세무신고서를 제출받아 미지급세금 등을 확인한다.

③ 충당부채는 다음 각 호에 따라 적정성 여부를 평가한다.
1. 퇴직급여충당부채는 기업회계기준에 따라 평가한다.
2. 진단을 받는 자가 하자보수충당부채와 공사손실충당부채를 장부에 계상한 경우에는 그 금액으로 평가한다.
3. 보증채무와 관련한 충당부채는 기업회계기준에 따라 평가한다.

④ 이연법인세부채는 이 지침의 다른 규정에 의한 겸업자본과 실질자본을 차감하는 부채로 보지 아니한다.

해 설

1. 실질자본 판단시 차감하는 부채
   1) 부실자산과 임의 상계된 부채에 상당하는 금액
   2) 자산의 과대평가 등에 따른 가공자산이나 부채를 누락한 부외부채 금액
   3) 유형자산의 실재성 확인시 담보대출이나 임대보증금
   4) 미지급법인(소득) 미계상액

   기업진단시 정기결산이나 수시결산을 통하여 재무제표를 작성하는 경우 미지급법인세는 반드시 계상되어야 한다. 다만, 중간예납을 통하여 기지급된 금액이 있는 경우에는 이를 차감하고 설정한다. 따라서 법인세과세표준및세액조정계산서 또는 미지급법인세 계정별원장을 받아서 확인하는 것이 유리하다.

   따라서 법인(사업연도: 1/1~12/31)인 경우 8월 이전에 기업진단시에는 발생한 당기순이익 전액(이월결손금 차감)에 대하여 미지급법인세를 계상하고 8월 이후 기업진단시에는 중간예납액을 차감하고 미지급법인세를 계상하면 된다.

2. 충당부채(퇴직급여충당금)

   퇴직급여충당금은 보고기간말 현재 전 종업원이 일시에 퇴직할 경우 지급하여야 할 퇴직금에 상당하는 금액으로 한다. 다만, 퇴직부담금(DB형, DC형)을 고려한 잔액을 퇴직급여추계액의 100%까지 부족분을 고려하면 된다.

제26조(자본의 평가)

① 납입자본금은 법인등기사항으로 등기된 자본금으로 한다.
② 적법한 세무신고 없이 장부상 이익잉여금 등 자본을 증액한 경우에는 실질자본에서 직접 차감한다.

해 설

1. 자본의 구분

자본	자본금	소유주의 출자 금액 중 액면총액으로서 법정자본금
	자본잉여금	증자나 감자 등 주주와의 자본거래로 발생한 잉여금
	자본조정	성격상 자본거래이나 최종 납입된 자본으로 볼 수 없거나 자본에 가감성격으로서 자본금이나 자본잉여금으로 분류할수 없는 항목
	기타포괄손익 누계액	자본거래 이외의 사유로 순자산의 변동이 발생하였으나 미실현손익에 해당하여 손익계산서에 반영되지 않고 재무상태표에 직접 반영한 기타포괄손익의 잔액
	이익잉여금	기업의 경영활동에서 발생한 이익 중 주주에 대한 배당 등을 통하여 처분된 금액을 차감한 후에 사내에 유보된 잉여금

2. 실질자본(금)과의 관계

기업진단시 실질자본(금)은 다음과 같이 판단한다.

> 1단계: 등기부등본상 납입자본금(개인은 순자산가액)이 등록기준상 자본금기준을 충족하고 있는가?
> 2단계: 결산재무제표상 자본총계가 등록기준상 자본금기준을 충족하고 있는가?
> 3단계: 진단 후 진단대상사업의 실질자본(금)이 등록기준상 자본금기준을 충족하고 있는가?

3. 실질자본 계산구조

회사제시 자산	-	회사제시 부채	=	회사제시 자본
±) 수 정 사 항		±) 수 정 사 항		±) 수 정 사 항
-) 부 실 자 산		+) 부 외 부 채		±) 부실자산, 부외부채
실 질 자 산	-	실 질 부 채	=	실 질 자 본
겸 업 자 산	-	겸 업 부 채	=	겸 업 자 본
진단대상사업 실 질 자 산	-	진단대상사업 실 질 부 채	=	진단대상사업 실 질 자 본

제27조(수익과 비용의 평가)

> 수익과 비용은 기업회계기준에 따라 평가한다.

해 설

수익과 비용은 기업회계기준에 따라 평가한다. 따라서 공사진행기준과 공사완성기준을 통하여 회사의 회계처리를 확인하고 재고자산의 계상여부와 수익과 비용의 올바른 인식에 대한 검토가 이루어져야 한다. 기업회계기준에서는 진행기준을 원칙으로 하고 있으나 중소기업회계처리특례에 의거하여 1년 내의 기간에 완료되는 용역매출 및 건설형 공사계약에 대하여는 용역제공을 완료하였거나 공사 등을 완성한 날에 수익으로 인식할 수 있으므로 진단시 주의를 요하여야 한다.

구분	원칙	예외
단기건설(1년 미만)	진행기준	비상장중소기업은 인도기준 또는 완성기준 가능
장기건설(1년 이상)		진행기준

➲ **유의사항:** 장기건설공사계약임에도 불구하고 세금계산서 기준으로 공사수익을 인식하여 미완성공사가 재고자산에 기재된 상태로 결산이 되는 경우에는 기업진단규정에서 미완성공사를 모두 부실자산으로 보도록 하고 있으므로 불이익을 당하지 않도록 장기건설의 경우에는 반드시 진행기준으로 인식하여야 한다.

제28조(겸업자본의 평가)

① 건설업체가 진단대상사업과 겸업사업을 경영하는 경우에는 다음 각 호의 순으로 겸업자본을 평가하여야 한다.

1. 이 지침에서 겸업자산으로 열거한 자산은 겸업자산으로 하고, 그 겸업자산과 직접 관련된 부채는 겸업부채로 한다.
2. 제1호의 겸업자산과 겸업부채를 제외한 자산과 부채는 다음 각 목의 순에 따라 구분한다.
   가. 진단대상사업과 겸업사업을 상시 구분 경리하여 실지귀속이 분명한 경우에는 실지귀속에 따라 겸업자산과 겸업부채를 구분한다.
   나. 가목에 따라 겸업자산과 겸업부채로 구분할 수 없는 공통자산과 공통부채는 겸업비율에 의하여 구분한다. 이 경우 겸업비율은 진단기준일이 속한 회계연도의 각 사업별 수입금액 비율로 한다. 다만, 하나 또는 그 이상의 사업에서 수입금액이 없어 수입금액 비율을 산정할 수 없는 경우에는 사용면적, 종업원 수 등 합리적인 방식으로 산정한 겸업비율에 의한다.

② 관련법규 등에서 기준자본액이 정하여진 겸업사업에 대하여 제1항에 따라 계산한 겸업자본이 그 기준자본액에 미달하는 경우에는 기준자본액을 겸업자본으로 본다.

해 설

1. 겸업자본의 평가

   겸업자본은 겸업자산에서 겸업부채를 차감한 잔액을 말한다. 따라서 겸업자산과 겸업부채는 실질자산(실질부채)에 해당하지만 진단대상사업의 실질자산(실질부채)에는 해당하지 않는다. 따라서 실질자산(실질부채 포함) 중에서 겸업자산(겸업부채 포함)을 분류할 때에는 다음과 같이 확인하여야 한다.

1단계: 겸업자산으로 열거된 자산 및 그와 관련된 부채를 구분할 것
2단계: 구분경리 유무를 확인 할 것. 따라서 구분경리가 되어 있는 경우에는 건설업부문만을 기준으로 실질자본을 확인하면 된다.
3단계: 구분경리가 되어 있지 않는 경우 수입금액비율로 안분한다. 다만 하나 이상의 수입금액이 없는 경우에는 사용면적, 종업원 수 등 합리적인 방식의 겸업비율을 기준으로 공통자산(부채)를 안분한다. 실무상 수입금액 비율의 적용이 어려운 경우 기준자본금 비율(합리적 방식)을 많이 사용하고 있다.

사 례

제조업(기준자본금 없음)과 금속창호지붕건축물조립공사업(기준자본금 1.5억원)을 영위하는 (주)Z건설에 대한 재무상태 및 경영성과에 대한 기업진단(실태조사 목적)을 수행하고 있다. 다음 자료를 이용하여 건설업의 실질자본금을 구하시오.

<table>
<tr><td>실질자산 10억원
실질부채 4억원</td><td rowspan="3">〈총매출액 20억원〉
제조업 매출액 14억원
건설업 매출액 6억원</td></tr>
<tr><td>겸업자산 4억원
겸업부채 1억원</td></tr>
<tr><td>공통자산 4억원
공통부채 2억원</td></tr>
</table>

해설 제조업 수입금액 비율이 70% 이므로 공통자산 중 2.8억원, 공통부채 중 1.4억원이 겸업에 해당한다. 따라서 진단대상사업의 실질자본은 다음과 같다.
실질자본 6억원 - 겸업자본 3억원 - 공통자본 중 겸업자본(70%) 1.4억원 = 1.6억원이 된다. 따라서 (주)Z건설은 실질자본금(1.5억원 이상) 요건을 충족하게 된다.

2. 질의회신
- 질의: 회사의 코스관리업 매출에 대한 겸업 적용 여부
- 회신: 회사의 등기부등본에 "조경공사 및 관리업"으로 기재되어 있고 실질적 매출이 코스관리매출과 조경공사매출로 구성되어 있는 경우 건설업체 기업진단지침 제3조 제3호 및 4호에 의거하여 법인등기사항의 형식적인 사업목적보다는 그 실질적 사업내용에 따라 겸업여부를 판단하여야 하는 바, 현재 회사의 매출이 코스관리매출과 조경공사매출로 구분되어 있고 코스관리업이 조경공사업을 영위하는데 있어 필수적으로 수반되는 업종이라 볼 수 없으므로 코스관리업과 관련된 매출은 겸업자본으로 분류하여야 함. - 국토해양부(2010.12.29.)

제29조(겸업사업자의 신규등록 신청시 실질자본의 평가)

① 겸업사업을 영위하는 자가 건설업종을 신규등록 신청하는 경우에는 다음 각 호에 따라 진단대상업종의 납입자본액을 보유하여야 한다.
1. 회사가 등록기준 자본액을 유상 또는 무상 증자한 경우. 다만, 증자일 현재 완전 자본잠식 상태인 경우에는 제외한다.
2. 회사가 등록기준 자본액 이상의 자본금을 보유하고, 주주총회 또는 이사회 결의를 통하여 동액 이상의 이익잉여금을 진단대상업종을 위해 유보하고 있는 경우
② 진단대상업종의 실질자본은 제1항에 따른 증자액 또는 이익잉여금 유보액을 별도의 예금으로 예치하여야 하고 그 예금은 제15조에 따라 평가한다.

해 설

겸업사업을 영위하는 자가 건설업종을 신규등록 신청하는 경우에는 기존 납입자본금이 등록기준 자본금 이상(이익잉여금 포함)을 보유하고 있거나 유상 또는 무상증자를 통하여 진단대상업종의 납입자본액을 보유하여야 한다. 또한, 진단대상업종의 실질자본은 증자액 또는 이익잉여금 유보액을 별도의 예금으로 예치하여야 하고 그 예금은 예금평가기준에 따라 평잔한 금액으로 평가한다.

사 례

상황1) 제조업을 영위하는 A회사는 전문건설업(도장습식방수석공사업: 1.5억원)을 신규등록하고자 하는 경우로서 납입자본금은 1억원에서 1.5억원을 증자(증자액은 그대로 예금으로 보유하고 있음)한 2.5억원이고 이익잉여금은 1억원인 경우 실질자본금의 평정 방법을 제시하시오.

상황2) 전기공사업(기준자본금 1.5억원)을 영위하는 B회사는 종합건설업(건축공사업: 3.5억원)을 신규로 등록하고자 하는 경우로서 납입자본금이 1.5억원이고 이익잉여금이 8억원인 경우로서 결산재무제표상 예금잔액이 6억원이 존재하는 경우 진단가능여부를 판정하시오.

상황3) 정보통신공사업(기준자본금 1.5억원)을 영위하던 C회사는 사업이 어려워지자 전문건설업(철근콘크리트공사업 1.5억원)을 신규로 등록하고자 한다. 등기부등본상 납입자본금은 1.5억원이고 결손금이 2억원인 경우에 진단가능여부에 대하여 판정하시오.

해설 상황1) 회사가 등록기준 자본액 이상의 자본금을 보유하고, 주주총회 또는 이사회 결의를 통하여 동액 이상의 이익잉여금을 진단대상업종을 위해 유보하고 있는 경우에 해당하므로 1.5억원을 실질자본으로 인정할 수 있다.

상황2) 자본총계는 9.5억원이지만 납입자본금이 1.5억원이므로 전기공사업(1.5억원)만을 충족하고 있어 추가적으로 3.5억원을 증자하지 않는 경우에는 실질자본금 및 납입자본금이 부족하여 진단불능사유에 해당한다.

상황3) 자본총계가 자본잠식상태이고 정보통신공사업(1.5억원)의 유지도 어려운 상황이다. 이 경우 전문건설업을 등록하기 위한 진단을 불가능하며 다음과 같은 조치 등을 취하게 하여야 한다.

1. 정보통신공사업 유지를 전제로 하는 경우
   C회사는 3.5억원의 증자를 통하여 자본총계가 3억원을 충족할 수 있도록 회사를 정상화한 후 기업진단을 의뢰하여야 한다.
2. 정보통신공사업을 반납하기로 의사결정한 경우
   C회사는 2억원을 증자하여 자본총계가 1.5억원 이상이 될 수 있도록 회사를 정상화하고 정보통신공사업의 반납과 동시에 전문건설업(철근콘크리트공사업)을 등록할 수 있도록 실질자본금을 확인하고 기업진단을 의뢰하여야 한다.

[별지 제1호 서식]

진단자 소속협회 경유

재무관리상태진단보고서

진 단 구 분	1. 신규등록 2. 기타 ( )		
상 호		대 표 자	
소 재 지		전 화 번 호	
진 단 기 준 일	년 월 일		

구분	등록업종 종류	등록기준자본	평정후실질자본	진 단 의 견
기존		원	-	-
		원		
		원		
신규 (신고등)		원	원	
계		원	원	-

* 진단내역

과 목	금 액	과 목	금 액	겸 업 내 용
회사제시자산총계(i)		회사제시부채총계(iv)		
자 산 증 가(ii)		부 채 증 가(v)		
자 산 감 소(iii)		부 채 감 소(vi)		
실 질 자 산(I) (i)+(ii)-(iii)		실 질 부 채(II) (iv)+(v)-(vi)		
겸 업 자 산(vii)		겸 업 부 채(viii)		
진단대상사업의 실질자산(III) (I) - (vii)		진단대상사업의 실질부채(IV) (II) - (viii)		
진단대상사업실질자본(V) (III) - (IV)				

상기의 실질자본은 건설업체 기업진단지침에 의거 진단하였음을 확인합니다.

년 월 일

* 진단자
  - 진단자 상호·명칭(대표자):
  - 사무소소재지: (Tel: , Fax:)
  - 담당공인회계사(세무사, 경영지도사): 등록번호 성명 ㉿
  - (진단자) 법인등록번호:
    사업자등록번호:

(제출기관) 귀하

[별지 제2호 서식]

진 단 평 가 서

년 월 일 현재

등록번호:
업 체 명: ____________________

(단위: 원)

과 목	회사제시금액	평 정		평정후금액
		차 변	대 변	
1. 유동자산				
(1) 당좌자산				
① 현금및현금성자산				
② 단기투자자산				
③ 매출채권				
- 대손충당금				
④ 가지급금				
⑤ 단기대여금				
⑥ 미 수 금				
⑦ 미수수익				
⑧ 선 급 금				
⑨ 선급비용				
⑩ 선급공사원가				
⑪ 선납세금				
⑫ 부가세선급금				
⑬ 전도금				
⑭ 기타				
(2) 재고자산				
① 원재료				
② 가설재				
③ 수목				
④ 용지				
⑤ 미성공사				
⑥ 미완성주택				
⑦ 완성주택				
⑧ 기타				

과 목	회사제시금액	평 정		평정후금액
		차 변	대 변	
2. 비유동자산				
(1) 투자자산				
① 장기금융상품				
② 매도가능증권				
③ 만기보유증권				
④ 장기대여금				
⑤ 투자부동산				
⑥ 기타				
(2) 유형자산				
① 토 지				
② 건 물				
감가상각누계액				
③ 건설장비				
감가상각누계액				
④ 차량운반구				
감가상각누계액				
⑤ 건설중인자산				
⑥ 기타				
(3) 무형자산				
① 사용수익권				
② 지적재산권				
③ 부동산물권				
④ 기타				
(4) 기타비유동자산				
① 임차보증금				
② 기타보증금				
③ 기타				
(겸 업 자 산)			( )	
자 산 총 계				

과 목	회사제시금액	평 정		평정후금액
		차 변	대 변	
1. 유동부채				
① 단기차입금				
② 매입채무				
③ 공사미지급금				
④ 공사선수금				
⑤ 분양선수금				
⑥ 미지급금				
⑦ 미지급비용				
⑧ 예수금				
⑨ 부가세예수금				
⑩ 미지급세금				
⑪ 가수금				
⑫ 기타				
2. 비유동부채				
① 장기차입금				
② 퇴직급여충당부채				
③ 하자보수충당부채				
④ 임대보증금				
⑤ 기타				
(겸 업 부 채)		( )		( )
부 채 총 계				
1. 자 본 금				
2. 자본잉여금				
3. 자본조정				
4. 기타포괄손익누계액				
① 매도가능증권평가이익				
② 유형자산평가이익				
③ 기타				
5. 차기이월이익잉여금 (또는 이월결손금)				
(진 단 조 정)		( )		( )
자 본 총 계				
부채와 자본총계				

겸업자산 및 부채에 대한 계산 내역									
(1)	겸업자산	=	겸업사업에 제공된 자산	+	겸업자산으로 열거한 자산	+	진단대상사업과 겸업사업에 공통으로 사용된 자산	×	겸업비율
	(　　)		(　　)		(　　)		(　　)		(　)
(2)	겸업부채	=	겸업사업 및 겸업자산으로 열거한 자산과 관련하여 발생한 부채			+	진단대상사업과 겸업사업에 공통으로 발생한 부채	×	겸업비율
	(　　)		(　　)				(　　)		(　)
(3)	겸업비율 계산기준	:	,		, (　　)%				

[별지 제3호 서식]: 기업회계기준에 따라 작성한 재무상태표
[별지 제4호 서식]: 기업회계기준에 따라 작성한 손익계산서

반드시 추가로 첨부해야 할 서류: 예금평균잔액계산서

CHAPTER 05

건설업 기업진단 사례

제1절 신규등록 (신설법인)

| 진단회사자료 |

- 회사명 : 주식회사 에스에스
- 설립등기일 : 2025.08.17.
- 등기부등본상 납입자본금 : 350,000,000원
- 회계연도 : 1월 1일 ~ 12월 31일

| 진단관련 추가정보 |

① 08월 17일 임차보증금 10,000,000원 지급
② 08월 17일 설립비용을 대표이사가 선 지급
③ 09월 01일 건설공제조합에 87,500,000원 출자
④ 진단기준일(신청면허) : 2025.08.17.(건축공사업 신규등록)
⑤ 진단일 : 2025.09.07.(신설법인이므로 20일이 경과한 22일차에 진단보고서를 완료함)

1. 재무상태표

재무상태표

제 1 기 2025년 08월 17일 현재

회사명 : 주식회사 에스에스 (단위 : 원)

과 목	제 1(당)기			
	금 액		금 액	
자 산				
Ⅰ. 유 동 자 산		510,000,000		
① 당 좌 자 산		510,000,000		
보 통 예 금		510,000,000		
② 재 고 자 산				
Ⅱ. 비 유 동 자 산		10,000,000		
① 투 자 자 산				
② 유 형 자 산				
③ 무 형 자 산				
④ 기 타 비 유 동 자 산		10,000,000		
임 차 보 증 금		10,000,000		
자 산 총 계		520,000,000		
부 채				
Ⅰ. 유 동 부 채		8,470,200		
가 수 금		8,470,200		
Ⅱ. 비 유 동 부 채				
부 채 총 계		8,470,200		
자 본				
Ⅰ. 자 본 금		520,000,000		
자 본 금		520,000,000		
Ⅱ. 자 본 잉 여 금				
Ⅲ. 자 본 조 정				
Ⅳ. 기 타 포 괄 손 익 누 계 액				
Ⅴ. 결 손 금		8,470,200		
미 처 리 결 손 금		8,470,200		
(당 기 순 손 실) 당기: 8,470,200 전기: 0				
자 본 총 계		511,529,800		
부 채 와 자 본 총 계		520,000,000		

2. 손익계산서

손 익 계 산 서

제 1 기 2025년 08월 17일부터 2025년 08월 17일까지

회사명 : 주식회사 에스에스 (단위 : 원)

과 목	제 1(당)기 금 액		금 액	
Ⅰ. 매 출 액				
Ⅱ. 매 출 원 가				
Ⅲ. 매 출 총 이 익				
Ⅳ. 판 매 비 와 관 리 비		8,470,200		
세 금 과 공 과 금	7,604,500			
수 수 료 비 용	865,700			
Ⅴ. 영 업 손 실		8,470,200		
Ⅵ. 영 업 외 수 익				
Ⅶ. 영 업 외 비 용				
Ⅷ. 법 인 세 차 감 전 손 실		8,470,200		
Ⅸ. 법 인 세 등				
Ⅹ. 당 기 순 손 실		8,470,200		

상기 재무제표 및 제시된 상황을 근거로 하여 주식회사 에스에스을 진단하고 진단보고서를 작성하면 다음과 같다.

1. “진단업체 등록”을 한 후 진단내용등록에서 “신설회사 신규등록” 클릭

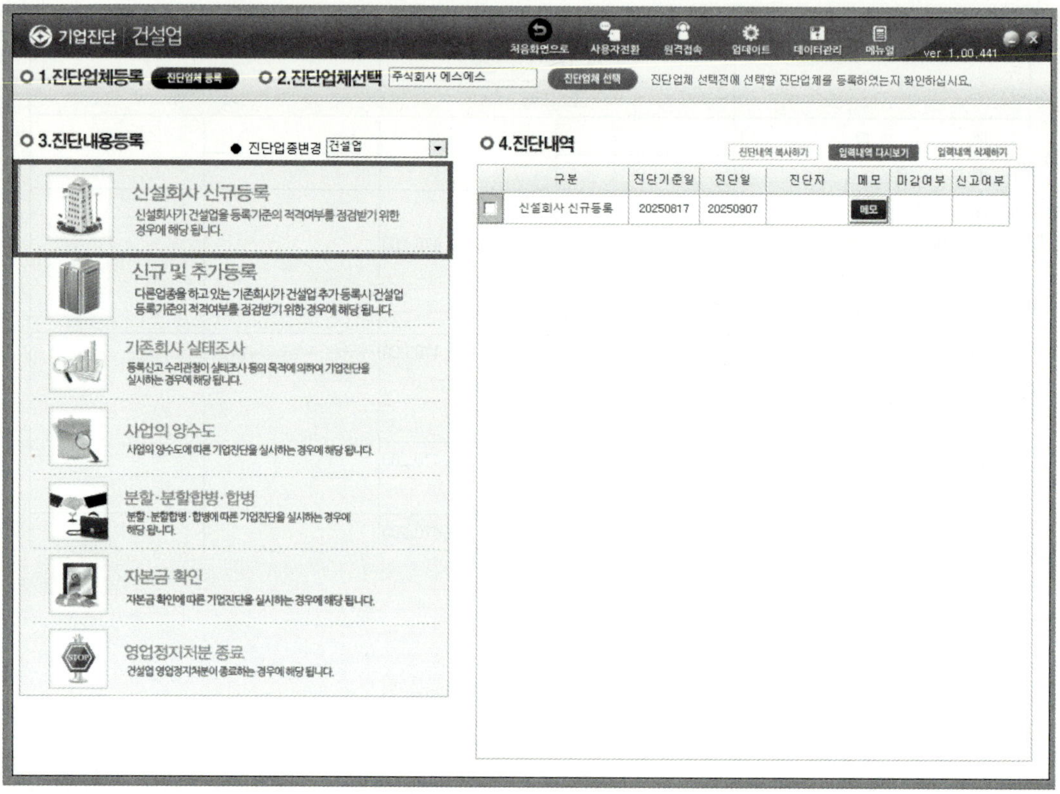

2. 기준자본금

진단기준일, 진단일, 진단대상 업종을 확인한 후 신규면허란 해당 업종(건축공사업) 클릭

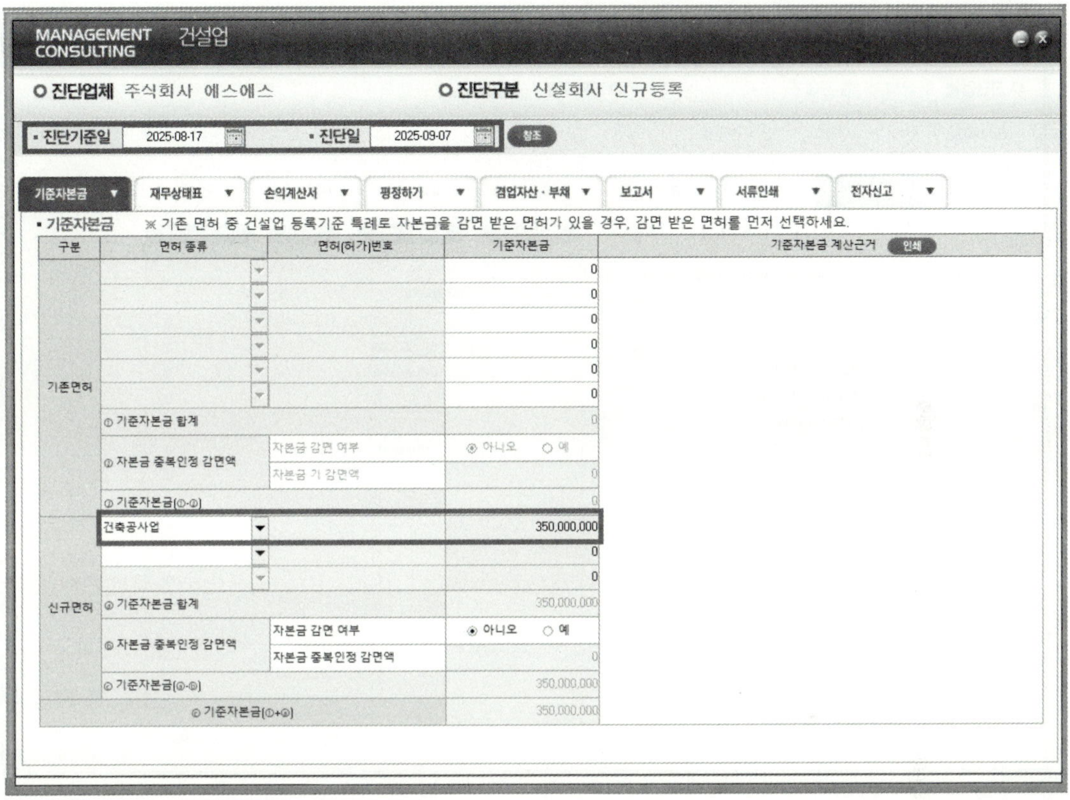

3. 재무상태표

회사 제시 재무상태표 입력: 해당란에 직접 입력하는 방법 또는 엑셀 업로드 방법

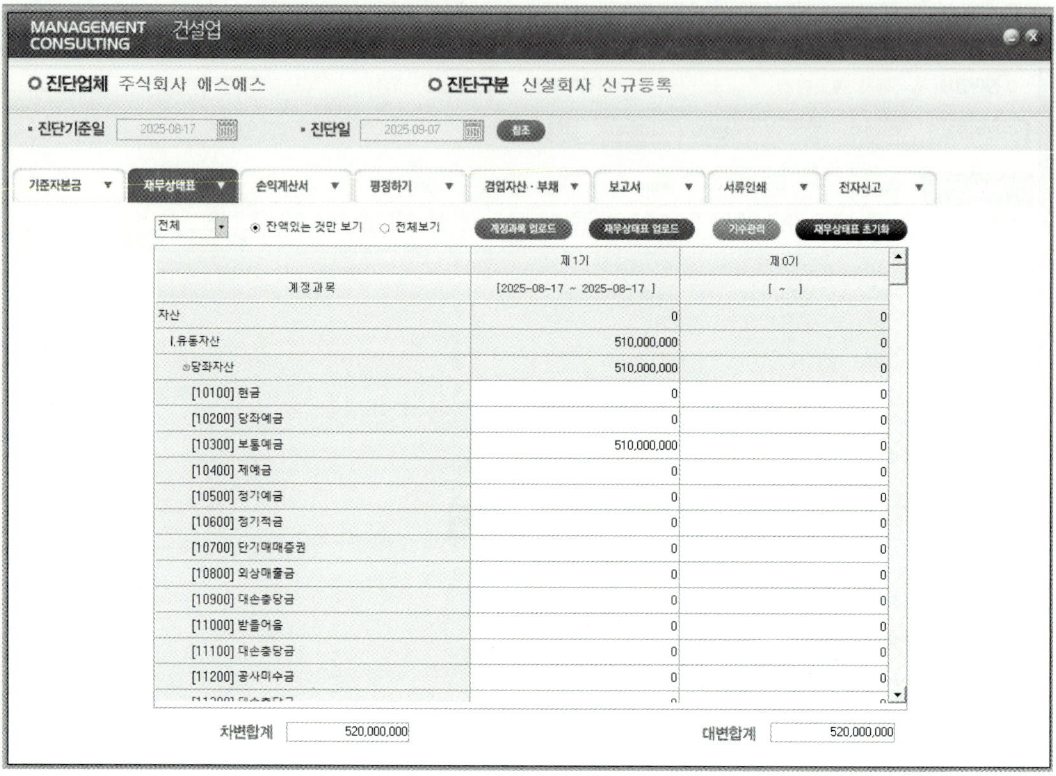

4. 손익계산서

회사 제시 손익계산서 입력: 해당란에 직접 입력하는 방법 또는 엑셀 업로드 방법

5. 평정하기

(1) 현금

재무제표상 회사 제시 현금이 있는 경우에 반영하여 평정: 대상 없음

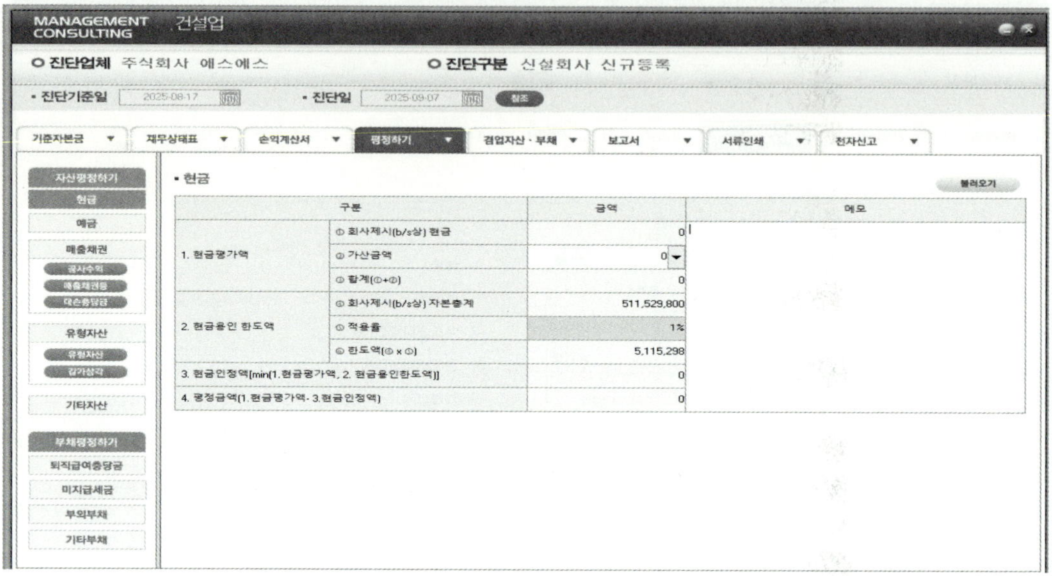

(2) 예금

신설법인은 진단기준일로부터 20일 이상의 평잔 확인: 사례에서는 21일 간 평잔 확인

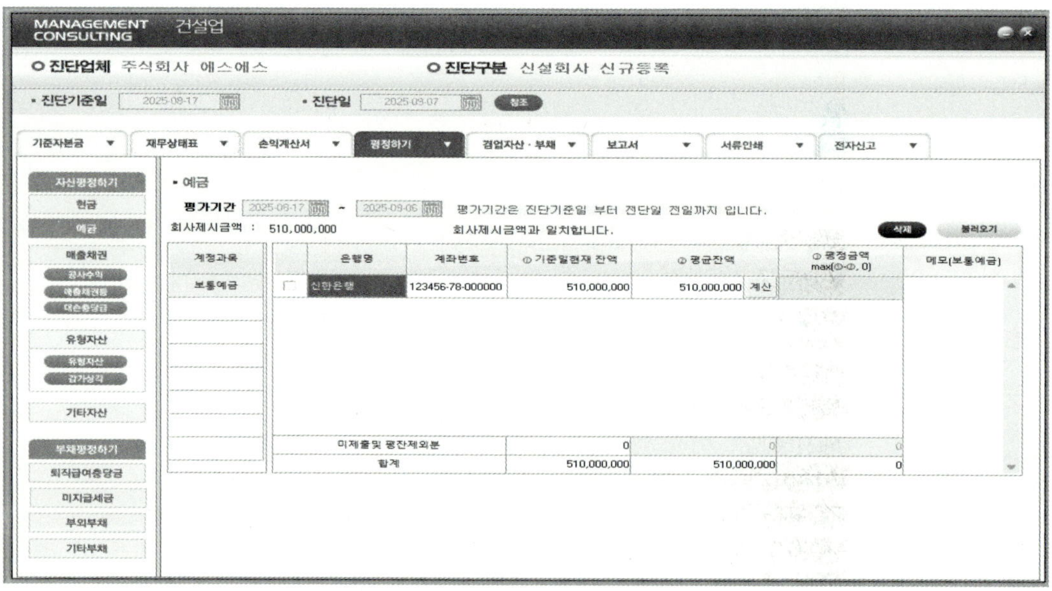

진단기준일인 8월17일부터 진단일(= 진단서 발급일) 전일인 9월6일까지 평잔 확인

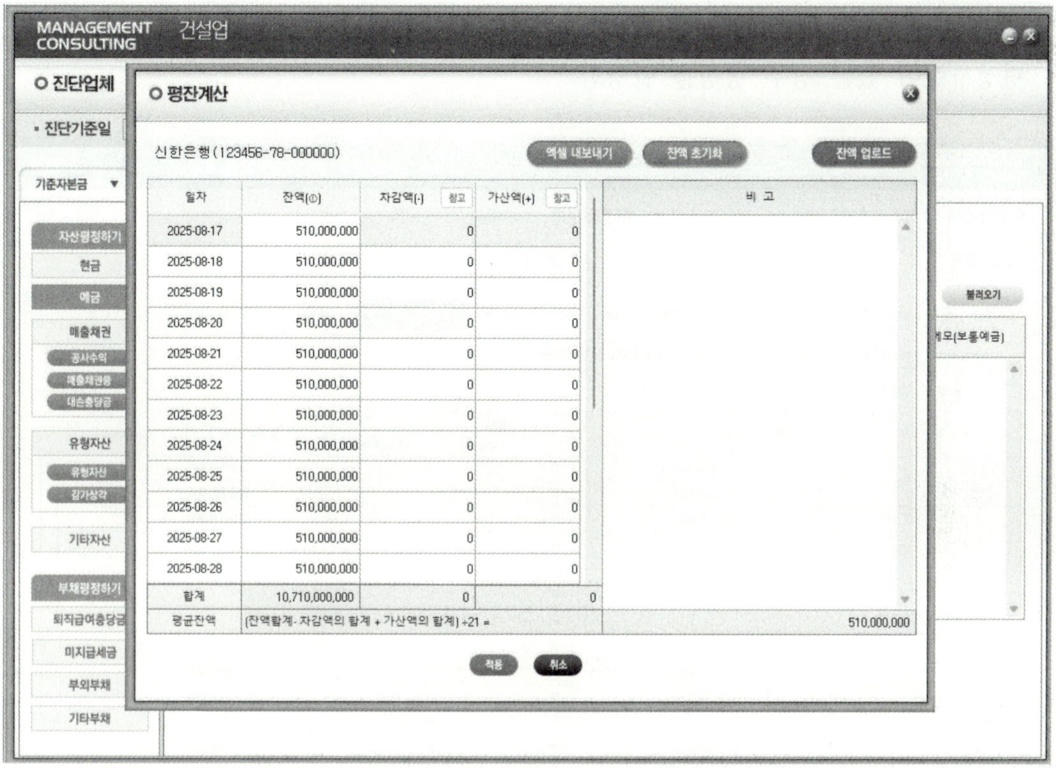

☞ 9.1 공제조합 출자금을 예금 보유로 반영한 후 21일간 예금평잔과 재무제표상 제시 잔액(5.1억원)이 일치하여 부실자산으로 평정할 금액은 없음

6. 보고서

(1) 진단평가서

평정사항이 있는 경우 평정을 반영함

MANAGEMENT CONSULTING 건설업

○ 진단업체 주식회사 에스에스　　○ 진단구분 신설회사 신규등록

▪ 진단기준일 2025-08-17　　▪ 진단일 2025-09-07　참조

기준자본금 ▼ | 재무상태표 ▼ | 손익계산서 ▼ | 평정하기 ▼ | 겸업자산 · 부채 ▼ | 보고서 ▼ | 서류인쇄 ▼ | 전자신고 ▼

진단평가서 | 재무관리상태 진단보고서 | 기업진단조서 | 감리의뢰서 | 진단불능확인서　　마감처리

◉ 전체 ○ 자산 ○ 부채 ○ 자본 ○ 겸업자산, 부채 계산내역　　불러오기

계정과목	당기 최초제시	평정			평정후 금액	평정내역
		차변	대변	조서(평정근거)		
I.유동자산	510,000,000	0	0		510,000,000	
①당좌자산	510,000,000	0	0		510,000,000	
현금및현금성자산	510,000,000	0	0		510,000,000	
②재고자산	0	0	0		0	
II.비유동자산	10,000,000	0	0		10,000,000	
①투자자산	0	0	0		0	
②유형자산	0	0	0		0	
③무형자산	0	0	0		0	
④기타비유동자산	10,000,000	0	0		10,000,000	
임차보증금	10,000,000	0	0		10,000,000	
(겸업자산)	0	0	0		0	
자산총계	520,000,000	0	0		520,000,000	
I.유동부채	8,470,200	0	0		8,470,200	
가수금	8,470,200	0	0		8,470,200	
II.비유동부채	0	0	0		0	
(겸업부채)	0	0	0		0	
부채총계	8,470,200	0	0		8,470,200	
I.자본금	520,000,000	0	0		520,000,000	
(겸업부채)	0	0	0		0	
부채총계	8,470,200	0	0		8,470,200	
I.자본금	520,000,000	0	0		520,000,000	
자본금	520,000,000	0	0		520,000,000	
II.자본잉여금	0	0	0		0	
III.자본조정	0	0	0		0	
IV.기타포괄손익누계액	0	0	0		0	
V.이익잉여금	-8,470,200	0	0		-8,470,200	
미처리결손금	-8,470,200	0	0		-8,470,200	
(진단조정)	0	0	0		0	
자본총계	511,529,800	0	0		511,529,800	
부채및자본총계	520,000,000	0	0		520,000,000	

(2) 재무관리상태 진단보고서

진단대상사업의 실질자본 확인 및 적격 여부 확인

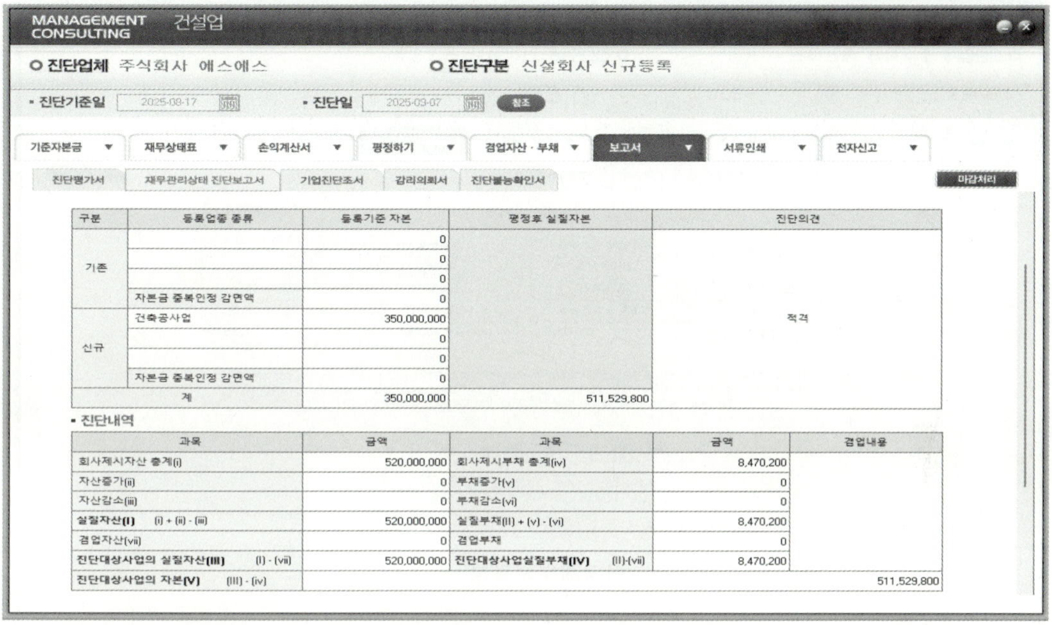

(3) 기업진단조서

진단자의 진단 내역 관리 및 진단보고서의 적정성 검증

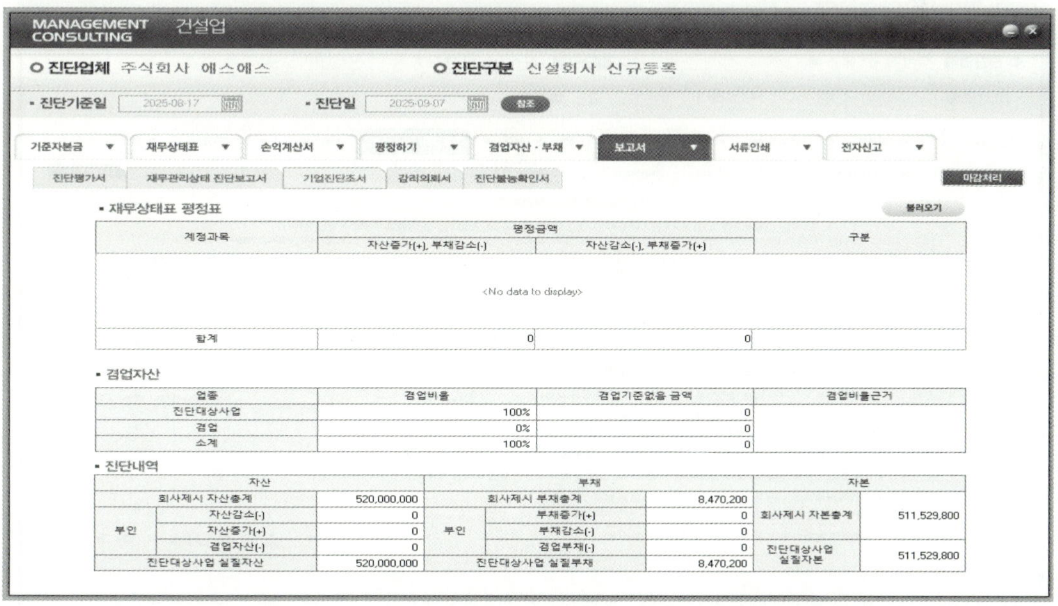

(4) 감리의뢰서

한국세무사회의 진단 경유를 위한 사전감리용 의뢰서

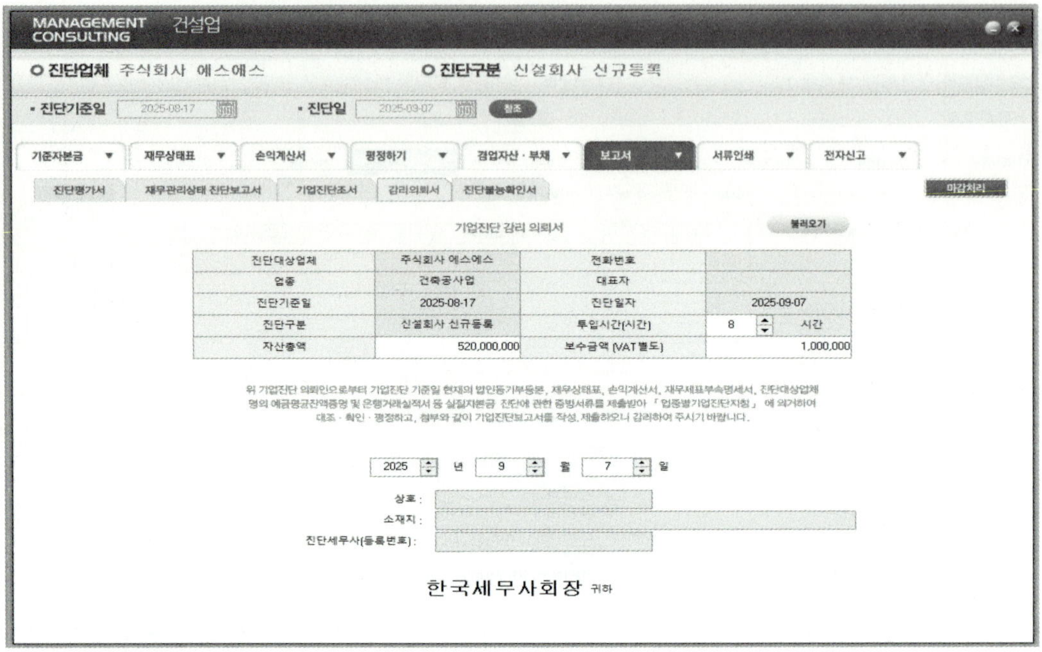
MANAGEMENT CONSULTING 건설업

○ 진단업체 주식회사 에스에스 ○ 진단구분 신설회사 신규등록

▪ 진단기준일 2025-08-17 ▪ 진단일 2025-09-07 참조

기준자본금 ▼ | 재무상태표 ▼ | 손익계산서 ▼ | 평정하기 ▼ | 겸업자산 · 부채 ▼ | 보고서 ▼ | 서류인쇄 ▼ | 전자신고 ▼

진단평가서 | 재무관리상태 진단보고서 | 기업진단조서 | 감리의뢰서 | 진단불능확인서 | 마감처리

기업진단 감리 의뢰서 불러오기

진단대상업체	주식회사 에스에스	전화번호	
업종	건축공사업	대표자	
진단기준일	2025-08-17	진단일자	2025-09-07
진단구분	신설회사 신규등록	투입시간(시간)	8 시간
자산총액	520,000,000	보수금액 (VAT별도)	1,000,000

위 기업진단 의뢰인으로부터 기업진단 기준일 현재의 법인등기부등본, 재무상태표, 손익계산서, 재무제표부속명세서, 진단대상업체 명의 예금평균잔액증명 및 은행거래실적서 등 실질자본금 진단에 관한 증빙서류를 제출받아 「업종별기업진단지침」 에 의거하여 대조 · 확인 · 평정하고, 첨부와 같이 기업진단보고서를 작성, 제출하오니 감리하여 주시기 바랍니다.

2025 년 9 월 7 일

상호 :

소재지 :

진단세무사(등록번호) :

한국세무사회장 귀하

(5) 진단불능확인서

진단자의 독립성 충족여부를 확인하기 위한 서류

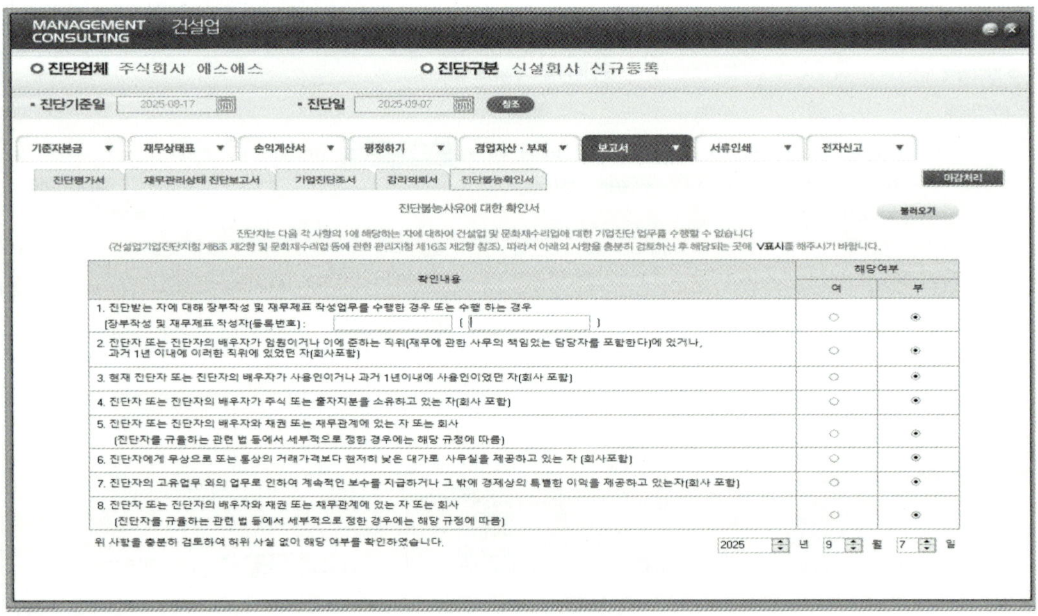
MANAGEMENT CONSULTING 건설업

○ 진단업체 주식회사 에스에스 ○ 진단구분 신설회사 신규등록

▪ 진단기준일 2025-08-17 ▪ 진단일 2025-09-07 참조

기준자본금 ▼ | 재무상태표 ▼ | 손익계산서 ▼ | 평정하기 ▼ | 겸업자산 · 부채 ▼ | 보고서 ▼ | 서류인쇄 ▼ | 전자신고 ▼

진단평가서 | 재무관리상태 진단보고서 | 기업진단조서 | 감리의뢰서 | 진단불능확인서 | 마감처리

진단불능사유에 대한 확인서 불러오기

진단자는 다음 각 사항의 1에 해당하는 자에 대하여 건설업 및 문화재수리업에 대한 기업진단 업무를 수행할 수 없습니다
(건설업기업진단지침 제8조 제2항 및 문화재수리업 등에 관한 관리지침 제16조 제2항 참조). 따라서 아래의 사항을 충분히 검토하신 후 해당되는 곳에 V표시를 해주시기 바랍니다.

확인내용	해당여부	
	여	부
1. 진단받는 자에 대해 장부작성 및 재무제표 작성업무를 수행한 경우 또는 수행 하는 경우 [장부작성 및 재무제표 작성자(등록번호) : ( )	○	◉
2. 진단자 또는 진단자의 배우자가 임원이거나 이에 준하는 직위(재무에 관한 사무의 책임있는 담당자를 포함한다)에 있거나, 과거 1년 이내에 이러한 직위에 있었던 자(회사포함)	○	◉
3. 현재 진단자 또는 진단자의 배우자가 사용인이거나 과거 1년이내에 사용인이었던 자(회사 포함)	○	◉
4. 진단자 또는 진단자의 배우자가 주식 또는 출자지분을 소유하고 있는 자(회사 포함)	○	◉
5. 진단자 또는 진단자의 배우자와 채권 또는 채무관계에 있는 자 또는 회사 (진단자를 규율하는 관련 법 등에서 세부적으로 정한 경우에는 해당 규정에 따름)	○	◉
6. 진단자에게 무상으로 또는 통상의 거래가격보다 현저히 낮은 대가로 사무실을 제공하고 있는 자 (회사포함)	○	◉
7. 진단자의 고유업무 외의 업무로 인하여 계속적인 보수를 지급하거나 그 밖에 경제상의 특별한 이익을 제공하고 있는자(회사 포함)	○	◉
8. 진단자 또는 진단자의 배우자와 채권 또는 채무관계에 있는 자 또는 회사 (진단자를 규율하는 관련 법 등에서 세부적으로 정한 경우에는 해당 규정에 따름)	○	◉

위 사항을 충분히 검토하여 허위 사실 없이 해당 여부를 확인하였습니다. 2025 년 9 월 7 일

7. 서류인쇄

입력 내용을 재확인하고 프로그램의 버그 등에 의한 오류 여부 확인

8. 전자신고

증빙서류를 스캔하여 항목별로 업로드 한 후 전자신고파일을 생성하고 전자신고 진행

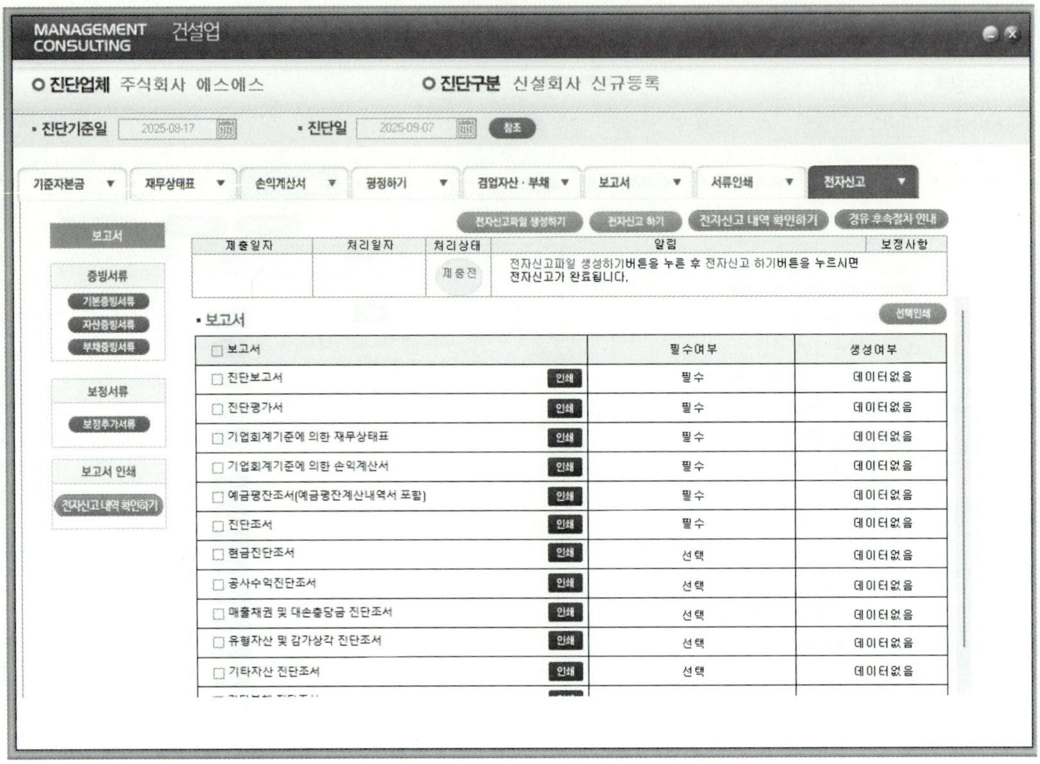

제2절 신규등록 (기존법인)

| 진단회사자료 |

- 회사명 : 주식회사 개포
- 설립등기일 : 2013.08.17.
- 등기부등본상 납입자본금 : 700,000,000원
- 회계연도 : 1월 1일 ~ 12월 31일

| 진단관련 추가정보 |

① 기존에는 건설업이 아닌 용역업 영위
② 기계가스설비공사업 신규 등록
③ 진단기준일 : 2025.06.30.
④ 진 단 일 : 2025.07.12.
⑤ 매출채권 내역은 다음과 같다.
  - 외상매출금 중 54,679,120원은 보유기간이 2년을 경과하였다.
  - 단기대여금, 미수금, 선급금은 실질성을 갖추지 못하였다.
⑥ 기타보증금 255,500,000원은 임원인 특수관계인의 주거용 주택에 대한 보증금으로 확인되었다.
⑦ 회사의 퇴직급여추계액은 85,797,864원이지만 회사는 퇴직급여충당부채를 계상하지 아니하였다.

1. 재무상태표

재 무 상 태 표

제 13 기 2025년 06월 30일 현재

제 12 기 2024년 12월 31일 현재

회사명 : 주식회사 개포 (단위 : 원)

과 목	제 13(당)기		제 12(전)기	
	금 액		금 액	
자 산				
Ⅰ. 유 동 자 산		1,475,425,664		1,470,580,955
① 당 좌 자 산		1,475,425,664		1,470,580,955
현 금		440,000		
보 통 예 금		768,848,209		649,003,500
정 기 예 금		364,697,160		324,697,160
외 상 매 출 금	214,318,695		304,758,695	
대 손 충 당 금	1,478,400	212,840,295	1,478,400	303,280,295
단 기 대 여 금		45,000,000		45,000,000
미 수 금		42,400,000		92,400,000
선 급 금		35,000,000		55,000,000
전 도 금		6,200,000		1,200,000
② 재 고 자 산				
Ⅱ. 비 유 동 자 산		335,041,592		335,041,592
① 투 자 자 산				
② 유 형 자 산		29,541,592		29,541,592
차 량 운 반 구	43,590,909		43,590,909	
감 가 상 각 누 계 액	27,693,194	15,897,715	27,693,194	15,897,715
비 품	34,550,000		34,550,000	
감 가 상 각 누 계 액	20,906,123	13,643,877	20,906,123	13,643,877
③ 무 형 자 산				
④ 기 타 비 유 동 자 산		305,500,000		305,500,000
임 차 보 증 금		50,000,000		50,000,000
기 타 보 증 금		255,500,000		255,500,000
자 산 총 계		1,810,467,256		1,805,622,547
부 채				
Ⅰ. 유 동 부 채		202,543,663		267,543,663
외 상 매 입 금		55,000,000		
미 지 급 금		33,719,503		63,719,503
예 수 금		49,416,390		59,416,390
미 지 급 세 금		64,407,770		144,407,770
Ⅱ. 비 유 동 부 채				
부 채 총 계		202,543,663		267,543,663
자 본				
Ⅰ. 자 본 금		700,000,000		700,000,000

재 무 상 태 표

제 13 기 2025년 06월 30일 현재

제 12 기 2024년 12월 31일 현재

회사명 : 주식회사 개포 (단위 : 원)

과 목	제 13(당)기		제 12(전)기	
	금 액		금 액	
자 본 금		700,000,000		700,000,000
II. 자 본 잉 여 금				
III. 자 본 조 정				
IV. 기 타 포 괄 손 익 누 계 액				
V. 이 익 잉 여 금		907,923,593		838,078,884
이 익 준 비 금		60,000,000		60,000,000
미 처 분 이 익 잉 여 금		847,923,593		778,078,884
(당 기 순 이 익)				
당기 : 69,844,709				
전기 : 778,078,884				
자 본 총 계		1,607,923,593		1,538,078,884
부 채 와 자 본 총 계		1,810,467,256		1,805,622,547

2. 손익계산서

손 익 계 산 서

제 13 기 2025년 01월 01일부터 2025년 06월 30일까지

제 12 기 2024년 01월 01일부터 2024년 12월 31일까지

회사명 : 주식회사 개포 (단위 : 원)

과 목	제 13(당)기		제 12(전)기	
	금 액		금 액	
Ⅰ. 매 출 액		1,037,897,000		3,840,977,600
용 역 매 출	1,037,897,000		3,840,977,600	
Ⅱ. 매 출 원 가		360,270,627		1,493,891,807
도 급 공 사 매 출 원 가		360,270,627		1,493,891,807
Ⅲ. 매 출 총 이 익		677,626,373		2,347,085,793
Ⅳ. 판 매 비 와 관 리 비		537,603,774		1,427,059,014
직 원 급 여	389,645,470		673,348,000	
잡 금			4,026,160	
퇴 직 급 여	161,526		190,317,515	
복 리 후 생 비	48,739,661		71,933,720	
여 비 교 통 비	1,695,160		5,341,560	
접 대 비	9,867,200		35,783,400	
통 신 비	883,383		3,011,862	
수 도 광 열 비			1,127,380	
전 력 비			1,874,186	
세 금 과 공 과 금	5,442,670		16,161,150	
감 가 상 각 비	28,089,038		33,045,406	
임 차 료	14,444,257		29,034,351	
수 선 비			136,100	
보 험 료	7,542,500		10,354,704	
차 량 유 지 비	17,992,000		22,852,207	
운 반 비			104,000	
교 육 훈 련 비	500,000			
도 서 인 쇄 비	300,000		998,400	
사 무 용 품 비	442,109		765,911	
소 모 품 비	4,832,000		4,296,379	
수 수 료 비 용	4,785,000		321,068,223	
대 손 상 각 비	2,241,800		1,478,400	
Ⅴ. 영 업 이 익		140,022,599		920,026,779
Ⅵ. 영 업 외 수 익		6,044,630		50,906,227
이 자 수 익	5,797,840		31,628,991	
대 손 충 당 금 환 입			3,465,440	
잡 이 익	246,790		132,309	
퇴 직 급 여 충 당 금 환 입				
Ⅶ. 영 업 외 비 용		76,222,520		4,971,632

손 익 계 산 서

제 13 기 2025년 01월 01일부터 2025년 06월 30일까지

제 12 기 2024년 01월 01일부터 2024년 12월 31일까지

회사명 : 주식회사 개포 (단위 : 원)

과 목	제 13(당)기		제 12(전)기	
	금 액		금 액	
이 자 비 용	7,597,840		1,636,229	
보 상 비	68,500,000			
유 형 자 산 처 분 손 실			2,311,431	
잡 손 실	124,680		1,023,972	
Ⅷ. 법 인 세 차 감 전 손 실		69,844,709		965,961,374
Ⅸ. 법 인 세 등				187,882,490
법 인 세 등			187,882,490	
Ⅹ. 당 기 순 이 익		69,844,709		778,078,884

상기 재무제표 및 제시된 상황을 근거로 하여 주식회사 개포를 진단하고 진단보고서를 작성하면 다음과 같다.

1. 진단업체 정보 입력 및 진단자 정보 불러오기

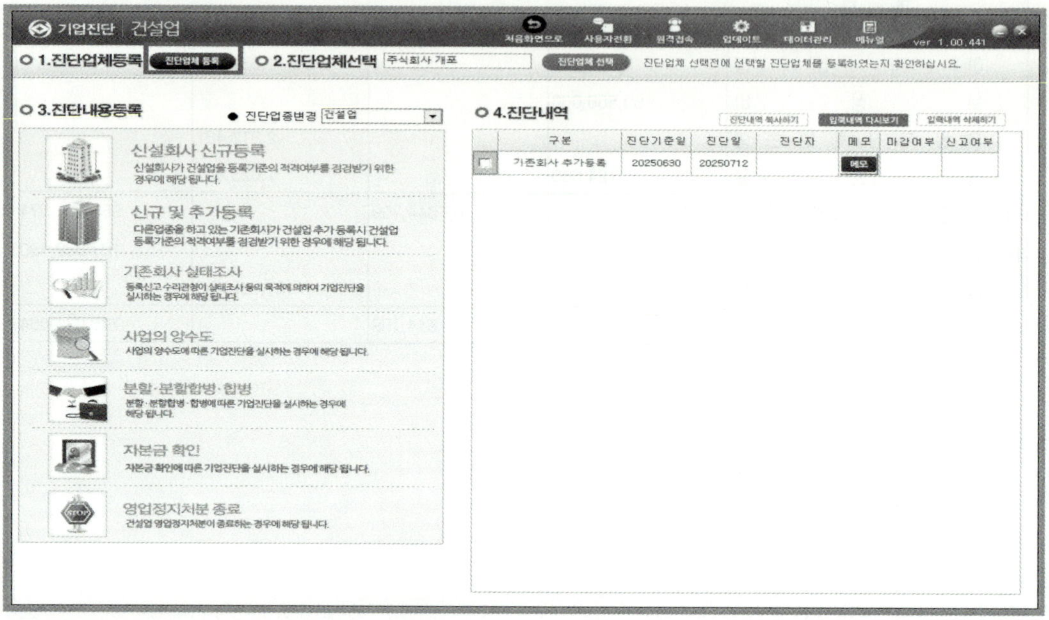

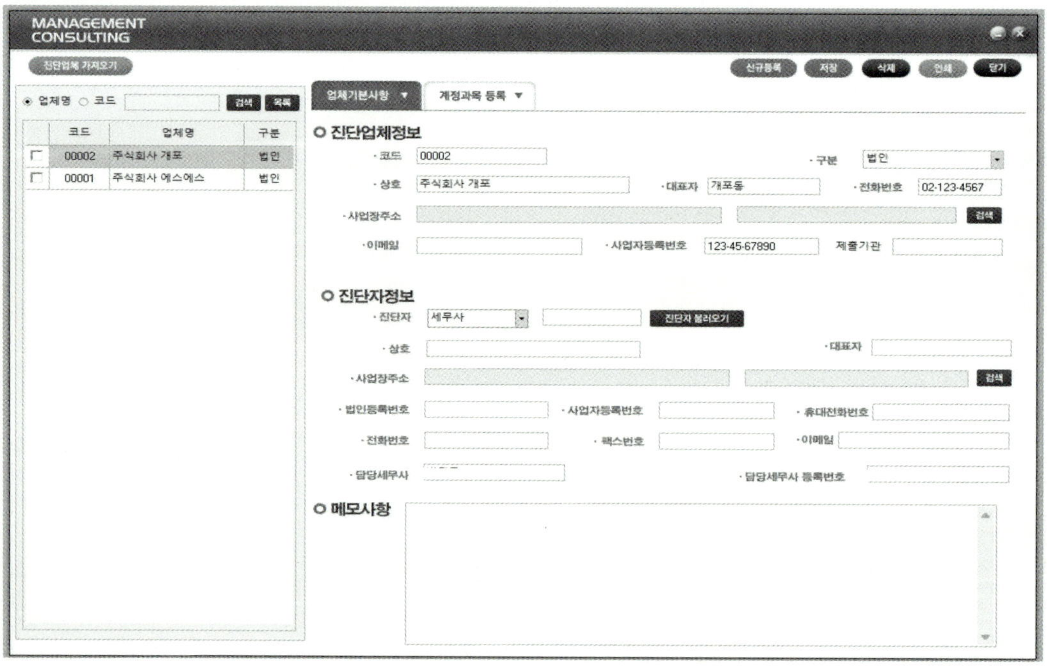

2. "진단업체 등록"을 한 후 진단내용등록에서 "신규 및 추가등록" 클릭

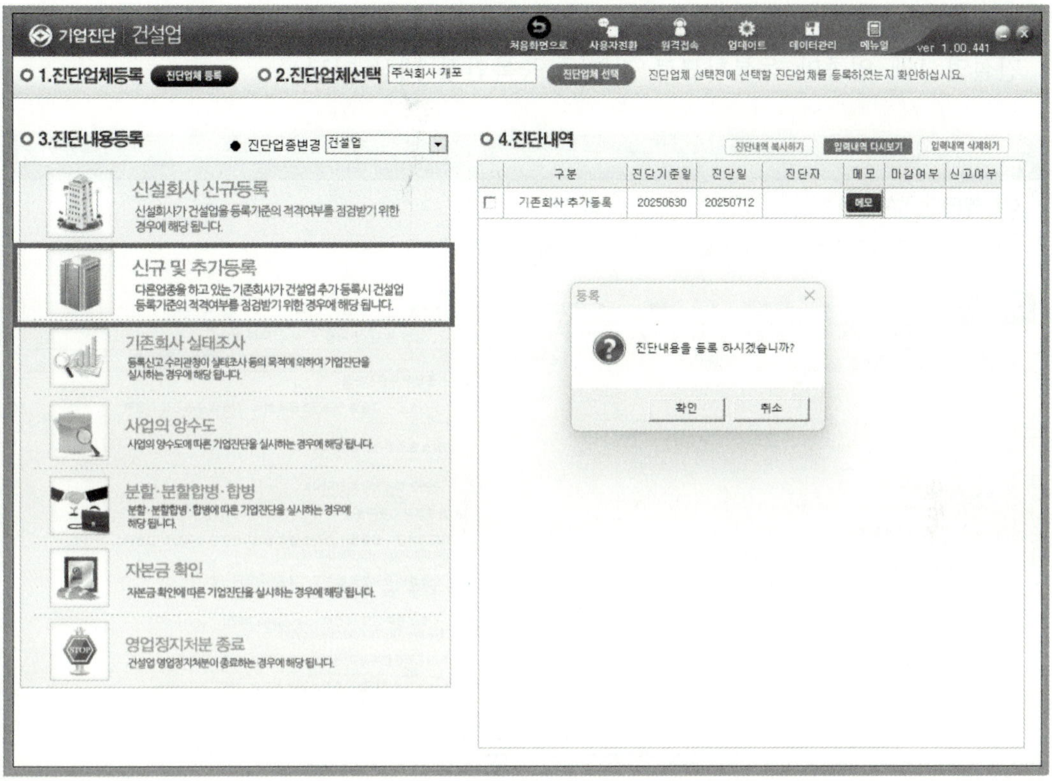

3. 기준자본금

건설업을 영위하지 않은 기존회사 주식회사 개포가 기계설비공사업을 신규로 등록 건설업 1개 업종만 등록하므로 자본금 중복인정 대상 아님

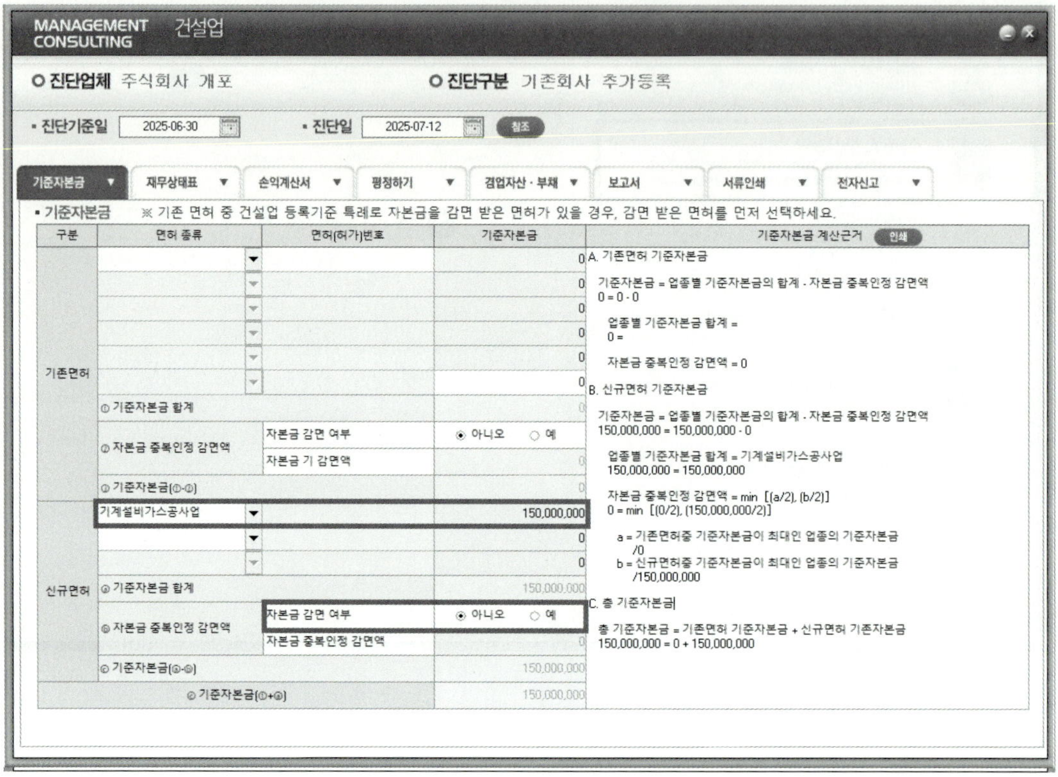

4. 재무상태표

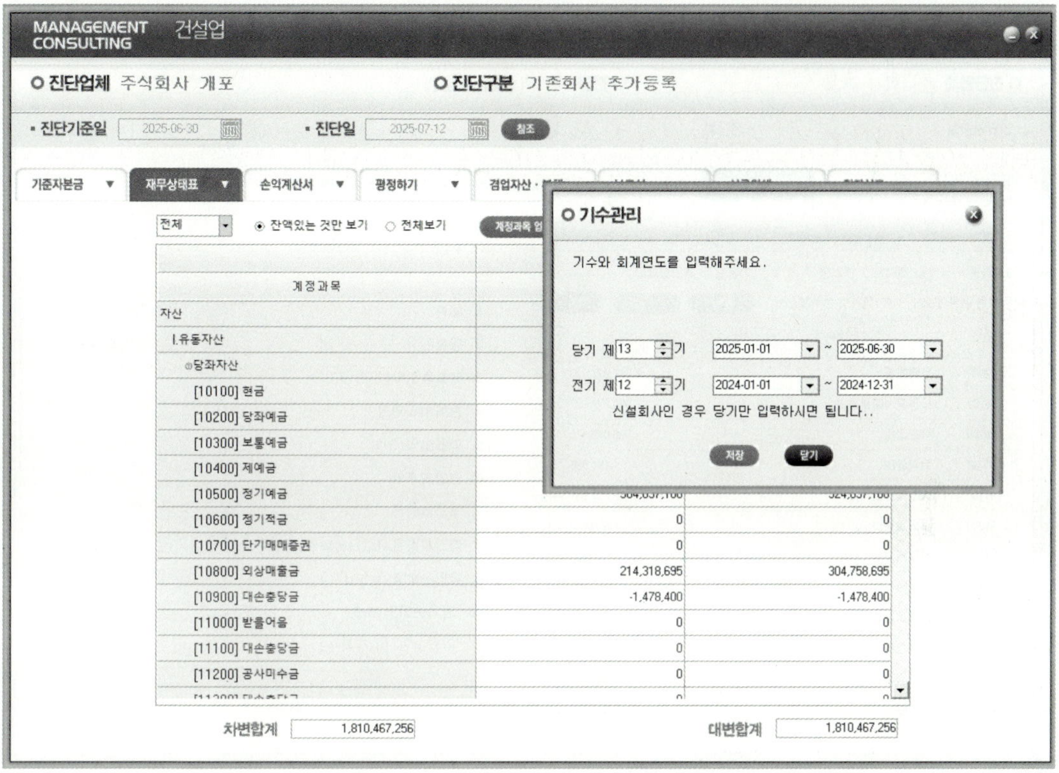
MANAGEMENT CONSULTING 건설업
진단업체 주식회사 개포
진단구분 기존회사 추가등록
진단기준일 2025-06-30
진단일 2025-07-12
참조
기준자본금
재무상태표
손익계산서
평점하기
겸업자산
전체
잔액있는 것만 보기
전체보기
계정과목
자산
I.유동자산
당좌자산
[10100] 현금
[10200] 당좌예금
[10300] 보통예금
[10400] 제예금
[10500] 정기예금
[10600] 정기적금 0 0
[10700] 단기매매증권 0 0
[10800] 외상매출금 214,318,695 304,758,695
[10900] 대손충당금 -1,478,400 -1,478,400
[11000] 받을어음 0 0
[11100] 대손충당금 0 0
[11200] 공사미수금 0 0
차변합계 1,810,467,256
대변합계 1,810,467,256
기수관리
기수와 회계연도를 입력해주세요.
당기 제13기 2025-01-01 ~ 2025-06-30
전기 제12기 2024-01-01 ~ 2024-12-31
신설회사인 경우 당기만 입력하시면 됩니다..
저장
닫기

5. 손익계산서

MANAGEMENT CONSULTING 건설업

○ 진단업체 주식회사 개포 ○ 진단구분 기존회사 추가등록

▪ 진단기준일 2025-06-30 ▪ 진단일 2025-07-12 참조

기준자본금 ▼ 재무상태표 ▼ 손익계산서 ▼ 평정하기 ▼ 겸업자산·부채 ▼ 보고서 ▼ 서류인쇄 ▼ 전자신고 ▼

손익계산서 업로드 손익계산서 직접입력

계정과목과 금액을 입력하고 엔터를 치면 행이 자동으로 추가됩니다.

◉ 당기분 손익계산서 ○ 전기분 손익계산서 행추가 가수관리 삭제

코드	계정과목	금액
42000	용역매출	1,037,897,000
45200	도급공사매출원가	360,270,627
80200	직원급여	389,645,470
80800	퇴직급여	161,526
81100	복리후생비	48,739,661
81200	여비교통비	1,695,160
81300	접대비	9,867,200
81400	통신비	883,383
81700	세금과공과금	5,442,670
81800	감가상각비	28,089,038
81900	지급임차료	14,444,257
82100	보험료	7,542,500

1. 매출	1,037,897,000
2. 매출원가	360,270,627
3. 매출총이익(1-2)	677,626,373
4. 판매비와관리비	537,603,774
5. 영업이익(3-4)	140,022,599
6. 영업외수익	6,044,630
7. 영업외비용	76,222,520
8. 법인세비용차감전순이익(5+6-7)	69,844,709
9. 법인세비용	0
10. 당기순이익(8-9)	69,844,709
11. 주당이익(10/주식수)	0

6. 평정하기

(1) 현금

회사제시 현금(440,000원)과 전도금(6,200,000원)이 한도액을 초과하는지 여부 판단 회사제시 자본총계의 1%를 초과하지 않으므로 부실자산은 없음

구분		금액	메모
1. 현금평가액	① 회사제시(b/s상) 현금	440,000	
	② 가산금액	6,200,000	
	③ 합계(①+②)	6,640,000	
2. 현금용인 한도액	④ 회사제시(b/s상) 자본총계	1,607,923,593	
	⑤ 적용율	1%	
	⑥ 한도액(④ x ⑤)	16,079,235	
3. 현금인정액[min(1.현금평가액, 2. 현금용인한도액)]		6,640,000	
4. 평정금액(1.현금평가액- 3.현금인정액)		0	

(2) 예금

MANAGEMENT CONSULTING 건설업
진단업체 주식회사 개포
진단구분 기존회사 추가등록
진단기준일 2025-06-30
진단일 2025-07-12
참조
기준자본금
재무상태표
손익계산서
평정하기
겸업자산·부채
보고서
서류인쇄
전자신고
자산평정하기
현금
예금
매출채권
공사수익
매출채권등
대손충당금
유형자산
유형자산
감가상각
기타자산
부채평정하기
퇴직급여충당금
미지급세금
부외부채
기타부채
• 예금
평가기간 2025-06-08 ~ 2025-07-07
진단기준일(2025-06-30)을 포함하여 진단받는자에게 가장 유리하게 설정할 수 있습니다.
회사제시금액 : 768,848,209
회사제시금액과 일치합니다.
삭제
불러오기
계정과목
보통예금
정기예금
은행명
계좌번호
① 기준일현재 잔액
② 평균잔액
③ 평정금액 max(①-②, 0)
메모(보통예금)
00은행
000-11-33344
768,848,209
768,848,209
계산
미제출및 평잔제외분
0
0
0
합계
768,848,209
768,848,209
0

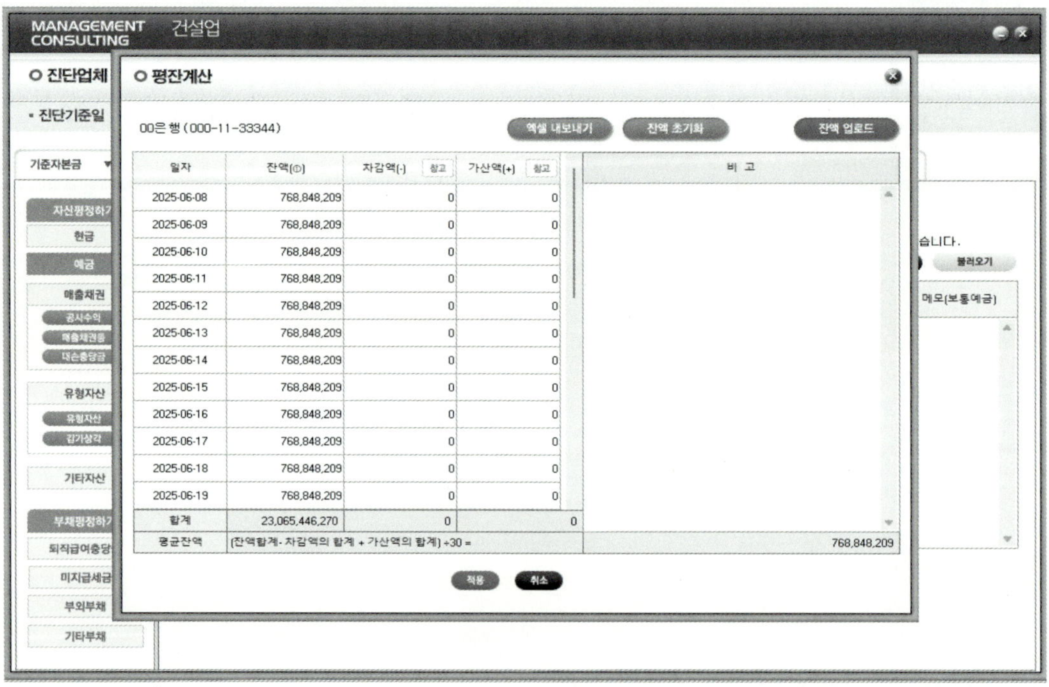
MANAGEMENT CONSULTING 건설업
진단업체
진단기준일
평잔계산
00은행(000-11-33344)
엑셀 내보내기
잔액 초기화
잔액 업로드
일자
잔액(①)
차감액(-)
참고
가산액(+)
참고
비 고
2025-06-08 768,848,209 0 0
2025-06-09 768,848,209 0 0
2025-06-10 768,848,209 0 0
2025-06-11 768,848,209 0 0
2025-06-12 768,848,209 0 0
2025-06-13 768,848,209 0 0
2025-06-14 768,848,209 0 0
2025-06-15 768,848,209 0 0
2025-06-16 768,848,209 0 0
2025-06-17 768,848,209 0 0
2025-06-18 768,848,209 0 0
2025-06-19 768,848,209 0 0
합계 23,065,446,270 0 0
평균잔액 (잔액합계-차감액의 합계+가산액의 합계)÷30 = 768,848,209
적용
취소
불러오기
메모(보통예금)

(3) 매출채권

외상매출금 중 54,679,120원은 보유기간이 2년을 경과하였으며 단기대여금, 미수금, 선급금은 실질성을 갖추지 못하였으므로 해당 금액을 부실채권에 입력한다.

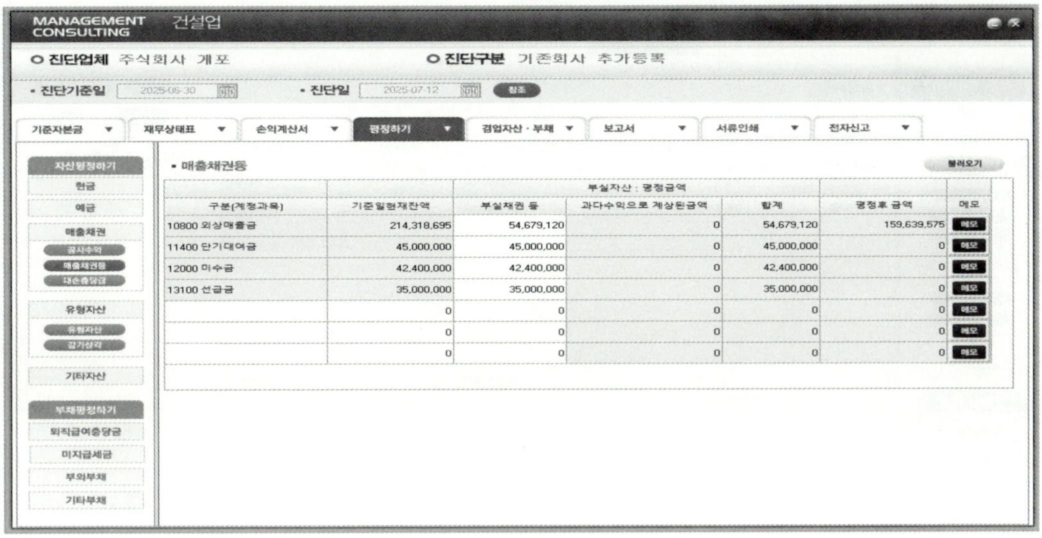

(4) 대손충당금

회사가 계상한 대손충당금이 실질채권의 1%미만일 경우 추가 계상할 금액이 자동으로 계산되어 설정된다.

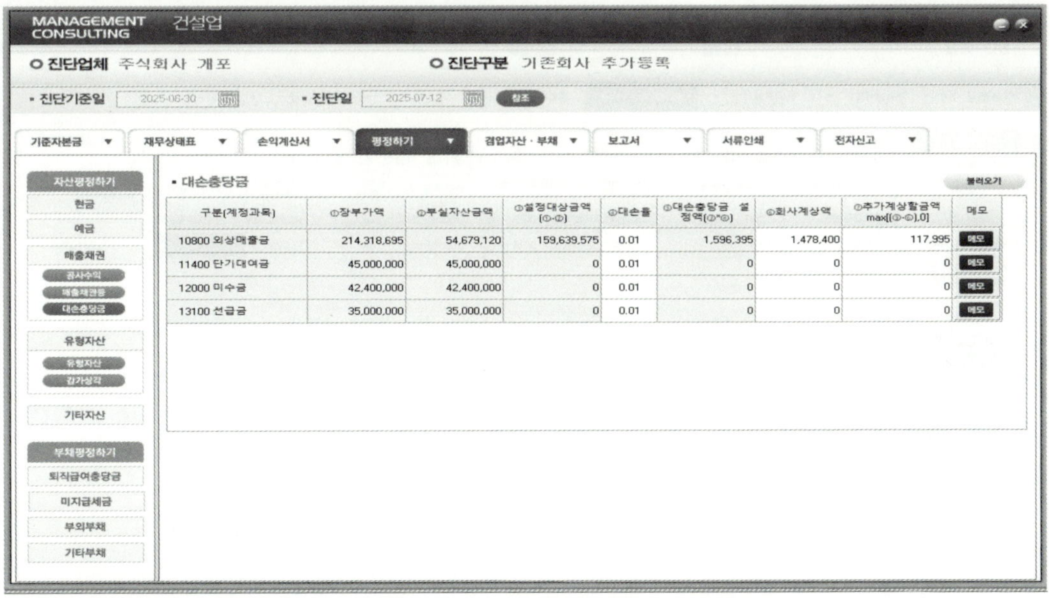

(5) 유형자산

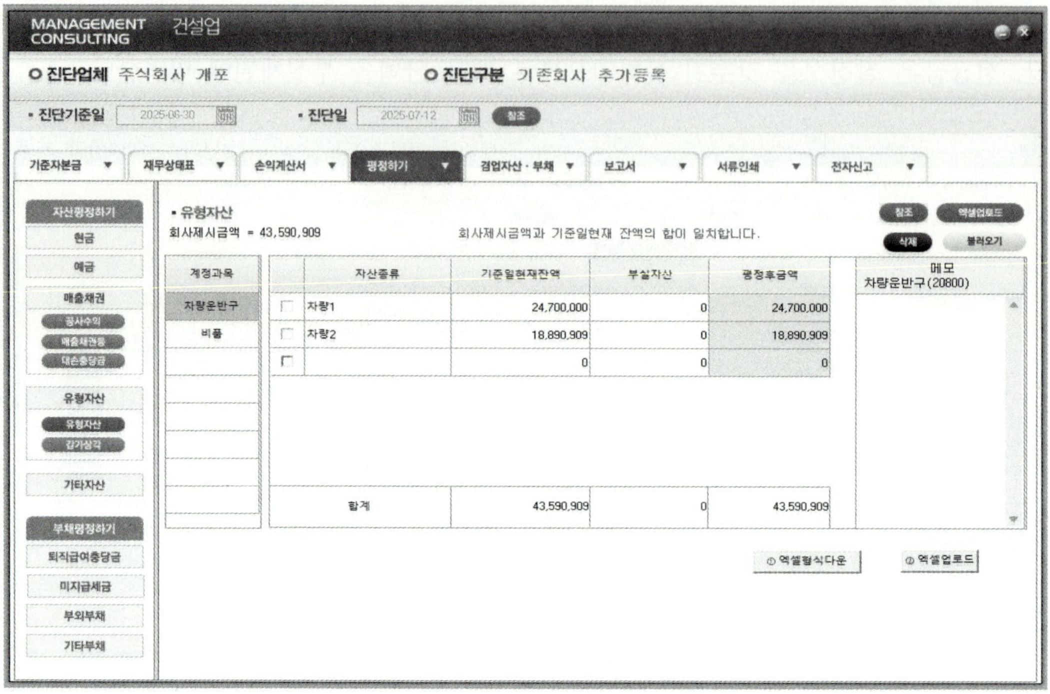
MANAGEMENT CONSULTING 건설업
진단업체 주식회사 개포
진단구분 기존회사 추가등록
진단기준일 2025-06-30
진단일 2025-07-12
참조
기준자본금
재무상태표
손익계산서
평정하기
겸업자산 · 부채
보고서
서류인쇄
전자신고
자산평정하기
현금
예금
매출채권
공사수익
매출채권등
대손충당금
유형자산
유형자산
감가상각
기타자산
부채평정하기
퇴직급여충당금
미지급세금
부외부채
기타부채
유형자산
회사제시금액 = 43,590,909
회사제시금액과 기준일현재 잔액의 합이 일치합니다.
참조
엑셀업로드
삭제
불러오기
계정과목
차량운반구
비품
자산종류
기준일현재잔액
부실자산
평정후금액
차량1 24,700,000 0 24,700,000
차량2 18,890,909 0 18,890,909
0 0 0
합계 43,590,909 0 43,590,909
메모
차량운반구(20800)
① 엑셀형식다운
② 엑셀업로드

(6) 감가상각

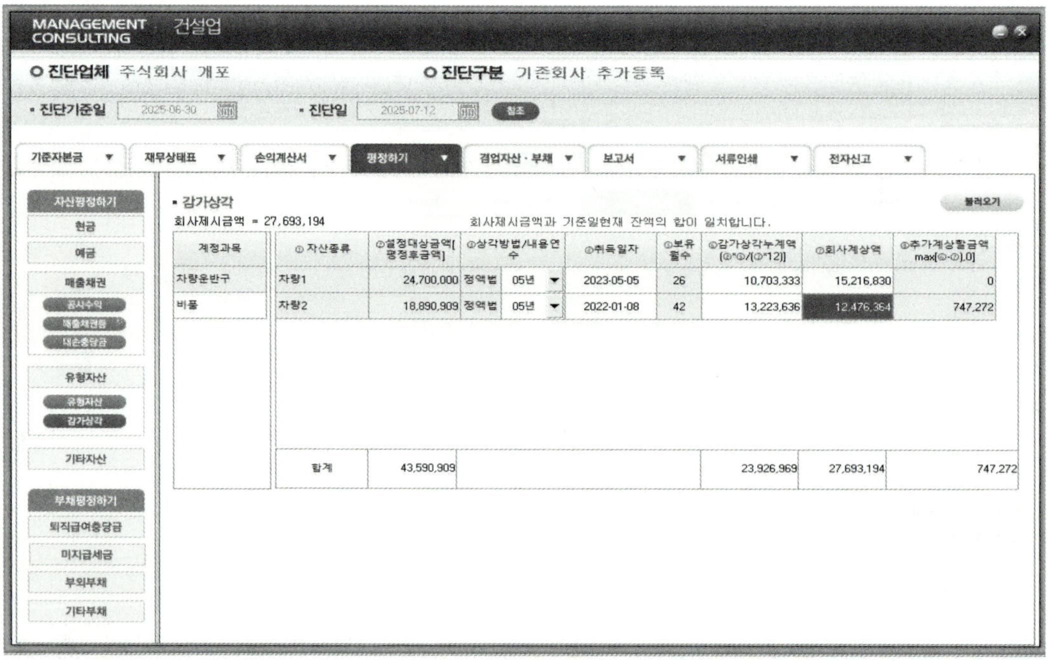
MANAGEMENT CONSULTING 건설업
진단업체 주식회사 개포
진단구분 기존회사 추가등록
진단기준일 2025-06-30
진단일 2025-07-12
참조
기준자본금
재무상태표
손익계산서
평정하기
겸업자산 · 부채
보고서
서류인쇄
전자신고
자산평정하기
현금
예금
매출채권
공사수익
매출채권등
대손충당금
유형자산
유형자산
감가상각
기타자산
부채평정하기
퇴직급여충당금
미지급세금
부외부채
기타부채
감가상각
회사제시금액 = 27,693,194
회사제시금액과 기준일현재 잔액의 합이 일치합니다.
불러오기
계정과목
차량운반구
비품
① 자산종류
②설정대상금액[평정후금액]
③상각방법/내용연수
④취득일자
⑤보유월수
⑥감가상각누계액[②*⑤/(③*12)]
⑦회사계상액
⑧추가계상할금액 max[⑥-⑦),0]
차량1 24,700,000 정액법 05년 2023-05-05 26 10,703,333 15,216,830 0
차량2 18,890,909 정액법 05년 2022-01-08 42 13,223,636 12,476,364 747,272
합계 43,590,909 23,926,969 27,693,194 747,272

(7) 기타자산

임직원의 상시 주거용 주택에 대한 보증금은 부실자산에 해당하므로 기타보증금 255,500,000원을 실질자산에서 제외한다.

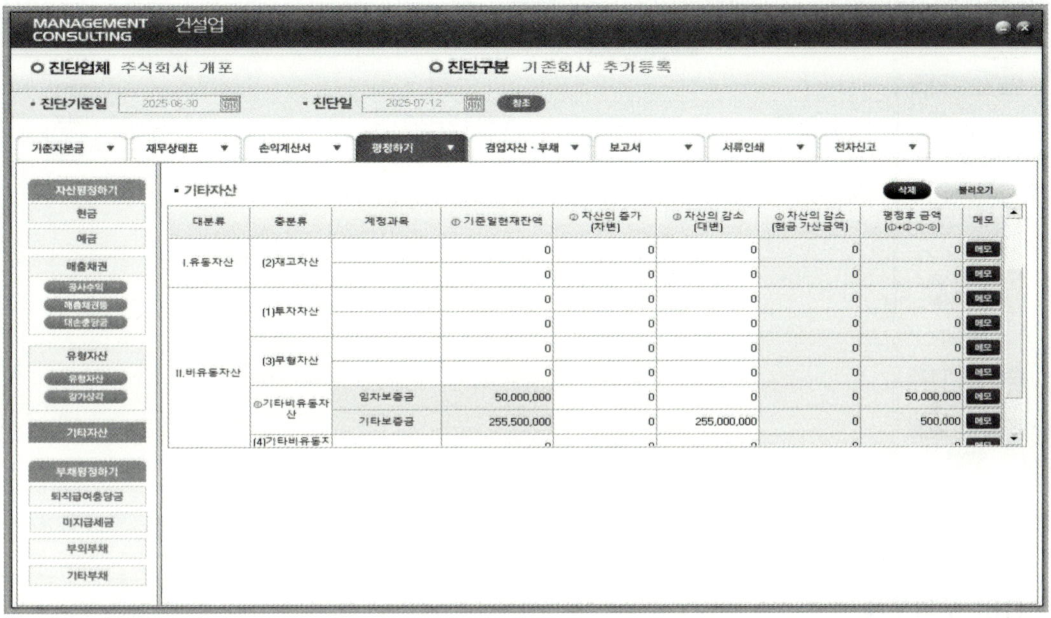

(8) 퇴직급여충당금

회사가 계상하지 아니한 퇴직급여추계액 85,797,864원을 평정한다.

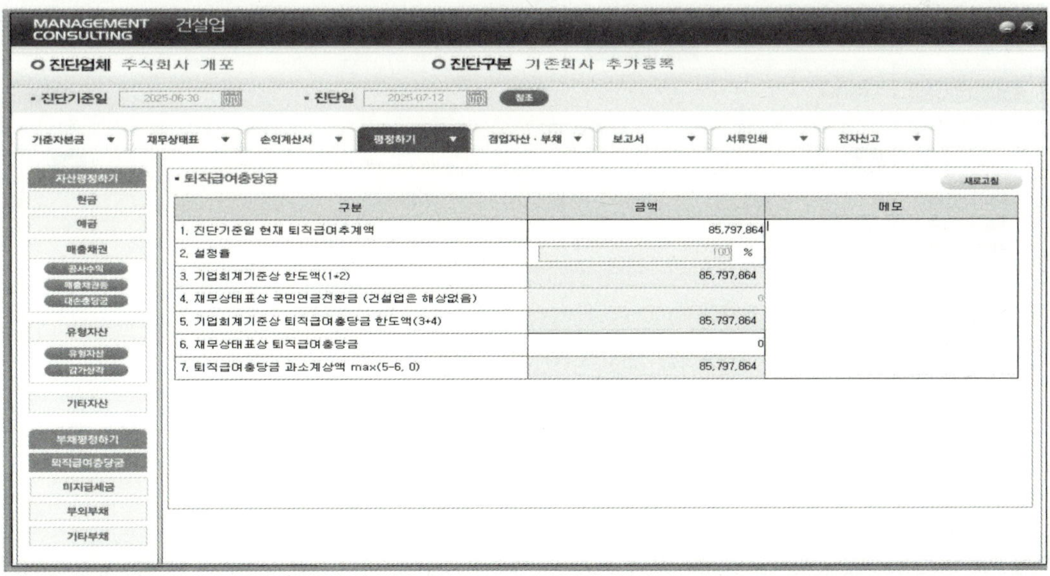

(9) 미지급세금

(10) 부외부채

(11) 기타부채

MANAGEMENT CONSULTING
건설업
진단업체 주식회사 개포
진단구분 기존회사 추가등록
진단기준일 2025-06-30
진단일 2025-07-12
참조
기준자본금
재무상태표
손익계산서
평정하기
겸업자산 · 부채
보고서
서류인쇄
전자신고
자산평정하기
현금
예금
매출채권
공사수익
매출채권등
대손충당금
유형자산
유형자산
감가상각
기타자산
부채평정하기
퇴직급여충당금
미지급세금
부외부채
기타부채
• 기타부채
삭제
불러오기
분류 | 계정과목 | ① 기준일현재잔액 | ② 부채의 감소(차변) | ③ 부채의 증가(대변) | 평정후 금액(①-②+③) | 메모
I.유동부채 | 외상매입금 | 55,000,000 | 0 | 0 | 55,000,000 | 메모
미지급금 | 33,719,503 | 0 | 0 | 33,719,503 | 메모
예수금 | 49,416,390 | 0 | 0 | 49,416,390 | 메모

7. 겸업 자산·부채

겸업비율의 산정은 1.5억원 자본금 유보에 의한 이사회 결의
따라서 기존 실질자산과 실질부채는 모두 겸업자산과 겸업부채에 해당

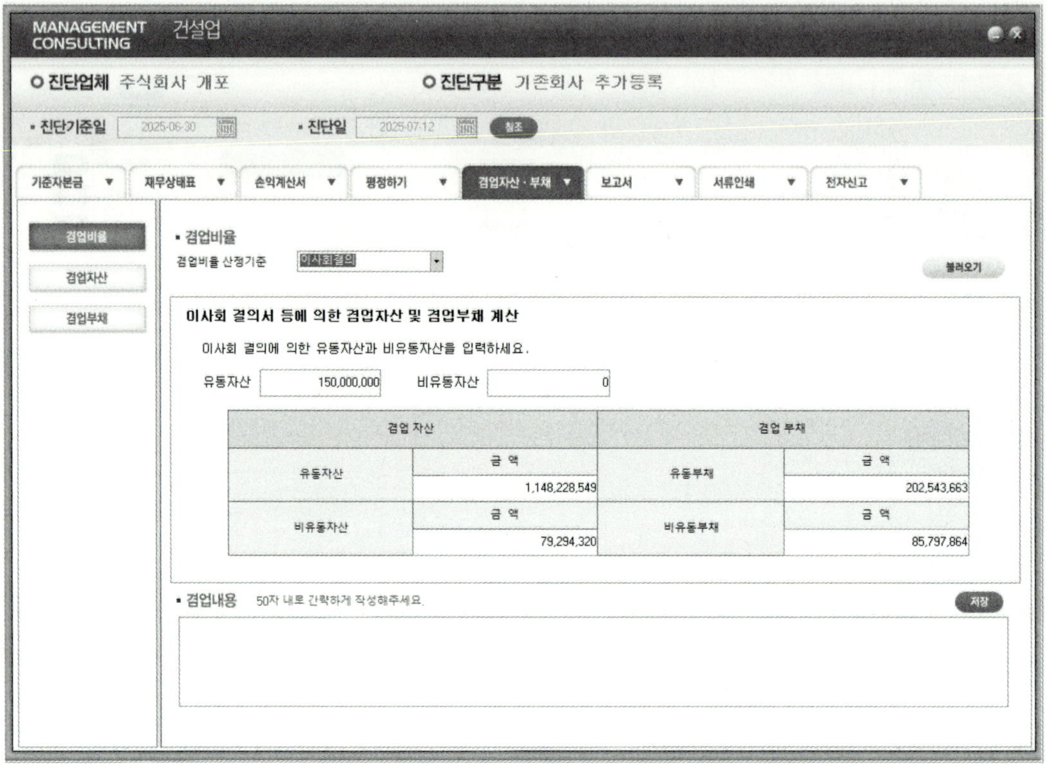

8. 보고서

(1) 진단평가서

MANAGEMENT CONSULTING 건설업

○ **진단업체** 주식회사 개포　　○ **진단구분** 기존회사 추가등록

▪ **진단기준일** 2025-06-30　▪ **진단일** 2025-07-12　참조

기준자본금 ▼ | 재무상태표 ▼ | 손익계산서 ▼ | 평정하기 ▼ | 겸업자산 · 부채 ▼ | 보고서 ▼ | 서류인쇄 ▼ | 전자신고 ▼

진단평가서 | 재무관리상태 진단보고서 | 기업진단조서 | 감리의뢰서 | 진단불능확인서　　마감처리

◉ 전체 ○ 자산 ○ 부채 ○ 자본 ○ 겸업자산, 부채 계산내역　　불러오기

계정과목	당기 최초제시	평정			평정후 금액	평정내역
		차변	대변	조서(평정근거)		
Ⅰ.유동자산	1,475,425,664	6,200,000	183,397,115		1,298,228,549	
(1)당좌자산	1,475,425,664	6,200,000	183,397,115		1,298,228,549	
현금및현금성자산	769,288,209	6,200,000	0		775,488,209	
단기투자자산	364,697,160	0	0		364,697,160	
매출채권	214,318,695	0	54,679,120	내역	159,639,575	
대손충당금	-1,478,400	0	117,995	내역	-1,596,395	
단기대여금	45,000,000	0	45,000,000	내역	0	
미수금	42,400,000	0	42,400,000	내역	0	
선급금	35,000,000	0	35,000,000	내역	0	
전도금	6,200,000	0	6,200,000	내역	0	
(2)재고자산	0	0	0		0	
Ⅱ.비유동자산	335,041,592	0	256,247,272		78,794,320	
(1)투자자산	0	0	0		0	
(2)유형자산	29,541,592	0	747,272		28,794,320	
차량운반구	43,590,909	0	0		43,590,909	
감가상각누계액	-27,693,194	0	747,272	내역	-28,440,466	
비품	34,550,000	0	0		34,550,000	
감가상각누계액	-20,906,123	0	0		-20,906,123	
(3)무형자산	0	0	0		0	
(4)기타비유동자산	305,500,000	0	255,500,000		50,000,000	
임차보증금	50,000,000	0	0		50,000,000	
기타보증금	255,500,000	0	255,500,000	내역	0	
(겸업자산)	0	0	1,227,022,869		-1,227,022,869	
자산총계	1,810,467,256	6,200,000	1,666,667,256		150,000,000	
Ⅰ.유동부채	202,543,663	0	0		202,543,663	
매입채무	55,000,000	0	0		55,000,000	
미지급금	33,719,503	0	0		33,719,503	
예수금	49,416,390	0	0		49,416,390	
미지급세금	64,407,770	0	0		64,407,770	
Ⅱ.비유동부채	0	0	85,797,864		85,797,864	
퇴직급여충당부채	0	0	85,797,864	내역	85,797,864	
(겸업부채)	0	288,341,527	0		-288,341,527	
부채총계	202,543,663	288,341,527	85,797,864		0	
Ⅰ.자본금	700,000,000	0	0		700,000,000	
자본금	700,000,000	0	0		700,000,000	
Ⅱ.자본잉여금	0	0	0		0	
Ⅲ.자본조정	0	0	0		0	
Ⅳ.기타포괄손익누계액	0	0	0		0	
Ⅴ.이익잉여금	907,923,593	0	0		907,923,593	
이익준비금	60,000,000	0	0		60,000,000	
미처분이익잉여금	847,923,593	0	0		847,923,593	
(진단조정)	0	1,752,465,120	294,541,527		-519,242,251	
자본총계	1,607,923,593	1,752,465,120	294,541,527		150,000,000	
부채및자본총계	1,810,467,256	2,040,806,647	380,339,391		150,000,000	

(2) 재무관리상태 진단보고서

MANAGEMENT CONSULTING 건설업

○ 진단업체 주식회사 개포　　○ 진단구분 기존회사 추가등록

▪ 진단기준일 2025-06-30　▪ 진단일 2025-07-12　참조

기준자본금 ▼ | 재무상태표 ▼ | 손익계산서 ▼ | 평정하기 ▼ | 겸업자산 · 부채 ▼ | 보고서 ▼ | 서류인쇄 ▼ | 전자신고 ▼

진단평가서 | 재무관리상태 진단보고서 | 기업진단조서 | 감리의뢰서 | 진단불능확인서　　마감처리

구분	등록업종 종류	등록기준 자본	평정후 실질자본	진단의견
기존		0		적격
		0		
		0		
	자본금 중복인정 감면액	0		
신규	기계설비가스공사업	150,000,000		
		0		
		0		
	자본금 중복인정 감면액	0		
계		150,000,000	150,000,000	

▪ 진단내역

과목	금액	과목	금액	겸업내용
회사제시자산 총계(i)	1,810,467,256	회사제시부채 총계(iv)	202,543,663	
자산증가(ii)	6,200,000	부채증가(v)	85,797,864	
자산감소(iii)	439,144,387	부채감소(vi)	0	
실질자산(I) (i) + (ii) - (iii)	1,377,522,869	실질부채(II) + (v) - (vi)	288,341,527	
겸업자산(vii)	1,227,522,869	겸업부채	288,341,527	
진단대상사업의 실질자산(III) (I) - (vii)	150,000,000	**진단대상사업실질부채(IV)** (II)-(vii)	0	
진단대상사업의 자본(V) (III) - (iv)				150,000,000

(3) 기업진단조서

MANAGEMENT CONSULTING 건설업

○ 진단업체 주식회사 개포　　○ 진단구분 기존회사 추가등록

▪ 진단기준일 2025-06-30　▪ 진단일 2025-07-12　참조

기준자본금 ▼ | 재무상태표 ▼ | 손익계산서 ▼ | 평정하기 ▼ | 겸업자산 · 부채 ▼ | 보고서 ▼ | 서류인쇄 ▼ | 전자신고 ▼

진단평가서 | 재무관리상태 진단보고서 | 기업진단조서 | 감리의뢰서 | 진단불능확인서　　마감처리

▪ 재무상태표 평정표　　불러오기

계정과목	평정금액		구분
	자산증가(+), 부채감소(-)	자산감소(-), 부채증가(+)	
전도금	0	6,200,000	
감가상각누계액	0	747,272	
기타보증금	0	255,000,000	
퇴직급여충당부채	0	85,797,864	
합계	6,200,000	524,942,251	

▪ 겸업자산

업종	겸업비율	이사회결의 금액	겸업비율근거
진단대상사업	100%	150,000,000	
겸업	0%	0	
소계	100%	150,000,000	

▪ 진단내역

자산			부채			자본	
회사제시 자산총계		1,810,467,256	회사제시 부채총계		202,543,663	회사제시 자본총계	1,607,923,593
부인	자산감소(-)	439,144,387	부인	부채증가(+)	85,797,864		
	자산증가(+)	6,200,000		부채감소(-)	0		
	겸업자산(-)	1,227,522,869		겸업부채(-)	288,341,527	진단대상사업 실질자본	150,000,000
진단대상사업 실질자산		150,000,000	진단대상사업 실질부채		0		

(4) 감리의뢰서

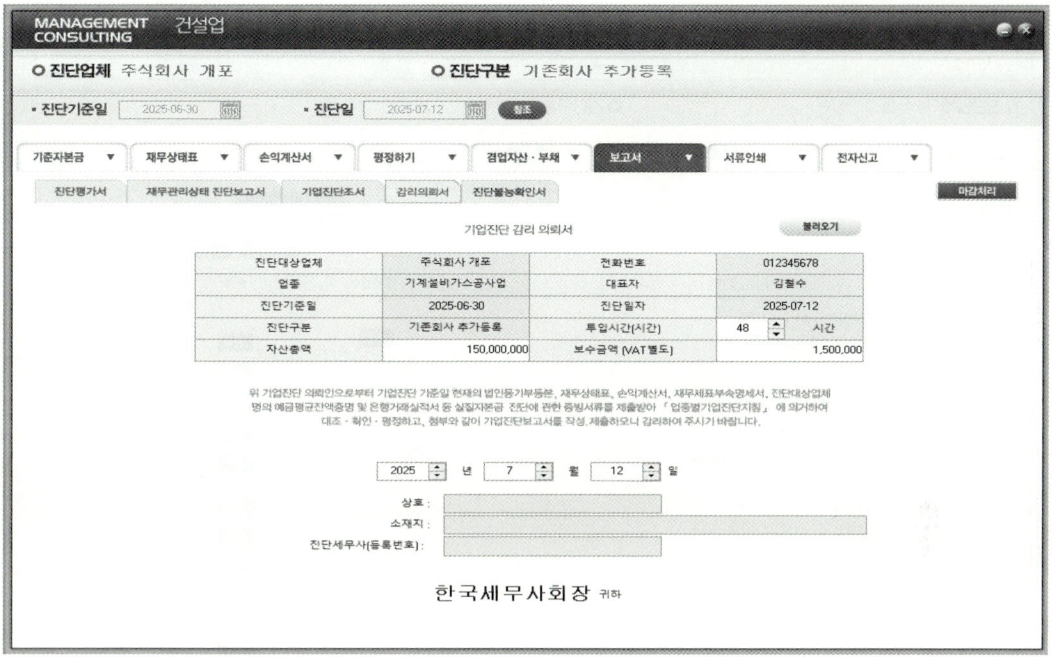

MANAGEMENT CONSULTING 건설업

○ 진단업체 주식회사 개포 ○ 진단구분 기존회사 추가등록

• 진단기준일 2025-06-30 • 진단일 2025-07-12 참조

기준자본금 ▼ 재무상태표 ▼ 손익계산서 ▼ 평정하기 ▼ 겸업자산 · 부채 ▼ 보고서 ▼ 서류인쇄 ▼ 전자신고 ▼

진단평가서 재무관리상태 진단보고서 기업진단조서 감리의뢰서 진단불능확인서 마감처리

기업진단 감리 의뢰서 불러오기

진단대상업체	주식회사 개포	전화번호	012345678
업종	기계설비가스공사업	대표자	김철수
진단기준일	2025-06-30	진단일자	2025-07-12
진단구분	기존회사 추가등록	투입시간(시간)	48 시간
자산총액	150,000,000	보수금액 (VAT별도)	1,500,000

위 기업진단 의뢰인으로부터 기업진단 기준일 현재의 법인등기부등본, 재무상태표, 손익계산서, 재무제표부속명세서, 진단대상업체 명의 예금평균잔액증명 및 은행거래실적서 등 실질자본금 진단에 관한 증빙서류를 제출받아 「업종별기업진단지침」 에 의거하여 대조 · 확인 · 평정하고, 첨부와 같이 기업진단보고서를 작성, 제출하오니 감리하여 주시기 바랍니다.

2025 년 7 월 12 일

상호 :

소재지 :

진단세무사(등록번호) :

한국세무사회장 귀하

(5) 진단불능확인서

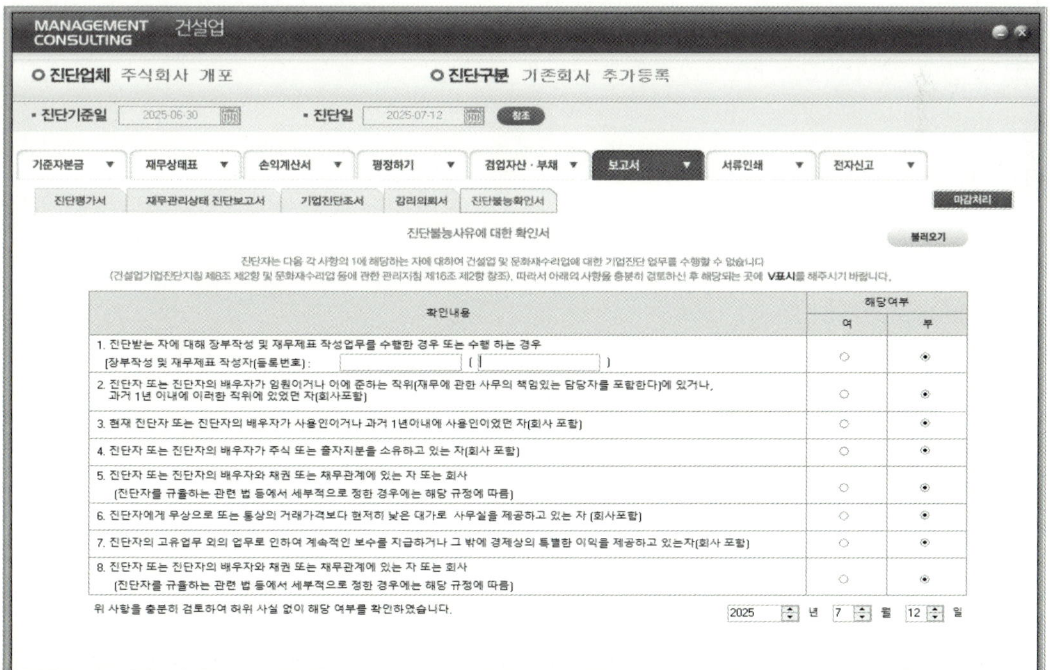

MANAGEMENT CONSULTING 건설업

○ 진단업체 주식회사 개포 ○ 진단구분 기존회사 추가등록

• 진단기준일 2025-06-30 • 진단일 2025-07-12 참조

기준자본금 ▼ 재무상태표 ▼ 손익계산서 ▼ 평정하기 ▼ 겸업자산 · 부채 ▼ 보고서 ▼ 서류인쇄 ▼ 전자신고 ▼

진단평가서 재무관리상태 진단보고서 기업진단조서 감리의뢰서 진단불능확인서 마감처리

진단불능사유에 대한 확인서 불러오기

진단자는 다음 각 사항의 1에 해당하는 자에 대하여 건설업 및 문화재수리업에 대한 기업진단 업무를 수행할 수 없습니다
(건설업기업진단지침 제8조 제2항 및 문화재수리업 등에 관한 관리지침 제16조 제2항 참조). 따라서 아래의 사항을 충분히 검토하신 후 해당되는 곳에 **V표시**를 해주시기 바랍니다.

확인내용	해당여부	
	여	부
1. 진단받는 자에 대해 장부작성 및 재무제표 작성업무를 수행한 경우 또는 수행 하는 경우 [장부작성 및 재무제표 작성자(등록번호) : ( )	○	◉
2. 진단자 또는 진단자의 배우자가 임원이거나 이에 준하는 직위(재무에 관한 사무의 책임있는 담당자를 포함한다)에 있거나, 과거 1년 이내에 이러한 직위에 있었던 자(회사포함)	○	◉
3. 현재 진단자 또는 진단자의 배우자가 사용인이거나 과거 1년이내에 사용인이었던 자(회사 포함)	○	◉
4. 진단자 또는 진단자의 배우자가 주식 또는 출자지분을 소유하고 있는 자(회사 포함)	○	◉
5. 진단자 또는 진단자의 배우자와 채권 또는 채무관계에 있는 자 또는 회사 (진단자를 규율하는 관련 법 등에서 세부적으로 정한 경우에는 해당 규정에 따름)	○	◉
6. 진단자에게 무상으로 또는 통상의 거래가격보다 현저히 낮은 대가로 사무실을 제공하고 있는 자 (회사포함)	○	◉
7. 진단자의 고유업무 외의 업무로 인하여 계속적인 보수를 지급하거나 그 밖에 경제상의 특별한 이익을 제공하고 있는자(회사 포함)	○	◉
8. 진단자 또는 진단자의 배우자와 채권 또는 채무관계에 있는 자 또는 회사 (진단자를 규율하는 관련 법 등에서 세부적으로 정한 경우에는 해당 규정에 따름)	○	◉

위 사항을 충분히 검토하여 허위 사실 없이 해당 여부를 확인하였습니다. 2025 년 7 월 12 일

9. 서류인쇄

MANAGEMENT CONSULTING 건설업
진단업체 주식회사 개포
진단구분 기존회사 추가등록
진단기준일 2025-06-30
진단일 2025-07-12
참조
기준자본금
재무상태표
손익계산서
평정하기
겸업자산 · 부채
보고서
서류인쇄
전자신고
서류인쇄
전체선택
전체해제
선택서류 인쇄
구 분
제출부수
인쇄
전자신고
1. 진단보고서 4세트(아래 ①~⑤가 1세트)
① 재무관리상태진단보고서
② 진단평가서
③ 기업회계기준에 의한 재무상태표
④ 기업회계기준에 의한 손익계산서
⑤ 예금평잔조서(예금평잔계산내역서 포함)
총 4부
* 3부-업체보관
* 1부-협회보관
* ①~⑤묶음이 1부가 됨
2. 진단조서
기업진단조서
현금진단조서
공사수익진단조서
매출채권, 대손충당금진단조서
유형자산, 감가상각진단조서
기타자산진단조서
기타부채진단조서
퇴직급여충당금진단조서
기본서류
1부
인쇄

10. 전자신고

MANAGEMENT CONSULTING 건설업
진단업체 주식회사 개포
진단구분 기존회사 추가등록
진단기준일 2025-06-30
진단일 2025-07-12
참조
기준자본금
재무상태표
손익계산서
평정하기
겸업자산 · 부채
보고서
서류인쇄
전자신고
보고서
증빙서류
기본증빙서류
자산증빙서류
부채증빙서류
보정서류
보정추가서류
보고서 인쇄
전자신고 내역 확인하기
전자신고파일 생성하기
전자신고 하기
전자신고 내역 확인하기
경유 후속절차 안내
제출일자
처리일자
처리상태
알림
보정사항
제출전
전자신고파일 생성하기버튼을 누른 후 전자신고 하기버튼을 누르시면 전자신고가 완료됩니다.
보고서
선택인쇄
보고서
필수여부
생성여부
진단보고서
진단평가서
기업회계기준에 의한 재무상태표
기업회계기준에 의한 손익계산서
예금평잔조서(예금평잔계산내역서 포함)
진단조서
현금진단조서
공사수익진단조서
매출채권 및 대손충당금 진단조서
유형자산 및 감가상각 진단조서
기타자산 진단조서
인쇄
필수
선택
데이터없음

제3절 추가 등록 (기존법인)

| 진단회사자료 |

- 회사명 : 주식회사 성우
- 등기부등본상 납입자본금 : 500,000,000원
- 회계연도 : 1월 1일 ~ 12월 31일

| 진단관련 추가정보 |

① 건축공사업 보유
② 철근콘크리트공사업 신규 등록
③ 진단기준일 : 2025.08.31.
④ 진 단 일 : 2025.09.25.
⑤ 매출채권 중 5천만원은 2년이 경과한 채권임
⑥ 공제조합 출자금 평가액: 1,505,003,000원
⑦ 진단기준일의 퇴직급여추계액: 100,000,000원

1. 재무상태표

재 무 상 태 표

제 8 기 2025년 08월 31일 현재

제 7 기 2024년 12월 31일 현재

회사명 : 주식회사 성우 (단위 : 원)

과 목	제 8(당)기 금 액		제 7(전)기 금 액	
자산				
Ⅰ. 유동자산		5,108,763,830		3,326,166,880
① 당좌자산		5,108,763,830		3,326,166,880
현금		20,898,060		13,771,200
보통예금		4,536,210,990		2,747,747,000
공사미수금		550,000,000		550,000,000
선급비용		1,147,780		2,844,480
선납세금		507,000		11,804,200
② 재고자산				
Ⅱ. 비유동자산		8,283,680,400		3,750,547,800
① 투자자산		1,502,253,000		1,252,253,000
출자금		1,502,253,000		1,252,253,000
② 유형자산		6,441,427,400		2,083,494,800
토지		6,383,494,800		2,083,494,800
비품	74,800,000		74,800,000	
감가상각누계액	16,867,400	57,932,600		74,800,000
③ 무형자산		20,000,000		20,000,000
특허권		20,000,000		20,000,000
④ 기타비유동자산		320,000,000		320,000,000
임차보증금		320,000,000		320,000,000
자산총계		13,392,444,230		7,076,714,680
부채				
Ⅰ. 유동부채		1,945,000,000		1,884,879,490
예수금				5,976,700
부가세예수금				38,902,790
가수금		105,000,000		
단기차입금		1,840,000,000		1,840,000,000
Ⅱ. 비유동부채				
장기차입금		10,800,000,000		4,500,000,000
부채총계		12,745,000,000		6,384,879,490
자본				
Ⅰ. 자본금		500,000,000		500,000,000
자본금		500,000,000		500,000,000
Ⅱ. 자본잉여금				
Ⅲ. 자본조정				

재 무 상 태 표

제 8 기 2025년 08월 31일 현재

제 7 기 2024년 12월 31일 현재

회사명 : 주식회사 성우 (단위 : 원)

과 목	제 8(당)기		제 7(전)기	
	금 액		금 액	
Ⅳ. 기 타 포 괄 손 익 누 계 액				
Ⅴ. 이 익 잉 여 금		147,444,230		191,835,190
미 처 분 이 익 잉 여 금		147,444,230		191,835,190
(당 기 순 손 실)				
당기: 44,390,960				
전기: 655,682,200				
자 본 총 계		647,444,230		691,835,190
부 채 와 자 본 총 계		13,392,444,230		7,076,714,680

2. 손익계산서

손 익 계 산 서

제 8 기 2025년 01월 01일부터 2025년 08월 31일까지

제 7 기 2024년 01월 01일부터 2024년 12월 31일까지

회사명 : 주식회사 성우 (단위 : 원)

과 목	제 8(당)기		제 7(전)기	
	금 액		금 액	
Ⅰ. 매 출 액				12,622,311,110
공 사 수 입 금			12,622,311,110	
Ⅱ. 매 출 원 가		3,519,500		12,271,680,980
도 급 공 사 매 출 원 가		3,519,500		12,271,680,980
Ⅲ. 매 출 총 손 실		3,519,500		-350,630,130
Ⅳ. 판 매 비 와 관 리 비		46,409,500		1,067,043,080
직 원 급 여			432,000,000	
복 리 후 생 비	7,460,700		154,749,150	
여 비 교 통 비			801,400	
접 대 비			5,328,000	
통 신 비	149,750		2,610,140	
수 도 광 열 비	38,920		15,137,000	
세 금 과 공 과 금	12,098,600		41,965,000	
감 가 상 각 비	16,867,400			
임 차 료			42,000,000	
보 험 료	3,020,000		18,965,020	
차 량 유 지 비			83,573,390	
도 서 인 쇄 비			2,822,730	
사 무 용 품 비			212,460	
소 모 품 비			77,005,730	
수 수 료 비 용	6,774,130		174,543,060	
광 고 선 전 비			330,000	
잡 비			15,000,000	
Ⅴ. 영 업 손 실		49,929,000		716,412,950
Ⅵ. 영 업 외 수 익		9,425,740		60,792,050
이 자 수 익	25,450		693,600	
배 당 금 수 익	9,400,000		18,800,000	
잡 이 익	290		41,298,450	
Ⅶ. 영 업 외 비 용		3,887,700		61,300
이 자 비 용	3,883,800			
잡 손 실	3,900		61,300	
Ⅷ. 법 인 세 차 감 전 손 실		44,390,960		655,682,200
Ⅸ. 법 인 세 등				
Ⅹ. 당 기 순 손 실		44,390,960		655,682,200

상기 재무제표 및 제시된 상황을 근거로 하여 주식회사 성우를 진단하고 진단보고서를 작성하면 다음과 같다.

1. 진단업체 등록

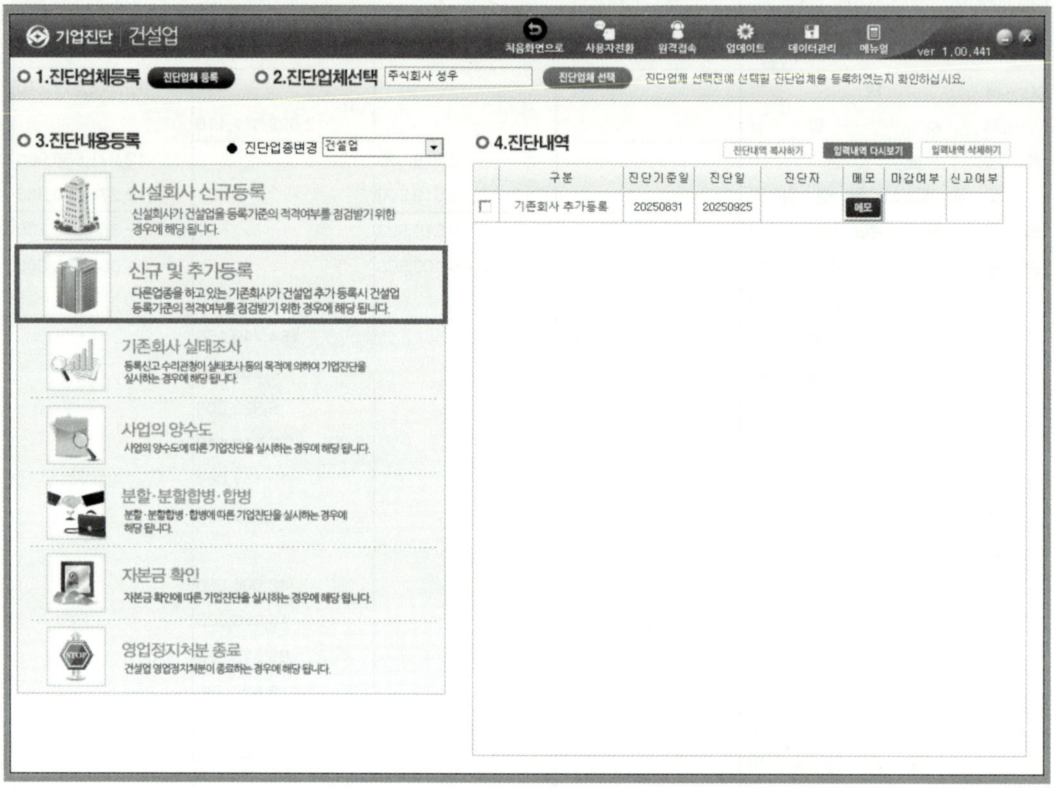

2. 기준자본금

기존에 건설업(건축공사업)을 영위하던 기존회사 주식회사 성우가 철근콘크리트공사업을 신규로 등록하므로 자본금 중복인정 대상임

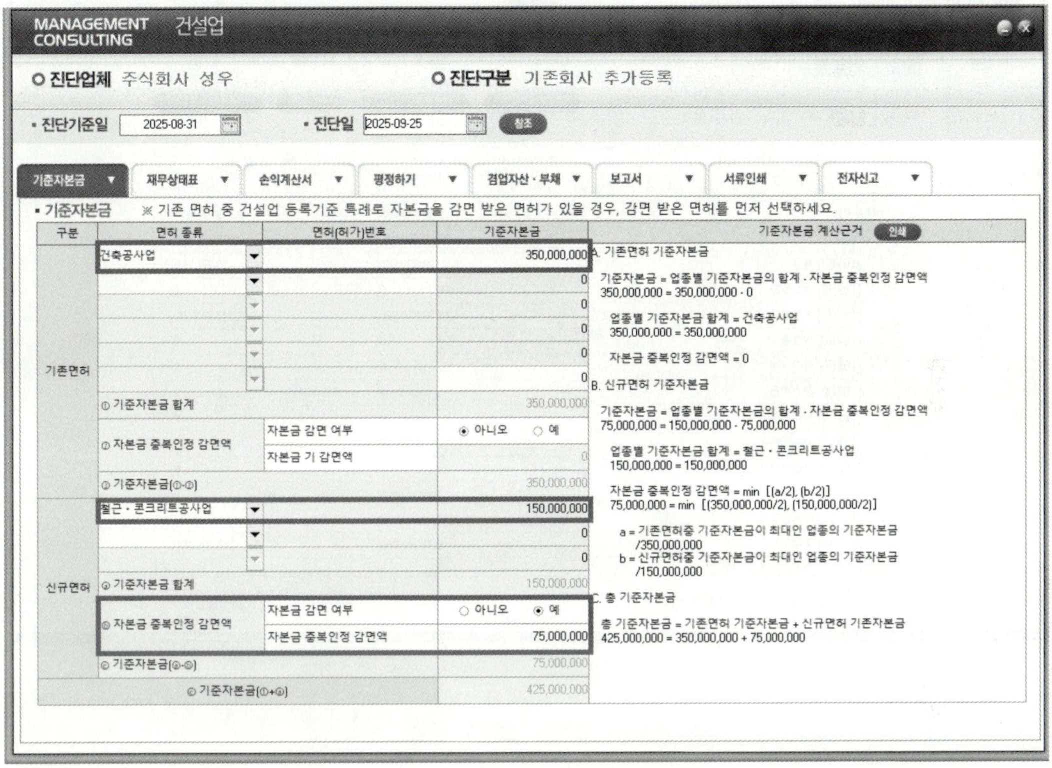

3. 재무상태표

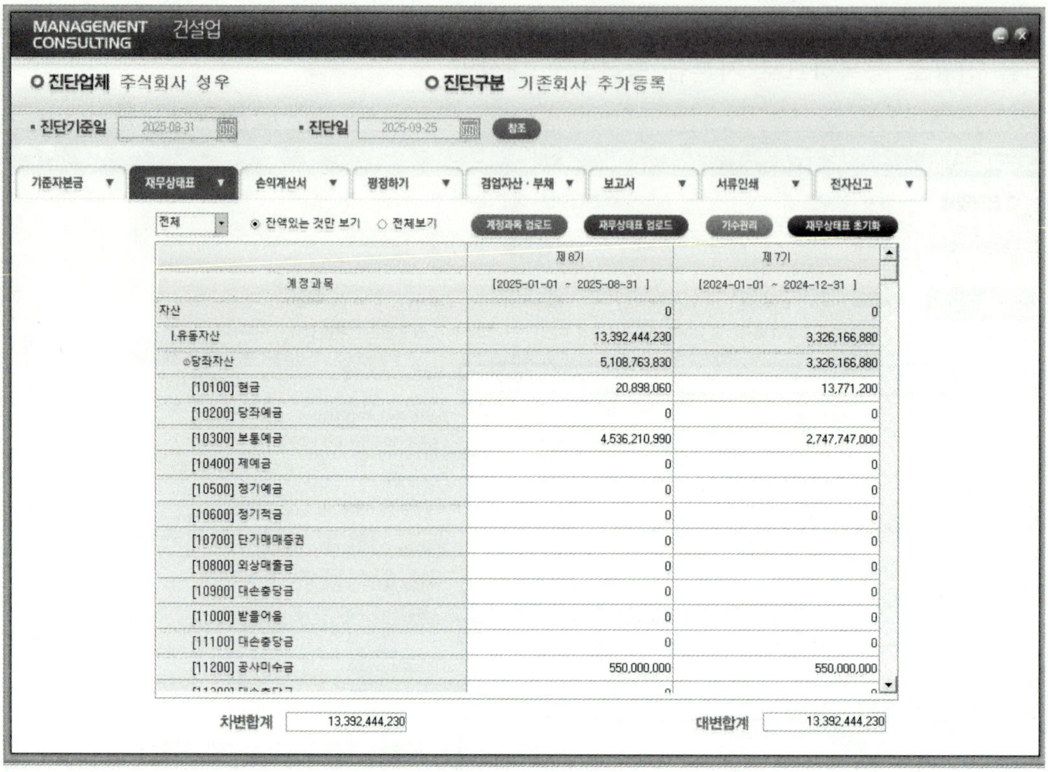

계정과목	제 8기 [2025-01-01 ~ 2025-08-31]	제 7기 [2024-01-01 ~ 2024-12-31]
자산	0	0
I.유동자산	13,392,444,230	3,326,166,880
◎당좌자산	5,108,763,830	3,326,166,880
[10100] 현금	20,898,060	13,771,200
[10200] 당좌예금	0	0
[10300] 보통예금	4,536,210,990	2,747,747,000
[10400] 제예금	0	0
[10500] 정기예금	0	0
[10600] 정기적금	0	0
[10700] 단기매매증권	0	0
[10800] 외상매출금	0	0
[10900] 대손충당금	0	0
[11000] 받을어음	0	0
[11100] 대손충당금	0	0
[11200] 공사미수금	550,000,000	550,000,000

4. 손익계산서

MANAGEMENT CONSULTING 건설업
진단업체 주식회사 성우
진단구분 기존회사 추가등록
진단기준일 2025-03-31
진단일 2025-03-25
참조
기준자본금
재무상태표
손익계산서
평정하기
겸업자산 · 부채
보고서
서류인쇄
전자신고
손익계산서 업로드
손익계산서 직접입력
계정과목과 금액을 입력하고 엔터를 치면 행이 자동으로 추가됩니다.
당기분 손익계산서
전기분 손익계산서
행추가
기수관리
삭제
코드 | 계정과목 | 금액
81700 | 세금과공과금 | 12,098,600
81800 | 감가상각비 | 16,867,400
82100 | 보험료 | 3,020,000
83100 | 수수료비용 | 6,774,130
90100 | 이자수익 | 25,450
90300 | 배당금수익 | 9,400,000
93000 | 잡이익 | 290
95100 | 이자비용 | 3,883,800
98000 | 잡손실 | 3,900
45200 | 도급공사매출원가 | 3,519,500
0
1. 매출 0
2. 매출원가 3,519,500
3. 매출총이익(1-2) -3,519,500
4. 판매비와관리비 46,409,500
5. 영업이익(3-4) -49,929,000
6. 영업외수익 9,425,740
7. 영업외비용 3,887,700
8. 법인세비용차감전순이익(5+6-7) -44,390,960
9. 법인세비용 0
10. 당기순이익(8-9) -44,390,960
11. 주당이익(10/주식수) 0

5. 평정하기

(1) 현금

회사제시 현금액이 회사제시 자본총계의 1%를 초과하므로 초과하는 금액은 부실자산으로 본다.

▪ 현금

구분		금액	메모
1. 현금평가액	① 회사제시(b/s상) 현금	20,898,060	
	② 가산금액	0	
	③ 합계(①+②)	20,898,060	
2. 현금용인 한도액	④ 회사제시(b/s상) 자본총계	647,444,230	
	⑤ 적용율	1%	
	⑥ 한도액(④ x ⑤)	6,474,442	
3. 현금인정액[min(1.현금평가액, 2. 현금용인한도액)]		6,474,442	
4. 평정금액(1.현금평가액- 3.현금인정액)		14,423,618	

(2) 예금

MANAGEMENT CONSULTING 건설업
진단업체 주식회사 성우
진단구분 기존회사 추가등록
진단기준일 2025-08-31
진단일 2025-09-25
참조
기준자본금
재무상태표
손익계산서
평정하기
겸업자산 · 부채
보고서
서류인쇄
전자신고
자산평정하기
현금
예금
매출채권
공사수익
매출채권등
대손충당금
유형자산
유형자산
감가상각
기타자산
부채평정하기
퇴직급여충당금
미지급세금
부외부채
기타부채
예금
평가기간 2025-08-27 ~ 2025-09-25 진단기준일(2025-08-31)을 포함하여 진단받는자에게 가장 유리하게 설정할 수 있습니다.
회사제시금액 : 4,536,210,990 회사제시금액과 일치합니다.
삭제
불러오기
계정과목
은행명
계좌번호
① 기준일현재 잔액
② 평균잔액
③ 평정금액 max(①-②, 0)
메모(보통예금)
보통예금
00은행
123456-78-000000
4,536,210,990
4,866,701,832
계산
미제출및 평잔제외분
0
0
0
합계
4,536,210,990
4,866,701,832
0

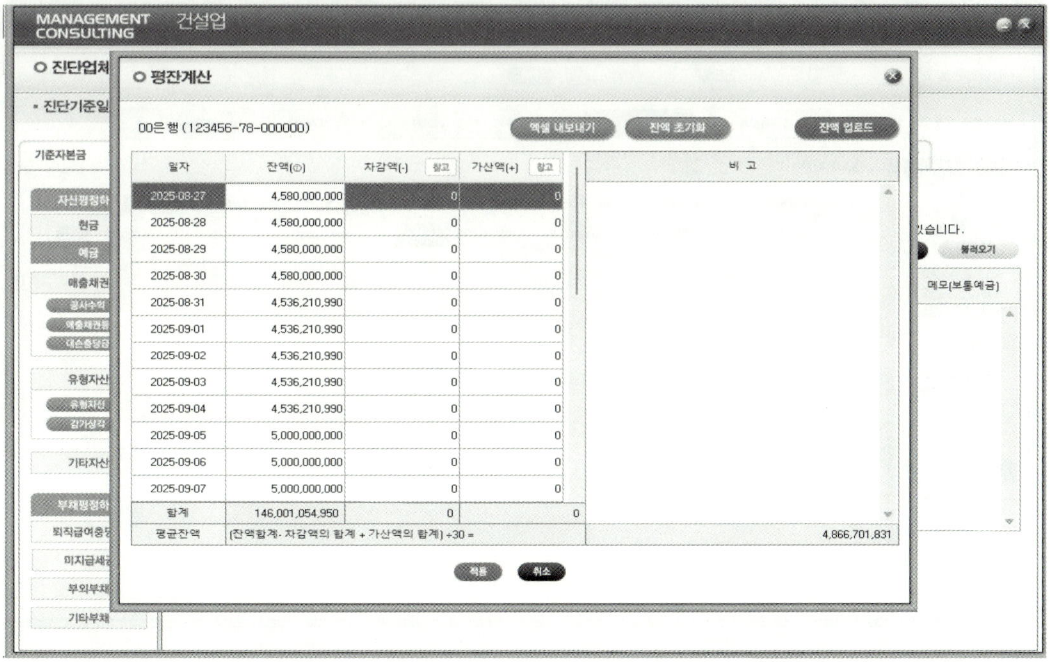

MANAGEMENT CONSULTING 건설업
평잔계산
00은행 (123456-78-000000)
엑셀 내보내기
잔액 초기화
잔액 업로드
일자
잔액(①)
차감액(-)
참고
가산액(+)
참고
비 고
2025-08-27 4,580,000,000 0 0
2025-08-28 4,580,000,000 0 0
2025-08-29 4,580,000,000 0 0
2025-08-30 4,580,000,000 0 0
2025-08-31 4,536,210,990 0 0
2025-09-01 4,536,210,990 0 0
2025-09-02 4,536,210,990 0 0
2025-09-03 4,536,210,990 0 0
2025-09-04 4,536,210,990 0 0
2025-09-05 5,000,000,000 0 0
2025-09-06 5,000,000,000 0 0
2025-09-07 5,000,000,000 0 0
합계 146,001,054,950 0 0
평균잔액 (잔액합계 - 차감액의 합계 + 가산액의 합계) ÷30 = 4,866,701,831
적용
취소

(3) 매출채권

2년이 경과한 매출채권 50,000,000원을 부실채권란에 입력한다.

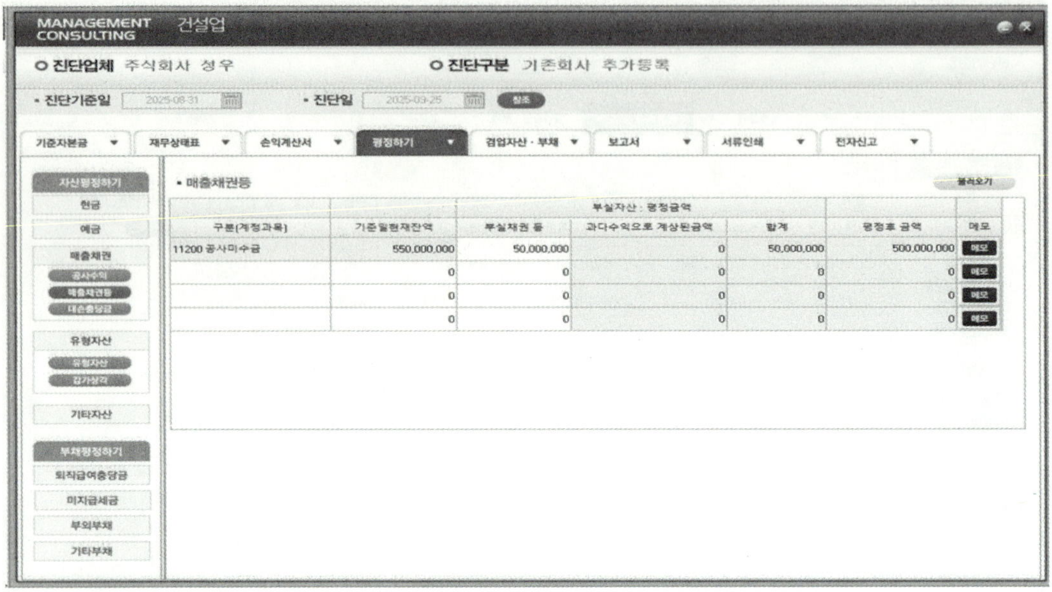

(4) 대손충당금

(5) 유형자산

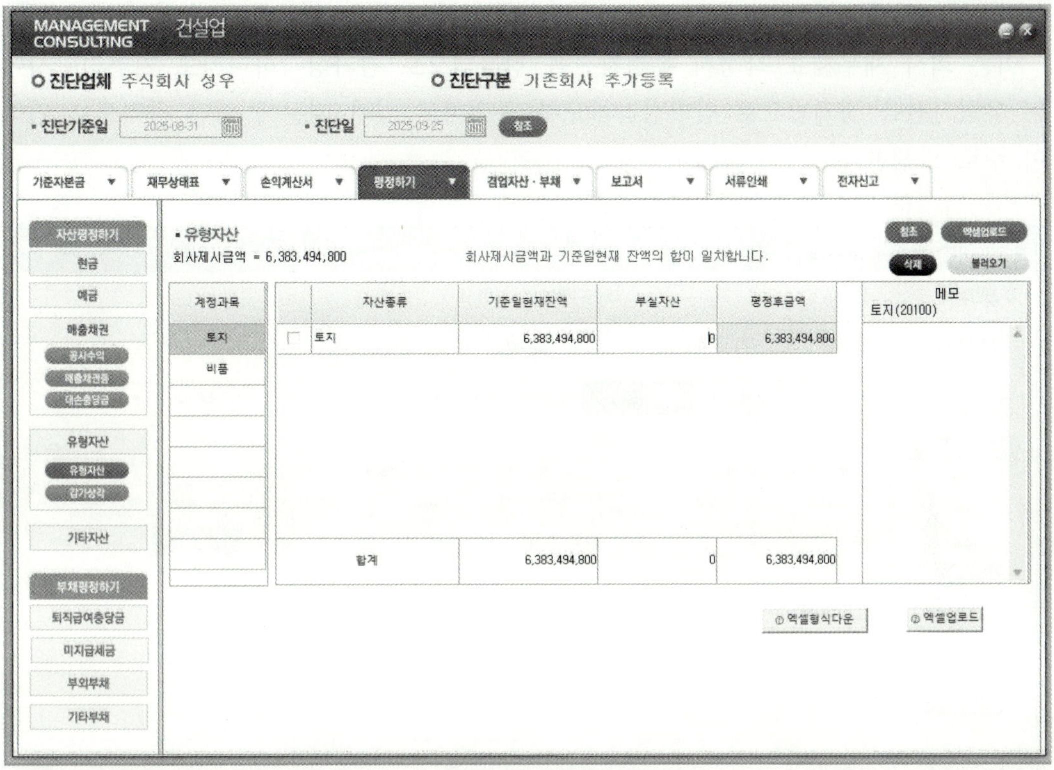
MANAGEMENT CONSULTING 건설업
진단업체 주식회사 성우
진단구분 기존회사 추가등록
진단기준일 2025-08-31
진단일 2025-09-25
참조
기준자본금
재무상태표
손익계산서
평정하기
겸업자산 · 부채
보고서
서류인쇄
전자신고
자산평정하기
현금
예금
매출채권
공사수익
매출채권등
대손충당금
유형자산
유형자산
감가상각
기타자산
부채평정하기
퇴직급여충당금
미지급세금
부외부채
기타부채
유형자산
회사제시금액 = 6,383,494,800
회사제시금액과 기준일현재 잔액의 합이 일치합니다.
참조
엑셀업로드
삭제
불러오기
계정과목
토지
비품
자산종류
기준일현재잔액
부실자산
평정후금액
토지
6,383,494,800
0
6,383,494,800
합계
6,383,494,800
0
6,383,494,800
메모
토지(20100)
엑셀형식다운
엑셀업로드

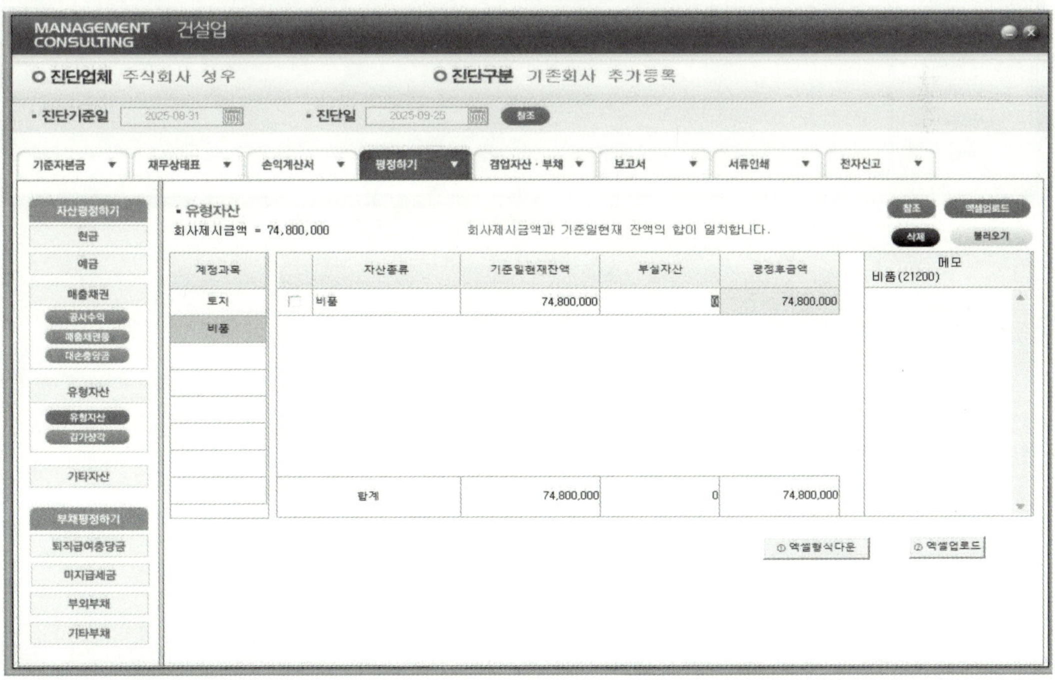
MANAGEMENT CONSULTING 건설업
진단업체 주식회사 성우
진단구분 기존회사 추가등록
진단기준일 2025-08-31
진단일 2025-09-25
참조
기준자본금
재무상태표
손익계산서
평정하기
겸업자산 · 부채
보고서
서류인쇄
전자신고
자산평정하기
현금
예금
매출채권
공사수익
매출채권등
대손충당금
유형자산
유형자산
감가상각
기타자산
부채평정하기
퇴직급여충당금
미지급세금
부외부채
기타부채
유형자산
회사제시금액 = 74,800,000
회사제시금액과 기준일현재 잔액의 합이 일치합니다.
참조
엑셀업로드
삭제
불러오기
계정과목
토지
비품
자산종류
기준일현재잔액
부실자산
평정후금액
비품
74,800,000
0
74,800,000
합계
74,800,000
0
74,800,000
메모
비품(21200)
엑셀형식다운
엑셀업로드

(6) 감가상각

회사가 과소 계상한 8,065,933원 만큼 감가상각누계액으로 추가 인식한다.

이는 회사 재무제표 작성시 유형자산을 정률법으로 감가상각하더라도 기업진단시에는 유형자산을 정액법으로 감가상각하도록 규정하고 있기 때문에 생긴 차액으로 인하여 주로 발생한다.

(7) 기타자산

선급비용과 선납세금, 무형자산은 일반적으로 부실자산에 해당하며 공제조합 출자금 평가액 1,505,003,000원과 회사제시 출자금 1,502,253,000원의 차액 2,750,000원만큼 '자산의 증가'란에 입력한다.

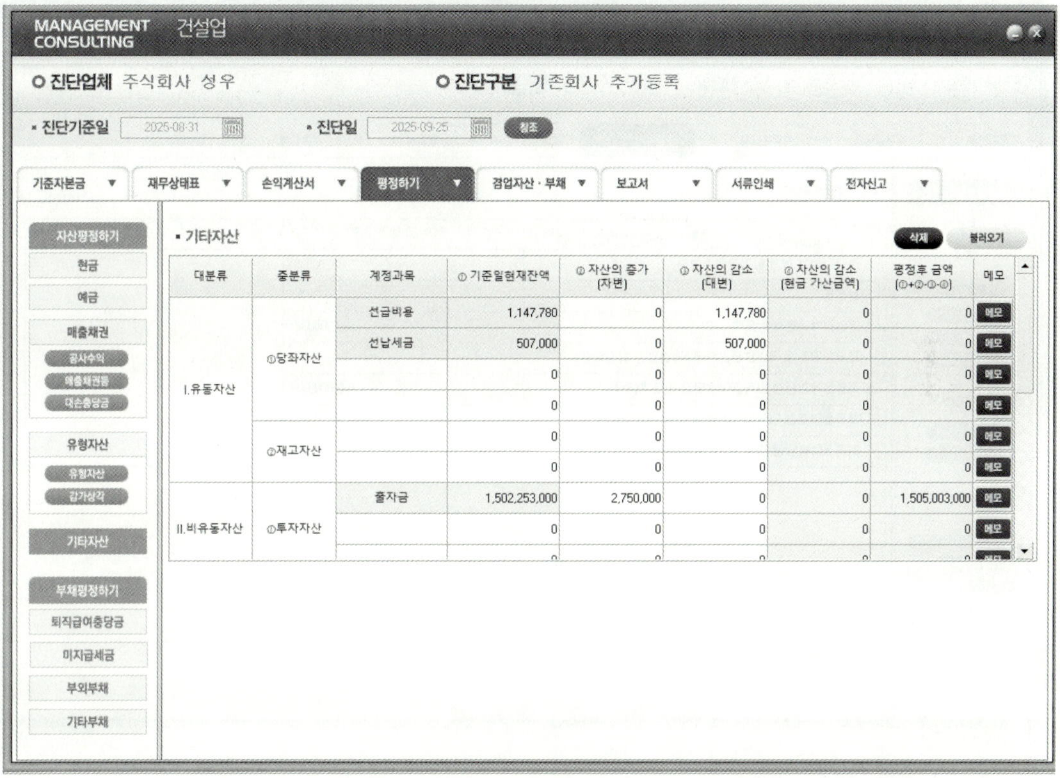

(8) 퇴직급여충당금

회사는 퇴직급여충당금을 설정하지 않았으므로 진단기준일 현재 퇴직급여추계액인 100,000,000원을 입력한다.

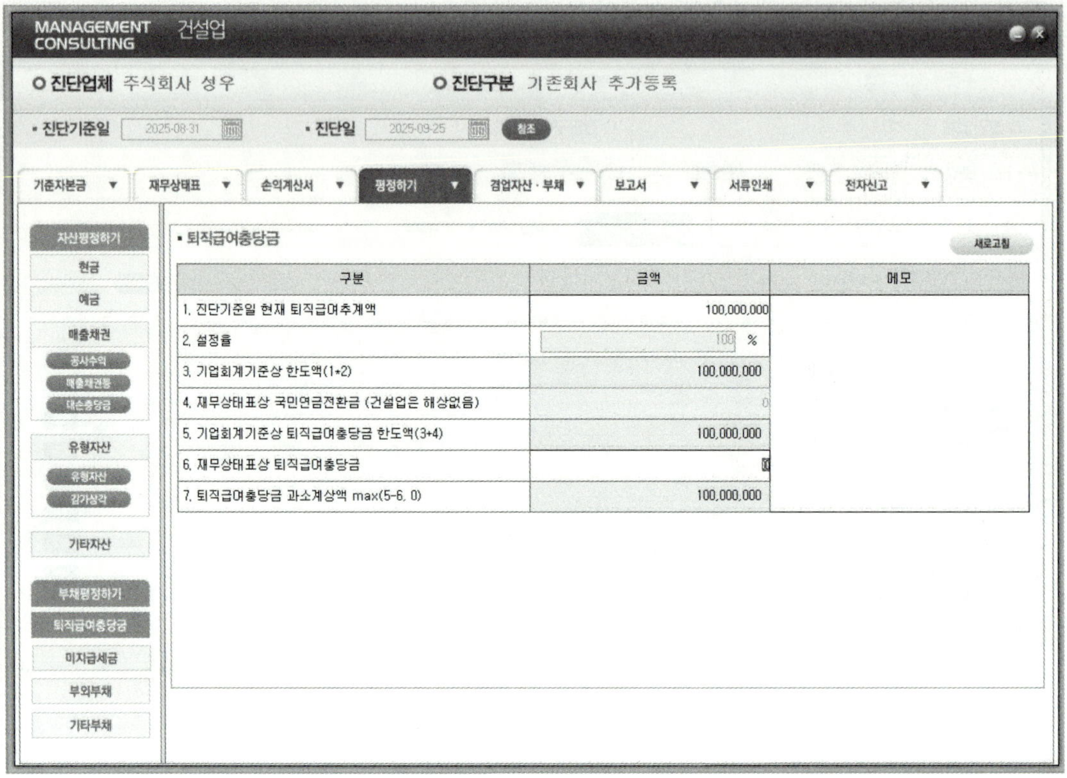

6. 겸업자산·부채

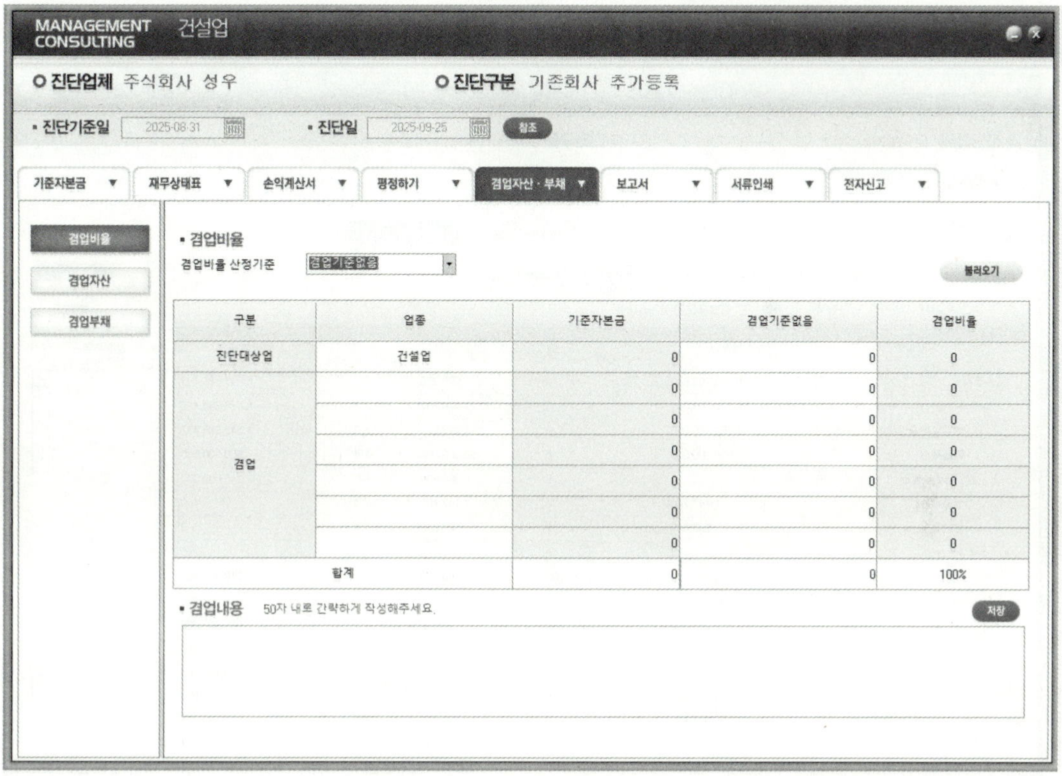
MANAGEMENT CONSULTING 건설업
진단업체 주식회사 성우
진단구분 기존회사 추가등록
진단기준일 2025-08-31
진단일 2025-09-25
참조
기준자본금
재무상태표
손익계산서
평정하기
겸업자산·부채
보고서
서류인쇄
전자신고
겸업비율
겸업자산
겸업부채
겸업비율
겸업비율 산정기준
겸업기준없음
불러오기
구분
업종
기준자본금
겸업기준없음
겸업비율
진단대상업
건설업
겸업
합계
100%
겸업내용
50자 내로 간략하게 작성해주세요.
저장

7. 보고서

(1) 진단평가서

MANAGEMENT CONSULTING 건설업

○ 진단업체 주식회사 성우 ○ 진단구분 기존회사 추가등록

▪ 진단기준일 2025-08-31 ▪ 진단일 2025-09-25 참조

기준자본금 ▼ | 재무상태표 ▼ | 손익계산서 ▼ | 평정하기 ▼ | 겸업자산·부채 ▼ | 보고서 ▼ | 서류인쇄 ▼ | 전자신고 ▼

진단평가서 | 재무관리상태 진단보고서 | 기업진단조서 | 감리의뢰서 | 진단불능확인서 마감처리

◉ 전체 ○ 자산 ○ 부채 ○ 자본 ○ 겸업자산,부채 계산내역 불러오기

계정과목	당기 최초제시	평정			평정후 금액	평정내역
		차변	대변	조서(평정근거)		
I.유동자산	5,108,763,830	0	71,078,398		5,037,685,432	
①당좌자산	5,108,763,830	0	71,078,398		5,037,685,432	
현금및현금성자산	4,557,109,050	0	14,423,618	내역	4,542,685,432	
매출채권	550,000,000	0	50,000,000	내역	500,000,000	
대손충당금	0	0	5,000,000	내역	-5,000,000	
선급비용	1,147,780	0	1,147,780	내역	0	
선납세금	507,000	0	507,000	내역	0	
②재고자산	0	0	0		0	
II.비유동자산	8,283,680,400	2,750,000	28,065,933		8,258,364,467	
①투자자산	1,502,253,000	2,750,000	0		1,505,003,000	
출자금	1,502,253,000	2,750,000	0		1,505,003,000	
②유형자산	6,441,427,400	0	8,065,933		6,433,361,467	
토지	6,383,494,800	0	0		6,383,494,800	
비품	74,800,000	0	0		74,800,000	
감가상각누계액	-16,867,400	0	8,065,933	내역	-24,933,333	
③무형자산	20,000,000	0	20,000,000		0	
특허권	20,000,000	0	20,000,000	내역	0	
④기타비유동자산	320,000,000	0	0		320,000,000	
임차보증금	320,000,000	0	0		320,000,000	
(겸업자산)	0	0	0		0	
자산총계	13,392,444,230	2,750,000	99,144,331		13,296,049,899	
I.유동부채	1,945,000,000	0	0		1,945,000,000	
가수금	105,000,000	0	0		105,000,000	
단기차입금	1,840,000,000	0	0		1,840,000,000	
II.비유동부채	10,800,000,000	0	100,000,000		10,900,000,000	
장기차입금	10,800,000,000	0	0		10,800,000,000	
퇴직급여충당부채	0	0	100,000,000	내역	100,000,000	
(겸업부채)	0	0	0		0	
부채총계	12,745,000,000	0	100,000,000		12,845,000,000	
I.자본금	500,000,000	0	0		500,000,000	
자본금	500,000,000	0	0		500,000,000	
II.자본잉여금	0	0	0		0	
III.자본조정	0	0	0		0	
IV.기타포괄손익누계액	0	0	0		0	
V.이익잉여금	147,444,230	0	0		147,444,230	
미처분이익잉여금	147,444,230	0	0		147,444,230	
(진단조정)	0	199,144,331	2,750,000		-196,394,331	
자본총계	647,444,230	199,144,331	2,750,000		451,049,899	
부채및자본총계	13,392,444,230	199,144,331	102,750,000		13,296,049,899	

(2) 재무관리상태 진단보고서

MANAGEMENT CONSULTING 건설업

○ 진단업체 주식회사 성우 ○ 진단구분 기존회사 추가등록

▪ 진단기준일 2025-08-31 ▪ 진단일 2025-09-25 참조

기준자본금 ▼ | 재무상태표 ▼ | 손익계산서 ▼ | 평정하기 ▼ | 겸업자산 · 부채 ▼ | 보고서 ▼ | 서류인쇄 ▼ | 전자신고 ▼

진단평가서 | 재무관리상태 진단보고서 | 기업진단조서 | 감리의뢰서 | 진단불능확인서 | 마감처리

구분	등록업종 종류	등록기준 자본	평정후 실질자본	진단의견
기존	건축공사업	350,000,000		적격
		0		
		0		
	자본금 중복인정 감면액	0		
신규	철근 · 콘크리트공사업	75,000,000		
		0		
		0		
	자본금 중복인정 감면액	75,000,000		
계		425,000,000	451,049,899	

▪ 진단내역

과목	금액	과목	금액	겸업내용
회사제시자산 총계(i)	13,392,444,230	회사제시부채 총계(iv)	12,745,000,000	
자산증가(ii)	2,750,000	부채증가(v)	100,000,000	
자산감소(iii)	99,144,331	부채감소(vi)	0	
실질자산(I) (i) + (ii) - (iii)	13,296,049,899	실질부채(II) + (v) - (vi)	12,845,000,000	
겸업자산(vii)	0	겸업부채	0	
진단대상사업의 실질자산(III) (I) - (vii)	13,296,049,899	**진단대상사업실질부채(IV)** (II)-(vii)	12,845,000,000	
진단대상사업의 자본(V) (III) - (iv)				451,049,899

(3) 기업진단조서

MANAGEMENT CONSULTING 건설업

○ 진단업체 주식회사 성우 ○ 진단구분 기존회사 추가등록

▪ 진단기준일 2025-08-31 ▪ 진단일 2025-09-25 참조

기준자본금 ▼ | 재무상태표 ▼ | 손익계산서 ▼ | 평정하기 ▼ | 겸업자산 · 부채 ▼ | 보고서 ▼ | 서류인쇄 ▼ | 전자신고 ▼

진단평가서 | 재무관리상태 진단보고서 | 기업진단조서 | 감리의뢰서 | 진단불능확인서 | 마감처리

▪ 재무상태표 평정표 불러오기

계정과목	평정금액		구분
	자산증가(+), 부채감소(-)	자산감소(-), 부채증가(+)	
출자금	2,750,000	0	
감가상각누계액	0	8,065,933	
특허권	0	20,000,000	
퇴직급여충당부채	0	100,000,000	
합계	2,750,000	199,144,331	

▪ 겸업자산

업종	겸업비율	겸업기준없음 금액	겸업비율근거
진단대상사업	100%	0	
겸업	0%	0	
소계	100%	0	

▪ 진단내역

자산			부채			자본	
회사제시 자산총계		13,392,444,230	회사제시 부채총계		12,745,000,000	회사제시 자본총계	647,444,230
부인	자산감소(-)	99,144,331	부인	부채증가(+)	100,000,000		
	자산증가(+)	2,750,000		부채감소(-)	0		
	겸업자산(-)	0		겸업부채(-)	0	진단대상사업 실질자본	451,049,899
진단대상사업 실질자산		13,296,049,899	진단대상사업 실질부채		12,845,000,000		

(4) 감리의뢰서

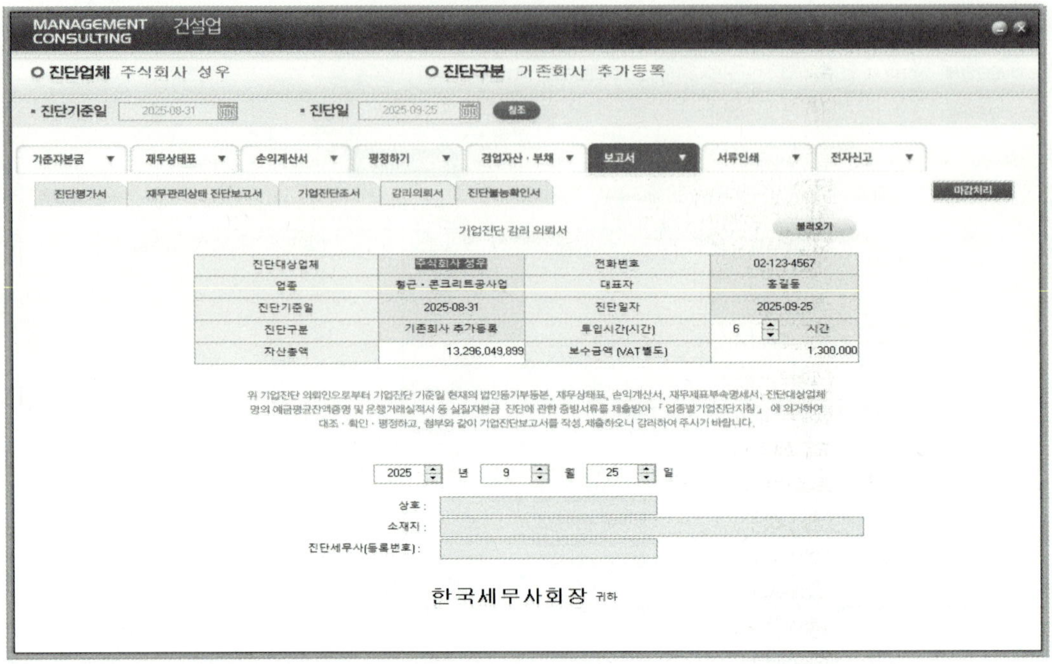

(5) 진단불능확인서

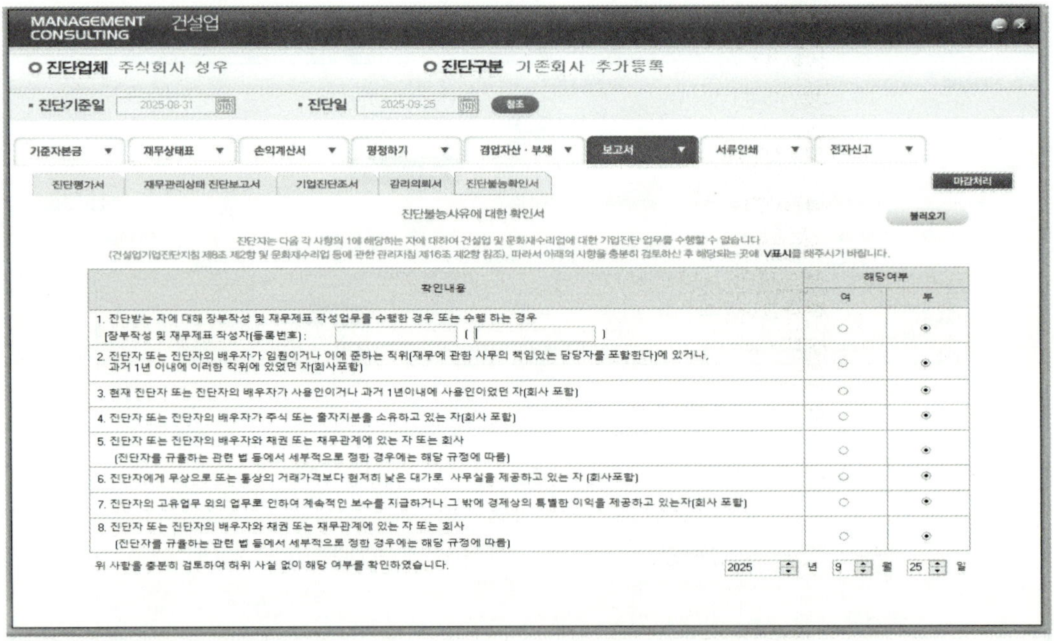

8. 서류인쇄

MANAGEMENT CONSULTING 건설업
진단업체 주식회사 성우
진단구분 기존회사 추가등록
진단기준일 2025-08-31
진단일 2025-09-25
참조
기준자본금
재무상태표
손익계산서
평정하기
겸업자산 · 부채
보고서
서류인쇄
전자신고
서류인쇄
전체선택
전체해제
선택서류 인쇄
구 분
제출부수
인쇄
전자신고
1. 진단보고서 4세트(아래 ①~⑤가 1세트)
재무관리상태진단보고서
진단평가서
기업회계기준에 의한 재무상태표
기업회계기준에 의한 손익계산서
예금평잔조서(예금평잔계산내역서 포함)
총 4부
* 3부-업체보관
* 1부-협회보관
* ①~⑤묶음이 1부가 됨
2. 진단조서
기업진단조서
현금진단조서
공사수익진단조서
매출채권, 대손충당금진단조서
유형자산, 감가상각진단조서
기타자산진단조서
기타부채진단조서
퇴직급여충당금진단조서
기본서류
1부

9. 전자신고

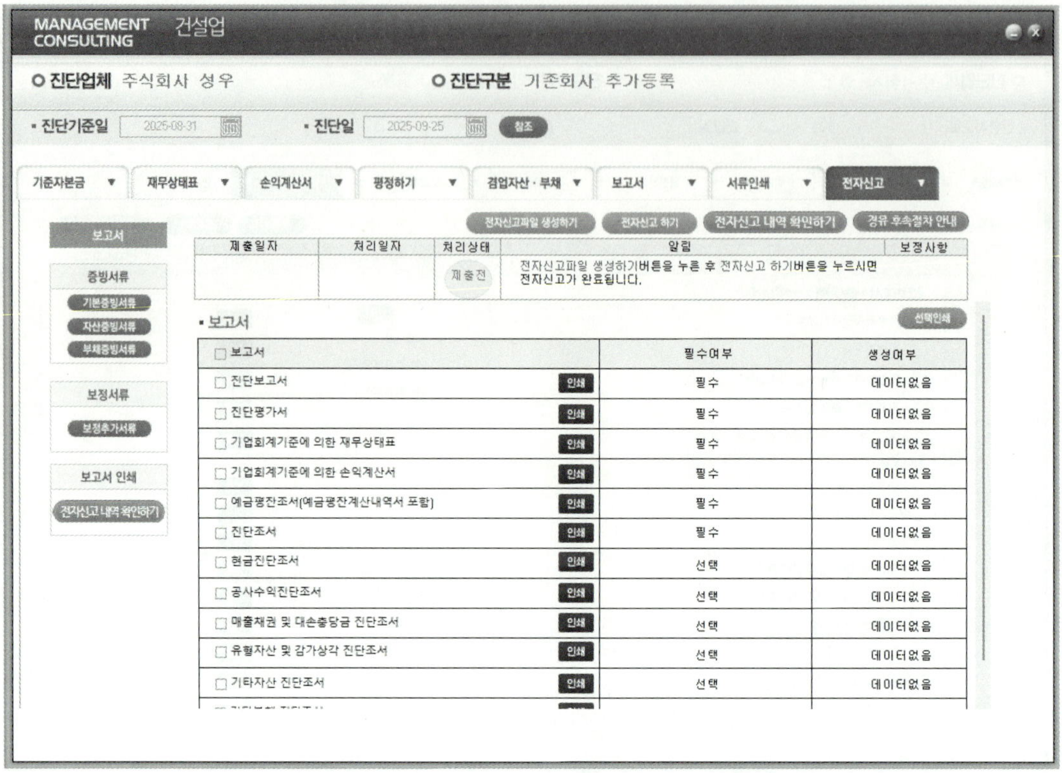
MANAGEMENT CONSULTING 건설업
진단업체 주식회사 성우
진단구분 기존회사 추가등록
진단기준일 2025-08-31
진단일 2025-09-25
참조
기준자본금
재무상태표
손익계산서
평정하기
겸업자산 · 부채
보고서
서류인쇄
전자신고
전자신고파일 생성하기
전자신고 하기
전자신고 내역 확인하기
경유 후속절차 안내
보고서
증빙서류
기본증빙서류
자산증빙서류
부채증빙서류
보정서류
보정추가서류
보고서 인쇄
전자신고 내역 확인하기
제출일자
처리일자
처리상태
알림
보정사항
제출전
전자신고파일 생성하기버튼을 누른 후 전자신고 하기버튼을 누르시면 전자신고가 완료됩니다.
보고서
선택인쇄
보고서
필수여부
생성여부
진단보고서
진단평가서
기업회계기준에 의한 재무상태표
기업회계기준에 의한 손익계산서
예금평잔조서(예금평잔계산내역서 포함)
진단조서
현금진단조서
공사수익진단조서
매출채권 및 대손충당금 진단조서
유형자산 및 감가상각 진단조서
기타자산 진단조서
인쇄
필수
선택
데이터없음

제4절 실태 조사 (기존법인)

| 진단회사자료 |

- 회사명 : 주식회사 정예
- 등기부등본상 납입자본금 : 300,000,000원
- 회계연도 : 1월 1일 ~ 12월 31일

| 진단관련 추가정보 |

① 정보통신공사업(기준자본금 : 1.5억원) 보유
② 도장습식방수석공사업(기준자본금 : 1.5억원) 보유
③ 진단기준일 : 2025.09.30.
④ 진 단 일 : 2025.10.04.
⑤ 정보통신공사업과 도장습식방수석공사업에 대한 구분경리 안함
⑥ 보통예금 및 정기예금의 30일간 평균 잔액은 각각 4,432,670,417원 및 2,106,600,040원임
⑦ 공사미수금 중 580,000,000원은 보유기간 2년이 경과된 채권이며 이외의 채권은 모두 실질성이 없는것으로 확인됨
⑧ 임차보증금 중 100,000,000원과 기타보증금 120,000,000원은 부실자산인 것으로 확인됨
⑨ 진단기준일 현재 퇴직급여추계액 : 978,679,700원
⑩ 재무제표상 미지급세금으로 과소 계상한 금액 76,829,100원이 확인됨

1. 재무상태표

재 무 상 태 표

제 13 기 2025년 09월 30일 현재
제 12 기 2025년 12월 31일 현재

회사명 : 주식회사 정예 (단위 : 원)

과 목	제 13(당)기		제 12(당)기	
	금 액		금 액	
자 산				
Ⅰ. 유 동 자 산		11,748,589,340		13,847,378,320
① 당 좌 자 산		11,748,589,340		13,847,378,320
보 통 예 금		4,613,641,510		6,373,165,420
정 기 예 금		2,199,000,600		1,699,000,600
공 사 미 수 금	3,683,632,730		4,231,428,400	
대 손 충 당 금	14,784,000	3,668,848,730	14,784,000	4,216,644,400
단 기 대 여 금		430,000,000		450,000,000
미 수 금		324,000,000		324,000,000
선 급 금		303,210,000		550,000,000
전 도 금		209,888,500		234,567,900
② 재 고 자 산				
Ⅱ. 비 유 동 자 산		3,600,411,830		3,350,411,830
① 투 자 자 산		1,233,877,810		1,233,877,810
매 도 가 능 증 권		1,233,877,810		1,233,877,810
② 유 형 자 산		1,496,534,020		1,496,534,020
기 계 장 치	1,546,797,800		1,546,797,800	
감 가 상 각 누 계 액	345,679,700	1,201,118,100	345,679,700	1,201,118,100
차 량 운 반 구	435,909,090		435,909,090	
감 가 상 각 누 계 액	276,931,940	158,977,150	276,931,940	158,977,150
비 품	345,500,000		345,500,000	
감 가 상 각 누 계 액	209,061,230	136,438,770	209,061,230	136,438,770
③ 무 형 자 산				
④ 기 타 비 유 동 자 산		870,000,000		620,000,000
임 차 보 증 금		750,000,000		500,000,000
기 타 보 증 금		120,000,000		120,000,000
자 산 총 계		15,349,001,170		17,197,790,150
부 채				
Ⅰ. 유 동 부 채		3,242,577,360		5,789,813,430
외 상 매 입 금		797,825,600		1,567,579,700
미 지 급 금		480,397,630		637,195,030
예 수 금		277,366,400		594,163,900
단 기 차 입 금		1,546,797,100		1,546,797,100
미 지 급 세 금		140,190,630		1,444,077,700
Ⅱ. 비 유 동 부 채		4,290,143,530		4,290,143,530

재 무 상 태 표

제 13 기 2025년 09월 30일 현재

제 12 기 2025년 12월 31일 현재

회사명 : 주식회사 정예 (단위 : 원)

과 목	제 13(당)기		제 12(당)기	
	금 액		금 액	
장 기 차 입 금		4,290,143,530		4,290,143,530
부 채 총 계		7,532,720,890		10,079,956,960
자 본				
Ⅰ. 자 본 금		400,000,000		400,000,000
자 본 금		400,000,000		400,000,000
Ⅱ. 자 본 잉 여 금				
Ⅲ. 자 본 조 정				
Ⅳ. 기 타 포 괄 손 익 누 계 액				
Ⅴ. 이 익 잉 여 금		7,416,280,280		6,717,833,190
이 익 준 비 금		300,000,000		300,000,000
미 처 분 이 익 잉 여 금		7,116,280,280		6,417,833,190
(당 기 순 이 익)				
당기: 698,447,090				
전기: 6,417,833,190				
자 본 총 계		7,816,280,280		7,117,833,190
부 채 와 자 본 총 계		15,349,001,170		17,197,790,150

2. 손익계산서

손 익 계 산 서

제 13 기 2025년 01월 01일부터 2025년 09월 30일까지
제 12 기 2024년 01월 01일부터 2024년 12월 31일까지

회사명 : 주식회사 정예 (단위 : 원)

과 목	제 13(당)기		제 12(전)기	
	금 액		금 액	
Ⅰ. 매 출 액		10,378,970,000		37,046,820,350
공 사 수 입 금	10,378,970,000		37,046,820,350	
Ⅱ. 매 출 원 가		3,602,706,270		14,938,918,070
도 급 공 사 매 출 원 가		3,602,706,270		14,938,918,070
Ⅲ. 매 출 총 이 익		6,776,263,730		22,107,902,280
Ⅳ. 판 매 비 와 관 리 비		5,376,037,740		14,270,590,140
직 원 급 여	3,896,454,700		6,733,480,000	
잡 금			40,261,600	
퇴 직 급 여	1,615,260		1,903,175,150	
복 리 후 생 비	487,396,610		719,337,200	
여 비 교 통 비	16,951,600		53,415,600	
접 대 비	98,672,000		357,834,000	
통 신 비	8,833,830		30,118,620	
수 도 광 열 비			11,273,800	
전 력 비			18,741,860	
세 금 과 공 과 금	54,426,700		161,611,500	
임 차 료	144,442,570		290,343,510	
수 선 비			1,361,000	
보 험 료	75,425,000		103,547,040	
차 량 유 지 비	179,920,000		228,522,070	
운 반 비			1,040,000	
교 육 훈 련 비	5,000,000			
도 서 인 쇄 비	3,000,000		9,984,000	
사 무 용 품 비	4,421,090		7,659,110	
소 모 품 비	48,320,000		42,963,790	
수 수 료 비 용	47,850,000		3,210,682,230	
광 고 선 전 비	280,890,380		330,454,060	
대 손 상 각 비	22,418,000		14,784,000	
Ⅴ. 영 업 이 익		1,400,225,990		7,837,312,140
Ⅵ. 영 업 외 수 익		60,446,300		509,062,270
이 자 수 익	57,978,400		316,289,910	
대 손 충 당 금 환 입			34,654,400	
잡 이 익	2,467,900		1,323,090	
퇴 직 급 여 충 당 금 환 입			156,794,870	
Ⅶ. 영 업 외 비 용		762,225,200		49,716,320

손 익 계 산 서

제 13 기 2025년 01월 01일부터 2025년 09월 30일까지

제 12 기 2024년 01월 01일부터 2024년 12월 31일까지

회사명 : 주식회사 정예 (단위 : 원)

과 목	제 13(당)기		제 12(전)기	
	금 액		금 액	
이 자 비 용	75,978,400		16,362,290	
보 상 비	685,000,000			
유 형 자 산 처 분 손 실			23,114,310	
잡 손 실	1,246,800		10,239,720	
Ⅶ. 법 인 세 차 감 전 이 익		698,447,090		8,296,658,090
Ⅸ. 법 인 세 등				1,878,824,900
법 인 세 등			1,878,824,900	
Ⅹ. 당 기 순 이 익		698,447,090		6,417,833,190

상기 재무제표 및 제시된 상황을 근거로 하여 주식회사 정예를 진단하고 진단보고서를 작성하면 다음과 같다.

1. 진단내용등록

"진단업체등록" 후 "진단업체선택"을 하고 "진단내용등록"에서 "기존회사 실태조사" 클릭

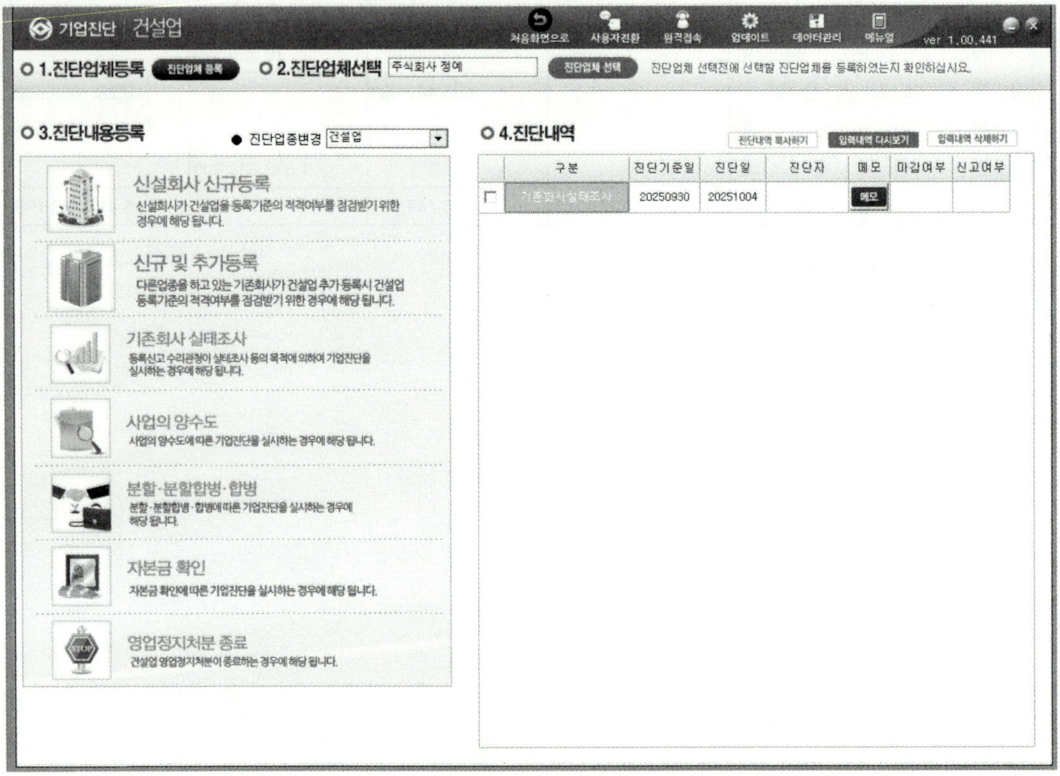

2. 기준자본금

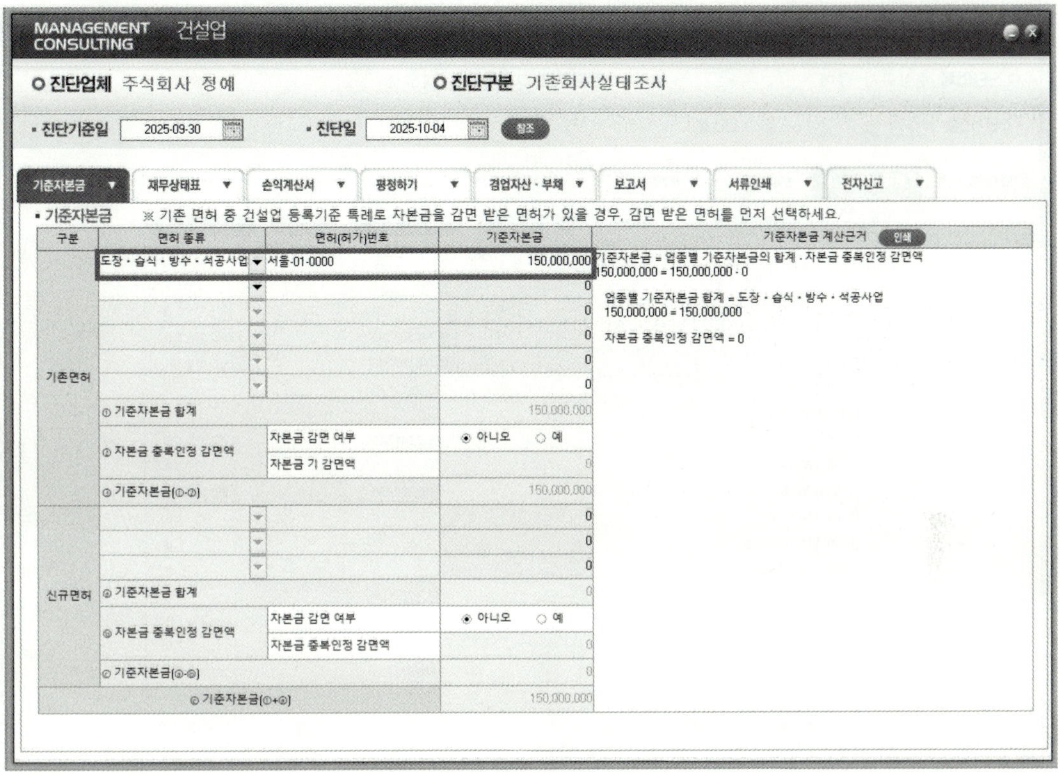
MANAGEMENT CONSULTING 건설업
○ 진단업체 주식회사 정예
○ 진단구분 기존회사실태조사
▪ 진단기준일 2025-09-30
▪ 진단일 2025-10-04
참조
기준자본금
재무상태표
손익계산서
평정하기
겸업자산 · 부채
보고서
서류인쇄
전자신고
▪ 기준자본금 ※ 기존 면허 중 건설업 등록기준 특례로 자본금을 감면 받은 면허가 있을 경우, 감면 받은 면허를 먼저 선택하세요.
구분
면허 종류
면허(허가)번호
기준자본금
기준자본금 계산근거
인쇄
도장 · 습식 · 방수 · 석공사업
서울-01-0000
150,000,000
기준자본금 = 업종별 기준자본금의 합계 . 자본금 중복인정 감면액
150,000,000 = 150,000,000 - 0
업종별 기준자본금 합계 = 도장 · 습식 · 방수 · 석공사업
150,000,000 = 150,000,000
자본금 중복인정 감면액 = 0
기존면허
① 기준자본금 합계
150,000,000
② 자본금 중복인정 감면액
자본금 감면 여부
아니오
예
자본금 기 감면액
③ 기준자본금(①-②)
150,000,000
신규면허
ⓐ 기준자본금 합계
ⓑ 자본금 중복인정 감면액
자본금 감면 여부
아니오
예
자본금 중복인정 감면액
ⓒ 기준자본금(ⓐ-ⓑ)
ⓒ 기준자본금(①+ⓐ)
150,000,000

3. 재무상태표

계정과목	당기	전기
자산	0	0
Ⅰ.유동자산	11,748,589,340	13,847,378,320
◎당좌자산	11,748,589,340	13,847,378,320
[10100] 현금	0	0
[10200] 당좌예금	0	0
[10300] 보통예금	4,613,641,510	6,373,165,420
[10400] 제예금	0	0
[10500] 정기예금	2,199,000,600	1,699,000,600
[10600] 정기적금	0	0
[10700] 단기매매증권	0	0
[10800] 외상매출금	0	0
[10900] 대손충당금	0	0
[11000] 받을어음	0	0
[11100] 대손충당금	0	0
[11200] 공사미수금	3,683,632,730	4,231,428,400

차변합계 15,349,001,170 대변합계 15,349,001,170

4. 손익계산서

MANAGEMENT CONSULTING 건설업

○ 진단업체 주식회사 정예 ○ 진단구분 기존회사실태조사

▪ 진단기준일 2025-09-30 ▪ 진단일 2025-10-04 참조

기준자본금 ▼ | 재무상태표 ▼ | 손익계산서 ▼ | 평정하기 ▼ | 겸업자산 · 부채 ▼ | 보고서 ▼ | 서류인쇄 ▼ | 전자신고 ▼

손익계산서 업로드 | 손익계산서 직접입력

계정과목과 금액을 입력하고 엔터를 치면 행이 자동으로 추가됩니다.

◉ 당기분 손익계산서 ○ 전기분 손익계산서 행추가 기수관리 삭제

코드	계정과목	금액
82900	사무용품비	4,421,090
83000	소모품비	48,320,000
83100	수수료비용	47,850,000
83300	광고선전비	280,890,380
83500	대손상각비	22,418,000
90100	이자수익	57,978,400
93000	잡이익	2,467,900
95100	이자비용	75,978,400
96900	보상비	685,000,000
98000	잡손실	1,246,800
		0

1. 매출	10,378,970,000
2. 매출원가	3,602,706,270
3. 매출총이익(1-2)	6,776,263,730
4. 판매비와관리비	5,376,037,740
5. 영업이익(3-4)	1,400,225,990
6. 영업외수익	60,446,300
7. 영업외비용	762,225,200
8. 법인세비용차감전순이익(5+6-7)	698,447,090
9. 법인세비용	0
10. 당기순이익(8-9)	698,447,090
11. 주당이익(10/주식수)	0

5. 평정하기

(1) 현금

현금은 회사제시 자본총계의 1%까지 실질자산으로 인정되며 현금에는 전도금을 포함하므로 전도금 209,888,500원을 현금에 가산하여 실질여부를 판단하며 회사제시 자본총계의 1%를 초과하는 금액 131,725,698원을 평정한다.

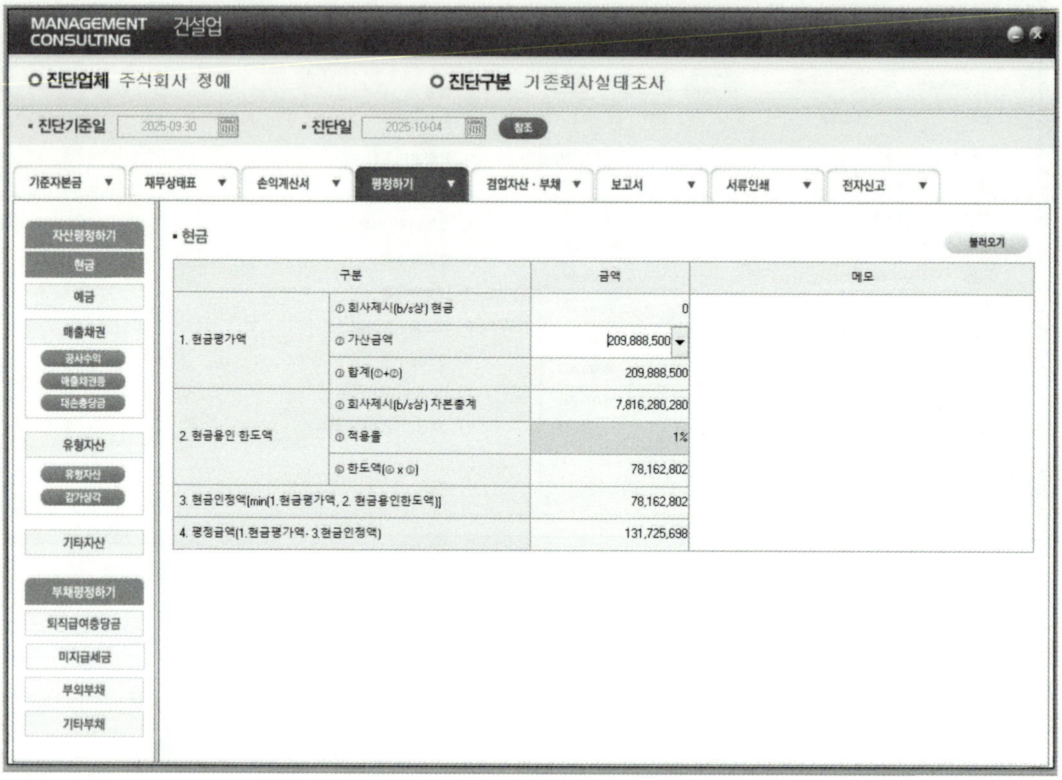

구분		금액	메모
1. 현금평가액	① 회사제시(b/s상) 현금	0	
	② 가산금액	209,888,500	
	③ 합계(①+②)	209,888,500	
2. 현금용인 한도액	④ 회사제시(b/s상) 자본총계	7,816,280,280	
	⑤ 적용율	1%	
	⑥ 한도액(④ x ⑤)	78,162,802	
3. 현금인정액[min(1.현금평가액, 2. 현금용인한도액)]		78,162,802	
4. 평정금액(1.현금평가액 - 3.현금인정액)		131,725,698	

(2) 예금

진단기준일상 회사제시 예금잔액을 한도로 진단기준일을 포함하여 30일간의 예금 평균잔액을 실질자산으로 본다.

(3) 매출채권

2년이 경과한 채권 및 실질성이 없는 채권을 평정한다.

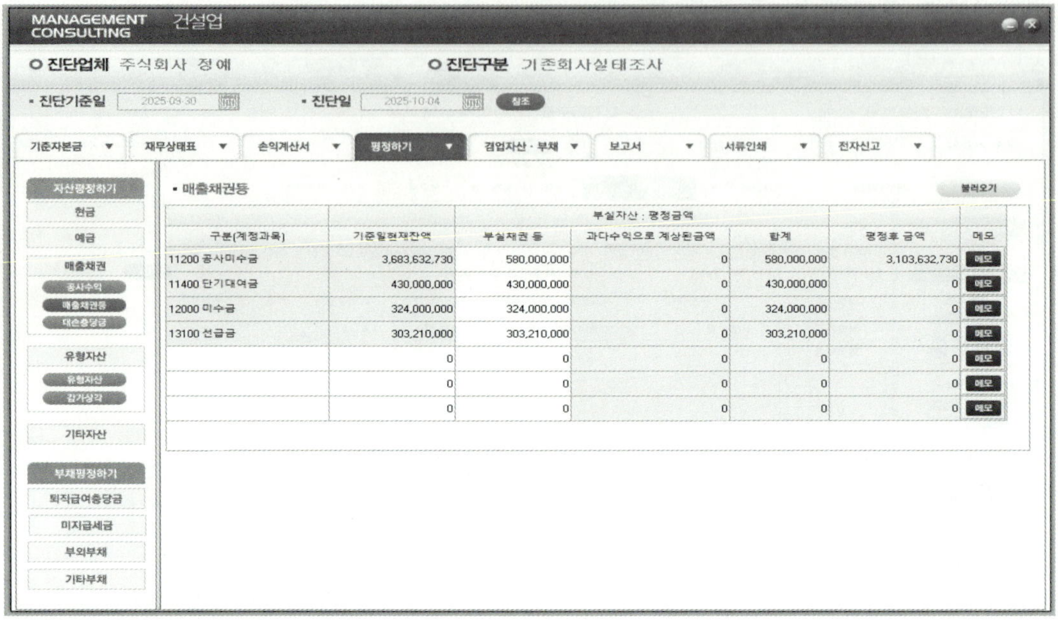

		부실자산 : 평정금액				
구분(계정과목)	기준일현재잔액	부실채권 등	과다수익으로 계상된금액	합계	평정후 금액	메모
11200 공사미수금	3,683,632,730	580,000,000	0	580,000,000	3,103,632,730	메모
11400 단기대여금	430,000,000	430,000,000	0	430,000,000	0	메모
12000 미수금	324,000,000	324,000,000	0	324,000,000	0	메모
13100 선급금	303,210,000	303,210,000	0	303,210,000	0	메모
	0	0	0	0	0	메모
	0	0	0	0	0	메모
	0	0	0	0	0	메모

(4) 대손충당금

실질채권의 1%이 되도록 대손충당금으로 추가 설정한다.

구분(계정과목)	①장부가액	②부실자산금액	③설정대상금액[①-②]	④대손율	⑤대손충당금 설정액[③*④]	⑥회사계상액	⑦추가계상할금액 max[(⑤-⑥),0]	메모
11200 공사미수금	3,683,632,730	580,000,000	3,103,632,730	0.01	31,036,327	14,784,000	16,252,327	메모
11400 단기대여금	430,000,000	430,000,000	0	0.01	0	0	0	메모
12000 미수금	324,000,000	324,000,000	0	0.01	0	0	0	메모
13100 선급금	303,210,000	303,210,000	0	0.01	0	0	0	메모

(5) 유형자산

(6) 감가상각

과소계상한 감가상각누계액을 추가 설정한다.

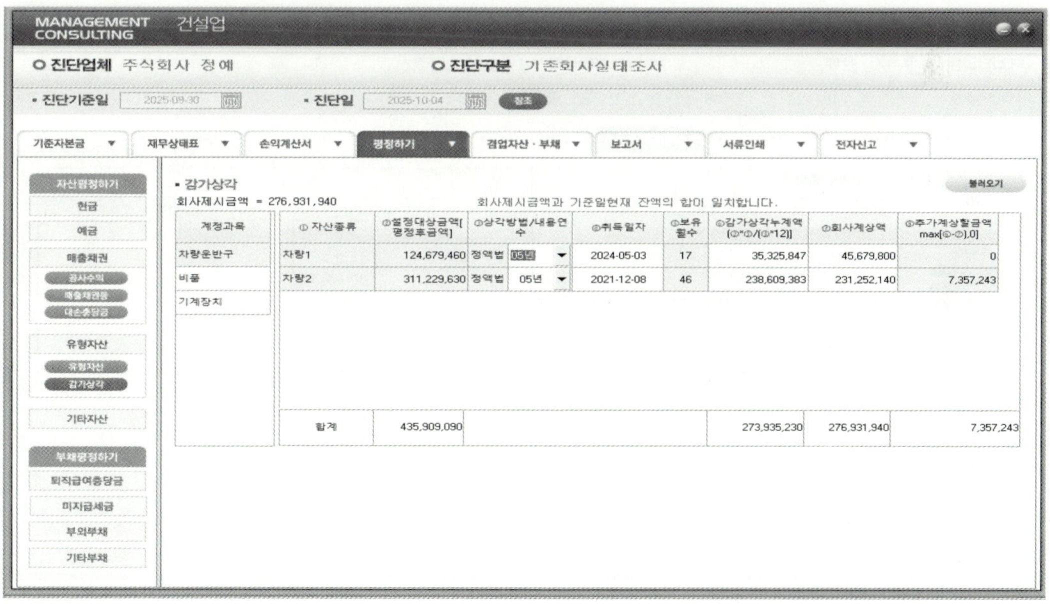

(7) 기타자산

부실자산으로 확인된 임차보증금 100,000,000원 및 기타보증금 120,000,000원을 평정한다.

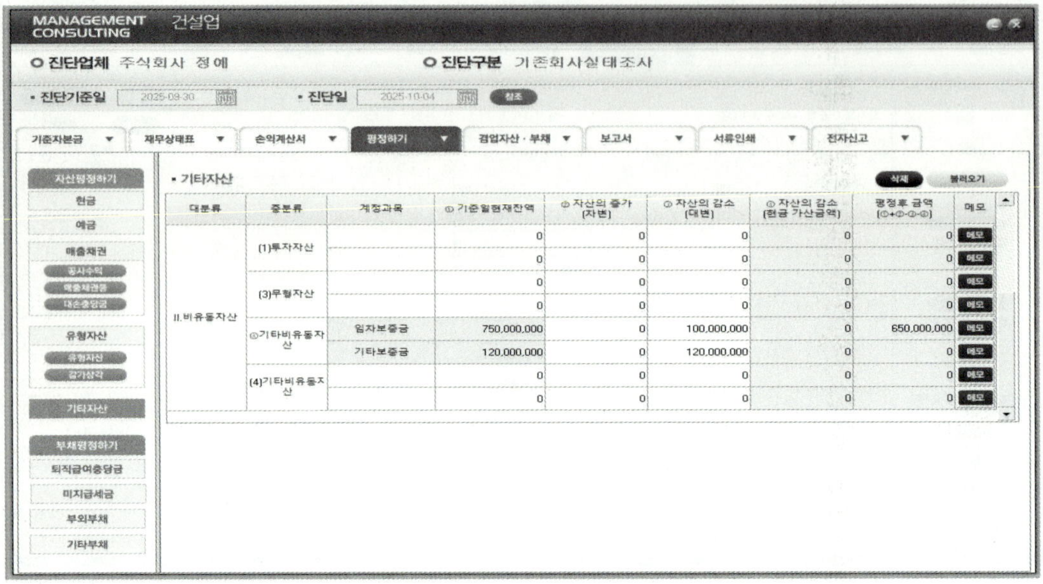

대분류	중분류	계정과목	① 기준일현재잔액	② 자산의 증가 (차변)	③ 자산의 감소 (대변)	④ 자산의 감소 (현금 가산금액)	평정후 금액 (①+②-③-④)	메모
II.비유동자산	(1)투자자산		0	0	0	0	0	메모
			0	0	0	0	0	메모
	(3)무형자산		0	0	0	0	0	메모
			0	0	0	0	0	메모
	⑤기타비유동자산	임차보증금	750,000,000	0	100,000,000	0	650,000,000	메모
		기타보증금	120,000,000	0	120,000,000	0	0	메모
	(4)기타비유동자산		0	0	0	0	0	메모
			0	0	0	0	0	메모

(8) 퇴직급여충당금

미설정한 퇴직급여추계액 978,679,700원을 평정한다.

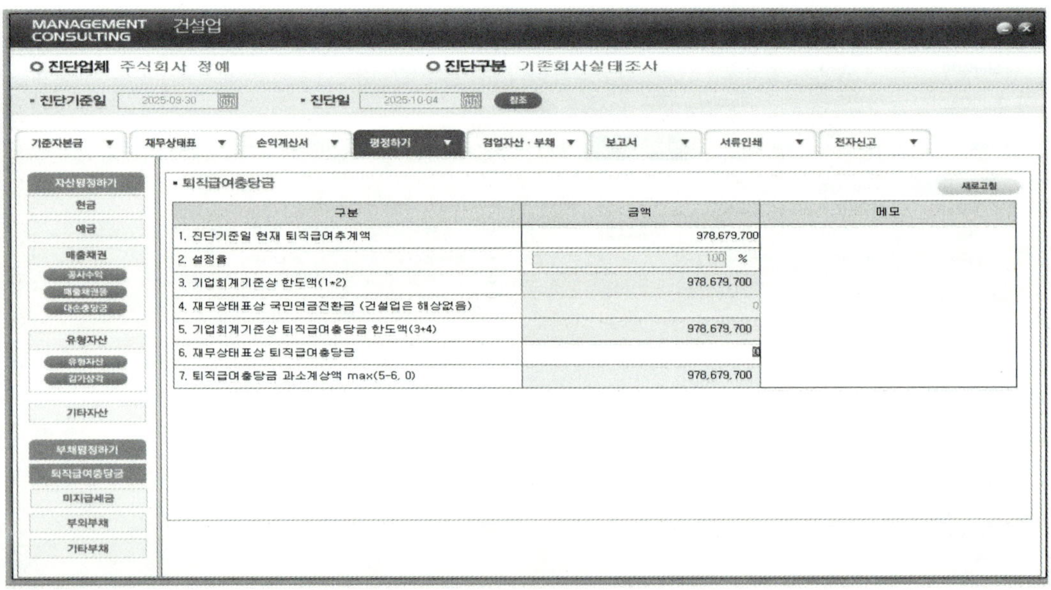

구분	금액	메모
1. 진단기준일 현재 퇴직급여추계액	978,679,700	
2. 설정율	100 %	
3. 기업회계기준상 한도액(1*2)	978,679,700	
4. 재무상태표상 국민연금전환금 (건설업은 해상없음)	0	
5. 기업회계기준상 퇴직급여충당금 한도액(3+4)	978,679,700	
6. 재무상태표상 퇴직급여충당금	0	
7. 퇴직급여충당금 과소계상액 max(5-6, 0)	978,679,700	

(9) 미지급세금

과소계상한 미지급세금 76,829,100원을 평정한다.

6. 겸업자산·부채

(1) 겸업비율

도장습식방수석공사업(기준자본금 : 1.5억원)과 정보통신공사업(기준자본금 : 1.5억원)을 영위하는 회사이므로 겸업비율에 따라 석공사업에 사용하는 자산 및 부채를 구분하여야 한다.

사례의 회사는 업종간의 수입금액을 구분하고 있지 않으므로 수입금액기준으로는 겸업비율을 산출할 수 없다.

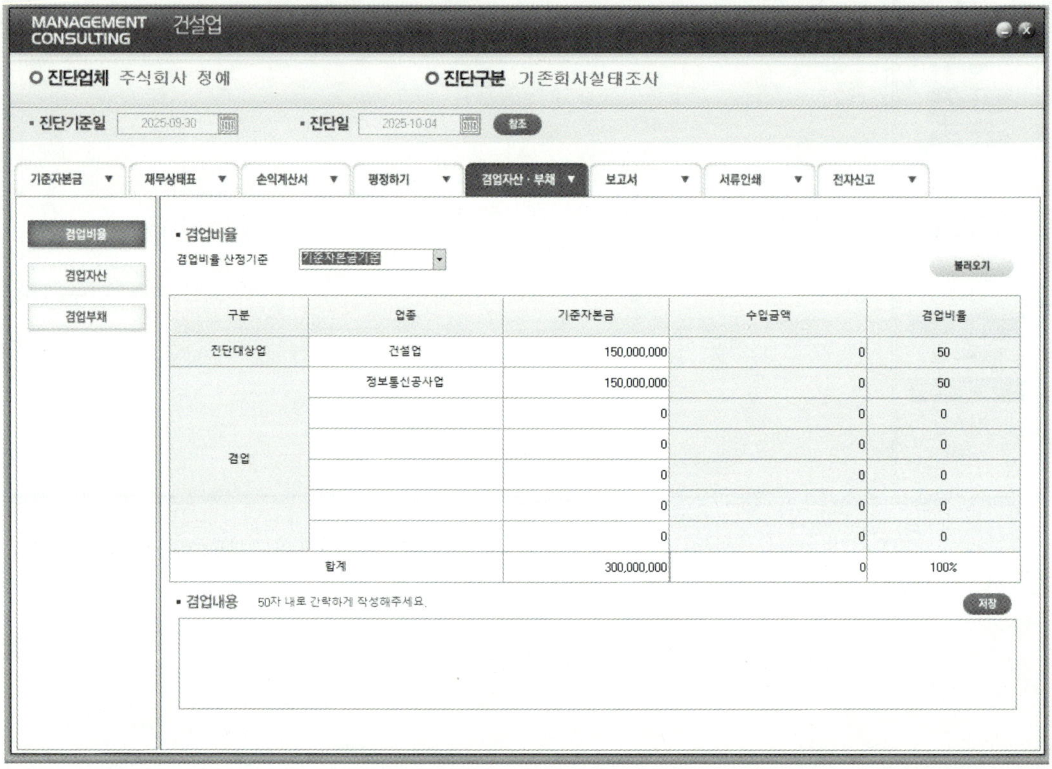

구분	업종	기준자본금	수입금액	겸업비율
진단대상업	건설업	150,000,000	0	50
겸업	정보통신공사업	150,000,000	0	50
		0	0	0
		0	0	0
		0	0	0
		0	0	0
		0	0	0
합계		300,000,000	0	100%

(2) 겸업자산

겸업자산이 겸업비율에 따라 올바르게 안분되었는지 확인한다.

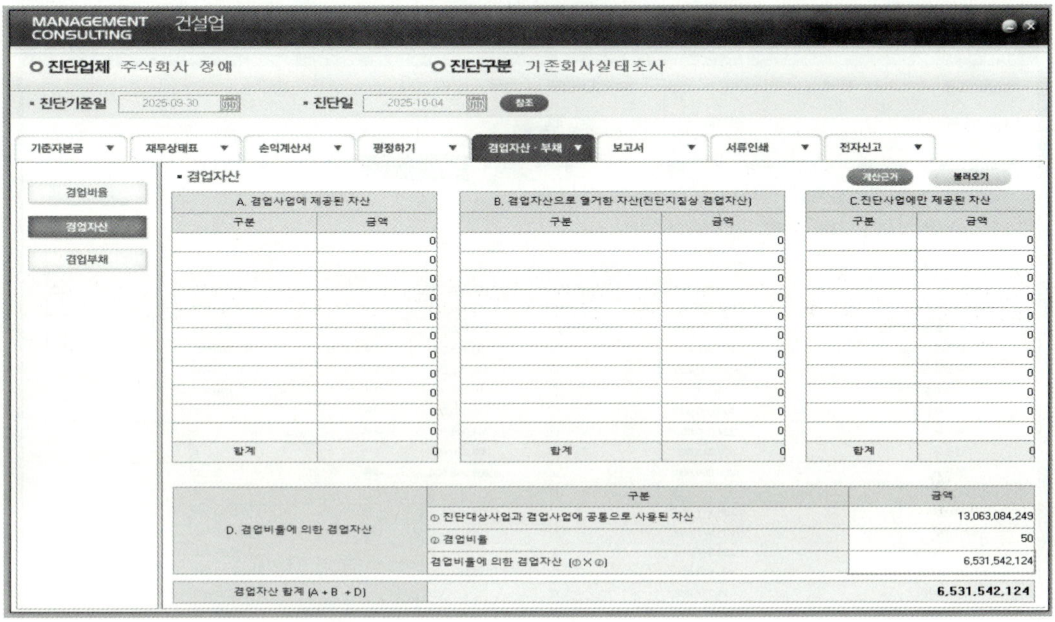

(3) 겸업부채

겸업부채 또한 올바르게 안분되었는지 확인한다.

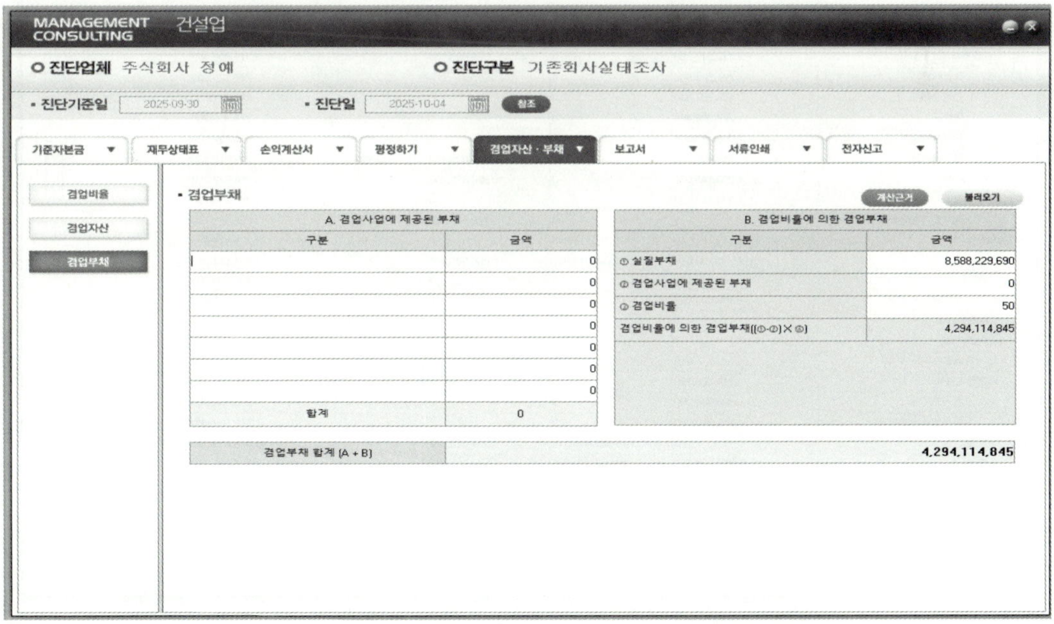

7. 보고서

(1) 진단평가서

MANAGEMENT CONSULTING 건설업

O 진단업체 주식회사 정예　　O 진단구분 기존회사실태조사

▪ 진단기준일 2025-09-30　　▪ 진단일 2025-10-04　참조

기준자본금 ▼ | 재무상태표 ▼ | 손익계산서 ▼ | 평정하기 ▼ | 겸업자산·부채 ▼ | 보고서 ▼ | 서류인쇄 ▼ | 전자신고 ▼

진단평가서 | 재무관리상태 진단보고서 | 기업진단조서 | 감리의뢰서 | 진단불능확인서　　마감처리

◉ 전체 ○ 자산 ○ 부채 ○ 자본 ○ 겸업자산,부채 계산내역　　불러오기

계정과목	당기 최초제시	평정			평정후 금액	평정내역
		차변	대변	조서(평정근거)		
I.유동자산	11,748,589,340	209,888,500	2,268,448,178		9,690,029,662	
①당좌자산	11,748,589,340	209,888,500	2,268,448,178		9,690,029,662	
현금및현금성자산	4,613,641,510	209,888,500	312,696,791	내역	4,510,833,219	
단기투자자산	2,199,000,600	0	92,400,560	내역	2,106,600,040	
매출채권	3,683,632,730	0	580,000,000	내역	3,103,632,730	
대손충당금	-14,784,000	0	16,252,327	내역	-31,036,327	
단기대여금	430,000,000	0	430,000,000	내역	0	
미수금	324,000,000	0	324,000,000	내역	0	
선급금	303,210,000	0	303,210,000	내역	0	
전도금	209,888,500	0	209,888,500	내역	0	
②재고자산	0	0	0		0	
II.비유동자산	3,600,411,830	0	227,357,243		3,373,054,587	
①투자자산	1,233,877,810	0	0		1,233,877,810	
매도가능증권	1,233,877,810	0	0		1,233,877,810	
②유형자산	1,496,534,020	0	7,357,243		1,489,176,777	
기계장치	1,546,797,800	0	0		1,546,797,800	
감가상각누계액	-345,679,700	0	0		-345,679,700	
차량운반구	435,909,090	0	0		435,909,090	
감가상각누계액	-276,931,940	0	7,357,243	내역	-284,289,183	
비품	345,500,000	0	0		345,500,000	
감가상각누계액	-209,061,230	0	0		-209,061,230	
③무형자산	0	0	0		0	
④기타비유동자산	870,000,000	0	220,000,000		650,000,000	
임차보증금	750,000,000	0	100,000,000	내역	650,000,000	
기타보증금	120,000,000	0	120,000,000	내역	0	
(겸업자산)	0	0	6,531,542,124		-6,531,542,124	
자산총계	15,349,001,170	209,888,500	9,027,347,545		6,531,542,125	
I.유동부채	3,242,577,360	0	76,829,100		3,319,406,460	
매입채무	797,825,600	0	0		797,825,600	
미지급금	480,397,630	0	0		480,397,630	
예수금	277,366,400	0	0		277,366,400	
단기차입금	1,546,797,100	0	0		1,546,797,100	
미지급세금	140,190,630	0	76,829,100	내역	217,019,730	
II.비유동부채	4,290,143,530	0	978,679,700		5,268,823,230	
장기차입금	4,290,143,530	0	0		4,290,143,530	
퇴직급여충당부채	0	0	978,679,700	내역	978,679,700	
(겸업부채)	0	4,294,114,845	0		-4,294,114,845	
부채총계	7,532,720,890	4,294,114,845	1,055,508,800		4,294,114,845	
I.자본금	400,000,000	0	0		400,000,000	
자본금	400,000,000	0	0		400,000,000	
II.자본잉여금	0	0	0		0	
III.자본조정	0	0	0		0	
IV.기타포괄손익누계액	0	0	0		0	
V.이익잉여금	7,416,280,280	0	0		7,416,280,280	
이익준비금	300,000,000	0	0		300,000,000	
미처분이익잉여금	7,116,280,280	0	0		7,116,280,280	
(진단조정)	0	10,082,856,345	4,504,003,345		-5,578,853,000	
자본총계	7,816,280,280	10,082,856,345	4,504,003,345		2,237,427,280	
부채및자본총계	15,349,001,170	14,376,971,190	5,559,512,145		6,531,542,125	

(2) 재무관리상태 진단보고서

MANAGEMENT CONSULTING 건설업

○ 진단업체 주식회사 정예　　○ 진단구분 기존회사실태조사

▪ 진단기준일 2025-09-30　　▪ 진단일 2025-10-04　　참조

기준자본금 ▼ | 재무상태표 ▼ | 손익계산서 ▼ | 평정하기 ▼ | 겸업자산 · 부채 ▼ | 보고서 ▼ | 서류인쇄 ▼ | 전자신고 ▼

진단평가서 | 재무관리상태 진단보고서 | 기업진단조서 | 감리의뢰서 | 진단불능확인서　　마감처리

구분	등록업종 종류	등록기준 자본	평정후 실질자본	진단의견
기존	도장 · 습식 · 방수 · 석공사업	150,000,000		적격
		0		
		0		
	자본금 중복인정 감면액	0		
신규		0		
		0		
		0		
	자본금 중복인정 감면액	0		
계		150,000,000	2,237,427,280	

▪ 진단내역

과목	금액	과목	금액	겸업내용
회사제시자산 총계(i)	15,349,001,170	회사제시부채 총계(iv)	7,532,720,890	
자산증가(ii)	209,888,500	부채증가(v)	1,055,508,800	
자산감소(iii)	2,495,805,421	부채감소(vi)	0	
실질자산(I) (i) + (ii) - (iii)	13,063,084,249	실질부채(II) + (v) - (vi)	8,588,229,690	
겸업자산(vii)	6,531,542,124	겸업부채	4,294,114,845	
진단대상사업의 실질자산(III) (I) - (vii)	6,531,542,125	**진단대상사업실질부채(IV)** (II)-(vii)	4,294,114,845	
진단대상사업의 자본(V) (III) - (iv)				2,237,427,280

(3) 기업진단조서

MANAGEMENT CONSULTING 건설업

○ 진단업체 주식회사 정예　　○ 진단구분 기존회사실태조사

▪ 진단기준일 2025-09-30　　▪ 진단일 2025-10-04　　참조

기준자본금 ▼ | 재무상태표 ▼ | 손익계산서 ▼ | 평정하기 ▼ | 겸업자산 · 부채 ▼ | 보고서 ▼ | 서류인쇄 ▼ | 전자신고 ▼

진단평가서 | 재무관리상태 진단보고서 | 기업진단조서 | 감리의뢰서 | 진단불능확인서　　마감처리

▪ 재무상태표 평정표　　불러오기

계정과목	평정금액		구분
	자산증가(+), 부채감소(-)	자산감소(-), 부채증가(+)	
임차보증금	0	100,000,000	
기타보증금	0	120,000,000	
미지급세금	0	76,829,100	
퇴직급여충당부채	0	978,679,700	
합계	209,888,500	3,551,314,221	

▪ 겸업자산

업종	겸업비율	기준자본금기준 금액	겸업비율근거
진단대상사업	50%	150,000,000	
겸업	50%	150,000,000	
소계	100%	300,000,000	

▪ 진단내역

자산			부채			자본	
회사제시 자산총계		15,349,001,170	회사제시 부채총계		7,532,720,890	회사제시 자본총계	7,816,280,280
부인	자산감소(-)	2,495,805,421	부인	부채증가(+)	1,055,508,800		
	자산증가(+)	209,888,500		부채감소(-)	0		
	겸업자산(-)	6,531,542,124		겸업부채(-)	4,294,114,845	진단대상사업 실질자본	2,237,427,280
진단대상사업 실질자산		6,531,542,125	진단대상사업 실질부채		4,294,114,845		

(4) 감리의뢰서

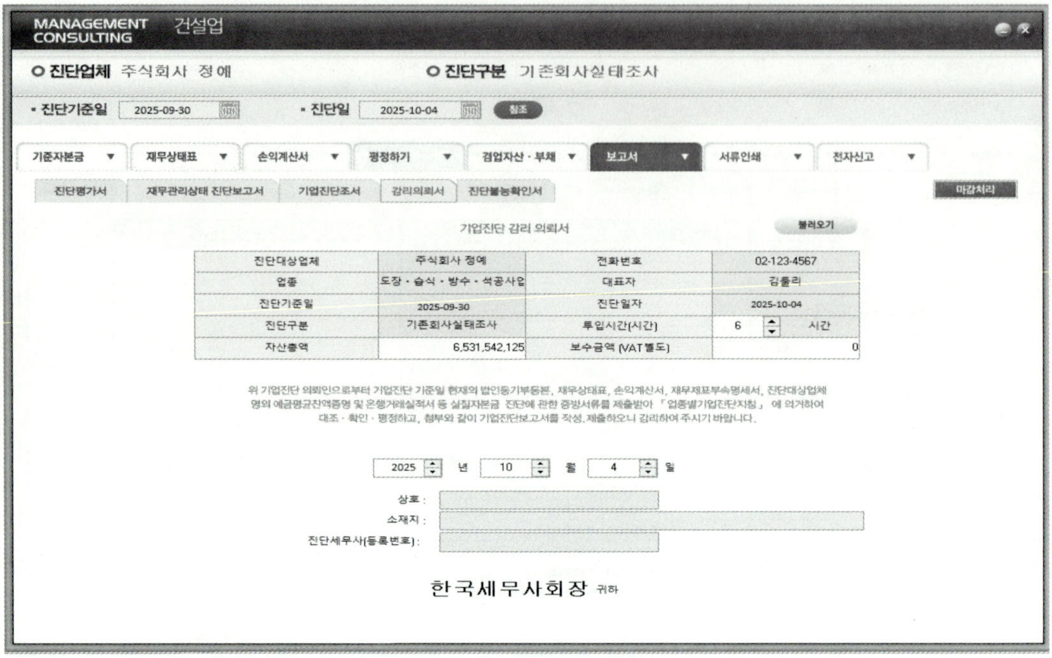
MANAGEMENT CONSULTING 건설업

○ 진단업체 주식회사 정예 ○ 진단구분 기존회사실태조사

▪ 진단기준일 2025-09-30 ▪ 진단일 2025-10-04 참조

기준자본금 ▼ 재무상태표 ▼ 손익계산서 ▼ 평정하기 ▼ 겸업자산 · 부채 ▼ 보고서 ▼ 서류인쇄 ▼ 전자신고 ▼

진단평가서 재무관리상태 진단보고서 기업진단조서 감리의뢰서 진단불능확인서 마감처리

기업진단 감리 의뢰서 불러오기

진단대상업체	주식회사 정예	전화번호	02-123-4567
업종	도장 · 습식 · 방수 · 석공사업	대표자	김룰리
진단기준일	2025-09-30	진단일자	2025-10-04
진단구분	기존회사실태조사	투입시간(시간)	6 시간
자산총액	6,531,542,125	보수금액 (VAT별도)	0

위 기업진단 의뢰인으로부터 기업진단 기준일 현재의 법인등기부등본, 재무상태표, 손익계산서, 재무제표부속명세서, 진단대상업체 명의 예금평균잔액증명 및 은행거래실적서 등 실질자본금 진단에 관한 증빙서류를 제출받아 「업종별기업진단지침」 에 의거하여 대조 · 확인 · 평정하고, 첨부와 같이 기업진단보고서를 작성, 제출하오니 감리하여 주시기 바랍니다.

2025 년 10 월 4 일

상호 :

소재지 :

진단세무사(등록번호) :

한국세무사회장 귀하

(5) 진단불능확인서

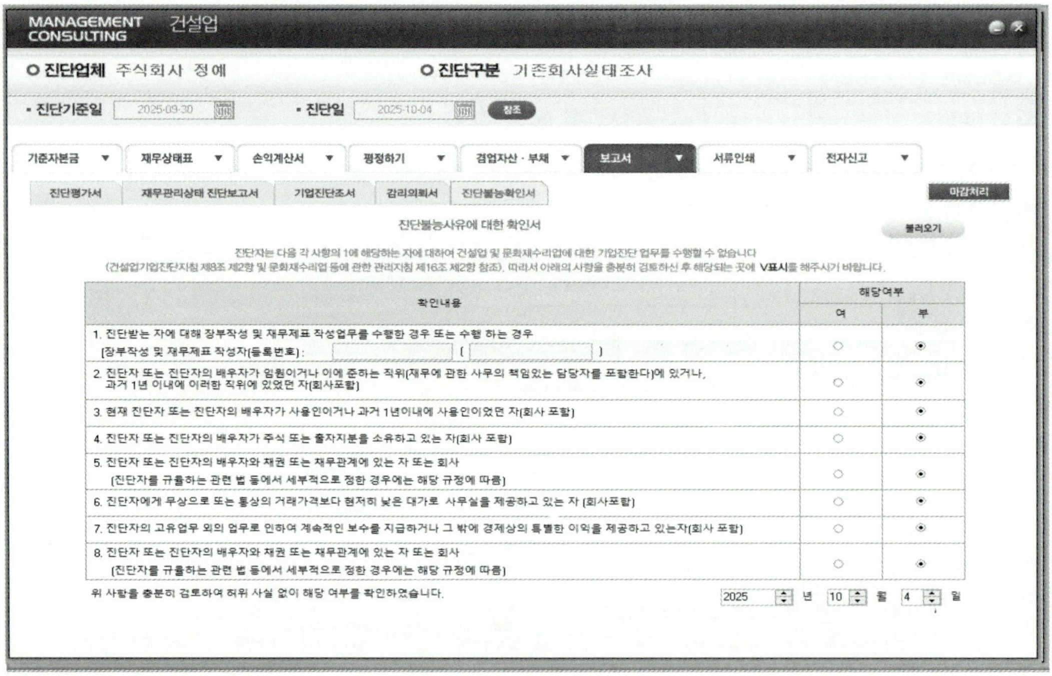
MANAGEMENT CONSULTING 건설업

○ 진단업체 주식회사 정예 ○ 진단구분 기존회사실태조사

▪ 진단기준일 2025-09-30 ▪ 진단일 2025-10-04 참조

기준자본금 ▼ 재무상태표 ▼ 손익계산서 ▼ 평정하기 ▼ 겸업자산 · 부채 ▼ 보고서 ▼ 서류인쇄 ▼ 전자신고 ▼

진단평가서 재무관리상태 진단보고서 기업진단조서 감리의뢰서 진단불능확인서 마감처리

진단불능사유에 대한 확인서 불러오기

진단자는 다음 각 사항의 1에 해당하는 자에 대하여 건설업 및 문화재수리업에 대한 기업진단 업무를 수행할 수 없습니다
(건설업기업진단지침 제8조 제2항 및 문화재수리업 등에 관한 관리지침 제16조 제2항 참조). 따라서 아래의 사항을 충분히 검토하신 후 해당되는 곳에 **V표시**를 해주시기 바랍니다.

확인내용	해당여부	
	여	부
1. 진단받는 자에 대해 장부작성 및 재무제표 작성업무를 수행한 경우 또는 수행 하는 경우 [장부작성 및 재무제표 작성자(등록번호) : ( )	○	◉
2. 진단자 또는 진단자의 배우자가 임원이거나 이에 준하는 직위(재무에 관한 사무의 책임있는 담당자를 포함한다)에 있거나, 과거 1년 이내에 이러한 직위에 있었던 자(회사포함)	○	◉
3. 현재 진단자 또는 진단자의 배우자가 사용인이거나 과거 1년이내에 사용인이었던 자(회사 포함)	○	◉
4. 진단자 또는 진단자의 배우자가 주식 또는 출자지분을 소유하고 있는 자(회사 포함)	○	◉
5. 진단자 또는 진단자의 배우자와 채권 또는 채무관계에 있는 자 또는 회사 (진단자를 규율하는 관련 법 등에서 세부적으로 정한 경우에는 해당 규정에 따름)	○	◉
6. 진단자에게 무상으로 또는 통상의 거래가격보다 현저히 낮은 대가로 사무실을 제공하고 있는 자 (회사포함)	○	◉
7. 진단자의 고유업무 외의 업무로 인하여 계속적인 보수를 지급하거나 그 밖에 경제상의 특별한 이익을 제공하고 있는자(회사 포함)	○	◉
8. 진단자 또는 진단자의 배우자와 채권 또는 채무관계에 있는 자 또는 회사 (진단자를 규율하는 관련 법 등에서 세부적으로 정한 경우에는 해당 규정에 따름)	○	◉

위 사항을 충분히 검토하여 허위 사실 없이 해당 여부를 확인하였습니다. 2025 년 10 월 4 일

8. 서류인쇄

MANAGEMENT CONSULTING 건설업
진단업체 주식회사 정예
진단구분 기존회사실태조사
진단기준일 2025-09-30
진단일 2025-10-04
참조
기준자본금
재무상태표
손익계산서
평정하기
겸업자산 · 부채
보고서
서류인쇄
전자신고
서류인쇄
전체선택
전체해제
선택서류 인쇄
구 분
제출부수
인쇄
전자신고
1. 진단보고서 4세트(아래 ①~⑤가 1세트)
① 재무관리상태진단보고서
② 진단평가서
③ 기업회계기준에 의한 재무상태표
④ 기업회계기준에 의한 손익계산서
⑤ 예금평잔조서(예금평잔계산내역서 포함)
총 4부
* 3부-업체보관
* 1부-협회보관
* ①~⑤묶음이 1부가 됨
2. 진단조서
기업진단조서
현금진단조서
공사수익진단조서
매출채권, 대손충당금진단조서
유형자산, 감가상각진단조서
기타자산진단조서
기타부채진단조서
퇴직급여충당금진단조서
기본서류
1부

9. 전자신고

MANAGEMENT CONSULTING 건설업
진단업체 주식회사 정예
진단구분 기존회사실태조사
진단기준일 2025-09-30
진단일 2025-10-04
참조
기준자본금
재무상태표
손익계산서
평정하기
겸업자산 · 부채
보고서
서류인쇄
전자신고
전자신고파일 생성하기
전자신고 하기
전자신고 내역 확인하기
경유 후속절차 안내
보고서
증빙서류
기본증빙서류
자산증빙서류
부채증빙서류
보정서류
보정추가서류
보고서 인쇄
전자신고 내역 확인하기
제출일자
처리일자
처리상태
알림
보정사항
제출전
전자신고파일 생성하기버튼을 누른 후 전자신고 하기버튼을 누르시면 전자신고가 완료됩니다.
보고서
선택인쇄
보고서
필수여부
생성여부
진단보고서
진단평가서
기업회계기준에 의한 재무상태표
기업회계기준에 의한 손익계산서
예금평잔조서(예금평잔계산내역서 포함)
진단조서
현금진단조서
공사수익진단조서
매출채권 및 대손충당금 진단조서
유형자산 및 감가상각 진단조서
기타자산 진단조서
인쇄
필수
선택
데이터없음

PART 03

전기공사업

CHAPTER 01

전기공사업 이해

제1절 용어 정의(전기공사업법 제2조)

1. "전기공사"란 다음 각 목의 어느 하나에 해당하는 설비 등을 설치·유지·보수·해체하는 공사 및 이에 따른 부대공사로서 일정한 전기공사를 말한다.
   가. 「전기사업법」 제2조 제16호에 따른 전기설비
   나. 전력 사용 장소에서 전력을 이용하기 위한 전기계장설비(電氣計裝設備)
   다. 전기에 의한 신호표지
   라. 「신에너지 및 재생에너지 개발·이용·보급 촉진법」 제2조 제3호에 따른 신·재생에너지 설비 중 전기를 생산하는 설비
   마. 「지능형전력망의 구축 및 이용촉진에 관한 법률」 제2조 제2호에 따른 지능형전력망 중 전기설비
2. "공사업(工事業)"이란 도급이나 그 밖에 어떠한 명칭이든 상관없이 전기공사를 업(業)으로 하는 것을 말한다.
3. "공사업자(工事業者)"란 제4조 제1항에 따라 공사업의 등록을 한 자를 말한다.
4. "발주자(發注者)"란 전기공사를 공사업자에게 도급을 주는 자를 말한다. 다만, 수급인으로서 도급받은 전기공사를 하도급 주는 자는 제외한다.
5. "도급(都給)"이란 원도급(原都給), 하도급, 위탁, 그 밖에 어떠한 명칭이든 상관없이 전기공사를 완성할 것을 약정하고, 상대방이 그 일의 결과에 대하여 대가를 지급할 것을 약정하는 계약을 말한다.
6. "하도급(下都給)"이란 도급받은 전기공사의 전부 또는 일부를 수급인이 다른 공사업자와 체결하는 계약을 말한다.
7. "수급인(受給人)"이란 발주자로부터 전기공사를 도급받은 공사업자를 말한다.
8. "하수급인(下受給人)"이란 수급인으로부터 전기공사를 하도급받은 공사업자를 말한다.
9. "전기공사기술자"란 다음 각 목의 어느 하나에 해당하는 사람으로서 제17조의2에 따라 산업통상자원부장관의 인정을 받은 사람을 말한다.
   가. 「국가기술자격법」에 따른 전기 분야의 기술자격을 취득한 사람
   나. 일정한 학력과 전기 분야에 관한 경력을 가진 사람

10. "전기공사관리"란 전기공사에 관한 기획, 타당성 조사·분석, 설계, 조달, 계약, 시공관리, 감리, 평가, 사후관리 등에 관한 관리를 수행하는 것을 말한다.
11. "시공책임형 전기공사관리"란 전기공사업자가 시공 이전 단계에서 전기공사관리 업무를 수행하고 아울러 시공 단계에서 발주자와 시공 및 전기공사관리에 대한 별도의 계약을 통하여 전기공사의 종합적인 계획·관리 및 조정을 하면서 미리 정한 공사금액과 공사기간 내에서 전기설비를 시공하는 것을 말한다. 다만, 「전력기술관리법」에 따른 설계 및 공사감리는 시공책임형 전기공사관리 계약의 범위에서 제외한다.

제2절 전기공사업

1. 전기공사업 개요

전기공사업이란 다음의 도급이나 그 밖에 어떠한 명칭이든 상관없이 전기공사를 업(저수지, 수로 및 이에 수반되는 구조물의 공사는 제외한다)으로 하는 것을 말한다.

1) 발전·송전·변전 및 배전 설비공사
2) 산업시설물, 건축물 및 구조물의 전기설비공사
3) 도로, 공항 및 항만의 전기설비공사
4) 전기철도 및 철도신호의 전기설비공사
5) 제1호부터 제4호까지의 규정에 따른 전기설비공사 외의 전기설비공사
6) 제1호부터 제5호까지의 규정에 따른 전기설비 등을 유지·보수·해체하는 공사 및 그 부대공사. 다만, 해체하는 공사는 태양광 발전사업(「신에너지 및 재생에너지 개발·이용·보급 촉진법」제2조제2호가목의 태양에너지 중 태양광을 이용하는 발전사업을 말한다)에 사용되는 발전설비를 멸실하기 위한 공사로 한정한다.

2. 전기공사업 종류

(1) 발전·송전·배전설비공사

1) 발전설비공사

발전소(원자력발전소, 화력발전소, 풍력발전소, 수력발전소, 조력발전소, 태양열발전소, 내연발전소, 열병합발전소, 태양광발전소 등의 발전소를 말한다)의 전기설비공사와 이에 따른 제어설비공사를 말한다.

2) 송전설비공사

① **공중송전설비공사:** 공중송전설비공사에 부대되는 철탑기초공사 및 철탑조립공사(지지물설치 및 철탑도장을 포함한다), 공중전선설치공사(금구류 설치를 포함한다), 횡단개소의 보조설비공사, 보호선·보호망공사를 말한다.

② **지중송전설비공사:** 지중송전설비공사에 부대되는 전력구설비공사, 공동구 안의 전기설비공사, 전력지중관로설비공사, 전력케이블설치공사(전선방재설비공사를 포함한다)를 말한다.

③ **물밑송전설비공사:** 물밑전력케이블설치공사를 말한다.

④ **터널 안 전선로공사:** 철도·궤도·자동차도·인도 등의 터널 안 전선로공사를 말한다.

3) 변전설비공사

① **변전설비기초공사:** 변전기기, 철구, 가대 및 덕트 등의 설치를 위한 공사를 말한다.

② **모선설비공사:** 모선(母線)설치(금구류 및 애자장치를 포함한다), 지지 및 분기개소의 설비공사를 말한다.

③ **변전기기설치공사:** 변압기, 개폐장치(차단기, 단로기 등을 말한다), 피뢰기 등의 설치공사를 말한다.

④ **보호제어설비설치공사:** 보호·제어반 및 제어케이블의 설치공사를 말한다.

4) 배전설비공사

① **공중배전설비공사:** 전주 등 지지물공사, 변압기 등 전기기기설치공사, 가선공사(수목전지공사를 포함한다)를 말한다.

② **지중배전설비공사:** 지중배전설비공사에 부대되는 전력구설비공사, 공동구 안의 전

기설비공사, 전력지중관로설비공사, 변압기 등 전기기기설치공사, 전력케이블설치공사(전선방재설비공사를 포함한다)를 말한다.

③ 물밑배전설비공사: 물밑전력케이블설치공사를 말한다.

④ 터널 안 전선로공사: 철도·궤도·자동차도·인도 등의 터널 안전선로공사를 말한다.

(2) 산업시설물·건축물 및 구조물의 전기설비공사

1) 산업시설물의 전기설비공사

① 산업시설물 및 환경산업시설물(소각로, 집진기, 열병합발전소, 지역난방공사, 하수종말처리장, 폐기물처리시설, 그 밖의 산업설비를 말한다) 등의 전기설비공사를 말한다.

② 산업시설의 공정관리를 위한 전기설비의 자동제어설비(SCADA, TM/TC 등의 전력설비를 포함한다)공사를 말한다.

2) 건축물의 전기설비공사

① **전원설비공사**: 수전·변전설비공사(큐비클 설치공사를 포함한다), 예비전원설비공사(비상용 발전기, 축전지, 충전장치, 무정전전원장치, 연료전지, 정류장치의 설비공사를 말한다) 및 보호·제어설비공사를 말한다.

② **전원공급설비공사**: 배전반, 분전반, 전력간선, 분기선 및 배관(덕트 및 트레이를 포함한다) 등의 설비공사를 말한다.

③ **전력부하설비공사**: 조명설비(조명제어설비를 포함한다), 콘센트 등 기계·기구 및 동력설비의 공사를 말한다.

④ **반송설비공사**: 이동보도, 주차설비, 엘리베이터, 에스컬레이터, 전동덤웨이터, 권상용 모터, 레일, 카, 컨베이어, 슈터, 곤돌라, 삭도 등 사람이나 물건을 운반하는 반송용 시설의 전기설비공사를 말한다.

⑤ **방재 및 방범 설비공사**: 서지(surge)·낙뢰설비, 잡음·전자파(EMI, EMC, EMS 등을 말한다)의 방지설비공사, 항공장애등설비공사, 접지설비공사, 「소방시설 설치 유지 및 안전관리에 관한 법률 시행령」 별표 1에 따른 소방시설의 설치·유지에 관한 전기공사 및 도난 방지를 위한 전기설비공사를 말한다.

⑥ 지능형 빌딩시스템 설비공사의 전기설비를 제어 및 감시하는 공사를 말한다.

⑦ 지능형 주택자동화시스템 설비공사의 전기설비를 제어 및 감시하는 공사를 말한다.

⑧ **약전설비공사**: 전기시계설비, 시보설비, 주차관제전기설비를 말한다.

⑨ 그 밖에 건축물에서 요구되는 전기설비공사를 말한다.

3) 구조물의 전기설비공사

① **전식방지공사:** 탱크 및 배관 등의 부식을 방지하기 위한 전기공사를 말한다.
② **동결방지공사:** 제설·제빙용, 바닥난방용, 동파방지용, 일정온도유지용 등의 전기발열체의 설비공사를 말한다.
③ **신호 및 표지 설비공사:** 네온사인, 큐빅보드, 광고표시등(전광판을 포함한다), 신호등의 설치공사 및 제어설비의 공사를 말한다.
④ 광장, 운동장 등에 설치하는 조명탑의 전기설비공사와 그 밖에 구조물에서 요구되는 전기설비공사를 말한다.

(3) 도로·공항·항만전기설비공사

1) 도로전기설비공사

① **가로등설치공사:** 가로등, 조경등, 보안등, 신호등, 터널 등의 설치공사를 말한다.
② **터널설비공사:** 터널조명설비공사와 터널방재에 필요한 전기설비공사를 말한다.
③ 그 밖에 도로에서 필요한 전기설비공사를 말한다.

2) 공항전기설비공사

① 「항공법」 제2조 제8호에서 정하는 공항시설에 대한 전기설비공사를 말한다.
② 그 밖에 공항에서 필요한 전기설비공사를 말한다.

3) 항만전기설비공사

① 조명타워공사 및 등대 등의 전기설비공사를 말한다.
② 그 밖에 항만에서 필요한 전기설비공사를 말한다.

(4) 전기철도 및 철도신호 전기설비공사

1) 전기철도설비공사

전기철도 및 지하철도의 전기시설공사, 수전선로설치공사, 변전소설치공사, 송배전선로의 설치공사, 전차선설비공사, 역사전기설비공사를 말한다.

2) 철도신호설비공사

지하철도 및 지상철도의 전기신호설비, 역무자동화(AFC)설비, 전기신호기설치, 자동열차정지장치, 열차집중 제어장치, 열차행선 안내표시기 및 각종 제어기설치공사를 말한다.

(5) 그 밖의 전기설비공사

① 전기기계·기구(발전기, 변압기, 큐비클, 배전반, 조명탑 등을 말한다)의 설치공사를 말한다.
② 조광설비공사 등 에너지 절약을 위한 설비공사를 말한다.
③ 주변전실 및 부변전실의 보호·제어를 위한 설비공사를 말한다.
④ 유입케이블 또는 가스절연 송전선 등의 계측 및 보호를 위한 전기설비공사를 말한다.
⑤ 하천변, 유원지, 교각, 빌딩, 고궁 등의 무대조명 및 경관조명을 위한 설비공사를 말한다.
⑥ 전력설비의 내진·방재(소음·진동·화재)·계측 및 보호를 위한 설비공사를 말한다.
⑦ 건축용 또는 토목공사용 가설 전기공사를 말한다.
⑧ 그 밖에 전기를 동력으로 하는 전기공사를 말한다.

CHAPTER 02

전기공사업 등록기준

제1절 전기공사업 등록기준 이해

전기공사업의 등록을 하려는 자가 갖추어야 할 기술능력, 자본금 및 사무실 등에 관한 기준은 다음과 같다(전기공사업법 제4조).

1. 기술능력, 자본금 및 사무실을 갖출 것
2. 「전기공사공제조합법」에 따른 전기공사공제조합 또는 산업통상자원부장관이 지정하는 금융기관(이하 이 조에서 "공제조합등"이라 한다)이 다음의 요건을 모두 갖추어 발급하는 보증가능금액확인서를 제출할 것
   가. 공제조합등이 보증가능금액확인서의 발급을 신청하는 자의 재무상태·신용상태 등을 평가하여 1.에 따른 자본금 기준금액의 25% 이상에 해당하는 금액의 담보를 제공받거나 현금의 예치 또는 출자를 받을 것
   나. 공제조합등이 보증가능금액확인서의 발급을 받는 자에게 1.에 따른 자본금 기준금액 이상의 금액에 대하여 「전기공사공제조합법 시행령」에 따른 보증을 할 수 있다는 내용을 보증가능금액확인서에 적을 것

제2절 전기공사업 등록기준

항목	전기공사업 등록기준(전기공사업법 시행령 별표3)
기술능력	전기공사기술자 3명 이상(3명 중 1명 이상은 별표 4의2 비고 제1호에 따른 기술사, 기능장, 기사 또는 산업기사의 자격을 취득한 사람이어야 한다)
자본금	1.5억원 이상
사무실	공사업 운영을 위한 사무실

비고

1. 기술능력

   위 표 중 전기공사기술자는 전기공사업법 시행령 별표 4의2에 따른 전기공사기술자를 말하며, 상근의 임원 또는 직원 신분으로 소속돼 있어야 한다. 다만, 외국인인 경우에는 「출입국관리법 시행령」 별표 1 제16호부터 제18호까지의 규정에 따른 주재, 기업투자 또는 무역경영의 체류자격에 적합해야 한다.

2. 자본금

   가. 자본금은 공사업을 위한 실질자본금으로서 공사업 외의 자본금은 제외하고, 주식회사 외의 법인의 경우 "자본금"은 "출자금"으로 한다.

   나. 법인의 경우 납입자본금과 실질자본금이 각각 등록기준의 자본금 이상이어야 한다. 다만, 외국법인(외국의 법령에 따라 설립된 법인 또는 외국법인이 자본금의 100분의 50 이상을 출자했거나, 임원 수의 2분의 1 이상이 외국인인 법인을 말한다)이 지사를 설치하여 공사업을 신청하는 경우의 자본금은 국내지사 설립자본금(주된 영업소의 자본금을 말한다)을 기준으로 한다.

CHAPTER 03

전기공사업 운영요령

(기업진단지침 포함)

제1장 총 칙

제1조(목적)

이 요령은 「전기공사업법」(이하 "법"이라 한다), 같은 법 시행령(이하 "영"이라 한다) 및 같은 법 시행규칙(이하 "규칙"이라 한다)에서 산업통상자원부장관이 지정 또는 정하도록 한 사항을 규정함을 목적으로 한다.

제2조(정의)

이 요령에서 사용하는 용어의 정의는 다음 각 호와 같다.

1. 〈삭 제〉
2. 〈삭 제〉
3. "실질자산"이라 함은 제시된 총 자산에서 부실자산을 공제한 자산을 말하며, "실질부채"라 함은 제시된 총 부채에서 이 요령에 의한 평정조정금액을 가감한 부채를 말한다.
4. "비업무용자산"이라 함은 전기공사업에 직접적으로 제공되지 않은 임야, 유휴 토지, 전답 또는 가옥 등을 말한다.
5. "겸업자산"이라 함은 전기공사업 이외의 사업에 제공된 자산을 말하며, "겸업부채"라 함은 겸업자산과 관련되는 부채를 말한다.
6. 영 별표4의2에서 산업통상자원부장관이 정하는 "전기관련 학과" 및 "전기관련 학과목"은 "별표 5"의 학과 및 "별표 6"에 해당하는 학과목을 말한다.

제3조(전기공사업자단체 및 수탁기관 지정)

① 법 제19조, 제32조 제2항 및 제3항, 영 제15조 제2항 및 제3항의 규정에 의거 산업통상자원부장관이 지정 고시토록 한 단체 및 수탁기관은 한국전기공사협회(이하 "지정단체"라 한다)로 한다.

② 영 제6조 제1항 제2호의 규정에 의거 산업통상자원부장관이 지정하는 금융기관은 서울보증보험주식회사로 한다.

제2장 기술자 등급인정 및 경력관리

제4조(등급인정 신청자격)

지정단체에 기술자의 등급인정을 신청할 수 있는 자는 영 별표 4의2에 해당하는 자(외국인을 포함한다)로서 다음 각 호와 같다.

1. “「국가기술자격법」”에 의한 국가기술자격자로서 기술자로 인정받고자 하는 자
2. “영 별표 4의2”에 의한 학력·경력기술자로 인정받고자 하는 자
3. “영 별표 4의2”에 의한 경력기술자로 인정받고자 하는 자

제5조(경력 및 변경 인정신청 등)

① 기술자의 등급인정을 위한 경력 및 등급변경인정을 신청하고자 하는 자는 별표 3에 해당하는 서류를 지정단체에 제출하여야 한다. 다만, 관계 법령에 의거 정부로부터 지정받은 경력관리기관이 발행한 경력증명서를 제출하는 경우 전기공사 업무 경력확인서(규칙 별지 제21호의3서식)에 근무회사 대표자의 서명 또는 날인을 생략할 수 있다.

② 지정단체는 신청서 등을 접수할 때 본인 또는 대리인의 신분증명서 등을 확인하여야 한다.

③ 제1항에 따라 제출하여야 하는 서류 중 근무하였던 전기공사업체가 소멸된 경우(폐업, 등록취소, 양도·양수 등)는 전기공사업무 경력확인서(규칙 별지 제21호의3서식)에 제1항과 같이 근무회사 대표자의 서명 또는 날인을 생략할 수 있으나 다음 각 호의 서류 중 하나를 첨부하여야 한다.

1. 「국민연금법」 등 법률이 정하는 사회보장적 보험의 가입확인서 또는 건설근로자 퇴직공제회 퇴직공제금 적립내역서 등
2. 재직 당시 업체의 대표자(법인의 경우 대표자 또는 임원) 또는 동료 직원 2인(소속 회사의 기술자 1인이 포함)의 재직사실 내용을 기재하여 공증기관의 공증을 필한 별지 제1호서식의 재직사실확인서. 다만, 1988년 7월 1일 이전의 경력에 한한다.
3. 삭 제
4. 소득금액증명원과 원천징수영수증
5. 정부로부터 지정받은 경력기관이 발행한 경력증명서 또는 선해임확인서 및 전기공사업경력확인서

④ 최초로 경력수첩을 발급받고자 하거나 기술자의 등급을 변경하고자 할 때에는 제6조의 규정에 의한 양성교육훈련을 이수하여야 한다. 다만, 다음 각 호의 1에 해당하는 경우를 제외한다.

1. 전기 관련 국가기술자격 취득자(산업기사 이상)가 최초로 경력수첩을 발급받고자 하는 경우
2. 기술사 또는 기능장자격 취득자가 특급 기술자로 등급을 변경하는 경우

⑤ 지정단체는 경력을 인정하기 위하여 필요한 서류를 제출하도록 하거나 보완을 요구할 수 있다.

⑥ 신청자는 법 제35조의 규정에 의한 제반 수수료를 납부하여야 한다.

⑦ 지정단체는 제1항의 규정에 의한 신청서류를 접수한 경우에는 별지 제2호 서식의 전기공사기술자 경력(변경)확인 신청 접수대장에 이를 등재하여야 한다.

제 6 조(양성교육훈련 등)

① 지정단체는 양성교육훈련을 실시하기 위한 세부실시기준을 산업통상자원부장관의 승인을 얻어 정한다. 변경하는 경우에도 이와 같다.

② 지정단체는 교육훈련계획을 지정단체 홈페이지 등에 공지하고 교육신청인에게 개별 통지하여야 한다.

③ 지정단체는 영 별표4의3 비고 제3호의 교육내용에 대한 성취도 평가를 실시하는 경우 이론형, 실무형 문제를 병행하여 온라인으로 실시할 수 있다.

④ 제3항의 성취도 평가 이수기준은 제10조 경력심사관리위원회에서 정하고, 지정단체 홈페이지 등에 공지하여야 한다.

⑤ 제4항의 이수기준을 충족하지 못한 자는 별도의 교육없이 양성교육훈련 종료일로부터 1년 이내에 3회까지 재응시할 수 있다.

제 7 조 <삭 제>

제 8 조 <삭 제>

제 9 조(외국인 기술자의 적용특례)

① 외국인 기술자의 등급인정에 대하여는 영 별표 4의2 및 이 요령에서 정하는 바에 따라 적용한다.

② 제5조의 규정에 의하여 경력확인 및 변경신청 등을 하고자 하는 외국인 기술자가 첨부하는 서류는 외국인 소속 국가의 한국대사관 또는 당해 외국인 소속 국가의 주한대사관 확인을 받은 서류이어야 한다.

제10조(경력심사관리위원회)

① 지정단체는 기술자의 경력심사, 관리 및 양성교육훈련 등 업무를 객관적이고 공정하게 수행하기 위하여 외부 인사 3인 이상을 포함한 9인 이내의 경력심사관리위원회를 구성 · 운영하여야 한다.
② 경력심사관리위원회는 다음 각 호의 업무를 수행한다.
1. 기술자 경력 관련 제도개선에 관한 사항
2. 기술자 양성교육훈련계획 수립에 관한 사항
3. 기술자 경력인정의 이의신청에 관한 사항
4. 영 별표4의3 비고 제2호 및 제3호에 관한 사항
5. 기타 기술자 경력관리업무와 관련하여 지정단체가 부의하는 사항
③ 경력심사관리위원회 운영에 관한 세부적인 사항은 지정단체에서 정하여 시행할 수 있다.

제11조(경력심사)

① 경력심사는 서류심사로 시행한다.
② 지정단체는 서류심사에서 경력이 미달되거나 증빙자료가 누락되었을 경우에는 15일 이내에 신청자에게 보완하도록 하여야 하며, 신청자가 기간 내에 보완서류를 제출하지 않는 경우에는 기 제출된 서류에 의하여 심사를 완료하여야 한다.

제12조(서류심사)

지정단체는 신청인이 제출한 서류의 사실 확인을 하여 별지 제3호서식의 학력 및 전기공사업 관련 업체 확인조서를 작성하여 심사하여야 한다.

제13조(이의신청 등)

① 신청자료, 등급인정 기타 경력관리에 관하여 이의가 있는 자는 경력인정(변경)신청서 처리 후 30일 이내에 1회에 한하여 별지 제4호서식의 경력확인 이의·정정신청

서에 관련 증빙서류를 첨부하여 지정단체에 제출하여야 한다. 〈단서 삭제〉

② 지정단체는 제1항의 규정에 의하여 이의신청을 받은 때에는 이의 신청서를 접수한 날부터 15일 이내에 경력심사관리위원회의 심의를 거쳐 결정된 사항을 이의 신청인에게 통보하여야 한다.

③ 기술자의 경력확인내용에 명백한 잘못이 있는 경우 경력확인 이의·정정신청서에 관련 증빙서류를 첨부하여 지정단체에 정정을 신청할 수 있다.

④ 신청된 자료의 정정은 직권정정과 경력심사관리위원회의 심의정정으로 구분하며, 정정의 대상은 다음 각 호와 같다.

1. 직권정정
   가. 정부, 법원, 지방자치단체 및 공공단체가 사실을 확인하거나 처분이 통보된 사항
   나. 오기, 착오 및 오입력 등 객관적으로 입증된 사항
   다. 객관적인 자료를 첨부하여 정정을 요구하는 사항
2. 심의정정: 직권정정으로 규정하고 있는 이외의 사항

⑤ 신청 자료를 정정한 경우에는 그 내용을 별지 제5호서식의 이의·정정 기록관리대장에 기록·관리하여야 한다.

제14조(기술자 등급 부여)

지정단체는 영 제12조의2의 규정 및 이 요령에 의하여 기술자로 인정한 경우에는 당해 기술자의 등급을 부여하여야 한다.

제15조(청문)

① 법 제28조의2의 규정에 의한 전기공사기술자 인정취소 등의 처분을 하려면 행정절차법에 따라 청문을 하여야 한다.

② 청문 대상자가 특별한 사유로 청문장으로 올 수 없는 경우에는 서면으로 청문할 수 있다.

제16조(제증명서 발급 등)

① 지정단체는 다음 각 호의 1에 해당하는 증명서 등의 신청이 있는 경우 지체 없이 발급하여야 한다.

1. 전기공사기술자 경력확인서(별지 제6호 서식)
2. 전기공사기술자 보유증명서(별지 제7호 서식)
3. 전기공사업체 선·해임확인서(별지 제7호의2 서식)
4. 영문 전기공사기술자 경력수첩 취득 확인서(별지 제13호 서식)

② 제1항 제1호의 경력확인서 중 세부참여사업에 대한 경력을 확인받고자 하는 자는 미리 별지 제8호서식에 의한 전기공사기술자 참여 사업 확인서를 지정단체에 제출하여야 한다.

③ 제2항의 규정에 의한 참여사업은 계약서사본 또는 실적증명서 등 참여사업의 증빙서류가 첨부된 경우에 한하여 인정한다. 다만, 지정단체가 확인이 가능한 사항에 대하여는 증빙서류를 생략할 수 있고, 관계 법령에 의거 정부로부터 지정받은 경력관리기관이 발행한 전기공사 관련 경력증명서를 증빙서로 제출한 경우 시공자 또는 발주자의 확인을 생략할 수 있다.

제17조(보고 및 관리 등)

① 지정단체는 다음 각 호의 사항을 산업통상자원부장관에게 보고하여야 한다.

1. 기술자의 분기별 경력수첩 발급 현황 및 양성교육 훈련 현황: 매분기 말일을 기준으로 하여 다음 달 15일 이내
2. 경력기술자의 양성교육 훈련 계획: 당해연도 1월31일까지
3. 기술자격 대여, 이중 취업 또는 허위 신청 등 발견사항
4. 전기공사기술자의 인정취소

② 산업통상자원부장관이 제1항에 따른 보고사항을 정보통신망을 통하여 알 수 있는 경우에는 보고를 생략할 수 있다.

③ 지정단체는 경력심사의 업무가 종료되는 대로 경력심사 결과 보고서와 경력확인자료일체 및 양성교육훈련실시현황을 작성·보관하여야 하며, 신청서류 보관책임자 및 보관함을 지정하여 별도 보관하는 등 성실한 관리의무를 다하여야 한다.

④ 제3항에 따른 서류는 전자문서로 작성·보관할 수 있다.

제 3 장 전기공사업의 기업진단 등

제18조(적용범위)

① 전기공사업의 기업진단과 관련한 제19조 내지 제32조의 규정은 영 제6조의 규정에 의한 전기공사업의 등록기준 중 자본금의 평가에 한하여 적용한다.
② 전기공사업의 기업진단은 다른 법령에 특별한 규정이 있는 경우를 제외하고는 본 장에서 정하는 바에 의한다. 다만, 이 요령에서 정하지 아니한 사항은 기업회계기준에 의한다.

해 설

전기공사업 기업진단은 다음의 순서에 의거하여 그 규정을 적용하여야 한다.

〈1순위〉 다른 법령의 특별한 규정

〈2순위〉 전기공사업운영요령

〈3순위〉 한국회계기준원 회계기준위원회가 공표하여 진단기준일 현재 시행하고 있는 기업회계기준, 일반적으로 IFRS 적용 기업은 한국채택국제회계기준, IFRS 적용 기업외의 비상장기업은 일반기업회계기준에 의한다.

제19조(진단자 및 진단기준일)

① 진단은 다음 각 호의 자(이하 "진단자"라 한다)가 실시한다.
1. 「공인회계사법」 제7조 및 제24조의 규정에 의하여 금융위원회에 등록한 개업 공인회계사 또는 회계법인
2. 「경영지도사 및 기술지도사에 관한 법률」 제8조의 규정에 의하여 등록한 개업 재무관리경영지도사(「중소기업기본법」에 의한 중소기업에 한한다)
3. 공인회계사 2인 이상 또는 재무관리경영지도사 2인 이상을 상시 보유한 자로서 산업통상자원부장관이 지정한 기관
4. 「세무사법」 제6조에 따라 등록한 세무사 및 같은 법 제16조의4에 따라 등록한 세무법인

② 진단기준일은 다음 각 호와 같다.
1. 신규등록: 등록신청전일부터 역산하여 30일 이내의 기간
2. 등록기준 신고: 전기공사업을 등록한 날부터 3년이 되는 날이 속하는 월의 직전월 말일
3. 양도·양수: 양도·양수 계약일(분할 또는 분할합병에 의한 양도·양수의 경우에는 그 등기일)
4. 법인합병: 법인합병 등기일
5. 자본금 변경: 자본금 변경일(법인인 경우에는 변경등기일)
6. 합병취소: 회복등기일

해 설

① 진단자

1. 등록한 개업 공인회계사 또는 회계법인
2. 등록한 개업 재무관리경영지도사(「중소기업기본법」에 의한 중소기업에 한한다)
3. 공인회계사 2인 이상 또는 재무관리경영지도사 2인 이상을 상시 보유한 자로서 산업통상자원부장관이 지정한 기관
4. 등록한 세무사 및 등록한 세무법인

② 진단기준일

진단대상업체 (정기, 수시) 결산일 = 진단대상업체 진단기준일

1. 신규등록: 등록신청전일부터 역산하여 30일 이내의 기간

사 례

상황1) 신설법인 A가 8월 20일에 주금납입 1.5억원을 하고 8월21일에 설립등기를 한 경우로서 9월20일에 등록관청에 전기공사업을 등록신청하고자 하는 경우 진단기준일을 제시하시오.

상황2) 제조업을 영위하는 B법인이 전기공사업을 추가하려고 한다. 재무제표는 8월31일 기준으로 결산을 완료하였고 등록관청에 신청은 9월 25일에 하려고 한다. 8월 31일이 진단기준일이 가능한지 여부를 판단하시오.

해답 상황1) 등록신청전일인 9월 19일로부터 역산하여 30일 이내의 기간 중 하루를 선택하여 진단기준일로 하면 된다. 다만, 예금평잔시 진단기준일 전일로부터 역산하여 20일 이내의 기간 동안 평잔을 하되, 진단기준일이 설립등기후 20일 이내인 경우에는 진단일 전일까지 평잔이 가능하다.

상황2) 신규등록은 등록신청전일(9월 24일)부터 역산하여 30일 이내의 기간 중의 날로 하면 되므로 회사가 결산을 완료한 8월 31일은 30일 이내의 날에 해당하므로 진단기준일로써 적합하다.

2. 등록기준 신고: 전기공사업을 등록한 날부터 3년이 되는 날이 속하는 월의 직전월 말일

사 례

C회사는 전기공사업을 2023년 8월 15일에 등록한 후 사업을 영위해 오고 있다. 이 경우 등록기준 신고 시 진단기준일은 언제인가?

해설 등록기준 신고 시에는 전기공사업을 등록한 날부터 3년이 되는 날이 속하는 월의 직전월 말일을 진단기준일로 하고 있다. 따라서 3년이 지난 시점이 2026년 8월 15일이 되므로 직전월 말일인 7월 31일이 진단기준일(= 재무제표 작성일)이 된다.

제20조(진단 서류의 제출)

① 진단을 받고자 하는 자는 진단에 필요한 다음 서류를 진단자에게 제출하거나 제시하여야 한다.
1. 별지 제9호서식에 의한 기업진단신청서
2. 기업회계기준에 의하여 작성한 진단기준일의 대차대조표, 손익계산서, 재무제표 부속 명세서와 회계 장부 및 기타 진단에 필요한 서류

② 진단자는 필요시 장부 및 기타 자산을 인정하는데 필요한 계약서, 계산서, 증명서, 확인서, 소유권증서 및 세무신고서 등 제반증빙서류의 제출을 요구할 수 있다.

③ 제1항의 규정에 의하여 제출된 서류는 재작성 또는 정정 등을 이유로 반환을 요구할 수 없다. 다만, 제출된 서류에 오기 또는 오산과 같은 객관적으로 명백한 오류가 있을 때에는 진단자의 동의를 얻어 정정할 수 있다.

④ 제1항과 제3항의 규정에 의하여 제출되거나 정정된 서류에 대하여 추가서류를 제출하고자 할 때에는 진단자의 동의를 얻어야 한다.

제21조(진단방법 및 진단의견)

① 진단자는 진단을 받는 자가 제출 또는 제시하는 서류를 검토하여 성실하게 평가하여야 하며, 필요한 경우 실제 조사하여 확인하여야 한다.

② 진단자는 제1항의 규정에 의하여 확인한 사항에 대한 조서를 작성·비치하여야 한다.

③ 진단자는 진단을 받는 자가 제20조 제2항의 규정에 의한 장부 및 기타 증빙서류를 제출하지 아니한 때에는 그 부분에 대하여는 부실자산으로 처리하여야 한다.

④ 진단자는 별지 제10호서식(기업진단보고서)의 진단 의견란에 다음과 같이 기재한다.
1. 진단을 받는 자의 실질자본금이 영 제6조의 규정에 의한 전기공사업 등록기준의 자본금 이상인 경우에는 "적격"으로 기재한다.
2. 진단을 받는 자의 실질자본금이 영 제6조의 규정에 의한 전기공사업 등록기준의 자본금에 미달된 경우에는 "부적격"으로 기재한다.
3. 제22조의 규정에 해당하여 진단하지 못한 경우에는 "진단불능"으로 기재한다.

해 설

① 기업진단시 구비서류

1. 신설회사

구비서류	개인	법인
1) (정기, 수시) 결산 재무제표	○	○
2) 사업자등록증(있는 경우에 한함)	○	○
3) 법인등기부등본	×	○

구비서류	개인	법인
4) 일자별 금융거래내역서(20일 이상)- 금융기관 발급분에 한함	○	○
5) 예금잔액 증명서 및 금융거래 확인서 (발급일자 : 진단기준일)- 금융기관 발급분에 한함	○	○
6) 임대차계약서	○	○
7) 공제조합 출자증명원	○	○
8) 기타 진단자 요청하는 서류(계정명세서 등)	○	○

2. 기존회사

입증 구비서류	개인	법인
1) (정기, 수시) 결산 재무제표(비교식) (합계잔액시산표 포함)	○	○
2) 사업자등록증	○	○
3) 법인등기부등본	×	○
4) 타 업종 등록증	○	○
5) 일자별 금융거래내역서(20일 이상)- 금융기관 발급분에 한함	○	○
6) 예금잔액 증명서 및 금융거래 확인서 (발급일자 : 진단기준일)- 금융기관 발급분에 한함	○	○
7) 각 계정별 명세서	○	○
8) 매출채권 명세서 및 세금계산서	○	○
9) 재고자산 명세서 및 공사계약서	○	○
10) 임대차계약서 또는 건물등기부등본	○	○
11) 공제조합 출자증명원 및 융자금확인서	○	○
12) 유형자산 감가상각명세서	○	○
13) 퇴직급여 추계액 명세서	○	○
14) 부가가치세 신고서 및 합계표	○	○
15) 기타 진단자가 요청하는 서류(계정명세서 등)	○	○

제22조(진단불능)

① 진단자는 다음 각 호의 1에 해당하는 경우에는 진단불능으로 처리하여야 한다.

1. 제출된 재무제표가 진단을 받는 자의 장부와 일치되지 아니하여 이를 허위라고 인정한 때
2. 진단을 받는 자가 제20조 제1항 및 제2항의 규정에 의한 서류의 제출이나 장부 기타 제반증빙서류 등의 제출을 거부·기피 또는 태만히 하여 진단을 할 수 없을 때
3. 진단을 받는 자가 작성·제출한 서류 중 실질자본에 중대한 영향을 미치는 허위가 발견된 경우

② 진단자는 진단을 받는 자에 대한 장부의 작성 및 재무제표 작성업무를 수행한 경우(수행하는 경우를 포함한다)에는 해당 회계연도에 대한 기업진단을 행할 수 없으며 또한 다음 각호의 1에 해당하는 자에 대한 기업진단을 행할 수 없다.

1. 진단자 또는 진단자의 배우자가 임원이거나 이에 준하는 직위(재무에 관한 사무의 책임있는 담당자를 포함한다)에 있거나, 과거 1년 이내에 이러한 직위에 있었던 자(회사를 포함한다. 이하 이 항에서 같다)
2. 현재 진단자 또는 진단자의 배우자가 사용인이거나 과거 1년이내에 사용인이었던 자
3. 진단자 또는 진단자의 배우자가 주식 또는 출자지분을 소유하고 있는 자
4. 진단자 또는 진단자의 배우자와 채권 또는 채무관계에 있는 자. 이 경우 진단자를 규율하는 관련 법 등에서 세부적으로 정한 경우에는 해당 규정에 따른다.
5. 진단자에게 무상으로 또는 통상의 거래가격보다 현저히 낮은 대가로 사무실을 제공하고 있는 자
6. 진단자의 고유업무 외의 업무로 인하여 계속적인 보수를 지급하거나 그 밖에 경제상의 특별한 이익을 제공하고 있는 자
7. 진단을 수행하는 대가로 자기 회사의 주식·신주인수권부사채·전환사채 또는 주식매수선택권을 제공하였거나 제공하기로 한 자

해 설

진단자와 진단받는 업체와의 독립성을 확보하기 위하여 진단불능사유를 강화하였다. 한국세무사회를 경유하는 경우에는 진단불능사유확인서를 반드시 제출하여야 한다.

- 진단자는 아래 진단불능사유에 대한 확인서를 작성하여 제출하면서 스스로 체크하는 습관을 반드시 키워야 한다.

진단대상업체 기장 등 수임 세무사(법인) ≠ 진단대상업체 진단업무 수행 세무사(법인)

진단불능사유에 대한 확인서

확인 내용	해당여부	
	여	부
1. 진단을 받는 자에 대해 장부작성 및 재무제표 작성업무를 수행한 경우 또는 수행하는 경우		
2. 진단자 또는 진단자의 배우자가 임원이거나 이에 준하는 직위(재무에 관한 사무의 책임있는 담당자를 포함한다)에 있거나, 과거 1년 이내에 이러한 직위에 있었던 자(회사 포함)		
3. 현재 진단자 또는 진단자의 배우자가 사용인이거나 과거 1년이내에 사용인이었던 자(회사 포함)		
4. 진단자 또는 진단자의 배우자가 주식 또는 출자지분을 소유하고 있는 자(회사 포함)		
5. 진단자 또는 진단자의 배우자와 채권 또는 채무관계에 있는 자 또는 회사(진단자를 규율하는 관련 법 등에서 세부적으로 정한 경우에는 해당 규정에 따름)		
6. 진단자에게 무상으로 또는 통상의 거래가격보다 현저히 낮은 대가로 사무실을 제공하고 있는 자(회사 포함)		

확인 내용	해당여부	
	여	부
7. 진단자의 고유업무 외의 업무로 인하여 계속적인 보수를 지급하거나 그 밖에 경제상의 특별한 이익을 제공하고 있는 자(회사 포함)		
8. 진단을 수행하는 대가로 자기 회사의 주식·신주인수권부사채·전환사채 또는 주식매수 선택권을 제공하였거나 제공하기로 한 자(회사 포함)		
위 사항을 충분히 검토하여 허위 사실 없이 해당 여부를 확인하였습니다. 년 월 일 (등록번호) 진단자 : ( ) 인		

제23조(부실자산)

다음 각 호의 경우에는 이를 부실자산으로 처리하여야 한다.
1. 자산의 과대평가로 인한 가공자산
2. 제시 자산 총계의 100분의 2를 초과하는 현금
3. 진단을 받는 자의 소유가 아닌 자산
4. 대손처리하여야 할 자산
5. 비유동 무형자산(사용수익기부자산은 제외한다)
6. 선급비용
7. 기업회계기준에 따라 비용으로 계상하여야 할 대상금액이 자산으로 계상된 금액
8. 부도어음. 단, 담보가 설정되어 있는 경우 회수 가능한 금액은 제외한다.
9. 제25조 제1항 내지 제3항, 제5항 및 제10항의 규정에 의한 부실자산
10. 신설 법인이 법인설립 등기일부터 20일 이내의 날을 진단하는 날로 하여 제시한 제예금

해 설

1. 제시 자산 총계의 2%를 초과하는 현금
   결산재무제표상의 자산총계의 2%까지의 현금은 실질자산으로 인정받는다. 왜냐하면 진단일은 진단기준일 이후의 날이 되므로 진단기준일 현재의 현금시재를 현실적으로 파악하기 어렵다. 따라서 회사가 계상한 현금시재 중에서 회사제시 자산총계의 2%까지의 현금을 실질자산으로 인정하고 있다.

사 례

D회사는 재무제표상 현금시재액이 1천만원이고 자산총계는 3억원(평정후 자산총계는 2.8억원)이며 부채총계는 5천만원(평정후 부채총계는 6천만원)이다. 회사가 실질자산으로 인정받을 수 있는 현금시재액은 얼마인가?

해답 회사제시자산총계의 2%까지를 실질자산으로 인정받게 된다. 따라서 6백만원까지의 현금시재는 인정된다. 즉 실질자산 6백만원, 부실자산 4백만원으로 처리하여야 한다.

2. 신설법인이 법인설립 등기일부터 20일 이내의 날을 진단하는 날로 하여 제시한 제예금은 부실자산으로 본다. 따라서 진단자는 법인설립등기(개인은 사업개시일) 이후 20일이 경과된 날을 진단일(= 진단보고서 발급일)로 하여야 한다.

사 례

E법인이 8월 2일에 설립등기를 한 후 전기공사업을 등록하고자 한다. 가장 빠르게 진단할 경우 진단기준일과 진단일은 언제인가?

해답 신설법인은 법인설립 등기일부터 20일 이내의 날을 진단하는 날로 할 수 없다. 따라서 진단기준일은 일반적으로 설립등기 후 20일이 경과되는 8월 22일을 진단기준일로 하고 8월 23일을 진단일로 하여 진단이 가능하다.

제24조(수익의 인식과 측정)

수익은 기업회계기준상의 손익계산서 작성기준 및 매출 총이익계산방식에 따라 계산하여야 한다. 다만, 공사수익측정에 있어서는 세법의 규정에 따라 계산된 수익을 기업회계기준에 따라 계산된 수익으로 인정할 수 있다.

해 설

수익과 비용은 기업회계기준에 따라 평가한다. 따라서 공사진행기준과 공사완성기준을 통하여 회사의 회계처리를 확인하고 재고자산의 계상여부와 수익과 비용의 올바른 인식에 대한 검토가 이루어져야 한다. 기업회계기준에서는 진행기준을 원칙으로 하고 있으나 중소기업회계처리특례에 의거하여 1년 내의 기간에 완료되는 용역매출 및 건설형 공사계약에 대하여는 용역제공을 완료하였거나 공사 등을 완성한 날에 수익으로 인식할 수 있으므로 진단시 주의를 요하여야 한다. 또한 세법의 경우 중소기업의 단기 공사인 경우에 인도기준(완성기준)이 가능하다.

구 분	원칙	예 외
단기건설(1년미만)	진행기준	(기업회계) 비상장중소기업은 인도기준 또는 완성기준 가능 (세법) 중소기업은 인도기준 또는 완성기준 가능
장기건설(1년이상)		진행기준

➲ **유의사항:** 장기건설공사계약임에도 불구하고 세금계산서 기준으로 공사수익을 인식하여 미완성공사가 재고자산에 기재된 상태로 결산이 되는 경우에는 기업진단규정에서 미완성공사를 모두 부실자산으로 보도록 하고 있으므로 불이익을 당하지 않도록 장기건설의 경우에는 반드시 진행기준으로 인식하여야 한다.

제25조(자산의 평가 등)

① 제예금은 진단을 받는 자의 명의(법인인 경우 법인 명의)로 된 계좌에 대하여 진단기준일 전일(신설법인이 법인설립등기일부터 20일이내의 날을 진단기준일로 하여 진단하는 경우에는 진단하는 날 전일)부터 역산하여 20일 동안의 은행거래 실적평균잔액을 예금액으로 평가한다. 다만, 예금증서 또는 은행거래실적증명서를 제시하지 못하거나 그 예금이 일시적으로 조달된 것으로써 출처가 불분명한 경우와 제예금 중 진단기준일부터 진단시까지 지출 원인이 분명하지 않은 인출 금액은 부실자산으로 평가한다.

해 설

1. 예금의 명의자

예금은 진단자 명의로 된 예금만을 말한다. 따라서 법인인 경우 법인명의로된 예금(통장)만을 개인사업자인 경우 개인사업자로 된 예금(통장)만을 인정하게 된다. 다만 신설법인인 경우에는 설립등기일에 법인의 예금통장이 존재하지 않으므로 주금납입당시의 발기인 대표자 예금통장의 주금납입액을 인정받을 수 있다. 이 경우 발기인 통장의 주금납입액은 법인의 사업자등록증이 발급되어 법인명의의 통장이 개설되면, 해당 금액이 그대로 이체되어야 한다.

2. 예금의 평가

1) 기존법인

(1) 예금의 확인기간

진단기준일 현재 진단을 받는 자 명의의 금융기관 예금잔액증명과 진단기준일 전 20일을 포함한 진단일까지의 은행거래실적. 따라서 진단자는 수진업체의 통장거래내역을 최소 22일 이상 확인하여야 한다.

(2) 예금의 평잔기간

예금의 평잔은 진단기준일 전일부터 역산하여 20일 동안의 은행거래 실적평균잔액을 예금액으로 평가하도록 하고 있다. 따라서 진단자는 진단일(= 진단서 발급일)전일로부터 소급하여 20일을 평잔하는 오류를 범하지 않도록 주의하여야 한다. 또한 진단기준일 현재 재무제표상 예금잔액과 예금 20일 평잔금액을 비교하여 평잔금액이 예금잔액을 초과하는 경우에는 통상적으로 예금잔액으로만 인정하는 것이 통설이다.

사 례

F법인이 전기공사업을 등록하고자 8월 31일로 결산재무제표를 작성하였다. 이 경우 법인이 9월 25일까지 전기공사업을 등록신청하고자 하는 경우 예금 평잔기간을 제시하시오.

해답 진단을 받는 자의 명의(법인인 경우 법인 명의)로 된 계좌에 대하여 진단기준일 전일부터 역산하여 20일 동안의 은행거래 실적평균잔액을 기준으로 하도록 되어 있으므로 8월 11일부터 8월 30일까지 20일간의 예금평균잔액으로 한다. 다만, 예금 평균잔액이 8월31일 재무제표상 예금잔액을 초과하는 경우에는 재무제표상 예금잔액으로 하는 것이 일반적이다. 왜냐하면 예금의 임의 평가증을 방지하기 위함이다.

2) 신설법인

(1) 예금의 확인기간

진단을 받는 자의 명의(법인인 경우 법인 명의)로 된 계좌에 대하여 법인설립등기일부터 20일 이내의 날을 진단기준일로 하여 진단하는 경우에는 진단하는 날까지의 예금거래내역을 확인하여야 한다. 따라서 최소한 21일 이상의 예금거래내역을 확인하여야 한다.

(2) 예금의 평잔기간

진단을 받는 자의 명의(법인인 경우 법인 명의)로 된 계좌에 대하여 법인설립등기일부터 20일 이내의 날을 진단기준일로 하여 진단하는 경우에는 진단하는 날 전일까지의 은행거래 실적평균잔액을 예금액으로 평가한다. 다만, 신설 법인이 법인설립 등기일부터 20일 이내의 날을 진단하는 날로 하여 제시한 제예금은 부실자산으로 보도록 되어 있으므로 결국 진단일(= 진단서 발급일)은 설립등기 후 20일이 경과되어야 한다.

사 례

G법인이 8월 5일에 설립등기(등기부상 납입자본금: 1.5억원)한 후 사업자등록을 8월 10일에 완료하고 법인통장을 개설하였다. G법인은 발기인 甲이 주금납입을 8월 4일에 한 후 8월 10일 법인통장개설과 동시에 법인통장에 그대로 이체하였다. 진단 세무사가 진단을 수행하는 경우 평잔기간과 가장 빠른 진단일을 제시하시오.

해답 신설법인의 경우 평잔기간은 진단기준일(설립등기일)부터 진단일 전일까지로 하므로 8월 5일부터 8월 24일까지로 평잔기간을 설정하고 진단일은 8월 25일이 된다.

만약, 8월 30일(진단일 = 진단보고서 발급일)에 기업진단보고서를 발급하는 경우에는 8월 10일부터 8월 29일까지를 평잔기간으로 하여야 한다.

제25조(자산의 평가 등)

② 매출 채권 등의 평가는 다음 각 호의 방법에 의하여 평가한다.

1. 장·단기 매출채권 및 장단기 미수금 등의 채권은 거래처의 채무증명에 의하되 세금계산서를 확인하여야 한다. 다만, 법인세법에서 정한 대손충당금 설정한도액에 미달하는 경우에는 설정한도 미달액을 차감하여 평가한다.
2. 매출채권 등에 있어서 발생일로부터 1년 이상 경과한 매출채권 등은 부실자산으로 평가한다. 다만, 그 채무자가 국가, 지방자치단체, 「공공기관의 운영에 관한 법률」 제4조에 따라 공공기관으로 지정된 기관인 경우에는 그러하지 아니한다.

해 설

1. 매출채권의 구분

매출채권 보유기간	대상 사업	실질 여부
1년 이하	진단대상사업	실질자산
	진단대상사업 외	겸업자산
1년 경과	진단대상사업	부실자산
	진단대상사업 외	부실자산

cf. 건설업의 경우 2년 경과 매출채권을 부실자산으로 보는 것과 차이가 있다.

2. 1년 경과 시에도 실질자산으로 인정되는 매출채권
   국가, 지방자치단체 또는 공공기관에 대한 받을채권

3. 대손충당금 설정
   1년 이내의 매출채권이나 미수금은 반드시 대손충당금을 설정하여야 하며, 회사가 객관적으로 산정한 대손추정률을 알 수 없거나 존재하지 않는 경우에는 세법상 대손충당금 한도액인 대손실적율과 1% 중 큰 금액을 설정한다. 특히 발생일로부터 1년이 경과된 채권은 부실자산이므로 대손충당금을 설정하는 것이 아니라 부실자산으로 평정해야 함에 유의하여야 한다.

사 례

H법인의 진단기준일 현재 매출채권 잔액이 2억원이고 1년이 경과된 채권이 2천만원으로 확인되며 회사가 객관적으로 설정한 대손추정률은 존재하지 않는 경우 평정사항을 제시하시오.

해답 1) 부실자산: 20,000,000원(= 매출채권 중 1년 경과분)
2) 대손충당금: 1,800,000원(= 1.8억원 × 1%)
평정금액: 21,800,000원

제25조(자산의 평가 등)

③ 가지급금은 급여선급인 경우에만 당해 임직원의 1월 급여액 범위 내에서 인정하고 이를 초과하는 금액에 대하여는 부실자산으로 평가한다.

해 설

가지급금(= 주임종단기대여금)은 부실자산으로 본다. 다만 임직원에 대한 1월 이내의 급여액은 실질자산으로 인정하고 있다. 따라서 대부분의 가지급금 성격의 지출(미수수익 포함)은 모두 부실자산으로 처리하여야 한다.

제25조(자산의 평가 등)

④ 장단기대여금은 전액 겸업자산으로 평가한다. 다만, 종업원에 대한 주택자금과 우리사주조합에 대여한 것은 제외한다.

해 설

장단기대여금	실질 여부
원 칙	겸업자산
종업원 주택자금 대여액	실질자산
우리사주조합 대여액	실질자산

제25조(자산의 평가 등)

⑤ 공사용 전도자금에 대하여는 당해 현장책임자 등의 예금잔액증명분에 의하여 인정하고 예금잔액증명서로 확인할 수 없는 금액은 제23조 제2호의 규정에 의하여 부실자산으로 평가한다.

⑥ 유가증권은 다음 각 호의 방법에 의하여 평가한다.

1. 유가증권의 평가는 취득원가로 평가함을 원칙으로 한다. 다만, 증권거래소에 상장되어 있는 주식으로서 시가가 취득원가보다 금액이 낮은 것은 시가로 평가한다.
2. 국채, 공채, 사채 및 기타의 채권으로서 취득가액과 액면가액이 다른 것은 그 차액을 상환기간에 걸쳐 매기 당해 진단을 받는 자가 채택하고 있는 방법으로 재차 가감한 가액으로 평가한다.
3. 전기공사공제조합과 신용보증기관에 대한 출자금(출자를 위하여 예치한 출자금액을 포함한다)은 기준일 현재의 지분평가액(출자를 위하여 예치한 출자예정금액은 그 전액)을 전기공사업의 실질자산으로 인정한다. 다만, 출자금이 압류되어 있는 경우에는 그 압류금액을, 출자금을 담보로 대부를 받은 경우에는 그 대부금액을 차감하여 평가한다.
4. 잉여금의 자본전입에 의한 주식의 취득은 자산의 증가로 보지 아니한다.
5. 전기공사업과 관련이 없는 투자자산은 겸업자산으로 본다.

해 설

1. 유가증권(지분증권)

<table>
<tr><th>분 류</th><th>요건</th><th colspan="2">재무상태표 표시</th></tr>
<tr><td>단기매매증권</td><td>단기 매매차익 목적, 빈번한 매매</td><td colspan="2">유동자산</td></tr>
<tr><td rowspan="2">매도가능증권</td><td rowspan="2">단기매매증권, 지분법적용투자주식 외</td><td>1년 이내 처분</td><td>유동자산</td></tr>
<tr><td>이외의 경우</td><td>투자자산</td></tr>
<tr><td>지분법적용
투자주식</td><td>중대한 영향력 행사(20%이상 지분보유)</td><td colspan="2">투자자산</td></tr>
</table>

2. 유가증권(채무증권)

<table>
<tr><th>분 류</th><th>요건</th><th colspan="2">재무상태표 표시</th></tr>
<tr><td>단기매매증권</td><td>단기 매매차익 목적, 빈번한 매매</td><td colspan="2">유동자산</td></tr>
<tr><td rowspan="2">매도가능증권</td><td rowspan="2">단기매매증권, 지분법적용투자주식 외</td><td>1년 이내 만기</td><td>유동자산</td></tr>
<tr><td>이외의 경우</td><td>투자자산</td></tr>
<tr><td rowspan="2">만기보유증권</td><td rowspan="2">상환금액의 확정가능, 만기까지 보유의도, 능력</td><td>1년 이내 만기</td><td>유동자산</td></tr>
<tr><td>1년 후 만기</td><td>투자자산</td></tr>
</table>

3. 유가증권 평가
   1) 지분증권
      (1) 원칙: 원가법
      (2) 상장주식: 저가법
   2) 채무증권
      유효이자율법

4. 공제조합 출자금

진단기준일 현재 시가로 평가하여 자산에 반영하고 평가이익은 기업회계기준에 의하여 기타포괄손익누계액에 반영하는 것이 타당하다.

(차변) 출자금	○○○	(대변) 기타포괄손익누계액	○○○

사 례

1. I법인의 재무제표상 공제조합 출자금이 20,000,000원이고 진단기준일 현재 좌당 평가액이 628,000원이고 출자좌수가 32좌인 경우 평정사항을 반영하시오.

2. 수진업체인 I법인이 융자금(16,000,000원)을 재무제표에 반영하지 않은 경우 평정사항을 반영하시오.

해답 1. 1) 진단기준일 현재 평가액: 20,096,000원
2) 재무제표상 출자금: 20,000,000원
3) 평가증액: 96,000원
따라서 진단시 96,000원을 평정에 반영하여야 하며 이 경우 실질자본이 평정액만큼 증가하게 된다.

2. 융자금이 재무제표에 제외된 것이 융자금 확인서로 확인되는 경우에는 평정사항을 반영할 때 16,000,000원을 부채의 증가로 반영하여 진단하여야 한다. 이 경우 부채의 증가액만큼 실질자본은 감소하게 된다.

⑦ 재고자산은 다음 각 호의 방법에 의하여 평가한다.
1. 재고자산은 전기공사업을 위한 자산만을 인정하되, 구입증빙서류 및 재고자산수불장표를 대조·확인하여 평가한다.
2. 재고자산이 자산총액의 100분의 10을 초과하는 경우에는 그 금액을 판매용 자산으로 간주하여 겸업자산으로 본다.

해 설

재고자산은 전기공사업용 자산만을 인정하되, 자산총액의 10%를 넘는 재고자산은 겸업자산으로 보아 실질자본 계산시 차감하여야 한다.

사 례

J법인의 자산총계는 4억원이고 부채총계는 1억원이며 전기공사업용 재고자산을 6천만원을 보유하고 있다. 이 경우 실질자산으로 인정받을 수 있는 재고자산은 얼마인가?

해답 기존법인이라 하더라도 재고자산을 자산총계의 10%를 초과하여 보유하는 경우에는 판매용 자산으로 보아 겸업자산으로 보도록 하고 있다. 따라서 전기공사업용 재고자산 중 실질자산으로 인정받을 수 있는 금액은 4천만원이고, 나머지 2천만원은 비록 전기공사업과 관련되어 있다하더라도 판매용 자산으로 보아 겸업자산으로 분류된다.

⑧ 토지 및 건물은 취득가액으로 평가함을 원칙으로 한다. 다만, 자산재평가법에 따라 자산을 재평가한 경우에는 그 평가액으로 한다.

해 설

유형자산은 소유권, 자산의 실재성 및 진단대상사업에 대한 관련성을 종합하여 평가하며, 등기 또는 등록대상인 자산으로서 법적 및 실질적 소유권이 없는 경우에는 부실자산으로 본다. 특히, 토지와 건물의 등기부등본을 통하여 부외부채에 대한 평가를 하여야 한다. 따라서 기업진단시 법적 소유권과 실질적 소유권의 구분이 필요한 사항이 발생하는 경우에는 사실판단에 의하되, 실질적 소유권을 우선적으로 적용하여야 할 것으로 사료된다.

1. 유형자산 평가모형

유형자산은 기업회계기준에 따라 취득원가모형이나 재평가모형 중에서 진단을 받는 자가 회계장부에 반영한 방식으로 평가한다. 일반적으로 재무제표는 취득원가모형을 근거로 작성되고 있어 재평가모형을 적용해야 하는 경우에는 회계장부에 반영된 사항만을 기준으로 기업진단 업무를 수행하여야 한다.

2. 감가상각

유형자산의 감가상각은 법인세법에 의한다. 다만, 진단을 받는 자의 회계장부상 감가상각누계액이 클 경우에는 그 금액으로 한다. 따라서 진단자는 진단대상사업연도를 기준으로 감가상각을 수행하면 되며, 일반적으로 진단기준일로부터 소급하여 1년을 기준으로 상각한다.

(가) 법인세법상 감가상각자산의 범위(법인세법 시행령 제24조 제1항)

가) 유형고정자산

㉠ 건물(부속설비를 포함) 및 구축물
㉡ 차량 및 운반구, 공구, 기구 및 비품
㉢ 선박 및 항공기
㉣ 기계 및 장치
㉤ 동물 및 식물
㉥ 기타 가목 내지 마목의 자산과 유사한 유형고정자산

(나) 법인세법상 내용연수

법인세법 시행규칙 별표 5에서 규정된 건축물 등의 기준내용연수는 다음과 같다.

구분	기준내용연수 및 내용연수범위(하한-상한)	구조 또는 자산명
1	5년 (4년~6년)	차량 및 운반구(운수업, 기계장비 및 소비용품 임대업에 사용되는 차량 및 운반구를 제외), 공구, 기구 및 비품
2	12년 (9년~15년)	선박 및 항공기(어업, 운수업, 기계장비 및 소비용품 임대업에 사용되는 선박 및 항공기를 제외)
3[9]	20년 (15년~25년)	연와조, 블록조, 콘크리트조, 토조, 토벽조, 목조, 목골모르타르조, 기타 조의 모든 건물(부속설비를 포함)과 구축물[10]
4	40년 (30년~50년)	철골·철근콘크리트조, 철근콘크리트조, 석조, 연와석조, 철골조의 모든 건물(부속설비를 포함한다)과 구축물

⑨ 중기계, 공구, 집기, 차량 등은 사용 가능한 것에 한하여 회사소유임이 확인된 것만 평가한다.
⑩ 적정하게 계상된 선급제세와 제세결정기관이 환급 통보한 세액은 자산으로 인정하되 그 외의 제세는 부실자산으로 평가한다.

해 설

조세채권의 경우 선급제세(부가세 대급급 등)와 환급이 확정된 부분(국세환급금 등)은 실질자산으로 인정하고 그 외에는 부실자산으로 본다. 예를 들어 선납세금 등은 부실자산에 해당하고 부가세대급금이나 국세환급금은 실질자산에 해당한다.

⑪ 무형자산은 당해자산의 취득을 위하여 소요된 가액에서 감가상각 상당액을 차감한 금액으로 평가한다.

해 설

무형자산은 사용수익기부자산을 제외하고는 모두 부실자산으로 본다. 따라서 실제 사용수익기부자산 이외의 무형자산에 대한 진단평가규정은 불필요하다.

⑫ 보증금은 다음 각 호와 같이 평가한다.
1. 임차보증금은 임대차계약서 및 임대인이 발행한 영수증 등 증빙에 의하여 확인하되, 그 금액이 시가보다 현저히 과다할 경우에는 진단시의 시가에 의하여 이를 평가한다.
2. 계약보증금과 하자보수보증금은 그 보증기간이 만료되지 아니한 것에 한하여 자산으로 인정한다.

---

9) 1. 구분 3과 구분 4를 적용함에 있어서 부속설비에는 당해 건물과 관련된 전기설비, 급배수·위생설비, 가스설비, 냉방·난방·통풍 및 보일러설비, 승강기설비 등 모든 부속설비를 포함하고, 구축물에는 하수도, 굴뚝, 경륜장, 포장도로, 교량, 도크, 방벽, 철탑, 터널 기타 토지에 정착한 모든 토목설비나 공작물을 포함한다. 다만, 부속설비를 건축물과 구분하여 업종별 자산으로 회계처리하는 경우에는 별표 6을 적용할 수 있다.
2. 구분 3과 구분 4를 적용함에 있어서 건물중 변전소, 발전소, 공장, 창고, 정거장·정류장·차고용 건물, 폐수 및 폐기물처리용 건물, 유통산업발전법시행령에 의한 대형점용 건물(당해 건물의 지상층에 주차장이 있는 경우에 한한다), 국제회의산업육성에관한법률에 의한 국제회의시설 및 무역거래기반조성에관한법률에 의한 무역거래기반시설(별도의 건물인 무역연수원을 제외한다), 축사, 구축물 중 하수도, 굴뚝, 경륜장, 포장도로와 폐수 및 폐기물처리용 구축물과 기타 진동이 심하거나 부식성 물질에 심하게 노출된 것은 기준내용연수를 각각 10년, 20년으로 하고, 내용연수범위를 각각(8년~12년), (15년~25년)으로 하여 신고내용연수를 선택적용할 수 있다.

10) 건물(부속설비를 포함한다) 및 구축물이 기준내용연수 및 내용연수범위가 서로 다른 2 이상의 복합구조로 구성되어 있는 경우에는 주된 구조에 의한 기준내용연수 및 내용연수범위를 적용한다.

3. 차액보증금과 하자보수보증금은 그 보증기간이 만료되지 아니하였거나 공사 준공 후에 공사의 불이행이나 하자의 사유가 없이 보관기관이 보관하고 있음을 증명한 때에는 자산으로 인정한다.
4. 영업보증금은 보증기간이 만료되지 아니한 것과 보증기간 만료 후라도 보증기관이 보관하고 있음을 증명한 경우에 한하여 인정한다.

참 고 **보증금 진단시 유의사항**

1. 사무실보증금
   중소건설업자의 경우 월세에 부가되는 임차보증금이 대부분이므로 임차보증금이 과대계상된 경우에는 부실의 징후가 있다고 보아 진단자는 주의를 기울려야 한다. 등록관청에서는 이에 대하여 "가공" 계상의 징후가 있다고 보아 검토에 신중(특별감리 등을 통하여)을 기하고 있다.
2. 기타 보증금
   특수관계인 기타 사업자 등으로부터 각종 건설중장비, 승용차 등을 임차한 것으로 하여 거액의 보증금을 계상하는 행위도 부실자산으로 본다. 다만 정상적인 리스회사를 통한 경우의 리스보증금은 인정된다.

제26조(부채의 평가 등)

① 부채의 발생사유를 충분히 검토하고 자산 및 자본과 비교·관련시켜 부외부채의 유무를 면밀히 검토하여 총 부채를 평가하여야 한다.
② 외화부채는 기준일 현재의 대고객전신환매도율에 의한 환율로 평가한다.
③ 감가상각 및 퇴직급여충당금의 계산은 다음 각 호의 방법에 의한다.
1. 감가상각 또는 퇴직급여충당금은 법인세법에 정한 바에 의하여 계상된 금액을 인정한다. 다만, 동 설정범위를 초과하여 충당한 경우에는 그 설정액을 그대로 인정한다.
2. 진단기준일이 사업전년도중인 때에는 진단기준일로부터 소급하여 1년을 대상으로 제1항의 규정을 적용한다.

해 설

퇴직급여충당금은 「법인세법」에 정한 바에 의하여 계상된 금액을 인정한다. 다만, 동 설정범위를 초과하여 충당한 경우에는 그 설정액을 그대로 인정한다.

제27조(실질자본금의 평가 등)

① 실질자본금은 실질자산에서 비업무용 자산 및 실질부채를 공제한 것으로 한다. 다만, 겸업의 경우에는 겸업자본을 추가로 공제하며, 겸업자본이 겸업기준 자본금에 미달할 때에는 그 기준 자본금을 공제

한다.

② 겸업자본의 평가는 다음 각 호의 방법에 의한다.

1. 겸업자본은 겸업자산에서 겸업부채를 차감한 금액으로 한다.
2. 전기공사업과 전기공사업 이외의 사업을 구분 계리하는 자의 겸업자산과 겸업부채는 구분계리에 의한 전기공사업 이외의 사업과 관련된 자산과 부채를 말한다.
3. 전기공사업과 전기공사업 이외의 사업을 구분 계리하지 않은 자의 겸업자산과 겸업부채는 자산총계와 부채총계에 겸업비율을 적용하여 계산한다. 다만, 겸업비율은 다음 각 목 중 1을 선택하여 적용한다.
   가. 전기공사업의 수입금액과 겸업사업의 수입금액 비율
   나. 전기공사업의 유형자산과 겸업사업의 유형자산 금액 비율
   다. 전기공사업이외의 사업이 다른 법령 등에 기준자본금이 정하여진 경우에는 기준자본금의 비율

해 설

1. 실질자본(금)과의 관계

기업진단시 실질자본(금)은 다음과 같이 판단한다.

1단계: 등기부등본상 납입자본금(개인은 순자산가액)이 등록기준상 자본금기준을 충족하고 있는가?
2단계: 결산재무제표상 자본총계가 등록기준상 자본금기준을 충족하고 있는가?
3단계: 진단 후 진단대상사업의 실질자본(금)이 등록기준상 자본금기준을 충족하고 있는가?

2. 실질자본 계산구조

회사제시 자산	-	회사제시 부채	=	회사제시 자본
±) 수 정 사 항		±) 수 정 사 항		±) 수 정 사 항
-) 부 실 자 산		+) 부 외 부 채		±) 부실자산, 부외부채
실 질 자 산	-	실 질 부 채	=	실 질 자 본
겸 업 자 산	-	겸 업 부 채	=	겸 업 자 본
진단대상사업 실 질 자 산	-	진단대상사업 실 질 부 채	=	진단대상사업 실 질 자 본

3. 겸업자본의 평가

겸업자본은 겸업자산에서 겸업부채를 차감한 잔액을 말한다. 따라서 겸업자산과 겸업부채는 실질자산(실질부채)에 해당하지만 진단대상사업의 실질자산(실질부채)에는 해당하지 않는다. 따라서 실질자산(실질부채 포함) 중에서 겸업자산(겸업부채 포함)을 분류할 때에는 다음과 같이 확인하여야 한다.

1단계: 겸업자산으로 열거된 자산 및 그와 관련된 부채를 구분할 것

2단계: 구분경리 유무를 확인 할 것. 따라서 구분경리가 되어 있는 경우에는 전기공사업부문만을 기준으로 실질자본을 확인하면 된다.

3단계: 구분경리가 되어 있지 않는 경우 수입금액비율, 유형자산비율, 기준자본금 비율 중 선택하여 안분한다.

사 례

제조업(기준자본금 없음)과 전기공사업(기준자본금 1.5억원)을 영위하는 (주)K전기에 대한 재무상태 및 경영성과에 대한 기업진단(실태조사 목적)을 수행하고 있다. 다음 자료를 이용하여 전기공사업의 실질자본금을 구하시오.

실질자산 10억원 실질부채 4억원	〈총매출액 20억원〉 • 제조업 매출액 14억원 • 전기공사업 매출액 6억원
겸업자산 4억원 겸업부채 1억원	
공통자산 4억원 공통부채 2억원	

해설 겸업 수입금액 비율이 70% 이므로 공통자산 중 2.8억원, 공통부채 중 1.4억원이 겸업에 해당한다. 따라서 진단대상사업의 실질자본은 다음과 같다.
실질자본 6억원 - 겸업자본 3억원 - 공통자본 중 겸업자본(70%) 1.4억원 = 1.6억원이 된다.
따라서 (주)K전기는 실질자본금(1.5억원 이상) 요건을 충족하게 된다.

제28조(진단보고)

① 진단자는 진단보고를 별지 제10호 서식에 의하되, 소속협회(한국공인회계사회, 한국경영기술지도사회, 한국건설경영진단협회, 한국세무사회)의 확인을 받아야 한다.
② 소속협회장은 제1항의 규정에 의하여 확인하는 기업진단보고서가 이 고시에 의거 작성되고 평가되었는지를 검토하여야 하며, 진단 내용이 이 고시에 위반하여 평가되었거나 허위로 작성한 사실이 있을 때에는 이를 즉시 반려하여야 한다.

해 설

진단보고서의 적정성 사전확인(감리)

한국세무사회장 등은 확인하는 진단결과보고서가 적정하게 작성되고 평가되었는지를 사전 확인해야 한다. 만약, 진단규정을 위반하여 평가 되었거나 허위로 작성한 사실이 확인되는 경우에는 즉시 이를 반려하여야 한다. 따라서 한국세무사회는 사전감리를 통하여 기업진단보고서(진단결과보고서)의 적정성을 확인하고 있다.

제29조(진단 서류의 보존 등)

① 진단자는 진단 서류 등을 5년 이상 보존하여야 하며, 산업통상자원부장관이나 시·도지사 또는 법 제32조에 의하여 위임·위탁받은 자의 요구가 있을 때에는 제출하여야 한다.
② 전항의 규정에 따라 진단 서류 등을 제출받은 자는 진단자에 대하여 진단내용을 소명하게 하거나, 제28조 제1항의 소속협회 기업진단감리위원회에 감리를 요청할 수 있다.

제30조(보증가능금액확인서 발급 등)

① 전기공사공제조합 또는 제3조 제2항의 규정에 의한 서울보증보험주식회사(이하 "발급기관"이라 한다)는 보증가능금액확인서의 발급을 신청하는 자에게 영 제6조 제1항 제2호의 규정에 따라 별지 제11호서식의 보증가능금액확인서(이하 "확인서"라 한다)를 발급하여야 한다.
② 발급기관은 제1항의 규정에 의한 확인서 발급에 관하여 다음 각 호의 사항을 포함한 발급요령을 산업통상자원부장관의 승인을 받아 정하여야 한다. 이를 변경하고자 하는 경우에도 또한 이와 같다.
1. 확인서를 신청하는 자의 재무상태·신용상태 등을 평가하는 기준 및 절차
2. 평가결과에 따른 담보제공, 현금예치 및 출자의 범위와 방법 등에 관한 사항
3. 확인서의 효력상실 기준 및 미달시 조치사항
③ 발급기관은 제1항의 규정에 의한 발급요령을 발급기관의 홈페이지 등에 게시하여야 한다.

제30조의2(확인서의 해지)

발급기관은 확인서를 발급받은 자가 다음 각호의 어느 하나에 해당하게 된 경우 확인서를 즉시 해지한다. 다만, 재무상태의 변동으로 제5호에 해당하게 된 경우에는 발급요령에 명시된 바에 따라 일정기간 해지를 유예할 수 있다.
1. 재무상태·신용상태의 평가를 위한 자료를 허위로 제출하는 등 부정한 방법으로 확인서를 발급받은 경우
2. 피성년후견인 선고를 받은 경우
3. 파산선고를 받은 경우
4. 법 제7조에 따른 공사업의 피승계가 있는 경우
5. 재무상태가 변동되거나 발급기관이 담보권을 실행하는 등의 사유로 제공된 담보, 출자금 또는 예치된 현금의 가액이 확인서 발급 기준에 미달하게 된 경우

제31조(융자의 제한)

발급기관은 영 제6조 제1항 제2호의 규정에 의거 이 고시 시행 후 확인서 발급을 위하여 담보제공 또는 예치·출자한 자에 대한 융자는 그 날로부터 6개월간 제한한다.

제32조(발급기관의 의무 등)

발급기관은 다음 각 호의 의무를 이행하여야 한다.

1. 발급기관은 확인서를 발급한 경우에는 발급 사실 및 관련 내용을 홈페이지에 공시하여야 한다.
2. 제30조의2(제4호의 경우는 제외한다)에 해당하는 해지사유가 발생한 경우 즉시 지정단체에 통보하여야 한다.
3. 허위 또는 부정한 방법으로 확인서가 발급된 경우에는 부당하게 확인서를 발급받은 전기공사업자 또는 전기공사업을 등록하고자 하는 자에 대한 자료를 즉시 지정단체에 통보하여야 한다.
4. 지정단체는 제2호 및 제3호의 규정에 의거 통보를 받은 경우에는 즉시 공사업자의 주된 소재지를 관할하는 시·도지사에게 보고하여야 한다.
5. 확인서 발급업무와 관련하여 산업통상자원부장관, 시·도지사 또는 지정단체의 요구가 있는 경우에는 관련 자료를 제출하여야 한다.

제 4 장 민간전기공사표준도급계약서

제33조(표준도급계약서의 적용)

법 제12조 제1항 및 영 제9조 제2항의 규정에 의한 민간전기공사의 표준도급계약서는 별지 제12호서식과 같이 한다.

제 5 장 전기공사업의 등록기준 확인

제34조(기술능력의 확인)

지정단체는 공사업자가 시행규칙 제8조 제1항 제4호에 따라 전기공사기술자의 변경을 신청한 경우에는 국민연금, 국민건강보험, 고용보험 및 산업재해보상보험 가입여부를 확인하고 가입기간 범위내에서 변경일을 처리하여야 한다.

제 6 장 보 칙

제35조(공사업등록관리지침)

산업통상자원부장관은 공사업을 효율적으로 관리하기 위하여 필요한 경우 법 제4조

제1항의 규정에 의한 공사업 등록관리 등에 관한 지침 등을 정하여 시·도지사에게 권고 할 수 있다.

제36조(운영세칙)

지정단체장은 이 요령의 사항에 필요한 세부규정 또는 지침 등을 정하여 산업통상자원부장관의 승인을 받아 운용할 수 있다.

제37조(재검토기한)

산업통상부장관은 「훈령·예규 등의 발령 및 관리에 관한 규정」에 따라 이 고시에 대하여 2019년 1월 1일 기준으로 매3년이 되는 시점(매 3년째의 12월 31일까지를 말한다)마다 그 타당성을 검토하여 개선 등의 조치를 하여야 한다.

부 칙 〈제2025-158호, 2025.09.09.〉

이 요령은 고시한 날부터 시행한다. 다만, 제6조제3항부터제5항까지, 제10조의 제1항 및 제2항제4호의 개정규정은 2025년 10월 16일부터 시행한다.

(별지 제10호서식)

기업진단보고서

진단구분	1. 등록	2. 양수	3. 합병	4. 자본금변동	5.등록기준신고
등록업종		등록번호			
상호					
대표자		전화번호			
영업소소재지					
신청자제시 자본금액(a-b)		자산총액(a)		부채총액(b)	

진단결과 내역(진단기준일:)

과목	금액	과목	금액	진단의견
유동자산		유동부채		
비유동자산		비유동부채		
자산총계(Ⅰ)		부채총계(Ⅱ)		
부실자산(Ⅳ)		자본금		
실질자산(Ⅴ)(Ⅰ - Ⅳ)		자본잉여금		
비업무용자산(Ⅵ)		이익잉여금·결손금		
실질자본(Ⅶ)(Ⅴ - Ⅵ - Ⅱ)		자본조정		
		기타포괄손익누계액		
		자본총계(Ⅲ)		
겸업자본(Ⅷ)(c - d)		겸업자산(c)		
		겸업부채(d)		
전기공사업실질자본(Ⅶ - Ⅷ)				

전기공사업운영요령에 의거 신청인의 실질자본금을 위와 같이 진단하였음을 확인합니다.

년 월 일

(진단자) 공인회계사(재무관리경영지도사, 세무사)
등록(인가)번호 제 호 인
소재지(전화번호):
사업자등록번호:

회계법인(지정진단기관, 세무·회계법인): 인
담당공인회계사(담당재무관리경영지도사, 담당세무사): 등록(인가)번호 제 호 인
소재지(전화번호):

본 기업진단보고서는 전기공사업 운영요령에 따라 작성·평가되었음을 확인합니다.
(확인)한국공인회계사회장(한국경영기술지도사회장,한국건설경영진단협회장,한국세무사회장): 인
소재지(전화번호):

첨부: 기업진단 내역서 1부

시·도지사귀하

기 업 진 단 내 역 서

업체: ____________________ (단위: 원)

<table>
<tr><th rowspan="2">과 목</th><th rowspan="2">회사제시금액</th><th colspan="2">평 정</th><th rowspan="2">평정후금액</th><th rowspan="2">평정내역</th></tr>
<tr><th>차 변</th><th>대 변</th></tr>
<tr><td>1. 유동자산
(1) 당좌자산
(2) 재고자산
(겸업유동자산)

2. 비유동자산
(1) 투자자산
(2) 유형자산
(3) 무형자산
(4) 기타비유동자산</td><td></td><td></td><td></td><td></td><td></td></tr>
<tr><td>자 산 총 계
(겸 업 자 산)</td><td></td><td></td><td></td><td></td><td></td></tr>
<tr><td>1. 유동부채
2. 비유동부채
(겸업비유동부채)</td><td></td><td></td><td></td><td></td><td></td></tr>
<tr><td>부 채 총 계
(겸 업 부 채)</td><td></td><td></td><td></td><td></td><td></td></tr>
<tr><td>1. 자 본 금
2. 자본잉여금
3. 자본조정
4. 기타포괄손익누계액
5. 이익잉여금
(또는 결손금)
(겸 업 자 본)</td><td></td><td></td><td></td><td></td><td></td></tr>
<tr><td>자 본 총 계</td><td></td><td></td><td></td><td></td><td></td></tr>
<tr><td>부채와 자본총계</td><td></td><td></td><td></td><td></td><td></td></tr>
<tr><td colspan="2">※ 겸업자산 및 겸업부채의 산정내역</td><td></td><td></td><td></td><td></td></tr>
</table>

※ 세부계정과목은 기업회계기준서의 유동성 배열순서에 의해 기재함

CHAPTER 04

전기공사업 기업진단 사례

제1절 신규등록 (신설법인)

| 진단회사자료 |

- 회사명: (주)A전기
- 설립등기일: 2025년 5월 31일
- 등기부등본상 납입자본금: ₩155,000,000
- 회계연도: 1월 1일~12월 31일

| 진단관련 추가정보 |

① 2025년 5월 31일 임차보증금 ₩30,000,000 지급함
② 전기공사공제조합에 ₩50,000,000 출자를 진행함
③ 진단기준일: 2025.6.25.
④ 진단일: 2025.6.28

1. 재무상태표

재 무 상 태 표

제 1 기 2025년 06월 25일 현재

회사명 : (주)A전기 (단위 : 원)

과 목	제 1(당)기			
	금 액		금 액	
자산				
Ⅰ. 유동자산		70,350,700		
① 당좌자산		70,350,700		
현금		350,700		
보통예금		70,000,000		
② 재고자산				
Ⅱ. 비유동자산		80,000,000		
① 투자자산		50,000,000		
출자금		50,000,000		
② 유형자산				
③ 무형자산				
④ 기타비유동자산		30,000,000		
임차보증금		30,000,000		
자산총계		150,350,700		
부채				
Ⅰ. 유동부채				
Ⅱ. 비유동부채				
부채총계				
자본				
Ⅰ. 자본금		155,000,000		
자본금		155,000,000		
Ⅱ. 자본잉여금				
Ⅲ. 자본조정				
Ⅳ. 기타포괄손익누계액				
Ⅴ. 결손금		4,649,300		
미처리결손금		4,649,300		
(당기순손실)				
당기: 4,649,300				
전기: 0				
자본총계		150,350,700		
부채와자본총계		150,350,700		

2. 손익계산서

손익계산서

제 1 기 2025년 01월 01일부터 2025년 06월 25일까지

회사명 : (주)A전기 (단위 : 원)

과목	제 1(당)기	
	금액	
Ⅰ. 매출액		
Ⅱ. 매출원가		
Ⅲ. 매출총이익		
Ⅳ. 판매비와관리비		4,649,300
수수료비용	4,649,300	
Ⅴ. 영업손실		4,649,300
Ⅵ. 영업외수익		
Ⅶ. 영업외비용		
Ⅷ. 법인세차감전손실		4,649,300
Ⅸ. 법인세등		
Ⅹ. 당기순손실		4,649,300

상기 재무제표 및 제시된 상황을 근거로 하여 (주)A전기를 진단하고 기업진단보고서를 작성하면 다음과 같다.

1. “진단업체 등록”을 통해 회사 기본사항을 입력한 후 “신설회사 신규등록” 클릭

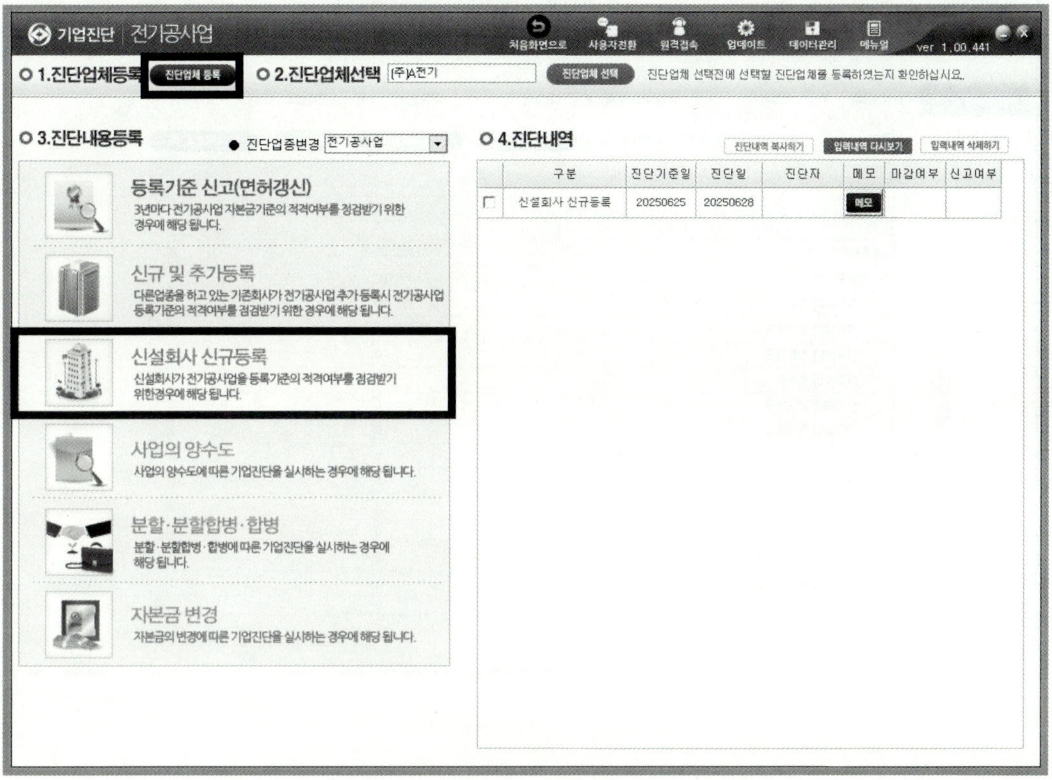

2. 재무상태표

회사 제시 재무상태표 입력: 해당란에 직접 입력하는 방법 또는 엑셀 업로드 가능

3. 손익계산서

회사 제시 손익계산서 입력: 해당란에 직접 입력하는 방법 또는 엑셀 다운로드 가능

4. 평정하기

(1) 현 금

재무제표상 회사 제시 현금이 있는 경우에 반영하여 평정: 평정내역 없음
(현금잔액이 회사제시 자산총계의 2%를 초과하지 않으므로 부실자산 없음.)

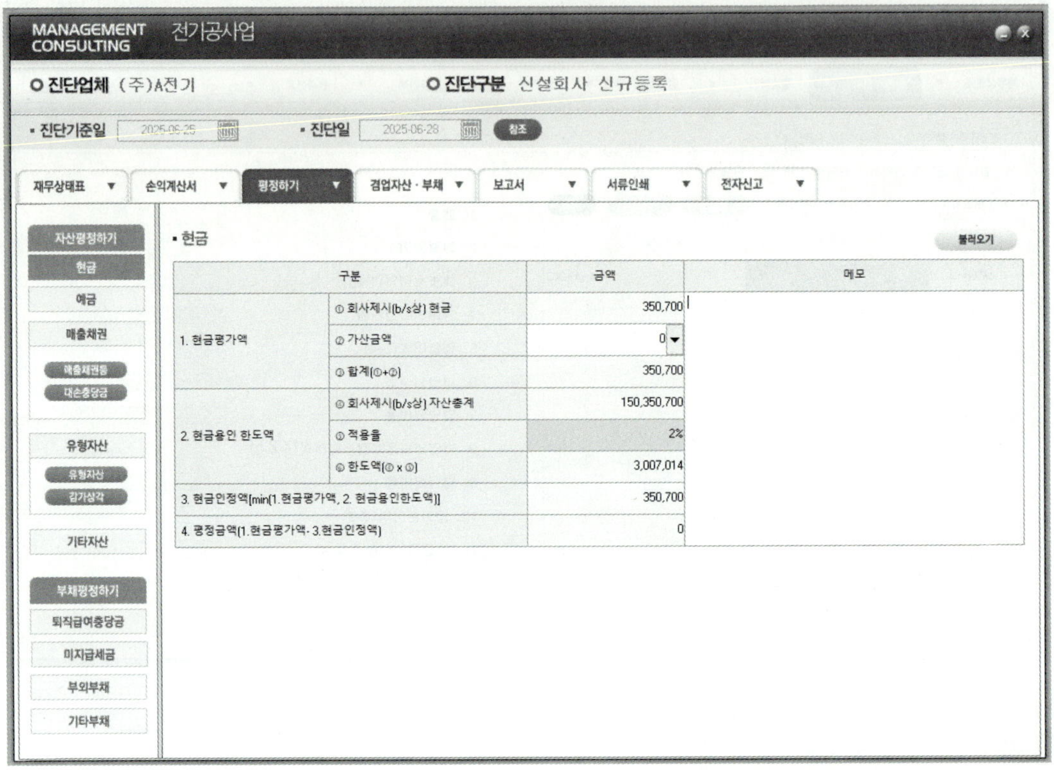

(2) 예 금

진단기준일 전일인 6월 24일을 기준으로 예금평균잔액을 계산하고 이를 회사제시 금액과 비교하여 부족분에 대하여 부실자산으로 계산한다.

(회사제시 보통예금잔액이 예금평균액을 초과하는 금액이 없으므로 부실자산 없음.)

(3) 출자금

전기공사공제조합 또는 신용보증기관에 대한 출자금(출자를 위하여 예치한 출자금액을 포함)은 기준일 현재의 지분평가액[출자를 위하여 예치한 출자금액(신설법인의 경우 무통장입금액)은 그 전액]을 전기공사업의 실질자산으로 인정한다.

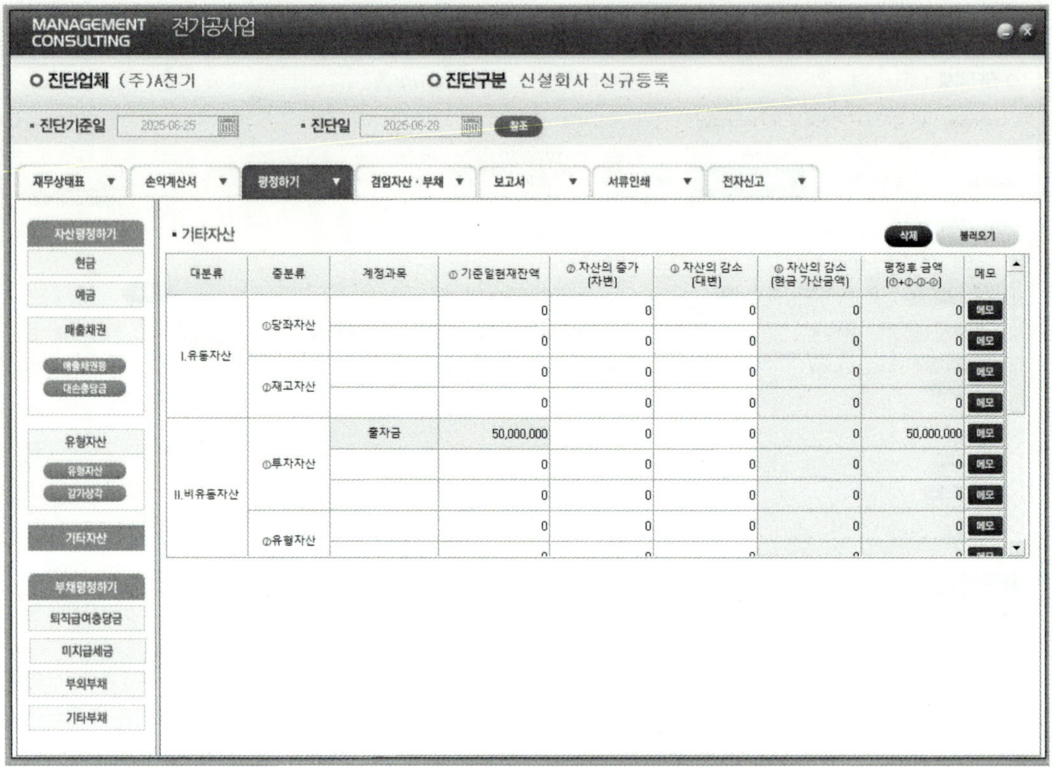

5. 보고서

(1) 진단내역서

평정사항이 있는 경우 평정을 반영하여야 한다.

MANAGEMENT CONSULTING 전기공사업

○ 진단업체 (주)A전기 **○ 진단구분** 신설회사 신규등록

▪ **진단기준일** 2025-06-25 ▪ **진단일** 2025-06-28 참조

재무상태표 ▼ | 손익계산서 ▼ | 평정하기 ▼ | 겸업자산 · 부채 ▼ | 보고서 ▼ | 서류인쇄 ▼ | 전자신고 ▼

진단내역서 | 기업진단 보고서 | 기업진단조서 | 감리의뢰서 | 진단불능확인서 마감처리

◉ 전체 ○ 자산 ○ 부채 ○ 자본 ○ 겸업자산,부채 계산내역 불러오기

계정과목	당기 최초제시	평정			평정후 금액	평정내역
		차변	대변	조서(평정근거)		
Ⅰ.유동자산	70,350,700	0	0		70,350,700	
①당좌자산	70,350,700	0	0		70,350,700	
현금및현금성자산	70,350,700	0	0		70,350,700	
②재고자산	0	0	0		0	
Ⅱ.비유동자산	80,000,000	0	0		80,000,000	
①투자자산	50,000,000	0	0		50,000,000	
출자금	50,000,000	0	0		50,000,000	
②유형자산	0	0	0		0	
③무형자산	0	0	0		0	
④기타비유동자산	30,000,000	0	0		30,000,000	
임차보증금	30,000,000	0	0		30,000,000	
(겸업자산)	0	0	0		0	
자산총계	150,350,700	0	0		150,350,700	
Ⅰ.유동부채	0	0	0		0	
Ⅱ.비유동부채	0	0	0		0	
(겸업부채)	0	0	0		0	
부채총계	0	0	0		0	
Ⅰ.자본금	155,000,000	0	0		155,000,000	
자본금	155,000,000	0	0		155,000,000	
Ⅱ.자본잉여금	0	0	0		0	
Ⅲ.자본조정	0	0	0		0	
Ⅳ.기타포괄손익누계액	0	0	0		0	
Ⅴ.이익잉여금	-4,649,300	0	0		-4,649,300	
미처리결손금	-4,649,300	0	0		-4,649,300	
(진단조정)	0	0	0		0	
자본총계	150,350,700	0	0		150,350,700	
부채및자본총계	150,350,700	0	0		150,350,700	

(2) 기업진단 보고서

진단대상사업의 실질자본 확인 및 적격 여부 확인을 하여야 한다.

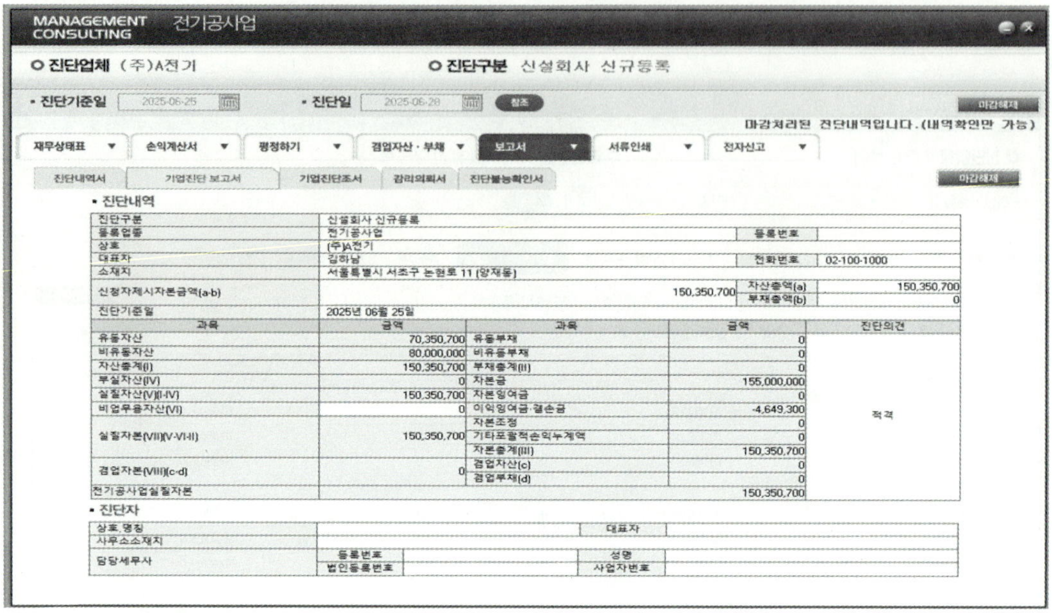

(3) 기업진단조서

진단자의 진단 내역 관리 및 진단보고서의 적정성을 검증하여야 한다.

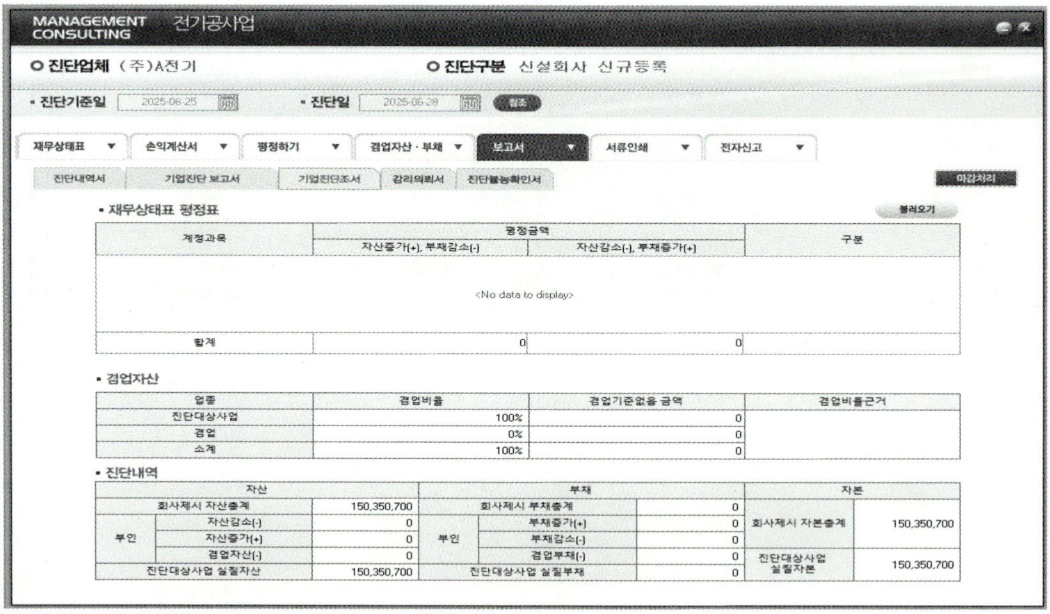

(4) 감리의뢰서

한국세무사회의 진단 경유를 위한 사전감리용 의뢰서를 작성한다.

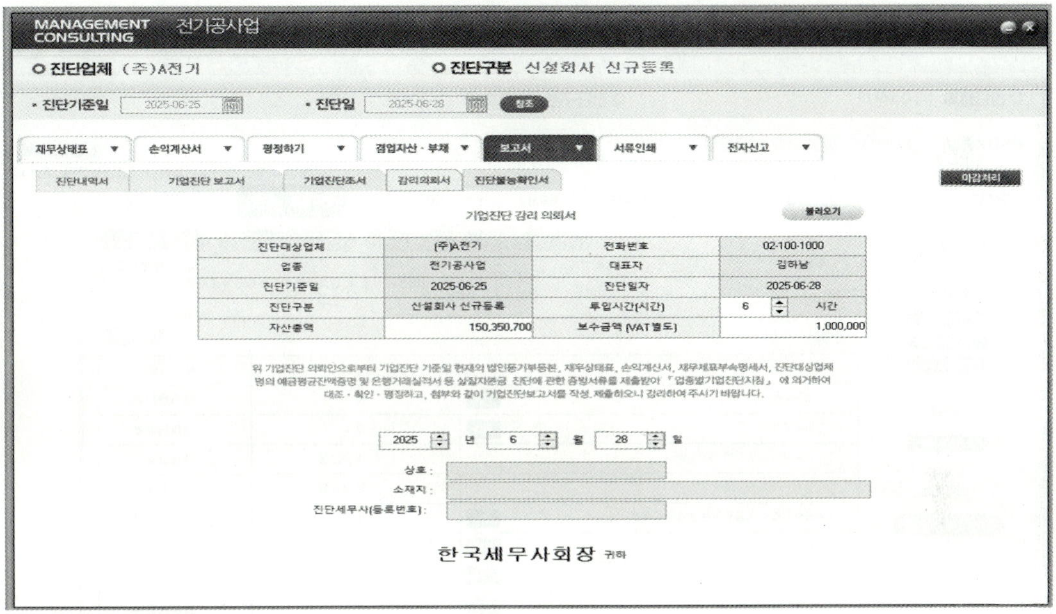

MANAGEMENT CONSULTING 전기공사업

○ 진단업체 (주)A전기　　○ 진단구분 신설회사 신규등록

• 진단기준일 2025-06-25　• 진단일 2025-06-28　참조

재무상태표 ▼ | 손익계산서 ▼ | 평정하기 ▼ | 겸업자산 · 부채 ▼ | 보고서 ▼ | 서류인쇄 ▼ | 전자신고 ▼

진단내역서 | 기업진단 보고서 | 기업진단조서 | 감리의뢰서 | 진단불능확인서　마감처리

기업진단 감리 의뢰서　불러오기

진단대상업체	(주)A전기	전화번호	02-100-1000
업종	전기공사업	대표자	김하남
진단기준일	2025-06-25	진단일자	2025-06-28
진단구분	신설회사 신규등록	투입시간(시간)	6 시간
자산총액	150,350,700	보수금액 (VAT별도)	1,000,000

위 기업진단 의뢰인으로부터 기업진단 기준일 현재의 법인등기부등본, 재무상태표, 손익계산서, 재무제표부속명세서, 진단대상업체 명의 예금평균잔액증명 및 은행거래실적서 등 실질자본금 진단에 관한 증빙서류를 제출받아 「업종별기업진단지침」 에 의거하여 대조 · 확인 · 평정하고, 첨부와 같이 기업진단보고서를 작성, 제출하오니 감리하여 주시기 바랍니다.

2025 년 6 월 28 일

상호 :

소재지 :

진단세무사(등록번호) :

한국세무사회장 귀하

(5) 진단불능확인서

진단자의 독립성 충족여부를 확인하기 위한 서류를 제출하여야 한다.

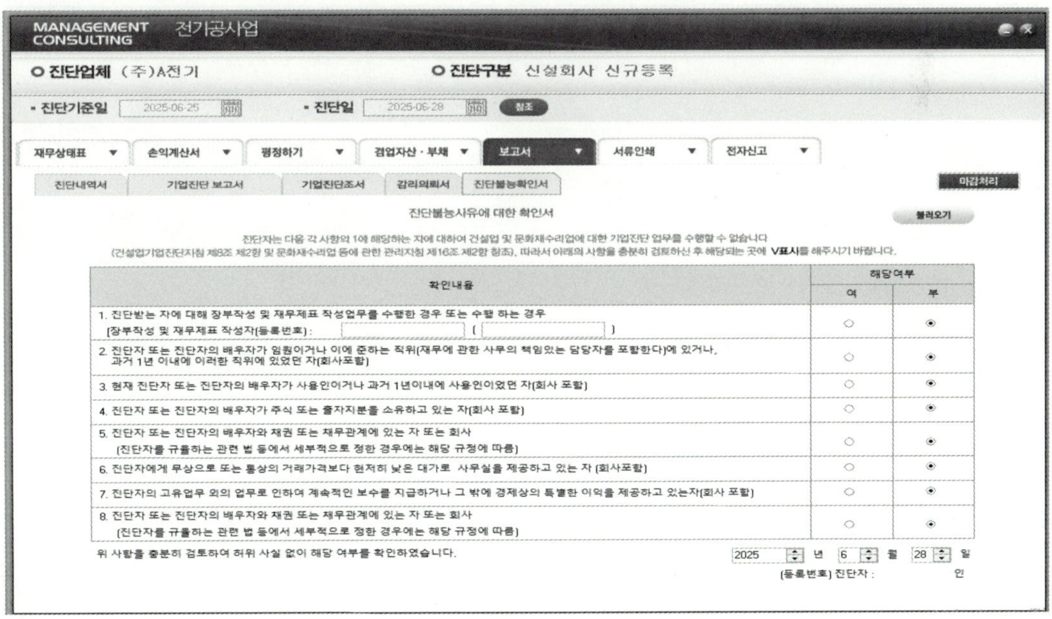

MANAGEMENT CONSULTING 전기공사업

○ 진단업체 (주)A전기　　○ 진단구분 신설회사 신규등록

• 진단기준일 2025-06-25　• 진단일 2025-06-28　참조

재무상태표 ▼ | 손익계산서 ▼ | 평정하기 ▼ | 겸업자산 · 부채 ▼ | 보고서 ▼ | 서류인쇄 ▼ | 전자신고 ▼

진단내역서 | 기업진단 보고서 | 기업진단조서 | 감리의뢰서 | 진단불능확인서　마감처리

진단불능사유에 대한 확인서　불러오기

진단자는 다음 각 사항의 1에 해당하는 자에 대하여 건설업 및 문화재수리업에 대한 기업진단 업무를 수행할 수 없습니다
(건설업기업진단지침 제8조 제2항 및 문화재수리업 등에 관한 관리지침 제16조 제2항 참조). 따라서 아래의 사항을 충분히 검토하신 후 해당되는 곳에 **V표시**를 해주시기 바랍니다.

확인내용	해당여부	
	여	부
1. 진단받는 자에 대해 장부작성 및 재무제표 작성업무를 수행한 경우 또는 수행 하는 경우 [장부작성 및 재무제표 작성자(등록번호) : ( )	○	◉
2. 진단자 또는 진단자의 배우자가 임원이거나 이에 준하는 직위(재무에 관한 사무의 책임있는 담당자를 포함한다)에 있거나, 과거 1년 이내에 이러한 직위에 있었던 자(회사포함)	○	◉
3. 현재 진단자 또는 진단자의 배우자가 사용인이거나 과거 1년이내에 사용인이었던 자(회사 포함)	○	◉
4. 진단자 또는 진단자의 배우자가 주식 또는 출자지분을 소유하고 있는 자(회사 포함)	○	◉
5. 진단자 또는 진단자의 배우자와 채권 또는 채무관계에 있는 자 또는 회사 (진단자를 규율하는 관련 법 등에서 세부적으로 정한 경우에는 해당 규정에 따름)	○	◉
6. 진단자에게 무상으로 또는 통상의 거래가격보다 현저히 낮은 대가로 사무실을 제공하고 있는 자 (회사포함)	○	◉
7. 진단자의 고유업무 외의 업무로 인하여 계속적인 보수를 지급하거나 그 밖에 경제상의 특별한 이익을 제공하고 있는자(회사 포함)	○	◉
8. 진단자 또는 진단자의 배우자와 채권 또는 채무관계에 있는 자 또는 회사 (진단자를 규율하는 관련 법 등에서 세부적으로 정한 경우에는 해당 규정에 따름)	○	◉

위 사항을 충분히 검토하여 허위 사실 없이 해당 여부를 확인하였습니다.　2025 년 6 월 28 일

(등록번호) 진단자 :　인

6. 서류인쇄

입력 내용을 재확인하고 프로그램의 버그 등에 의한 오류 여부를 확인하여야 한다.

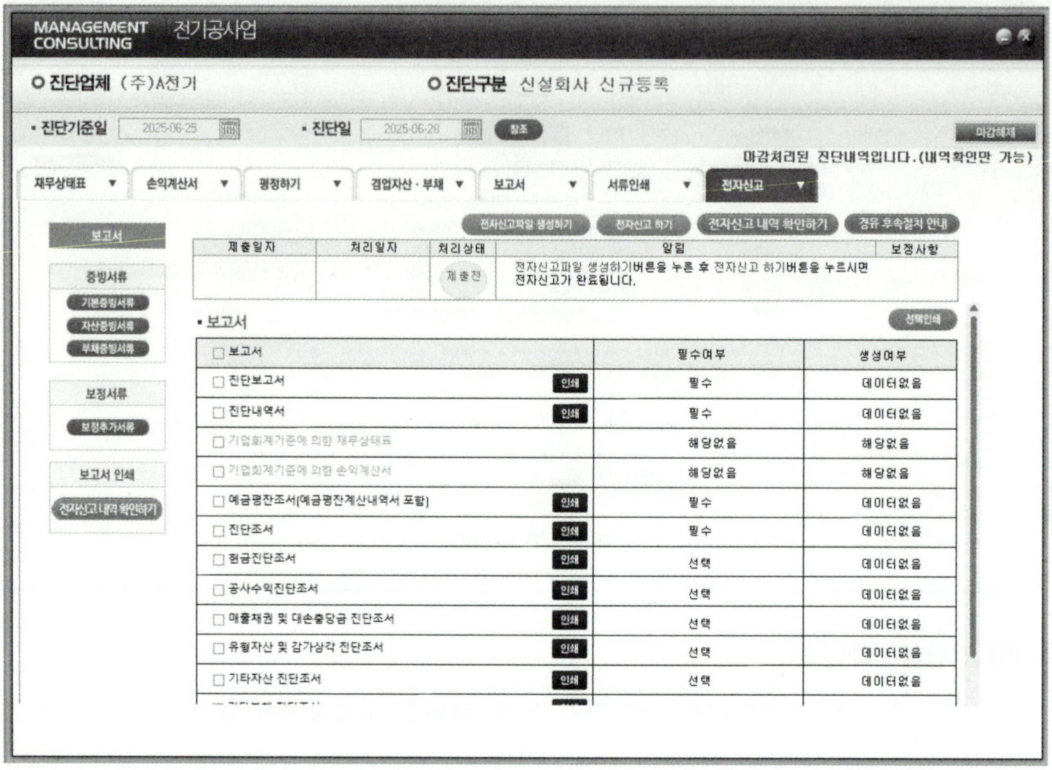

7. 전자신고

증빙서류를 스캔하여 항목별로 업로드 한 후 전자신고파일을 생성하고 전자신고를 진행한다.

제2절 신규등록 (기존법인)

| 진단회사자료 |

- 회사명: (주)B전기
- 설립등기일: 2023년 7월 25일
- 등기부상 납입자본금: ₩150,000,000
- 회계연도: 1월 1일~12월 31일
- 업종: 제조업 영위(전기공사업 추가 예정)

| 진단관련 추가정보 |

① 임차보증금 ₩1,000,000은 증빙서류가 미비하여 실재성을 확인할 수 없다.
② 진단기준일: 2025.1.31
③ 진단일: 2025.2.10
④ 회사는 이사회 결의를 통해 잉여금 중 1억 5천만원을 전기공사업을 추가로 영위하기 위하여 별도의 예금으로 유보중이다.
⑤ 전직원이 일시에 퇴직할 경우에 설정해야 하는 퇴직급여추계액: ₩25,400,000
⑥ 재무제표상 계상된 미지급법인세에는 추가적으로 계상하였어야 할 금액 ₩5,945,364가 누락되어 있다.

1. 재무상태표

재 무 상 태 표

제 3 기 2025년 01월 31일 현재

제 2 기 2024년 12월 31일 현재

회사명 : (주)B전기 (단위 : 원)

과 목	제 3(당)기		제 2(전)기	
	금 액		금 액	
자 산				
Ⅰ. 유 동 자 산		360,031,470		447,340,595
① 당 좌 자 산		360,031,470		447,340,595
현 금		530,450		530,450
보 통 예 금		209,250,620		256,569,945
공 사 미 수 금		150,250,400		190,240,200
② 재 고 자 산				
Ⅱ. 비 유 동 자 산		1,000,000		1,000,000
① 투 자 자 산				
② 유 형 자 산				
③ 무 형 자 산				
④ 기 타 비 유 동 자 산		1,000,000		1,000,000
임 차 보 증 금		1,000,000		1,000,000
자 산 총 계		361,031,470		448,340,595
부 채				
Ⅰ. 유 동 부 채		191,170,190		332,528,080
외 상 매 입 금		6,000,840		46,900,200
미 지 급 금		67,600,250		80,600,550
예 수 금		4,520,550		4,020,180
부 가 세 예 수 금		20,620,400		
단 기 차 입 금		74,226,450		182,805,450
미 지 급 법 인 세		18,201,700		18,201,700
Ⅱ. 비 유 동 부 채				
부 채 총 계		191,170,190		332,528,080
자 본				
Ⅰ. 자 본 금		150,000,000		150,000,000
자 본 금		150,000,000		150,000,000
Ⅱ. 자 본 잉 여 금				
Ⅲ. 자 본 조 정				
Ⅳ. 기 타 포 괄 손 익 누 계 액				
Ⅴ. 이 익 잉 여 금		19,861,280		-34,187,485
미 처 분 이 익 잉 여 금		19,861,280		-34,187,485
(당 기 순 이 익)				
당기: 54,048,765				
전기: -34,187,485				

재 무 상 태 표

제 3 기 2025년 01월 31일 현재

제 2 기 2024년 12월 31일 현재

회사명 : (주)B전기 (단위 : 원)

과 목	제 3(당)기		제 2(전)기	
	금 액		금 액	
자 본 총 계		169,861,280		115,812,515
부 채 와 자 본 총 계		361,031,470		448,340,595

2. 손익계산서

손 익 계 산 서

제 3 기 2025년 01월 01일부터 2025년 01월 31일까지
제 2 기 2024년 01월 01일부터 2024년 12월 31일까지

회사명 : (주)B전기 (단위 : 원)

과 목	제 3(당)기		제 2(전)기	
	금 액		금 액	
Ⅰ. 매 출 액		**300,000,000**		**850,220,510**
제 품 매 출	300,000,000		850,220,510	
Ⅱ. 매 출 원 가		**230,670,770**		**760,330,530**
제 품 매 출 원 가		**230,670,770**		**760,330,530**
기 초 제 품 재 고 액				
당 기 제 품 제 조 원 가	230,670,770		760,330,530	
기 말 제 품 재 고 액				
Ⅲ. 매 출 총 이 익		**69,329,230**		**89,889,980**
Ⅳ. 판 매 비 와 관 리 비		**9,658,070**		**87,250,050**
직 원 급 여	4,500,000		37,550,000	
복 리 후 생 비	1,480,330		8,944,230	
여 비 교 통 비	250,800		1,700,920	
접 대 비	1,052,000		6,810,650	
통 신 비	344,000		2,770,450	
수 도 광 열 비	77,690		550,100	
세 금 과 공 과 금			1,200,420	
임 차 료			8,500,000	
수 선 비	230,270		50,000	
보 험 료			1,023,180	
차 량 유 지 비	300,000		5,065,010	
운 반 비	120,450		127,000	
도 서 인 쇄 비	13,400		650,220	
사 무 용 품 비	264,500		702,750	
소 모 품 비			3,455,120	
수 수 료 비 용	1,024,630		5,220,650	
건 물 관 리 비			920,450	
잡 비			2,008,900	
Ⅴ. 영 업 이 익		**59,671,160**		**2,639,930**
Ⅵ. 영 업 외 수 익				**7,640**
이 자 수 익			7,640	
Ⅶ. 영 업 외 비 용		**5,622,395**		**36,835,055**
잡 손 실	5,622,395		36,835,055	
Ⅷ. 법 인 세 차 감 전 이 익		**54,048,765**		**-34,187,485**
Ⅸ. 법 인 세 등				
Ⅹ. 당 기 순 이 익		**54,048,765**		**-34,187,485**

상기 재무제표 및 제시된 상황을 근거로 하여 (주)B전기를 진단하고 기업진단보고서를 작성하면 다음과 같다.

1. "진단업체 등록"을 통해 회사 기본사항을 입력한 후 "신규 및 추가등록" 클릭

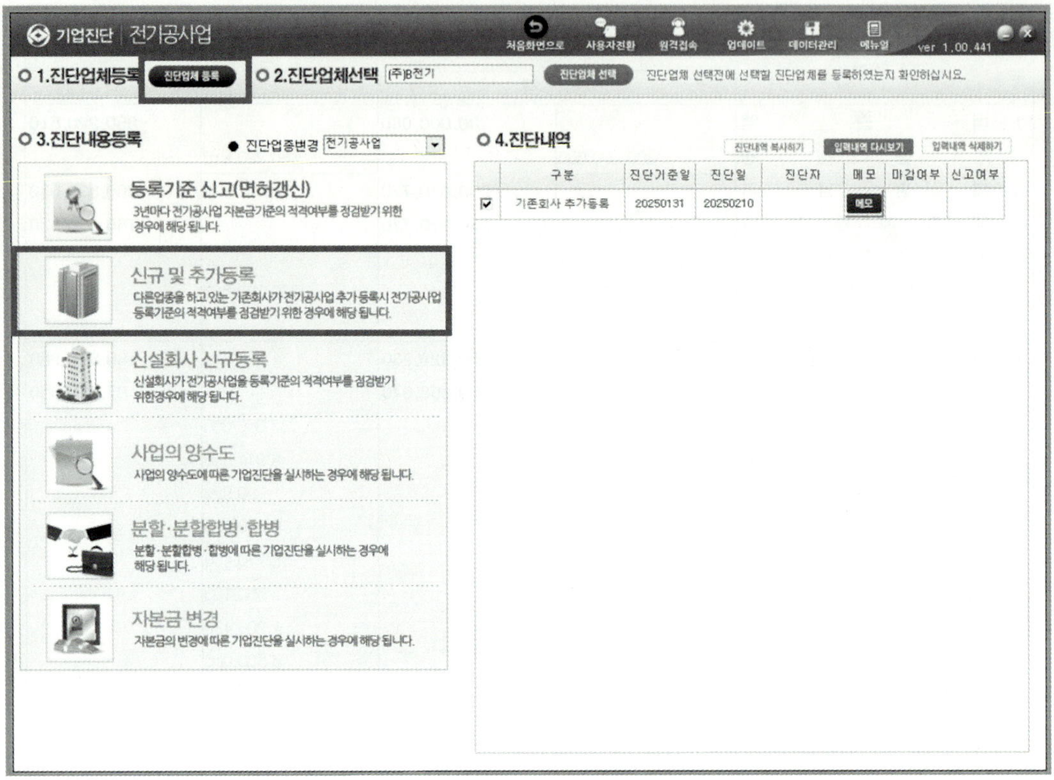

2. 재무상태표

회사 제시 재무상태표 입력: 해당란에 직접 입력하는 방법 또는 엑셀 업로드 가능

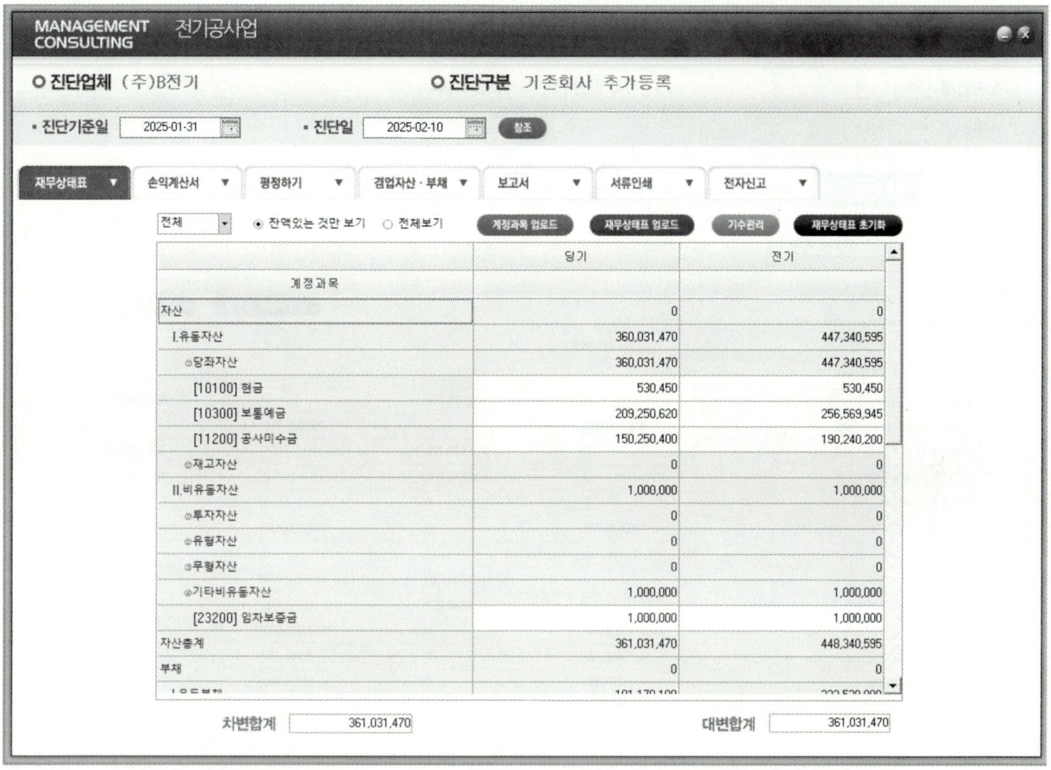

계정과목	당기	전기
자산	0	0
I.유동자산	360,031,470	447,340,595
ⓐ당좌자산	360,031,470	447,340,595
[10100] 현금	530,450	530,450
[10300] 보통예금	209,250,620	256,569,945
[11200] 공사미수금	150,250,400	190,240,200
ⓑ재고자산	0	0
II.비유동자산	1,000,000	1,000,000
ⓐ투자자산	0	0
ⓑ유형자산	0	0
ⓒ무형자산	0	0
ⓓ기타비유동자산	1,000,000	1,000,000
[23200] 임차보증금	1,000,000	1,000,000
자산총계	361,031,470	448,340,595
부채	0	0

3. 손익계산서

회사 제시 손익계산서 입력: 해당란에 직접 입력하는 방법 또는 엑셀 업로드 가능

계정과목	당기		전기	
I.매출액	0	300,000,000	0	850,220,510
[0404]제품매출	300,000,000	0	850,220,510	0
II.매출원가	0	230,670,770	0	760,330,530
[0455]제품매출원가	0	230,670,770	0	760,330,530
기초제품재고액	0	0	0	0
당기제품제조원가	230,670,770	0	760,330,530	0
기말제품재고액	0	0	0	0
III.매출총이익	0	69,329,230	0	89,889,980
IV.판매비와관리비	0	9,658,070	0	87,250,050
[0802]직원급여	4,500,000	0	37,550,000	0
[0811]복리후생비	1,480,330	0	8,944,230	0
[0812]여비교통비	250,800	0	1,700,920	0

4. 평정하기

(1) 현 금

재무제표상 회사 제시 현금이 있는 경우에 반영하여 평정: 평정내역 없음
(현금잔액이 회사제시 자산총계의 2%를 초과하지 않으므로 부실자산 없음.)

(2) 예 금

진단기준일 전일인 1월 30일을 기준으로 예금평균잔액을 계산하고 이를 회사제시금액과 비교하여 부실자산을 계산한다.

(회사제시 보통예금잔액이 예금평균액을 초과하는 금액이 없으므로 부실자산 없음.)

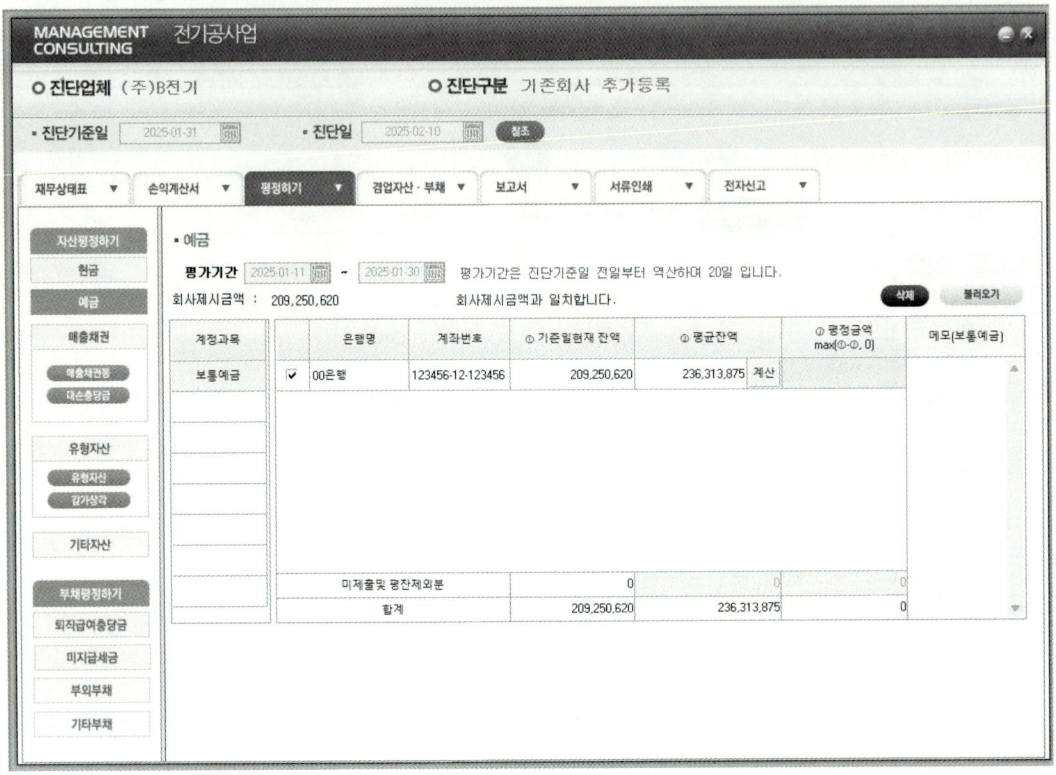

(3) 매출채권

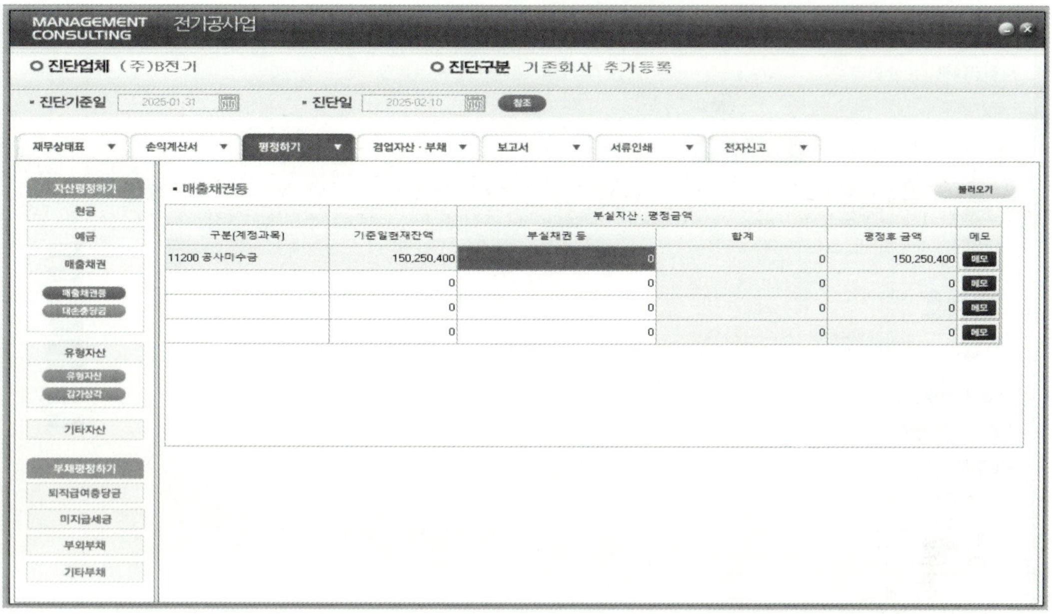

(4) 대손충당금

(5) 기타자산

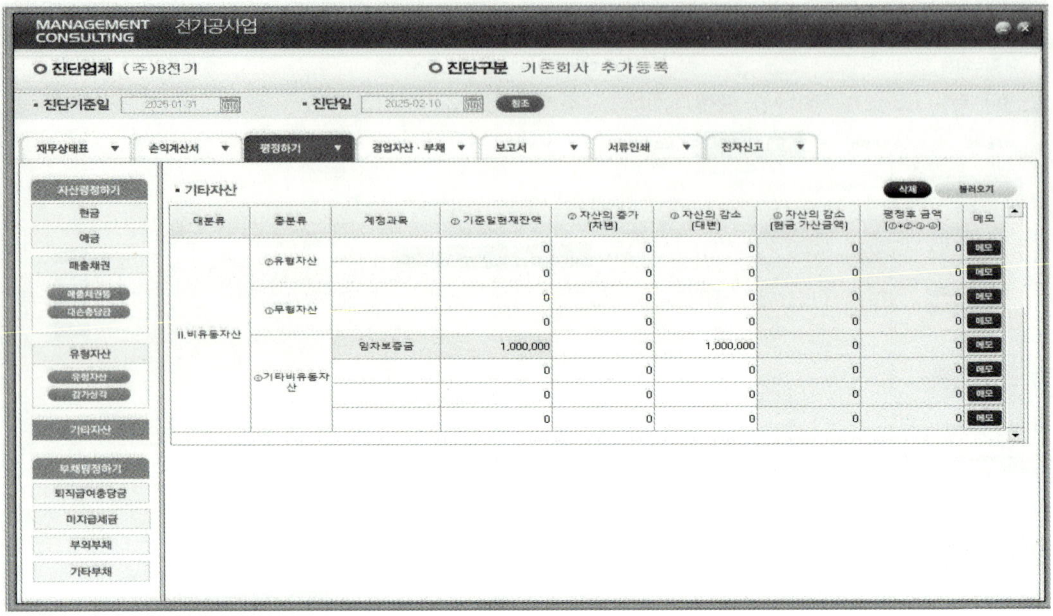

대분류	중분류	계정과목	① 기준일현재잔액	② 자산의 증가 (차변)	③ 자산의 감소 (대변)	④ 자산의 감소 (현금 가산금액)	평정후 금액 (①+②-③-④)	메모
II.비유동자산	①유형자산		0	0	0	0	0	메모
			0	0	0	0	0	메모
	②무형자산		0	0	0	0	0	메모
			0	0	0	0	0	메모
	③기타비유동자산	임차보증금	1,000,000	0	1,000,000	0	0	메모
			0	0	0	0	0	메모
			0	0	0	0	0	메모
			0	0	0	0	0	메모

(6) 퇴직급여충당금

퇴직급여충당금은 법인세법에 따라 계상된 금액(퇴직급여추계액의 5%)만큼 설정하여야 하며, 설정범위를 초과하여 충당한 경우에는 그 설정액을 그대로 인정한다. 퇴직급여추계액 전액을 퇴직급여충당부채로 인식하여야 하는 건설업과는 차이가 있음에 유의하여야 한다. 본 사례에서는 퇴직급여추계액 25,400,000원의 5%인 1,270,000원을 평정한다.

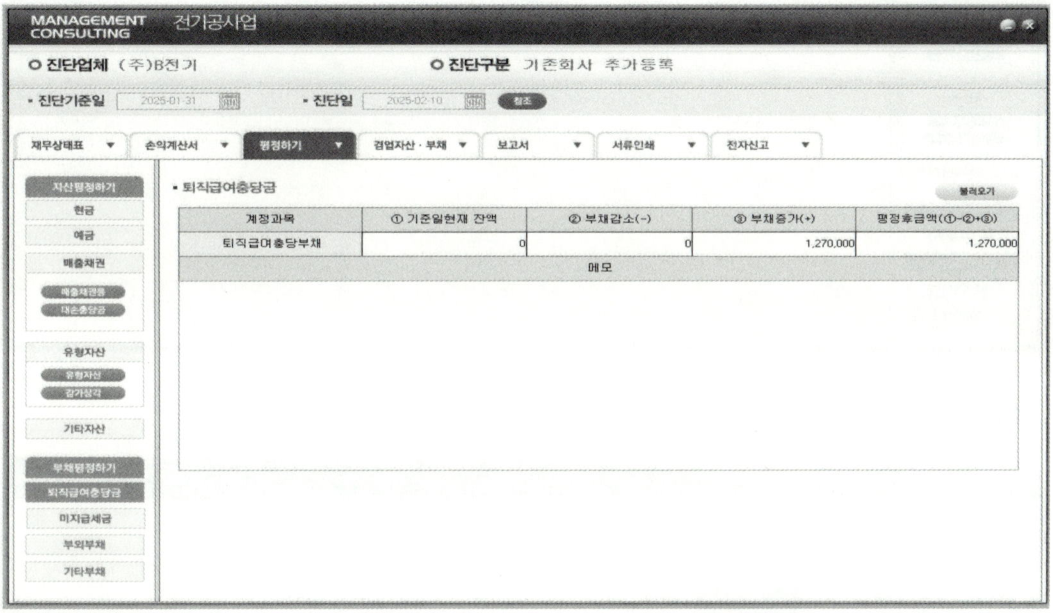

(7) 미지급법인세

(8) 부외부채

(9) 기타부채

MANAGEMENT CONSULTING 전기공사업
진단업체 (주)B전기
진단구분 기존회사 추가등록
진단기준일 2025-01-31
진단일 2025-02-10
참조
재무상태표
손익계산서
평정하기
겸업자산 · 부채
보고서
서류인쇄
전자신고
자산평정하기
현금
예금
매출채권
매출채권등
대손충당금
유형자산
유형자산
감가상각
기타자산
부채평정하기
퇴직급여충당금
미지급세금
부외부채
기타부채
기타부채
삭제
불러오기

분류	계정과목	① 기준일현재잔액	② 부채의 감소(차변)	③ 부채의 증가(대변)	평정후 금액(①-②+③)	메모
I.유동부채	외상매입금	6,000,840	0	0	6,000,840	메모
	미지급금	67,600,250	0	0	67,600,250	메모
	예수금	4,520,550	0	0	4,520,550	메모
	부가세예수금	20,620,400	0	0	20,620,400	메모
	단기차입금	74,226,450	0	0	74,226,450	메모

5. 겸업 자산·부채

겸업비율의 산정은 이사회 결의에 의한 1.5억원 자본금 유보이며, 따라서 예금 1.5억원을 제외한 기존 실질자산과 실질부채는 모두 겸업자산과 겸업부채에 해당한다.

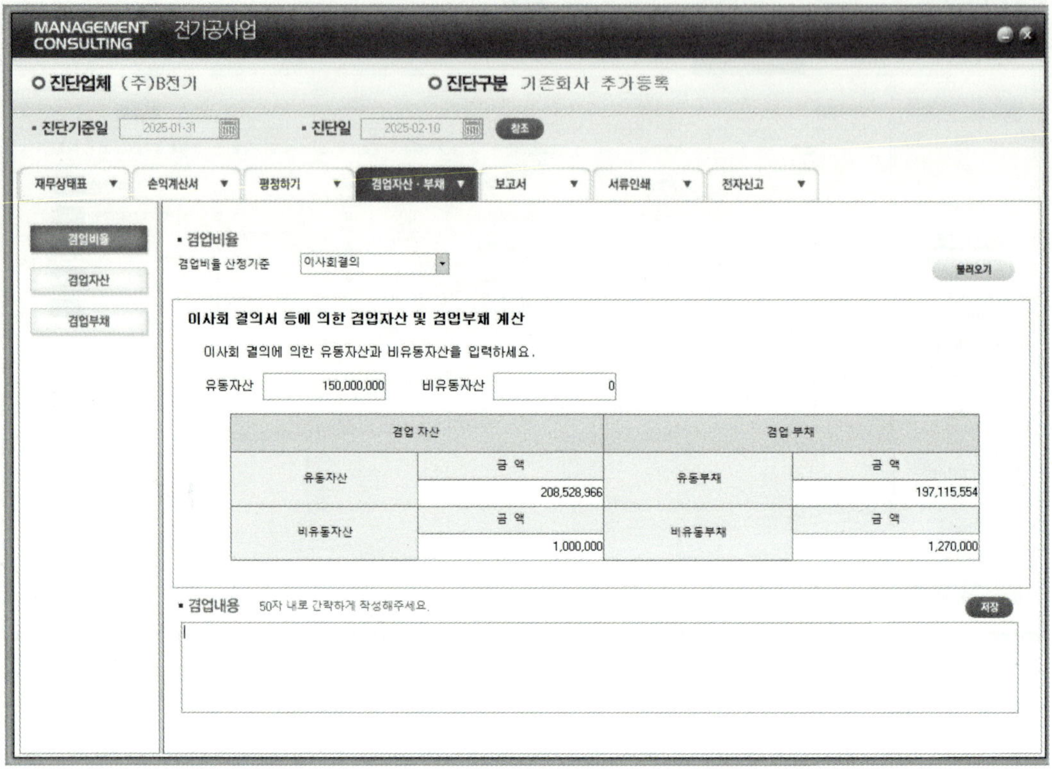

(1) 진단내역서

평정사항이 있는 경우 평정을 반영함

MANAGEMENT CONSULTING 전기공사업

○ 진단업체 (주)B전기　　○ 진단구분 기존회사 추가등록

▪ 진단기준일 2025-01-31　▪ 진단일 2025-02-10　참조

재무상태표 ▼ | 손익계산서 ▼ | 평정하기 ▼ | 겸업자산 · 부채 ▼ | 보고서 ▼ | 서류인쇄 ▼ | 전자신고 ▼

진단내역서 | 기업진단 보고서 | 기업진단조서 | 감리의뢰서 | 진단불능확인서　　마감처리

◉ 전체 ○ 자산 ○ 부채 ○ 자본 ○ 겸업자산,부채 계산내역　　불러오기

계정과목	당기 최초제시	평정			평정후 금액	평정내역
		차변	대변	조서(평정근거)		
Ⅰ.유동자산	360,031,470	0	1,502,504		358,528,966	
①당좌자산	360,031,470	0	1,502,504		358,528,966	
현금및현금성자산	209,781,070	0	0		209,781,070	
매출채권	150,250,400	0	0		150,250,400	
대손충당금	0	0	1,502,504	내역	-1,502,504	
②재고자산	0	0	0		0	
Ⅱ.비유동자산	1,000,000	0	1,000,000		0	
①투자자산	0	0	0		0	
②유형자산	0	0	0		0	
③무형자산	0	0	0		0	
④기타비유동자산	1,000,000	0	1,000,000		0	
임차보증금	1,000,000	0	1,000,000	내역	0	
(겸업자산)	0	0	208,528,966		-208,528,966	
자산총계	361,031,470	0	211,031,470		150,000,000	
Ⅰ.유동부채	191,170,190	0	5,945,364		197,115,554	
매입채무	6,000,840	0	0		6,000,840	
미지급금	67,600,250	0	0		67,600,250	
예수금	4,520,550	0	0		4,520,550	
부가세예수금	20,620,400	0	0		20,620,400	
단기차입금	74,226,450	0	0		74,226,450	
미지급법인세	18,201,700	0	5,945,364	내역	24,147,064	
Ⅱ.비유동부채	0	0	1,270,000		1,270,000	
퇴직급여충당부채	0	0	1,270,000	내역	1,270,000	
(겸업부채)	0	198,385,554	0		-198,385,554	
부채총계	191,170,190	198,385,554	7,215,364		0	
Ⅰ.자본금	150,000,000	0	0		150,000,000	
부채총계	191,170,190	198,385,554	7,215,364		0	
Ⅰ.자본금	150,000,000	0	0		150,000,000	
자본금	150,000,000	0	0		150,000,000	
Ⅱ.자본잉여금	0	0	0		0	
Ⅲ.자본조정	0	0	0		0	
Ⅳ.기타포괄손익누계액	0	0	0		0	
Ⅴ.이익잉여금	19,861,280	0	0		19,861,280	
미처분이익잉여금	19,861,280	0	0		19,861,280	
(진단조정)	0	218,246,834	198,385,554		-9,717,868	
자본총계	169,861,280	218,246,834	198,385,554		150,000,000	
부채및자본총계	361,031,470	416,632,388	205,600,918		150,000,000	

(2) 기업진단 보고서

진단대상사업의 실질자본 확인 및 적격 여부 확인

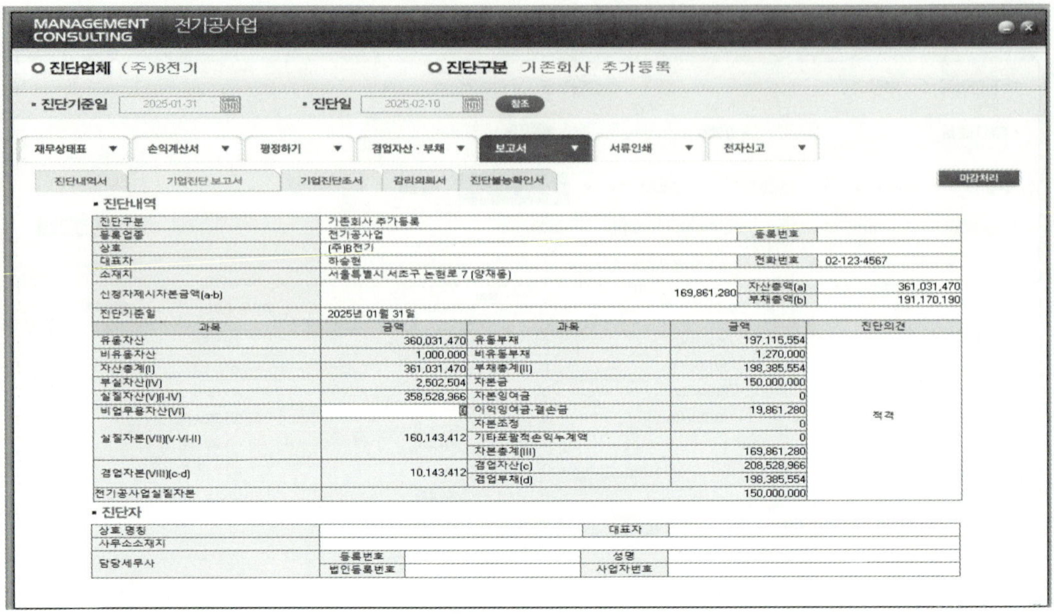

MANAGEMENT CONSULTING 전기공사업

○ 진단업체 (주)B전기 ○ 진단구분 기존회사 추가등록

▪ 진단기준일 2025-01-31 ▪ 진단일 2025-02-10 참조

재무상태표 ▼ | 손익계산서 ▼ | 평정하기 ▼ | 겸업자산 · 부채 ▼ | 보고서 ▼ | 서류인쇄 ▼ | 전자신고 ▼

진단내역서 | 기업진단 보고서 | 기업진단조서 | 감리의뢰서 | 진단불능확인서 | 마감처리

▪ 진단내역

진단구분	기존회사 추가등록			
등록업종	전기공사업		등록번호	
상호	(주)B전기			
대표자	하승현		전화번호	02-123-4567
소재지	서울특별시 서초구 논현로 7 (양재동)			
신청자제시자본금액(a-b)		169,861,280	자산총액(a)	361,031,470
			부채총액(b)	191,170,190
진단기준일	2025년 01월 31일			

과목	금액	과목	금액	진단의견
유동자산	360,031,470	유동부채	197,115,554	적격
비유동자산	1,000,000	비유동부채	1,270,000	
자산총계(I)	361,031,470	부채총계(II)	198,385,554	
부실자산(IV)	2,502,504	자본금	150,000,000	
실질자산(V)(I-IV)	358,528,966	자본잉여금	0	
비업무용자산(VI)	0	이익잉여금·결손금	19,861,280	
실질자본(VII)(V-VI-II)	160,143,412	자본조정	0	
		기타포괄적손익누계액	0	
		자본총계(III)	169,861,280	
겸업자본(VIII)(c-d)	10,143,412	겸업자산(c)	208,528,966	
		겸업부채(d)	198,385,554	
전기공사업실질자본			150,000,000	

▪ 진단자

상호.명칭			대표자	
사무소소재지				
담당세무사	등록번호		성명	
	법인등록번호		사업자번호	

(3) 기업진단조서

진단자의 진단 내역 관리 및 진단보고서의 적정성 검증

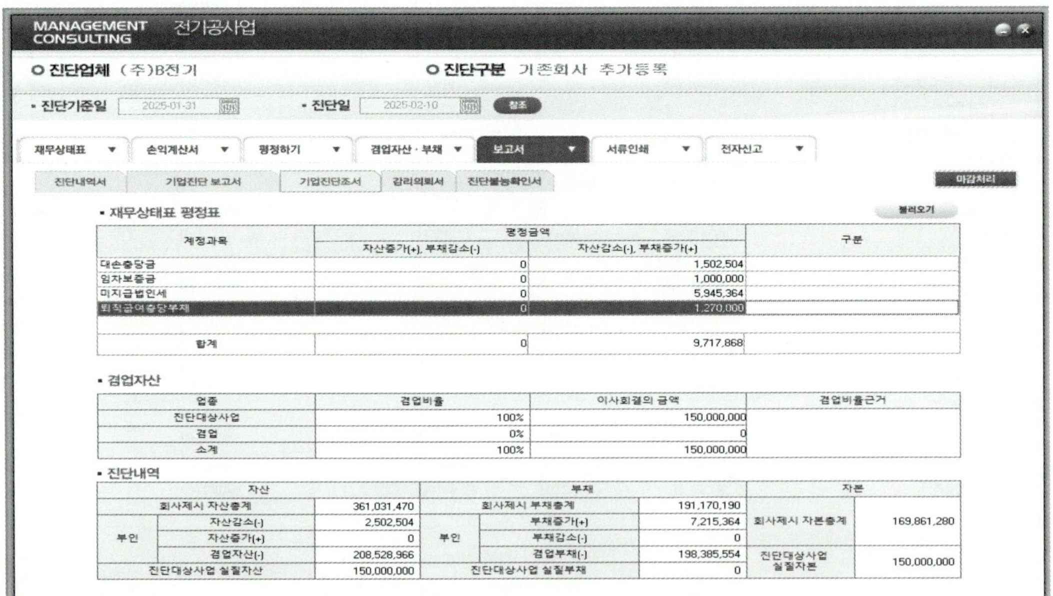

MANAGEMENT CONSULTING 전기공사업

○ 진단업체 (주)B전기 ○ 진단구분 기존회사 추가등록

▪ 진단기준일 2025-01-31 ▪ 진단일 2025-02-10 참조

재무상태표 ▼ | 손익계산서 ▼ | 평정하기 ▼ | 겸업자산 · 부채 ▼ | 보고서 ▼ | 서류인쇄 ▼ | 전자신고 ▼

진단내역서 | 기업진단 보고서 | 기업진단조서 | 감리의뢰서 | 진단불능확인서 | 마감처리

▪ 재무상태표 평정표 불러오기

계정과목	평정금액		구분
	자산증가(+), 부채감소(-)	자산감소(-), 부채증가(+)	
대손충당금	0	1,502,504	
임차보증금	0	1,000,000	
미지급법인세	0	5,945,364	
퇴직급여충당부채	0	1,270,000	
합계	0	9,717,868	

▪ 겸업자산

업종	겸업비율	이사회결의 금액	겸업비율근거
진단대상사업	100%	150,000,000	
겸업	0%	0	
소계	100%	150,000,000	

▪ 진단내역

자산			부채			자본	
회사제시 자산총계		361,031,470	회사제시 부채총계		191,170,190	회사제시 자본총계	169,861,280
부인	자산감소(-)	2,502,504	부인	부채증가(+)	7,215,364		
	자산증가(+)	0		부채감소(-)	0		
	겸업자산(-)	208,528,966		겸업부채(-)	198,385,554	진단대상사업 실질자본	150,000,000
진단대상사업 실질자산		150,000,000	진단대상사업 실질부채		0		

(4) 감리의뢰서

한국세무사회의 진단 경유를 위한 사전감리용 의뢰서

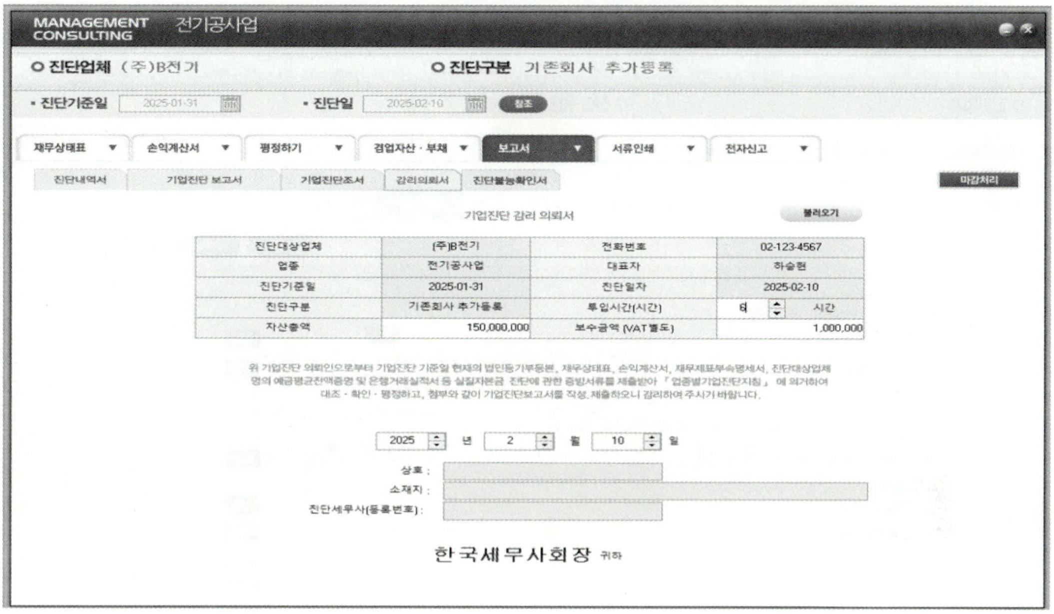

MANAGEMENT CONSULTING 전기공사업

진단업체 (주)B전기　진단구분 기존회사 추가등록

진단기준일 2025-01-31　진단일 2025-02-10　참조

재무상태표 ▼ | 손익계산서 ▼ | 평정하기 ▼ | 겸업자산·부채 ▼ | 보고서 ▼ | 서류인쇄 ▼ | 전자신고 ▼

진단내역서 | 기업진단 보고서 | 기업진단조서 | 감리의뢰서 | 진단불능확인서　마감처리

기업진단 감리 의뢰서　불러오기

진단대상업체	(주)B전기	전화번호	02-123-4567
업종	전기공사업	대표자	하승현
진단기준일	2025-01-31	진단일자	2025-02-10
진단구분	기존회사 추가등록	투입시간(시간)	6 시간
자산총액	150,000,000	보수금액 (VAT별도)	1,000,000

위 기업진단 의뢰인으로부터 기업진단 기준일 현재의 법인등기부등본, 재무상태표, 손익계산서, 재무제표부속명세서, 진단대상업체 명의 예금평균잔액증명 및 은행거래실적서 등 실질자본금 진단에 관한 증빙서류를 제출받아 「업종별기업진단지침」 에 의거하여 대조 · 확인 · 평정하고, 첨부와 같이 기업진단보고서를 작성, 제출하오니 감리하여 주시기 바랍니다.

2025 년 2 월 10 일

상호 :

소재지 :

진단세무사(등록번호) :

한국세무사회장 귀하

(5) 진단불능확인서

진단자의 독립성 충족여부를 확인하기 위한 서류

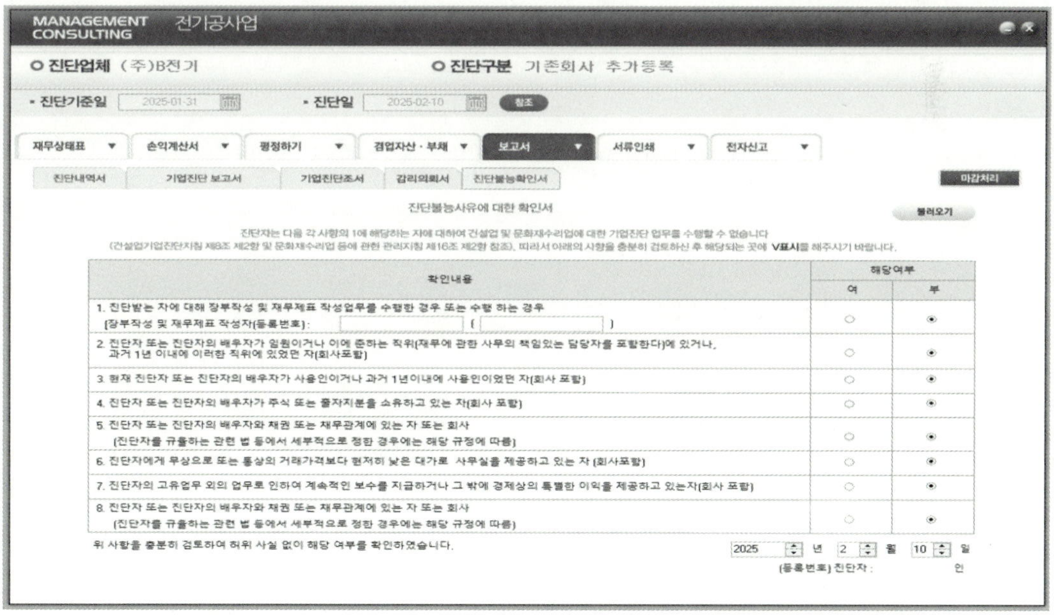

MANAGEMENT CONSULTING 전기공사업

진단업체 (주)B전기　진단구분 기존회사 추가등록

진단기준일 2025-01-31　진단일 2025-02-10　참조

재무상태표 ▼ | 손익계산서 ▼ | 평정하기 ▼ | 겸업자산·부채 ▼ | 보고서 ▼ | 서류인쇄 ▼ | 전자신고 ▼

진단내역서 | 기업진단 보고서 | 기업진단조서 | 감리의뢰서 | 진단불능확인서　마감처리

진단불능사유에 대한 확인서　불러오기

진단자는 다음 각 사항의 1에 해당하는 자에 대하여 건설업 및 문화재수리업에 대한 기업진단 업무를 수행할 수 없습니다 (건설업기업진단지침 제8조 제2항 및 문화재수리업 등에 관한 관리지침 제16조 제2항 참조). 따라서 아래의 사항을 충분히 검토하신 후 해당되는 곳에 **V표시**를 해주시기 바랍니다.

확인내용	해당여부	
	여	부
1. 진단받는 자에 대해 장부작성 및 재무제표 작성업무를 수행한 경우 또는 수행 하는 경우 (장부작성 및 재무제표 작성자(등록번호) : (　)	○	◉
2. 진단자 또는 진단자의 배우자가 임원이거나 이에 준하는 직위(재무에 관한 사무의 책임있는 담당자를 포함한다)에 있거나, 과거 1년 이내에 이러한 직위에 있었던 자(회사포함)	○	◉
3. 현재 진단자 또는 진단자의 배우자가 사용인이거나 과거 1년이내에 사용인이었던 자(회사 포함)	○	◉
4. 진단자 또는 진단자의 배우자가 주식 또는 출자지분을 소유하고 있는 자(회사 포함)	○	◉
5. 진단자 또는 진단자의 배우자와 채권 또는 채무관계에 있는 자 또는 회사 (진단자를 규율하는 관련 법 등에서 세부적으로 정한 경우에는 해당 규정에 따름)	○	◉
6. 진단자에게 무상으로 또는 통상의 거래가격보다 현저히 낮은 대가로 사무실을 제공하고 있는 자 (회사포함)	○	◉
7. 진단자의 고유업무 외의 업무로 인하여 계속적인 보수를 지급하거나 그 밖에 경제상의 특별한 이익을 제공하고 있는자(회사 포함)	○	◉
8. 진단자 또는 진단자의 배우자와 채권 또는 채무관계에 있는 자 또는 회사 (진단자를 규율하는 관련 법 등에서 세부적으로 정한 경우에는 해당 규정에 따름)	○	◉

위 사항을 충분히 검토하여 허위 사실 없이 해당 여부를 확인하였습니다.

2025 년 2 월 10 일

(등록번호) 진단자 : 인

7. 서류인쇄

입력 내용을 재확인하고 프로그램의 버그 등에 의한 오류 여부 확인

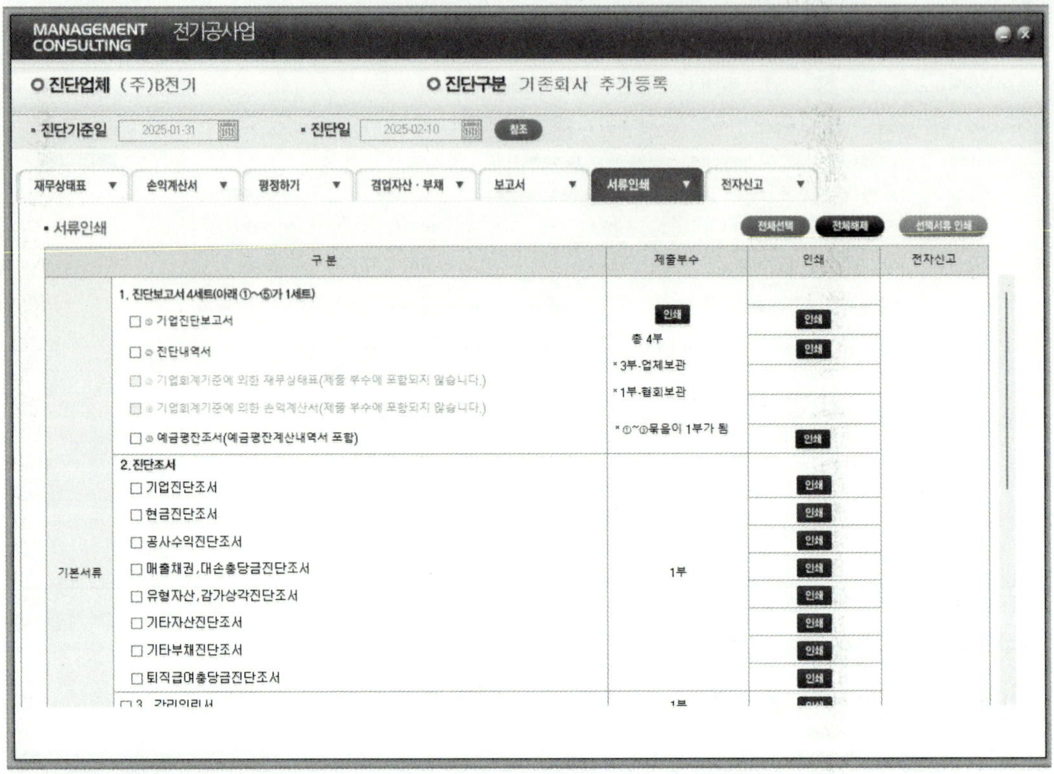

8. 전자신고

증빙서류를 스캔하여 항목별로 업로드 한 후 전자신고파일을 생성하고 전자신고 진행

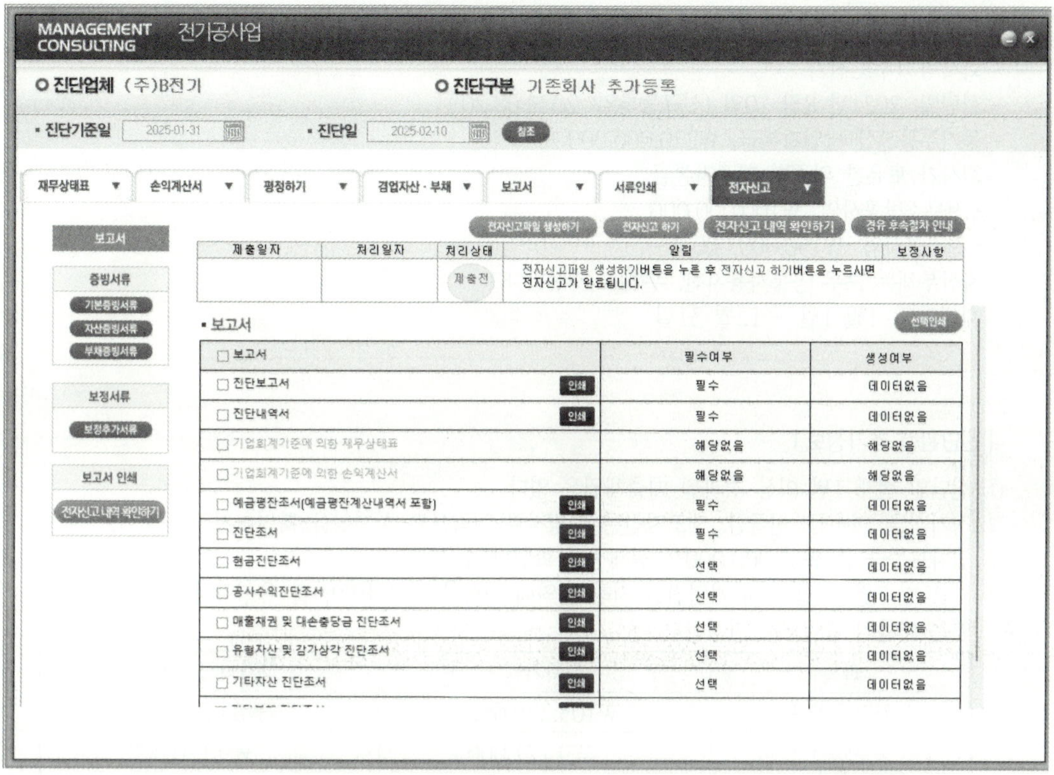

제3절 등록기준 신고

| 진단회사자료 |

- 회사명: (주)C전기
- 설립일: 2021년 8월 10일 (신규등록일: 2022.08.20.)
- 등기부등본상 납입자본금: ₩270,000,000
- 회사가 보유한 업종별 기준자본금
  • 전문소방공사업: ₩100,000,000
  • 전기공사업: ₩150,000,000
- 자산부채는 모두 공통사용자산, 부채로 가정한다.
- 회계연도: 1월 1일 ~ 12월 31일

| 진단관련 추가정보 |

① 진단일 현재 1년 이상 경과된 매출채권은 없다.
② 정기적금, 미수금, 선급금, 재고자산은 증빙자료 누락으로 실재성을 확인하지 못하였다.
③ 임차보증금 중 ₩35,000,000은 실재성을 확인할 수 없다.
④ 2025년 7월 31일 현재 기업진단 지침에 의해 회사가 계상하여야 할 유형자산의 감가상각누계액은 다음의 금액으로 가정한다.

과목	취득가액	감가상각누계액
차량운반구	₩105,279,652	₩84,223,721
공구와기구	₩9,121,000	₩9,120,000
비품	₩17,769,729	₩15,104,269
시설장치	₩18,100,000	₩2,111,666

⑤ 출자금의 평가액: ₩80,175,010
⑥ 진단기준일: 2025.07.31
⑦ 진단일: 2025.08.05.
⑧ 2025년 7월 31일 현재의 퇴직급여추계액은 ₩287,200,000으로 확인되었다.
⑨ 재무제표에는 반영되지 않은 미지급세금 ₩13,209,403이 확인되었다.

1. 재무상태표

재 무 상 태 표

제 5 기 2025년 07월 31일 현재

제 4 기 2024년 12월 31일 현재

회사명 : (주)C전기 (단위 : 원)

과 목	제 5(당)기		제 4(전)기	
	금 액		금 액	
자산				
Ⅰ. 유동자산		**638,730,099**		**615,040,872**
① 당좌자산		**635,537,199**		**612,117,672**
현금		18,775,884		3,184,380
보통예금		214,961,231		45,958,895
정기적금		60,000		
공사미수금		96,119,314		53,082,908
미수금		181,330		51,635,583
선급금		67,511,440		
선급비용				2,655,906
가지급금		237,928,000		455,600,000
② 재고자산		**3,192,900**		**2,923,200**
원재료(도급)		1,646,500		2,923,200
미완성공사(도급)		1,546,400		
Ⅱ. 비유동자산		**227,631,078**		**129,934,132**
① 투자자산		**79,249,600**		**79,249,600**
출자금		79,249,600		79,249,600
② 유형자산		**43,380,478**		**30,683,532**
차량운반구	105,279,652		98,824,282	
감가상각누계액	77,268,335	28,011,317	68,409,060	30,415,222
공구와기구	9,121,000		9,121,000	
감가상각누계액	9,091,600	29,400	9,091,600	29,400
비품	17,769,729		17,769,729	
감가상각누계액	17,530,819	238,910	17,530,819	238,910
시설장치	18,100,000			
감가상각누계액	2,999,149	15,100,851		
③ 무형자산		**1,000**		**1,000**
창업비		1,000		1,000
④ 기타비유동자산		**105,000,000**		**20,000,000**
임차보증금		105,000,000		20,000,000
자산총계		**866,361,177**		**744,975,004**
부채				
Ⅰ. 유동부채		**165,572,945**		**164,672,255**
외상매입금		12,814,230		5,829,378
미지급금		27,891,088		53,185,930

재 무 상 태 표

제 5 기 2025년 07월 31일 현재

제 4 기 2024년 12월 31일 현재

회사명 : (주)C전기 (단위 : 원)

과 목	제 5(당)기		제 4(전)기	
	금 액		금 액	
예 수 금		9,589,220		2,888,250
부 가 세 예 수 금		57,278,407		19,982,250
선 수 금		1,000,000		
단 기 차 입 금		57,000,000		57,000,000
미 지 급 세 금				25,786,447
Ⅱ. 비 유 동 부 채				
부 채 총 계		**165,572,945**		**164,672,255**
자 본				
Ⅰ. 자 본 금		**270,000,000**		**270,000,000**
자 본 금		270,000,000		270,000,000
Ⅱ. 자 본 잉 여 금				
Ⅲ. 자 본 조 정				
Ⅳ. 기 타 포 괄 손 익 누 계 액				
Ⅴ. 이 익 잉 여 금		**430,788,232**		**310,302,749**
미 처 분 이 익 잉 여 금		430,788,232		310,302,749
(당 기 순 이 익)				
당기: 120,485,483				
전기: 62,007,622				
자 본 총 계		**700,788,232**		**580,302,749**
부 채 와 자 본 총 계		**866,361,177**		**744,975,004**

2. 손익계산서

손 익 계 산 서

제 5 기 2025년 01월 01일부터 2025년 07월 31일까지

제 4 기 2024년 01월 01일부터 2024년 12월 31일까지

회사명 : (주)C전기 (단위 : 원)

과 목	제 5(당)기		제 4(전)기	
	금 액		금 액	
Ⅰ. 매 출 액		**863,120,474**		**1,163,899,678**
공 사 수 입 금	863,120,474		1,163,899,678	
Ⅱ. 매 출 원 가		**259,506,282**		**298,843,604**
도 급 공 사 매 출 원 가		**259,506,282**		**298,843,604**
Ⅲ. 매 출 총 이 익		**603,614,192**		**865,056,074**
Ⅳ. 판 매 비 와 관 리 비		**480,832,154**		**805,147,446**
임 원 급 여	14,000,000		24,000,000	
직 원 급 여	273,200,000		412,022,580	
잡 급	30,660,000		53,740,000	
복 리 후 생 비	28,701,600		77,836,405	
여 비 교 통 비	446,390		2,662,170	
접 대 비	11,725,100		17,885,150	
통 신 비	2,251,810		3,457,114	
수 도 광 열 비	202,000		120,000	
전 력 비	353,270		1,578,011	
세 금 과 공 과 금	14,806,598		20,487,350	
감 가 상 각 비	11,858,424		15,641,413	
임 차 료	7,210,000		17,162,260	
보 험 료	10,553,056		12,334,945	
차 량 유 지 비	44,503,292		72,634,677	
운 반 비			518,000	
도 서 인 쇄 비	681,600		513,670	
사 무 용 품 비	2,260,173		3,183,912	
소 모 품 비	14,006,455		45,358,886	
수 수 료 비 용	10,112,952		17,052,511	
건 물 관 리 비	3,299,434		6,958,392	
Ⅴ. 영 업 이 익		**122,782,038**		**59,908,628**
Ⅵ. 영 업 외 수 익		**658,175**		**13,488,405**
이 자 수 익			11,596,841	
배 당 금 수 익			700,000	
잡 이 익	658,175		1,191,564	
Ⅶ. 영 업 외 비 용		**2,954,730**		**3,292,594**
이 자 비 용	865,290		1,483,950	
잡 손 실	2,089,440		1,808,644	
Ⅷ. 법 인 세 차 감 전 이 익		**120,485,483**		**70,104,439**

손 익 계 산 서

제 5 기 2025년 01월 01일부터 2025년 07월 31일까지

제 4 기 2024년 01월 01일부터 2024년 12월 31일까지

회사명 : (주)C전기 (단위 : 원)

과 목	제 5(당)기		제 4(전)기	
	금 액		금 액	
Ⅸ. 법 인 세 등				8,096,817
법 인 세 등			8,096,817	
Ⅹ. 당 기 순 이 익		120,485,483		62,007,622

상기 재무제표 및 제시된 상황을 근거로 하여 (주)C전기를 진단하고 기업진단보고서를 작성하면 다음과 같다.

1. “진단업체 등록”을 통해 회사 기본사항을 입력한 후 “등록기준 신고(면허갱신)” 클릭

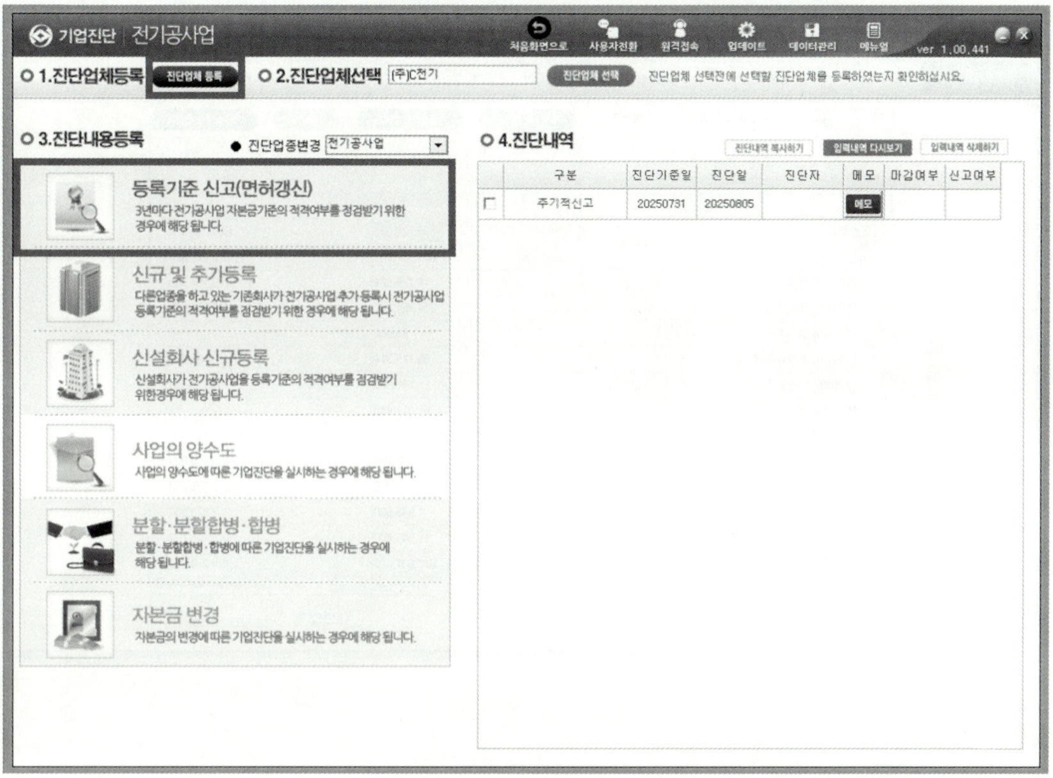

2. 재무상태표

회사 제시 재무상태표 입력: 해당란에 직접 입력하는 방법 또는 엑셀 다운로드 가능

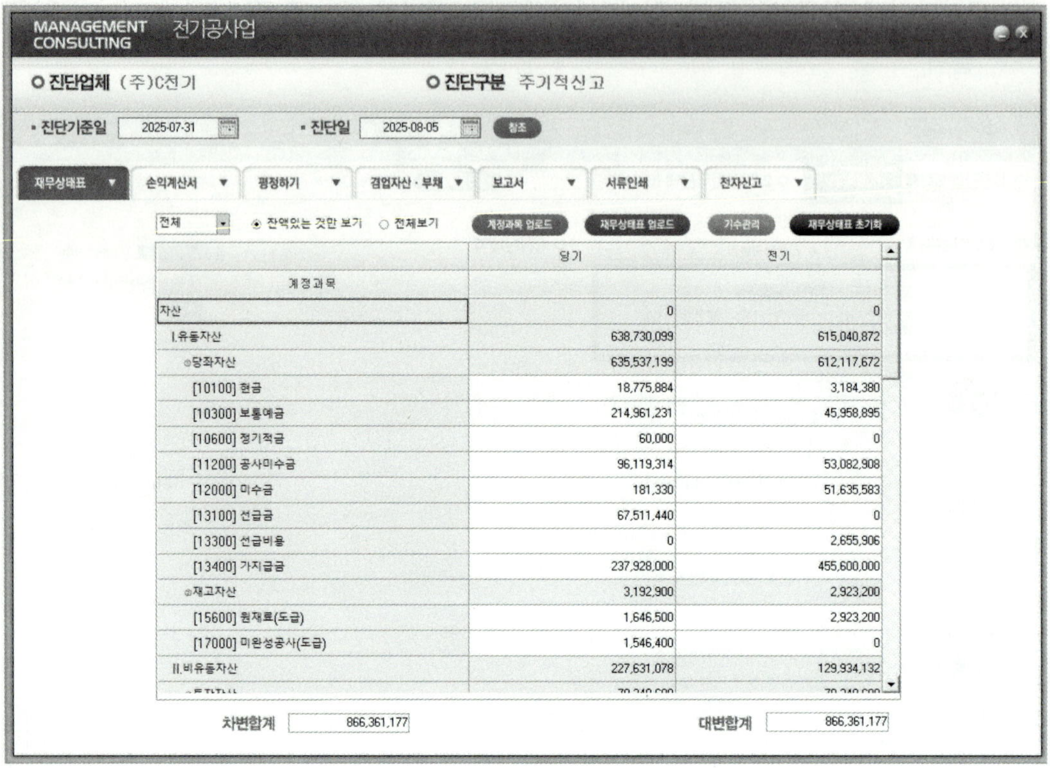

계정과목	당기	전기
자산	0	0
I.유동자산	638,730,099	615,040,872
◎당좌자산	635,537,199	612,117,672
[10100] 현금	18,775,884	3,184,380
[10300] 보통예금	214,961,231	45,958,895
[10600] 정기적금	60,000	0
[11200] 공사미수금	96,119,314	53,082,908
[12000] 미수금	181,330	51,635,583
[13100] 선급금	67,511,440	0
[13300] 선급비용	0	2,655,906
[13400] 가지급금	237,928,000	455,600,000
◎재고자산	3,192,900	2,923,200
[15600] 원재료(도급)	1,646,500	2,923,200
[17000] 미완성공사(도급)	1,546,400	0
II.비유동자산	227,631,078	129,934,132

3. 손익계산서

회사 제시 손익계산서 입력: 해당란에 직접 입력하는 방법 또는 엑셀 업로드 가능

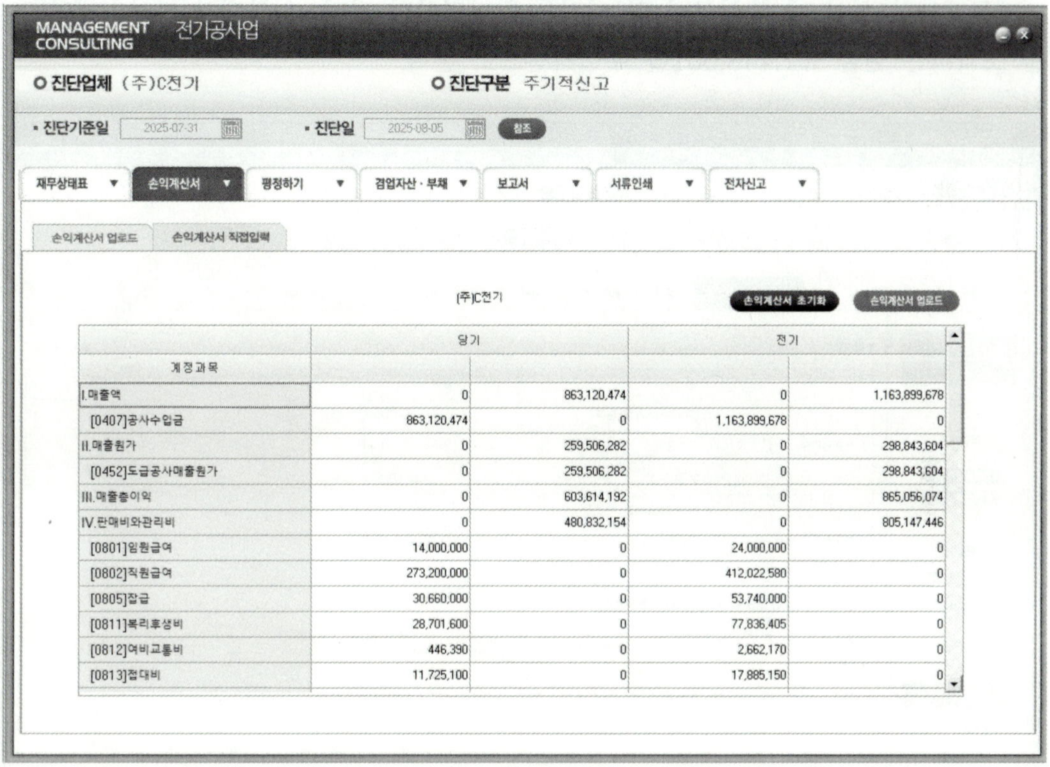

계정과목	당기		전기	
I.매출액	0	863,120,474	0	1,163,899,678
[0407]공사수입금	863,120,474	0	1,163,899,678	0
II.매출원가	0	259,506,282	0	298,843,604
[0452]도급공사매출원가	0	259,506,282	0	298,843,604
III.매출총이익	0	603,614,192	0	865,056,074
IV.판매비와관리비	0	480,832,154	0	805,147,446
[0801]임원급여	14,000,000	0	24,000,000	0
[0802]직원급여	273,200,000	0	412,022,580	0
[0805]잡급	30,660,000	0	53,740,000	0
[0811]복리후생비	28,701,600	0	77,836,405	0
[0812]여비교통비	446,390	0	2,662,170	0
[0813]접대비	11,725,100	0	17,885,150	0

4. 평정하기

(1) 현 금

재무제표상 회사 제시 현금이 있는 경우에 반영하여 평정: 회사제시 자산총계의 2%를 초과하는 현금 ₩1,448,661을 부실자산으로 본다.

구분		금액	메모
1. 현금평가액	① 회사제시(b/s상) 현금	18,775,884	
	② 가산금액	0	
	③ 합계(①+②)	18,775,884	
2. 현금용인 한도액	④ 회사제시(b/s상) 자산총계	866,361,177	
	⑤ 적용률	2%	
	⑥ 한도액(④ x ⑤)	17,327,223	
3. 현금인정액[min(1.현금평가액, 2. 현금용인한도액)]		17,327,223	
4. 평정금액(1.현금평가액- 3.현금인정액)		1,448,661	

(2) 예금(보통예금 및 정기적금)

7월 30일(진단기준일 전일)을 기준으로 20일간 예금평균잔액계산서를 작성하고 이를 회사제시 금액과 비교하여 부실자산 여부를 판단한다.

(예금평균액을 초과하는 회사제시 보통예금잔액 ₩2,369,572를 부실자산으로 본다.)

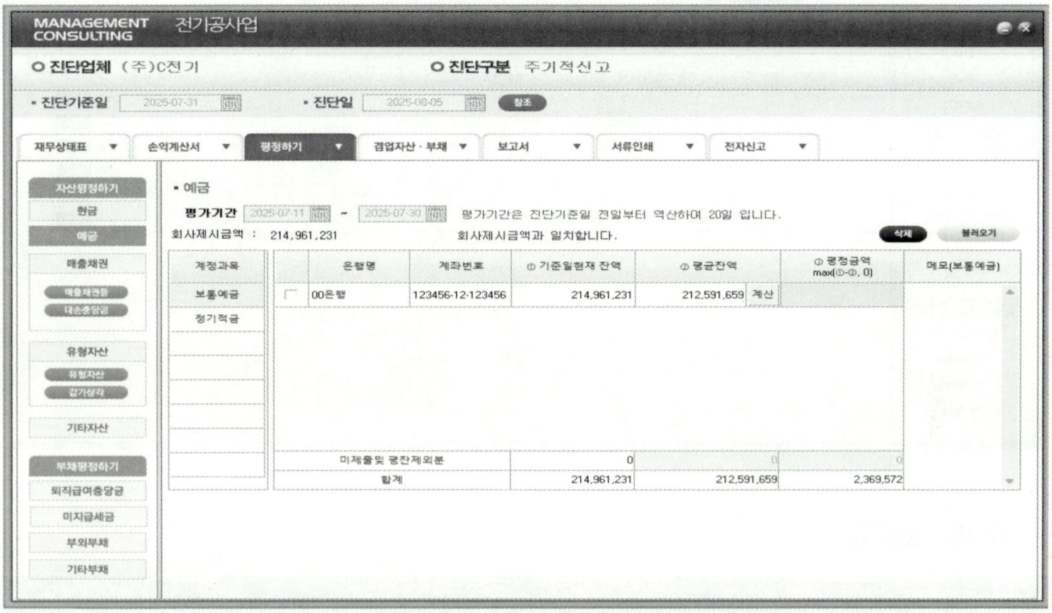

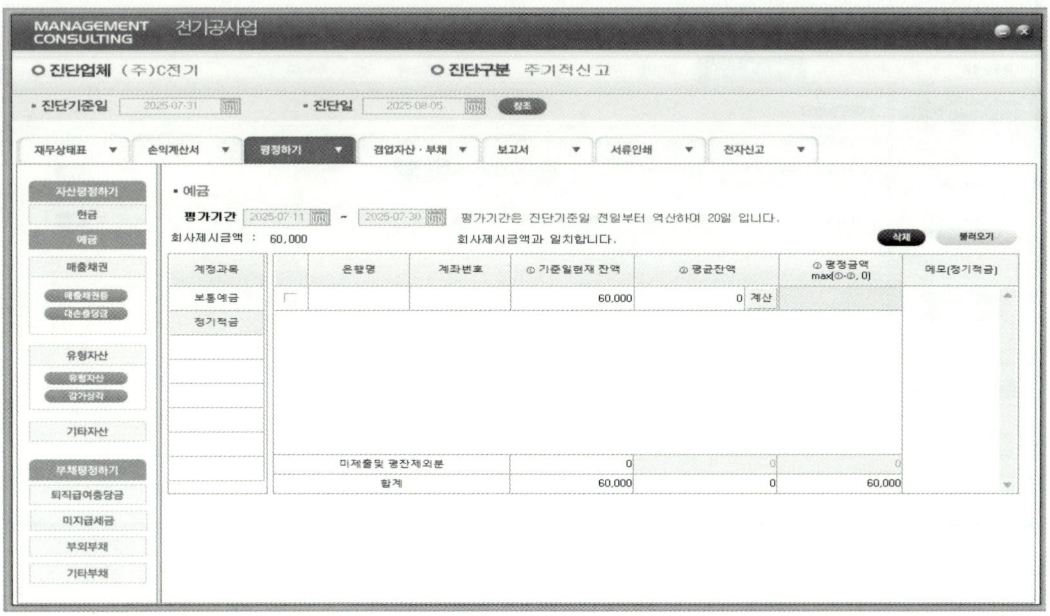

(3) 매출채권

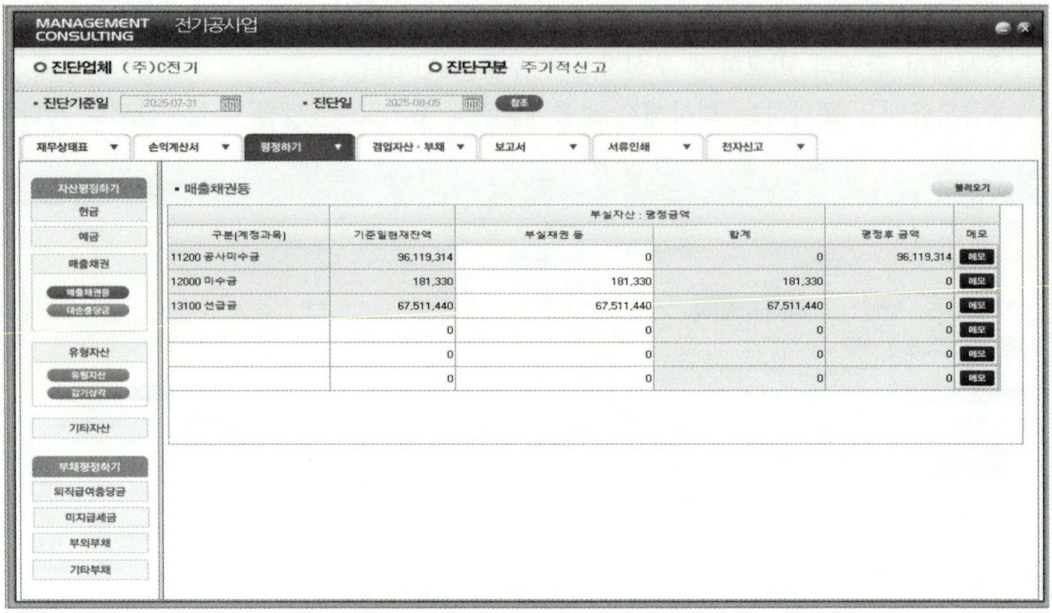

구분(계정과목)	기준일현재잔액	부실자산 : 평정금액		평정후 금액	메모
		부실채권 등	합계		
11200 공사미수금	96,119,314	0	0	96,119,314	메모
12000 미수금	181,330	181,330	181,330	0	메모
13100 선급금	67,511,440	67,511,440	67,511,440	0	메모
	0	0	0	0	메모
	0	0	0	0	메모
	0	0	0	0	메모

(4) 대손충당금

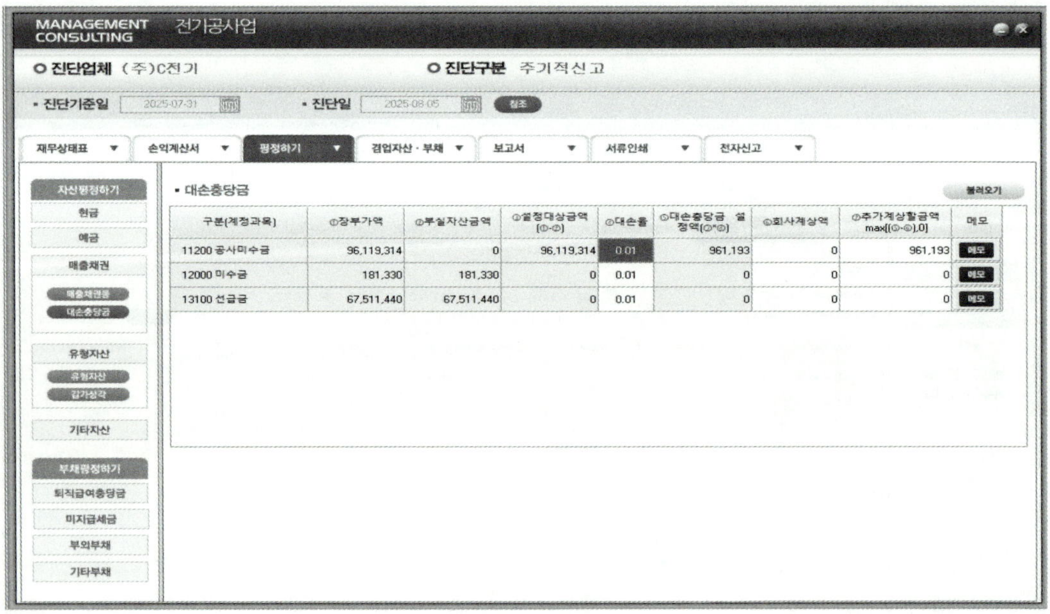

구분(계정과목)	①장부가액	②부실자산금액	③설정대상금액 [①-②]	④대손율	⑤대손충당금 설정액(③*④)	⑥회사계상액	⑦추가계상할금액 max[(⑤-⑥),0]	메모
11200 공사미수금	96,119,314	0	96,119,314	0.01	961,193	0	961,193	메모
12000 미수금	181,330	181,330	0	0.01	0	0	0	메모
13100 선급금	67,511,440	67,511,440	0	0.01	0	0	0	메모

(5) 유형자산

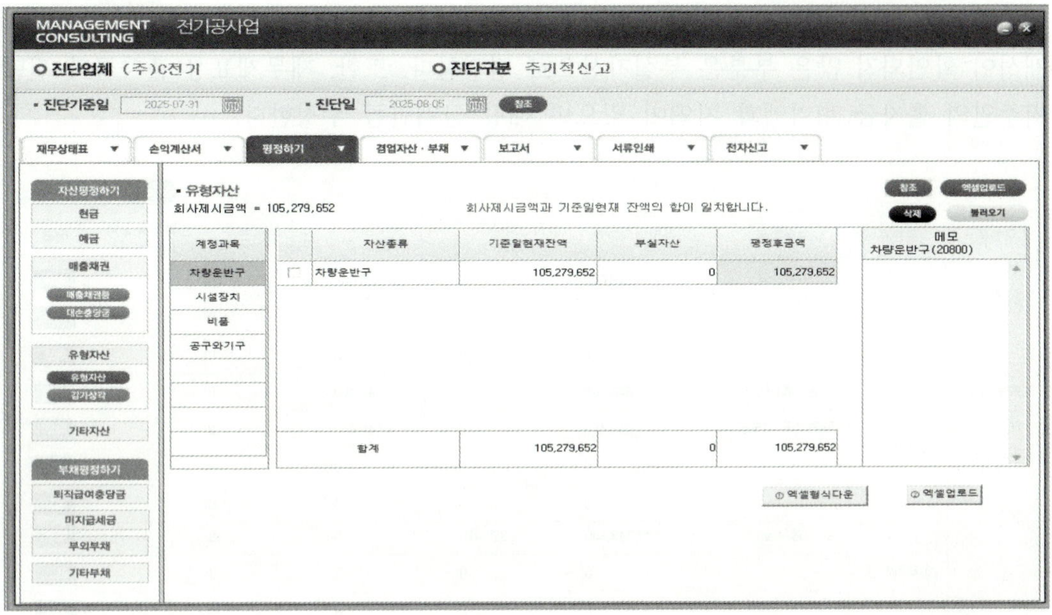
MANAGEMENT CONSULTING
전기공사업
진단업체 (주)C전기
진단구분 주기적신고
진단기준일 2025-07-31
진단일 2025-08-05
재무상태표
손익계산서
평정하기
겸업자산 · 부채
보고서
서류인쇄
전자신고
유형자산
회사제시금액 = 105,279,652
회사제시금액과 기준일현재 잔액의 합이 일치합니다.
계정과목
자산종류
기준일현재잔액
부실자산
평정후금액
메모
차량운반구(20800)
차량운반구
105,279,652
0
105,279,652
시설장치
비품
공구와기구
합계
105,279,652
0
105,279,652
엑셀양식다운
엑셀업로드

(6) 감가상각

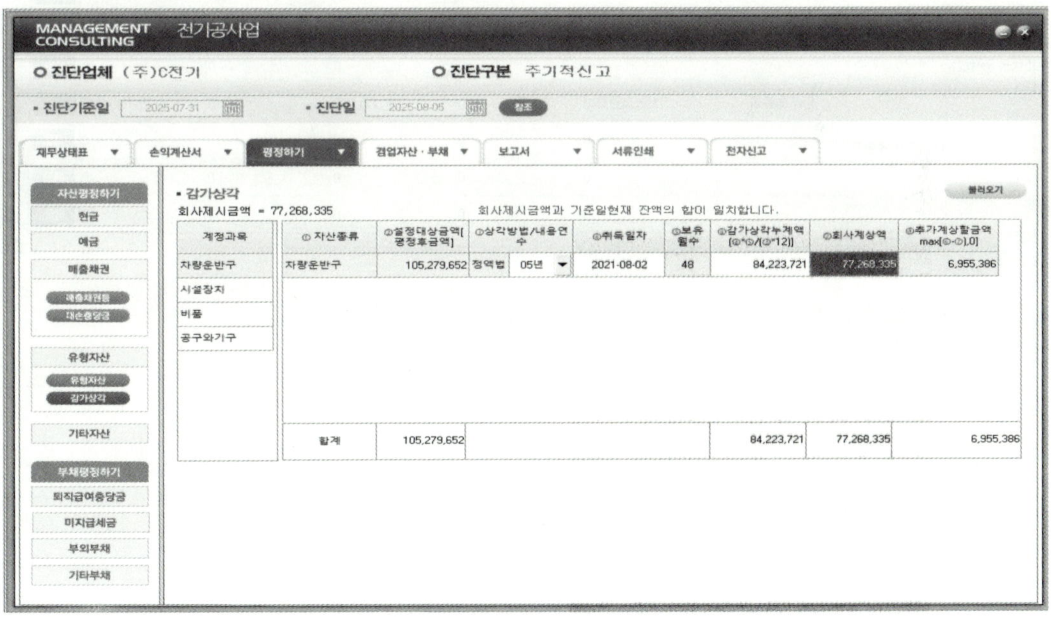
MANAGEMENT CONSULTING
전기공사업
진단업체 (주)C전기
진단구분 주기적신고
진단기준일 2025-07-31
진단일 2025-08-05
감가상각
회사제시금액 = 77,268,335
회사제시금액과 기준일현재 잔액의 합이 일치합니다.
계정과목
① 자산종류
②설정대상금액[평정후금액]
③상각방법/내용연수
④취득일자
⑤보유월수
⑥감가상각누계액
⑦회사계상액
⑧추가계상할금액 max[⑥-⑦],0]
차량운반구
정액법
05년
2021-08-02
48
105,279,652
84,223,721
77,268,335
6,955,386
시설장치
비품
공구와기구
합계

(7) 기타자산

가지급금, 무형자산은 전액 부실자산이며 정기적금, 미수금, 선급금, 재고자산 중 실재성이 확인되지 않은 부분은 부실자산으로 평정한다. 또한, 재무제표상 출자금과 진단기준일의 출자금 평가액과 차액이 있으면 해당 금액만큼 수정한다.

▪ 기타자산

삭제 불러오기

대분류	중분류	계정과목	① 기준일현재잔액	② 자산의 증가(차변)	③ 자산의 감소(대변)	④ 자산의 감소(현금 가산금액)	평정후 금액(①+②-③-④)	메모
I.유동자산	①당좌자산	가지급금	237,928,000	0	237,928,000	0	0	메모
			0	0	0	0	0	메모
			0	0	0	0	0	메모
	②재고자산	원재료(도급)	1,646,500	0	1,546,400	0	100,100	메모
		미완성공사(도급)	1,546,400	0	1,546,400	0	0	메모
			0	0	0	0	0	메모
			0	0	0	0	0	메모
II.비유동자산	①투자자산	출자금	79,249,600	925,410	0	0	80,175,010	메모
			0	0	0	0	0	메모
			0	0	0	0	0	메모
	②유형자산		0	0	0	0	0	메모
			0	0	0	0	0	메모
	③무형자산	창업비	1,000	0	1,000	0	0	메모
			0	0	0	0	0	메모
			0	0	0	0	0	메모
	④기타비유동자산	임차보증금	105,000,000	0	35,000,000	0	70,000,000	메모
			0	0	0	0	0	메모
			0	0	0	0	0	메모
			0	0	0	0	0	메모

(8) 퇴직급여충당금

퇴직급여충당금은 법인세법에 따라 계상된 금액(퇴직급여추계액의 5%)만큼 설정하여야 하며, 설정범위를 초과하여 충당한 경우에는 그 설정액을 그대로 인정한다. 퇴직급여추계액 전액을 퇴직급여충당부채로 인식하여야 하는 건설업과는 차이가 있음에 유의하여야 한다. 본 사례에서는 퇴직급여추계액 287,200,000원의 5%인 14,360,000원을 평정한다.

(9) 미지급법인세

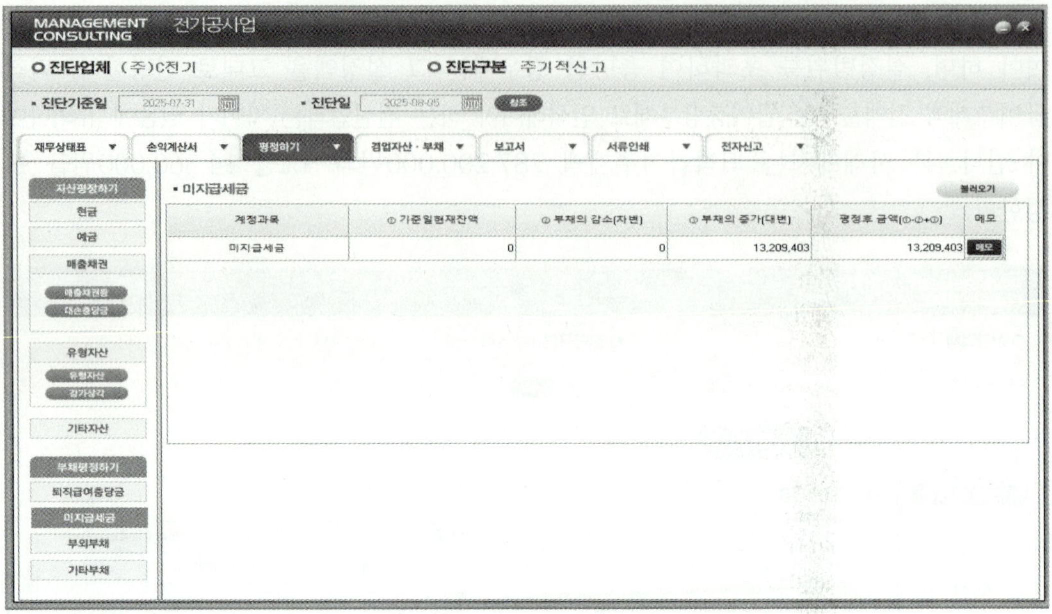

(10) 부외부채

(11) 기타부채

MANAGEMENT CONSULTING
전기공사업
진단업체 (주)C전기
진단구분 주기적신고
진단기준일 2025-07-31
진단일 2025-08-05
재무상태표
손익계산서
평정하기
겸업자산 · 부채
보고서
서류인쇄
전자신고
자산평정하기
현금
예금
매출채권
유형자산
기타자산
부채평정하기
퇴직급여충당금
미지급세금
부외부채
기타부채
삭제
불러오기
분류
계정과목
메모
I.유동부채
외상매입금 12,814,230 0 12,814,230
미지급금 27,891,088 0 0 27,891,088
예수금 9,589,220 0 0 9,589,220
부가세예수금 57,278,407 0 0 57,278,407
선수금 1,000,000 0 0 1,000,000
단기차입금 57,000,000 0 0 57,000,000

5. 겸업 자산·부채

(1) 겸업비율

기준자본금 기준을 통하여 겸업비율을 산정한다. 따라서 전기공사업 기준자본금 비율에 해당하는 실질자산과 실질부채를 제외한 나머지는 겸업자산과 겸업부채에 해당한다.

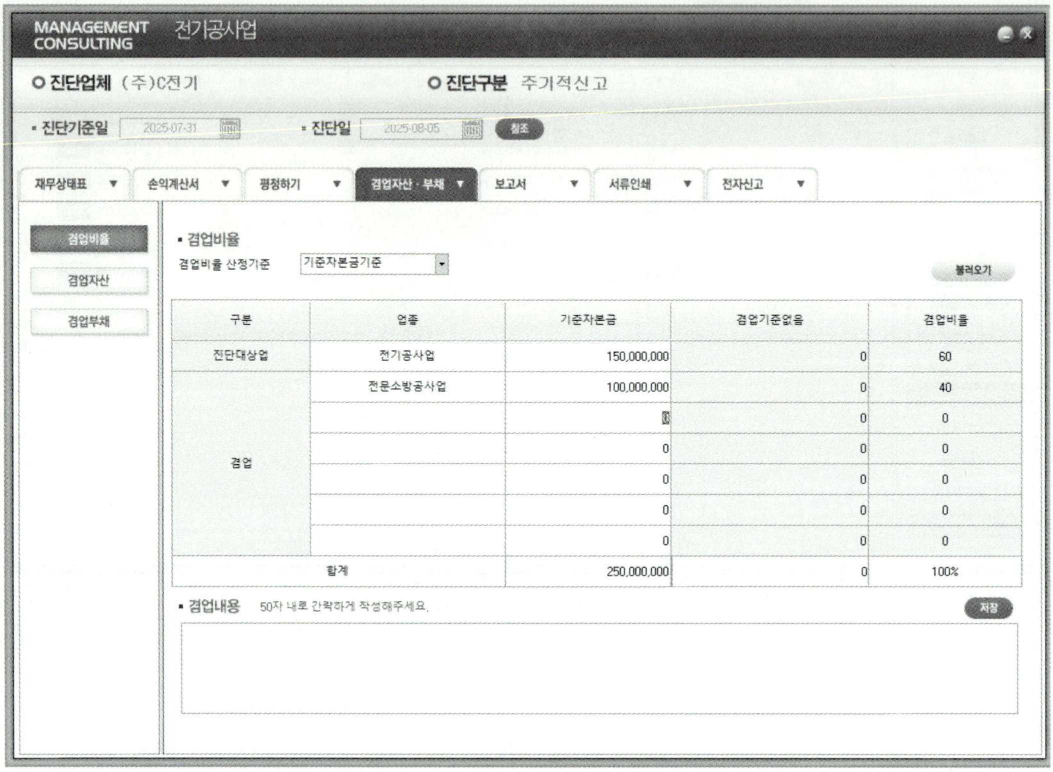

(2) 겸업자산

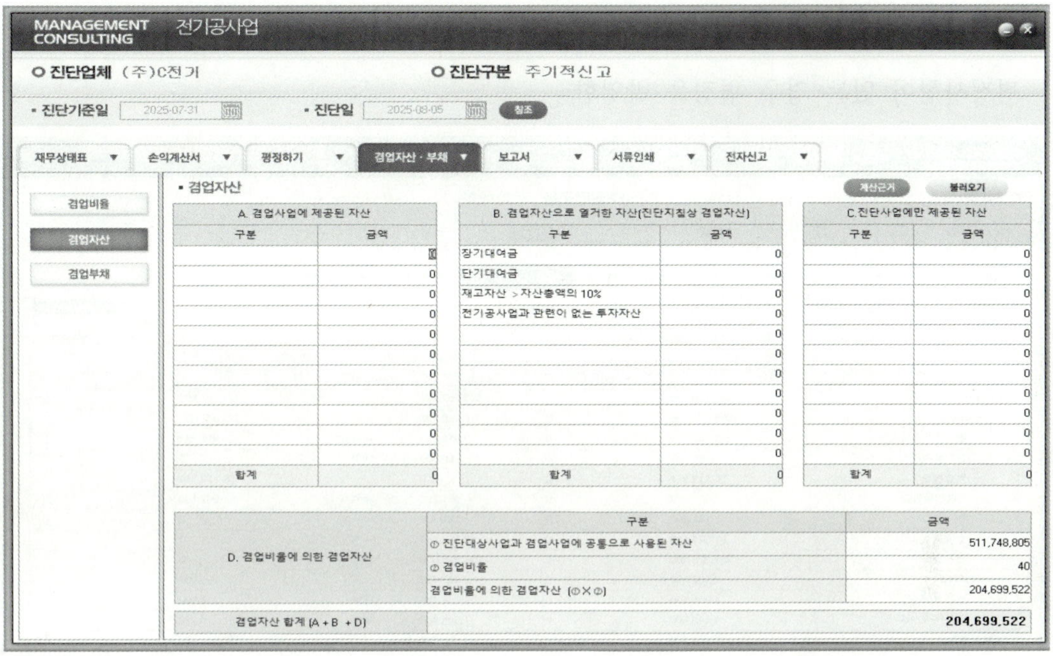
MANAGEMENT CONSULTING 전기공사업
진단업체 (주)C전기
진단구분 주기적신고
진단기준일 2025-07-31
진단일 2025-08-05
재무상태표
손익계산서
평정하기
겸업자산·부채
보고서
서류인쇄
전자신고
겸업비율
겸업자산
겸업부채
겸업자산
A. 겸업사업에 제공된 자산
B. 겸업자산으로 열거한 자산(진단지침상 겸업자산)
C.진단사업에만 제공된 자산
구분
금액
장기대여금
단기대여금
재고자산 > 자산총액의 10%
전기공사업과 관련이 없는 투자자산
합계
D. 겸업비율에 의한 겸업자산
① 진단대상사업과 겸업사업에 공통으로 사용된 자산 511,748,805
② 겸업비율 40
겸업비율에 의한 겸업자산 (①X②) 204,699,522
겸업자산 합계 (A + B + D) 204,699,522

(3) 겸업부채

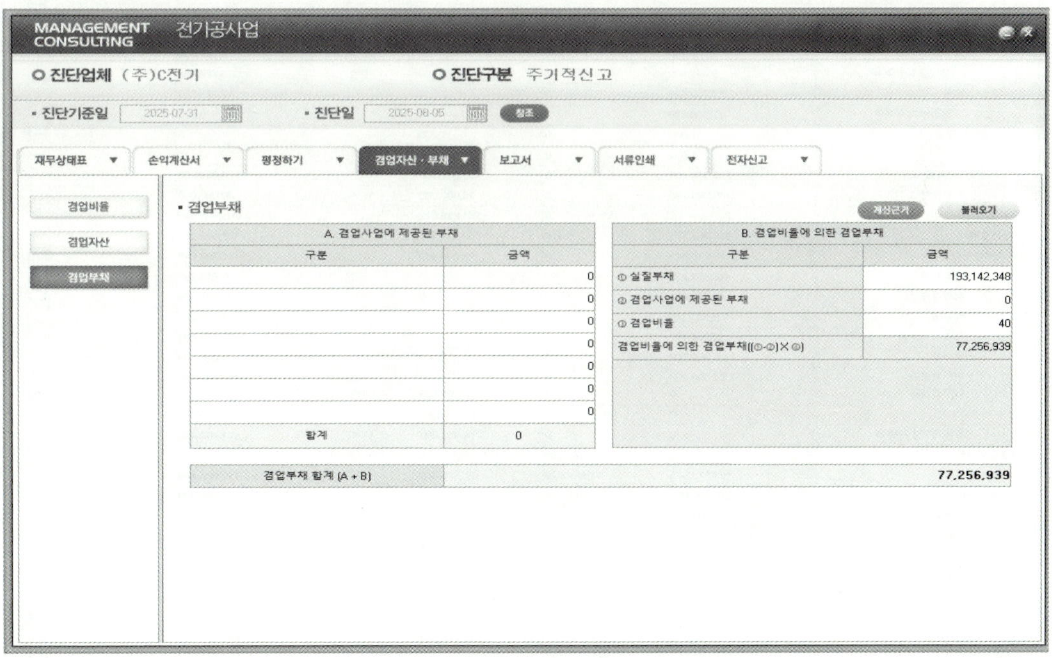
MANAGEMENT CONSULTING 전기공사업
진단업체 (주)C전기
진단구분 주기적신고
진단기준일 2025-07-31
진단일 2025-08-05
재무상태표
손익계산서
평정하기
겸업자산·부채
보고서
서류인쇄
전자신고
겸업비율
겸업자산
겸업부채
겸업부채
A. 겸업사업에 제공된 부채
B. 겸업비율에 의한 겸업부채
구분
금액
합계 0
① 실질부채 193,142,348
② 겸업사업에 제공된 부채 0
③ 겸업비율 40
겸업비율에 의한 겸업부채((①-②)X③) 77,256,939
겸업부채 합계 (A + B) 77,256,939

6. 보고서

(1) 진단내역서

평정사항이 있는 경우 평정을 반영함

MANAGEMENT CONSULTING 전기공사업

○ 진단업체 (주)C전기　　○ 진단구분 주기적신고

• 진단기준일 2025-07-31　• 진단일 2025-08-05　참조

재무상태표 ▼ | 손익계산서 ▼ | 평정하기 ▼ | 겸업자산 · 부채 ▼ | 보고서 ▼ | 서류인쇄 ▼ | 전자신고 ▼

진단내역서 | 기업진단 보고서 | 기업진단조서 | 감리의뢰서 | 진단불능확인서　　마감처리

◉ 전체 ○ 자산 ○ 부채 ○ 자본 ○ 겸업자산,부채 계산내역　　불러오기

계정과목	당기 최초제시	평정			평정후 금액	평정내역
		차변	대변	조서(평정근거)		
Ⅰ.유동자산	638,730,099	0	313,552,996		325,177,103	
①당좌자산	635,537,199	0	310,460,196		325,077,003	
현금및현금성자산	233,737,115	0	3,818,233	내역	229,918,882	
단기투자자산	60,000	0	60,000	내역	0	
매출채권	96,119,314	0	0		96,119,314	
대손충당금	0	0	961,193	내역	-961,193	
미수금	181,330	0	181,330	내역	0	
선급금	67,511,440	0	67,511,440	내역	0	
가지급금	237,928,000	0	237,928,000	내역	0	
②재고자산	3,192,900	0	3,092,800		100,100	
원재료(도급)	1,646,500	0	1,546,400	내역	100,100	
미완성공사(도급)	1,546,400	0	1,546,400	내역	0	
Ⅱ.비유동자산	227,631,078	925,410	41,984,786		186,571,702	
①투자자산	79,249,600	925,410	0		80,175,010	
출자금	79,249,600	925,410	0		80,175,010	
②유형자산	43,380,478	0	6,983,786		36,396,692	
시설장치	18,100,000	0	0		18,100,000	
감가상각누계액	-2,999,149	0	0		-2,999,149	
차량운반구	105,279,652	0	0		105,279,652	
감가상각누계액	-77,268,335	0	6,955,386	내역	-84,223,721	
공구와기구	9,121,000	0	0		9,121,000	
감가상각누계액	-9,091,600	0	28,400	내역	-9,120,000	
비품	17,769,729	0	0		17,769,729	
감가상각누계액	-17,530,819	0	0		-17,530,819	
③무형자산	1,000	0	1,000		0	
창업비	1,000	0	1,000	내역	0	
④기타비유동자산	105,000,000	0	35,000,000		70,000,000	
임차보증금	105,000,000	0	35,000,000	내역	70,000,000	
(겸업자산)	0	0	204,699,522		-204,699,522	
자산총계	866,361,177	925,410	560,237,304		307,049,283	
Ⅰ.유동부채	165,572,945	0	13,209,403		178,782,348	
매입채무	12,814,230	0	0		12,814,230	
미지급금	27,891,088	0	0		27,891,088	
예수금	9,589,220	0	0		9,589,220	
부가세예수금	57,278,407	0	0		57,278,407	
선수금	1,000,000	0	0		1,000,000	
단기차입금	57,000,000	0	0		57,000,000	
미지급세금	0	0	13,209,403	내역	13,209,403	
Ⅱ.비유동부채	0	0	14,360,000		14,360,000	
퇴직급여충당부채	0	0	14,360,000	내역	14,360,000	
(겸업부채)	0	77,256,939	0		-77,256,939	
부채총계	165,572,945	77,256,939	27,569,403		115,885,409	
Ⅰ.자본금	270,000,000	0	0		270,000,000	
자본금	270,000,000	0	0		270,000,000	
Ⅱ.자본잉여금	0	0	0		0	
Ⅲ.자본조정	0	0	0		0	
Ⅳ.기타포괄손익누계액	0	0	0		0	
Ⅴ.이익잉여금	430,788,232	0	0		430,788,232	
미처분이익잉여금	430,788,232	0	0		430,788,232	
(진단조정)	0	587,806,707	78,182,349		-509,624,358	
자본총계	700,788,232	587,806,707	78,182,349		191,163,874	
부채및자본총계	866,361,177	665,063,646	105,751,752		307,049,283	

(2) 기업진단 보고서

진단대상사업의 실질자본 확인 및 적격 여부 확인

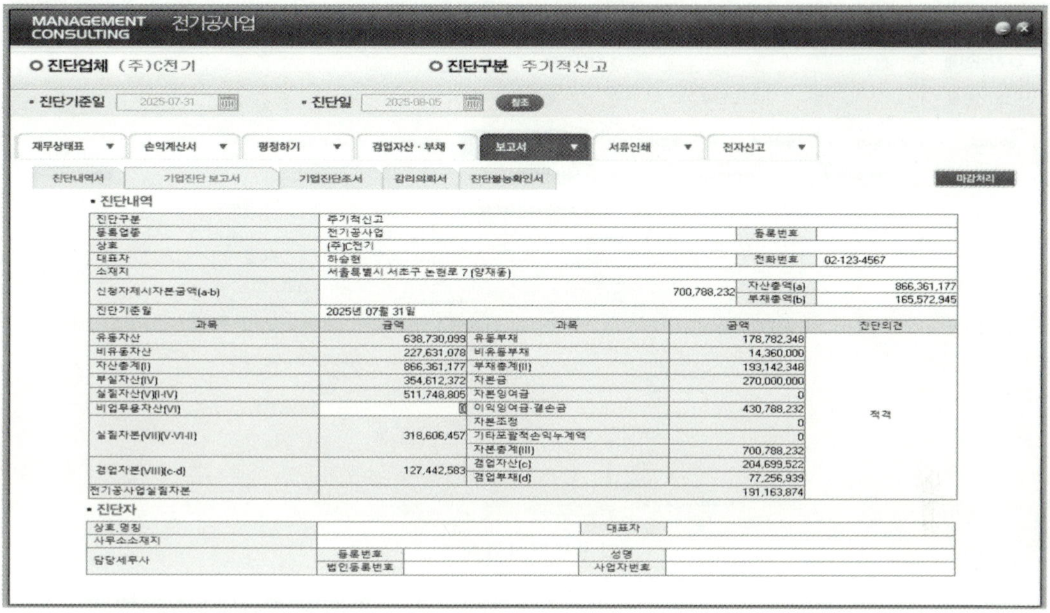

MANAGEMENT CONSULTING 전기공사업

○ 진단업체 (주)C전기 ○ 진단구분 주기적신고

• 진단기준일 2025-07-31 • 진단일 2025-08-05 참조

재무상태표 / 손익계산서 / 평정하기 / 겸업자산 · 부채 / 보고서 / 서류인쇄 / 전자신고

진단내역서 / 기업진단 보고서 / 기업진단조서 / 감리의뢰서 / 진단불능확인서 / 마감처리

• 진단내역

진단구분	주기적신고		
등록업종	전기공사업	등록번호	
상호	(주)C전기		
대표자	하승현	전화번호	02-123-4567
소재지	서울특별시 서초구 논현로 7 (양재동)		
신청자제시자본금액(a-b)	700,788,232	자산총액(a)	866,361,177
		부채총액(b)	165,572,945
진단기준일	2025년 07월 31일		

과목	금액	과목	금액	진단의견
유동자산	638,730,099	유동부채	178,782,348	적격
비유동자산	227,631,078	비유동부채	14,360,000	
자산총계(I)	866,361,177	부채총계(II)	193,142,348	
부실자산(IV)	354,612,372	자본금	270,000,000	
실질자산(V)(I-IV)	511,748,805	자본잉여금	0	
비업무용자산(VI)	0	이익잉여금·결손금	430,788,232	
실질자본(VII)(V-VI-II)	318,606,457	자본조정	0	
		기타포괄적손익누계액	0	
		자본총계(III)	700,788,232	
겸업자본(VIII)(c-d)	127,442,583	겸업자산(c)	204,699,522	
		겸업부채(d)	77,256,939	
전기공사업실질자본			191,163,874	

• 진단자

상호,명칭		대표자	
사무소소재지			
담당세무사	등록번호	성명	
	법인등록번호	사업자번호	

(3) 기업진단조서

진단자의 진단 내역 관리 및 진단보고서의 적정성 검증

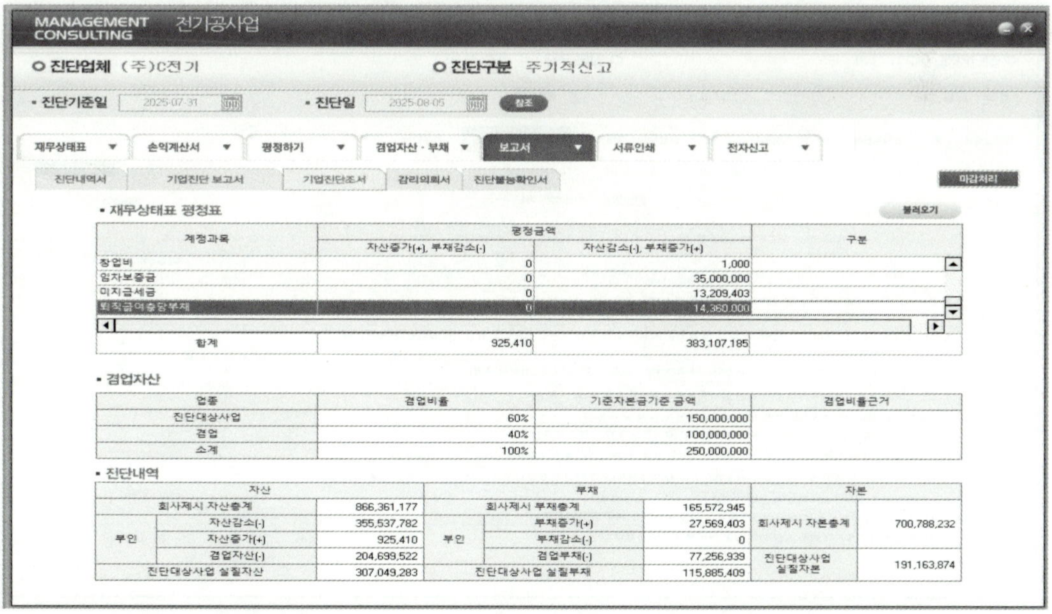

MANAGEMENT CONSULTING 전기공사업

○ 진단업체 (주)C전기 ○ 진단구분 주기적신고

• 진단기준일 2025-07-31 • 진단일 2025-08-05 참조

재무상태표 / 손익계산서 / 평정하기 / 겸업자산 · 부채 / 보고서 / 서류인쇄 / 전자신고

진단내역서 / 기업진단 보고서 / 기업진단조서 / 감리의뢰서 / 진단불능확인서 / 마감처리

• 재무상태표 평정표 불러오기

계정과목	평정금액		구분
	자산증가(+), 부채감소(-)	자산감소(-), 부채증가(+)	
창업비	0	1,000	
임차보증금	0	35,000,000	
미지급세금	0	13,209,403	
퇴직급여충당부채	0	14,360,000	
합계	925,410	383,107,185	

• 겸업자산

업종	겸업비율	기준자본금기준 금액	겸업비율근거
진단대상사업	60%	150,000,000	
겸업	40%	100,000,000	
소계	100%	250,000,000	

• 진단내역

자산			부채			자본	
회사제시 자산총계		866,361,177	회사제시 부채총계		165,572,945	회사제시 자본총계	700,788,232
부인	자산감소(-)	355,537,782	부인	부채증가(+)	27,569,403		
	자산증가(+)	925,410		부채감소(-)	0		
	겸업자산(-)	204,699,522		겸업부채(-)	77,256,939	진단대상사업 실질자본	191,163,874
진단대상사업 실질자산		307,049,283	진단대상사업 실질부채		115,885,409		

(4) 감리의뢰서

한국세무사회의 진단 경유를 위한 사전감리용 의뢰서

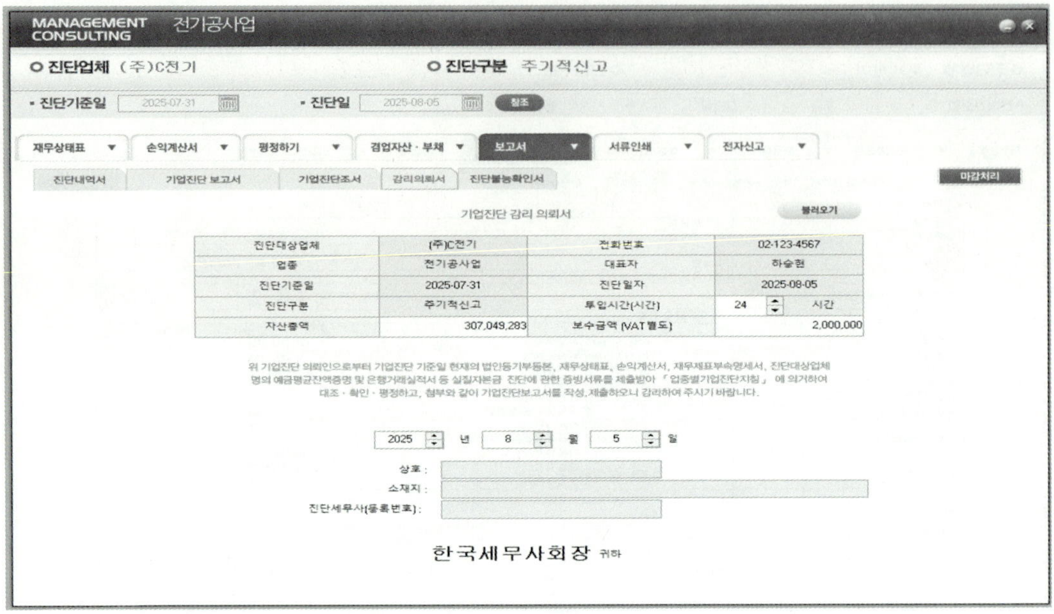
MANAGEMENT CONSULTING 전기공사업

○ 진단업체 (주)C전기 ○ 진단구분 주기적신고

▪ 진단기준일 2025-07-31 ▪ 진단일 2025-08-05 참조

재무상태표 / 손익계산서 / 평정하기 / 겸업자산 · 부채 / 보고서 / 서류인쇄 / 전자신고

진단내역서 / 기업진단 보고서 / 기업진단조서 / 감리의뢰서 / 진단불능확인서 마감처리

기업진단 감리 의뢰서 불러오기

진단대상업체	(주)C전기	전화번호	02-123-4567
업종	전기공사업	대표자	하술현
진단기준일	2025-07-31	진단일자	2025-08-05
진단구분	주기적신고	투입시간(시간)	24 시간
자산총액	307,049,283	보수금액 (VAT별도)	2,000,000

위 기업진단 의뢰인으로부터 기업진단 기준일 현재의 법인등기부등본, 재무상태표, 손익계산서, 재무제표부속명세서, 진단대상업체 명의 예금평균잔액증명 및 은행거래실적서 등 실질자본금 진단에 관한 증빙서류를 제출받아 「업종별기업진단지침」 에 의거하여 대조 · 확인 · 평정하고, 첨부와 같이 기업진단보고서를 작성, 제출하오니 감리하여 주시기 바랍니다.

2025 년 8 월 5 일

상호 :

소재지 :

진단세무사(등록번호) :

한국세무사회장 귀하

(5) 진단불능확인서

진단자의 독립성 충족여부를 확인하기 위한 서류

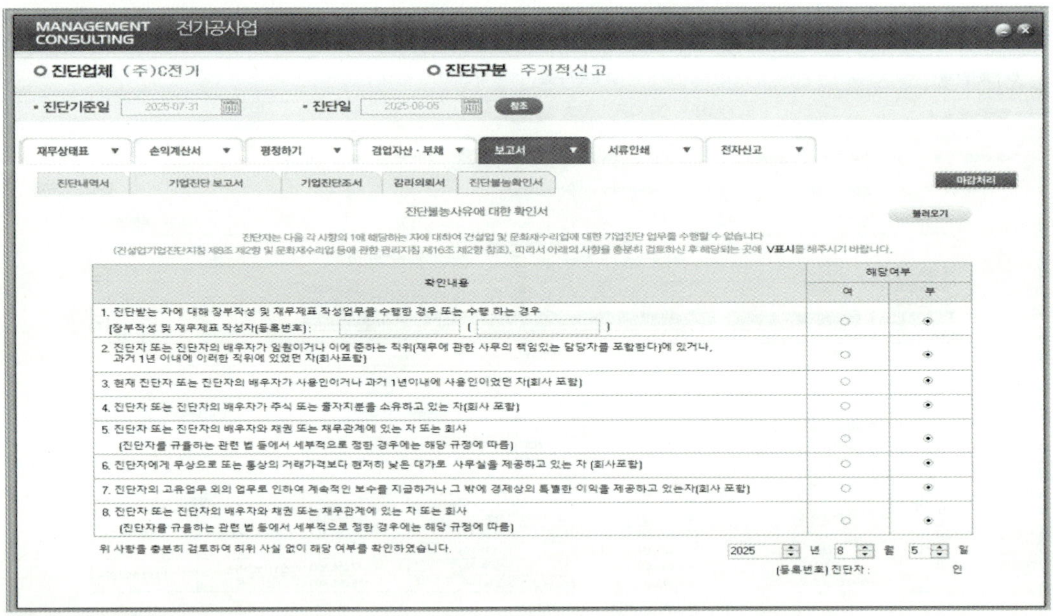
MANAGEMENT CONSULTING 전기공사업

○ 진단업체 (주)C전기 ○ 진단구분 주기적신고

▪ 진단기준일 2025-07-31 ▪ 진단일 2025-08-05 참조

재무상태표 / 손익계산서 / 평정하기 / 겸업자산 · 부채 / 보고서 / 서류인쇄 / 전자신고

진단내역서 / 기업진단 보고서 / 기업진단조서 / 감리의뢰서 / 진단불능확인서 마감처리

진단불능사유에 대한 확인서 불러오기

진단자는 다음 각 사항의 1에 해당하는 자에 대하여 건설업 및 문화재수리업에 대한 기업진단 업무를 수행할 수 없습니다 (건설업기업진단지침 제8조 제2항 및 문화재수리업 등에 관한 관리지침 제16조 제2항 참조). 따라서 아래의 사항을 충분히 검토하신 후 해당되는 곳에 **V표시**를 해주시기 바랍니다.

확인내용	해당여부	
	여	부
1. 진단받는 자에 대해 장부작성 및 재무제표 작성업무를 수행한 경우 또는 수행 하는 경우 [장부작성 및 재무제표 작성자(등록번호): ( )]	○	◉
2. 진단자 또는 진단자의 배우자가 임원이거나 이에 준하는 직위(재무에 관한 사무의 책임있는 담당자를 포함한다)에 있거나, 과거 1년 이내에 이러한 직위에 있었던 자(회사포함)	○	◉
3. 현재 진단자 또는 진단자의 배우자가 사용인이거나 과거 1년이내에 사용인이었던 자(회사 포함)	○	◉
4. 진단자 또는 진단자의 배우자가 주식 또는 출자지분을 소유하고 있는 자(회사 포함)	○	◉
5. 진단자 또는 진단자의 배우자와 채권 또는 채무관계에 있는 자 또는 회사 (진단자를 규율하는 관련 법 등에서 세부적으로 정한 경우에는 해당 규정에 따름)	○	◉
6. 진단자에게 무상으로 또는 통상의 거래가격보다 현저히 낮은 대가로 사무실을 제공하고 있는 자 (회사포함)	○	◉
7. 진단자의 고유업무 외의 업무로 인하여 계속적인 보수를 지급하거나 그 밖에 경제상의 특별한 이익을 제공하고 있는자(회사 포함)	○	◉
8. 진단자 또는 진단자의 배우자와 채권 또는 채무관계에 있는 자 또는 회사 (진단자를 규율하는 관련 법 등에서 세부적으로 정한 경우에는 해당 규정에 따름)	○	◉

위 사항을 충분히 검토하여 허위 사실 없이 해당 여부를 확인하였습니다. 2025 년 8 월 5 일

(등록번호) 진단자 : 인

7. 서류인쇄

입력 내용을 재확인하고 프로그램의 버그 등에 의한 오류 여부 확인

8. 전자신고

증빙서류를 스캔하여 항목별로 업로드 한 후 전자신고파일을 생성하고 전자신고 진행

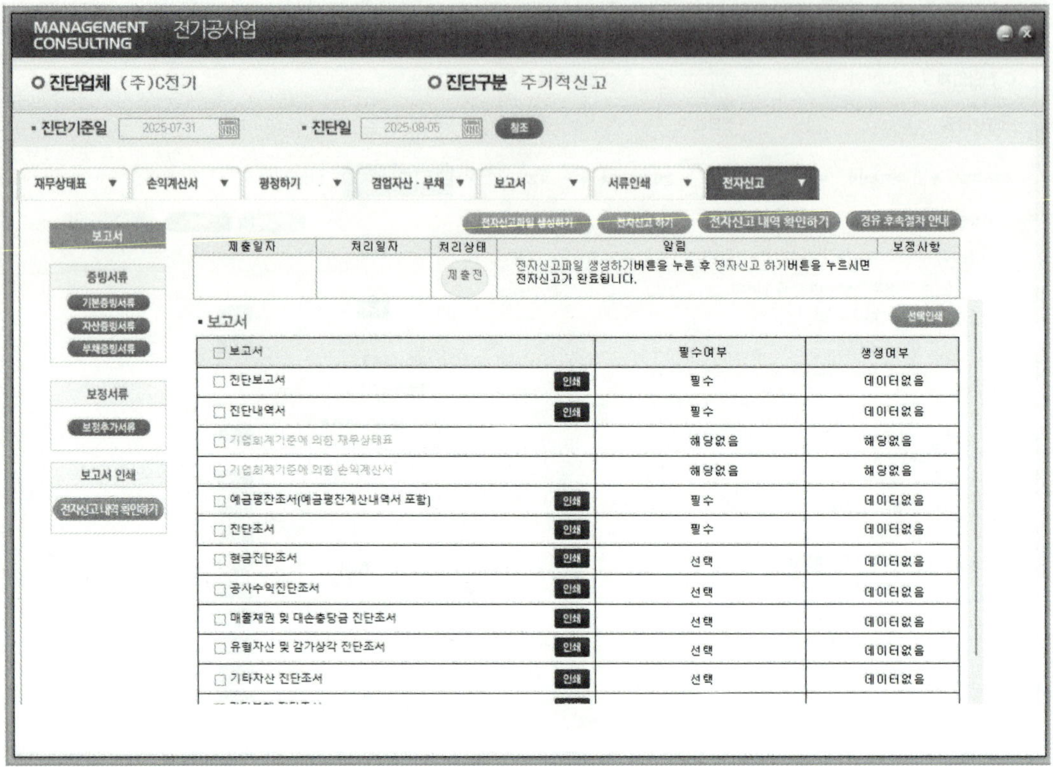

PART 04

정보통신공사업

CHAPTER 01

정보통신공사업 이해

제1절 용어 정의(정보통신공사업법 제2조)

1. "정보통신설비"란 유선, 무선, 광선, 그 밖의 전자적 방식으로 부호·문자·음향 또는 영상 등의 정보를 저장·제어·처리하거나 송수신하기 위한 기계·기구(器具)·선로(線路) 및 그 밖에 필요한 설비를 말한다.
2. "정보통신공사"란 정보통신설비의 설치 및 유지·보수에 관한 공사와 이에 따르는 부대공사(附帶工事)로서 대통령령으로 정하는 공사를 말한다.
3. "정보통신공사업"이란 도급이나 그 밖에 명칭이 무엇이든 이 법을 적용받는 정보통신공사(이하 "공사"라 한다)를 업(業)으로 하는 것을 말한다.
4. "정보통신공사업자"란 이 법에 따른 정보통신공사업(이하 "공사업"이라 한다)의 등록을 하고 공사업을 경영하는 자를 말한다.
5. "용역"이란 다른 사람의 위탁을 받아 공사에 관한 조사, 설계, 감리, 사업관리 및 유지관리 등의 역무를 하는 것을 말한다.
6. "용역업"이란 용역을 영업으로 하는 것을 말한다.
7. "용역업자"란 다음 각 목의 어느 하나에 해당하는 자를 말한다.
   가. 「엔지니어링산업 진흥법」 제21조제1항에 따라 엔지니어링사업자로 신고하거나 「기술사법」 제6조에 따라 기술사사무소의 개설자로 등록한 자로서 통신·전자·정보처리 등 대통령령으로 정하는 정보통신 관련 분야의 자격을 보유하고 용역업을 경영하는 자
   나. 「건축사법」 제23조제1항에 따라 건축사사무소의 개설신고를 한 건축사. 다만, 「건축법」 제2조제1항제4호에 따른 전화 설비, 초고속 정보통신 설비, 지능형 홈네트워크 설비, 공동시청 안테나, 유선방송 수신시설에 관한 공사의 설계·감리 업무를 하는 경우로 한정한다.
8. "설계"란 공사에 관한 계획서, 설계도면, 설계설명서, 공사비명세서, 기술계산서 및 이와 관련된 서류(이하 "설계도서"라 한다)를 작성하는 행위를 말한다.
9. "감리"란 공사에 대하여 발주자의 위탁을 받은 용역업자가 설계도서 및 관련 규

정의 내용대로 시공되는지를 감독하고, 품질관리 · 시공관리 및 안전관리에 대한 지도 등에 관한 발주자의 권한을 대행하는 것을 말한다.

10. "감리원(監理員)"이란 공사의 감리에 관한 기술 또는 기능을 가진 사람으로서 제8조에 따라 과학기술정보통신부장관의 인정을 받은 사람을 말한다.
11. "발주자"란 공사(용역을 포함한다. 이하 이 조에서 같다)를 공사업자(용역업자를 포함한다. 이하 이 조에서 같다)에게 도급하는 자를 말한다. 다만, 수급인(受給人)으로서 도급받은 공사를 하도급(下都給)하는 자는 제외한다.
12. "도급"이란 원도급(原都給), 하도급, 위탁, 그 밖에 명칭이 무엇이든 공사를 완공할 것을 약정하고, 발주자가 그 일의 결과에 대하여 대가를 지급할 것을 약정하는 계약을 말한다.
13. "하도급"이란 도급받은 공사의 일부에 대하여 수급인이 제3자와 체결하는 계약을 말한다.
14. "수급인"이란 발주자로부터 공사를 도급받은 공사업자를 말한다.
15. "하수급인"이란 수급인으로부터 공사를 하도급받은 공사업자를 말한다.
16. "정보통신기술자"란 「국가기술자격법」에 따라 정보통신 관련 분야의 기술자격을 취득한 사람과 정보통신설비에 관한 기술 또는 기능을 가진 사람으로서 제39조에 따라 과학기술정보통신부장관의 인정을 받은 사람을 말한다.

제2절 정보통신공사업(정보통신공사업법 시행령 제2조)

1. 정보통신공사업 개요

정보통신설비의 설치 및 유지·보수에 관한 공사와 이에 따르는 부대공사(附帶工事)로서 다음에서 정하는 공사를 하는 업을 말한다.

(1) 전기통신관계법령 및 전파관계법령에 따른 통신설비공사
(2) 「방송법」 등 방송관계법령에 따른 방송설비공사
(3) 정보통신관계법령에 따라 정보통신설비를 이용하여 정보를 제어·저장 및 처리하는 정보설비공사
(4) 수전설비를 제외한 정보통신전용 전기시설설비공사 등 그 밖의 설비공사

(5) (1)부터 (4)까지의 규정에 따른 공사의 부대공사
(6) (1)부터 (5)까지의 규정에 따른 공사의 유지·보수공사

2. 정보통신공사 종류

(1) 통신설비공사

공사의 종류	공사의 예시
통신선로 설비공사	통신구설비, 통신관로설비, 통신케이블(광섬유 및 동축케이블·전주·지지철물·케이블 방재·철탑·배관·단자함 등을 포함한다)설비 등의 공사
교환설비 공사	전자식교환(ISDN 및 전전자를 포함한다)설비, 자동식교환설비, 비동기식교환(ATM)설비, 가입자선로집중운용보전시스템설비, 집단전화교환설비, 자동호분배장치설비, 중앙과금장치설비, 신호망설비, 지능망설비, 통신처리장치설비, 사설교환(PBX·CBX)설비 등의 공사
전송설비 공사	전송단국(FLC·PCM·PDH·SDH·DACS·SONET·WDM)설비, 송·수신설비, 중계설비, 다중화설비, 분배설비, 전력선반송설비, 종합유선방송(CATV)전송설비 등의 공사
구내통신 설비공사	구내통신선로·이동통신구내선로·방송공동수신설비, 전화설비, 방범설비, 방송설비, 방재설비중 정보통신설비, 수직·수평배관 및 배선설비, 주장비실설비, 층장비실설비, 장애자용음향통신설비, 키폰전화설비 등의 공사
이동통신 설비공사	개인이동통신(PCS)설비, 휴대용이동전화(셀룰라)설비, 주파수공용통신(TRS)설비, 무선데이터통신설비, 무선호출설비, 아이엠티2000(IMT-2000)설비, 위성이동휴대전화(GMPCS)설비, 시티폰설비 등의 공사
위성통신 설비공사	위성송·수신국설비, 위성체설비, 지상관제소설비, 발사체설비, 위성측위시스템(GPS)설비, 소형위성지구국(VSAT)설비, 위성뉴스중계(SNG)설비 등의 공사
고정무선 통신설비공사	무선CATV(MMDS·LMDS)설비, 방송통신융합시스템(LMCS)설비, 무선가입자망(WLL)설비, 마이크로웨이브(M/W)설비, 무선적외선설비 등의 공사

(2) 방송설비공사

공사의 종류	공사의 예시
방송국 설비공사	영상·음향설비, 송출설비, 방송관리시스템설비 등의 공사
방송전송·선로설비공사	방송관로설비, 방송케이블(전주·철탑·배관·단자함 등을 포함한다)설비, 전송단국설비, 송·수신설비, 중계설비, 다중화설비, 분배설비, 구내전송선로설비, 위성방송수신설비 등의 공사

(3) 정보설비공사

공사의 종류	공사의 예시
정보제어·보안설비공사	인공지능빌딩시스템(IBS)설비, 관제(항공·교통·기상·주차)설비, 원격조정·자동제어(SCADA, TM/TC, 공장자동화 등의 정보통신설비를 포함한다)설비, 정보시스템관리설비, 방향탐지설비, 위치측정설비, 전자신호제어설비, 폐쇄회로텔레비전(CCTV)설비, 경비보안설비, 터널군관리(TGMS)설비, 수계통합자동제어설비, 수문제어설비, 홍수예경보설비, 민방공경보설비, 수도시설제어설비, 재해방지설비, 수처리(상수·하수 및 폐수 등을 포함한다)계측제어설비, 긴급구조시스템설비, 텔레메틱스(Telematics)설비 등의 공사
정보망 설비공사	근거리통신망(이더넷LAN·ATM-LAN·기가비트LAN 등을 포함한다)설비, 부가가치통신망(VAN)설비, 광역통신망(WAN)설비, 정보시스템망관리(TMN)설비, 무선통신망설비, 전산시스템(CPU·C/S·제어장치 등을 포함한다)설비, 인터넷(인트라넷·엑스트라넷·방화벽 등을 포함한다)설비, 멀티미디어설비, 컴퓨터·통신통합(CTI)설비, 종합정보통신망(ISDN)설비, 초고속정보망(xDSL·케이블모뎀 등을 포함한다)설비, 판매시점관리시스템(POS), 유비쿼터스설비 등의 공사
정보매체 설비공사	화상(영상)회의시스템설비, 홈뱅킹시스템설비, 원격의료시스템설비, 원격교육시스템설비, 주문대응형비디오시스템(VOD)설비, 홈오토메이션시스템설비, 전자식전광판설비, 지리정보시스템(GIS)설비, 원격자동검침(AMR)설비, 홈네트워크(디지털홈)시스템설비, 동시통역시스템설비, 도시정보체계(UIS)설비, 공간영상정보시스템(SIIS)설비, 객실관리시스템설비 등의 공사
항공·항만통신 설비공사	무지향표식(NDB)설비, 전방향표식(VOR)설비, 거리측정(DME)설비, 계기착륙(ILS)설비, 로란 및 레이더(ASDE·ASR·MSR)설비, 전술항행(TACAN)설비, 위성항행(CNS/ATM)설비, 위성항법시스템(GNSS)설비, 위성항법보정시스템(DGPS)설비, 항공운항정보(FIS)설비, 저고도돌풍경보장치(LLWAS), 소음측정시스템, 셀프이용안내(KIOSK)설비, 이동지역관리시스템(MAMS)설비, 종합정보통신시스템설비, 일반공중통신시스템설비, 통신자동화시스템설비, 통합경비보안시스템설비, 해안무선(VTS 및 해안지역 각종 통신시설)설비 등의 공사
선박의 통신·항해·어로 설비공사	선박통신설비(GMDSS, 조난구조장치, MF·HF·VHF·SSB의 송수신기, 전파수신기, 위성통신기, SSAS, 선내지령장치 등), 선박항해설비(RADAR, 기상수신기, GPS, 전자해도장치, RDF, 측심기, NAVTEX, AIS, VDR, 풍속계, 선속계, 콤파스, 자동조타장치 등), 선박어로설비(어군탐지장치, 어망감시장치, 수온측정장치, 조류계 등) 등의 공사
철도통신·신호 설비공사	역무자동화(AFC)설비, 토크백설비, 연선전화설비, 열차무선설비, 사령전화설비, 자동안내방송설비, 전자시계설비, 복합통신설비, 행선안내게시기설비, 도관전선관(HP)설비, 통신 및 신호용트로프설비, 자동열차정지장치설비, 열차집중제어장치설비, 전자식신호제어설비, 열차내이동무선공중전화설비, 여객자동안내장치설비 등의 공사

(4) 기타설비공사

공사의 종류	공사의 예시
정보통신전용전기시설 설비공사	정보통신전기공급설비, 전기부식방지설비, 전력·전철유도방지설비, 무정전전원장치(UPS)설비, 충방전·전압조정설비, 전동발전기설비, 접지설비, 서지설비, 낙뢰방지설비, 잡음·전자파(EMI·EMC·EMS 등을 포함한다)방지설비 등의 공사

CHAPTER 02

정보통신공사업 등록기준

제1절 등록기준 이해

1. 자본금

자본금은 공사업을 위한 자본금으로 공사업 외의 자본금을 제외하며, 주식회사 외의 법인의 경우 "자본금"은 "출자금"으로 하고, 개인인 경우에는 자산평가액을 말한다.

법인의 경우 납입자본금과 실질자본금이 각각 등록기준의 자본금 이상이어야 한다. 다만, 외국법인(외국의 법령에 따라 설립된 법인 또는 외국법인이 자본금의 50% 이상을 출자하였거나 임원수의 2분의 1 이상이 외국인인 법인을 말한다)이 지사를 설치하여 공사업을 신청한 때의 자본금은 국내지사 설립자본금(주된 영업소의 자본금을 말한다)을 기준으로 한다.

2. 정보통신기술자

정보통신기술자는 별표 6에 따른 정보통신기술자를 말하며, 정보통신기술자는 상근 임원이나 직원의 신분으로 소속되어 있어야 한다.

[별표 6]

정보통신기술자의 자격 (제40조 제1항 관련)

1. 기술계 정보통신기술자의 등급 및 인정범위

등급	기술자격자	학력·경력자	경력자
특급 기술자	1. 기술사자격을 취득한 사람 2. 기능장자격을 취득한 후 5년 이상 공사업무를 수행한 사람 3. 기사자격을 취득한 후 8년 이상 공사업무를 수행한 사람 4. 산업기사자격을 취득한 후 11년 이상 공사업무를 수행한 사람	1. 박사학위를 취득한 후 3년 이상 공사업무를 수행한 사람 2. 석사학위를 취득한 후 9년 이상 공사업무를 수행한 사람 3. 학사학위를 취득한 후 12년 이상 공사업무를 수행한 사람 4. 전문대학을 졸업한 후 15년(3년제 전문대학의 경우에는 14년) 이상 공사업무를 수행한 사람	
고급 기술자	1. 기능장자격을 취득한 후 3년 이상 공사업무를 수행한 사람 2. 기사자격을 취득한 후 5년 이상 공사업무를 수행한 사람 3. 산업기사자격을 취득한 후 8년 이상 공사업무를 수행한 사람 4. 기능사자격을 취득한 후 13년 이상 공사업무를 수행한 사람	1. 박사학위를 취득한 사람 2. 석사학위를 취득한 후 6년 이상 공사업무를 수행한 사람 3. 학사학위를 취득한 후 9년 이상 공사업무를 수행한 사람 4. 전문대학을 졸업한 후 12년(3년제 전문대학의 경우에는 11년) 이상 공사업무를 수행한 사람	
중급 기술자	1. 기능장자격을 취득한 사람 2. 기사자격을 취득한 후 2년 이상 공사업무를 수행한 사람 3. 산업기사자격을 취득한후 5년 이상 공사업무를 수행한 사람 4. 기능사자격을 취득한 후 10년 이상 공사업무를 수행한 사람	1. 석사학위를 취득한 후 3년 이상 공사업무를 수행한 사람 2. 학사학위를 취득한 후 6년 이상 공사업무를 수행한 사람 3. 전문대학을 졸업한 후 9년(3년제 전문대학의 경우에는 8년) 이상 공사업무를 수행한 사람 4. 고등학교를 졸업한 후 12년 이상 공사업무를 수행한 사람 5.「국민 평생 직업능력 개발법」에 따른 직업능력개발훈련시설에서 1년 이상 관련 분야의 과정을 이수하고 12년 이상 공사업무를 수행한 사람 또는 2년 이상 관련분야의 과정을 이수하고 9년 이상 공사업무를 수행한 사람	1. 학사학위 이상의 학위를 취득한 후 9년 이상 공사업무를 수행한 사람 2. 전문대학을 졸업한 후 12년(3년제 전문대학의 경우에는 10년) 이상 공사업무를 수행한 사람 3. 고등학교를 졸업한 후 15년 이상 공사업무를 수행한 사람 4. 공사업무를 20년 이상 수행한 사람

등급	기술자격자	학력·경력자	경력자
초급 기술자	1. 산업기사 이상의 자격을 취득한 자 2. 기능사자격을 취득한 후 4년 이상 공사업무를 수행한 자	1. 학사학위 이상의 학위를 취득한 자 2. 전문대학을 졸업한 후 2년(3년제 전문대학의 경우에는 1년) 이상 공사업무를 수행한 자 3. 고등학교를 졸업한 후 4년 이상 공사업무를 수행한 자 4. 「국민 평생 직업능력 개발법」에 따른 직업능력개발훈련시설에서 1년 이상 관련 분야의 과정을 이수하고 4년 이상 공사업무를 수행한 자 또는 2년 이상 관련분야의 과정을 이수하고 2년 이상 공사업무를 수행한 자	1. 학사학위 이상의 학위를 취득한 후 3년 이상 공사업무를 수행한 자 2. 전문대학을 졸업한 후 5년(3년제 전문대학의 경우에는 4년) 이상 공사업무를 수행한 자 3. 고등학교를 졸업한 후 7년 이상 공사업무를 수행한 자 4. 공사업무를 10년 이상 수행한 자

비고

1. 위 표에서 "기술자격자"란 「국가기술자격법」에 따른 기술자격종목 중 아래의 기술자격을 취득한 자로서 법 제39조 및 이 영 제39조에 따라 학력·경력 등의 관리에 필요한 사항을 제출한 자를 말하며, 경력인정방법은 과학기술정보통신부장관이 정하여 고시한다.
   가. 기술사 : 정보통신, 산업계측제어, 전자응용, 전자계산기, 정보관리, 전자계산조직응용, 토목구조, 토목시공 또는 철도신호
   나. 기능장 : 통신설비 또는 전자기기
   다. 기사 : 정보통신, 전파통신, 전파전자, 무선설비, 방송통신, 전자, 전자계산기, 반도체설계, 정보처리, 전자계산기조직응용, 토목 또는 철도신호
   라. 산업기사 : 정보통신, 전파통신, 전파전자, 무선설비, 통신선로, 사무자동화, 방송통신, 전자, 전자계산기, 전자회로설계, 디지털제어, 반도체설계, 정보처리, 토목 또는 철도신호
   마. 기능사 : 통신기기, 통신선로, 정보기기운용, 전파통신, 전파전자, 무선설비, 방송통신, 전자기기, 전자계산기, 전자캐드, 정보처리 또는 철도신호
2. 위 표에서 "학력·경력자"란 「초·중등교육법」 또는 「고등교육법」에 따른 해당 학교에서 통신·전자·정보처리기술관련 학과의 소정의 과정을 이수하고 졸업하거나 국내 또는 외국에서 이와 동등 이상의 학력이 있다고 인정되는 자와 「국민 평생 직업능력 개발법」에 따른 직업능력개발훈련시설에서 1년 이상 통신·전자·정보처리기술관련 분야의 과정을 이수한 자로서 법 제39조 및 이 영 제39조에 따라 학력·경력 등의 관리에 필요한 사항을 제출한 자를 말하며, 해당 전공학과의 범위와 경력인정방법은 방송통신위원회가 정하여 고시한다.
3. 위 표에서 "경력자"란 통신·전자·정보처리기술관련 학과 외의 학과를 졸업하고, 공사업무를 수행한 자로서 법 제39조 및 이 영 제39조에 따라 학력·경력 등의 관리에 필요한 사항을 제출한 자를 말하며, 경력인정방법은 방송통신위원회가 정하여 고시한다.
4. 위 표에서 "공사업무를 수행한 자"란 정보통신공사 관련 해당 분야(토목관련 기술자격자의 경우에는 별표 1의 선로설비분야만 해당한다)에서 계획·설계·시공·시험·공사감독·감리·유지관리 또는 연구업무를 수행한 자와 통신·전자·전산관련 병과 또는 주특기를 부여받고 군복무한 자를 말한다.
5. 외국인기술자에 대한 기술자격의 인정범위는 외국인 기술자의 기술자격 또는 학력·경력에 따라 인정하되, 그 인정기준에 관하여는 제1호부터 제4호까지의 규정을 준용한다.

2. 기능계 정보통신기술자의 인정범위

기술자격자	인정기술자	
	학력·경력자	경력자
기능사 자격을 취득한 자	가. 고등학교를 졸업한 후 1년 이상 공사업무를 수행한 자 나. 「국민 평생 직업능력 개발법법」에 따른 직업능력개발훈련시설에서 1년 이상 관련분야의 과정을 이수하고 1년 이상 공사업무를 수행한 자	가. 고등학교를 졸업한 후 1년 이상 공사업무를 수행한 자 나. 공사업무를 5년 이상 수행 한 자

비고

1. 위 표에서 "기술자격자"란 「국가기술자격법」에 따른 기술자격종목 중 아래의 기술자격을 취득한 자로서 법 제39조 및 이 영 제39조에 따라 학력·경력 등의 관리에 필요한 사항을 제출한 자를 말하며, 경력인정방법은 기술계 정보통신기술자에 관한 기준을 준용한다.
   - 기능사 : 통신기기, 통신선로, 정보기기운용, 전파통신, 전파전자, 무선설비, 방송통신, 전자기기, 전자계산기, 전자캐드, 정보처리 또는 철도신호
2. 위 표에서 "학력·경력자"란 「초·중등교육법」 또는 「고등교육법」에 따른 해당 학교에서 통신·전자·정보처리기술관련 학과의 소정의 과정을 이수하고 졸업하거나 국내 또는 외국에서 이와 동등 이상의 학력이 있다고 인정되는 자와 「국민 평생 직업능력 개발법」에 따른 직업능력개발훈련시설에서 1년 이상 통신·전자·정보처리기술관련 분야의 과정을 이수한 자로서 법 제39조 및 이 영 제39조에 따라 학력·경력 등의 관리에 필요한 사항을 제출한 자를 말하며, 해당 전공학과의 범위와 경력인정방법은 기술계 정보통신기술자에 관한 기준을 준용한다.
3. 위 표에서 "경력자"란 통신·전자·정보처리기술관련 학과 외의 학과를 졸업하고, 공사업무를 수행한 자로서 법 제39조 및 이 영 제39조에 따라 학력·경력 등의 관리에 필요한 사항을 제출한 자를 말하며, 경력인정방법은 기술계 정보통신기술자에 관한 기준을 준용한다.
4. 위 표에서 "공사업무를 수행한 자"란 정보통신공사 관련 해당 분야(토목관련 기술자격자의 경우에는 별표 1의 선로설비분야만 해당한다)에서 계획·설계·시공·시험·공사감독·감리·유지관리 또는 연구업무를 수행한 자와 통신·전자·전산관련 병과 또는 주특기를 부여받고 군복무한 자를 말한다.
5. 외국인기술자에 대한 기술자격의 인정범위는 외국인 기술자의 기술자격 또는 학력·경력에 따라 인정하되, 그 인정기준에 관하여는 제1호부터 제4호까지의 규정을 준용한다.

제2절 정보통신공사업 등록기준

자본금	기술능력	사무실
1.5억원 이상 (개인인 경우에는 자산평가액을 말한다.)	1. 기술계 정보통신기술자 3명 이상(3명 중 1명은 중급 기술자 이상이어야 한다) 2. 기능계 정보통신기술자 1명 이상(기능계 정보통신기술자는 기술계 정보통신기술자로 대체할 수 있다)	정보통신기술자 등이 항상 이용 가능하고 필요한 사무 장비를 갖출 수 있는 공간이 확보된 사무실

비고

1. 자본금
   가. 자본금은 공사업을 위한 자본금으로 공사업 외의 자본금을 제외하며, 주식회사 외의 법인의 경우 "자본금"은 "출자금"으로 한다.
   나. 법인의 경우 납입자본금과 실질자본금이 각각 등록기준의 자본금 이상이어야 한다. 다만, 외국법인(외국의 법령에 따라 설립된 법인 또는 외국법인이 자본금의 50% 이상을 출자하였거나 임원수의 2분의 1 이상이 외국인인 법인을 말한다)이 지사를 설치하여 공사업을 신청한 때의 자본금은 국내지사설립자본금(주된 영업소의 자본금을 말한다)을 기준으로 한다.
2. 정보통신기술자는 별표 6에 따른 정보통신기술자를 말하며, 정보통신기술자는 상근임원이나 직원의 신분으로 소속되어 있어야 한다.

CHAPTER 03

정보통신공사업 기업진단 요강

「정보통신공사업 기업진단요강」(과학기술정보통신부고시 제2018-19호, 2018. 3. 13.) 일부를 다음과 같이 개정하여 고시합니다.

2018년 3월 13일

과학기술정보통신부(네트워크정책과). 044-202-6425, 6424

제1장 총 칙

제 1 조(목적)

이 요강은 「정보통신공사업법 시행령」 제16조 제4항의 규정에 의한 기업진단(이하 "진단"이라 한다)에 관하여 필요한 사항을 규정함을 목적으로 한다.

제 2 조(적용범위)

① 이 요강은 「정보통신공사업법 시행령」 제21조의 규정에 의한 정보통신공사업등록기준중 자본금의 평가에 한하여 적용한다.

② 진단은 다른 법령에 특별한 규정이 있거나 과학기술정보통신부장관의 특별한 지시가 있는 경우를 제외하고는 이 요강에서 정하는 바에 의한다. 다만, 이 요강에서 정하지 아니한 사항은 기업회계기준에 의한다.

해 설

정보통신공사업은 기업진단은 다음의 순서에 의하여 그 규정을 적용하여야 한다.

〈1순위〉 다른 법령의 특별한 규정 또는 과학기술정보통신부장관의 특별한 지시

〈2순위〉 정보통신공사업 기업진단요강

〈3순위〉 한국회계기준원 회계기준위원회가 공표하여 진단기준일 현재 시행하고 있는 기업회계기준, 일반적으로 IFRS 적용 기업은 한국채택국제회계기준, IFRS 적용 기업외의 비상장기업은 일반기업회계기준에 의한다.

제 3 조(진단자)

진단은 다음 각 호의 자(이하 "진단자"라 한다)가 실시한다.

1. 「공인회계사법」 제7조의 규정에 의하여 금융위원회에 등록한 공인회계사 및 같은 법 제24조의 규정에 의하여 등록한 회계법인
2. 「중소기업진흥 및 제품구매촉진에 관한 법률」 제50조의 규정에 의하여 중소기업청장에게 등록한 경영지도사. 다만, 「중소기업기본법」에 의한 중소기업을 진단하는 경우에 한한다.
3. 「세무사법」 제6조에 따라 등록한 세무사 및 같은 법 제16조의4에 따라 등록한 세무법인

해 설

1. 등록한 개업 공인회계사 또는 회계법인
2. 등록한 개업 재무관리경영지도사(「중소기업기본법」에 의한 중소기업에 한한다)
   ▶ 「중소기업진흥 및 제품구매촉진에 관한 법률」 제50조의 규정 -> (개정) 「경영지도사 및 기술지도사에 관한 법률」 제8조의 규정
3. 등록한 세무사 및 등록한 세무법인

제 4 조(진단기준일)

진단기준일은 등록신청의 경우에는 신청일 전일부터 역산하여 45일 이내의 기간을, 자본금의 변동의 경우에는 자본금 변동일(법인의 경우에는 변경등기일)을, 양도 및 합병의 경우에는 양도계약일 및 합병등기일. 다만, 관할 시·도지사의 실태조사 등으로 기업진단을 실시하는 경우에는 관할 시·도지사가 지정하는 날을 진단기준일로 한다.

사 례

상황1) 신설법인 A가 8월 20일에 주금납입 1.6억원을 하고 8월21일에 설립등기를 한 경우로서 9월25일에 등록관청에 정보통신공사업을 등록신청하고자 하는 경우 진단기준일을 제시하시오.

상황2) 제조업을 영위하는 B법인이 정보통신공사업을 추가하려고 한다. 재무제표는 8월31일 기준으로 결산을 완료하였고 등록관청에 신청은 9월 25일에 하려고 한다. 8월 31일이 진단기준일이 가능한지 여부를 판단하시오.

해설 상황1) 등록신청전일인 9월 24일로부터 역산하여 45일 이내의 기간 중 하루를 선택하여 진단기준일(=재무제표 작성일)로 하면 된다. 다만, 예금평잔(평균잔액 계산) 시 진단기준일 전일로부터 역산하여 20일 동안의 평잔을 하여야 한다.

상황2) 신규등록은 등록신청전일(9월 24일)부터 역산하여 45일 이내의 기간 중의 날로 하면 되므로 회사가 결산을 완료한 8월 31일은 45일 이내의 날에 해당하므로 진단기준일로서 가능하다.

제 5 조(서류의 제출 등)

① 진단을 받는 자는 진단에 필요한 다음 서류를 진단자에게 제출하거나 제시하여야 한다.
1. 별지 제1호서식에 의한 기업진단신청서
2. 기업회계기준에 의하여 작성한 진단기준일의 대차대조표, 손익계산서, 재무제표부속명세서와 회계장부 및 기타 진단에 필요한 서류

② 진단자는 필요시 장부 및 기타 자산을 인정하는데 필요한 계약서·계산서·증명서·확인서·소유권증서 및 세무신고서등 제반증빙서류의 제출을 요구할 수 있다.

③ 제1항의 규정에 의하여 제출된 서류는 재작성 또는 정정등을 이유로 반환을 요구하지 못한다. 다만, 제출된 서류에 오기 또는 오산과 같은 객관적으로 명백한 오류가 있을 때에는 진단자의 동의를 얻어 정정할 수 있다.

④ 제1항과 제3항의 규정에 의하여 제출되거나 정정된 서류에 대하여 추가서류를 제출하고자 할 때에는 진단자의 동의를 얻어야 한다.

해 설

① 기업진단 시 구비서류

1. 신설회사

구비서류	개인	법인
1) (정기, 수시) 결산 재무제표	○	○
2) 사업자등록증(있는 경우에 한함)	○	○
3) 법인등기부등본	×	○
4) 일자별 금융거래내역서(20일 이상)- 금융기관 발급분에 한함	○	○
5) 예금잔액 증명서 및 금융거래 확인서 (발급일자 : 진단기준일)- 금융기관 발급분에 한함	○	○
6) 임대차계약서	○	○
7) 공제조합 출자증명원	○	○
8) 기타 진단자 요청하는 서류(계정명세서 등)	○	○

2. 기존회사

입증 구비서류	개인	법인
1) (정기, 수시) 결산 재무제표(비교식) (합계잔액시산표 포함)	○	○
2) 사업자등록증	○	○
3) 법인등기부등본	×	○
4) 타 업종 등록증	○	○
5) 일자별 금융거래내역서(20일 이상)- 금융기관 발급분에 한함	○	○

입증 구비서류	개인	법인
6) 예금잔액 증명서 및 금융거래 확인서 (발급일자 : 진단기준일)- 금융기관 발급분에 한함	○	○
7) 각 계정별 명세서	○	○
8) 매출채권 명세서 및 세금계산서	○	○
9) 재고자산 명세서 및 공사계약서	○	○
10) 임대차계약서 또는 건물등기부등본	○	○
11) 공제조합 출자증명원 및 융자금확인서	○	○
12) 유형자산 감가상각명세서	○	○
13) 퇴직급여 추계액 명세서	○	○
14) 부가가치세 신고서 및 합계표	○	○
15) 기타 진단자가 요청하는 서류(계정명세서 등)	○	○

제 6 조(진단방법 및 진단의견 등)

① 진단자는 진단을 받는 자가 제출 또는 제시하는 서류를 확인하여 성실하게 평가하여야 하며, 필요한 경우 실제 조사하여 확인하여야 한다.

② 진단자는 제1항의 규정에 의하여 확인한 사항에 대한 조서를 작성·비치하여야 한다.

③ 진단자는 진단을 받는 자가 제5조 제2항의 규정에 의한 장부 및 기타증빙서류를 제출하지 아니한 때에는 그 부분에 대하여는 부실자산으로 처리하여야 한다.

④ 진단자는 별지 제2호 서식의 진단의견란에 다음과 같이 기재한다.

1. 진단을 받는 자의 실질자본금이 「정보통신공사업법 시행령」 제21조의 규정에 의한 정보통신공사업 등록기준의 자본금 이상인 경우에는 "적격"으로 기재한다.
2. 진단을 받는 자의 실질자본금이 「정보통신공사업법 시행령」 제21조의 규정에 의한 정보통신공사업 등록기준의 자본금에 미달된 경우에는 "부적격"으로 기재한다.
3. 제7조의 규정에 해당하여 진단하지 못한 경우에는 "진단불능"으로 기재한다.

⑤ 과학기술정보통신부장관, 시·도지사 및 법 제69조에 따른 위임·위탁자는 다음 각 호의 어느 하나에 해당하면 소속 협회(한국공인회계사회, 한국경영기술지도사회, 한국세무사회)의 기업진단감리위원회에 진단보고서의 감리를 요청하여야 한다.

1. 기업진단보고서의 적정성을 판단하기 위해 제5조에 따른 진단서류 등을 제출하지 않는 경우
2. 진단보고서의 신뢰성이 의심되거나 진단의견에 영향을 줄 수 있는 진단오류가 예상되는 경우
3. 감사보고서상 감사의견이 의견거절이거나 부적정의견인 재무제표에 대한 진단보고서가 제출된 경우
4. 「주식회사의 외부감사에 관한 법률」에 따라 외부감사대상에 해당하나 외부감사를 받지 아니한 재무제표에 대한 진단보고서가 제출된 경우

해 설

1. 진단의견

진단보고서상 진단의견은 다음과 같이 구분된다. 다만 실무상 실질자본금이 등록기준 자본금을 충족하지 못하는 경우에는 진단보고서가 거의 불필요하므로 진단업무를 추가적으로 진행할 수 없는 상황이 대부분이다.

1) 실질자본(금) ≥ 1.5억원: 적격 2) 실질자본(금) < 1.5억원: 부적격 3) 진단불능사유에 해당하는 경우: 진단불능

2. 특별감리

과학기술정보통신부장관, 시·도지사 및 위임·위탁자는 다음에 해당하면 한국세무사회의 기업진단감리위원회에 진단보고서의 감리를 요청하여야 한다. 이러한 특별감리시에는 결산보고서의 적정성에 대한 심도 있는 검토가 이루어지므로 진단자는 진단 시 진단요강과 기업회계기준을 반드시 준수하여 기업진단업무를 수행하여야 한다.

1) 기업진단보고서의 적정성을 판단하기 위해 진단서류 등을 제출하지 않는 경우
2) 진단보고서의 신뢰성이 의심되거나 진단의견에 영향을 줄 수 있는 진단오류가 예상되는 경우
3) 감사보고서상 감사의견이 의견거절이거나 부적정의견인 재무제표에 대한 진단보고서가 제출된 경우
4) 「주식회사의 외부감사에 관한 법률」에 따라 외부감사대상에 해당하나 외부감사를 받지 아니한 재무제표에 대한 진단보고서가 제출된 경우

제 7 조(진단불능)

① 진단자는 다음 각 호의 1에 해당하는 경우에는 진단불능으로 처리하고, 진단을 받는 자 및 진단자가 소속된 협회에 통보한다.

1. 제출된 재무제표가 진단을 받는 자의 장부와 일치되지 아니하여 이를 허위라고 인정한 때
2. 진단을 받는 자가 제5조 제1항 및 제2항의 규정에 의한 서류의 제출이나 장부 기타 제반증빙서류등의 제출을 거부·기피 또는 태만히 하여 진단을 할 수 없을 때

② 진단자는 진단을 받는 자에 대한 장부의 작성 및 재무제표 작성업무를 수행한 경우(수행하는 경우를 포함한다)에는 해당 회계연도에 대한 재무관리상태 진단을 행할 수 없으며 또한 다음 각 호의 1에 해당하는 자에 대한 재무관리상태 진단을 행할 수 없다.

1. 진단자 또는 진단자의 배우자가 임원이거나 이에 준하는 직위(재무에 관한 사무의 책임있는 담당자를 포함한다)에 있거나, 과거 1년 이내에 이러한 직위에 있었던 자(회사를 포함한다. 이하 이 항에서 같다)
2. 현재 진단자 또는 진단자의 배우자가 사용인이거나 과거 1년이내에 사용인이었던 자
3. 진단자 또는 진단자의 배우자가 주식 또는 출자지분을 소유하고 있는 자
4. 진단자 또는 진단자의 배우자와 채권 또는 채무관계에 있는 자. 이 경우 진단자를 규율하는 관련 법 등에서 세부적으로 정한 경우에는 해당 규정에 따른다.

5. 진단자에게 무상으로 또는 통상의 거래가격보다 현저히 낮은 대가로 사무실을 제공하고 있는 자
6. 진단자의 고유업무 외의 업무로 인하여 계속적인 보수를 지급하거나 그 밖에 경제상의 특별한 이익을 제공하고 있는 자
7. 진단을 수행하는 대가로 자기 회사의 주식·신주인수권부사채·전환사채 또는 주식매수선택권을 제공하였거나 제공하기로 한 자

해 설

진단자와 진단받는 업체와의 독립성을 확보하기 위하여 진단불능사유를 강화하였다. 한국세무사회를 경유하는 경우에는 진단불능사유확인서를 반드시 제출하여야 한다.

■ 진단불능사유에 대한 확인서

진단자는 다음 각 사항의 1에 해당하는 자에 대하여 기업진단 업무를 수행할 수 없습니다. 따라서 아래의 사항을 충분히 검토하신 후 해당되는 곳에 V표시를 해주시기 바랍니다.

확인 내용	해당여부	
	여	부
1. 진단을 받는 자에 대해 장부작성 및 재무제표 작성업무를 수행한 경우 또는 수행하는 경우		
2. 진단자 또는 진단자의 배우자가 임원이거나 이에 준하는 직위(재무에 관한 사무의 책임있는 담당자를 포함한다)에 있거나, 과거 1년 이내에 이러한 직위에 있었던 자(회사 포함)		
3. 현재 진단자 또는 진단자의 배우자가 사용인이거나 과거 1년이내에 사용인이었던 자(회사 포함)		
4. 진단자 또는 진단자의 배우자가 주식 또는 출자지분을 소유하고 있는 자(회사 포함)		
5. 진단자 또는 진단자의 배우자와 채권 또는 채무관계에 있는 자 또는 회사(진단자를 규율하는 관련 법 등에서 세부적으로 정한 경우에는 해당 규정에 따름)		
6. 진단자에게 무상으로 또는 통상의 거래가격보다 현저히 낮은 대가로 사무실을 제공하고 있는 자(회사 포함)		
7. 진단자의 고유업무 외의 업무로 인하여 계속적인 보수를 지급하거나 그 밖에 경제상의 특별한 이익을 제공하고 있는 자(회사 포함)		
8. 진단을 수행하는 대가로 자기 회사의 주식·신주인수권부사채·전환사채 또는 주식매수선택권을 제공하였거나 제공하기로 한 자(회사 포함)		
위 사항을 충분히 검토하여 허위 사실 없이 해당 여부를 확인하였습니다. 년 월 일 (등록번호) 진단자 : ( ) 인		

제 8 조(용어의 정의)

제25조의 규정에 의한 실질자본금의 평가를 하는데 필요한 용어의 정의는 다음과 같다.
1. "실질자산"이라 함은 제시된 총자산에서 부실자산을 공제한 자산을 말한다.
2. "비업무용자산"이라 함은 정보통신공사업에 직접적으로 제공되지 않은 임야·유휴토지·전답 또는 가옥 등을 말한다
3. "실질부채"라 함은 제시된 총부채에서 이 요강에 의한 평정조정금액을 가감한 부채를 말한다.
4. "겸업자산"이라 함은 정보통신공사업 이외의 사업에 제공된 자산을 말한다.
5. "겸업부채"라 함은 겸업자산과 관련되는 부채를 말한다.

사 례

건설업(도장습식방수석공사업, 자본금: 1.5억원)과 정보통신공사업(자본금: 1.5억원)을 겸업하는 (주)성우건설의 실질자산이 10억원, 실질부채가 5억원이라고 가정하고 건설업의 실질자산이 4억원, 실질부채가 2억원으로 겸업을 분류된 경우 (주)성우건설의 정보통신공사업(진단대상사업)의 실질자본금을 파악하시오.

해설 겸업자본은 2억원이고, 정보통신공사업 실질자본은 3억원이다. 그 계산 근거는 다음과 같다.

실 질 자 산	1,000,000,000	실 질 부 채	500,000,000
겸 업 자 산	400,000,000	겸 업 자 본	200,000,000
겸 업 부 채	200,000,000		
진단대상사업 실질자산	600,000,000	진단대상사업 실질자본	300,000,000
진단대상사업 실질부채	300,000,000		

제 2 장 자산 및 부채의 평가

제 9 조(자산 및 부채의 평가원칙)

자산 및 부채의 평가는 이 요강에서 정한 방법에 의한다.

제10조(부실자산)

① 다음 각호의 경우에는 이를 부실자산으로 처리하여야 한다. 다만, 이 고시에 따라 정보통신공사업의 실질자산으로 평가된 자산은 제외한다.
1. 자산의 과대평가로 인한 가공자산
2. 제시자산총계의 100분의 2를 초과하는 현금
3. 진단을 받는 자의 소유가 아닌 자산
4. 대손처리하여야 할 자산
5. 무형고정자산
6. 이연자산
7. 선급비용
8. 기업회계기준에 따라 비용으로 계상하여야 할 대상금액이 자산으로 계상된 금액
9. 제12조 내지 제14조, 제16조, 제21조의 규정에 의한 부실자산

② 제1항 단서의 규정에 따라 정보통신공사업과 관련하여 취득한 다음 각 호의 경우는 이를 자산으로 처리한다.
1. 사용수익기부자산으로서 정액법에 따른 상각액을 차감하여 평가한 경우
2. 산업재산권으로서 취득원가에 정액법에 따른 상각액을 차감하여 평가한 경우

해 설

1. 제시 자산총계의 100분의 2를 초과하는 현금

결산재무제표상의 자산총계의 2%까지의 현금은 실질자산으로 인정받는다. 왜냐하면 진단일은 진단기준일 이후의 날이 되므로 진단기준일 현재의 현금시재를 현실적으로 파악하기 어렵다. 따라서 회사가 계상한 현금시재 중에서 회사제시 자산총계의 2%까지의 현금을 실질자산으로 인정하고 있다.

사 례

D회사는 재무제표상 현금시재액이 1천만원이고 자산총계는 3억원(평정후 자산총계는 2.8억원)이며 부채총계는 5천만원(평정후 부채총계는 6천만원)이다. 회사가 실질자산으로 인정받을 수 있는 현금시재액은 얼마인가?

해설 회사제시자산총계의 2%까지를 실질자산으로 인정받게 된다. 따라서 6백만원까지의 현금시재는 인정된다. 즉 실질자산 6백만원, 부실자산 4백만원으로 처리하여야 한다.

제11조(수익의 인식과 측정)

수익은 기업회계기준상의 손익계산서 작성기준 및 매출 총손익계산방식에 따라 계산하여야 한다. 다만, 공사수익측정에 있어서는 세법의 규정에 따라 계산된 수익을 기업회계기준에 따라 계산된 수익으로 인정할 수 있다.

해 설

수익과 비용은 기업회계기준에 따라 평가한다. 따라서 공사진행기준과 공사완성기준을 통하여 회사의 회계처리를 확인하고 재고자산의 계상여부와 수익과 비용의 올바른 인식에 대한 검토가 이루어져야 한다. 기업회계기준에서는 진행기준을 원칙으로 하고 있으나 중소기업회계처리특례에 의거하여 1년 내의 기간에 완료되는 용역매출 및 건설형 공사계약에 대하여는 용역제공을 완료하였거나 공사 등을 완성한 날에 수익으로 인식할 수 있으므로 진단시 주의를 요하여야 한다. 또한 세법의 경우 중소기업의 단기 공사인 경우에 인도기준(완성기준)이 가능하다.

구 분	원칙	예 외
단기건설(1년미만)	진행기준	(기업회계) 비상장중소기업은 인도기준 또는 완성기준 가능 (세법) 중소기업은 인도기준 또는 완성기준 가능
장기건설(1년이상)		진행기준

➲ **유의사항:** 장기건설공사계약임에도 불구하고 세금계산서 기준으로 공사수익을 인식하여 미완성공사가 재고자산에 기재된 상태로 결산이 되는 경우에는 기업진단규정에서 미완성공사를 모두 부실자산으로 보도록 하고 있으므로 불이익을 당하지 않도록 장기건설의 경우에는 반드시 진행기준으로 인식하여야 한다.

제12조(제예금의 평가)

제예금은 진단을 받는 자의 명의(법인인 경우에는 법인명의)로 된 계좌의 진단기준일 전일(신설법인이 법인설립등기일부터 20일 이내의 날을 진단기준일로 하여 진단하는 경우에는 진단하는 날 전일)부터 역산하여 20일 동안의 은행거래실적 평균잔액을 예금액으로 평가한다. 다만, 예금증서 또는 은행거래실적 증명서를 제시하지 못하거나, 그 예금이 일시적으로 조달된 것으로써 출처가 불분명한 경우와 제예금중 진단기준일부터 진단 시까지 지출원인이 분명하지 않은 인출금액은 부실자산으로 본다.

해 설

1. 예금의 명의자

예금은 진단자 명의로 된 예금만을 말한다. 따라서 법인사업자인 경우 법인 명의로된 예금(통장)만을, 개인사업자인 경우 개인사업자로 된 예금(통장)만을 인정하게 된다. 따라서 신설법인인 경우 설립등기일에는 법인의 예금통장이 존재하지 않으므로 주금 납입당시 발기인 대표자 예금통장의 주금납입액을 인정받을 수 없다. 즉, 법인통장의 예금잔액만을 인정받을 수 있음에 주의해야 한다.

2. 예금의 평가

1) 예금의 확인기간

진단기준일 현재 진단을 받는 자 명의의 금융기관 예금잔액증명과 진단기준일 전 20일을 포함한 진단일까지의 은행거래실적. 따라서 진단자는 수진업체의 통장거래내역을 최소 22일 이상 확인하여야 한다.

2) 예금의 평잔기간

예금의 평잔은 진단기준일 전일부터 역산하여 20일 동안의 은행거래 실적평균잔액을 예금액으로 평가하도록 하고 있다. 따라서 진단자는 진단일(= 진단서 발급일)전일로부터 소급하여 20일을 평잔하는 오류를 범하지 않도록 주의하여야 한다. 또한 진단기준일 현재 재무제표상 예금잔액과 예금 20일 평잔금액을 비교하여 평잔금액이 예금잔액을 초과하는 경우에는 통상적으로 예금잔액으로만 인정하는 것이 통설이다.

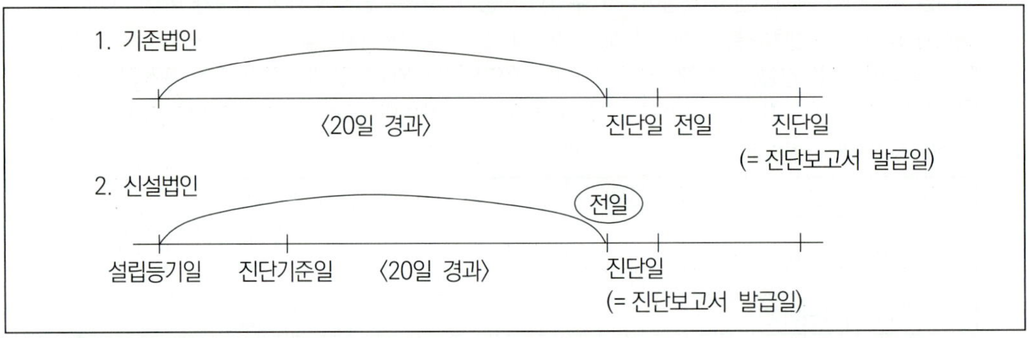

➲ **주의사항** 신설법인은 법인통장이 개설되고 난 후 법인명의로 입금되어 있는 금액을 기준으로 평잔을 계산해야 하므로 진단기준일은 설립등기일로부터 20일 이내로 할 수 있으나 진단서 발급일(진단일)은 20일이 경과된 이후가 될 수 밖에 없다.

사 례

F법인이 정보통신공사업을 등록하고자 8월 31일로 결산재무제표를 작성하였다. 이 경우 법인이 9월 25일까지 정보통신공사업을 등록신청하고자 하는 경우 예금 평잔기간을 제시하시오.

해설 진단을 받는 자의 명의(법인인 경우 법인 명의)로 된 계좌에 대하여 진단기준일 전일부터 역산하여 20일 동안의 은행거래 실적평균잔액을 기준으로 하도록 되어 있으므로 7월 11일부터 8월 30일까지 20일간의 예금평균잔액으로 한다. 다만 예금 평균잔액이 8월 31일 재무제표상 예금잔액을 초과하는 경우에는 8월 31일 기준 재무제표상 예금잔액으로 한다. 왜냐하면 예금평균잔액으로만 인정하면, 예금의 임의 평가증이 이루어질 수 있기 때문에 이를 방지하고자 함에 그 이유가 있다.

제13조(매출채권등의 평가)

① 외상매출금·미수금 또는 받을어음 등 채권은 거래처의 채무증명에 의하되 세금계산서를 확인하여야 하고, 「법인세법」에서 정한 대손충당금 설정한도액에 미달하는 경우에는 설정한도 미달액을 차감하여 평가한다.
② 매출채권등에 있어서 발생일로부터 1년 이상 경과한 매출채권등은 부실자산으로 평가한다. 다만, 그 채무자가 국가, 지방자치단체, 정부투자기관 또는 정부출자기관인 경우에는 그러하지 아니한다.

해 설

1. 매출채권 등의 구분

매출채권 보유기간	대상 사업	실질 여부
1년 이하	진단대상사업	실질자산
	진단대상사업 외	겸업자산
1년 경과	진단대상사업	부실자산
	진단대상사업 외	부실자산

cf. (구분) 건설업의 경우에는 매출채권을 2년 경과 시 부실자산으로 본다.

2. 1년 경과 시에도 실질자산으로 인정되는 매출채권
   그 채무자가 국가, 지방자치단체, 정부투자기관 또는 정부출자기관인 경우 받을채권

3. 대손충당금 설정
   1년 이내의 매출채권이나 미수금은 반드시 대손충당금을 설정하여야 하며, 회사가 객관적으로 산정한 대손추정율을 알 수 없거나 존재하지 않는 경우에는 세법상 대손충당금 한도액인 대손실적률과 1% 중 큰 금액을 설정한다. 특히 발생일로부터 1년이 경과된 채권은 부실자산이므로 대손충당금을 설정하는 것이 아니라 부실자산으로 평정해야 함에 유의하여야 한다.

사 례

H법인의 진단기준일 현재 매출채권 잔액이 2억원이고 1년이 경과된 채권이 2천만원으로 확인되며 회사가 객관적으로 설정한 대손추정률은 존재하지 않는 경우 평정사항을 제시하시오.

해설 1) 부실자산: 2천만원(= 매출채권 중 1년 경과분)
2) 대손충당금: 1,800,000원(= 1.8억원 × 1%(다만, 세법상 한도율을 적용함.))

제14조(가지급금의 평가)

가지급금은 급여선급인 경우에만 당해 임직원의 1월 급여액 범위 내에서 인정하고 이를 초과하는 금액에 대하여는 부실자산으로 평가한다.

해 설

가지급금(= 주임종단기[장기]대여금)은 부실자산으로 본다. 다만, 임직원에 대한 1월 이내의 급여액은 실질자산으로 인정하고 있다. 따라서 대부분의 가지급금 성격의 지출은 자산으로서의 실제성이 없으므로 모두 부실자산으로 처리하여야 한다.

제15조(대여금등의 평가)

대여금은 전액 겸업자산으로 평가한다. 다만, 종업원에 대한 주택자금과 우리사주조합에 대여한 것은 제외한다.

해 설

장단기대여금	실질 여부
원 칙	겸업자산
종업원 주택자금 대여액	실질자산
우리사주조합 대여액	실질자산

제16조(공사용 전도자금의 평가)

공사용 전도자금에 대하여는 당해 현장책임자등의 예금잔액증명분에 의하여 인정하고 예금잔액증명서로 확인할 수 없는 금액은 제10조 제2호의 규정에 의하여 부실자산으로 평가한다.

제17조(유가증권의 평가)

① 유가증권의 평가는 취득원가로 평가함을 원칙으로 한다. 다만, 증권거래소에 상장되어 있는 주식으로서 시가가 취득원가보다 금액이 낮은 것은 시가로 평가한다.

② 국채·공채·사채 및 기타의 채권으로서 취득가액과 액면가액이 다른 것은 그 차액을 상환기간에 걸쳐 매기 당해 진단을 받는 자가 채택하고 있는 방법으로 점차 가감한 가액으로 평가한다.
③ 정보통신공제조합에 대한 출자금(출자를 위하여 예치한 출자금액을 포함한다. 이하 같다)은 기준일 현재의 지분평가액(출자를 위하여 예치한 출자예정금액은 그 전액)을 정보통신공사업 실질자산으로 인정한다.
④ 잉여금의 자본전입에 의한 주식의 취득은 자산의 증가로 보지 아니한다.
⑤ 정보통신공사업과 관련이 없는 투자자산은 겸업자산으로 본다.

해 설

1. 유가증권(지분증권)

<table>
<tr><th>분 류</th><th>요건</th><th colspan="2">재무상태표 표시</th></tr>
<tr><td>단기매매증권</td><td>단기 매매차익 목적, 빈번한 매매</td><td colspan="2">유동자산</td></tr>
<tr><td rowspan="2">매도가능증권</td><td rowspan="2">단기매매증권, 지분법적용투자주식 외</td><td>1년 이내 처분</td><td>유동자산</td></tr>
<tr><td>이외의 경우</td><td>투자자산</td></tr>
<tr><td>지분법적용 투자주식</td><td>중대한 영향력 행사(20%이상 지분보유)</td><td colspan="2">투자자산</td></tr>
</table>

2. 유가증권(채무증권)

<table>
<tr><th>분 류</th><th>요건</th><th colspan="2">재무상태표 표시</th></tr>
<tr><td>단기매매증권</td><td>단기 매매차익 목적, 빈번한 매매</td><td colspan="2">유동자산</td></tr>
<tr><td rowspan="2">매도가능증권</td><td rowspan="2">단기매매증권, 지분법적용투자주식 외</td><td>1년 이내 만기</td><td>유동자산</td></tr>
<tr><td>이외의 경우</td><td>투자자산</td></tr>
<tr><td rowspan="2">만기보유증권</td><td rowspan="2">상환금액의 확정가능, 만기까지 보유의도, 능력</td><td>1년 이내 만기</td><td>유동자산</td></tr>
<tr><td>1년 후 만기</td><td>투자자산</td></tr>
</table>

3. 유가증권 평가

1) 지분증권

(1) 원칙: 원가법

(2) 상장주식: 저가법

2) 채무증권

유효이자율법

4. 공제조합 출자금

진단기준일 현재 시가로 평가하여 자산에 반영하고 평가이익은 기업회계기준에 의하여 기타포괄손익누계액에 반영하는 것이 타당하다.

(차변) 출자금	○○○	(대변) 기타포괄손익누계액	○○○

사 례

1. I법인의 재무제표상 공제조합 출자금이 20,000,000원이고 진단기준일 현재 좌당 평가액이 628,000원이고 출자좌수가 32좌인 경우 평정사항을 반영하시오.

2. 수진업체인 I법인이 융자금(16,000,000원)을 재무제표에 반영하지 않은 경우 평정사항을 반영하시오.

해설 1. 1) 진단기준일 현재 평가액: 20,096,000원
2) 재무제표상 출자금: 20,000,000원
3) 평가증액: 96,000원
따라서 진단시 96,000원을 평정에 반영하여야 하며 이 경우 실질자본인 평정액만큼 증가하게 된다.

2. 융자금이 재무제표에 제외된 것이 융자금 확인서로 확인되는 경우에는 평정사항을 반영할 때 16,000,000원을 부채의 증가로 반영하여 진단하여야 한다. 이 경우 부채의 증가액만큼 실질자본은 감소하게 된다.

제18조(재고자산의 평가)

① 재고자산은 정보통신공사업을 위한 자산만을 인정하되, 구입증빙서류 및 재고자산수불장표를 대조·확인하여 평가한다.
② 재고자산이 자산총액의 100분의 10을 초과하는 경우에는 그 금액을 판매용 자산으로 간주하여 겸업자산으로 본다.

해 설

재고자산은 정보통신공사업용 자산만을 인정하되, 자산총액의 10%를 초과하는 재고자산은 겸업자산으로 보아 실질자본 계산시 차감하여야 한다. 실무상 정보통신공사업용 재고자산은 1년 미만의 단기공사를 제외하고는 거의 발생하지 아니한다.

사 례

J법인의 자산총계는 4억원이고 부채총계는 1억원이며 정보통신공사업용 재고자산(미성공사)을 6천만원을 보유하고 있다. 이 경우 실질자산으로 인정받을 수 있는 재고자산은 얼마인가?

해설 기존법인이라 하더라도 재고자산을 자산총계의 10%를 초과하여 보유하는 경우에는 판매용 자산으로 보아 겸업자산으로 보도록 하고 있다. 따라서 정보통신공사업용 재고자산 중 실질자산으로 인정받을 수 있는 금액은 4천만원이고 나머지 2천만원은 비록 정보통신공사업과 관련되어 있다 하더라도 판매용 자산으로 보아 겸업자산으로 분류된다.

제19조(유형자산의 평가)

① 토지 및 건물은 취득가액으로 평가함을 원칙으로 한다. 다만, 「자산재평가법」에 따라 자산을 재평가 한 경우에는 그 평가액으로 한다.
② 중기 · 공구 · 집기 · 차량등은 사용 가능한 것에 한하여 회사소유임이 확인된 것만 평가한다.

해 설

유형자산은 소유권, 자산의 실재성 및 진단대상사업에 대한 관련성을 종합하여 평가하며, 등기 또는 등록대상인 자산으로서 법적 및 실질적 소유권이 없는 경우에는 부실자산으로 본다. 특히, 토지와 건물의 등기부등본을 통하여 부외부채에 대한 평가를 하여야 한다. 따라서 기업진단시 법적 소유권과 실질적 소유권의 구분이 필요한 사항이 발생하는 경우에는 사실판단에 의하되, 실질적 소유권을 우선적으로 적용하여야 할 것으로 사료된다.

1. 유형자산 평가모형

유형자산은 기업회계기준에 따라 취득원가모형이나 재평가모형 중에서 진단을 받는 자가 회계장부에 반영한 방식으로 평가한다. 일반적으로 재무제표는 취득원가모형을 근거로 작성되고 있어 재평가모형을 적용해야 하는 경우에는 회계장부에 반영된 사항만을 기준으로 기업진단 업무를 수행하여야 한다.

2. 감가상각

유형자산의 감가상각은 법인세법에 의한다. 다만, 진단을 받는 자의 회계장부상 감가상각누계액이 클 경우에는 그 금액으로 한다. 따라서 진단자는 진단대상사업연도를 기준으로 감가상각을 수행하면 되며, 일반적으로 진단기준일로부터 소급하여 1년을 기준으로 상각한다.

(가) 법인세법상 감가상각자산의 범위(법인세법 시행령 제24조 제1항)

가) 유형고정자산

㉠ 건물(부속설비를 포함) 및 구축물
㉡ 차량 및 운반구, 공구, 기구 및 비품
㉢ 선박 및 항공기
㉣ 기계 및 장치
㉤ 동물 및 식물
㉥ 기타 가목 내지 마목의 자산과 유사한 유형고정자산

(나) 법인세법상 내용연수

법인세법 시행규칙 별표 5에서 규정된 건축물 등의 기준내용연수는 다음과 같다.

구분	기준내용연수 및 내용연수범위(하한~상한)	구조 또는 자산명
1	5년 (4년~6년)	차량 및 운반구(운수업, 기계장비 및 소비용품 임대업에 사용되는 차량 및 운반구를 제외), 공구, 기구 및 비품
2	12년 (9년~15년)	선박 및 항공기(어업, 운수업, 기계장비 및 소비용품 임대업에 사용되는 선박 및 항공기를 제외한다)

구분	기준내용연수 및 내용연수범위(하한-상한)	구조 또는 자산명
3[11]	20년 (15년~25년)	연와조, 블록조, 콘크리트조, 토조, 토벽조, 목조, 목골모르타르조, 기타 조의 모든 건물(부속설비를 포함)과 구축물[12]
4	40년 (30년~50년)	철골·철근콘크리트조, 철근콘크리트조, 석조, 연와석조, 철골조의 모든 건물(부속설비를 포함한다)과 구축물

제20조 <삭제>

제21조(선급법인세등의 평가)

적정하게 계상된 선급제세와 제세결정기관이 환급통보한 세액은 자산으로 인정하되 그 외의 제세는 부실자산으로 평가한다.

해 설

조세채권의 경우 선급제세(부가세 대급급 등)와 환급이 확정된 부분(국세환급금 등)은 실질자산으로 인정하고 그 외에는 부실자산으로 본다. 예를 들어 선납세금 등은 부실자산에 해당하고 부가세대급금이나 국세환급금은 실질자산에 해당하게 된다.

---

11) 1. 구분 3과 구분 4를 적용함에 있어서 부속설비에는 당해 건물과 관련된 전기설비, 급배수·위생설비, 가스설비, 냉방·난방·통풍 및 보일러설비, 승강기설비 등 모든 부속설비를 포함하고, 구축물에는 하수도, 굴뚝, 경륜장, 포장도로, 교량, 도크, 방벽, 철탑, 터널 기타 토지에 정착한 모든 토목설비나 공작물을 포함한다. 다만, 부속설비를 건축물과 구분하여 업종별 자산으로 회계처리하는 경우에는 별표 6을 적용할 수 있다.

2. 구분 3과 구분 4를 적용함에 있어서 건물중 변전소, 발전소, 공장, 창고, 정거장·정류장·차고용 건물, 폐수 및 폐기물처리용 건물, 유통산업발전법시행령에 의한 대형점용 건물(당해 건물의 지상층에 주차장이 있는 경우에 한한다), 국제회의산업육성에관한법률에 의한 국제회의시설 및 무역거래기반조성에관한법률에 의한 무역거래기반시설(별도의 건물인 무역연수원을 제외한다), 축사, 구축물 중 하수도, 굴뚝, 경륜장, 포장도로와 폐수 및 폐기물처리용 구축물과 기타 진동이 심하거나 부식성 물질에 심하게 노출된 것은 기준내용연수를 각각 10년, 20년으로 하고, 내용연수범위를 각각(8년~12년), (15년~25년)으로 하여 신고내용연수를 선택적용할 수 있다.

12) 건물(부속설비를 포함한다) 및 구축물이 기준내용연수 및 내용연수범위가 서로 다른 2 이상의 복합구조로 구성되어 있는 경우에는 주된 구조에 의한 기준내용연수 및 내용연수범위를 적용한다.

제22조(부채의 평가)

부채의 발생사유를 충분히 검토하고 자산 및 자본과 비교·관련시켜 부외부채 유무를 면밀히 검토하여 총부채를 평가하여야 한다.

제23조(외화부채의 평가)

외화부채는 기준일 현재의 대고객전신 환매도율에 의한 환율로 평가한다.

제24조(감가상각 및 퇴직급여충당금의 계산)

① 감가상각 또는 퇴직급여충당금은 「법인세법」에 정한 바에 의하여 계상된 금액을 인정한다. 다만, 동 설정범위를 초과하여 충당한 경우에는 그 설정액을 그대로 인정한다.
② 진단기준일이 사업년도 중인 때에는 진단기준일로부터 소급하여 1년을 대상으로 제1항의 규정을 적용한다.

제 3 장 자본금의 평가

제25조(실질자본금의 평가)

실질자본금은 실질자산에서 비업무용 자산 및 실질부채를 공제한 것으로 한다. 다만, 겸업의 경우에는 겸업자본을 추가로 공제하며, 겸업자본이 겸업기준 자본금에 미달할 때에는 그 기준 자본금을 공제한다.

제26조(겸업자본의 평가)

① 겸업자본은 겸업자산에서 겸업부채를 차감한 금액으로 한다.
② 정보통신공사업과 정보통신공사업이외의 사업을 구분경리하는 자의 겸업자산과 겸업부채는 구분경리에 의한 정보통신공사업이외의 사업과 관련된 자산과 부채를 말한다.
③ 정보통신공사업과 정보통신공사업이외의 사업을 구분경리하지 않은 자의 겸업자산과 겸업부채는 자산총계와 부채총계에 겸업비율을 적용하여 계산한다. 다만, 겸업비율은 다음 각 호 중 1을 선택하여 적용한다.
1. 정보통신공사업의 수입금액과 겸업사업의 수입금액 비율
2. 정보통신공사업의 고정자산과 겸업사업의 고정자산금액 비율
3. 정보통신공사업이외의 사업이 다른 법령등에 기준자본금이 정하여진 경우에는 기준자본금의 비율

해 설

1. 실질자본(금)과의 관계

기업진단시 실질자본(금)은 다음과 같이 판단한다.

1단계: 등기부등본상 납입자본금(개인은 순자산가액)이 등록기준상 자본금기준을 충족하고 있는가?
2단계: 결산재무제표상 자본총계가 등록기준상 자본금기준을 충족하고 있는가?
3단계: 진단 후 진단대상사업의 실질자본(금)이 등록기준상 자본금기준을 충족하고 있는가?

2. 실질자본 계산구조

자산		부채		자본
회사제시 자산	-	회사제시 부채	=	회사제시 자본
±) 수 정 사 항		±) 수 정 사 항		±) 수 정 사 항
-) 부 실 자 산		+) 부 외 부 채		±) 부실자산, 부외부채
실 질 자 산	-	실 질 부 채	=	실 질 자 본
겸 업 자 산	-	겸 업 부 채	=	겸 업 자 본
진단대상사업 실 질 자 산	-	진단대상사업 실 질 부 채	=	진단대상사업 실 질 자 본

3. 겸업자본의 평가

겸업자본은 겸업자산에서 겸업부채를 차감한 잔액을 말한다. 따라서 겸업자산과 겸업부채는 실질자산(실질부채)에 해당하지만 진단대상사업의 실질자산(실질부채)에는 해당하지 않는다. 따라서 실질자산(실질부채 포함) 중에서 겸업자산(겸업부채 포함)을 분류할 때에는 다음과 같이 확인하여야 한다.

1단계: 겸업자산으로 열거된 자산 및 그와 관련된 부채를 구분할 것

2단계: 구분경리 유무를 확인 할 것. 따라서 구분경리가 되어 있는 경우에는 정보통신공사업부문만을 기준으로 실질자본을 확인하면 된다.

3단계: 구분경리가 되어 있지 않는 경우 자산총계와 부채총계에 겸업비율(수입금액비율, 유형자산비율, 기준자본금 비율 중 선택)을 적용하여 안분한다.

사 례

제조업(기준자본금 없음)과 정보통신공사업(기준자본금 1.5억원)을 영위하는 (주)K정보에 대한 재무상태 및 경영성과에 대한 기업진단(실태조사 목적)을 수행하고 있다. 다음 자료를 이용하여 정보통신공사업의 실질자본금을 구하시오.

자료	매출액
실질자산 10억원 실질부채 4억원	〈총매출액 20억원〉 • 제조업 매출액 10억원 • 정보통신공사업 매출액 10억원
겸업자산 2억원 겸업부채 1억원	
공통자산 4억원 공통부채 2억원	

해설 수입금액 비율이 50% 이므로 공통자산 중 2억원, 공통부채 중 1억원이 겸업에 해당한다. 따라서 진단대상사업의 실질자본은 다음과 같다.

실질자본 6억원 - 겸업자본 1억원 - 공통자본 중 겸업자본(50%) 1억원 = 4억원이 된다.

따라서 (주)K정보는 실질자본금(1.5억원 이상) 요건을 충족하게 된다.

제27조(진단보고)

① 진단자는 진단보고를 별지 제2호서식에 의하되, 소속 협회(한국공인회계사회, 한국경영기술지도사회, 한국세무사회)의 확인을 받아야 한다.
② 한국공인회계사회장, 한국경영기술지도사회장 및 한국세무사회장은 제1항의 규정에 의하여 확인하는 진단결과보고서가 이 고시에 의거 작성되고 평가되었는지를 검토하여야 하며, 진단내용이 이 고시에 위반하여 평가되었거나 허위로 작성한 사실이 있을 때에는 즉시 이를 반려시켜야 한다.

해 설

진단보고서의 적정성 사전확인(감리)
한국세무사회장 등은 확인하는 진단결과보고서가 적정하게 작성되고 평가되었는지를 사전 확인해야 한다. 만약, 진단규정을 위반하여 평가 되었거나 허위로 작성한 사실이 확인되는 경우에는 즉시 이를 반려하여야 한다. 따라서 한국세무사회는 사전감리를 통하여 기업진단보고서(진단결과보고서)의 적정성을 확인하고 있다.

제28조(진단서류의 보존 등)

진단자는 진단서류 등을 5년 이상 보존하여야 하며, 과학기술정보통신부장관 또는 시·도지사의 요구가 있을 때에는 제출하여야 한다.

제29조(재검토기한)

과학기술정보통신부장관은 「행정규제기본법」 및 「훈령·예규 등의 발령 및 관리에 관한 규정」에 따라 이 고시에 대하여 2016년 1월 1일 기준으로 매3년이 되는 시점(매 3년째의 12월 31일까지를 말한다)마다 그 타당성을 검토하여 개선 등의 조치를 하여야 한다.

부 칙 〈제2018-19호, 2018. 3. 13.〉

이 고시는 고시한 날부터 시행한다.

■ 정보통신공사업 기업진단요강 [별지 제2호서식] 〈개정 2018.3.13〉

진단자 소속 협회 확인

기 업 진 단 보 고 서

※ 해당되는 곳에 ○표를 합니다.

진 단 구 분	1.등 록	2.양 도	3.합 병	4.자본금변동	5. 삭제〈2015.3.31〉

등록업종		등록번호	
상 호			
대 표 자		전화번호	
영업소 소재지			
신청자 제시 자본금액(a-b)		자산총액(a) :	부채총액(b) :
진단결과 내역(진단기준일 :)			

과 목	금 액	과 목	금 액	진 단 의 견
유동자산		유동부채		
비유동자산		비유동부채		
자산총계(Ⅰ)		부채총계(Ⅱ)		
부실자산(Ⅳ)		자본금		
실질자산(Ⅴ) (Ⅰ - Ⅳ)		자본잉여금		
비업무용자산(Ⅵ)		이익잉여금·결손금		
실질자본(Ⅶ) (Ⅴ - Ⅵ - Ⅱ)		자본조정		
		기타포괄손익누계액		
		자본총계(Ⅲ)		
겸업자본(Ⅷ) (c-d)		겸업자산(c)		
		겸업부채(d)		
정보통신공사업 실질자본 (Ⅶ - Ⅷ)				

정보통신공사업기업진단요강에 의거 신청인의 실질자본금을 위와 같이 진단하였음을 확인합니다.

년 월 일

(진단자) 공인회계사(경영지도사, 세무사) 또는 회계·세무법인

: 등록(인가)번호 제 호 인

소재지(전화번호) :

(확인) 한국공인회계사회장 :

한국경영기술지도사회장 :

한국세무사회장 :

첨부 : 기업진단 내역서

○○시·도지사 귀하

210㎜×297㎜[백상지(80g/㎡)]

기 업 진 단 내 역 서

업 체 명: (단위: 원)

과　　목	회사제시금액	평　정		평정후금액	평정내역
		차 변	대 변		
1. 유 동 자 산					
(1) 당좌자산					
① 현금및현금성자산					
② 단기투자자산					
③ 매출채권					
- 대손충당금					
④ 가지급금					
⑤ 단기대여금					
⑥ 미 수 금					
⑦ 미수수익					
⑧ 선급금					
⑨ 선급비용					
⑩ 선급공사원가					
⑪ 선납세금					
⑫ 부가세선급금					
⑬ 전도금					
⑭ 기타의 당좌자산					
(2) 재고자산					
① 상　　품					
② 제　　품					
③ 반 제 품					
④ 재 공 품					
⑤ 원 재 료					
⑥ 저 장 품					
⑦ 기타의 재고자산 (겸업유동자산)					

과 목	회사제시금액	평 정		평정후금액	평정내역
		차 변	대 변		
2. 비 유 동 자 산					
(1) 투자자산					
① 장기금융상품					
② 매도가능증권					
③ 만기보유증권					
④ 장기대여금					
- 대손충당금					
⑤ 투자부동산					
⑥ 기타의 투자자산					
- 평가충당금					
(2) 유형자산					
① 토 지					
② 건 물					
- 감가상각누계액					
③ 구축물					
- 감가상각누계액					
④ 기계장치					
- 감가상각누계액					
⑤ 선 박					
- 감가상각누계액					
⑥ 차량운반구					
- 감가상각누계액					
⑦ 건설중인 자산					
⑧ 기타의 유형자산					
(3) 무형자산					
① 사용수익권					
② 산업재산권					
③ 개 발 비					
④ 기타의 무형자산					

과 목	회사제시금액	평 정		평정후금액	평정내역
		차 변	대 변		
3. 기타비유동자산 ① 임차보증금 ② 기타보증금 ③ 장기매출채권 - 대손충당금 ④ 기타 (겸업비유동자산)					
자 산 총 계 (겸 업 자 산)					
1. 유 동 부 채 ① 단기차입금 ② 매입채무 ③ 공사미지급금 ④ 공사선수금 ⑤ 미지급금 ⑥ 미지급비용 ⑦ 예 수 금 ⑧ 부가세예수금 ⑨ 미지급법인세 ⑩ 가수금 ⑪ 기타의 유동부채 (겸업유동부채) 2. 비 유 동 부 채 ① 장기차입금					

과　　목	회사제시금액	평　　정		평정후금액	평정내역
		차　변	대　변		
② 퇴직급여충당부채 ③ 하자보수충당부채 ④ 임대보증금 ⑤ 기타의 비유동부채 (겸업비유동부채)					
부 채 총 계 (겸 업 부 채)					
1. 자 본 금 ① 보통주자본금 ② 우선주자본금 2. 자본잉여금 ① 주식발행초과금 ② 감자차익 ③ 자기주식처분이익 ④ 기타 자본잉여금 3. 자본조정 ① 주식할인발행차금 ② 감자차손 ③ 자기주식처분손실 ④ 출자전환채무 ⑤ 자기주식 ⑥ 기타 자본조정					

과 목	회사제시금액	평 정		평정후금액	평정내역
		차 변	대 변		
4. 기타포괄손익누계액 ① 매도가능증권평가이익 ② 유형자산재평가이익 ③ 기타 5. 차기이월이익잉여금 (또는 이월결손금) (겸 업 자 본)					
자 본 총 계					
부채와 자본총계					

겸업자산 및 부채에 대한 계산 내역

(1) 겸업자산 = 겸업사업에 제공된 자산 + 겸업자산으로 열거한 자산 + 진단대상사업과 겸업사업에 공통으로 사용된 자산 × 겸업비율

( ) ( ) ( ) ( ) ( )

(2) 겸업부채 = 겸업사업 및 겸업자산으로 열거한 자산과 관련하여 발생한 부채 + 진단대상사업과 겸업사업에 공통으로 발생한 부채 × 겸업비율

( ) ( ) ( ) ( )

(3) 겸업비율 계산기준 : , 겸업비율 ( )%

CHAPTER 04

정보통신공사업 기업진단 사례

제1절 신규등록 (신설법인)

| 진단회사자료 |

- 회사명: (주)AA정보통신
- 설립등기일: 2025년 7월 15일
- 등기부상납입자본금: ₩155,000,000
- 회계연도: 1월 1일 ~ 12월 31일

| 진단관련 추가정보 |

① 임차보증금 ₩40,000,000은 설립등기일 전에 대표이사가 지급함
② 정보통신공제조합 출자금: ₩15,000,000(7월 25일에 출자)
③ 설립비용(등록면허세 포함) ₩2,500,000은 7월 10일에 지급수수료 계정을 통하여 비용 처리함
④ 진단기준일: 2025.8.14
⑤ 진단일: 2025.8.20

1. 재무상태표

재 무 상 태 표

제 1 기 2025년 08월 14일 현재

회사명 : (주)AA정보통신 (단위 : 원)

과 목	제 1(당)기			
	금 액		금 액	
자 산				
Ⅰ. 유 동 자 산		**100,000,000**		
① 당 좌 자 산		**100,000,000**		
현 금		2,500,000		
보 통 예 금		97,500,000		
② 재 고 자 산				
Ⅱ. 비 유 동 자 산		**55,000,000**		
① 투 자 자 산		**15,000,000**		
출 자 금		15,000,000		
② 유 형 자 산				
③ 무 형 자 산				
④ 기 타 비 유 동 자 산		**40,000,000**		
임 차 보 증 금		40,000,000		
자 산 총 계		**155,000,000**		
부 채				
Ⅰ. 유 동 부 채		**2,500,000**		
가 수 금		2,500,000		
Ⅱ. 비 유 동 부 채				
부 채 총 계		**2,500,000**		
자 본				
Ⅰ. 자 본 금		**155,000,000**		
자 본 금		155,000,000		
Ⅱ. 자 본 잉 여 금				
Ⅲ. 자 본 조 정				
Ⅳ. 기 타 포 괄 손 익 누 계 액				
Ⅴ. 결 손 금		**2,500,000**		
미 처 리 결 손 금		2,500,000		
(당 기 순 손 실)				
당기: 2,500,000				
전기: 0				
자 본 총 계		**152,500,000**		
부 채 와 자 본 총 계		**155,000,000**		

2. 손익계산서

손 익 계 산 서

제 1 기 2025년 07월 15일부터 2025년 08월 14일까지

회사명 : (주)AA정보통신 (단위 : 원)

과 목	제 1(당)기			
	금 액		금 액	
Ⅰ. 매 출 액				
Ⅱ. 매 출 원 가				
Ⅲ. 매 출 총 이 익				
Ⅳ. 판 매 비 와 관 리 비		2,500,000		
수 수 료 비 용	2,500,000			
Ⅴ. 영 업 손 실		2,500,000		
Ⅵ. 영 업 외 수 익				
Ⅶ. 영 업 외 비 용				
Ⅷ. 법 인 세 차 감 전 손 실		2,500,000		
Ⅸ. 법 인 세 등				
Ⅹ. 당 기 순 손 실		2,500,000		

상기 재무제표 및 제시된 상황을 근거로 하여 (주)AA정보통신에 대하여 진단하고 기업진단보고서를 작성하면 다음과 같다.

1. "진단업체 등록"을 통해 회사 기본사항을 입력한 후 "신규 및 추가등록"을 클릭

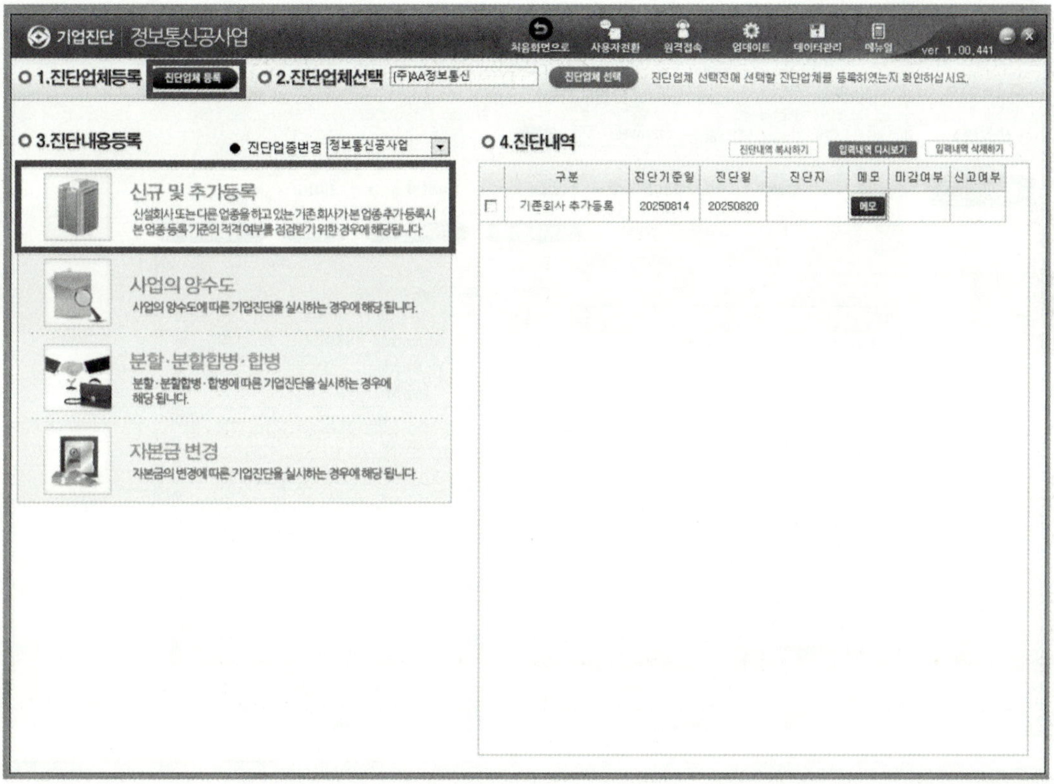

2. 재무상태표 탭

자산, 부채내역을 기재한다. 자산, 부채 내역은 재무상태표를 업로드해도 되고 또는 재무상태표를 초기화 한 후 각각 개별 입력해도 된다. 다만, 해당 위치에 계정과목별 금액이 정확하게 기재되어 있는지는 진단자가 반드시 확인하여야 한다.

3. 손익계산서 탭

수익, 비용 내역을 기재한다. 진단자는 손익계산서를 엑셀파일로 업로드 하거나 직접 입력이 가능하다. 진단자는 계정과목과 입력된 금액이 제대로 일치하는지 여부를 반드시 확인하여야 한다.

4. 평정하기 탭

자산과 부채의 평정내역을 기재한다. 현금은 전도금을 포함하되, 현금용인 한도액(회사제시 자산총계의 2%)과 재무제표상 현금(전도금 포함)을 비교하여 현금용인 한도액이 재무제표상 현금액 보다 많은 경우에는 평정금액(= 부실자산)은 없다.

(1) 현금 진단

진단기준일 현재 재무제표상 현금잔액이 제시 자산총계의 100분의 2를 초과하는 경우 그 초과금액은 부실자산으로 처리한다.

- 현금잔액: ₩2,500,000
- 진단인정 현금: ₩3,100,000(자산총계의 2%)
- 평정대상 금액: 없음

현금잔액이 제시 자산총계의 2%를 초과하는 금액이 없으므로 부실자산 없음.

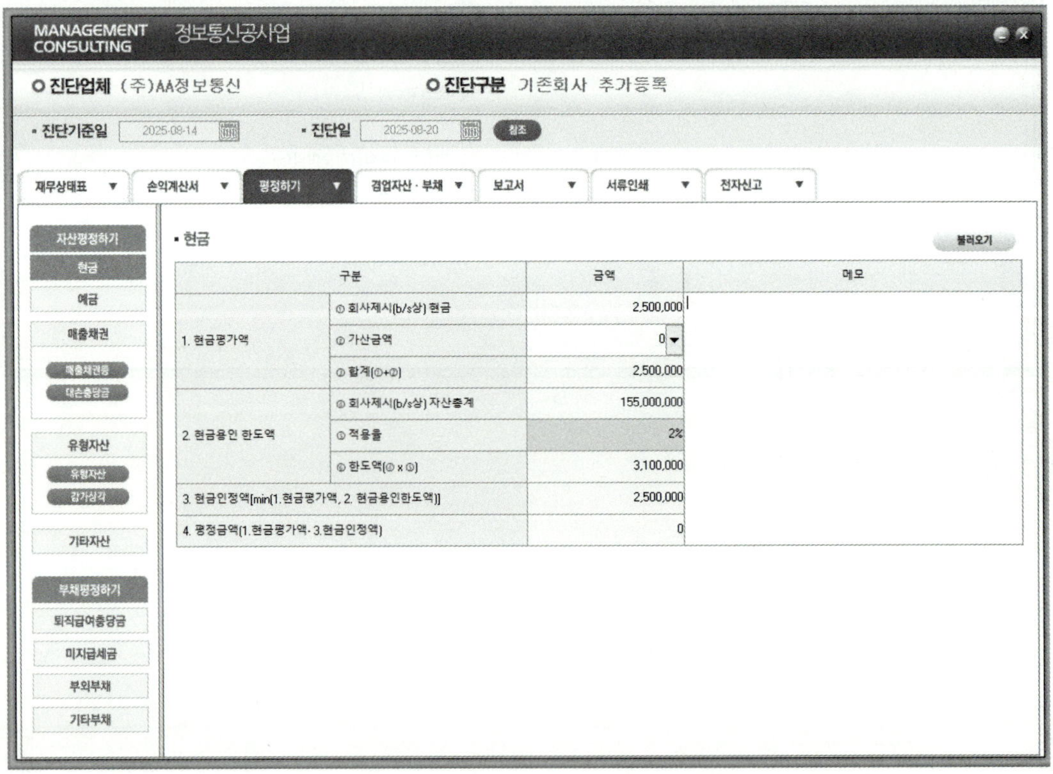

(2) 예금 진단

진단기준일 전일인 13일을 기준으로 역산하여 20일간의 예금평균잔액을 계산하고 이를 회사 제시금액과 비교하여 부실자산을 계산한다. 또한, 입력통장은 진단자 명의(법인인 경우 법인통장)로 된 모든 예금통장을 반영하였는지 여부를 진단자가 확인하여야 한다.

만약, 질권이 설정된 예금이 있는 경우에는 전액을 겸업자산 또는 부실자산으로 처리하여야 하고, 일시 출금예금이나 대표자 등에게 인출된 예금 또는 출처불분명금액이 있는 경우에는 평잔액을 계산할때 이를 차감하고 진단하여야 한다.

상기 사례상에서 예금의 평정내역은 다음과 같다.

- 회사제시 보통예금잔액: ₩97,500,000
- 진단인정 보통예금평균액: ₩109,500,000
- 평정대상 금액: ₩0

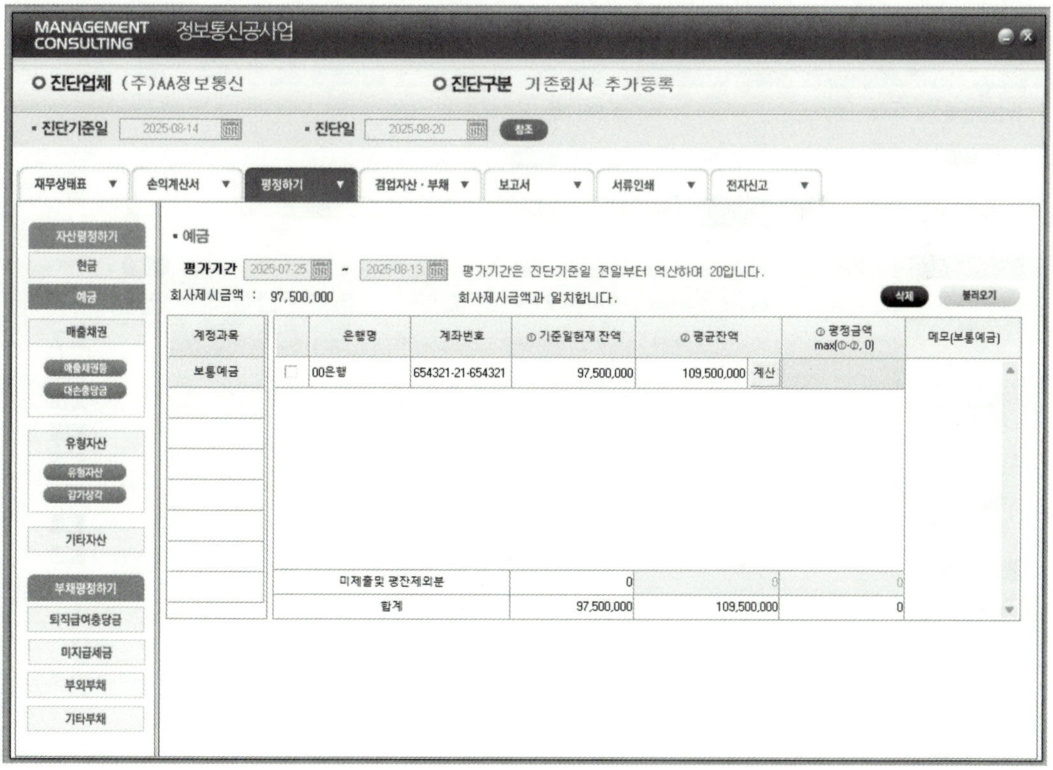

(3) 출자금 진단

- 회사제시 출자금잔액: ₩15,000,000
- 진단인정 출자금: ₩15,000,000
- 평정대상 금액: ₩0

정보통신공사공제조합에 대한 출자금(출자를 위하여 예치한 출자금액을 포함)은 기준일 현재의 지분평가액(출자를 위하여 예치한 출자예정금액은 그 전액)을 정보통신공사업의 실질자산으로 인정하도록 규정하고 있다. 하지만 신설법인의 신규출자에 해당하므로 출자가액이 시가가 된다.

만약 기존회사에 대한 진단인 경우에는 공제조합 출자금액의 변동이 있기 때문에 이를 시가로 반영하여야 하므로 평정사항이 존재하게 된다. 따라서 수진업체로부터 1월 이내의 공제조합 출자증명원(또는 자본금확인서)을 받아 그 금액을 확인하여야 한다. 또한, 융자금의 존재여부도 확인해야 하므로 융자금확인서까지 수령하여야 한다.

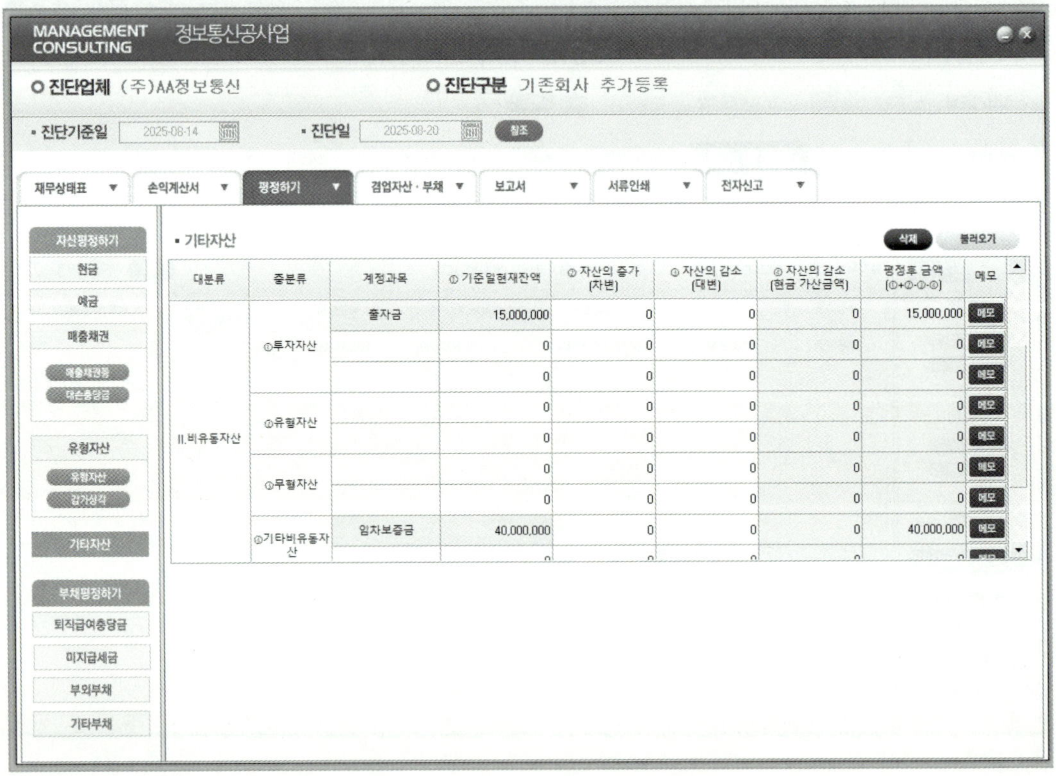

(4) 설립비용 진단

설립비용이란 회사의 설립에 필요한 비용으로 등록면허세와 지방교육세 및 공증비용, 법무사수수료 등으로 구성된다. 회사가 손익계산서에 인식한 설립비용은 세금계산서 등을 통하여 확인하고 미반영시에는 진단시 진단조정으로 진단한다.

- 회사제시 설립비용: ₩2,500,000
- 진단인정 설립비용: ₩2,500,000
- 평정대상 금액: ₩0

(5) 보고서 탭

1) 진단내역서

기업진단조서와 겸업자산, 겸업부채를 기재하고 나면 자동으로 입력되게 된다. 따라서 적절하게 평정이 이루어졌는지를 확인하면 된다.

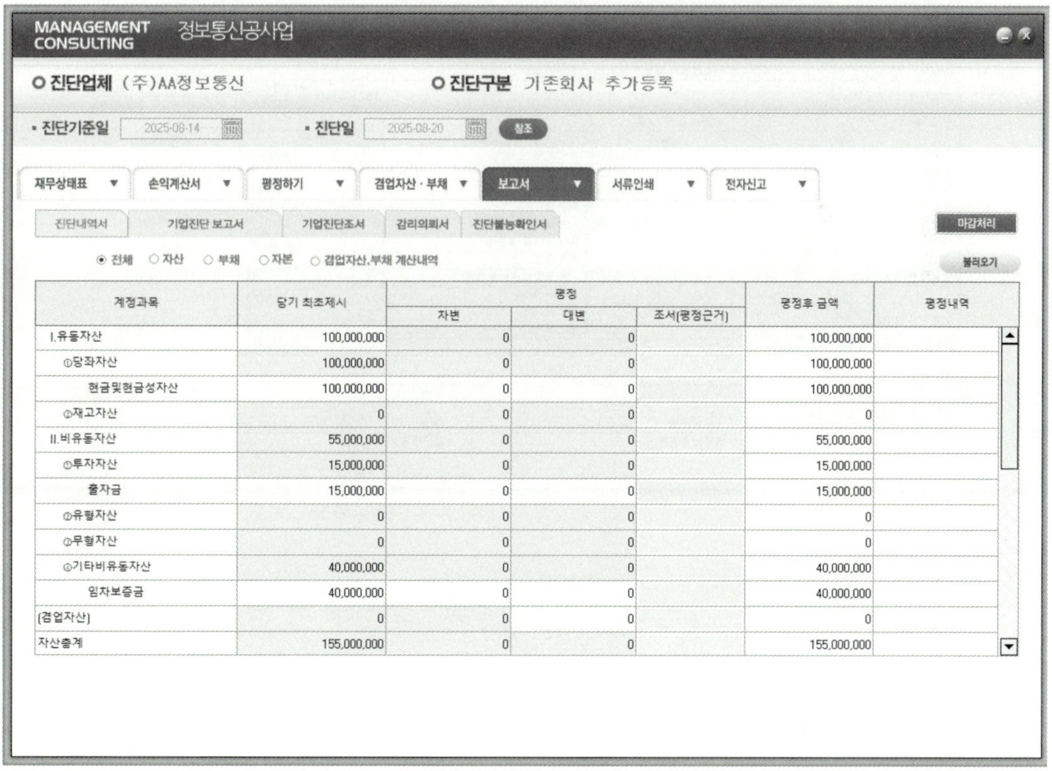

계정과목	당기 최초제시	평정			평정후 금액	평정내역
		차변	대변	조서(평정근거)		
I.유동자산	100,000,000	0	0		100,000,000	
①당좌자산	100,000,000	0	0		100,000,000	
현금및현금성자산	100,000,000	0	0		100,000,000	
②재고자산	0	0	0		0	
II.비유동자산	55,000,000	0	0		55,000,000	
①투자자산	15,000,000	0	0		15,000,000	
출자금	15,000,000	0	0		15,000,000	
②유형자산	0	0	0		0	
③무형자산	0	0	0		0	
④기타비유동자산	40,000,000	0	0		40,000,000	
임차보증금	40,000,000	0	0		40,000,000	
(겸업자산)	0	0	0		0	
자산총계	155,000,000	0	0		155,000,000	

2) 기업진단보고서

기업진단조서와 겸업자산 및 겸업부채를 기재하고 나면 자동으로 입력되게 된다.

따라서 적절하게 평정이 이루어졌는지를 확인하면 된다. 진단자는 진단 내역상 실질자산과 실질부채, 겸업자산과 겸업부채 그리고 진단자가 올바르게 기재되었는지를 확인하여야 한다. 이러한 사항에 오류가 발생하는 경우에는 진단 경유시 보정을 하여야 하므로 그만큼 불필요한 시간이 소요될 수 있다. 따라서 꼼꼼한 체크가 필요하다.

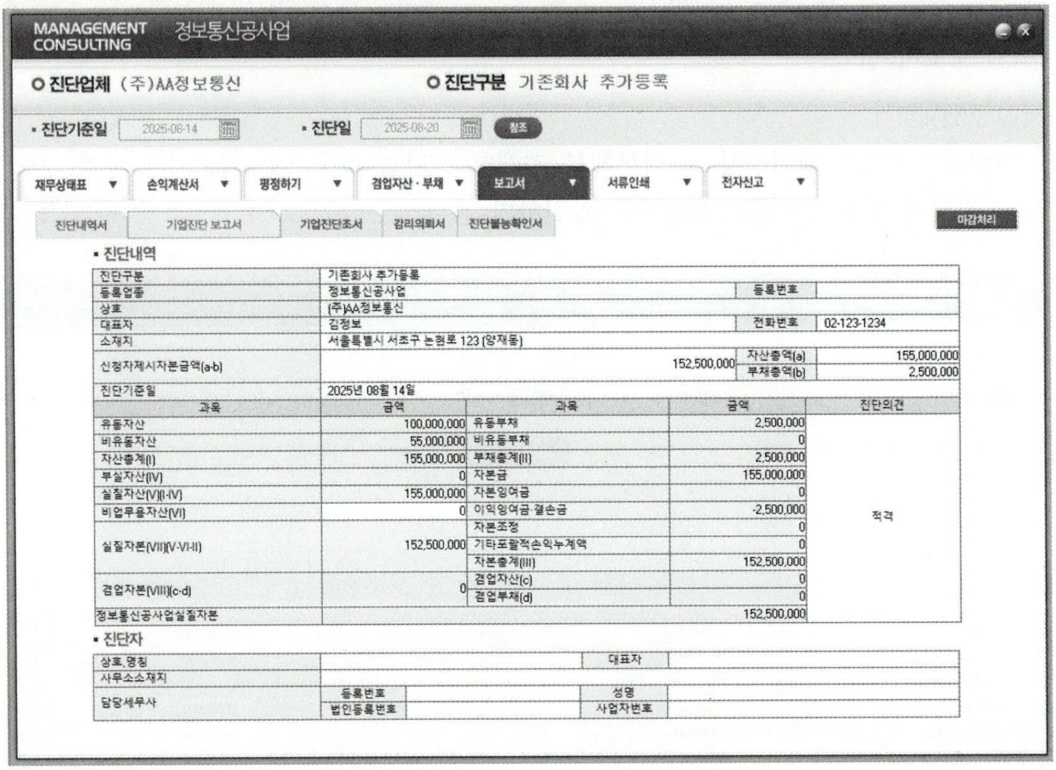

▪ 진단내역

진단구분	기존회사 추가등록			
등록업종	정보통신공사업		등록번호	
상호	(주)AA정보통신			
대표자	김정보		전화번호	02-123-1234
소재지	서울특별시 서초구 논현로 123 (양재동)			
신청자제시자본금액(a-b)	152,500,000		자산총액(a)	155,000,000
			부채총액(b)	2,500,000
진단기준일	2025년 08월 14일			

과목	금액	과목	금액	진단의견
유동자산	100,000,000	유동부채	2,500,000	적격
비유동자산	55,000,000	비유동부채	0	
자산총계(I)	155,000,000	부채총계(II)	2,500,000	
부실자산(IV)	0	자본금	155,000,000	
실질자산(V)(I-IV)	155,000,000	자본잉여금	0	
비업무용자산(VI)	0	이익잉여금·결손금	-2,500,000	
실질자본(VII)(V-VI-II)	152,500,000	자본조정	0	
		기타포괄적손익누계액	0	
		자본총계(III)	152,500,000	
겸업자본(VIII)(c-d)	0	겸업자산(c)	0	
		겸업부채(d)	0	
정보통신공사업실질자본			152,500,000	

▪ 진단자

상호,명칭			대표자	
사무소소재지				
담당세무사	등록번호		성명	
	법인등록번호		사업자번호	

3) 기업진단조서

기업진단조서와 겸업자산, 겸업부채를 기재하고 나면 자동으로 입력되게 된다. 따라서 적절하게 평정이 이루어졌는지를 확인하면 된다. 따라서 기업진단보고서상 실질자본과 기업진단조서상 실질자본이 일치하는지 여부를 확인하여야 한다.

특히, 겸업이 존재하는 경우에는 겸업비율의 산정근거 등이 제대로 기재되어 있는지를 꼭 확인하여야 한다.

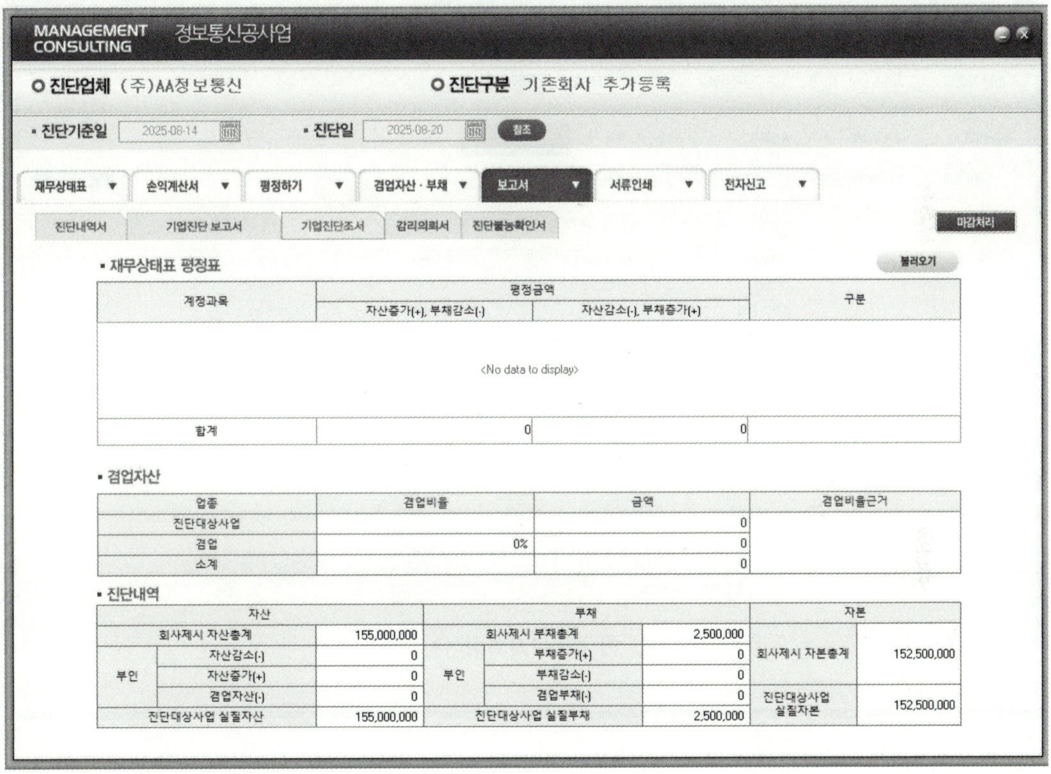
MANAGEMENT CONSULTING 정보통신공사업

○ 진단업체 (주)AA정보통신 ○ 진단구분 기존회사 추가등록

▪ 진단기준일 2025-08-14 ▪ 진단일 2025-08-20 참조

재무상태표 ▼ 손익계산서 ▼ 평정하기 ▼ 겸업자산 · 부채 ▼ 보고서 ▼ 서류인쇄 ▼ 전자신고 ▼

진단내역서 기업진단 보고서 기업진단조서 감리의뢰서 진단불능확인서 마감처리

▪ 재무상태표 평정표 불러오기

계정과목	평정금액		구분
	자산증가(+), 부채감소(-)	자산감소(-), 부채증가(+)	
<No data to display>			
합계	0	0	

▪ 겸업자산

업종	겸업비율	금액	겸업비율근거
진단대상사업		0	
겸업	0%	0	
소계		0	

▪ 진단내역

자산			부채			자본	
회사제시 자산총계		155,000,000	회사제시 부채총계		2,500,000	회사제시 자본총계	152,500,000
부인	자산감소(-)	0	부인	부채증가(+)	0		
	자산증가(+)	0		부채감소(-)	0		
	겸업자산(-)	0		겸업부채(-)	0	진단대상사업 실질자본	152,500,000
진단대상사업 실질자산		155,000,000	진단대상사업 실질부채		2,500,000		

4) 감리의뢰서

한국세무사회 경유를 위하여 기업진단보고서의 사전감리 의뢰시 제출해야 하는 서류이다. 진단보고서 및 진단시 구비서류와 함께 제출하여야 한다.

진단에 소요된 투입시간(진단착수일부터 진단서 사전감리신청일까지를 기재하되, 1일 8시간을 기준으로 표시한다)과 보수금액만 직접 기재한다.

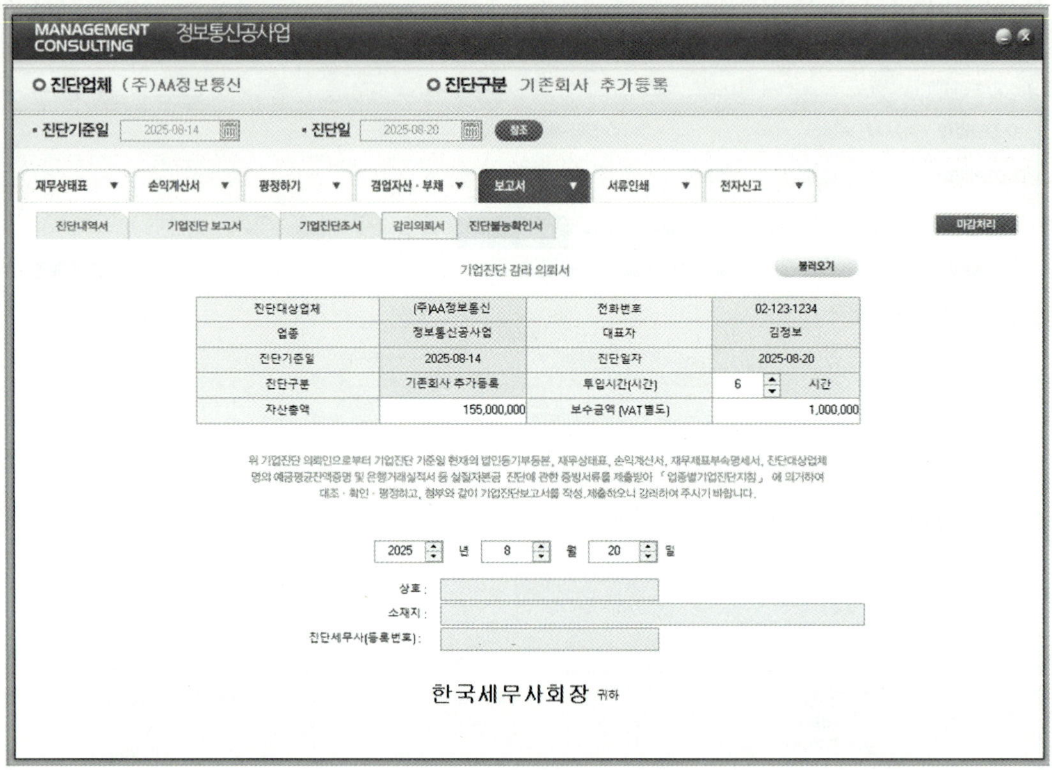

5) 진단불능확인서

진단불능사유에 해당하는지 여부를 확인하는 서류이다. 한국세무사회 사전감리시 제출용으로 해당여부에 체크한다. 진단불능에 대한 사유확인서는 진단자의 독립성여부를 확인하는 매우 중요한 서류에 해당한다. 다만, 등록관청에 제출시에 제출하는 서류는 아님에 유의하자.

예를 들어, 아래 사유를 포함하여 같은 세무법인 내 기장업체, 같은 조정반 내 기장업체, 자문이나 경영컨설팅 등을 수행한 업체에 대하여는 독립성을 위배하게 되므로 진단업무를 수행할 수 없다.

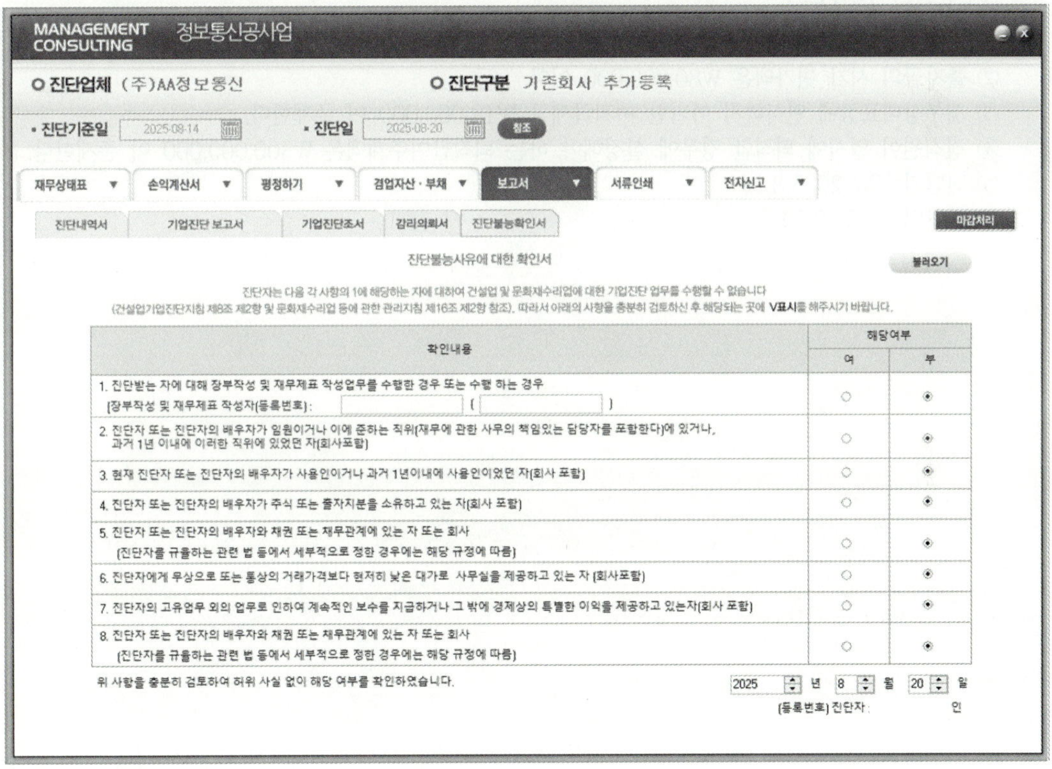

MANAGEMENT CONSULTING 정보통신공사업

○ 진단업체 (주)AA정보통신 ○ 진단구분 기존회사 추가등록

• 진단기준일 2025-08-14 • 진단일 2025-08-20 참조

재무상태표 ▼ 손익계산서 ▼ 평정하기 ▼ 겸업자산·부채 ▼ 보고서 ▼ 서류인쇄 ▼ 전자신고 ▼

진단내역서 기업진단 보고서 기업진단조서 감리의뢰서 진단불능확인서 마감처리

진단불능사유에 대한 확인서 불러오기

진단자는 다음 각 사항의 1에 해당하는 자에 대하여 건설업 및 문화재수리업에 대한 기업진단 업무를 수행할 수 없습니다
(건설업기업진단지침 제8조 제2항 및 문화재수리업 등에 관한 관리지침 제16조 제2항 참조). 따라서 아래의 사항을 충분히 검토하신 후 해당되는 곳에 **V표시**를 해주시기 바랍니다.

확인내용	해당여부	
	여	부
1. 진단받는 자에 대해 장부작성 및 재무제표 작성업무를 수행한 경우 또는 수행 하는 경우 [장부작성 및 재무제표 작성자(등록번호): ( )	○	◉
2. 진단자 또는 진단자의 배우자가 임원이거나 이에 준하는 직위(재무에 관한 사무의 책임있는 담당자를 포함한다)에 있거나, 과거 1년 이내에 이러한 직위에 있었던 자(회사포함)	○	◉
3. 현재 진단자 또는 진단자의 배우자가 사용인이거나 과거 1년이내에 사용인이었던 자(회사 포함)	○	◉
4. 진단자 또는 진단자의 배우자가 주식 또는 출자지분을 소유하고 있는 자(회사 포함)	○	◉
5. 진단자 또는 진단자의 배우자와 채권 또는 채무관계에 있는 자 또는 회사 (진단자를 규율하는 관련 법 등에서 세부적으로 정한 경우에는 해당 규정에 따름)	○	◉
6. 진단자에게 무상으로 또는 통상의 거래가격보다 현저히 낮은 대가로 사무실을 제공하고 있는 자 (회사포함)	○	◉
7. 진단자의 고유업무 외의 업무로 인하여 계속적인 보수를 지급하거나 그 밖에 경제상의 특별한 이익을 제공하고 있는자(회사 포함)	○	◉
8. 진단자 또는 진단자의 배우자와 채권 또는 채무관계에 있는 자 또는 회사 (진단자를 규율하는 관련 법 등에서 세부적으로 정한 경우에는 해당 규정에 따름)	○	◉

위 사항을 충분히 검토하여 허위 사실 없이 해당 여부를 확인하였습니다. 2025 년 8 월 20 일

(등록번호) 진단자 : 인

제2절 신규등록 (기존법인)

| 진단회사자료 |

- 회사명: (주)BB정보통신
- 등기부등본상 납입자본금: ₩400,000,000
- 회계연도: 1월 1일 ~ 12월 31일

| 진단관련 추가정보 |

① 미수수익과 선납세금은 관련 증거서류의 미비로 그 존재사실을 확인할 수 없다.
② 출자금의 시가 평가액은 ₩80,000,000 이다.
③ 재무상태표상에 인식하지 아니한 미지급세금 ₩18,000,000 이 존재한다.
④ 전직원이 일시에 퇴직할 경우에 설정해야 하는 퇴직급여추계액은 ₩300,000,000 이 존재한다.
⑤ 진단기준일: 2025.8.14
⑥ 진단일: 2025.8.20

1. 재무상태표

재 무 상 태 표

제 3 기 2025년 08월 14일 현재

제 2 기 2024년 12월 31일 현재

회사명 : (주)BB정보통신 (단위 : 원)

과 목	제 3(당)기		제 2(전)기	
	금 액		금 액	
자 산				
Ⅰ. 유 동 자 산		**688,684,145**		**735,249,376**
① 당 좌 자 산		**688,684,145**		**735,249,376**
현 금		1,136,028		1,133,538
보 통 예 금		422,848,020		424,953,650
공 사 미 수 금		35,223,395		81,207,450
미 수 수 익		21,998,334		21,998,334
선 급 비 용		1,223,104		1,223,104
가 지 급 금		202,500,000		202,500,000
부 가 세 대 급 금		1,521,964		
선 납 세 금		2,233,300		2,233,300
② 재 고 자 산				
Ⅱ. 비 유 동 자 산		**145,612,774**		**145,612,774**
① 투 자 자 산		**78,849,600**		**78,849,600**
출 자 금		78,849,600		78,849,600
② 유 형 자 산		**16,802,174**		**16,802,174**
차 량 운 반 구	17,522,582		17,522,582	
감 가 상 각 누 계 액	1,317,114	16,205,468	1,317,114	16,205,468
시 설 장 치	700,000		700,000	
감 가 상 각 누 계 액	584,171	115,829	584,171	115,829
비 품	2,060,000		2,060,000	
감 가 상 각 누 계 액	1,579,123	480,877	1,579,123	480,877
③ 무 형 자 산				
④ 기 타 비 유 동 자 산		**49,961,000**		**49,961,000**
임 차 보 증 금		30,000,000		30,000,000
기 타 보 증 금		19,961,000		19,961,000
자 산 총 계		**834,296,919**		**880,862,150**
부 채				
Ⅰ. 유 동 부 채		**86,230,387**		**118,325,911**
외 상 매 입 금		28,245,500		52,552,860
미 지 급 금		1,022,230		946,000
예 수 금		389,860		3,694,060
부 가 세 예 수 금		16,134,326		15,932,200
미 지 급 비 용		22,288,471		27,050,791
공 사 선 수 금		18,150,000		18,150,000

재 무 상 태 표

제 3 기 2025년 08월 14일 현재

제 2 기 2024년 12월 31일 현재

회사명 : (주)BB정보통신 (단위 : 원)

과 목	제 3(당)기		제 2(전)기	
	금 액		금 액	
II. 비 유 동 부 채				
부 채 총 계		**86,230,387**		**118,325,911**
자 본				
I. 자 본 금		**400,000,000**		**400,000,000**
자 본 금		400,000,000		400,000,000
II. 자 본 잉 여 금				
III. 자 본 조 정				
IV. 기 타 포 괄 손 익 누 계 액				
V. 이 익 잉 여 금		**348,066,532**		**362,536,239**
미 처 분 이 익 잉 여 금		348,066,532		362,536,239
(당 기 순 손 실)				
당기: 14,469,707				
전기: -170,219,394				
자 본 총 계		**748,066,532**		**762,536,239**
부 채 와 자 본 총 계		**834,296,919**		**880,862,150**

2. 손익계산서

손 익 계 산 서

제 3 기 2025년 01월 01일부터 2025년 08월 14일까지

제 2 기 2024년 01월 01일부터 2024년 12월 31일까지

회사명 : (주)BB정보통신 (단위 : 원)

과 목	제 3(당)기		제 2(전)기	
	금 액		금 액	
Ⅰ. 매 출 액		2,021,269		1,274,226,838
공 사 수 입 금	2,021,269		1,274,226,838	
Ⅱ. 매 출 원 가		16,376,560		1,020,475,002
도 급 공 사 매 출 원 가		16,376,560		1,020,475,002
Ⅲ. 매 출 총 손 실		14,355,291		-253,751,836
Ⅳ. 판 매 비 와 관 리 비		114,425		103,184,850
임 원 급 여			45,860,210	
여 비 교 통 비			667,310	
접 대 비			9,633,500	
통 신 비	80,645		1,215,294	
전 력 비			1,050,779	
세 금 과 공 과 금	32,000		946,960	
감 가 상 각 비			490,189	
임 차 료			30,877,184	
보 험 료			1,631,062	
차 량 유 지 비			1,214,800	
사 무 용 품 비			392,101	
소 모 품 비			2,227,692	
수 수 료 비 용	1,780		6,977,769	
Ⅴ. 영 업 손 실		14,469,716		-150,566,986
Ⅵ. 영 업 외 수 익		9		22,893,213
이 자 수 익			22,030,398	
잡 이 익	9		862,815	
Ⅶ. 영 업 외 비 용				2,163,215
이 자 비 용			1,319,670	
잡 손 실			843,545	
Ⅷ. 법 인 세 차 감 전 손 실		14,469,707		-171,296,984
Ⅸ. 법 인 세 등				1,077,590
법 인 세 등			1,077,590	
Ⅹ. 당 기 순 손 실		14,469,707		-170,219,394

(1) 재무상태표 탭

자산, 부채 내역을 기재한다. 자산, 부채 내역은 재무상태표를 업로드해도 되고, 재무상태표를 초기화 한 후 각각 개별 입력해도 된다. 다만, 해당 위치에 계정과목별 금액이 정확하게 기재되어 있는지는 진단자가 반드시 확인하여야 한다.

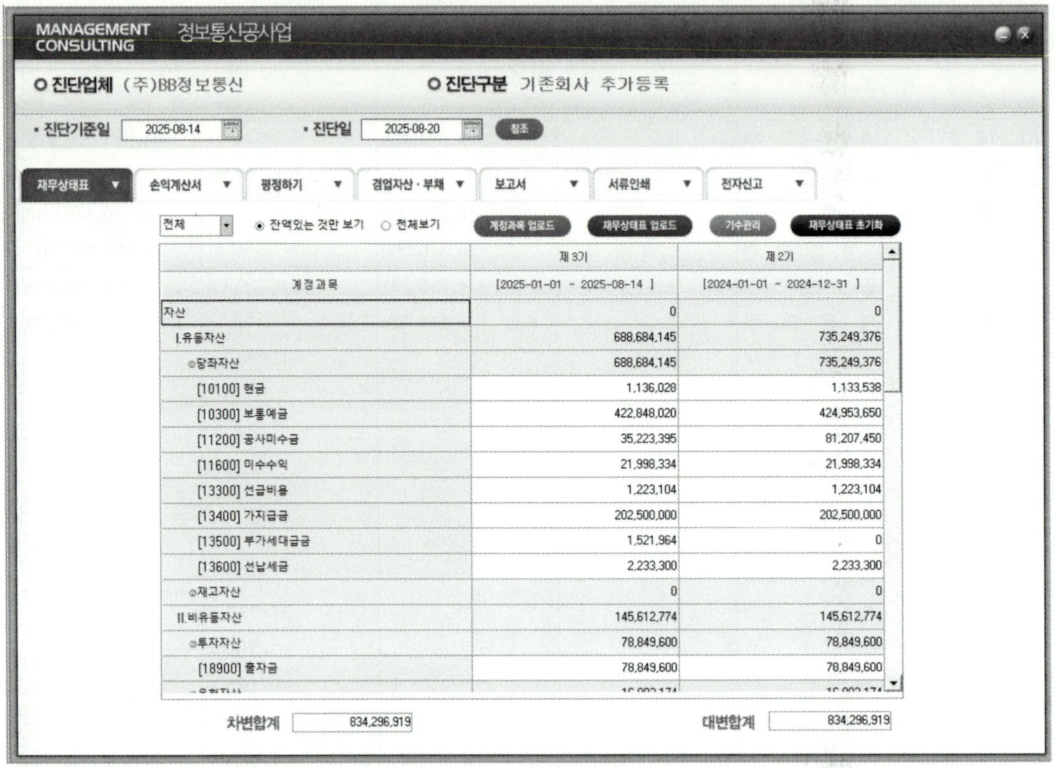

(2) 손익계산서 탭

수익, 비용 내역을 기재한다. 진단자는 손익계산서를 업로드 하거나 직접 입력이 가능하다. 역시 계정과목과 입력된 금액이 제대로 일치하는지 여부를 진단자는 반드시 확인하여야 한다.

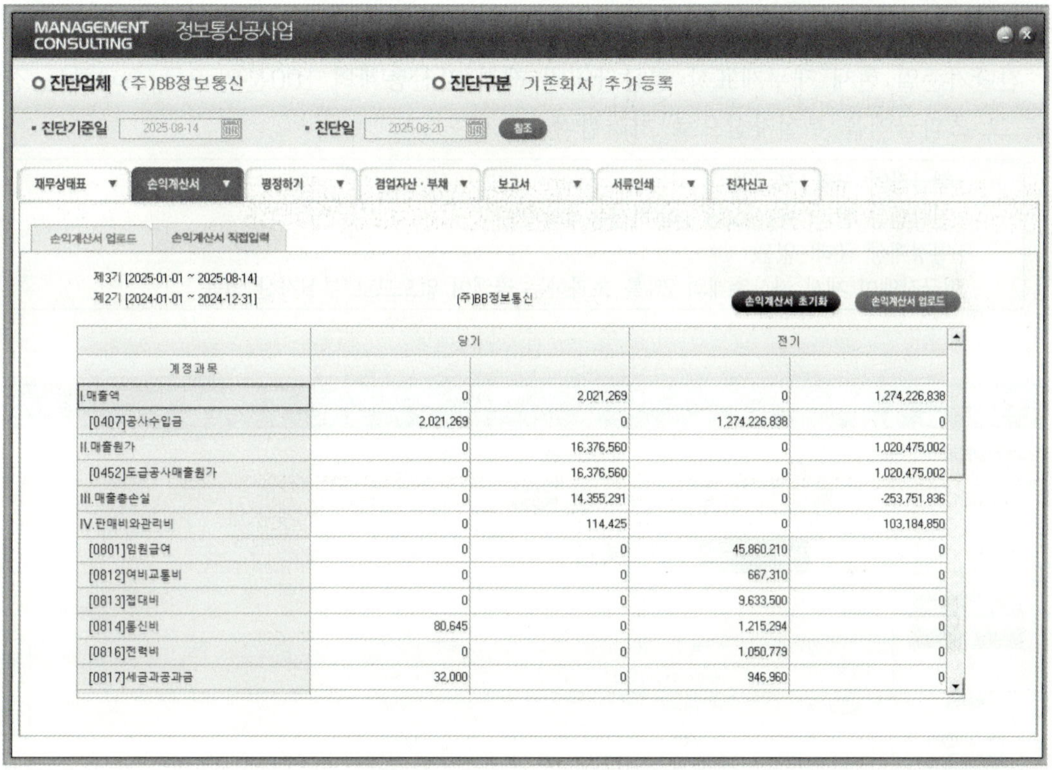

계정과목	당기		전기	
I.매출액	0	2,021,269	0	1,274,226,838
[0407]공사수입금	2,021,269	0	1,274,226,838	0
II.매출원가	0	16,376,560	0	1,020,475,002
[0452]도급공사매출원가	0	16,376,560	0	1,020,475,002
III.매출총손실	0	14,355,291	0	-253,751,836
IV.판매비와관리비	0	114,425	0	103,184,850
[0801]임원급여	0	0	45,860,210	0
[0812]여비교통비	0	0	667,310	0
[0813]접대비	0	0	9,633,500	0
[0814]통신비	80,645	0	1,215,294	0
[0816]전력비	0	0	1,050,779	0
[0817]세금과공과금	32,000	0	946,960	0

(3) 평정하기 탭

자산과 부채의 평정내역을 기재한다. 현금은 전도금을 포함하되, 현금용인 한도액(회사제시 자산총계의 2%)과 재무제표상 현금(전도금 포함)을 비교하여 현금용인 한도액이 재무제표상 현금액 보다 많은 경우에는 평정금액(= 부실자산)은 없다.

1) 현금 진단

진단기준일 현재 재무제표상 현금잔액이 제시 자산총계의 100분의 2를 초과하는 경우 그 초과금액을 부실자산으로 처리한다.

- 현금잔액: ₩1,136,028
- 진단인정 현금: ₩16,685,938(자산총계의 2%)
- 평정대상 금액: 없음

현금잔액이 제시 자산총계의 2%를 초과하는 금액이 없으므로 부실자산 없음.

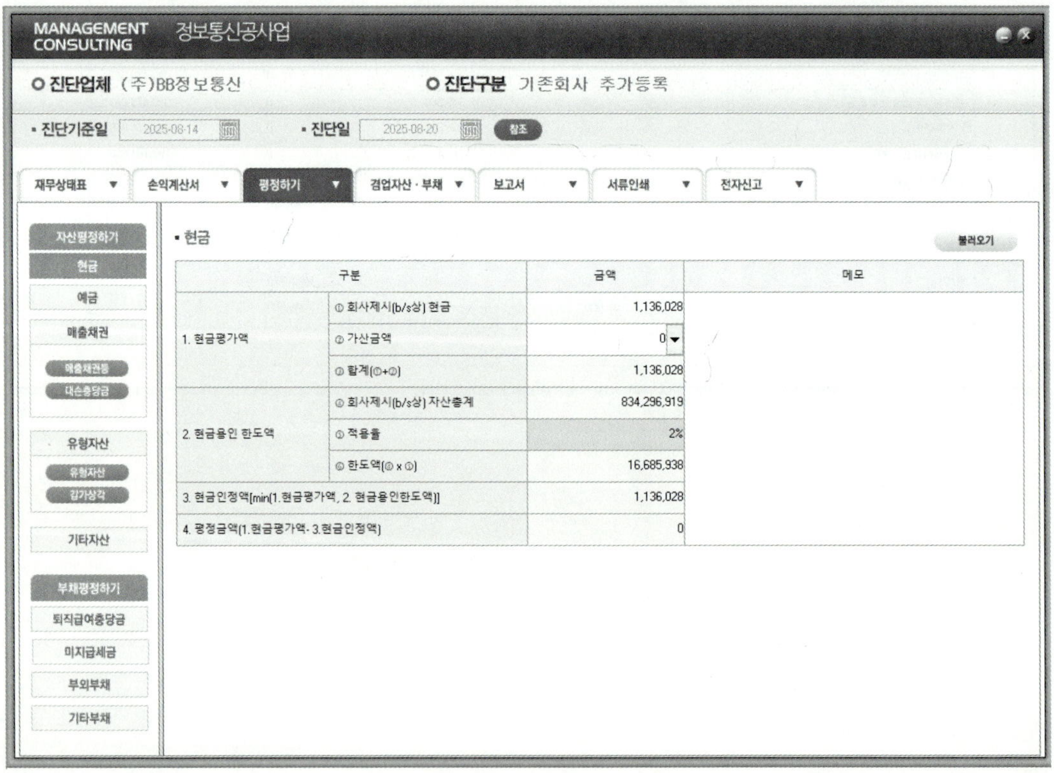

구분		금액	메모
1. 현금평가액	① 회사제시(b/s상) 현금	1,136,028	
	② 가산금액	0	
	③ 합계(①+②)	1,136,028	
2. 현금용인 한도액	④ 회사제시(b/s상) 자산총계	834,296,919	
	⑤ 적용율	2%	
	⑥ 한도액(④ x ⑤)	16,685,938	
3. 현금인정액[min(1.현금평가액, 2. 현금용인한도액)]		1,136,028	
4. 평정금액(1.현금평가액- 3.현금인정액)		0	

2) 예금 진단

13일(진단기준일 전일)을 기준으로 역산하여 20일간의 예금평균잔액계산서를 계산하고 이를 회사 제시금액과 비교하여 부실자산을 계산한다. 또한, 입력통장은 진단자 명의(법인인 경우 법인통장)로 된 모든 예금통장을 반영하였는지 진단자가 확인하여야 한다.

만약, 질권이 설정된 예금이 있는 경우에는 겸업자산 또는 부실자산으로 처리하여야 하고 일시출금예금이나 대표자 등에게 인출된 예금 또는 출처불분명금액이 있는 경우에는 평잔계산시 이를 제외하고 진단하여야 한다.

상기 사례상에서 예금의 평정내역은 다음과 같다.

- 회사제시 보통예금잔액: ₩422,848,020
- 진단인정 보통예금평균액(20일간의 예금평균잔액): ₩411,840,000
- 평정대상 금액: ₩11,008,020

3) 매출채권 진단

증빙자료의 미비로 인하여 미수수익의 존재사실이 입증되지 않으므로 부실채권에 그 금액을 입력한다.

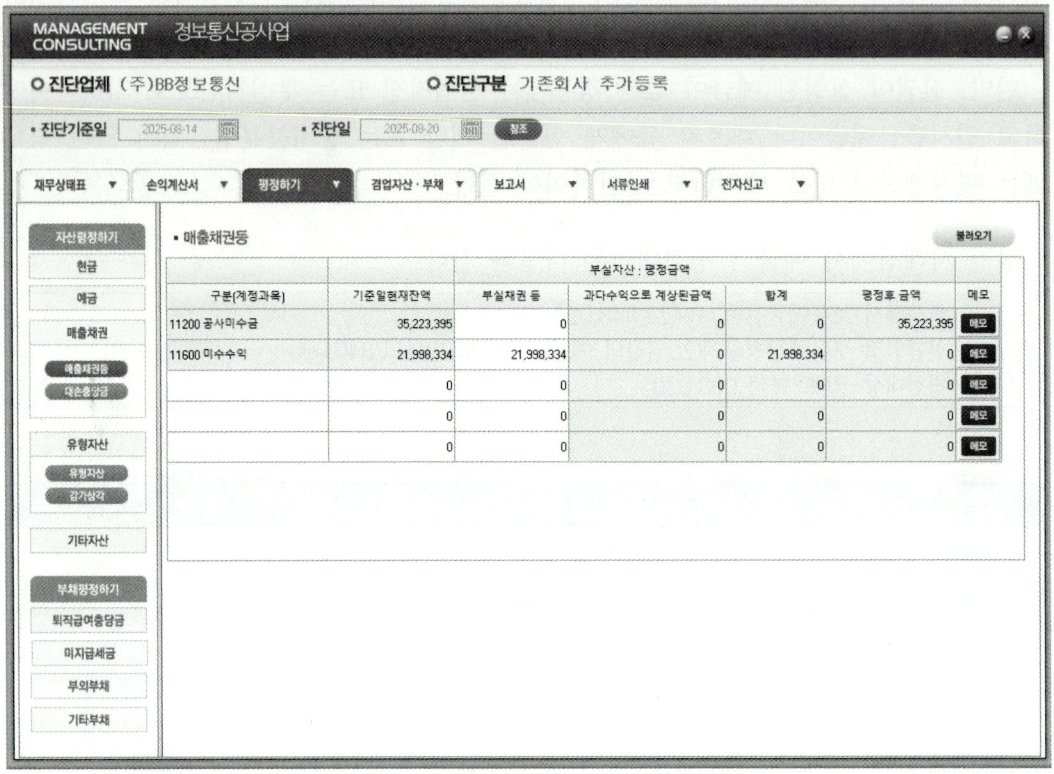

4) 대손충당금

1년 이내의 매출채권이나 미수금은 반드시 대손충당금을 설정하여야 하며, 회사가 객관적으로 산정한 대손추정률을 알 수 없거나 존재하지 않는 경우에는 세법상 대손충당금 한도액인 대손실적율과 1% 중 큰 금액을 설정한다. 특히 발생일로부터 1년이 경과된 채권은 부실자산이므로 대손충당금을 설정하는 것이 아니라 부실자산으로 평정해야 함에 유의하여야 한다.

5) 유형자산

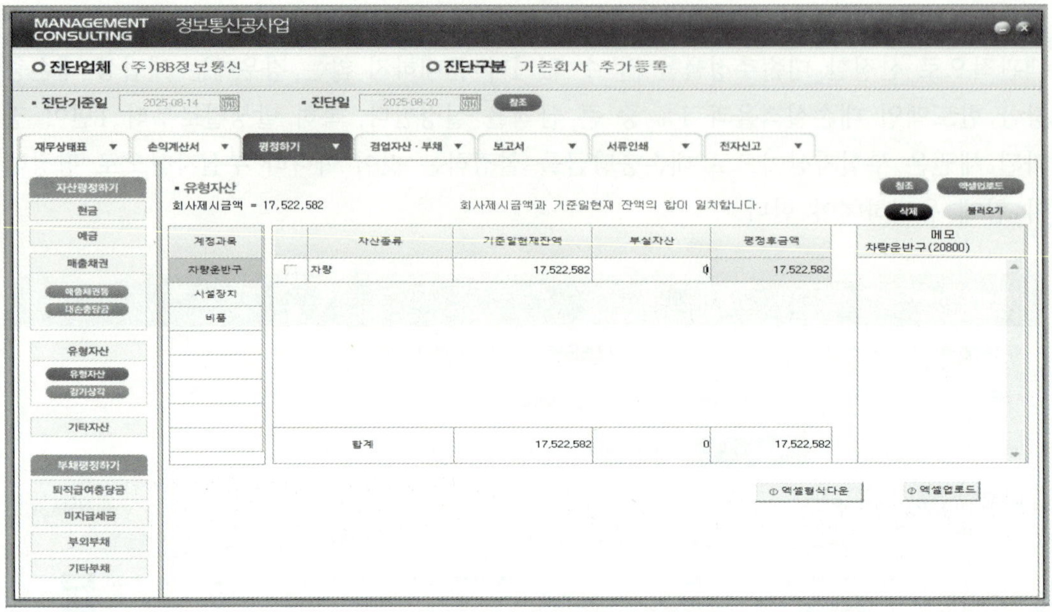
MANAGEMENT CONSULTING
정보통신공사업
진단업체 (주)BB정보통신
진단구분 기존회사 추가등록
진단기준일 2025-08-14
진단일 2025-08-20
재무상태표
손익계산서
평정하기
겸업자산 · 부채
보고서
서류인쇄
전자신고
자산평정하기
현금
예금
매출채권
유형자산
감가상각
기타자산
부채평정하기
퇴직급여충당금
미지급세금
부외부채
기타부채
유형자산
회사제시금액 = 17,522,582
회사제시금액과 기준일현재 잔액의 합이 일치합니다.
삭제
불러오기
계정과목
자산종류
기준일현재잔액
부실자산
평정후금액
메모
차량운반구(20800)
차량운반구
시설장치
비품
차량
17,522,582
0
17,522,582
합계
17,522,582
0
17,522,582
엑셀형식다운
엑셀업로드

6) 감가상각

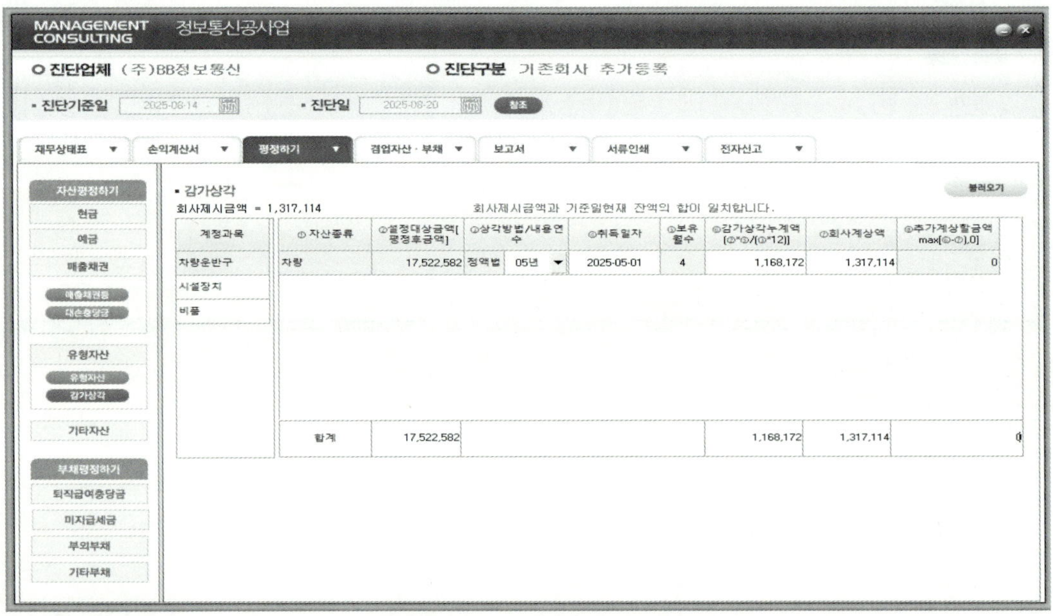
MANAGEMENT CONSULTING
정보통신공사업
진단업체 (주)BB정보통신
진단구분 기존회사 추가등록
진단기준일 2025-08-14
진단일 2025-08-20
재무상태표
손익계산서
평정하기
겸업자산 · 부채
보고서
서류인쇄
전자신고
자산평정하기
현금
예금
매출채권
유형자산
감가상각
기타자산
부채평정하기
퇴직급여충당금
미지급세금
부외부채
기타부채
감가상각
회사제시금액 = 1,317,114
회사제시금액과 기준일현재 잔액의 합이 일치합니다.
불러오기
계정과목
차량운반구
시설장치
비품
차량
17,522,582
정액법
05년
2025-05-01
4
1,168,172
1,317,114
0
합계
17,522,582
1,168,172
1,317,114
0

7) 선급비용

정보통신공사업 기업진단지침상 선급비용은 부실자산으로 본다.

8) 선납세금

증빙자료의 미비로 인하여 선납세금의 존재사실이 입증되지 않으므로 자산의 감소에 그 금액을 입력한다.

9) 주임종 단기차입금(가지급금)

가지급금은 급여선급인 경우에만 당해 임직원의 1월급여액 범위 내에서만 인정하며, 이외에는 부실자산으로 평가한다.

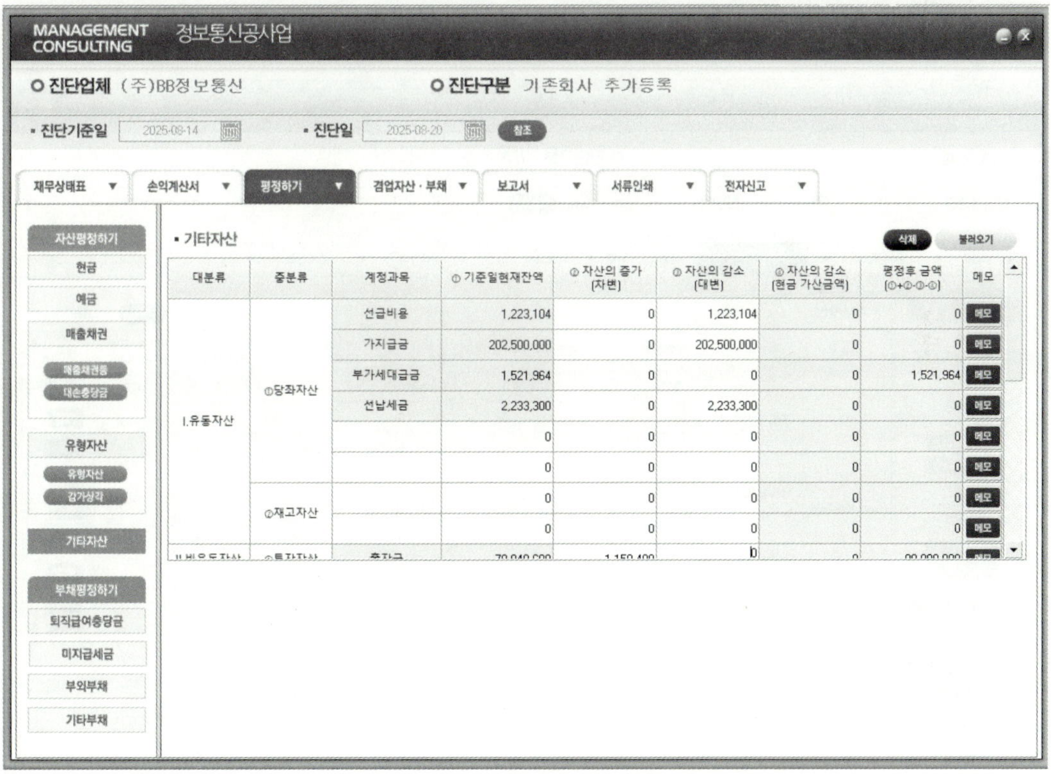

10) 출자금 진단

- 회사제시 출자금잔액: ₩78,849,600 - 진단인정 출자금: ₩80,000,000 - 평정대상 금액: ₩1,150,400

정보통신공사공제조합에 대한 출자금(출자를 위하여 예치한 출자금액을 포함)은 기준일 현재의 지분평가액(출자를 위하여 예치한 출자예정금액은 그 전액)을 정보통신공사업의 실질자산으로 인정하도록 규정하고 있다.

기존회사에 대한 진단인 경우에는 공제조합 출자금액의 변동이 있기 때문에 이를 시가로 반영하여야 하므로 평정사항이 존재하게 된다. 따라서 수진업체로부터 1월 이내의 공제조합 출자증명원(또는 자본금확인서)을 받아 그 금액을 확인하여야 한다. 또한 융자금의 존재여부도 확인해야 하므로 융자금확인서까지 수령하여야 한다.

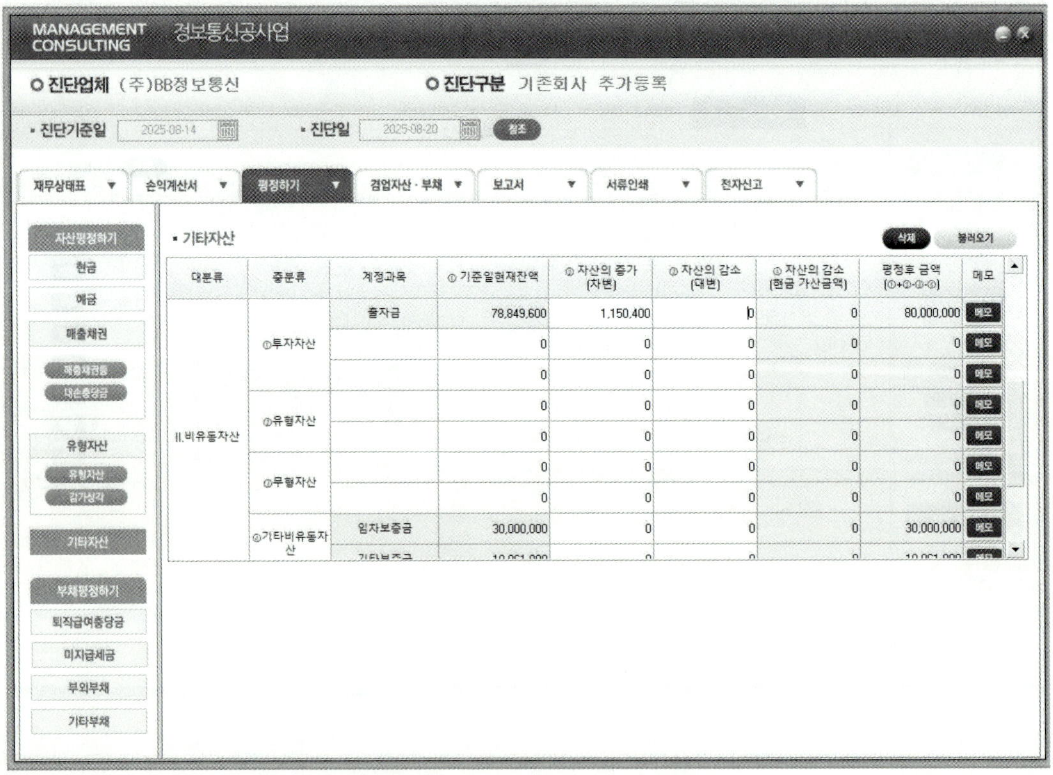

11) 퇴직급여충당금

퇴직급여충당금은 법인세법에 따라 계상된 금액(퇴직급여추계액의 5%)만큼 설정하여야 하며, 설정범위를 초과하여 충당한 경우에는 그 설정액을 그대로 인정한다. 퇴직급여추계액 전액을 퇴직급여충당부채로 인식하여야 하는 건설업과는 차이가 있음에 유의하여야 한다. 본 사례에서는 퇴직급여추계액 300,000,000원의 5%인 15,000,000원을 평정한다.

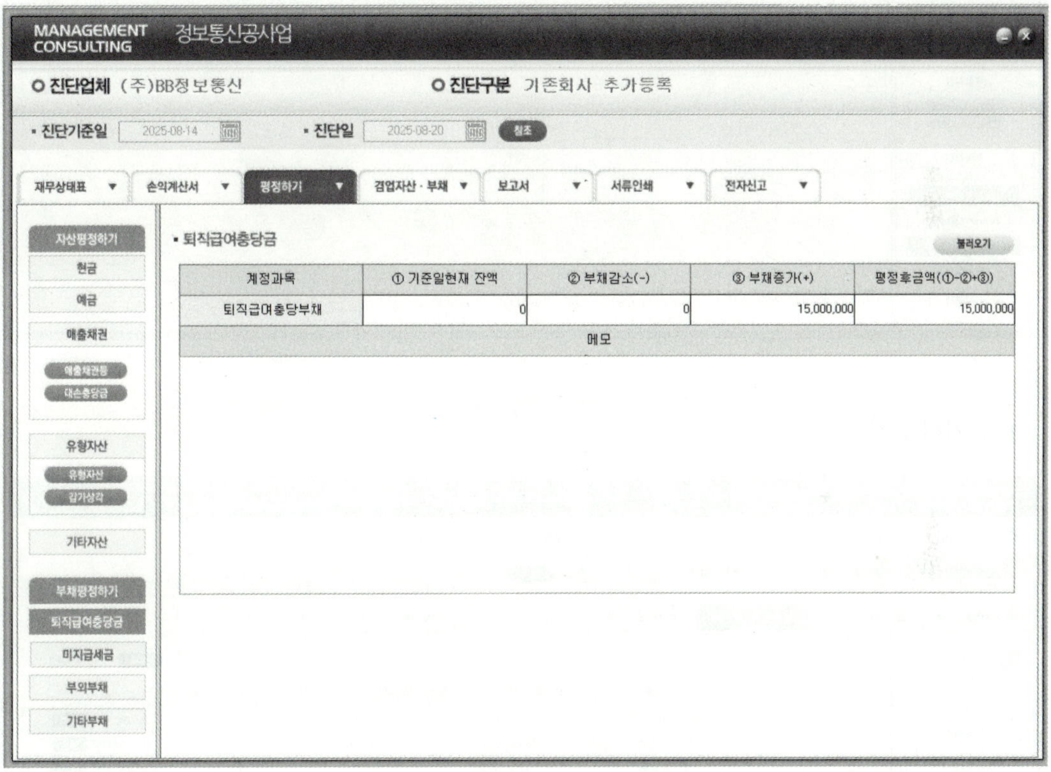

12) 미지급세금

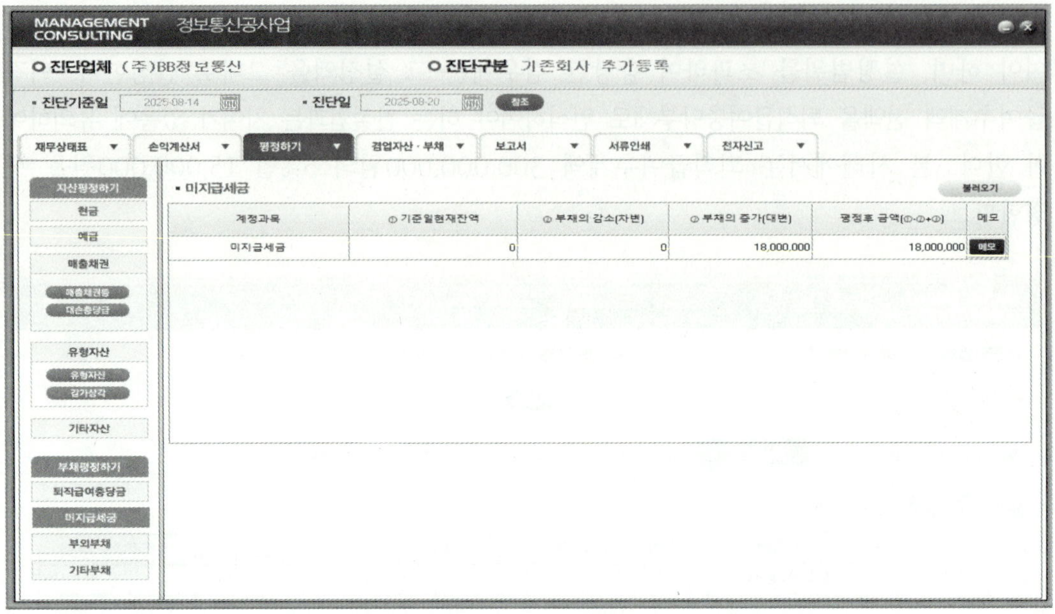

계정과목	① 기준일현재잔액	② 부채의 감소(차변)	③ 부채의 증가(대변)	평정후 금액(①-②+③)	메모
미지급세금	0	0	18,000,000	18,000,000	메모

13) 기타부채

분류	계정과목	① 기준일현재잔액	② 부채의 감소(차변)	③ 부채의 증가(대변)	평정후 금액(①-②+③)	메모
I.유동부채	미지급비용	22,288,471	0	0	22,288,471	메모
	공사선수금	18,150,000	0	0	18,150,000	메모
	외상매입금	28,245,500	0	0	28,245,500	메모
	미지급금	1,022,230	0	0	1,022,230	메모
	예수금	389,860	0	0	389,860	메모
	부가세예수금	16,134,326	0	0	16,134,326	메모

(4) 겸업자산·부채 탭

겸업비율의 산정 방법은 이사회 결의에 의한 자본금 유보(1.5억원)이며, 예금 1.5억원을 제외한 기존 실질자산과 실질부채는 모두 겸업자산과 겸업부채에 해당한다.

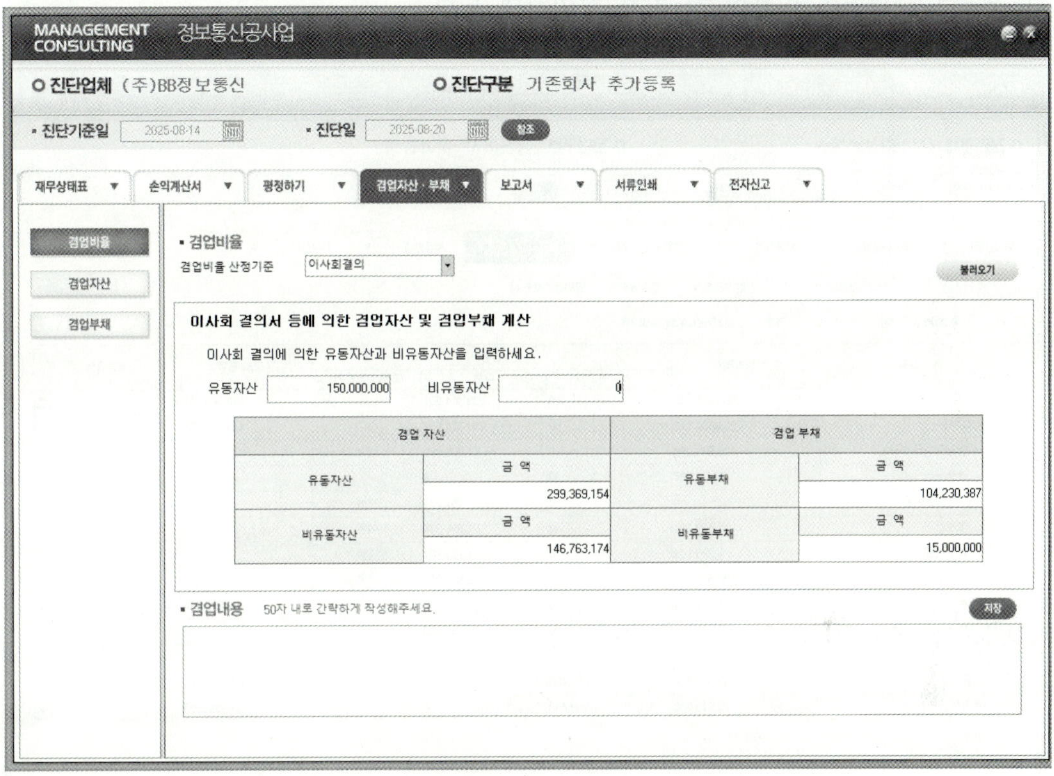

(5) 보고서 탭

1) 진단내역서

자산, 부채의 평정과 겸업자산, 부채를 기재하고 나면 자동으로 입력되게 된다. 따라서 적절하게 평정이 이루어졌는지를 확인하면 된다.

계정과목	당기 최초제시	평정			평정후 금액	평정내역
		차변	대변	조서(평정근거)		
I.유동자산	688,684,145	0	239,314,991		449,369,154	
①당좌자산	688,684,145	0	239,314,991		449,369,154	
현금및현금성자산	423,984,048	0	11,008,020	내역	412,976,028	
매출채권	35,223,395	0	0		35,223,395	
대손충당금	0	0	352,233	내역	-352,233	
미수수익	21,998,334	0	21,998,334	내역	0	
선급비용	1,223,104	0	1,223,104	내역	0	
가지급금	202,500,000	0	202,500,000	내역	0	
부가세대급금	1,521,964	0	0		1,521,964	
선납세금	2,233,300	0	2,233,300	내역	0	
②재고자산	0	0	0		0	
II.비유동자산	145,612,774	1,150,400	0		146,763,174	
①투자자산	78,849,600	1,150,400	0		80,000,000	

2) 기업진단보고서

자산·부채의 평정과 겸업자산 및 겸업부채를 기재하고 나면 자동으로 입력되게 된다.

따라서 적절하게 평정이 이루어졌는지를 확인하면 된다. 진단자는 진단 내역상 실질자산과 실질부채, 겸업자산과 겸업부채 그리고 진단자가 올바르게 기재되었는지를 확인하여야 한다. 이러한 사항에 오류가 발생하는 경우에는 진단 경유시 보정을 하여야 하므로 그만큼 불필요한 시간이 소요될 수 있다. 따라서 꼼꼼한 체크가 필요하다.

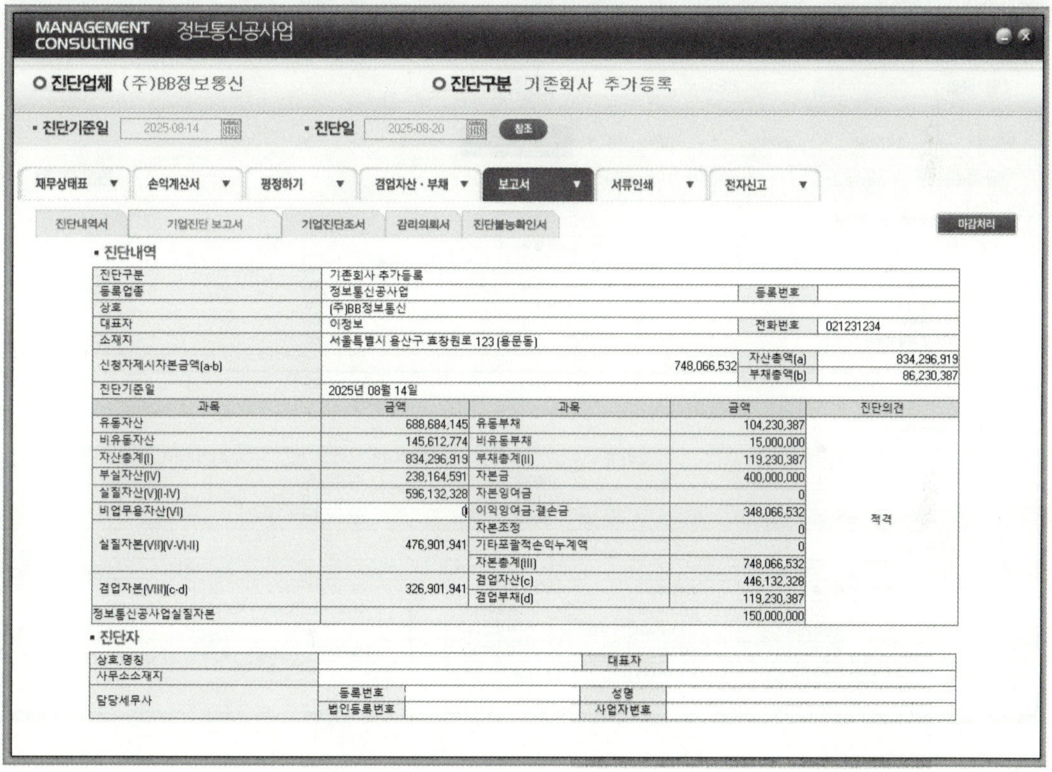
MANAGEMENT CONSULTING 정보통신공사업

○ 진단업체 (주)BB정보통신　○ 진단구분 기존회사 추가등록

▪ 진단기준일 2025-08-14　▪ 진단일 2025-08-20　참조

재무상태표 ▼ | 손익계산서 ▼ | 평정하기 ▼ | 겸업자산 · 부채 ▼ | 보고서 ▼ | 서류인쇄 ▼ | 전자신고 ▼

진단내역서 | 기업진단 보고서 | 기업진단조서 | 감리의뢰서 | 진단불능확인서　마감처리

▪ 진단내역

진단구분	기존회사 추가등록			
등록업종	정보통신공사업		등록번호	
상호	(주)BB정보통신			
대표자	이정보		전화번호	021231234
소재지	서울특별시 용산구 효창원로 123 (용문동)			
신청자제시자본금액(a-b)		748,066,532	자산총액(a)	834,296,919
			부채총액(b)	86,230,387
진단기준일	2025년 08월 14일			

과목	금액	과목	금액	진단의견
유동자산	688,684,145	유동부채	104,230,387	적격
비유동자산	145,612,774	비유동부채	15,000,000	
자산총계(I)	834,296,919	부채총계(II)	119,230,387	
부실자산(IV)	238,164,591	자본금	400,000,000	
실질자산(V)(I-IV)	596,132,328	자본잉여금	0	
비업무용자산(VI)	0	이익잉여금·결손금	348,066,532	
실질자본(VII)(V-VI-II)	476,901,941	자본조정	0	
		기타포괄적손익누계액	0	
		자본총계(III)	748,066,532	
겸업자본(VIII)(c-d)	326,901,941	겸업자산(c)	446,132,328	
		겸업부채(d)	119,230,387	
정보통신공사업실질자본			150,000,000	

▪ 진단자

상호.명칭			대표자	
사무소소재지				
담당세무사	등록번호		성명	
	법인등록번호		사업자번호	

3) 기업진단조서

기업진단조서와 겸업자산, 겸업부채를 기재하고 나면 자동으로 입력되게 된다. 따라서 적절하게 평정이 이루어졌는지를 확인하면 된다. 따라서 기업진단보고서상 실질자본과 기업진단조서상 실질자본이 일치하는지 여부를 확인하여야 한다.

특히 겸업이 존재하는 경우에는 겸업비율의 산정근거 등이 제대로 기재되어 있는지를 꼭 확인하여야 한다.

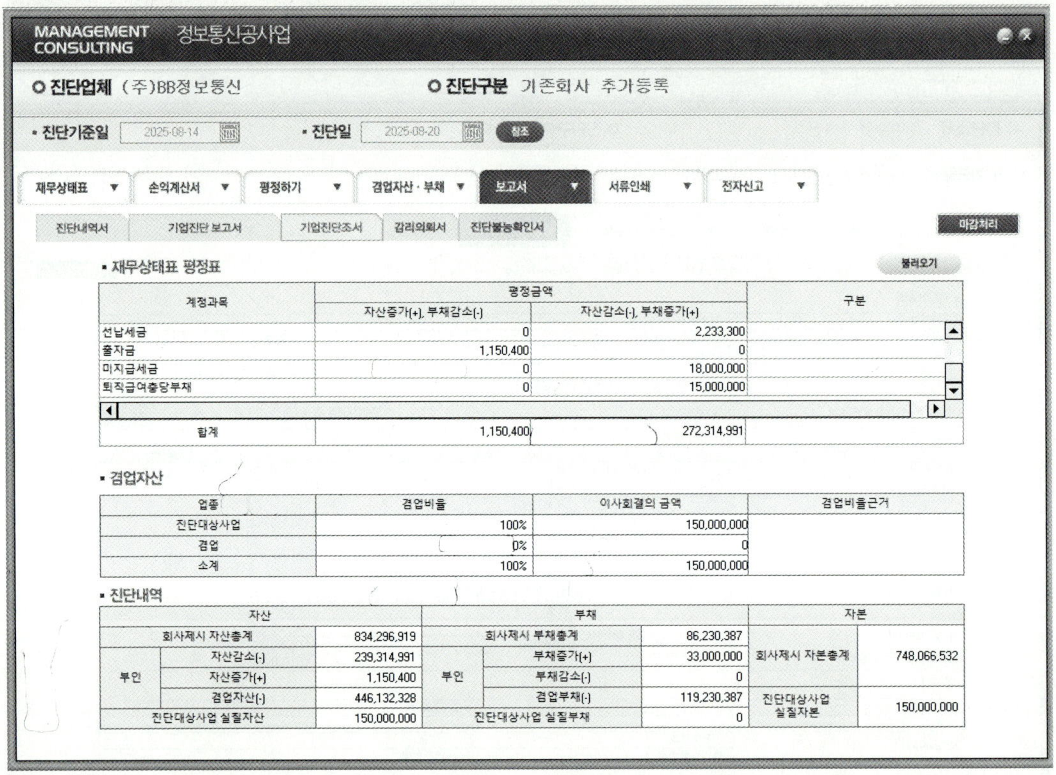
MANAGEMENT CONSULTING 정보통신공사업

○ 진단업체 (주)BB정보통신 ○ 진단구분 기존회사 추가등록

▪ 진단기준일 2025-08-14 ▪ 진단일 2025-08-20 참조

재무상태표 ▼ 손익계산서 ▼ 평정하기 ▼ 겸업자산 · 부채 ▼ 보고서 ▼ 서류인쇄 ▼ 전자신고 ▼

진단내역서 기업진단 보고서 기업진단조서 감리의뢰서 진단불능확인서 마감처리

▪ 재무상태표 평정표 불러오기

계정과목	평정금액		구분
	자산증가(+), 부채감소(-)	자산감소(-), 부채증가(+)	
선납세금	0	2,233,300	
출자금	1,150,400	0	
미지급세금	0	18,000,000	
퇴직급여충당부채	0	15,000,000	
합계	1,150,400	272,314,991	

▪ 겸업자산

업종	겸업비율	이사회결의 금액	겸업비율근거
진단대상사업	100%	150,000,000	
겸업	0%	0	
소계	100%	150,000,000	

▪ 진단내역

자산			부채			자본	
회사제시 자산총계		834,296,919	회사제시 부채총계		86,230,387	회사제시 자본총계	748,066,532
부인	자산감소(-)	239,314,991	부인	부채증가(+)	33,000,000		
	자산증가(+)	1,150,400		부채감소(-)	0		
	겸업자산(-)	446,132,328		겸업부채(-)	119,230,387	진단대상사업 실질자본	150,000,000
진단대상사업 실질자산		150,000,000	진단대상사업 실질부채		0		

4) 감리의뢰서

진단자가 한국세무사회에 수행한 기업진단보고서의 사전감리 의뢰시 제출하는 서류이다. 진단보고서 및 진단시 구비서류와 같이 제출하여야 한다.

진단에 소요된 투입시간(진단착수일부터 진단서 사전감리신청일까지를 기재하되, 1일 8시간을 기준으로 표시한다)과 보수금액만 직접 기재한다.

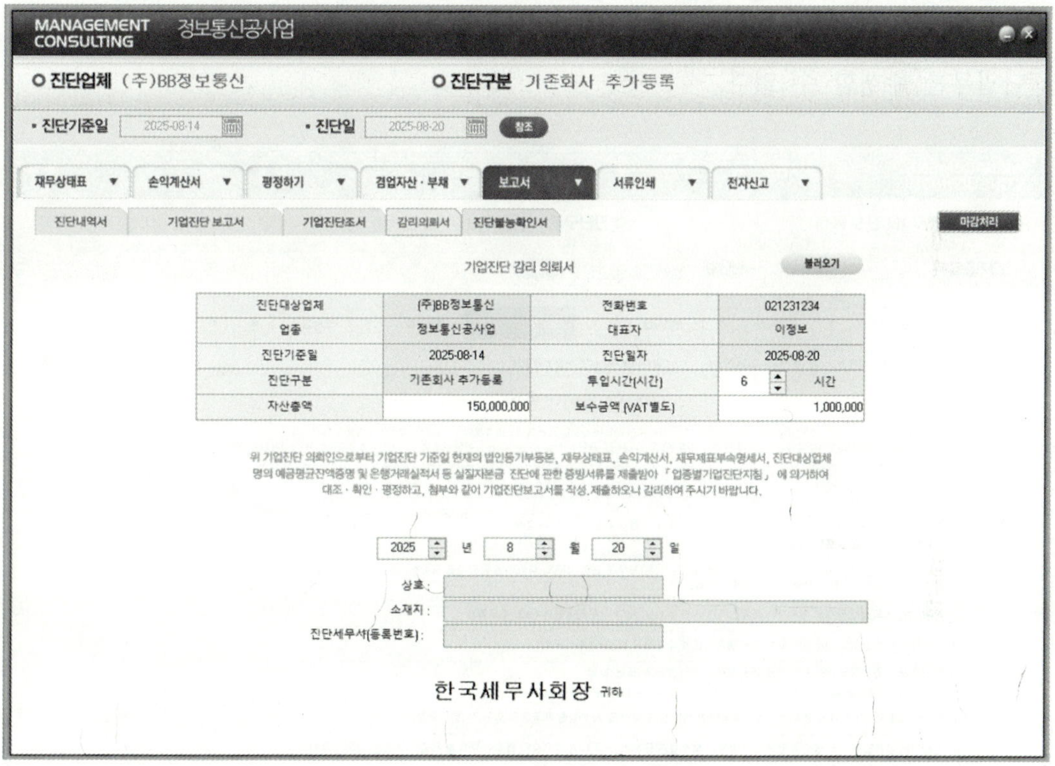

기업진단 감리 의뢰서

진단대상업체	(주)BB정보통신	전화번호	021231234
업종	정보통신공사업	대표자	이정보
진단기준일	2025-08-14	진단일자	2025-08-20
진단구분	기존회사 추가등록	투입시간(시간)	6 시간
자산총액	150,000,000	보수금액 (VAT별도)	1,000,000

위 기업진단 의뢰인으로부터 기업진단 기준일 현재의 법인등기부등본, 재무상태표, 손익계산서, 재무제표부속명세서, 진단대상업체 명의 예금평균잔액증명 및 은행거래실적서 등 실질자본금 진단에 관한 증빙서류를 제출받아 「업종별기업진단지침」 에 의거하여 대조 · 확인 · 평정하고, 첨부와 같이 기업진단보고서를 작성, 제출하오니 감리하여 주시기 바랍니다.

2025 년 8 월 20 일

상호 :

소재지 :

진단세무사(등록번호) :

한국세무사회장 귀하

5) 진단불능확인서

진단불능사유에 해당하는지 여부를 확인하는 서류이다. 한국세무사회 사전감리시 제출용으로 해당여부에 체크한다. 진단불능에 대한 사유확인서는 진단자의 독립성여부를 확인하는 매우 중요한 서류에 해당한다. 다만, 등록관청에 제출시에 제출하는 서류는 아님에 유의하자.

예를 들어, 아래 사유를 포함하여 같은 세무법인 내 기장업체, 같은 조정반 내 기장업체, 자문이나 경영컨설팅 등을 수행한 업체에 대하여는 독립성을 위배하게 되므로 진단업무를 수행할 수 없다.

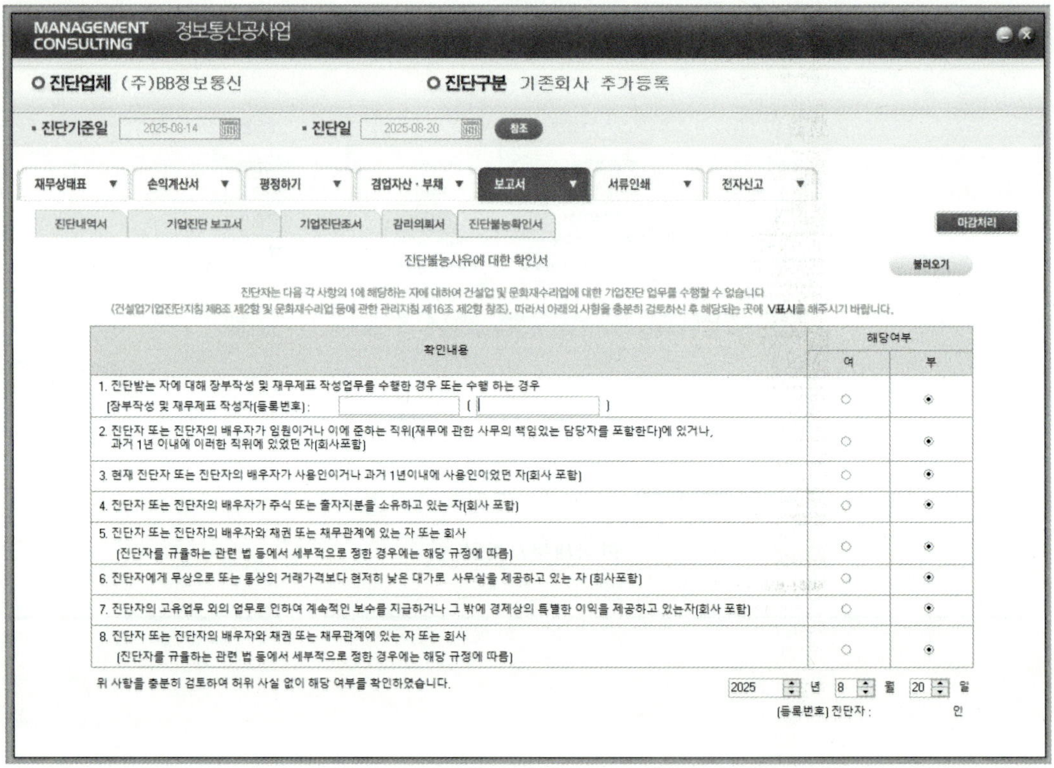
MANAGEMENT CONSULTING 정보통신공사업

O 진단업체 (주)BB정보통신　　O 진단구분 기존회사 추가등록

▪ 진단기준일 2025-08-14　▪ 진단일 2025-08-20　참조

재무상태표 ▼ | 손익계산서 ▼ | 평정하기 ▼ | 겸업자산 · 부채 ▼ | 보고서 ▼ | 서류인쇄 ▼ | 전자신고 ▼

진단내역서 | 기업진단 보고서 | 기업진단조서 | 감리의뢰서 | 진단불능확인서　　마감처리

진단불능사유에 대한 확인서　　불러오기

진단자는 다음 각 사항의 1에 해당하는 자에 대하여 건설업 및 문화재수리업에 대한 기업진단 업무를 수행할 수 없습니다
(건설업기업진단지침 제8조 제2항 및 문화재수리업 등에 관한 관리지침 제16조 제2항 참조). 따라서 아래의 사항을 충분히 검토하신 후 해당되는 곳에 **V표시**를 해주시기 바랍니다.

확인내용	해당여부	
	여	부
1. 진단받는 자에 대해 장부작성 및 재무제표 작성업무를 수행한 경우 또는 수행 하는 경우 [장부작성 및 재무제표 작성자(등록번호) : ( )	○	◉
2. 진단자 또는 진단자의 배우자가 임원이거나 이에 준하는 직위(재무에 관한 사무의 책임있는 담당자를 포함한다)에 있거나, 과거 1년 이내에 이러한 직위에 있었던 자(회사포함)	○	◉
3. 현재 진단자 또는 진단자의 배우자가 사용인이거나 과거 1년이내에 사용인이었던 자(회사 포함)	○	◉
4. 진단자 또는 진단자의 배우자가 주식 또는 출자지분을 소유하고 있는 자(회사 포함)	○	◉
5. 진단자 또는 진단자의 배우자와 채권 또는 채무관계에 있는 자 또는 회사 (진단자를 규율하는 관련 법 등에서 세부적으로 정한 경우에는 해당 규정에 따름)	○	◉
6. 진단자에게 무상으로 또는 통상의 거래가격보다 현저히 낮은 대가로 사무실을 제공하고 있는 자 (회사포함)	○	◉
7. 진단자의 고유업무 외의 업무로 인하여 계속적인 보수를 지급하거나 그 밖에 경제상의 특별한 이익을 제공하고 있는자(회사 포함)	○	◉
8. 진단자 또는 진단자의 배우자와 채권 또는 채무관계에 있는 자 또는 회사 (진단자를 규율하는 관련 법 등에서 세부적으로 정한 경우에는 해당 규정에 따름)	○	◉

위 사항을 충분히 검토하여 허위 사실 없이 해당 여부를 확인하였습니다.　　2025 년 8 월 20 일

(등록번호) 진단자 : 인

PART 05

국가유산수리업 등

CHAPTER 01

국가유산수리업 등 이해

제1절 용어 정의(국가유산수리 등에 관한 법률 제2조)

1. "국가유산수리"란 다음 각 목의 어느 하나에 해당하는 것의 보수 · 복원 · 정비 및 손상 방지를 위한 조치를 말한다.
   가. 「문화유산의 보존 및 활용에 관한 법률」 제2조 제3항에 따른 지정문화유산, 「자연유산의 보존 및 활용에 관한 법률」 제2조 제5호에 따른 천연기념물등
   나. 「문화유산의 보존 및 활용에 관한 법률」 제32조에 따른 임시지정문화유산, 「자연유산의 보존 및 활용에 관한 법률」 제16조에 따른 임시지정천연기념물 또는 임시지정명승
   다. 지정국가유산 및 천연기념물등(임시지정국가유산, 임시지정천연기념물 또는 임시지정명승을 포함한다)와 함께 전통문화를 구현·형성하고 있는 주위의 시설물 또는 조경으로서 대통령령으로 정하는 것
2. "국가유산수리기술자"란 국가유산수리에 관한 기술적인 업무를 담당하고 국가유산수리기능자의 작업을 지도·감독하는 자로서 제10조에 따른 국가유산수리기술자 자격증을 발급받은 자를 말한다.
3. "국가유산수리기능자"란 국가유산수리기술자의 지도·감독을 받아 국가유산수리에 관한 기능적인 업무를 담당하는 자로서 제12조에 따른 국가유산수리기능자 자격증을 발급받은 자를 말한다.
4. "국가유산수리업"이란 이 법에 따른 국가유산수리를 업으로 하는 것을 말한다.
5. "국가유산수리업자"란 제14조에 따라 국가유산수리업의 등록을 하고 국가유산수리업을 영위하는 자를 말한다.
6. "실측설계"란 국가유산수리 또는 기록의 보존을 위하여 제1호 각 목의 것을 실측(實測)하거나 고증(考證) 조사 등을 통하여 실측도서나 설계도서 등을 작성하는 것을 말한다.
7. "국가유산실측설계업"이란 이 법에 따른 실측설계를 업으로 하는 것을 말한다.
8. "국가유산실측설계업자"란 제14조에 따라 국가유산실측설계업의 등록을 하고 국

가유산실측설계업을 영위하는 자를 말한다.

9. "감리"란 국가유산수리에 관하여 다음 각 목의 어느 하나에 해당하는 업무를 말한다.
   가. 일반감리: 국가유산수리가 설계도서나 그 밖의 관계 서류 및 관계 법령의 내용대로 시행되는지를 확인하고 국가유산수리에 관하여 지도·감독하는 업무
   나. 책임감리: 일반감리와 관계 법령에 따라 발주자로서의 감독권한을 대행하는 업무
10. "국가유산감리업"이란 이 법에 따른 감리를 업으로 하는 것을 말한다.
11. "국가유산감리업자"란 제14조에 따라 국가유산감리업의 등록을 하고 국가유산감리업을 영위하는 자를 말한다.
12. "국가유산감리원"이란 국가유산수리기술자로서 국가유산감리업자 또는 제41의2에 따른 전통건축수리기술진흥재단에 소속되어 국가유산수리의 감리를 업무로 하는 자를 말한다.
13. "도급"이란 원도급(原都給), 하도급(下都給), 위탁, 그 밖의 어떠한 명칭으로든 상대방에게 국가유산수리, 실측설계 또는 감리를 완성하여 주기로 약정하고, 다른 상대방은 그 일의 결과에 대하여 대가를 지급할 것을 약정하는 계약을 말한다.
14. "발주자"란 국가유산수리, 실측설계 또는 감리를 국가유산수리업자, 국가유산실측설계업자 또는 국가유산감리업자에게 도급하는 자를 말한다. 다만, 수급인(受給人)으로서 도급받은 국가유산수리를 하도급하는 자는 제외한다.
15. "수급인"이란 발주자로부터 국가유산수리·실측설계 또는 감리를 도급받은 국가유산수리업자·국가유산실측설계업자 또는 국가유산감리업자를 말한다.
16. "하도급"이란 수급인이 도급받은 국가유산수리의 일부를 도급하기 위하여 제3자와 체결하는 계약을 말한다.
17. "하수급인"이란 수급인으로부터 국가유산수리를 하도급받은 자를 말한다.

제2절 국가유산수리업

1. 국가유산수리 개요(국가유산수리 등에 관한 법률 시행령 제2조)

국가유산수리란 다음 각 목의 어느 하나에 해당하는 것의 보수·복원·정비 및 손상 방지를 위한 조치를 말한다.

가. 「문화유산의 보존 및 활용에 관한 법률」 제2조제3항에 따른 지정국가유산, 「자연유산의 보존 및 활용에 관한 법률」 제2조제5호에 따른 천연기념물등

나. 「문화유산의 보존 및 활용에 관한 법률」 제32조에 따른 임시지정국가유산, 「자연유산의 보존 및 활용에 관한 법률」 제16조에 따른 임시지정천연기념물 또는 임시지정명승

다. 지정국가유산 및 천연기념물등(임시지정국가유산, 임시지정천연기념물 또는 임시지정명승을 포함한다)과 함께 전통문화를 구현·형성하고 있는 주위의 시설물 또는 조경으로서 대통령령으로 정하는 것

"대통령령으로 정하는 것"이란 다음 각 호의 어느 하나에 해당하는 시설물 또는 조경을 말한다.

1. 「문화유산의 보존 및 활용에 관한 법률」 제2조제3항에 따른 지정국가유산(같은 법 제32조에 따른 임시지정국가유산을 포함하며, 같은 법 제25조에 따른 사적은 제외한다. 이하 이 조에서 같다)을 둘러싸고 있는 보호구역 안의 시설물 또는 조경
2. 「문화유산의 보존 및 활용에 관한 법률」 제2조제3항에 따른 지정국가유산을 둘러싸고 있는 토지[같은 법 제33조에 따른 소유자 및 같은 법 제34조(같은 법 제74조제2항에 따라 준용하는 경우를 포함한다)에 따른 관리단체가 관리하고 있는 것으로 한정한다] 내에서 지정국가유산의 보존 및 활용을 위하여 필요한 시설물 또는 조경

2. 국가유산수리업의 종류 및 업무범위(국가유산수리 등에 관한 법률 시행령 별표8)

(1) 종합국가유산수리업

종류(업종)	업무 범위
보수단청업	가. 건축·토목공사 및 단청(불화를 포함한다)의 시공 나. 가목과 관련된 고증·유구(遺構)조사 및 수리보고서의 작성과 그에 따른 업무

또한, 종합국가유산수리업의 업무 범위 중 가목의 업무는 단청공사업, 목공사업, 석공사업, 번와공사업, 미장공사업 및 온돌공사업의 업무 범위에 해당하는 업무를 포함한다.

(2) 전문국가유산수리업

종류(업무)	업무 범위
조경업	가. 조경공사의 시공 나. 가목과 관련된 고증·유구조사 및 수리보고서의 작성과 그에 따른 업무
보존과학업	가. 보존처리(동산국가유산은 제외한다)의 시공 나. 동산국가유산 보존처리계획의 수립 및 보존처리의 수행 다. 가목 및 나목과 관련된 고증·유구조사 및 수리보고서의 작성과 그에 따른 업무
식물보호업	가. 식물의 보존·보호를 위한 병충해 방제, 수술, 토양개량, 보호시설 설치 및 환경개선의 시공 나. 가목과 관련된 진단, 수리보고서의 작성과 그에 따른 업무
단청공사업	가. 단청(불화를 포함한다)의 시공 나. 가목과 관련된 고증·유구조사 및 수리보고서의 작성과 그에 따른 업무
목공사업	목공사의 시공
석공사업	석공사의 시공
번와공사업	번와공사(기와를 해체하거나 이는 일)의 시공
미장공사업	미장공사의 시공
온돌공사업	온돌공사의 시공

CHAPTER 02

국가유산수리업 등 등록요건

(국가유산수리 등에 관한 법률 시행령 별표8)

제1절 국가유산수리업 등 등록기준 이해

국가유산수리업 등은 다음과 같이 구분되며, 등록요건은 기술능력[13]), 자본금[14]), 시설 요건을 각각 충족하여야 한다. 다만, 국가유산실측설계업은 자본금 요건이 없다.

1. 종합국가유산수리업
2. 전문국가유산수리업
3. 국가유산실측설계업
4. 국가유산감리업

---

13) 기술능력

가. 국가유산수리업 등 등록요건 중 국가유산수리기술자 및 국가유산수리기능자는 상시 근무하는 사람을 말하며, 법 제47조 및 제48조에 따라 그 자격이 정지된 사람은 제외한다.

나. 등록 요건을 갖추어 등록한 국가유산수리업등은 국가유산수리기술자 또는 국가유산수리기능자가 사망, 신체·정신상의 장애 또는 병역의무 이행, 해외 유학·이민, 학교·공공기관 및 기업체 재직, 「고등교육법」 제2조에 따른 학교 및 같은 법 제29조에 따른 대학원 재학 등으로 상시 근무가 불가능하여 보유기준에 미달하게 된 경우에는 1개월 이내에 이를 충원해야 한다.

다. 다른 법령에 따라 등록, 신고, 허가 등을 위한 기술인력으로 이미 등록 또는 신고 등이 되어 있는 사람은 국가유산수리업등의 등록요건 중 기술능력의 산정 시 제외한다. 다만, 「건축사법」 제23조에 따라 건축사사무소개설신고를 한 실측설계기술자는 그러하지 아니하다.

라. 제12조 제1항 제5호에 따라 국가유산실측설계업을 등록한 실측설계기술자가 국가유산감리업을 등록하는 경우에는 위 표 제4호 국가유산감리업 등록의 기술능력 산정 시 그 실측설계기술자를 포함할 수 있다.

14) 자본금(개인인 경우 영업용 자산평가액)

가. 자본금은 국가유산수리업등을 위한 자본금으로 국가유산수리업 등 외의 자본금은 제외하며, 주식회사 외의 법인인 경우에는 출자금을 자본금으로 한다.

나. 법인의 경우 납입자본금과 실질자본금이 각각 등록기준의 자본금 이상이어야 한다.

제2절 국가유산수리업 등 등록기준

1. 종합국가유산수리업

종합국가유산수리업의 종류(업종)	기술능력		자본금(개인의 경우 자산평가액)		시 설
	국가유산수리기술자	국가유산수리기능자			
보수단청업	보수기술자 1명과 부소기술자 또는 단청기술자 1명을 포함한 2명 이상	한식목공(대목수) 1명과 한식미장공, 번와와공, 화공, 드잡이공(기울어진 구조물을 해체하지 않고 도구를 이용하여 바로 잡는 사람), 한식석공, 한식목공 중 서로 다른 분야의 기능자 2명을 포함한 3명 이상	법인	2억원 이상	사무실
			개인	2억원 이상	

2. 전문국가유산수리업

전문국가유산수리업의 종류(업종)	기술능력		자본금		시 설
	국가유산수리기술자	국가유산수리기능자			
조경업	조경기술자 1명 이상	조경공 1명 이상	법인	5천만원 이상	사무실
			개인	5천만원 이상	
보존과학업	보존과학기술자 1명 이상	보존처리공 1명과 훈증공, 세척공, 표구공 중 1명을 포함한 2명 이상	법인	5천만원 이상	사무실
			개인	5천만원 이상	
식물보호업	식물보호기술자 1명 이상	식물보호공 1명 이상	법인	5천만원 이상	사무실
			개인	5천만원 이상	
단청공사업	단청기술자 1명 이상	화공 1명 이상	법인	5천만원 이상	사무실
			개인	5천만원 이상	
목공사업	-	대목수 1명을 포함한 한식목공 2명 이상	법인	5천만원 이상	사무실
			개인	5천만원 이상	
석공사업	-	쌓기석공 1명을 포함한 한식석공 2명 이상	법인	5천만원 이상	사무실
			개인	5천만원 이상	
번와공사업	-	번와와공 2명 이상	법인	5천만원 이상	사무실
			개인	5천만원 이상	

전문국가유산 수리업의 종류(업종)	기술능력		자본금		시 설
	국가유산수리기술자	국가유산수리기능자			
미장공사업	-	한식미장공 2명 이상	법인	5천만원 이상	사무실
			개인	5천만원 이상	
온돌공사업	-	온돌공 2명 이상	법인	5천만원 이상	사무실
			개인	5천만원 이상	

3. 국가유산실측설계업

구 분	기술능력		자본금		시 설
	국가유산수리기술자	국가유산수리기능자			
국가유산 실측설계업	실측설계기술자 1명 이상	실측설계사보 1명 이상	법인	-	사무실
			개인	-	

4. 국가유산감리업

구 분	기술능력		자본금		시 설
	국가유산수리기술자	국가유산수리기능자			
국가유산 감리업	보수기술자 또는 실측설계기술자 중 1명과 실측설계기술자, 보수기술자, 단청기술자, 조경기술자, 보존과학기술자, 식물보호기술자 중 1명을 포함하여 2명 이상		법인	5천만원 이상	사무실
			개인	5천만원 이상	

CHAPTER 03

국가유산수리업 등에 관한 관리지침

(기업진단지침 포함)

문화재청고시 제2024-75호, 2024. 3. 19. 일부 개정
[시행 2024. 5. 17.]
국가유산청(수리기술과), 042-481-4871

제1장 총 칙

제1조(목적)

이 지침은 「국가유산수리 등에 관한 법률」(이하 "법"이라 한다), 같은 법 시행령(이하 "영"이라 한다) 및 같은 법 시행규칙(이하 "규칙"이라 한다)이 정하는 바에 따라 국가유산수리업 등을 관리함에 있어서 공정성과 효율성을 도모하기 위하여 국가유산수리업 등의 등록, 기업진단, 각종 신고 등에 필요한 기준을 정함을 목적으로 한다.

제2장 국가유산수리업등의 등록

제2조(처리기관)

법 제14조에 따라 국가유산수리업, 국가유산실측설계업 또는 국가유산감리업(이하 "국가유산수리업등"이라 한다)의 등록은 신청인(법인 또는 개인)의 주된 영업소 소재지를 관할하는 특별시장·광역시장·도지사 또는 특별자치도지사(이하 "시·도지사"라 한다)가 처리한다.

제3조(동일 업종의 중복보유 제한)

법인(개인)은 동일한 종류의 국가유산수리업등을 2개 이상 보유할 수 없으며, 양도·합병·상속 등의 사유로 동일한 종류의 업종의 국가유산수리업등을 2개 이상 보유한 경우에는 지체 없이 1개를 폐업 또는 등록말소 처리하여야 한다. 이 경우 영 별표 7의 각호의 같은 업종을 동일한 종류의 업종으로 본다.

제 4 조(기술능력의 적격여부 확인)

영 제12조 및 별표 7에 따라 국가유산수리업 등의 등록요건 중 기술능력의 적격여부에 대한 확인은 다음과 같이 한다.

① 국가유산수리기술자 및 국가유산수리기능자의 자격증 사본, 업체로부터 제출받은 고용보험 가입증명(사업장별 피보험자격 취득자 목록 및 피보험자격 이력 내역서 등을 말하며), 「고용보험법」 제10조에 따른 적용제외 근로자인 경우에는 국민연금, 건강보험 또는 산재보험 가입증명 중의 어느 하나로 한다) 등을 상호대조·확인하여 처리한다.

② 기술능력 기준을 확인함에 있어서 필요한 때에는 국가유산수리기술자 및 국가유산수리기능자 개인별 경력사항, 고용계약서 사본 등 재직사실을 객관적으로 입증할 수 있는 증빙서류를 추가로 제출받아 실제근무 여부를 확인할 수 있다.

제 5 조(자본금의 적격여부 확인)

영 제12조 및 별표 7에 따라 국가유산수리업등의 등록요건 중 자본금의 적격여부에 대한 확인은 신청인이 제출한 규칙 별지 제3호서식의 기업진단서상의 진단의견과 기업진단서의 유효기간(제출일 전 30일 이내 발급)을 확인하여 처리한다.

제 6 조(자본금확인서 발급 등)

① 영 제12조 제1항 제2호 규정에 따라 자본금확인서(이하 "확인서"라 한다) 발급기관은 법 제42조에 따라 설립된 "국가유산수리협회" 또는 보험업법 제5조에 따라 설립된 "서울보증보험주식회사", 은행법 제2조 제1항 제2호에 따른 "은행(외국은행은 제외한다)",「건설산업기본법」 제54조에 따른 공제조합(국가유산수리업등을 등록하려는 자가 조합원인 경우로 한정한다)으로 한다. 확인서를 발급받고자 하는 자는 확인서 발급기관(이하 "발급기관"이라 한다)에서 정하는 신청서로 확인서 발급을 신청하여야 한다.

② 제1항에 따라 확인서 발급신청을 받은 발급기관은 별지 제1호서식에 의거 확인서를 발급하고, 해당 시·도지사에게 통보 하여야 한다.

③ 발급기관은 제1항의 확인서 발급에 따른 담보징구 및 현금예치·출자방법 등에 필요한 사항(이하 "발급요령"이라 한다)은 국가유산청장의 승인을 받아 정하여야 한다. 이를 변경하고자 하는 경우에도 또한 이와 같다.

④ 법 제17조 및 제20조에 따른 업무처리 시 다음 각 호의 경우에는 피상속인·피합병인·양도인의 확인서를 상속인·합병법인·양수인에 해당하는 것으로 볼수 있다.

1. 상속으로 인한 국가유산수리업등의 등록의 이전
2. 합병으로 인한 국가유산수리업등의 등록의 이전
3. 국가유산수리업등의 양도가 양도인의 국가유산수리업 등에 관한 자산과 권리·의무의 전부를 포괄적으로 양도하는 경우로서 규칙 제11조 6항의 각호에 어느 하나에 해당하는 경우

⑤ 발급기관은 제1항의 규정에 의한 확인서 발급 신청서식 및 발급요령을 발급기관의 홈페이지 등에 게시하여야 한다.

제 7 조(융자의 제한)

발급기관은 국가유산수리업등을 등록한 자에 대하여 융자를 하는 경우, 국가유산수리업등이 제공하는 담보물, 예치금 또는 출자금에서 융자금을 뺀 금액이 자본금 기준금액의 20%이상이 유지되도록 하여야 한다.

제 8 조(확인서 발급기관의 의무 등)

발급기관은 다음 각 호의 의무를 이행하여야 한다.

1. 확인서 발급기관은 확인서를 발급한 경우에는 발급 사실 및 관련 내용을 해당 등록기관에 통보하고 홈페이지에 공시하여야 한다.
2. 국가유산수리업등이 제공하는 담보물, 예치금 또는 출자금이 자본금 기준금액의 20%에 미달하게 된 때에는 즉시 시·도지사에게 통보하여야 한다.
3. 허위 또는 부정한 방법으로 확인서가 발급된 경우에는 부당하게 확인서를 발급받은 국가유산수리업자 또는 국가유산수리업등을 등록하고자 하는 자에 대한 자료를 즉시 관할 시·도지사에게 통보하여야 한다.
4. 확인서 발급업무와 관련하여 국가유산청장, 시·도지사의 요구가 있는 경우에는 관련 자료를 제출하여야 한다.

제 9 조(사무실의 적격여부 확인)

영 제12조 및 별표 7에 따라 국가유산수리업등의 등록요건 중 사무실의 적격여부 확인은 다음과 같이 한다.

① 사무실의 범위

1. 사무실은 건축법등 관련법령에 적합한 것이어야 하며, 등록하고자 하는 시·도내에 위치하여야 한다.
2. 건물등기부등본 또는 건축물대장 등의 용도가 사무실이 아니더라도 건물의 형태, 입지 및 주위여건 등 제반 상황을 고려하여 상시 사무실로 이용 가능한 것으로 확인되는 경우라면 사무실로 인정한다.
3. 위의 2호에도 불구하고 다음 각 목의 건물 등 국가유산수리업등의 사무실로 사용함이 타당하지 않다고 인정되는 경우에는 국가유산수리업등 등록요건의 사무실로 인정하지 아니한다. 다만, 건축물대장 등을 통하여 용도변경을 한 사실이 객관적으로 인정되는 경우에는 예외로 한다.
   가. 단독주택, 공동주택 등 주거용 건물
   나. 축사, 퇴비사, 온실, 저장고등 농업·임업·축산·어업용건물
   다. 그밖에 상시적으로 사무실로 이용하기 부적합한 건물
4. 국가유산수리업등의 등록요건의 사무실은 국가유산수리업등의 영위를 위한 용도로 사용되어야 한다.
5. 무허가건물 및 가설건축물은 사무실로 인정하지 아니한다.
6. 사무실은 다른 국가유산수리업등의 사무실과 명확히 구분되어야 하며, 국가유산수리업등의 영위를 위해 필요한 책상 등 사무설비와 통신설비의 설치 및 사무인력이 상시 근무하기에 적합한 정도의 공간이어야 한다.

② 건물소유자가 건물등기를 하지 않은 경우 등 불가피한 사정으로 인하여 임차인이 건물등기부등본을 제출할 수 없는 경우에는 건축법 제29조의 규정에 의한 건축물대장상의 소유자가 실제소유자임이 확인되는 경우(재산세 납세증명서 확인 등)에 한하여 건물등기부등본을 대신하여 건축물대장을 제출할 수 있다.

③ 사무실기준의 적격여부는 해당 사무실의 소재지를 방문하여 확인 하여야 한다. 다만, 제출받은 서류의 심사결과와 사무실의 주소·전화번호·팩스번호 등의 확인 등 사정을 고려하여 방문 확인이 필요하지 않다고 판단되는 경우에는 이를 생략할 수 있다.

제 3 장 국가유산수리업등의 기업진단

제10조(적용범위)

① 이 기업진단은 영 제12조 규정에 의한 국가유산수리업등의 등록요건 중 자본금의 평가에 한하여 적용한다.
② 기업진단은 다른 법령에 특별한 규정이 있는 경우를 제외하고는 본 장에서 정하는 바에 의한다. 다만, 이 지침에서 정하지 아니한 사항은 "기업회계기준"에 의한다. 이 경우 "기업회계기준"이란 한국회계기준원 회계기준위원회가 공표하여 진단기준일 현재 시행하고 있는 회계기준을 말한다.

해 설

〈1순위〉 다른 법령의 특별한 규정
〈2순위〉 국가유산수리업등의 기업진단
한국회계기준원 회계기준위원회가 공표하여 진단기준일 현재 시행하고 있는 기업회계기준, 다만 IFRS 적용기업은 한국채택국제회계기준, IFRS 적용 기업외의 비상장기업은 일반기업회계기준에 의한다.

제11조(정의)

기업진단서에서 사용하는 용어의 정의는 다음 각 호와 같다.
1. "실질자산"이라 함은 제시된 자산총계에서 부실자산을 공제한 자산을 말한다.
2. "실질부채"라 함은 제시된 총부채에서 이 지침에 따른 수정사항을 반영 후의 금액을 말한다.
3. "겸업자본"은 겸업자산에서 겸업부채를 차감한 금액으로 한다.
4. "겸업자산"이라 함은 국가유산수리업등 이외의 사업에 제공된 자산을 말한다.
5. "겸업부채"라 함은 겸업자산과 관련되는 부채를 말한다.
6. "비업무용자산"이라 함은 국가유산수리업등에 직접적으로 제공되지 않은 임야, 유휴토지, 전답 또는 가옥 등을 말한다.

사 례

건설업(도장습식방수석공사업, 자본금: 1.5억원)과 종합국가유산수리업(자본금: 2억원)을 겸업하는 (주)성우문화의 실질자산이 10억원, 실질부채가 5억원이라고 가정하고 도장습식방수석공사업의 실질자산이 4억원, 실질부채가 2억원으로 겸업을 분류한 경우 (주)성우문화의 국가유산수리업(진단대상사업)의 실질자본은 다음과 같이 분류한다.

해설 겸업자본은 2억원이고, 종합국가유산수리업의 실질자본은 3억원이다. 그 계산 근거는 다음과 같다.

실 질 자 산	1,000,000,000	실 질 부 채	500,000,000
겸 업 자 산	400,000,000	겸 업 자 본	200,000,000
겸 업 부 채	200,000,000		
진단대상사업 실질자산	600,000,000	진단대상사업 실질자본	300,000,000
진단대상사업 실질부채	300,000,000		

제12조(진단자)

기업진단은 다음 각 호의 자(이하 "진단자"라 한다)가 실시한다.

1. 「공인회계사법」 제7조 및 제24조의 규정에 의하여 금융위원회에 등록한 개업 공인회계사 또는 회계법인, 「세무사법」 제6조 및 제16조의4의 규정에 의하여 기획재정부에 등록한 개업 세무사 또는 세무법인
2. 「중소기업진흥 및 제품구매촉진에 관한 법률」 제50조의 규정에 의하여 등록한 개업 재무관리경영지도사(「중소기업기본법」에 의한 중소기업에 한한다)
3. 공인회계사 2인 이상 또는 재무관리경영지도사 2인 이상을 상시 보유한 자로서 지식경제부장관이 지정한 기관

해 설

1. 등록 세무사 및 세무법인
2. 등록 공인회계사 및 회계법인
3. 전문경영진단기관

제13조(진단기준일)

진단기준일은 다음 각 호와 같다.
1. 신규등록: 등록신청전일부터 역산하여 30일 이내의 기간
2. 양도·양수: 양도·양수 계약일(분할 또는 분할합병에 의한 양도·양수의 경우에는 그 등기일)
3. 법인합병: 법인합병 등기일
4. 자본금 변경: 자본금 변경일(법인인 경우에는 변경등기일)
5. 시·도지사가 법 제45조에 의한 업무를 수행하기 위하여 기업진단서 제출을 요구할 경우: 시·도지사가 지정한 날

해 설

진단기준일은 재무제표작성일을 말한다. 따라서 진단대상업체는 진단기준일을 기준으로 결산재무제표를 작성한 후 기업진단을 의뢰해야 한다. 예를 들어, 신규등록(추가등록 포함)시 진단기준일은 등록신청전일부터 역산하여 30일 이내의 기간 중 하루를 선택(재무제표 작성일)하여 진단기준일로 하면 된다. 즉 진단기준일로부터 30일 이내에 등록관청에 등록신청을 하여야 한다.

사 례

A가 8월 21일에 국가유산수리업을 신규로 등록관청에 등록하고자 하는 경우 진단기준일을 제시하시오.

해설 신규등록 시 진단기준일은 등록신청전일부터 역산하여 30일 이내의 기간이므로 등록신청전일인 8월20일부터 역산하여 30일 이내인 7월 22일부터 8월 19일 사이의 기간 중 하루를 선택하여 진단기준일(= 재무제표 작성일 = 결산일)로 설정하면 된다.

제14조(기업진단 서류의 제출)

① 기업진단을 받고자 하는 자는 진단에 필요한 다음의 서류를 진단자에게 제출하거나 제시하여야 한다.
1. 별지 제2호서식에 의한 기업진단신청서
2. 기업회계기준에 의하여 작성한 진단기준일의 대차대조표, 손익계산서, 재무제표 부속 명세서와 회계장부 및 기타 진단에 필요한 서류

② 진단자는 필요시 장부 및 기타 자산을 인정하는데 필요한 계약서, 계산서, 증명서, 확인서, 소유권증서 및 세무신고서 등 제반증빙서류의 제출을 요구할 수 있다.

③ 제1항의 규정에 의하여 제출된 서류는 재작성 또는 정정 등을 이유로 반환을 요구할 수 없다. 다만, 제출된 서류에 오기 또는 오산과 같은 객관적으로 명백한 오류가 있을 때에는 진단자의 동의를 얻어 정정할 수 있다.

④ 제1항과 제3항의 규정에 의하여 제출되거나 정정된 서류에 대하여 추가서류를 제출하고자 할 때에는 진단자의 동의를 얻어야 한다.

해 설

① 기업진단 시 구비서류

1. 신설회사

구비서류	개인	법인
1) (정기, 수시) 결산 재무제표	○	○
2) 사업자등록증(있는 경우에 한함)	○	○
3) 법인등기부등본	×	○
4) 일자별 금융거래내역서(30일 이상)- 금융기관 발급분에 한함	○	○
5) 예금잔액 증명서 및 금융거래 확인서 (발급일자 : 진단기준일)- 금융기관 발급분에 한함	○	○
6) 임대차계약서	○	○
7) 출자증명원	○	○
8) 기타 진단자 요청하는 서류(계정명세서 등)	○	○

2. 기존회사

입증 구비서류	개인	법인
1) (정기, 수시) 결산 재무제표(비교식) (합계잔액시산표 포함)	○	○
2) 사업자등록증	○	○
3) 법인등기부등본	×	○
4) 타 업종 등록증	○	○
5) 일자별 금융거래내역서(30일 이상)- 금융기관 발급분에 한함	○	○
6) 예금잔액 증명서 및 금융거래 확인서 (발급일자 : 진단기준일)- 금융기관 발급분에 한함	○	○
7) 각 계정별 명세서	○	○
8) 매출채권 명세서 및 세금계산서	○	○
9) 재고자산 명세서 및 공사계약서	○	○
10) 임대차계약서 또는 건물등기부등본	○	○
11) 출자증명원 및 융자금확인서	○	○
12) 유형자산 감가상각명세서	○	○
13) 퇴직급여 추계액 명세서	○	○
14) 부가가치세 신고서 및 합계표	○	○
15) 기타 진단자가 요청하는 서류(계정명세서 등)	○	○

제15조(진단방법 및 진단의견)

① 진단자는 진단을 받는 자가 제출 또는 제시하는 서류를 검토하여 성실하게 평가하여야 하며, 필요한 경우 실제 조사하여 확인하여야 한다.
② 진단자는 제1항의 규정에 의하여 확인한 사항에 대한 조서를 작성·비치하여야 한다.
③ 진단자는 진단을 받는 자가 제14조 제2항의 규정에 의한 장부 및 기타 증빙서류를 제출하지 아니한 때에는 그 부분에 대하여는 부실자산으로 처리하여야 한다.
④ 진단자는 별지 제3호서식 기업진단보고서의 진단 의견란에 다음과 같이 기재한다.

1. 진단을 받는 자의 실질자본금이 영 제12조의 규정에 의한 국가유산수리업등 등록기준의 자본금 이상인 경우에는 "적격"으로 기재한다.
2. 진단을 받는 자의 실질자본금이 영 제12조의 규정에 의한 국가유산수리업등 등록기준의 자본금에 미달된 경우에는 "부적격"으로 기재한다.
3. 제16조의 규정에 해당하여 진단하지 못한 경우에는 "진단불능"으로 기재한다.

제16조(진단불능)

① 진단자는 다음 각 호의 어느 하나에 해당하는 경우에는 진단불능으로 처리하여야 한다.

1. 제출된 재무제표가 진단을 받는 자의 장부와 일치되지 아니하여 이를 허위라고 인정한 때
2. 진단을 받는 자가 제14조 제1항 및 제2항의 규정에 의한 서류의 제출이나 장부 기타 제반증빙서류 등의 제출을 거부·기피 또는 태만히 하여 진단을 할 수 없을 때
3. 진단을 받는 자가 작성·제출한 서류 중 실질자본에 중대한 영향을 미치는 허위가 발견된 경우

② 진단자는 진단을 받는 자에 대한 장부의 작성 및 재무제표 작성업무를 수행한 경우(수행하는 경우를 포함한다)에는 해당 회계연도에 대한 재무관리상태 진단을 행할 수 없으며 또한 다음 각호의 1에 해당하는 자에 대한 재무관리상태 진단을 행할 수 없다.

1. 진단자 또는 진단자의 배우자가 임원이거나 이에 준하는 직위(재무에 관한 사무의 책임있는 담당자를 포함한다)에 있거나, 과거 1년 이내에 이러한 직위에 있었던 자(회사를 포함한다. 이하 이 항에서 같다)
2. 현재 진단자 또는 진단자의 배우자가 사용인이거나 과거 1년이내에 사용인이었던 자
3. 진단자 또는 진단자의 배우자가 주식 또는 출자지분을 소유하고 있는 자
4. 진단자 또는 진단자의 배우자와 채권 또는 채무관계에 있는 자. 이 경우 진단자를 규율하는 관련 법 등에서 세부적으로 정한 경우에는 해당 규정에 따른다.
5. 진단자에게 무상으로 또는 통상의 거래가격보다 현저히 낮은 대가로 사무실을 제공하고 있는 자
6. 진단자의 고유업무 외의 업무로 인하여 계속적인 보수를 지급하거나 그 밖에 경제상의 특별한 이익을 제공하고 있는 자
7. 진단을 수행하는 대가로 자기 회사의 주식·신주인수권부사채·전환사채 또는 주식매수선택권을 제공하였거나 제공하기로 한 자

해 설

진단자와 진단받는 업체와의 독립성을 확보하기 위하여 진단불능사유를 강화하였다. 한국세무사회를 경유하는 경우에는 진단불능사유확인서를 반드시 제출하여야 한다.

진단불능사유에 대한 확인서

진단자는 다음 각 사항의 1에 해당하는 자에 대하여 국가유산수리업에 대한 기업진단 업무를 수행할 수 없습니다(국가유산수리업 등에 관한 관리지침 제16조 제2항 참조). 따라서 아래의 사항을 충분히 검토하신 후 해당되는 곳에 V표시를 해주시기 바랍니다.

확인 내용	해당여부	
	여	부
1. 진단을 받는 자에 대해 장부작성 및 재무제표 작성업무를 수행한 경우 또는 수행하는 경우		
2. 진단자 또는 진단자의 배우자가 임원이거나 이에 준하는 직위(재무에 관한 사무의 책임있는 담당자를 포함한다)에 있거나, 과거 1년 이내에 이러한 직위에 있었던 자(회사 포함)		
3. 현재 진단자 또는 진단자의 배우자가 사용인이거나 과거 1년이내에 사용인이었던 자(회사 포함)		
4. 진단자 또는 진단자의 배우자가 주식 또는 출자지분을 소유하고 있는 자(회사 포함)		
5. 진단자 또는 진단자의 배우자와 채권 또는 채무관계에 있는 자 또는 회사(진단자를 규율하는 관련 법 등에서 세부적으로 정한 경우에는 해당 규정에 따름)		
6. 진단자에게 무상으로 또는 통상의 거래가격보다 현저히 낮은 대가로 사무실을 제공하고 있는 자(회사 포함)		
7. 진단자의 고유업무 외의 업무로 인하여 계속적인 보수를 지급하거나 그 밖에 경제상의 특별한 이익을 제공하고 있는 자(회사 포함)		
8. 진단을 수행하는 대가로 자기 회사의 주식·신주인수권부사채·전환사채 또는 주식매수선택권을 제공하였거나 제공하기로 한 자(회사 포함)		
위 사항을 충분히 검토하여 허위 사실 없이 해당 여부를 확인하였습니다. 년 월 일 (등록번호) 진단자 : ( ) 인		

제17조(부실자산)

다음 각 호의 경우에는 이를 부실자산으로 처리하여야 한다.
1. 자산의 과대평가로 인한 가공자산
2. 제시 자산 총계의 100분의 2를 초과하는 현금
3. 진단을 받는 자의 소유가 아닌 자산
4. 대손처리하여야 할 자산
5. 비유동 무형자산(사용수익기부자산은 제외한다)
6. 선급비용
7. 기업회계기준에 따라 비용으로 계상하여야 할 대상금액이 자산으로 계상된 금액
8. 부도어음. 단, 담보가 설정되어 있는 경우 회수 가능한 금액은 제외
9. 제19조 제1항 내지 제3항, 제5항 및 제9항의 규정에 의한 부실자산
10. 신설 법인이 법인설립 등기일부터 30일 이내의 날을 진단하는 날로 하여 제시한 제예금

해 설

1. 제시 자산 총계의 100분의 2를 초과하는 현금
   결산재무제표상의 자산총계의 2%까지의 현금은 실질자산으로 인정받는다. 왜냐하면 진단일은 진단기준일 이후의 날이 되므로 진단기준일 현재의 현금시재를 현실적으로 파악하기 어렵다. 따라서 회사가 계상한 현금시재 중에서 회사제시 자산총계의 2%까지의 현금을 실질자산으로 인정하고 있는 것이다.

사 례

B회사는 재무제표상 현금시재액이 1천만원이고 자산총계는 3억원(평정후 자산총계는 2.8억원)이며 부채총계는 5천만원(평정후 부채총계는 6천만원)이다. 회사가 실질자산으로 인정받을 수 있는 현금시재액은 얼마인가?

해설 회사제시자산총계의 2%까지를 실질자산으로 인정받게 된다. 따라서 6백만원까지의 현금시재는 인정된다. 즉 실질자산 6백만원, 부실자산 4백만원으로 처리하여야 한다.

2. 신설법인이 법인설립 등기일부터 30일 이내의 날을 진단하는 날로 하여 제시한 제예금은 부실자산으로 본다. 따라서 진단자는 법인설립등기(개인은 사업개시일) 이후 30일이 경과된 날을 진단일(= 진단보고서 발급일)로 하여야 한다.

사 례

E법인이 8월 2일에 설립등기를 한 후 국가유산수리업을 등록하고자 한다. 가장 빠르게 진단할 경우 진단기준일과 진단일은 언제인가?

해설 신설법인은 법인설립 등기일부터 30일 이내의 날을 진단하는 날로 할 수 없다. 따라서 진단기준일은 등록신청일 전일부터 역산하여 30일 이내의 날 중 하루를 정하여 진단기준일로 하고 9월 1일을 진단일로 하여 진단이 가능하다.

제18조(수익의 인식과 측정)

수익은 기업회계기준상의 손익계산서 작성기준 및 매출 총이익계산방식에 따라 계산하여야 한다. 다만, 공사수익측정에 있어서는 세법의 규정에 따라 계산된 수익을 기업회계기준에 따라 계산된 수익으로 인정할 수 있다.

해 설

수익과 비용은 기업회계기준에 따라 평가한다. 따라서 공사진행기준과 공사완성기준을 통하여 회사의 회계처리를 확인하고 재고자산의 계상여부와 수익과 비용의 올바른 인식에 대한 검토가 이루어져야 한다. 기업회계기준에서는 진행기준을 원칙으로 하고 있으나 중소기업회계처리특례에 의거하여 1년 내의 기간에 완료되는 용역매출 및 건설형 공사계약에 대하여는 용역제공을 완료하였거나 공사 등을 완성한 날에 수익으로 인식할 수 있으므로 진단시 주의를 요하여야 한다. 또한 세법의 경우 중소기업의 단기 공사인 경우에 인도기준(완성기준)이 가능하다.

구 분	원칙	예 외
단기건설(1년미만)	진행기준	(기업회계) 비상장중소기업은 인도기준 또는 완성기준 가능 (세법) 중소기업은 인도기준 또는 완성기준 가능
장기건설(1년이상)		진행기준

제19조(자산의 평가 등)

① 제예금은 진단을 받는 자의 명의(법인인 경우에는 법인명의)로 된 계좌에 대하여 진단기준일 전일부터 역산하여 30일 동안의 은행거래실적 평균잔액을 예금액으로 평가한다. 다만, 예금증서 또는 은행거래실적증명서를 제시하지 못하거나, 그 예금이 일시적으로 조달된 것으로써 출처가 불분명한 경우와 제예금 중 진단기준일부터 진단시까지 지출 원인이 분명하지 않은 인출 금액은 부실자산으로 평가한다.

해 설

1. 예금의 명의자

   예금은 진단자 명의로 된 예금만을 말한다. 따라서 법인인 경우 법인명의로된 예금(통장)만을 개인사업자인 경우 개인사업자로 된 예금(통장)만을 인정하게 된다. 다만 신설법인인 경우에는 신청하는 날의 전날부터 역산하여 30일 이내이고 설립등기일에는 법인의 예금통장이 존재하지 않으므로 주금납입당시의 발기인 대표자 예금통장의 주금납입액을 인정받을 수 있다. 이 경우 발기인 통장의 주금납입액은 법인의 사업자등록증이 발급되어 법인명의의 통장이 개설되는 경우에 이체되어야 한다.

2. 예금의 평가

1) 예금의 확인기간

진단기준일 현재 진단을 받는 자 명의의 금융기관 예금잔액증명과 진단기준일 전 30일을 포함한 진단일까지의 은행거래실적. 따라서 진단자는 수진업체의 통장거래내역을 최소한 32일 이상 확인하여야 한다.

2) 예금의 평잔기간

예금의 평잔은 진단기준일 전일부터 역산하여 30일 동안의 은행거래 실적평균잔액을 예금액으로 평가하도록 하고 있다. 따라서 진단자는 진단일(= 진단서 발급일)전일로부터 소급하여 30일을 평잔하는 오류를 범하지 않도록 주의하여야 한다. 또한 진단기준일 현재 재무제표상 예금잔액과 예금 30일 평잔금액을 비교하여 평잔금액이 예금잔액을 초과하는 경우에는 통상적으로 예금잔액으로만 인정하는 것이 통설이다.

사 례

C법인이 국가유산수리업을 등록하고자 8월 31일로 결산재무제표를 작성하였다. 이 경우 법인이 9월 25일까지 국가유산수리업을 등록신청하고자 하는 경우 예금 평잔기간을 제시하시오.

해설 진단을 받는 자의 명의(법인인 경우 법인 명의)로 된 계좌에 대하여 진단기준일 전일부터 역산하여 30일 동안의 은행거래 실적평균잔액을 기준으로 하도록 되어 있으므로 8월 1일부터 8월 30일까지 30일간의 예금평균잔액으로 한다. 다만 예금 평균잔액이 8월31일 재무제표상 예금잔액을 초과하는 경우에는 재무제표상 예금잔액으로 하는 것이 일반적이다. 왜냐하면 예금의 임의 평가증이 이루어질 수 있어 이를 방지하고자 함이 그 취지이다.

② 매출채권 등의 평가는 다음 각 호의 방법에 의하여 평가한다.

1. 장·단기 매출채권 및 장단기 미수금 등의 채권은 거래처의 채무증명에 의하되 세금계산서를 확인하여야 한다. 다만, 법인세법에서 정한 대손충당금 설정한도액에 미달하는 경우에는 설정한도 미달액을 차감하여 평가한다.
2. 매출채권 등에 있어서 발생일로부터 1년 이상 경과한 매출채권 등은 부실자산으로 평가한다. 다만, 그 채무자가 국가, 지방자치단체, 「공공기관의 운영에 관한 법률」 제4조에 따라 공공기관으로 지정된 기관인 경우에는 그러하지 아니한다.

해 설

1. 매출채권 등의 구분

매출채권 보유기간	대상 사업	실질 여부
1년 이하	진단대상사업	실질자산
	진단대상사업 외	겸업자산
1년 경과	진단대상사업	부실자산
	진단대상사업 외	부실자산

2. 1년 경과 시에도 실질자산으로 인정되는 매출채권
   국가, 지방자치단체 또는 공공기관에 대한 받을채권

3. 대손충당금 설정
   1년 이내의 매출채권이나 미수금은 반드시 대손충당금을 설정하여야 하며, 회사가 객관적으로 산정한 대손추정률을 알 수 없거나 존재하지 않는 경우에는 세법상 대손충당금 한도액인 대손실적율과 1% 중 큰 금액을 설정한다. 특히 발생일로부터 1년이 경과된 채권은 부실자산이므로 대손충당금을 설정하는 것이 아니라 부실자산으로 평정해야 함에 유의하여야 한다.

사 례

D법인의 진단기준일 현재 매출채권 잔액이 2억원이고 1년이 경과된 채권이 2천만원으로 확인되며 회사가 객관적으로 설정한 대손추정률은 존재하지 않는 경우 평정사항을 제시하시오.

해설 1) 부실자산: 2천만원(= 매출채권 중 1년 경과분)
2) 대손충당금: 1,800,000원(= 1.8억원 × 1%)

③ 가지급금은 급여선급인 경우에만 당해 임직원의 1월급여액 범위 내에서 인정하고 이를 초과하는 금액에 대하여는 부실자산으로 평가한다.

해 설

가지급금(= 주임종단기대여금)은 부실자산으로 본다. 다만, 임직원에 대한 1월 이내의 급여액은 실질자산으로 인정하고 있다. 따라서 대부분의 가지급금 성격의 지출은 모두 부실자산으로 처리하여야 한다.

④ 장단기대여금은 전액 겸업자산으로 평가한다. 다만, 종업원에 대한 주택자금과 우리사주조합에 대여한 것은 제외한다.

해 설

주택자금 대여액은 종업원에 대한 것만 인정되고 임원이나 대표자에 대한 대여금은 인정하지 않는다.

장단기대여금	실질 여부
원 칙	겸업자산
종업원 주택자금 대여액	실질자산
우리사주조합 대여액	실질자산

⑤ 공사용 전도자금에 대하여는 당해 현장책임자 등의 예금잔액증명분에 의하여 인정하고 예금잔액증명서로 확인할 수 없는 금액은 제17조 제2호의 규정에 의하여 부실자산으로 평가한다.
⑥ 유가증권은 다음 각 호의 방법에 의하여 평가한다.
1. 유가증권의 평가는 취득원가로 평가함을 원칙으로 한다. 다만, 증권거래소에 상장되어 있는 주식으로서 시가가 취득원가보다 금액이 낮은 것은 시가로 평가한다.
2. 국채, 공채, 사채 및 기타의 채권으로서 취득가액과 액면가액이 다른 것은 그 차액을 상환기간에 걸쳐 매기 당해 진단을 받는 자가 채택하고 있는 방법으로 재차 가감한 가액으로 평가한다.
3. 국가유산수리협회(공제조합)과 신용보증기관에 대한 출자금(출자를 위하여 예치한 출자금액을 포함한다)은 기준일 현재의 지분평가액(출자를 위하여 예치한 출자예정금액은 그 전액)을 국가유산수리업등의 실질자산으로 인정한다. 다만, 출자금이 압류되어 있는 경우에는 그 압류금액을, 출자금을 담보로 대부를 받은 경우에는 그 대부금액을 차감하여 평가한다.
4. 잉여금의 자본전입에 의한 주식의 취득은 자산의 증가로 보지 아니한다.
5. 국가유산수리업등과 관련이 없는 투자자산은 겸업자산으로 본다.

해 설

1. 유가증권(지분증권)

분 류	요건	재무상태표 표시	
단기매매증권	단기 매매차익 목적, 빈번한 매매	유동자산	
매도가능증권	단기매매증권, 지분법적용투자주식 외 지분증권	1년 이내 처분	유동자산
		이외의 경우	투자자산
지분법적용 투자주식	중대한 영향력 행사(20%이상 지분보유)	투자자산	

2. 유가증권(채무증권)

분 류	요건	재무상태표 표시	
단기매매증권	단기 매매차익 목적, 빈번한 매매	유동자산	
매도가능증권	단기매매증권, 지분법적용투자주식 외 채무증권	1년 이내 만기	유동자산
		이외의 경우	투자자산
만기보유증권	상환금액의 확정가능, 만기까지 보유의도,능력	1년 이내 만기	유동자산
		1년 후 만기	투자자산

3. 유가증권 평가
1) 지분증권
(1) 원칙: 원가법
(2) 상장주식: 저가법
2) 채무증권
유효이자율법

4. 공제조합 출자금

진단기준일 현재 시가로 평가하여 자산에 반영하고 평가이익은 기업회계기준에 의하여 기타포괄손익누계액에 반영하는 것이 타당하다.

(차변) 출자금	○○○	(대변) 기타포괄손익누계액	○○○

사 례

상황1) E법인의 재무제표상 공제조합 출자금이 20,000,000원이고 진단기준일 현재 좌당 평가액이 628,000원이고 출자좌수가 32좌인 경우 평정사항을 반영하시오.

상황2) 수진업체인 E법인이 융자금(16,000,000원)을 재무제표에 반영하지 않은 경우 평정사항을 반영하시오.

해설 상황1) 1) 진단기준일 현재 평가액: 20,096,000원
2) 재무제표상 출자금: 20,000,000원
3) 평가증액: 96,000원
따라서 진단 시 96,000원을 평정에 반영하여야 하며 이 경우 실질자본인 평정액만큼 증가하게 된다.

상황2) 융자금이 재무제표에 제외된 것이 융자금 확인서로 확인되는 경우에는 평정사항을 반영할 때 16,000,000원을 부채의 증가로 반영하여 진단하여야 한다. 이 경우 부채의 증가액만큼 실질자본은 감소하게 된다.

⑦ 재고자산은 다음 각 호의 방법에 의하여 평가한다.
1. 재고자산은 국가유산수리업등을 위한 자산만을 인정하되, 구입증빙서류 및 재고자산수불장표를 대조·확인하여 평가한다.
2. 재고자산이 자산총액의 100분의 10을 초과하는 경우에는 그 금액을 판매용 자산으로 간주하여 겸업자산으로 본다.

해 설

재고자산은 국가유산수리업용 자산만을 인정하되, 자산총액의 10%를 초과하는 재고자산은 겸업자산으로 보아 국가유산수리업용 실질자본 계산 시 차감하여야 한다.

사 례

F법인의 자산총계는 4억원이고 부채총계는 1억원이며 국가유산수리업용 재고자산을 6천만원을 보유하고 있다. 이 경우 실질자산으로 인정받을 수 있는 재고자산은 얼마인가?

해설 기존법인이라 하더라도 재고자산을 자산총계의 10%를 초과하여 보유하는 경우에는 판매용 자산으로 보아 겸업자산으로 보도록 하고 있다. 따라서 국가유산수리업용 재고자산 중 실질자산으로 인정받을 수 있는 금액은 4천만원이고, 나머지 2천만원은 비록 국가유산수리업과 관련되어 있다 하더라도 판매용 자산으로 보아 겸업자산으로 분류된다.

⑧ 토지 및 건물은 취득가액으로 평가함을 원칙으로 한다. 다만, 자산재평가법에 따라 자산을 재평가한 경우에는 그 평가액으로 한다.

해 설

유형자산은 소유권, 자산의 실재성 및 진단대상사업에 대한 관련성을 종합하여 평가하며, 등기 또는 등록대상인 자산으로서 법적 및 실질적 소유권이 없는 경우에는 부실자산으로 본다. 특히, 토지와 건물의 등기부등본을 통하여 부외부채에 대한 평가를 하여야 한다. 따라서 기업진단시 법적 소유권과 실질적 소유권의 구분이 필요한 사항이 발생하는 경우에는 사실판단에 의하되, 실질적 소유권을 우선적으로 적용하여야 할 것으로 사료된다.

1. 유형자산 평가모형

유형자산은 기업회계기준에 따라 취득원가모형이나 재평가모형 중에서 진단을 받는 자가 회계장부에 반영한 방식으로 평가한다. 일반적으로 재무제표는 취득원가모형을 근거로 작성되고 있어 재평가모형을 적용해야 하는 경우에는 회계장부에 반영된 사항만을 기준으로 기업진단 업무를 수행하여야 한다.

2. 감가상각

유형자산의 감가상각은 법인세법에 의한다. 다만, 진단을 받는 자의 회계장부상 감가상각누계액이 클 경우에는 그 금액으로 한다. 따라서 진단자는 진단대상사업연도를 기준으로 감가상각을 수행하면 되며, 일반적으로 진단기준일로부터 소급하여 1년을 기준으로 상각한다.

(가) 법인세법상 감가상각자산의 범위(법인세법 시행령 제24조 제1항)

가) 유형고정자산

㉠ 건물(부속설비를 포함) 및 구축물
㉡ 차량 및 운반구, 공구, 기구 및 비품
㉢ 선박 및 항공기
㉣ 기계 및 장치
㉤ 동물 및 식물
㉥ 기타 가목 내지 마목의 자산과 유사한 유형고정자산

(나) 법인세법상 내용연수

법인세법 시행규칙 별표 5에서 규정된 건축물 등의 기준내용연수는 다음과 같다.

구분	기준내용연수 및 내용연수범위(하한-상한)	구조 또는 자산명
1	5년 (4년~6년)	차량 및 운반구(운수업, 기계장비 및 소비용품 임대업에 사용되는 차량 및 운반구를 제외), 공구, 기구 및 비품
2	12년 (9년~15년)	선박 및 항공기(어업, 운수업, 기계장비 및 소비용품 임대업에 사용되는 선박 및 항공기를 제외)
3[15]	20년 (15년~25년)	연와조, 블록조, 콘크리트조, 토조, 토벽조, 목조, 목골모르타르조, 기타 조의 모든 건물(부속설비를 포함)과 구축물[16]

구분	기준내용연수 및 내용연수범위(하한-상한)	구조 또는 자산명
4	40년 (30년~50년)	철골·철근콘크리트조, 철근콘크리트조, 석조, 연와석조, 철골조의 모든 건물(부속설비를 포함한다)과 구축물

⑨ 적정하게 계상된 선급제세와 제세결정기관이 환급 통보한 세액은 자산으로 인정하되 그 외의 제세는 부실자산으로 평가한다.

해 설

조세채권의 경우 선급제세(부가세 대급급 등)와 환급이 확정된 부분(국세환급금 등)은 실질자산으로 인정하고 그 외에는 부실자산으로 본다. 예를 들어 선납세금 등은 부실자산에 해당하고 부가세대급금이나 국세환급금은 실질자산에 해당한다.

⑩ 무형자산은 당해자산의 취득을 위하여 소요된 가액에서 감가상각 상당액을 차감한 금액으로 평가한다.

해 설

무형자산은 사용수익기부자산을 제외하고는 모두 부실자산으로 본다. 따라서 실제 사용수익기부자산 이외의 무형자산의 평가규정은 진단시에 불필요하다.

---

15) 1. 구분 3과 구분 4를 적용함에 있어서 부속설비에는 당해 건물과 관련된 전기설비, 급배수·위생설비, 가스설비, 냉방·난방·통풍 및 보일러설비, 승강기설비 등 모든 부속설비를 포함하고, 구축물에는 하수도, 굴뚝, 경륜장, 포장도로, 교량, 도크, 방벽, 철탑, 터널 기타 토지에 정착한 모든 토목설비나 공작물을 포함한다. 다만, 부속설비를 건축물과 구분하여 업종별 자산으로 회계처리하는 경우에는 별표 6을 적용할 수 있다.

2. 구분 3과 구분 4를 적용함에 있어서 건물중 변전소, 발전소, 공장, 창고, 정거장·정류장·차고용 건물, 폐수 및 폐기물처리용 건물, 유통산업발전법시행령에 의한 대형점용 건물(당해 건물의 지상층에 주차장이 있는 경우에 한한다), 국제회의산업육성에관한법률에 의한 국제회의시설 및 무역거래기반조성에 관한법률에 의한 무역거래기반시설(별도의 건물인 무역연수원을 제외한다), 축사, 구축물 중 하수도, 굴뚝, 경륜장, 포장도로와 폐수 및 폐기물처리용 구축물과 기타 진동이 심하거나 부식성 물질에 심하게 노출된 것은 기준내용연수를 각각 10년, 20년으로 하고, 내용연수범위를 각각(8년~12년), (15년~25년)으로 하여 신고내용연수를 선택적용할 수 있다.

16) 건물(부속설비를 포함한다) 및 구축물이 기준내용연수 및 내용연수범위가 서로 다른 2 이상의 복합구조로 구성되어 있는 경우에는 주된 구조에 의한 기준내용연수 및 내용연수범위를 적용한다.

⑪ 보증금은 다음 각 호와 같이 평가한다.
1. 임차보증금은 임대차계약서 및 임대인이 발행한 영수증 등 증빙에 의하여 확인하되, 그 금액이 시가보다 현저히 과다할 경우에는 진단시의 시가에 의하여 이를 평가한다.
2. 계약보증금과 하자보수보증금은 그 보증기간이 만료되지 아니한 것에 한하여 자산으로 인정한다.
3. 차액보증금과 하자보수보증금은 그 보증기간이 만료되지 아니하였거나 공사 준공 후에 공사의 불이행이나 하자의 사유가 없이 보관기관이 보관하고 있음을 증명한 때에는 자산으로 인정한다.
4. 영업보증금은 보증기간이 만료되지 아니한 것과 보증기간 만료 후라도 보증기관이 보관하고 있음을 증명한 경우에 한하여 인정한다.

참 고 **보증금 진단시 유의사항**

1. 사무실보증금
중소건설업자의 경우 월세에 부가되는 임차보증금이 대부분이므로 임차보증금이 과대계상된 경우에는 부실의 징후가 있다고 보아 진단자는 주의를 기울려야 한다. 등록관청에서는 이에 대하여 "가공" 계상의 징후가 있다고 보아 검토에 신중(특별감리 등을 통하여)을 기하고 있다.

2. 기타 보증금
특수관계인 기타 사업자 등으로부터 각종 중장비, 승용차 등을 임차한 것으로 하여 거액의 보증금을 계상하는 행위도 부실자산으로 본다. 다만 정상적인 리스회사를 통한 경우의 리스보증금은 인정된다.

제20조(부채의 평가 등)

① 부채의 발생사유를 충분히 검토하고 자산 및 자본과 비교하고 관련시켜서 부외부채의 유무를 면밀히 검토하여 총 부채를 평가하여야 한다.
② 외화부채는 기준일 현재의 대고객전신환매도율에 의한 환율로 평가한다.
③ 감가상각 및 퇴직급여충당금의 계산은 다음 각 호의 방법에 의한다.
1. 감가상각 또는 퇴직급여충당금은 법인세법에 정한 바에 의하여 계상된 금액을 인정한다. 다만, 동 설정범위를 초과하여 충당한 경우에는 그 설정액을 그대로 인정한다.
2. 진단기준일이 사업전년도중인 때에는 진단기준일로부터 소급하여 1년을 대상으로 제1항의 규정을 적용한다.

제21조(실질자본금의 평가 등)

① 실질자본금은 실질자산에서 비업무용 자산 및 실질부채를 공제한 것으로 한다. 다만, 겸업의 경우에는 겸업자본을 추가로 공제하며, 겸업자본이 겸업기준 자본금에 미달할 때에는 그 기준 자본금을 공제한다.

② 겸업자본의 평가는 다음 각 호의 방법에 의한다.
1. 겸업자본은 겸업자산에서 겸업부채를 차감한 금액으로 한다.
2. 국가유산수리업등과 국가유산수리업등 이외의 사업을 구분 계리하는 자의 겸업자산과 겸업부채는 구분계리에 의한 국가유산수리업등 이외의 사업과 관련된 자산과 부채를 말한다.
3. 국가유산수리업등과 국가유산수리업등 이외의 사업을 구분 계리하지 않은 자의 겸업자산과 겸업부채는 자산총계와 부채총계에 겸업비율을 적용하여 계산한다. 다만, 겸업비율은 다음 각 목 중 1을 선택하여 적용한다.
   가. 국가유산수리업등의 수입금액과 겸업사업의 수입금액 비율
   나. 국가유산수리업등의 유형자산과 겸업사업의 유형자산 금액 비율
   다. 국가유산수리업등 이외의 사업이 다른 법령 등에 기준자본금이 정하여진 경우에는 기준자본금의 비율

해 설

1. 실질자본(금)과의 관계

기업진단시 실질자본(금)은 다음과 같이 판단한다.

1단계: 등기부등본상 납입자본금(개인은 순자산가액)이 등록기준상 자본금기준을 충족하고 있는가?
2단계: 결산재무제표상 자본총계가 등록기준상 자본금기준을 충족하고 있는가?
3단계: 진단 후 진단대상사업의 실질자본(금)이 등록기준상 자본금기준을 충족하고 있는가?

2. 실질자본 계산구조

회사제시 자산	-	회사제시 부채	=	회사제시 자본
±) 수 정 사 항		±) 수 정 사 항		±) 수 정 사 항
-) 부 실 자 산		+) 부 외 부 채		±) 부실자산, 부외부채
실 질 자 산	-	실 질 부 채	=	실 질 자 본
겸 업 자 산	-	겸 업 부 채	=	겸 업 자 본
진단대상사업 실 질 자 산	-	진단대상사업 실 질 부 채	=	진단대상사업 실질자본

3. 겸업자본의 평가

겸업자본은 겸업자산에서 겸업부채를 차감한 잔액을 말한다. 따라서 겸업자산과 겸업부채는 실질자산(실질부채)에 해당하지만 진단대상사업의 실질자산(실질부채)에는 해당하지 않는다. 따라서 실질자산(실질부채 포함) 중에서 겸업자산(겸업부채 포함)을 분류할 때에는 다음과 같이 확인하여야 한다.

1단계: 겸업자산으로 열거된 자산 및 그와 관련된 부채를 구분할 것

2단계: 구분경리 유무를 확인 할 것. 따라서 구분경리가 되어 있는 경우에는 국가유산수리업등 부문만을 기준으로 실질자본을 확인하면 된다.

3단계: 구분경리가 되어 있지 않는 경우 수입금액비율, 유형자산비율, 기준자본금 비율 중 선택하여 안분한다.

사 례

제조업(기준자본금 없음)과 국가유산수리업(기준자본금: 2억원)을 영위하는 (주)K문화에 대한 재무상태 및 경영성과에 대한 기업진단(실태조사 목적)을 수행하고 있다. 다음 자료를 이용하여 국가유산수리업의 실질자본금을 구하시오.

<table>
<tr><td>실질자산 10억원
실질부채 4억원</td><td rowspan="3">〈총매출액 20억원〉
• 제조업 매출액 10억원
• 국가유산수리업 매출액 10억원</td></tr>
<tr><td>겸업자산 2억원
겸업부채 1억원</td></tr>
<tr><td>공통자산 4억원
공통부채 2억원</td></tr>
</table>

해설 수입금액 비율이 50% 이므로 공통자산 중 2억원, 공통부채 중 1억원이 겸업에 해당한다. 따라서 진단대상사업의 실질자본은 다음과 같다.
실질자본 6억원 - 겸업자본 1억원 - 공통자본 중 겸업자본(50%) 1억원 = 4억원이 된다.
따라서 (주)K문화는 실질자본금(2억원 이상) 요건을 충족하게 된다.

제22조(진단보고)

① 진단자는 진단보고를 별지 제3호 서식에 의하되, 소속협회(한국공인회계사회, 한국세무사회, 한국경영기술지도사회, 한국건설경영진단협회)의 확인을 받아야 한다.
② 소속협회장은 제1항의 규정에 의하여 확인하는 기업진단보고서가 이 고시에 의거 작성되고 평가되었는지를 검토하여야 하며, 진단 내용이 이 고시에 위반하여 평가되었거나 허위로 작성한 사실이 있을 때에는 이를 즉시 반려하여야 한다.

제23조(진단서류의 보존 등)

① 진단자는 진단 서류 등을 5년 이상 보존하여야 하며, 국가유산청장이나 시·도지사의 요구가 있을 때에는 제출하여야 한다.
② 전항의 규정에 따라 진단 서류 등을 제출받은 자는 진단자에 대하여 진단내용을 소명하게 하거나, 제22조 제1항의 소속협회 기업진단감리위원회에 감리를 요청할 수 있다.

제 4 장 국가유산수리업등의 변경신고

제24조(처리기관)

법 제14조 제2항에 따른 국가유산수리업자 등이 제출한 변경신고서는 주된 영업소가 소재한 시·도지사가 처리한다.

제25조(변경신고서의 처리방법)

규칙 제8조에 따른 변경신고서의 처리방법은 다음 각호와 같다.

1. 시·도지사는 국가유산수리업등의 등록사항 변경신고서류를 확인하고, 국가유산수리업 등의 등록증 및 등록수첩에 변경사항을 기재하고 신청인에게 교부하여야 한다.
2. 신청인의 주된 영업소소재지 변경으로 처리기관이 달라지는 경우 변경신고 서류의 처리기관은 변경후 주된 영업소소재지를 관할하는 시·도지사로 한다. 다만, 30일 이내에 2회 이상 변경사항이 발생하여 관할구역이 달라지는 경우에는 최초 변경전 소재지 관할 시·도지사에 일괄하여 신청할 수 있다.
3. 위 2호의 경우 변경후 주된 영업소 소재지를 관할하는 시·도지사는 최근 1년 이내 영업소소재지를 3회 이상 이전한 업체에 대하여 필요시 사무실 구비여부 등에 대한 실제 확인을 할 수 있다.
4. 위 2호의 경우 변경전 주된 영업소소재지를 관할하는 시·도지사는 변경신고에 필요한 국가유산수리업등의 등록대장을 새로운 영업소의 소재지를 관할하는 시·도지사에게 2일 이내에 이송하여야 한다.

제26조(기존 국가유산수리업 등에 대한 처리)

① 삭제
② 삭제
③ 삭제

제 5 장 국가유산수리업등의 양도, 합병, 상속, 폐업신고

제27조(처리기관)

법 제14조 제4항, 제17조, 제20조, 제23조의 규정에 따른 국가유산수리업자 등이 제출한 양도, 합병, 상속, 폐업신고서는 주된 영업소 소재지를 관할하는 시·도지사가 처리한다.

제28조(처리방법)

① 국가유산수리업등의 양도, 합병 또는 상속신고서를 접수받아 심사하는 시·도지사는 양수인, 피합병법인, 피상속인에 대하여 국가유산수리업등의 등록요건에 적합한지 여부를 확인하여야 한다.

② 법 제17조 및 제20조의 규정에 의한 국가유산수리업의 양도. 합병 또는 상속에 의하여 당해 국가유산수리업등의 주된 영업소 소재지가 변경되는 경우, 시·도지사는 신고수리를 한 후 국가유산수리업등의 등록증 및 등록수첩에 기재사항을 변경 기재하고, 관련서류 일체를 양도, 합병 또는 상속 후 존속하는 법인을 관할하는 시·도지사에게 이송하고, 이송 받은 시·도지사는 필요시 법 제17조 및 제20조와 영 제12조에 따른 등록요건 적격여부의 확인을 할 수 있다.

③ 국가유산수리업자 등의 법인간 합병의 경우에는 법 제17조 제1항 제2호 및 규칙 제12조에 의한 합병신고 대상으로 보지 아니하고, 국가유산수리업등의 변경신고 절차를 준용하여 처리한다.

④ 법 제17조 및 규칙 제11조 제6항 각 호에 의한 양도로서 국가유산수리업 영위기간 및 국가유산수리 금액실적을 합산할 경우에는 양도계약서에 관련 사항을 명시하고 증빙서류를 첨부하여야 한다. 이 경우 국가유산실측설계업 또는 국가유산감리업을 양도 하려는 경우에도 준용한다.

⑤ 법 제49조의 규정에 의한 영업정지, 등록말소 등이 객관적으로 명백히 예상되는 경우로서, 동 행정처분을 하기 전에 국가유산수리업자가 양도신고, 합병신고를 하는 경우에 다음 각호와 같이 처리한다.

1. 국가유산수리업등의 양도
   가. 국가유산수리업등 양도신고 수리전에 사실 확인 및 청문 등 처분절차를 조속히 이행하고, 처분여부를 결정한 후 처리한다.
   나. 양도신고를 하고자 하는 업체가 가목의 절차에 따라 영업정지를 받는 경우에

는 법 제19조에 따라 처리한다.

다. 규칙 제11조 제6항 각 호에 의한 양도의 경우에는 양수인이 양도인의 지위를 포괄적으로 승계하므로 먼저 양도신고 수리 후 양수인에 대해서 처분이 가능하다.

2. 국가유산수리업등의 합병

합병의 경우 존속법인이 소멸법인의 권리의무를 포괄적으로 승계하므로 먼저 합병신고 수리 후 존속법인에 대해 처분이 가능하다.

제29조(폐업신고의 처리방법)

① 시·도지사는 규칙 제11조에 따른 폐업신고서를 제출받은 경우 그 등록을 말소하고, 그 사실을 법 제14조 제4항에 따라 국가유산청장에게 통보하여야 한다.

② 법 제49조의 규정에 의한 영업정지, 등록취소 등이 객관적으로 명백히 예상되는 경우로서, 동 행정처분을 하기 전에 국가유산수리업체가 국가유산수리업등록의 폐업신고를 하는 경우의 처리방법은 다음 각호와 같다.

1. 폐업수리 조치 전에 위법행위에 대한 사실확인 및 청문 등 처분절차를 조속히 이행하고, 처분여부 결정후 처리한다.
2. 폐업신고하고자 하는 국가유산수리업자등이 "1호"의 절차에 따라 영업정지를 받은 경우에는 영업정지기간 중이라도 폐업신고 및 등록말소가 가능하다.
3. 폐업신고하고자 하는 국가유산수리업자 등이 "1호"의 절차에 따라 시정명령을 받는 경우에, 동 시정명령 기간 중에 폐업신고 불가
   - 시정명령에 불응하는 경우 영업정지 처분으로 이어지므로 영업정지처분을 받은 후에 폐업 가능

제 6 장 국가유산수리기술자의 현장배치 등

제30조(국가유산수리기술자 현장배치 확인표의 처리방법 등)

규칙 제17조에 따른 현장배치 확인표의 처리방법은 다음 각호와 같다.

1. 국가유산수리업자는 국가유산수리 현장에 국가유산수리기술자를 배치하고자 할 때에는 국가유산수리 착수 전에국가유산수리기술자로 하여금 발주자에게 현장배치확인표(시행규칙 별지 제23호 서식)를 2부 제출하여 확인을 받도록 하여야 한

다. 단 1명의 국가유산수리기술자를 둘 이상의 국가유산수리현장에 배치할 때에는 각각의 발주자에게 확인을 받아야 한다. 그리고, 각각의 발주자에게 확인 받은 현장배치확인표의 사본을 착공서류와 함께 발주자에게 제출하여야 한다.

2. 발주자는 국가유산수리의 품질 및 안전에 지장을 주지 아니하는 범위 내에서 특별한 사유가 없는 경우에 현장배치확인표의 확인란에 담당원의 서명 또는 날인 후 현장배치확인표 1부를 국가유산수리술자에게 교부한다.
3. 국가유산수리업자는 국가유산수리를 할 때에는 발주자에게 확인 받은 국가유산수리기술자를 착수와 동시에 수리현장에 배치하여야 한다.
4. 국가유산수리기술자가 국가유산수리 현장에 배치된 경우에는 항상 현장배치확인표를 현장에 비치하여야 하고, 국가유산수리와 관련하여 관계인으로부터 제시요구가 있는 경우에는 이를 제시하여야 한다.

제7장 보 칙

제31조(재검토기한)

「훈령·예규 등의 발령 및 관리에 관한 규정」(대통령훈령 제248호)에 따라 이 규정 발령후의 법령이나 현실여건의 변화 등을 검토하여 이 규정의 폐지, 개정 등의 조치를 하여야 하는 기한은 2016년 8월 2일까지로 한다.

부 칙 〈제2011-54호, 2011.2.1〉

① (시행일)이 지침은 2011년 2월 5일부터 시행한다.

부 칙 〈제2011-110호, 2011.6.27〉

① (시행일) 이 규정은 고시한 날부터 시행한다.

부 칙 〈제2012-87호, 2012.7.30〉

① (시행일) 이 지침은 고시한 날부터 시행한다.

부 칙 〈제2013-76호, 2013.8.2〉

① (시행일) 이 지침은 고시한 날부터 시행한다.

부 칙 〈제2014-32호, 2014.3.28〉

① (시행일) 이 지침은 고시한 날부터 시행한다.

부 칙 〈제2016-61호, 2016.8.16〉

① (시행일) 이 지침은 고시한 날부터 시행한다.

부 칙 〈제2024-75호, 2024.3.19〉

① (시행일) 이 지침은 2024년 5월 17일부터 시행한다.

[별지 제3호서식]

기 업 진 단 보 고 서

진단구분	1. 등 록	2. 양 수	3. 합 병	4. 기타
국가유산수리업등의 종류		등 록 번 호		
상 호				
대 표 자		전 화 번 호		
영 업 소 소 재 지				
신 청 자 제 시 자 본 금 액(a-b)		자 산 총 액 (a)	부채총액(b)	
진단결과 내역(진단기준일:)				

과 목	금 액	과 목	금 액	진단의견
유 동 자 산		유 동 부 채		
비 유 동 자 산		비 유 동 부 채		
자 산 총 계 (Ⅰ)		부 채 총 계 (Ⅱ)		
부 실 자 산 (Ⅳ)		자 본 금		
실 질 자 산 (Ⅴ) (Ⅰ - Ⅳ)		자 본 잉 여 금		
비 업 무 용 자 산 (Ⅵ)		이익잉여금·결손금		
실 질 자 본 (Ⅶ) (Ⅴ - Ⅵ - Ⅱ)		자 본 조 정		
		기타포괄손익누계액		
		자 본 총 계 (Ⅲ)		
겸 업 자 본 (Ⅷ) (c - d)		겸 업 자 산 (c)		
		겸 업 부 채 (d)		
국가유산수리업등의 실질자본금(Ⅶ - Ⅷ)				

「국가유산수리업등 관리지침」에 의거 신청인의 실질자본금을 위와 같이 진단하였음을 확인합니다.

년 월 일

(진단자) 공인회계사(세무사, 재무관리경영지도사)
등록(인가)번호 제 호 인
소재지(전화번호):
사업자등록번호:
회계법인(세무법인, 지정진단기관) 인
담당공인회계사(담당세무사, 담당재무관리경영지도사): 등록(인가)번호 제 호 인
소재지(전화번호):

(확 인) 한국공인회계사회장(한국세무사회장, 한국경영기술지도사회장, 한국건설경영진단협회장): 인
소재지(전화번호):

첨부: 기업진단 내역서 1부

시·도지사 귀하

기 업 진 단 내 역 서

업체명 (단위: 원)

<table>
<tr><th rowspan="2">과 목</th><th rowspan="2">회사제시금액</th><th colspan="2">평 정</th><th rowspan="2">평정후금액</th><th rowspan="2">평정내역</th></tr>
<tr><th>차 변</th><th>대 변</th></tr>
<tr><td>1. 유동자산
(1) 당좌자산
(2) 재고자산
(겸업유동자산)
2. 비유동자산
(1) 투자자산
(2) 유형자산
(3) 무형자산
(4) 기타비유동자산</td><td></td><td></td><td></td><td></td><td></td></tr>
<tr><td>자 산 총 계
(겸 업 자 산)</td><td></td><td></td><td></td><td></td><td></td></tr>
<tr><td>1. 유동부채
2. 비유동부채
(겸업비유동부채)</td><td></td><td></td><td></td><td></td><td></td></tr>
<tr><td>부 채 총 계
(겸 업 부 채)</td><td></td><td></td><td></td><td></td><td></td></tr>
<tr><td>1. 자 본 금
2. 자본잉여금
3. 자본조정
4. 기타포괄손익누계액
5. 이익잉여금
(또는 결손금)
(겸 업 자 본)</td><td></td><td></td><td></td><td></td><td></td></tr>
<tr><td>자 본 총 계</td><td></td><td></td><td></td><td></td><td></td></tr>
<tr><td>부채와 자본총계</td><td></td><td></td><td></td><td></td><td></td></tr>
<tr><td colspan="3">※ 겸업자산 및 겸업부채의 산정내역</td><td></td><td colspan="2"></td></tr>
</table>

※ 세부계정과목은 기업회계기준서의 유동성 배열순서에 의해 기재함

CHAPTER 04

국가유산수리업 등 기업진단 사례

| 진단회사자료 |

(주)A문화재는 현재 건설산업기본법에 의한 기계가스설비공사업, 상하수도설비공사업과 전기공사업법에 의한 전기공사업을 영위하는 회사이다. 사업확장 및 수익확대를 위해 국가유산수리업등에 관한 법률에 의한 보수단청업을 신규신청하기 위해 기업진단을 의뢰하였다.

- 회사가 보유한 업종별 기준자본금
  - 기계가스설비공사업: ₩150,000,000
  - 상하수도설비공사업: ₩150,000,000
  - 전기공사업: ₩150,000,000

| 진단관련 추가정보 |

① 매출채권 중 진단기준일 현재 1년 이상 경과한 채권이 ₩275,000,000있다.
② 선급금은 지급사실이 불명확하다.
③ 매도가능증권은 공제조합 출자금으로 진단기준일 현재 ₩86,007,620이다.
④ 금융거래확인서를 확인한 결과 장부에 반영되지 않은 차입금 ₩60,000,000이 있다.
⑤ 위 이외의 자산은 적절하게 반영되어 있다고 가정한다.
⑥ 회사는 이사회결의를 통하여 신규사업 진출에 대한 동의를 구하고 신규사업용 자본금을 보유함.
⑦ 진단기준일: 2025.12.31.
⑧ 진단일: 2026.1.28.

1. 재무상태표

재 무 상 태 표

제 16 기 2025년 12월 31일 현재

제 15 기 2024년 12월 31일 현재

회사명 : (주)A문화재 (단위 : 원)

과 목	제 16(당)기		제 15(전)기	
	금 액		금 액	
자산				
Ⅰ. 유동자산		**4,751,597,800**		**4,659,123,280**
① 당좌자산		**4,751,597,800**		**4,659,123,280**
현금		18,726,128		18,726,128
보통예금		211,694,372		393,558,272
외상매출금	3,575,800,400		3,540,200,100	
대손충당금	25,400,000	3,550,400,400	32,250,100	3,507,950,000
미수금		16,840,100		46,230,000
매도가능증권		82,840,600		82,840,600
선급금		690,250,000		506,200,760
선급비용		3,650,000		21,800,320
가지급금		81,800,200		81,817,200
부가세대급금		95,370,500		
선납세금		25,500		
② 재고자산				
Ⅱ. 비유동자산		**1,432,364,093**		**1,521,829,289**
① 투자자산				
② 유형자산		**1,245,502,533**		**1,331,602,819**
토지		780,550,800		780,550,800
건물	320,040,100		320,040,100	
감가상각누계액	69,801,000	250,239,100	62,600,500	257,439,600
구축물	232,400,100		232,400,100	
감가상각누계액	162,000,000	70,400,100	125,660,400	106,739,700
기계장치	250,035,120		280,600,000	
감가상각누계액	140,055,120	109,980,000	140,055,120	140,544,880
공구와기구	114,000,000		114,000,000	
감가상각누계액	80,410,950	33,589,050	68,550,420	45,449,580
비품	1,090,909		1,090,909	
감가상각누계액	347,426	743,483	212,650	878,259
③ 무형자산		**30,900,860**		**34,265,770**
공업소유권		12,000,860		13,820,450
기타무형자산		18,900,000		20,445,320
④ 기타비유동자산		**155,960,700**		**155,960,700**
이연법인세자산		11,700,500		11,700,500
임차보증금		144,260,200		144,260,200

재 무 상 태 표

제 16 기 2025년 12월 31일 현재

제 15 기 2024년 12월 31일 현재

회사명 : (주)A문화재 (단위 : 원)

과 목	제 16(당)기		제 15(전)기	
	금 액		금 액	
자 산 총 계		6,183,961,893		6,180,952,569
부 채				
Ⅰ. 유 동 부 채		3,152,314,778		3,080,722,594
외 상 매 입 금		2,573,154,078		2,590,450,200
미 지 급 금		245,280,000		160,420,000
예 수 금		58,850,000		55,650,044
부 가 세 예 수 금		84,260,000		
선 수 금		5,000,000		
미 지 급 비 용		15,200,250		68,200,450
유 동 성 장 기 부 채		120,700,000		163,450,000
하 자 보 수 충 당 부 채		17,550,000		42,551,900
공 사 선 수 금		32,320,450		
Ⅱ. 비 유 동 부 채		779,160,450		743,921,030
장 기 차 입 금		480,800,000		480,800,000
퇴 직 급 여 충 당 부 채		71,790,400		36,550,980
장 기 공 사 선 수 금		221,570,050		221,570,050
장 기 보 증 금		5,000,000		5,000,000
부 채 총 계		3,931,475,228		3,824,643,624
자 본				
Ⅰ. 자 본 금		1,000,000,000		1,000,000,000
자 본 금		1,000,000,000		1,000,000,000
Ⅱ. 자 본 잉 여 금		67,000,000		67,000,000
주 식 발 행 초 과 금		67,000,000		67,000,000
Ⅲ. 자 본 조 정				
Ⅳ. 기 타 포 괄 손 익 누 계 액				
Ⅴ. 이 익 잉 여 금		1,185,486,665		1,289,308,945
미 처 분 이 익 잉 여 금		1,185,486,665		1,289,308,945
(당 기 순 손 실)				
당기 : 103,822,280				
전기 : -159,395,670				
자 본 총 계		2,252,486,665		2,356,308,945
부 채 와 자 본 총 계		6,183,961,893		6,180,952,569

2. 손익계산서

손 익 계 산 서

제 16 기 2025년 01월 01일부터 2025년 12월 31일까지

제 15 기 2024년 01월 01일부터 2024년 12월 31일까지

회사명 : (주)A문화재 (단위 : 원)

과 목	제 16(당)기		제 15(전)기	
	금 액		금 액	
Ⅰ. 매출액		**5,360,950,700**		**10,154,130,300**
공사수입금	5,360,950,700		10,154,130,300	
Ⅱ. 매출원가		**4,275,875,760**		**7,742,693,000**
도급공사매출원가		**4,275,875,760**		**7,742,693,000**
Ⅲ. 매출총이익		**1,085,074,940**		**2,411,437,300**
Ⅳ. 판매비와관리비		**1,166,175,320**		**2,091,592,700**
직원급여	584,004,000		585,600,270	
상여금			6,200,000	
잡급			12,990,880	
퇴직급여	37,160,500		77,600,800	
복리후생비	142,650,000		346,600,800	
여비교통비	30,955,000		56,860,540	
접대비	15,100,000		28,015,720	
통신비	7,521,000		17,400,910	
수도광열비	1,800,580		5,990,270	
세금과공과금	5,520,170		10,270,130	
감가상각비	51,800,120		179,850,300	
임차료	46,070,300		120,445,000	
수선비	2,070,000		14,000,000	
보험료	2,810,050		7,600,420	
차량유지비	28,000,450		96,292,600	
경상연구개발비	108,355,000		263,550,180	
운반비	905,000		3,055,230	
교육훈련비	7,090,000		84,000	
도서인쇄비	1,155,100		34,944,500	
사무용품비			728,000	
소모품비	11,239,050		28,245,500	
수수료비용	65,730,200		137,890,300	
광고선전비	13,288,000		49,416,000	
무형자산상각비	2,950,800		7,960,350	
Ⅴ. 영업손실		**81,100,380**		**-319,844,600**
Ⅵ. 영업외수익		**4,372,300**		**36,559,380**
이자수익	196,900		1,897,200	
대손충당금환입			10,460,860	
유형자산처분이익	3,560,400		360,550	

손 익 계 산 서

제 16 기 2025년 01월 01일부터 2025년 12월 31일까지

제 15 기 2024년 01월 01일부터 2024년 12월 31일까지

회사명 : (주)A문화재 (단위 : 원)

과 목	제 16(당)기		제 15(전)기	
	금 액		금 액	
잡 이 익	615,000		23,840,770	
Ⅶ. 영 업 외 비 용		**27,094,200**		**163,907,480**
이 자 비 용	20,662,080		45,370,000	
매 출 채 권 처 분 손 실	3,610,840		112,500,260	
유 형 자 산 처 분 손 실	2,810,080		6,032,520	
잡 손 실	11,200		4,700	
Ⅷ. 법 인 세 차 감 전 손 실		**103,822,280**		**-192,496,500**
Ⅸ. 법 인 세 등				**33,100,830**
법 인 세 등			33,100,830	
Ⅹ. 당 기 순 손 실		**103,822,280**		**-159,395,670**

상기 재무제표 및 제시된 상황을 근거로 하여 (주)A문화재를 진단하고 기업진단보고서를 작성하면 다음과 같다.

1. 재무상태표 탭

자산, 부채내역을 기재한다. 자산, 부채 내역은 재무상태표를 업로드해도 되고 또는 재무상태표를 초기화 한 후 각각 개별 입력해도 된다. 다만, 해당 위치에 계정과목별 금액이 정확하게 기재되어 있는지는 진단자가 반드시 확인하여야 한다.

계정과목	당기	전기
자산	0	0
I.유동자산	4,751,597,800	4,659,123,280
◎당좌자산	4,751,597,800	4,659,123,280
[10100] 현금	18,726,128	18,726,128
[10300] 보통예금	211,694,372	393,558,272
[10800] 외상매출금	3,575,800,400	3,540,200,100
[10900] 대손충당금	-25,400,000	-32,250,100
[12000] 미수금	16,840,100	46,230,000
[12300] 매도가능증권	82,840,600	82,840,600
[13100] 선급금	690,250,000	506,200,760
[13300] 선급비용	3,650,000	21,800,320
[13400] 가지급금	81,800,200	81,817,200
[13500] 부가세대급금	95,370,500	0
[13600] 선납세금	25,500	0
◎재고자산	0	0

2. 손익계산서 탭

수익, 비용 내역을 기재한다. 진단자는 손익계산서를 업로드 하거나 직접 입력이 가능하다. 역시 계정과목과 입력된 금액이 제대로 일치하는지 여부를 진단자는 반드시 확인하여야 한다.

계정과목	당기		전기	
I.매출액	0	5,360,950,700	0	10,154,130,300
[0407]공사수입금	5,360,950,700	0	10,154,130,300	0
II.매출원가	0	4,275,875,760	0	7,742,693,000
[0452]도급공사매출원가	0	4,275,875,760	0	7,742,693,000
III.매출총이익	0	1,085,074,940	0	2,411,437,300
IV.판매비와관리비	0	1,166,175,320	0	2,091,592,700
[0802]직원급여	584,004,000	0	585,600,270	0
[0803]상여금	0	0	6,200,000	0
[0805]잡급	0	0	12,990,880	0
[0806]퇴직급여	37,160,500	0	77,600,800	0
[0811]복리후생비	142,650,000	0	346,600,800	0
[0812]여비교통비	30,955,000	0	56,860,540	0

3. 평정하기 탭

자산과 부채의 평정내역을 기재한다. 현금은 전도금을 포함하되, 현금용인 한도액(회사제시 자산총계의 2%)과 재무제표상 현금(전도금 포함)을 비교하여 현금용인 한도액이 재무제표상 현금액 보다 많은 경우에는 평정금액(= 부실자산)은 없다.

(1) 현금 및 현금성자산 진단

현금시재를 확인하고 예금평균잔액계산서를 30일 기준으로 작성하고 회사제시금액과 비교한다.

① 현금 진단

재무제표상 회사제시 현금(전도금 포함)을 확인하고 한도초과여부를 판단한다.

- 회사 제시금액: ₩18,726,128원
- 진단자 한도액: ₩123,679,237원(자산총계의 2%)
- 평정대상금액: ₩0

회사 제시 자산 총계의 100분의 2를 초과하는 현금은 부실자산으로 본다.

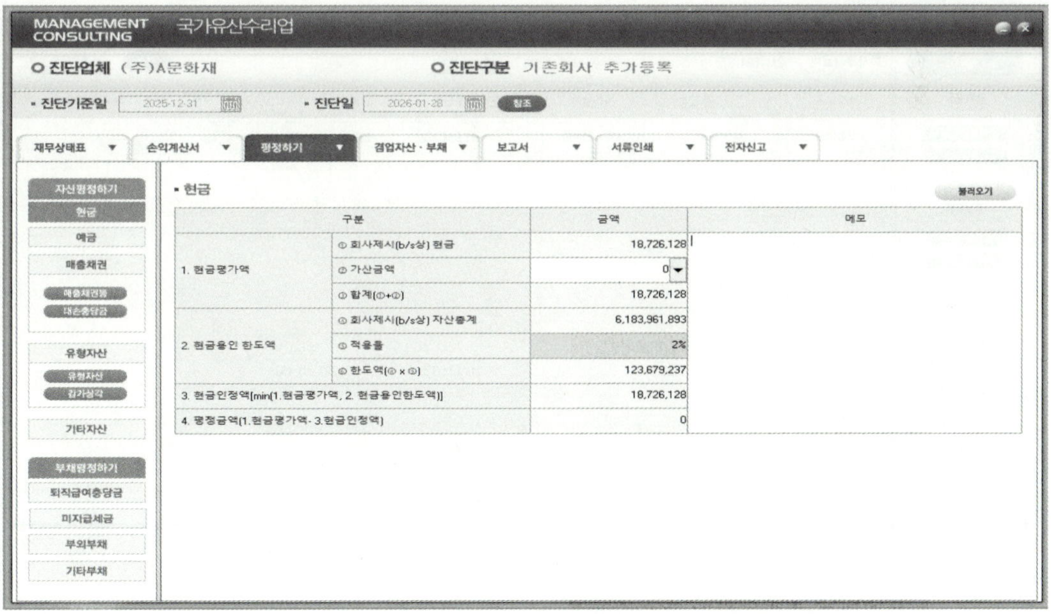

② 예금 진단

예금평균잔액계산서를 30일 기준으로 작성하고 회사제시금액과 비교한다.

- 회사 제시금액: ₩211,694,372 - 진단자 확인액: ₩237,231,458(30일 예금평균잔액) - 평정대상금액: ₩0

제예금은 진단을 받는 자의 명의(법인인 경우에는 법인명의)로 된 계좌에 대하여 진단기준일 전일부터 역산하여 30일 동안의 은행거래실적 평균잔액을 예금액으로 평가한다. 다만, 예금증서 또는 은행거래실적증명서를 제시하지 못하거나, 그 예금이 일시적으로 조달된 것으로써 출처가 불분명한 경우와 제예금 중 진단기준일부터 진단시까지 지출 원인이 분명하지 않은 인출 금액은 부실자산으로 평가한다.

(2) 매출채권 진단

매출채권 계정별원장(세금계산서 포함)을 확인하고 부실자산을 파악하며, 대손충당금의 설정여부를 확인한다.

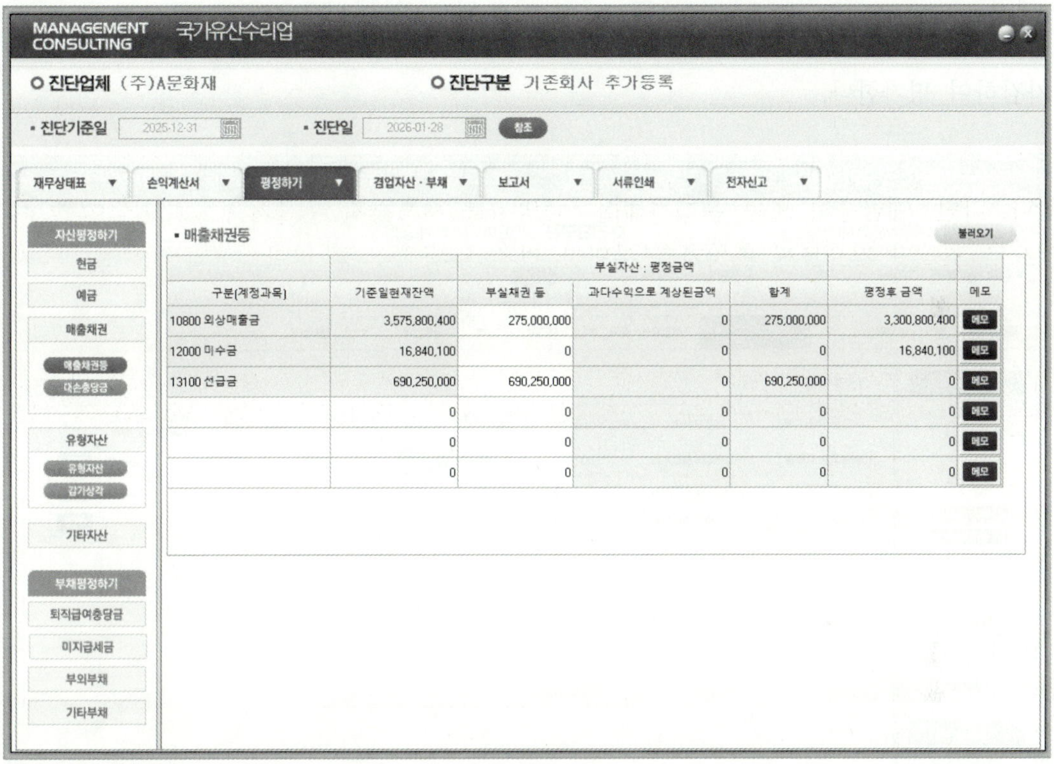

구분(계정과목)	기준일현재잔액	부실자산 : 평정금액			평정후 금액	메모
		부실채권 등	과다수익으로 계상된금액	합계		
10800 외상매출금	3,575,800,400	275,000,000	0	275,000,000	3,300,800,400	메모
12000 미수금	16,840,100	0	0	0	16,840,100	메모
13100 선급금	690,250,000	690,250,000	0	690,250,000	0	메모
	0	0	0	0	0	메모
	0	0	0	0	0	메모
	0	0	0	0	0	메모

① 외상매출금 진단

- 회사 제시금액: ₩3,575,800,400
- 진단자 확인액: ₩3,300,800,400
- 평정대상금액: ₩275,000,000

1. 장·단기 매출채권 및 장단기 미수금 등의 채권은 거래처의 채무증명에 의하되 세금계산서를 확인하여야 한다.
2. 매출채권 등에 있어서 발생일로부터 1년 이상 경과한 매출채권 등은 부실자산으로 평가한다. 다만, 그 채무자가 국가, 지방자치단체, 「공공기관의 운영에 관한 법률」 제4조에 따라 공공기관으로 지정된 기관인 경우에는 그러하지 아니한다.

② 대손충당금 진단

- 회사 제시금액: ₩25,400,000
- 진단자 확인액: ₩33,008,004
- 평정대상금액: ₩7,608,004

법인세법에서 정한 대손충당금 설정한도액에 미달하는 경우에는 설정한도 미달액을 차감하여 평가한다.

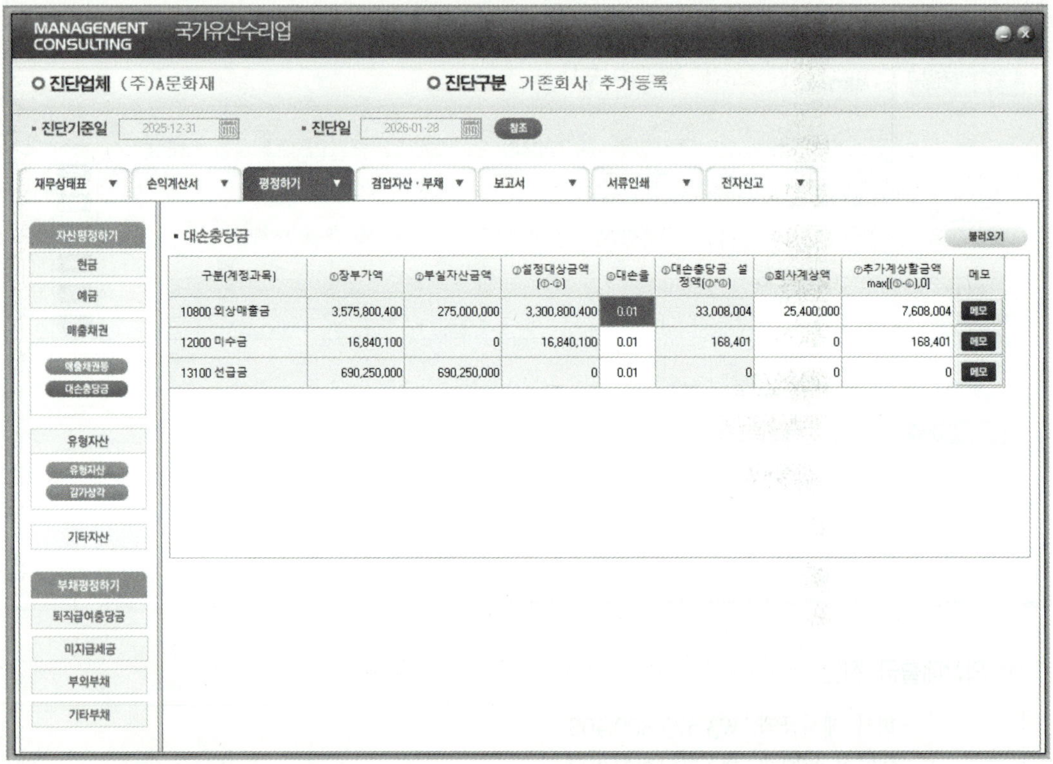

구분(계정과목)	①장부가액	②부실자산금액	③설정대상금액(①-②)	④대손율	⑤대손충당금 설정액(③*④)	⑥회사계상액	⑦추가계상할금액 max[(⑤-⑥),0]	메모
10800 외상매출금	3,575,800,400	275,000,000	3,300,800,400	0.01	33,008,004	25,400,000	7,608,004	메모
12000 미수금	16,840,100	0	16,840,100	0.01	168,401	0	168,401	메모
13100 선급금	690,250,000	690,250,000	0	0.01	0	0	0	메모

(3) 미수금 진단

미수금 계정별원장(세금계산서 포함)을 확인하고 부실자산을 파악하며, 대손충당금의 설정여부를 확인한다.

① 미수금 진단

- 회사 제시금액: ₩16,840,100
- 진단자 확인액: ₩16,840,100
- 평정대상금액: ₩0

1. 장·단기 매출채권 및 장단기 미수금 등의 채권은 거래처의 채무증명에 의하되 세금계산서를 확인하여야 한다.
2. 매출채권 등에 있어서 발생일로부터 1년 이상 경과한 매출채권 등은 부실자산으로 평가한다. 다만, 그 채무자가 국가, 지방자치단체, 「공공기관의 운영에 관한 법률」 제4조에 따라 공공기관으로 지정된 기관인 경우에는 그러하지 아니한다.

② 대손충당금 진단

- 회사 제시금액: ₩0 - 진단자 확인액: ₩168,401 - 평정대상금액: ₩168,401

법인세법에서 정한 대손충당금 설정한도액에 미달하는 경우에는 설정한도 미달액을 차감하여 평가한다.

(4) 선급금 진단

선급금 계정별원장(계약서 포함)을 확인하고 부실자산을 파악한다.

- 회사 제시금액: ₩690,250,000 - 진단자 확인액: ₩0 - 평정대상금액: ₩690,250,000

자산의 과대평가로 인한 가공자산, 대손처리하여야 할 자산, 선급비용 등은 부실자산으로 본다.

(5) 유형자산 진단

유형자산 감가상각명세서와 토지/건물 등기부등본, 차량등록증 사본 등을 수령하여 실재성과 감가상각 여부를 확인한다.

- 회사 제시금액: ₩483,179,376 - 진단자 확인액: ₩483,179,376 - 평정대상금액: ₩0

① 토지 및 건물은 취득가액으로 평가함을 원칙으로 한다. 다만, 자산재평가법에 따라 자산을 재평가한 경우에는 그 평가액으로 한다.

② 감가상각충당금은 법인세법에 정한 바에 의하여 계상된 금액을 인정한다. 다만, 동 설정범위를 초과하여 충당한 경우에는 그 설정액을 그대로 인정한다. 또한 진

단기준일이 사업연도 중인 때에는 진단기준일로부터 소급하여 1년을 대상으로 적용한다.

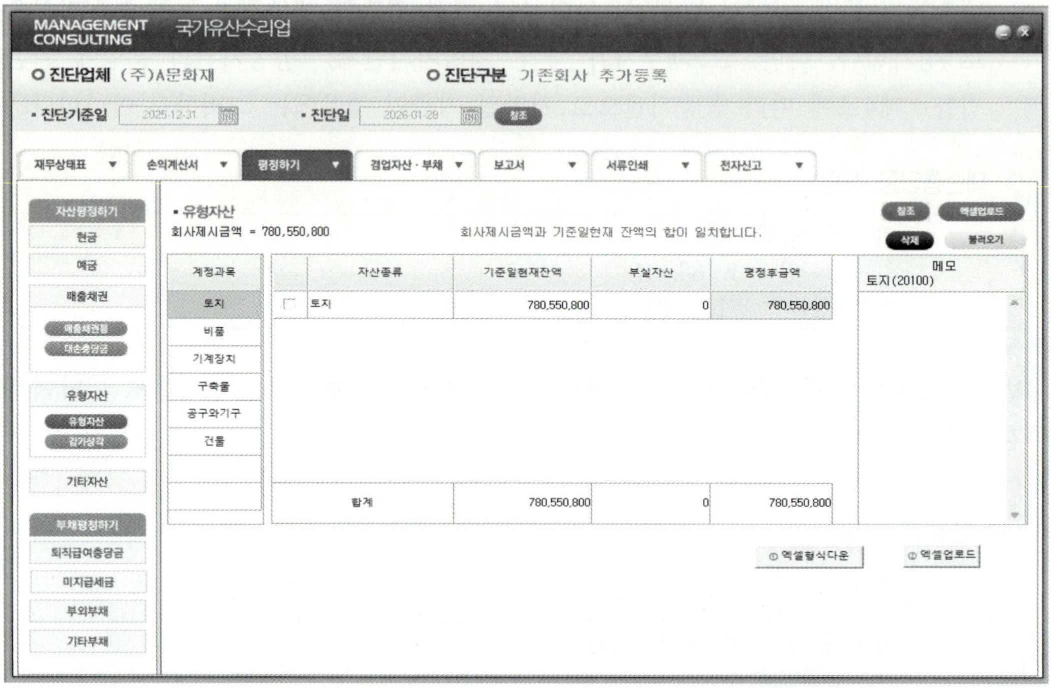

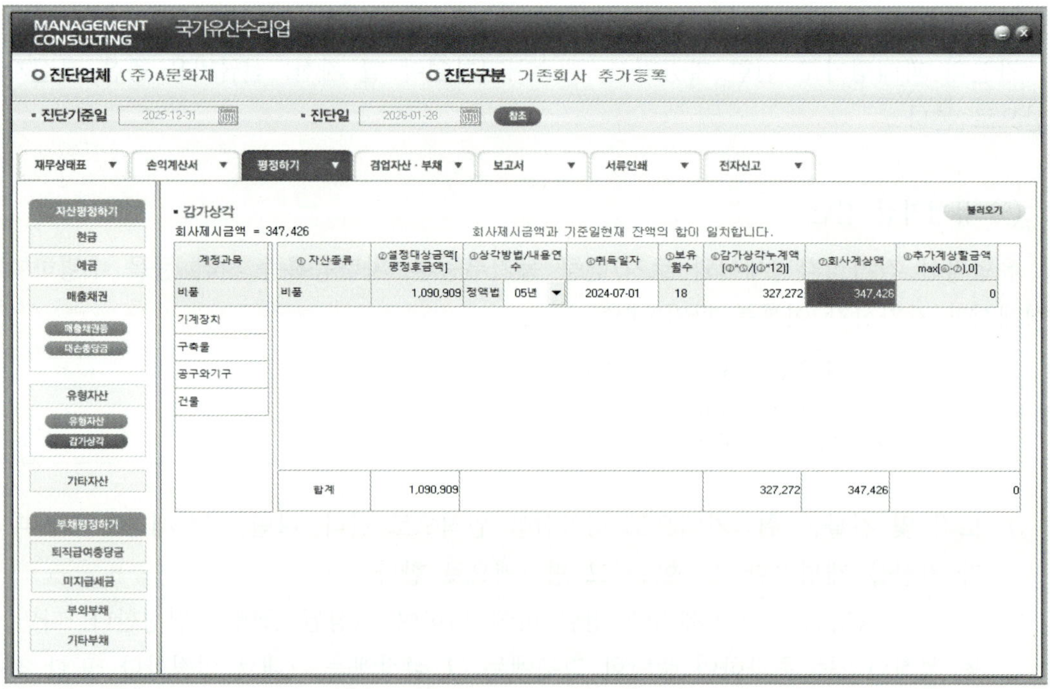

(6) 선급비용 진단

선급비용 계정별원장을 확인하고 전액 부실자산으로 처리한다.

- 회사 제시금액: ₩3,650,000
- 진단자 확인액: ₩0
- 평정대상금액: ₩3,650,000

선급비용은 부실자산으로 본다.

(7) 가지급금 진단

- 회사 제시금액: ₩81,800,200
- 진단자 확인액: ₩0
- 평정대상금액: ₩81,800,200

가지급금은 부실자산으로 본다.

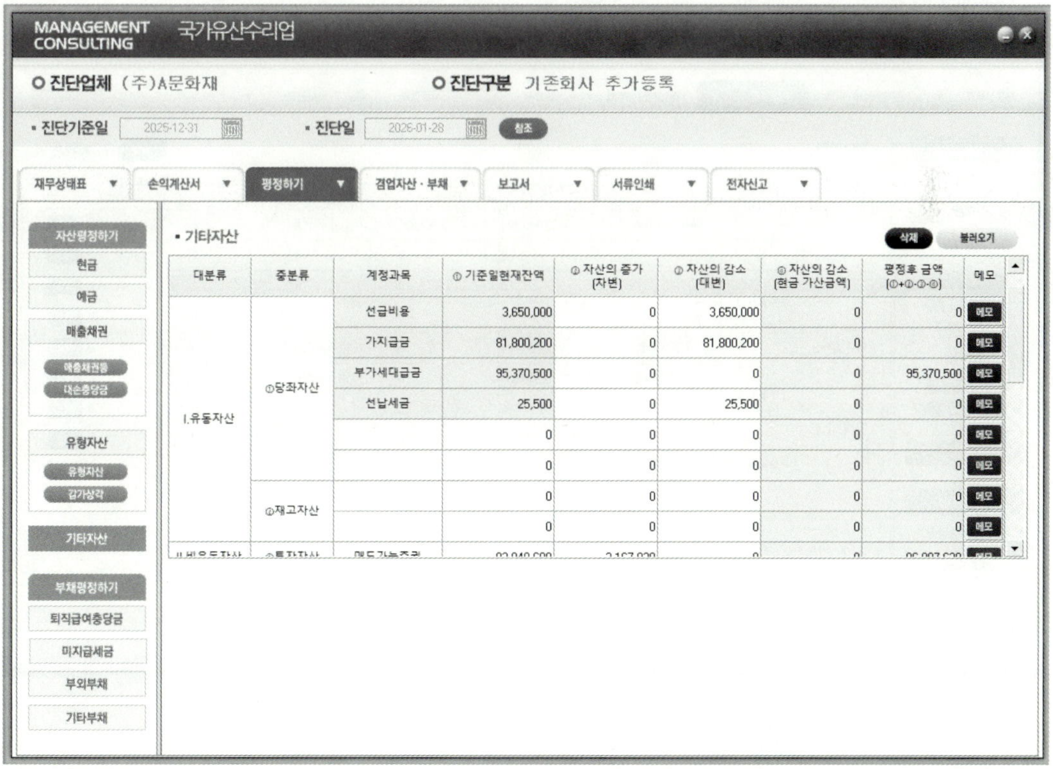

대분류	중분류	계정과목	① 기준일현재잔액	② 자산의 증가 (차변)	③ 자산의 감소 (대변)	④ 자산의 감소 (현금 가산금액)	평정후 금액 (①+②-③-④)	메모
I.유동자산	①당좌자산	선급비용	3,650,000	0	3,650,000	0	0	메모
		가지급금	81,800,200	0	81,800,200	0	0	메모
		부가세대급금	95,370,500	0	0	0	95,370,500	메모
		선납세금	25,500	0	25,500	0	0	메모
			0	0	0	0	0	메모
			0	0	0	0	0	메모
	②재고자산		0	0	0	0	0	메모
			0	0	0	0	0	메모

(8) 출자금 진단

출자금의 계정별원장 및 출자증명원(융자금 확인서 포함)을 확인하고 부실자산 또는 겸업자산 여부를 확인한다.

- 회사 제시금액: ₩82,840,600 - 진단자 확인액: ₩86,007,620 - 평정대상금액: ₩3,167,020

국가유산수리협회(공제조합)과 신용보증기관에 대한 출자금(출자를 위하여 예치한 출자금액을 포함한다)은 기준일 현재의 지분평가액(출자를 위하여 예치한 출자예정금액은 그 전액)을 국가유산수리업 등의 실질자산으로 인정한다. 다만, 출자금이 압류되어 있는 경우에는 그 압류금액을, 출자금을 담보로 대부를 받은 경우에는 그 대부금액을 차감하여 평가한다.

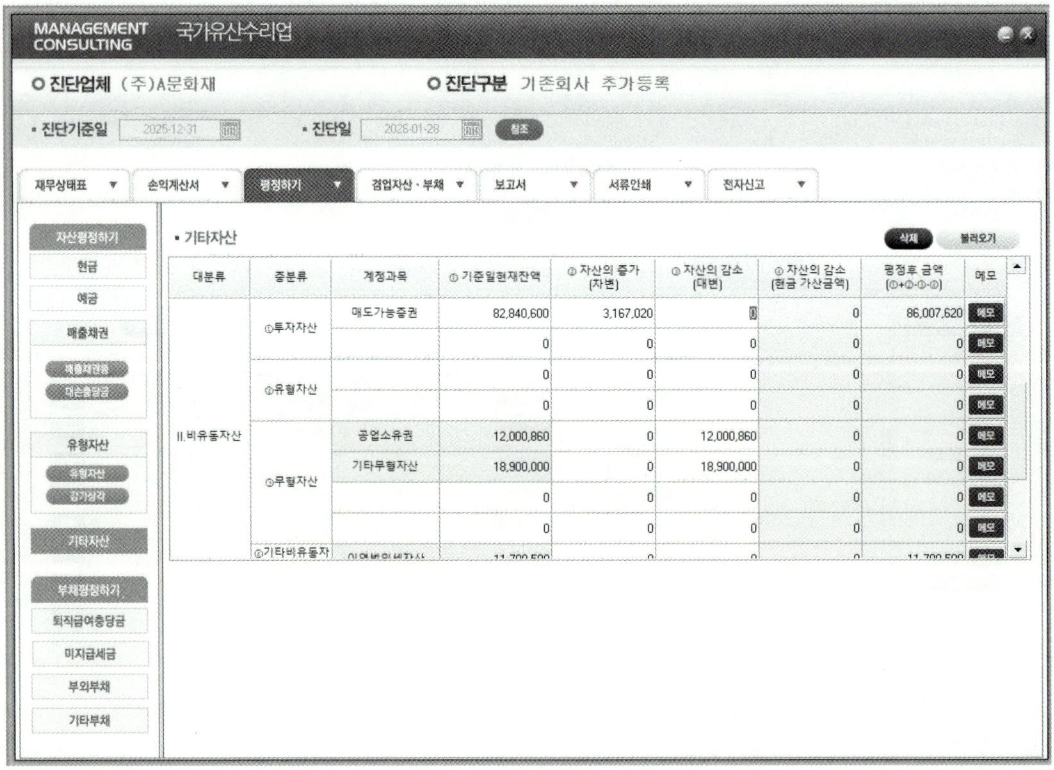

(9) 무형자산 진단

무형자산의 실재성을 확인하고 부실자산 여부를 확인한다.

- 회사 제시금액: ₩30,900,860
- 진단자 확인액: ₩0
- 평정대상금액: ₩30,900,860

① 무형자산은 당해자산의 취득을 위하여 소요된 가액에서 감가상각 상당액을 차감한 금액으로 평가한다.

② 비유동 무형자산(사용수익기부자산은 제외한다)은 부실자산으로 처리한다.

(10) 보증금 진단

보증금의 실재성을 확인하고 가공여부를 파악하여 부실자산 여부를 판단한다. 특히 임차보증금의 가액이 과다하다고 판단되는 경우에는 입금 통장내역 및 간주임대료 신고 내역 등을 통하여 실재성 여부를 판단할 필요가 있다.

- 회사 제시금액: ₩144,260,200
- 진단자 확인액: ₩144,260,200
- 평정대상금액: ₩0

① 임차보증금은 임대차계약서 및 임대인이 발행한 영수증 등 증빙에 의하여 확인하되, 그 금액이 시가보다 현저히 과다할 경우에는 진단시의 시가에 의하여 이를 평가한다.

② 계약보증금과 하자보수보증금은 그 보증기간이 만료되지 아니한 것에 한하여 자산으로 인정한다.

③ 차액보증금과 하자보수보증금은 그 보증기간이 만료되지 아니하였거나 공사 준공 후에 공사의 불이행이나 하자의 사유가 없이 보관기관이 보관하고 있음을 증명한 때에는 자산으로 인정한다.

④ 영업보증금은 보증기간이 만료되지 아니한 것과 보증기간 만료 후라도 보증기관이 보관하고 있음을 증명한 경우에 한하여 인정한다.

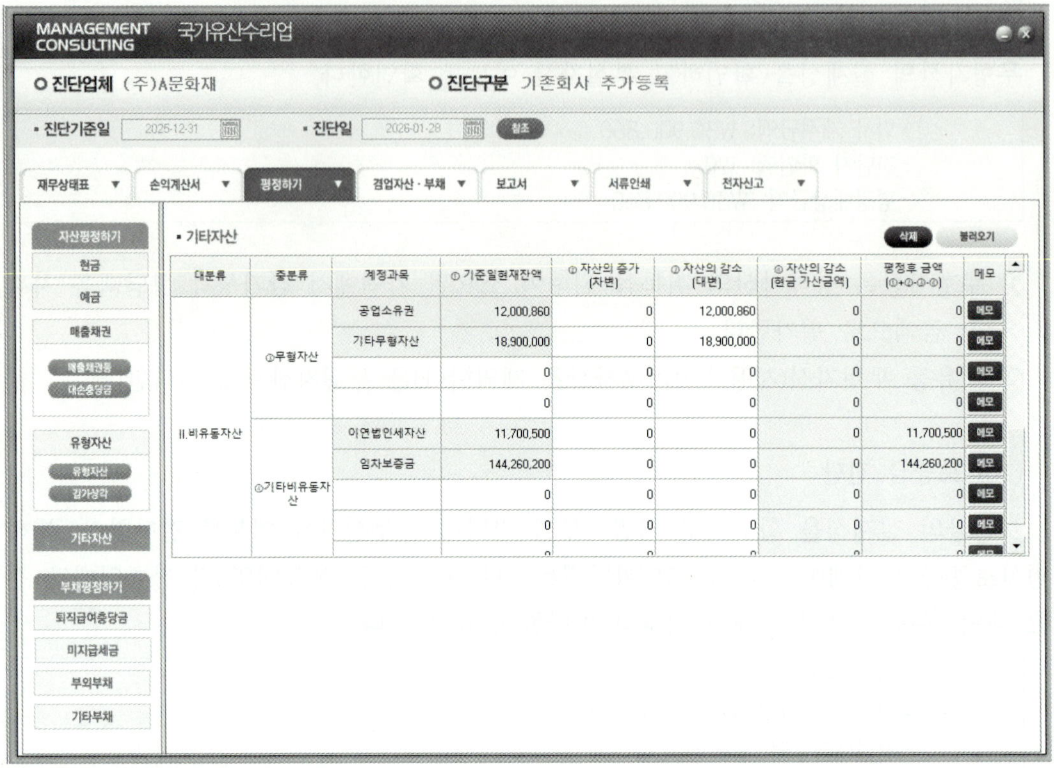

(11) 퇴직급여충당금(부채) 진단

퇴직급여추계액명세서와 퇴직연금운용자산(퇴직보험예치금) 내역을 확인하여 퇴직급여충당금 설정의 적정성을 확인한다.

- 회사 제시금액: ₩71,790,400 - 진단자 확인액: ₩71,790,400 - 평정대상금액: ₩0

퇴직급여충당금은 법인세법에 정한 바에 의하여 계상된 금액을 인정한다. 다만, 동 설정범위를 초과하여 충당한 경우에는 그 설정액을 그대로 인정하며 진단기준일이 사업 연도 중인 때에는 진단기준일로부터 소급하여 1년을 대상으로 적용한다.

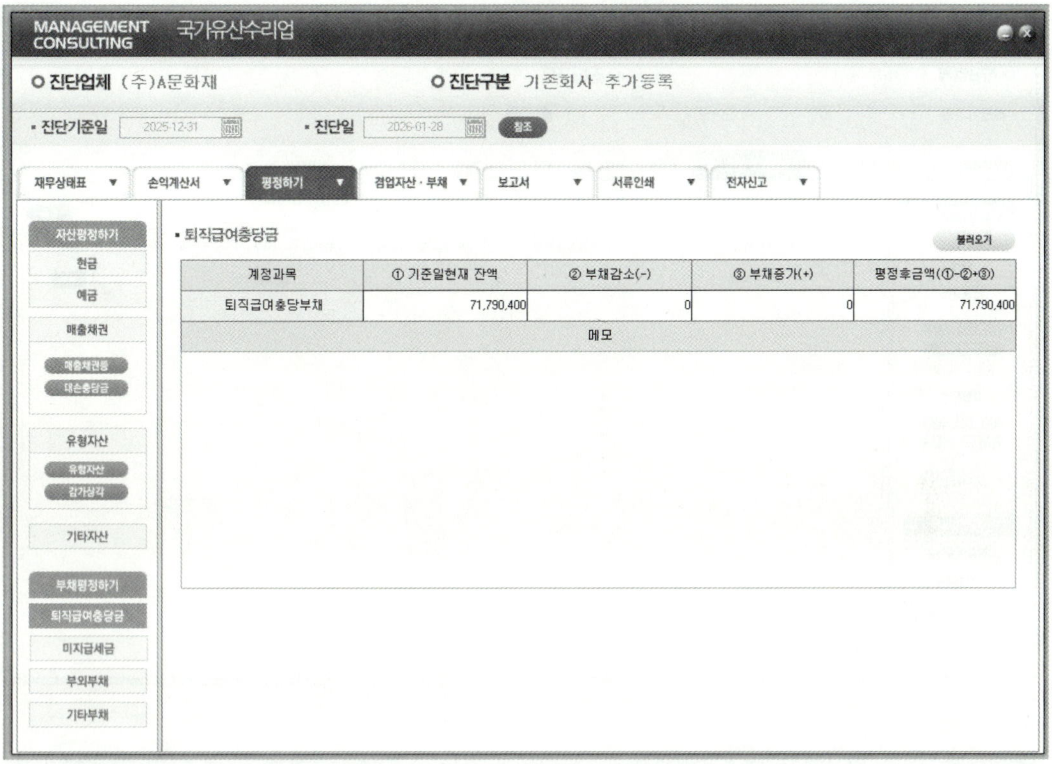

(12) 장·단기 차입금 진단

장·단기 차입금 계정별 원장 및 금융거래 확인서를 통하여 부외부채 여부 및 임의상계 여부를 확인한다.

- 회사 제시금액: ₩0 - 진단자 확인액: ₩60,000,000 - 평정대상금액: ₩60,000,000

부채의 발생사유를 충분히 검토하고 자산 및 자본과 비교하고 관련시켜서 부외부채의 유무를 면밀히 검토하여 총 부채를 평가하여야 한다.

	계정과목	① 기준일현재잔액	② 부채의 감소(차변)	③ 부채의 증가(대변)	평정후 금액(①-②+③)	메모
	단기차입금	0	0	60,000,000	0	메모

분류	계정과목	① 기준일현재잔액	② 부채의 감소(차변)	③ 부채의 증가(대변)	평정후 금액(①-②+③)	메모
I.유동부채	외상매입금	2,573,154,078	0	0	2,573,154,078	메모
	미지급금	245,280,000	0	0	245,280,000	메모
	예수금	58,850,000	0	0	58,850,000	메모
	부가세예수금	84,260,000	0	0	84,260,000	메모
	선수금	5,000,000	0	0	5,000,000	메모
	미지급비용	15,200,250	0	0	15,200,250	메모
	유동성장기부채	120,700,000	0	0	120,700,000	메모
	하자보수충당부채	17,550,000	0	0	17,550,000	메모

4. 겸업자산·부채 탭

겸업비율의 산정 방법은 2억원 자본금 유보에 의한 이사회 결의이며, 따라서 예금 2억원을 제외한 기존 실질자산과 실질부채는 모두 겸업자산과 겸업부채에 해당한다.

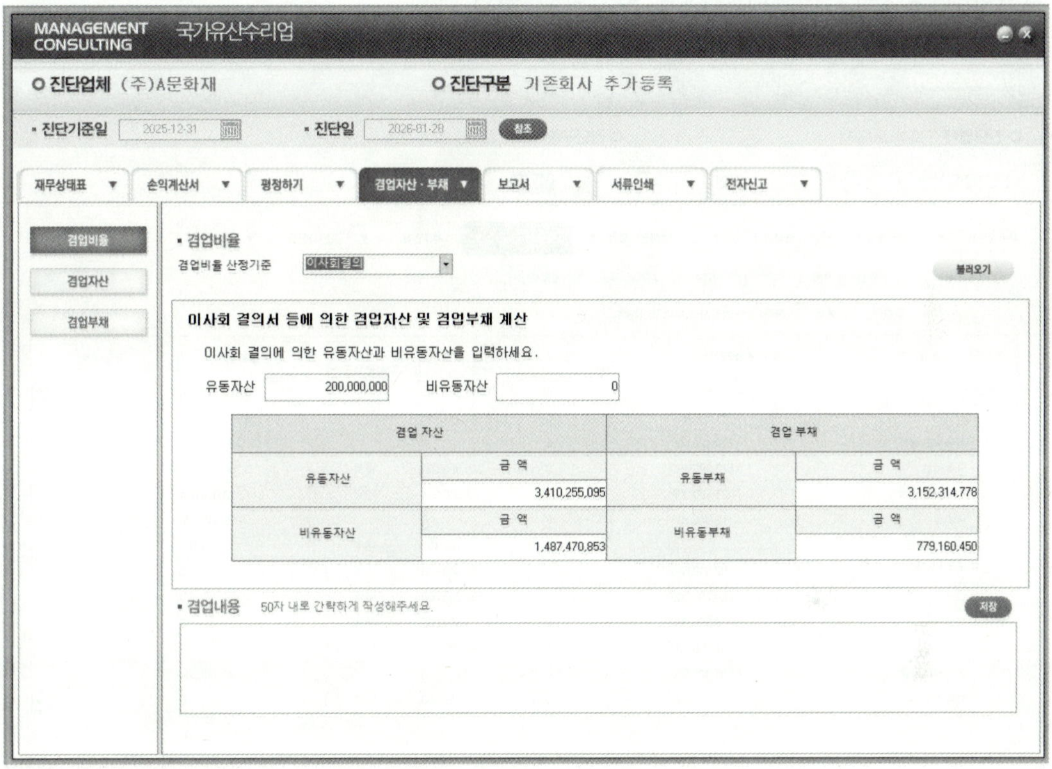

5. 보고서 탭

(1) 진단내역서

자산, 부채 평정과 겸업자산, 부채를 기재하고 나면 자동으로 입력되게 된다. 따라서 적절하게 평정이 이루어졌는지를 확인하면 된다.

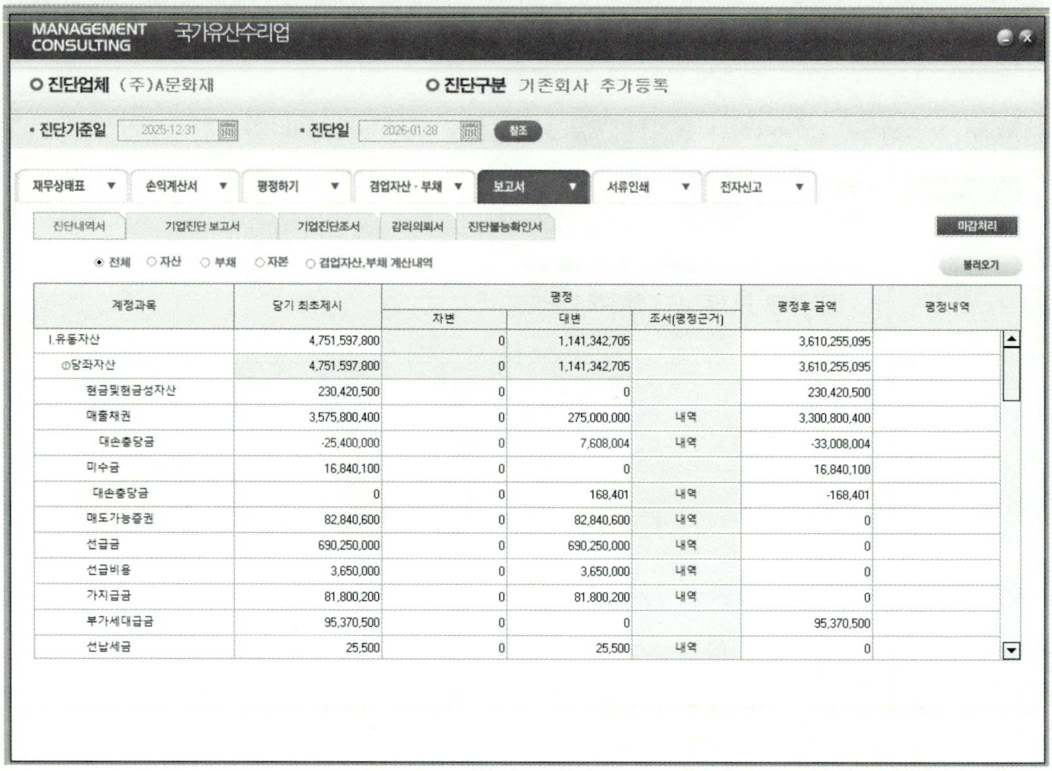

계정과목	당기 최초제시	평정			평정후 금액	평정내역
		차변	대변	조서(평정근거)		
I.유동자산	4,751,597,800	0	1,141,342,705		3,610,255,095	
①당좌자산	4,751,597,800	0	1,141,342,705		3,610,255,095	
현금및현금성자산	230,420,500	0	0		230,420,500	
매출채권	3,575,800,400	0	275,000,000	내역	3,300,800,400	
대손충당금	-25,400,000	0	7,608,004	내역	-33,008,004	
미수금	16,840,100	0	0		16,840,100	
대손충당금	0	0	168,401	내역	-168,401	
매도가능증권	82,840,600	0	82,840,600	내역	0	
선급금	690,250,000	0	690,250,000	내역	0	
선급비용	3,650,000	0	3,650,000	내역	0	
가지급금	81,800,200	0	81,800,200	내역	0	
부가세대급금	95,370,500	0	0		95,370,500	
선납세금	25,500	0	25,500	내역	0	

(2) 기업진단보고서

자산, 부채 평정과 겸업자산 및 겸업부채를 기재하고 나면 자동으로 입력되게 된다.

따라서 적절하게 평정이 이루어졌는지를 확인하면 된다. 진단자는 진단 내역상 실질자산과 실질부채, 겸업자산과 겸업부채 그리고 진단자가 올바르게 기재되었는지를 확인하여야 한다. 이러한 사항에 오류가 발생하는 경우에는 진단 경유시 보정을 하여야 하므로 그만큼 불필요한 시간이 소요될 수 있다. 따라서 꼼꼼한 체크가 필요하다.

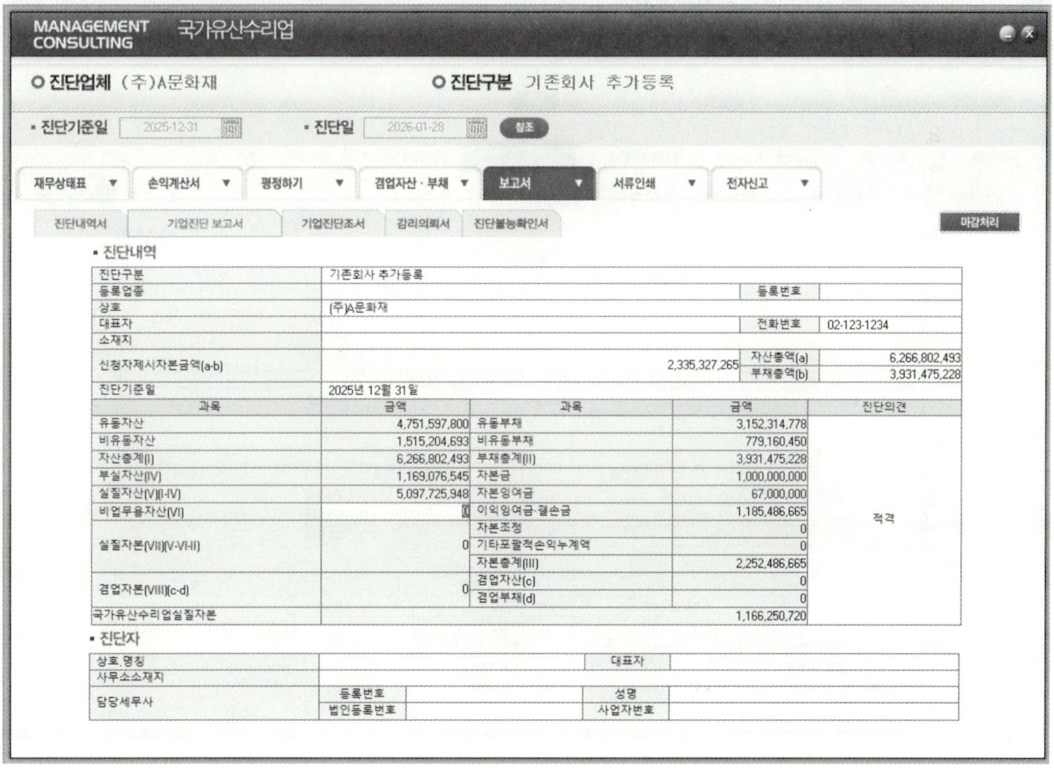

진단구분	기존회사 추가등록		
등록업종		등록번호	
상호	(주)A문화재		
대표자		전화번호	02-123-1234
소재지			
신청자제시자본금액(a-b)	2,335,327,265	자산총액(a)	6,266,802,493
		부채총액(b)	3,931,475,228
진단기준일	2025년 12월 31일		

과목	금액	과목	금액	진단의견
유동자산	4,751,597,800	유동부채	3,152,314,778	적격
비유동자산	1,515,204,693	비유동부채	779,160,450	
자산총계(I)	6,266,802,493	부채총계(II)	3,931,475,228	
부실자산(IV)	1,169,076,545	자본금	1,000,000,000	
실질자산(V)(I-IV)	5,097,725,948	자본잉여금	67,000,000	
비업무용자산(VI)	0	이익잉여금·결손금	1,185,486,665	
실질자본(VII)(V-VI-II)	0	자본조정	0	
		기타포괄적손익누계액	0	
		자본총계(III)	2,252,486,665	
겸업자본(VIII)(c-d)	0	겸업자산(c)	0	
		겸업부채(d)	0	
국가유산수리업실질자본			1,166,250,720	

▪ 진단자

상호.명칭			대표자	
사무소소재지				
담당세무사	등록번호		성명	
	법인등록번호		사업자번호	

(3) 기업진단조서

기업진단조서와 겸업자산, 겸업부채를 기재하고 나면 자동으로 입력되게 된다. 따라서 적절하게 평정이 이루어졌는지를 확인하면 된다. 따라서 기업진단보고서상 실질자본과 기업진단조서상 실질자본이 일치하는지 여부를 확인하여야 한다.

특히 겸업이 존재하는 경우에는 겸업비율의 산정근거 등이 제대로 기재되어 있는지를 꼭 확인하여야 한다.

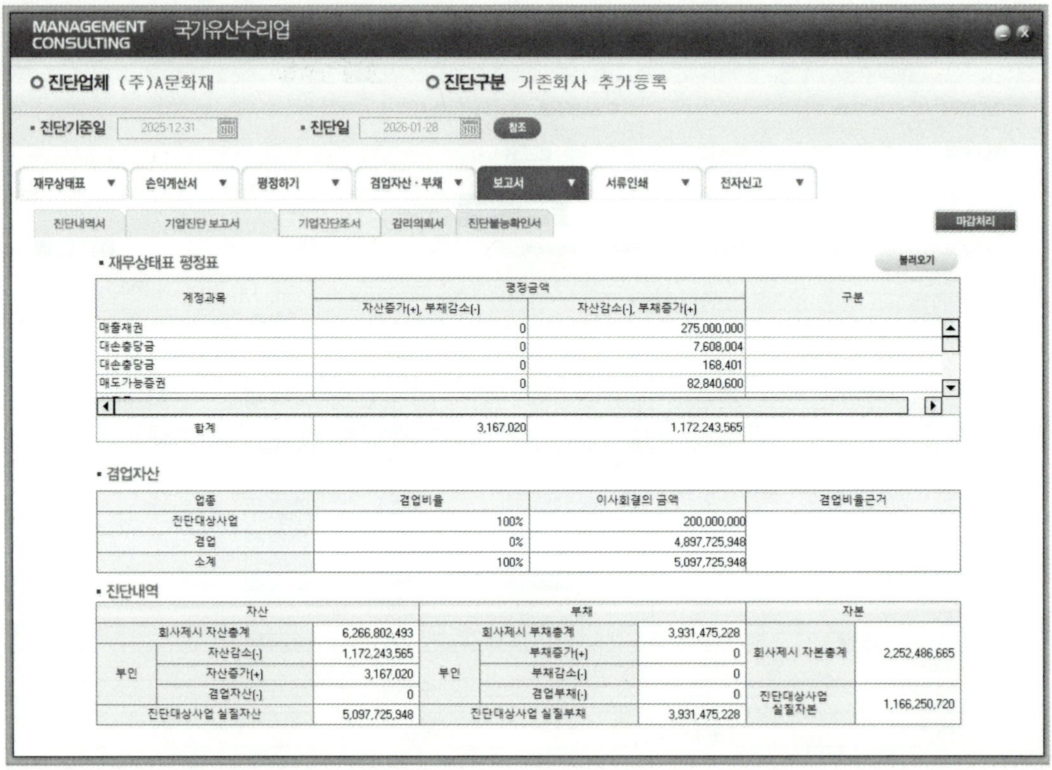

MANAGEMENT CONSULTING 국가유산수리업

○ 진단업체 (주)A문화재　○ 진단구분 거존회사 추가등록

▪ 진단기준일 2025-12-31　▪ 진단일 2026-01-28　참조

재무상태표 ▼ | 손익계산서 ▼ | 평정하기 ▼ | 겸업자산 · 부채 ▼ | 보고서 ▼ | 서류인쇄 ▼ | 전자신고 ▼

진단내역서 | 기업진단 보고서 | 기업진단조서 | 감리의뢰서 | 진단불능확인서　마감처리

▪ 재무상태표 평정표　불러오기

계정과목	평정금액		구분
	자산증가(+), 부채감소(-)	자산감소(-), 부채증가(+)	
매출채권	0	275,000,000	
대손충당금	0	7,608,004	
대손충당금	0	168,401	
매도가능증권	0	82,840,600	
합계	3,167,020	1,172,243,565	

▪ 겸업자산

업종	겸업비율	이사회결의 금액	겸업비율근거
진단대상사업	100%	200,000,000	
겸업	0%	4,897,725,948	
소계	100%	5,097,725,948	

▪ 진단내역

자산			부채			자본	
회사제시 자산총계		6,266,802,493	회사제시 부채총계		3,931,475,228	회사제시 자본총계	2,252,486,665
부인	자산감소(-)	1,172,243,565	부인	부채증가(+)	0		
	자산증가(+)	3,167,020		부채감소(-)	0		
	겸업자산(-)	0		겸업부채(-)	0	진단대상사업 실질자본	1,166,250,720
진단대상사업 실질자산		5,097,725,948	진단대상사업 실질부채		3,931,475,228		

(4) 감리의뢰서

진단자가 한국세무사회에 수행한 기업진단보고서의 사전감리 의뢰시 제출하는 서류이다. 진단보고서 및 진단시 구비서류와 같이 제출하여야 한다.

진단에 소요된 투입시간(진단착수일부터 진단서 사전감리신청일까지를 기재하되, 1일 8시간을 기준으로 표시한다)과 보수금액만 직접 기재한다.

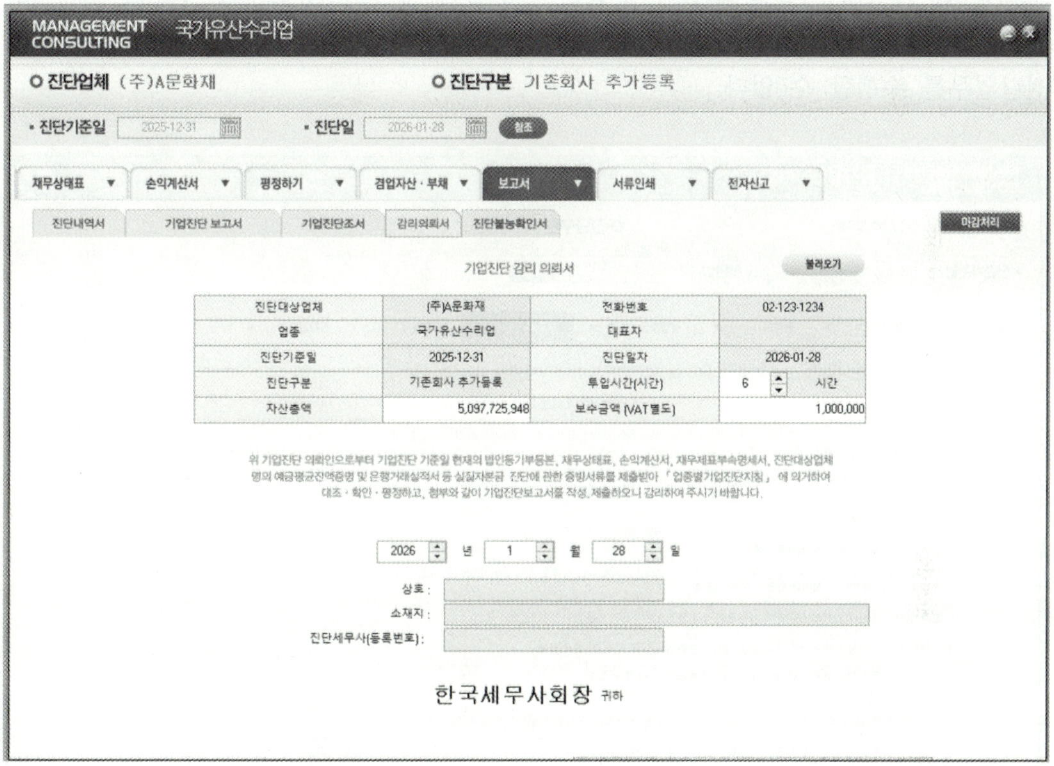

(5) 진단불능확인서

진단불능사유에 해당하는지 여부를 확인하는 서류이다. 한국세무사회 사전감리시 제출용으로 해당여부에 체크한다. 진단불능에 대한 사유확인서는 진단자의 독립성여부를 확인하는 매우 중요한 서류에 해당한다. 다만, 등록관청에 제출시에 제출하는 서류는 아님에 유의하자.

예를 들어 아래 사유를 포함하여 같은 세무법인 내 기장업체, 같은 조정반 내 기장업체, 자문이나 경영컨설팅 등을 수행한 업체에 대하여는 독립성을 위배하게 되므로 진단업무를 수행할 수 없다.

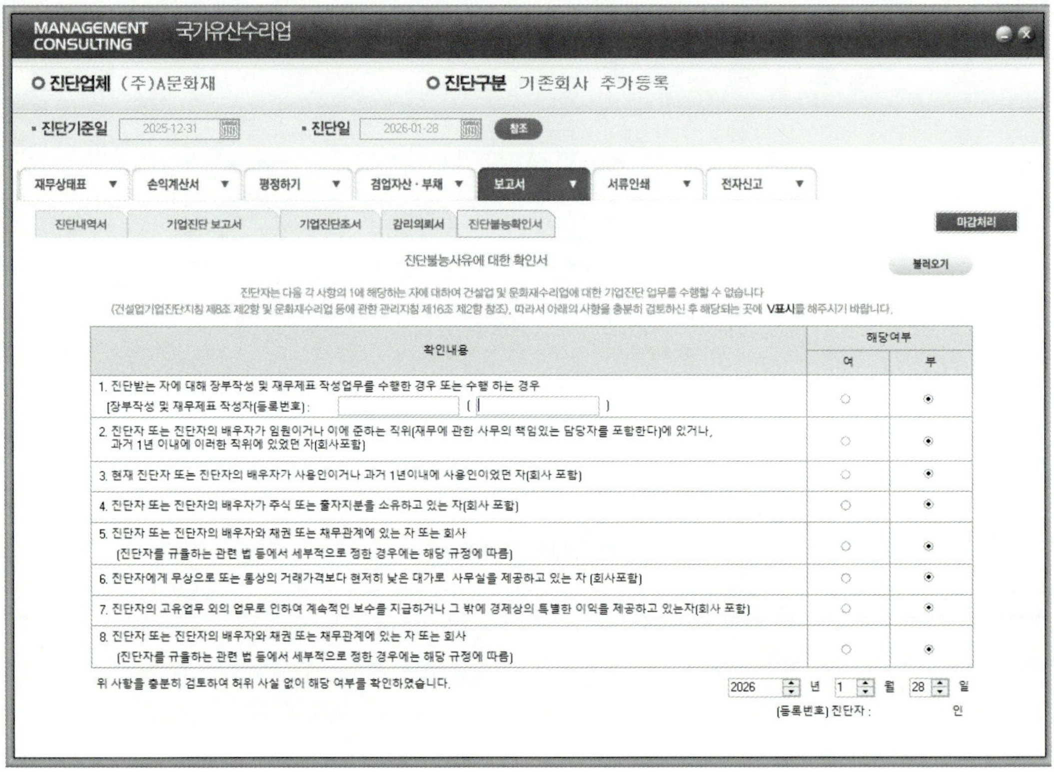
MANAGEMENT CONSULTING 국가유산수리업

○ 진단업체 (주)A문화재 ○ 진단구분 기존회사 추가등록

▪ 진단기준일 2025-12-31 ▪ 진단일 2026-01-28 참조

재무상태표 ▼ 손익계산서 ▼ 평정하기 ▼ 겸업자산 · 부채 ▼ 보고서 ▼ 서류인쇄 ▼ 전자신고 ▼

진단내역서 기업진단 보고서 기업진단조서 감리의뢰서 진단불능확인서 마감처리

진단불능사유에 대한 확인서

불러오기

진단자는 다음 각 사항의 1에 해당하는 자에 대하여 건설업 및 문화재수리업에 대한 기업진단 업무를 수행할 수 없습니다
(건설업기업진단지침 제8조 제2항 및 문화재수리업 등에 관한 관리지침 제16조 제2항 참조). 따라서 아래의 사항을 충분히 검토하신 후 해당되는 곳에 **V표시**를 해주시기 바랍니다.

확인내용	해당여부	
	여	부
1. 진단받는 자에 대해 장부작성 및 재무제표 작성업무를 수행한 경우 또는 수행 하는 경우 [장부작성 및 재무제표 작성자(등록번호): ( )	○	◉
2. 진단자 또는 진단자의 배우자가 임원이거나 이에 준하는 직위(재무에 관한 사무의 책임있는 담당자를 포함한다)에 있거나, 과거 1년 이내에 이러한 직위에 있었던 자(회사포함)	○	◉
3. 현재 진단자 또는 진단자의 배우자가 사용인이거나 과거 1년이내에 사용인이었던 자(회사 포함)	○	◉
4. 진단자 또는 진단자의 배우자가 주식 또는 출자지분을 소유하고 있는 자(회사 포함)	○	◉
5. 진단자 또는 진단자의 배우자와 채권 또는 채무관계에 있는 자 또는 회사 (진단자를 규율하는 관련 법 등에서 세부적으로 정한 경우에는 해당 규정에 따름)	○	◉
6. 진단자에게 무상으로 또는 통상의 거래가격보다 현저히 낮은 대가로 사무실을 제공하고 있는 자 (회사포함)	○	◉
7. 진단자의 고유업무 외의 업무로 인하여 계속적인 보수를 지급하거나 그 밖에 경제상의 특별한 이익을 제공하고 있는자(회사 포함)	○	◉
8. 진단자 또는 진단자의 배우자와 채권 또는 채무관계에 있는 자 또는 회사 (진단자를 규율하는 관련 법 등에서 세부적으로 정한 경우에는 해당 규정에 따름)	○	◉

위 사항을 충분히 검토하여 허위 사실 없이 해당 여부를 확인하였습니다. 2026 년 1 월 28 일

(등록번호) 진단자 : 인

PART 06

산림사업

CHAPTER 01 산림사업 및 산림보호 이해

제1절 용어 정의

1. 산림사업

산림은 국토의 많은 부분을 이루는 귀중한 자산이므로 국민의 행복한 삶을 위하여 사회 · 경제 · 문화 등 다양한 분야에서 그 기능이 가장 조화롭고 알맞게 발휘될 수 있도록 경영 · 관리되어야 한다. 용어의 뜻은 다음과 같다(산림자원의 조성 및 관리에 관한 법률 제2조).

(1) "산림"이란 다음 각 목의 어느 하나에 해당하는 것을 말한다. 다만, 농지, 초지(草地), 주택지, 도로, 그 밖의 대통령령으로 정하는 토지[17]에 있는 입목(立木)·죽(竹)과 그 토지는 제외한다.

가. 집단적으로 자라고 있는 입목·죽과 그 토지

나. 집단적으로 자라고 있던 입목·죽이 일시적으로 없어지게 된 토지

다. 입목·죽을 집단적으로 키우는 데에 사용하게 된 토지

라. 산림의 경영 및 관리를 위하여 설치한 도로[이하 "임도(林道)"라 한다]

마. 가목부터 다목까지의 토지에 있는 암석지(巖石地)와 소택지(소택지: 늪과 연못으로 둘러싸인 습한 땅)

(2) "산림자원"이란 다음 각 목의 자원으로서 국가경제와 국민생활에 유용한 것을 말한다.

가. 산림에 있거나 산림에서 서식하고 있는 수목, 초본류(草本類), 이끼류, 버섯류 및 곤충류 등의 생물자원

나. 산림에 있는 토석(土石)·물 등의 무생물자원

다. 산림 휴양 및 경관 자원

---

17) "대통령령으로 정하는 토지"란 다음 각 호의 어느 하나에 해당하는 토지를 말한다.

1. 과수원, 차밭, 꺾꽂이순 또는 접순의 채취원(採取園)
2. 입목·죽이 생육하고 있는 건물 담장 안의 토지
3. 입목·죽이 생육하고 있는 논두렁·밭두렁
4. 입목·죽이 생육하고 있는 하천·제방·도랑 또는 연못

(3) “산림사업”이란 산림의 조성 · 육성 · 이용 · 재해예방 · 복구 · 복원 등 산림의 기능을 유지 · 발전 또는 회복시키기 위하여 산림에서 이루어지는 사업과 도시숲 · 생활숲 · 가로수 · 수목원의 조성 · 관리 등 산림의 조성 · 육성 또는 관리를 위하여 필요한 사업으로서 대통령령으로 정하는 사업[18]을 말한다.

(4) “임산물(林産物)”이란 목재, 수목, 낙엽, 토석 등 산림에서 생산되는 산물(産物), 그 밖의 조경수(造景樹), 분재수(盆栽樹) 등 대통령령으로 정하는 것[19]을 말한다.

(5) “산림용 종자”란 산림 또는 제2호가목에 따른 산림자원으로부터 유래된 자원의 씨앗, 증식용 영양체, 종균, 포자 등을 말한다.

(6) “산림복원”이란 자연적·인위적으로 훼손된 산림의 생태계 및 생물다양성이 원래의 상태에 가깝게 유지·증진될 수 있도록 그 구조와 기능을 회복시키는 것을 말한다.

---

18) 대통령령으로 정하는 사업”이란 다음 각 호의 어느 하나에 해당하는 사업을 말한다.
1. 임도사업, 산불예방 · 진화시설 등 산림관리기반시설의 설치를 위하여 시행하는 사업
1의2. 조림(造林), 숲가꾸기, 벌채 등 산림의 조성 · 육성 · 이용을 위하여 시행하는 사업
1의3. 산림복원을 위하여 시행하는 사업
2. 산불의 예방 및 진화를 위하여 시행하는 사업
3. 「산지관리법」에 따른 산지의 보전 · 이용, 토석채취 및 재해방지 · 복구 등을 위하여 시행하는 사업
4. 「백두대간보호에 관한 법률」에 따른 백두대간의 보호를 위하여 시행하는 사업
5. 「산림보호법」에 따른 산림병해충의 예방 및 방제를 위하여 시행하는 사업
6. 「국유림의 경영 및 관리에 관한 법률」에 따른 국유림의 경영 및 관리 등을 위하여 시행하는 사업
7. 「산림문화 · 휴양에 관한 법률」에 따른 산림문화 · 휴양을 위한 시설의 조성 등을 위하여 시행하는 사업
7의2. 「산림교육의 활성화에 관한 법률」에 따른 산림교육을 위한 시설의 조성 등을 위하여 시행하는 사업
7의3. 「장사 등에 관한 법률」 제2조제14호에 따른 수목장림의 조성 · 관리 등을 위하여 시행하는 사업
8. 「임업 및 산촌 진흥촉진에 관한 법률」에 따른 임업의 구조개선, 임업진흥권역의 지정 및 산촌의 진흥 등을 위하여 시행하는 사업
9. 「수목원 · 정원의 조성 및 진흥에 관한 법률」에 따른 수목원의 조성 및 수목원의 등록 · 운영 등을 위하여 시행하는 사업
10. 「사방사업법」에 따른 사방사업
10의2. 「도시숲 등의 조성 및 관리에 관한 법률」 제2조에 따른 도시숲 · 생활숲 · 가로수(이하 “도시숲등”이라 한다)의 조성 · 관리 등을 위하여 시행하는 사업
11. 그 밖에 산림자원의 조성 · 육성 · 관리 또는 산림의 공익기능 증진을 위하여 필요한 사업으로서 농림축산식품부령이 정하는 사업

19) “그 밖의 조경수, 분재수 등 대통령령으로 정하는 것”이란 다음 각 호의 어느 하나에 해당하는 것을 말한다.
1. 조경수·분재수
2. 가지·꽃·열매·생잎·장작·톱밥·나무조각 등 수목의 일부분
3. 대나무류·초본류·덩굴류·이끼류
4. 산림버섯·떼
5. 숯(톱밥숯을 포함한다)·수액(수목 또는 대나무를 태워서 얻는 응축액을 포함한다)
6. 합판·단판·섬유판·집성재·성형재·마루판·목재펠릿 등 「목재의 지속가능한 이용에 관한 법률」 제2조제2호에 따른 목재제품

2. 산림보호

용어의 뜻은 다음과 같다(산림보호법 제2조).

(1) "산림보호구역"이란 산림에서 생활환경·경관의 보호와 수원(水源) 함양, 재해 방지 및 산림유전자원의 보전·증진이 특별히 필요하여 지정·고시한 구역을 말한다.

(2) "수목진료"란 수목의 피해를 진단·처방하고, 그 피해를 예방하거나 치료하기 위한 모든 활동을 말한다.

(3) "나무의사"란 수목진료를 담당하는 사람으로서 제21조의6제1항에 따라 나무의사 자격증을 발급받은 사람을 말한다.

(4) "수목치료기술자"란 나무의사의 진단·처방에 따라 예방과 치료를 담당하는 사람으로서 제21조의6제2항에 따라 수목치료기술자 자격증을 발급받은 사람을 말한다.

(5) "나무병원"이란 수목진료 사업을 하려는 자로서 제21조의9제2항에 따라 등록증을 발급받은 자를 말한다.

제2절 산림사업 및 산림보호

1. 산림사업 개요

산림사업이란 산림의 조성 · 육성 · 이용 · 재해예방 · 복구 · 복원 등 산림의 기능을 유지 · 발전 또는 회복시키기 위하여 산림에서 이루어지는 사업과 도시숲 · 생활숲 · 가로수 · 수목원의 조성 · 관리 등 산림의 조성 · 육성 또는 관리를 위하여 필요한 사업으로서 대통령령으로 정하는 사업을 말한다(산림자원의 조성 및 관리에 관한 법률, 약칭: 산림자원법).

2. 산림사업 종류 및 범위

산림사업의 종류	산림사업의 범위
1. 산림경영계획 및 산림조사	가. 산림경영계획의 수립 나. 임황(林況), 지황(地況) 등 산림현황 조사
2. 숲가꾸기 및 병해충방제	가. 조림 나. 숲가꾸기 다. 벌채 라. 산림병해충 방제사업
3. 삭제 〈나무병원〉	삭제
4. 산림토목	가. 임도사업 나. 사방사업 다. 「산지관리법」 제41조에 따른 산지의 복구
5. 자연휴양림 등 조성	가. 자연휴양림조성 나. 산촌생태마을조성 다. 산림욕장 조성 라. 치유의 숲 조성 마. 숲속야영장 조성 바. 산림레포츠시설 조정 사. 유아숲체험원 조성 아. 산림교육센터 조성 자. 수목장림 조성
6. 도시림등 조성·관리	가. 도시림에서 수목등의 식재 및 편의시설의 설치 나. 생활림 조성·관리 다. 가로수 조성·관리
7. 숲길 조성·관리	숲길 조성·관리

참고

「산림보호법」개정(법률 제14519호, 2016.12.27. 공포, 2018.6.28. 시행)으로 수목진료 사업의 주체를 나무병원으로 정의함에 따른 「산림자원의 조성 및 관리에 관한 법률」의 나무병원(산림사업법인)과의 충돌 방지를 위해 산림사업법인에서 나무병원을 제외하였다.

3. 나무병원 종류 및 범위

나무병원의 종류	업무 범위
1. 1종 나무병원	수목진료
2. 2종 나무병원	수목진료 중 처방에 따른 약제살포

CHAPTER 02

산림사업 등 등록기준

제1절 산림사업 등록기준 이해

1. 기술수준(산림사업법인 관리지침 제4조)

산림사업법인 등록기준 중 기술수준의 적격여부에 대한 확인은 다음과 같이 한다.

1) 산림기술자의 자격증 사본, 업체로부터 제출받은 고용보험 가입증명(사업장별 피보험자격 취득자 목록 및 피보험자격 이력 내역서 등을 말하며, 65세 이상인 자 등 「고용보험법」 제10조에 따른 적용제외 근로자인 경우에는 국민연금보험, 국민건강보험 또는 산업재해보상보험 가입증명 중의 어느 하나로 갈음할 수 있다) 등을 상호대조·확인하여 처리한다.
2) 기술기준을 확인함에 있어서 필요한 때에는 산림기술자 개인별 경력사항, 고용계약서 사본 등 재직 사실을 객관적으로 입증할 수 있는 증명서류를 추가로 제출받아 실제근무 여부를 확인할 수 있다.

2. 자본금(산림사업법인 관리지침 제5조)

산림사업법인의 등록요건 중 자본금의 적격여부에 대한 확인은 신청인이 제출한 기업진단 보고서상의 진단의견(적격, 부적격, 진단불능 등)과 기업진단서의 유효기간을 확인하여 처리하며, 기업진단자의 사업자 등록증도 같이 확인한다.

3. 사무실(산림사업법인 관리지침 제6조)

산림사업법인 등록기준 중 사무실의 적격여부에 대한 확인은 다음과 같이 한다.

1) 사무실의 범위는 다음 각 호와 같다.
   (1) 사무실은 「건축법」 등 관련법령에 적합한 것이어야 하며 등록하고자 하는 관할 시·도내에 위치하여야 한다.

(2) 다음 각 목의 건물 중 산림사업법인의 사무실로 사용함이 타당하지 않다고 인정되는 건물은 산림사업법인 등록기준에 따른 사무실로 인정하지 아니한다. 다만, 건축물대장 등을 통하여 용도변경을 한 사실이 객관적으로 인정되는 경우에는 예외로 한다.

가. 단독주택, 공동주택 등 주거용 건물

나. 축사, 퇴비사, 온실, 저장고 등 농업 · 임업 · 축산 · 어업용 건물

다. 그 밖에 상시적으로 사무실로 이용하기 부적합한 건물

(3) 제2호에도 불구하고 건물등기사항증명서 또는 건축물대장 등에서 정한 용도가 사무실이 아니라도 건물의 형태, 입지 및 주위여건 등 제반 상황을 고려하여 상시 사무실로 이용 가능한 것으로 확인되는 경우라면 사무실로 인정한다.

(4) 산림사업법인 등록기준의 사무실은 산림사업 영위를 위한 용도로 사용되어야 한다.

(5) 무허가건물 및 가설건축물은 사무실로 인정하지 아니한다. 다만, 「건축법」 제20조 제1항에 따라 시장·군수·구청장이 도시계획시설 또는 도시계획시설예정지에 건축을 허가한 가설건축물로서 사무실로 상당한 기간 동안 상시 이용이 가능하고 해당 가설 건축물 소유자가 산림사업법인 등록을 하는 경우라면 사무실로 인정할 수 있다.

(6) 사무실은 다른 산림사업법인 또는 타 업종의 사무실과 공유해서 사용될 시 공간적으로 명확히 구분되어져야 하며, 산림사업 영위를 위해 필요한 책상 등 사무설비와 통신설비의 설치 및 사무인력이 상시 근무하기에 적합한 정도의 공간이어야 한다.

2) 사무실보유 증명서류로 건축물대장 및 임차계약서를 제출할 수 있다.

(1) 건물소유자가 건물등기를 하지 않은 경우 등 불가피한 사정으로 인하여 임차인이 건물등기부등본을 제출할 수 없는 경우에는 「건축법」 제29조에 따른 건축물대장상의 소유자가 실제소유자임이 확인되는 경우(재산세 납세증명서 확인 등)에 한하여 건물등기부등본을 대신하여 건축물대장을 제출할 수 있다.

(2) 임차계약서로 공증하는 방법

가. 쌍방합의의 경우: 임대인의 인감증명서 첨부

나. 제3자 공증방법: 부동산 중개업자 서명 날인 한 임차계약서 첨부

다. 근저당권 설정: 임차인(법인) 명의의 근저당권 설정 등기부 등본 첨부

라. 세무서 확인 필한 임차계약서(확정일자를 받은 계약서)

3) 사무실 기준의 적격여부는 해당 사무실의 소재지를 방문하여 확인하여야 한다. 다만, 제출받은 서류의 심사결과와 사무실의 주소·전화번호·팩스번호 등의 확인 등 사

정을 고려하여 방문 확인이 필요하지 않다고 판단되는 경우에는 이를 생략할 수 있다.

제2절 산림사업 등 등록기준

1. 산림사업 등록기준(산림자원의 조성 및 관리에 관한 법률 시행령 별표 2)

산림사업의 종류	자격요건		
	기술수준	자본금	시설
1. 산림경영계획 및 산림조사	다음의 모두에 해당하는 인력요건 1) 기술1급 이상인 산림경영기술자 1명 이상 2) 기술2급 이상인 산림경영기술자 2명 이상	1억원 이상	사무실
2. 숲가꾸기 및 병해충방제	다음의 모두에 해당하는 인력요건 1) 기술1급 이상인 산림경영기술자 1명 이상 2) 기술2급 이상인 산림경영기술자 2명 이상 3) 기능2급 이상인 산림경영기술자 4명 이상	1억원 이상	
3. 〈삭제〉			
4. 산림토목	다음의 모두에 해당하는 인력요건 1) 1급 산림공학기술자 2명 이상 2) 2급 이상인 산림공학기술자 3명 이상	3억원 이상	
5. 자연휴양림 등 조성	다음의 모두에 해당하는 인력요건 1) 1급 산림공학기술자 1명 이상 2) 2급 이상인 산림공학기술자 1명 이상 3) 목구조관리기술자 1명 이상 4) 건축기사 1명 이상	3억원 이상	
6. 도시숲등 조성·관리	다음의 모두에 해당하는 인력요건 1) 기술중급 이상인 산림경영기술자 또는 기술중급 이상인 녹지조경기술자 1명 이상 2) 기술초급 이상인 산림경영기술자 또는 기술초급 이상인 녹지조경기술자 1명 이상	1억원 이상	
7. 숲길 조성·관리	다음의 모두에 해당하는 인력요건 1) 기술중급 이상인 산림공학기술자 또는 기술중급 이상인 녹지조경기술자 1명 이상 2) 기술초급 이상인 산림공학기술자 또는 기술초급 이상인 녹지조경기술자 2명 이상	3억원 이상	

비고

1. 이 표 각 호의 어느 하나에 해당하는 산림사업의 종류로 이미 등록한 법인이 다른 종류의 산림사업 등록을 추가로 신청하는 경우에는 다음 각 목의 구분에 따라 자격요건을 이미 갖춘 것으로 본다.
   가. 기술수준: 이미 등록한 산림사업 종류와 추가로 등록하려는 산림사업 종류에 같은 종류 및 등급의 기술자가 중복하여 요구되는 경우에는 해당 기술자를 이미 갖춘 것으로 본다.
   나. 자본금: 각 산림사업의 종류(자본금 요구액이 가장 많은 산림사업의 종류는 제외한다)에 요구되는 최소 자본금의 2분의 1을 이미 갖춘 것으로 본다.
2. 산림사업을 하려는 법인(「산림보호법」 제21조의9제1항에 따라 등록한 나무병원은 제외한다)이 둘 이상의 산림사업의 종류로 동시에 등록을 신청하는 경우에도 제1호를 준용한다.

2의2. 「산림보호법」 제21조의9제1항에 따라 등록한 나무병원이 하나의 산림사업의 종류로 산림사업법인을 등록하려는 경우에는 다음 각 목의 구분에 따라 자격요건을 이미 갖춘 것으로 본다.
   가. 자본금: 「산림보호법 시행령」 별표 1의6에 따른 나무병원에 요구되는 최소 자본금의 2분의 1을 이미 갖춘 것으로 본다.
   나. 시설: 해당 시설(사무실을 말한다)을 이미 갖춘 것으로 본다.

2의3. 「산림보호법」 제21조의9제1항에 따라 등록한 나무병원이 둘 이상의 산림사업의 종류로 산림사업법인을 등록하려는 경우에는 다음 각 목의 구분에 따라 자격요건을 이미 갖춘 것으로 본다.
   가. 기술수준: 등록하려는 산림사업 종류에 같은 종류 및 등급의 기술자가 중복하여 요구되는 경우에는 해당 기술자를 이미 갖춘 것으로 본다.
   나. 자본금: 「산림보호법 시행령」 별표 1의6에 따른 나무병원에 요구되는 최소 자본금의 2분의 1 및 각 산림사업의 종류(자본금 요구액이 가장 많은 산림사업의 종류는 제외하되, 자본금 요구액이 가장 많은 산림사업의 종류가 둘 이상인 경우에는 하나의 산림사업의 종류만 제외한다)에 요구되는 최소 자본금의 2분의 1을 이미 갖춘 것으로 본다.
   다. 시설: 해당 시설(사무실을 말한다)을 이미 갖춘 것으로 본다.

3. 이 표에서 "인력"이란 상시 근무하는 사람을 말하며, 법, 「국가기술자격법」 등 자격 관련 법령에 따라 그 자격이 정지된 사람은 제외한다.
4. 이 표에서 "자본금"이란 납입자본금과 실질자본금을 말하며, 그 자본금별로 각각 등록기준의 자본금 이상을 충족하여야 한다.
5. 이 표에서 "사무실"이란 「건축법」 등 건축 관련 법령에 따라 사무실로 적합한 시설로서, 산림사업법인으로 등록하려는 소재지(주소지)에 있는 것을 말한다.

2. 나무병원 등록기준

<table>
<tr><th rowspan="2">종류</th><th colspan="3">등록기준</th></tr>
<tr><th>인력</th><th>자본금</th><th>시설</th></tr>
<tr><td>1종 나무 병원</td><td>1. 2018년 6월 28일부터 2020년 6월 27일까지: 나무의사 1명 이상
2. 2020년 6월 28일 이후: 나무의사 2명 이상 또는 나무의사 1명과 수목치료기술자 1명 이상</td><td>1억원 이상</td><td>사무실</td></tr>
<tr><td>2종 나무 병원</td><td>1. 2018년 6월 28일부터 2020년 6월 27일까지: 다음 각 목의 어느 하나에 해당하는 사람 1명 이상
가. 수목치료기술자
나. 「건설기술 진흥법」에 따른 조경 분야의 초급 이상 건설기술자 또는 「국가기술자격법」에 따른 조경기술사·기사·산업기사·기능사의 자격을 갖춘 사람으로서 「건설산업기본법」에 따라 등록한 조경공사업 또는 조경식재공사업에서 1년 이상 종사한 사람
2. 2020년 6월 28일부터 2023년 6월 27일까지: 나무의사 또는 수목치료기술자 1명 이상</td><td>1억원 이상</td><td>사무실</td></tr>
</table>

비고

1. 인력: 상시 근무하는 사람을 말하며, 이 법 또는 그 밖의 법률에 따라 자격이 정지된 사람과 다른 법령에 따라 등록 · 신고 · 허가 등을 위한 기술인력으로 이미 포함된 사람은 제외한다.
2. 자본금
   가. 「산림자원의 조성 및 관리에 관한 법률 시행령」 별표 1 각 호의 어느 하나에 해당하는 산림사업의 종류로 등록한 산림사업법인이 추가로 나무병원을 등록하는 경우에는 자본금 기준의 2분의 1을 감경한다. 다만, 자본금 기준의 200% 이상의 자본금을 갖춘 산림사업법인은 자본금 기준을 갖춘 것으로 본다.
   나. 「건설산업기본법 시행령」 별표 1에 따른 조경공사업자, 조경식재 · 시설물공사업자(조경식재공사업을 주력분야로 등록한 자로 한정한다) 또는 「공동주택관리법」 제52조제1항에 따른 주택관리업자가 나무병원을 등록하는 경우에는 자본금 기준을 갖춘 것으로 본다.
   다. 총자산에서 총부채를 뺀 금액을 자본금으로 본다. 이 경우 총자산과 총부채의 산정은 「주식회사의 외부감사에 관한 법률」 제6조에 따른 회계처리기준에 따른다.
3. 시설: 나무병원을 등록하려는 시 · 도에 「건축법」 등 건축 관련 법령에 적합한 사무실(사무실을 임차 또는 공동사용하는 경우에는 그 사용권을 말한다)을 확보해야 한다. 다만, 다음 각 목의 어느 하나에 해당하는 자가 나무병원을 등록하는 경우에는 시설 기준을 갖춘 것으로 본다.
   가. 「건설산업기본법 시행령」 별표 1에 따른 조경공사업자 또는 조경식재 · 시설물공사업자(조경식재공사업을 주력분야로 등록한 자로 한정한다)로서 나무병원을 등록하려는 시 · 도에 같은 영 제13조제1항 제2호에 따른 사무실을 갖춘 자
   나. 「공동주택관리법」 제52조제1항에 따른 주택관리업자로서 나무병원을 등록하려는 시 · 도에 같은 법 시행령 별표 5에 따른 사무실을 갖춘 자
   다. 「산림자원의 조성 및 관리에 관한 법률」 제24조에 따른 산림사업법인으로서 나무병원을 등록하려는 시 · 도에 같은 법 시행령 별표 2에 따른 사무실을 갖춘 자

CHAPTER 03

산림사업법인 관리지침

[시행 2023. 12. 28.] [산림청고시 제2023-133호, 2023. 12. 28., 제정.]

제1장 총 칙

제1조(목적)

이 지침은 「산림자원의 조성 및 관리에 관한 법률 시행규칙」 제26조 제5항에 따라 산림사업법인의 등록·변경의 절차, 그 밖에 법인의 등록에 필요한 사항을 정함을 목적으로 한다.

제2조(정의)

이 지침에서 사용하는 용어의 뜻은 다음과 같다.

1. "실질자산"이란 제시된 자산총계에서 부실자산을 공제한 자산을 말한다.
2. "실질부채"란 제시된 총부채에서 이 지침에 따른 수정사항을 반영 후의 금액을 말한다.
3. "겸업자산"란 산림사업법인 이외의 사업에 제공된 자산을 말한다.
4. "겸업자본"이란 겸업자산에서 겸업부채를 차감한 금액을 말한다.
5. "겸업부채"란 겸업자산과 관련되는 부채를 말한다.
6. "비업무용자산"란 산림사업법인에 직접적으로 제공되지 않은 임야, 유휴토지, 전답 또는 가옥 등을 말한다.
7. "겸업비율"이란 진단대상사업과 관련이 없는 업종의 비율을 말한다.

사 례

건설업(도장습식방수석공사업, 자본금: 1.5억원)과 숲가꾸기 및 병해충 방제(자본금: 1억원)를 겸업하는 (주)성우방제의 실질자산이 10억원, 실질부채가 5억원이라고 가정하고 도장습식방수석공사업의 실질자산이 4억원, 실질부채가 2억원으로 겸업을 분류한 경우 (주)성우방제의 숲가꾸기 및 병충해 방제(진단대상사업)의 실질자본은 다음과 같이 분류한다.

해설 겸업자본은 2억원이고, 숲가꾸기 및 병충해 방제 실질자본은 3억원이다. 그 계산 근거는 다음과 같다.

실 질 자 산	1,000,000,000	실 질 부 채	500,000,000
겸 업 자 산	400,000,000	겸 업 자 본	200,000,000
겸 업 부 채	200,000,000		
진단대상사업 실질자산	600,000,000	진단대상사업 실질자본	300,000,000
진단대상사업 실질부채	300,000,000		

제 2 장 산림사업법인의 적격여부 확인

제 3 조(처리기관)

「산림자원의 조성 및 관리에 관한 법률」(이하 "법"이라 한다) 제24조에 따라 산림사업법인의 등록은 신청인(법인)의 영업소 소재지를 관할하는 특별시장 · 광역시장 · 도지사 또는 특별자치시장 · 특별자치도지사(이하 "시 · 도지사"라 한다)가 처리한다.

제 4 조(기술수준의 적격여부 확인)

산림사업법인 등록기준 중 기술수준의 적격여부에 대한 확인은 다음과 같이 한다.

1. 「산림기술 진흥 및 관리에 관한 법률」(이하 "산림기술법"이라 한다) 제10조에 따른 산림기술자 경력관리 수탁기관의 산림기술경력증명서 또는 산림기술자의 자격증 사본과 업체로부터 제출받은 고용보험 가입증명(사업장별 피보험자격 취득자 목록 및 피보험자격 이력 내역서 등을 말하며, 「고용보험법」제10조에 따른 적용 제외 근로자인 경우에는 국민연금보험, 국민건강보험 또는 산업재해보상보험 가입증명 중의 어느 하나로 갈음할 수 있다) 등을 상호대조 · 확인하여 처리한다.
2. 기술기준을 확인함에 있어서 필요한 때에는 산림기술자 개인별 경력사항, 고용계약서 사본 등 재직 사실을 객관적으로 입증할 수 있는 증명서류를 추가로 제출받

아 실제근무 여부를 확인할 수 있다.

제 5 조(자본금의 적격여부 확인)

산림사업법인 등록기준 중 자본금의 적격여부에 대한 확인은 다음과 같이 한다.

① 산림사업법인의 등록요건 중 자본금의 적격여부에 대한 확인은 신청인이 제출한 기업진단 보고서상의 진단의견(적격, 부적격, 진단불능 등)과 기업진단서의 유효기간을 확인하여 처리하며, 기업진단자의 사업자 등록증도 같이 확인한다.

② 기업진단자는 제9조에서 정의한 진단자를 말한다.

제 6 조(사무실의 적격여부 확인)

① 산림사업법인 등록기준 중 사무실의 범위는 다음과 같이 한다.

1. 사무실은 「건축법」 등 관련 법령에 적합한 것이어야 하며 등록하고자 하는 관할 시 · 도 내에 위치하여야 한다.
2. 다음 각 목의 건물 중 산림사업법인의 사무실로 사용함이 타당하지 않다고 인정되는 건물은 산림사업법인 등록기준에 따른 사무실로 인정하지 아니한다. 다만, 건축물대장 등을 통하여 용도변경을 한 사실이 객관적으로 인정되는 경우에는 예외로 한다.
   가. 단독주택, 공동주택 등 주거용 건물
   나. 축사, 퇴비사, 온실, 저장고 등 농업 · 임업 · 축산 · 어업용 건물
   다. 그 밖에 상시적으로 사무실로 이용하기 부적합한 건물
3. 제2호에도 불구하고 건물등기사항증명서 또는 건축물대장 등에서 정한 용도가 사무실이 아니라도 건물의 형태, 입지 및 주위여건 등 제반 상황을 고려하여 상시 사무실로 이용 가능한 것으로 확인되는 경우라면 사무실로 인정한다.
4. 산림사업법인 등록기준의 사무실은 산림사업 영위를 위한 용도로 사용되어야 한다.
5. 무허가건물 및 가설건축물은 사무실로 인정하지 아니한다. 다만, 「건축법」제20조 제1항에 따라 시장 · 군수 · 구청장이 도시 · 군계획시설 또는 도시 · 군계획시설예정지에 건축을 허가한 가설건축물로서 사무실로 상당한 기간 동안 상시 이용이 가능하고 해당 가설 건축물 소유자가 산림사업법인 등록을 하는 경우라면 사무실로 인정할 수 있다.
6. 사무실은 다른 산림사업법인 또는 타 업종의 사무실과 공유해서 사용될 시 공간적으로 명확히 구분되어져야 하며, 산림사업 영위를 위해 필요한 책상 등 사무설

비와 통신설비의 설치 및 사무인력이 상시 근무하기에 적합한 정도의 공간이어야 한다.

② 사무실보유 증명서류로 건축물대장 및 임차계약서를 제출할 수 있다.

1. 건물소유자가 건물등기를 하지 않은 경우 등 불가피한 사정으로 인하여 임차인이 건물등기사항증명서를 제출할 수 없는 경우에는 「건축법」제33조에 따른 건축물대장상의 소유자가 실제소유자임이 확인되는 경우(재산세 납세증명서 확인 등)에 한하여 건물등기부등본을 대신하여 건축물대장을 제출할 수 있다.
2. 각종 공부(건물등기사항증명서, 건축물대장, 등록증, 등기필증)와 임대차계약서를 상호대조하여 확인한다.

③ 사무실 기준의 적격여부는 해당 사무실의 소재지를 방문하여 확인하여야 한다. 다만, 제출받은 서류의 심사결과와 사무실의 주소·전화번호·팩스번호 등의 확인 등 사정을 고려하여 방문 확인이 필요하지 않다고 판단되는 경우에는 이를 생략할 수 있다.

제 7 조(등록 통보 등)

시 · 도지사는 산림사업법인 등록신청을 수리한 때에는 다음 각 호의 사항을 처리하여야 한다.

1. 산림청, 타 시 · 도, 관할 기초자치단체에 통보
2. 산림기술법 제6조에 따른 산림기술정보체계에 등재

제 3 장 산림사업법인의 기업진단

제 8 조(적용범위)

① 기업진단은 산림사업법인의 등록요건 중 자본금의 평가에 한하여 적용한다.

② 기업진단은 다른 법령에 특별한 규정이 있는 경우를 제외하고는 본 장에서 정하는 바에 의한다. 다만, 이 지침에서 정하지 아니한 사항은 “기업회계기준”에 의한다. 이 경우 “기업회계기준”이란 한국회계기준원 회계기준위원회가 공표하여 진단기준일 현재 시행하고 있는 회계기준을 말한다.

해 설

〈1순위〉 다른 법령의 특별한 규정
〈2순위〉 산림사업법인의 기업진단
한국회계기준원 회계기준위원회가 공표하여 진단기준일 현재 시행하고 있는 기업회계기준, 다만 IFRS 적용 기업은 한국채택국제회계기준, IFRS 적용 기업외의 비상장기업은 일반기업회계기준에 의한다.

제 9 조(진단자)

기업진단은 각 호의 자가 실시한다.
1. 「공인회계사법」 제7조 및 제24조의 규정에 의하여 금융위원회에 등록한 개업 공인회계사 또는 회계법인
2. 「세무사법」 제6조 및 제16조의4의 규정에 의하여 기획재정부에 등록한 개업 세무사 또는 세무법인
3. 「중소기업진흥에 관한 법률」에 따라 등록한 재무관리분야 경영지도사(「중소기업기본법」에 의한 중소기업에 한한다)를 말한다.

해 설

1. 등록 세무사 및 세무법인
2. 등록 공인회계사 및 회계법인
3. 등록 경영지도사(중소기업에 한함)

제10조(진단기준일)

진단기준일은 다음 각 호와 같다.
1. 신규등록: 등록 신청전일부터 역산하여 30일 이내의 기간
2. 시·도지사가 법 제67조에 의한 "보고·검사 등"의 업무를 수행하기 위한 기업진단서 및 기업진단 평가서 제출을 요구할 경우: 시·도지사가 지정한 날
3. 양도·양수: 양도·양수 계약일(분할 또는 분할합병에 의한 양도·양수의 경우에는 그 등기일)
4. 법인 합병: 법인합병 등기일
5. 자본금 변경: 자본금 변경일(법인인 경우에는 변경등기일)

해 설

신규등록(추가등록 포함)시 진단기준일은 등록신청전일부터 역산하여 30일 이내의 기간 중 하루를 선택하여 진단기준일로 하면 된다. 즉 진단기준일로부터 30일 이내에 등록관청에 등록신청을 하여야 한다는 의미가 있다.

사 례

A가 8월 21일에 숲가꾸기 및 병충해 방제사업을 신규로 등록관청에 등록하고자 하는 경우 진단기준일을 제시하시오.

해설 신규등록시 진단기준일은 등록신청전일부터 역산하여 30일 이내의 기간이므로 등록신청전일인 8월 20일부터 역산하여 30일 이내인 7월 22일부터 8월 20일 사이의 기간 중 하루를 선택하여 진단기준일(= 재무제표 작성일 = 결산일)로 설정하면 된다.

제11조(기업진단 서류의 제출)

① 진단을 받고자 하는 자는 진단에 필요한 다음 서류를 진단자에게 제출하거나 제시하여야 한다.
1. 별지 제1호서식에 의한 기업진단신청서
2. 기업회계기준에 의하여 작성한 진단기준일의 재무상태표, 손익계산서, 재무제표 부속 명세서와 회계장부 및 기타 진단에 필요한 서류

② 진단자는 필요시 장부 및 기타 자산을 인정하는데 필요한 계약서, 계산서, 증명서, 확인서, 소유권증서 및 세무신고서 등 제반증빙서류의 제출을 요구할 수 있다.

③ 제1항의 규정에 의하여 제출된 서류는 재작성 또는 정정 등을 이유로 반환을 요구할 수 없다. 다만, 제출된 서류에 오기 또는 오산과 같은 객관적으로 명백한 오류가 있을 때에는 진단자의 동의를 얻어 정정할 수 있다.

④ 제1항과 제3항의 규정에 의하여 제출되거나 정정된 서류에 대하여 추가서류를 제출하고자 할 때에는 진단자의 동의를 얻어야 한다.

해 설

① 기업진단시 구비서류

1. 신설회사

구비서류	개인	법인
1) (정기, 수시) 결산 재무제표	○	○
2) 사업자등록증(있는 경우에 한함)	○	○

구비서류	개인	법인
3) 법인등기부등본	×	○
4) 일자별 금융거래내역서(30일 이상)- 금융기관 발급분에 한함	○	○
5) 예금잔액 증명서 및 금융거래 확인서 (발급일자 : 진단기준일)- 금융기관 발급분에 한함	○	○
6) 임대차계약서	○	○
7) 출자증명원	○	○
8) 기타 진단자 요청하는 서류(계정명세서 등)	○	○

2. 기존회사

입증 구비서류	개인	법인
1) (정기, 수시) 결산 재무제표(비교식) (합계잔액시산표 포함)	○	○
2) 사업자등록증	○	○
3) 법인등기부등본	×	○
4) 타 업종 등록증	○	○
5) 일자별 금융거래내역서(30일 이상)- 금융기관 발급분에 한함	○	○
6) 예금잔액 증명서 및 금융거래 확인서 (발급일자 : 진단기준일)- 금융기관 발급분에 한함	○	○
7) 각 계정별 명세서	○	○
8) 매출채권 명세서 및 세금계산서	○	○
9) 재고자산 명세서 및 공사계약서	○	○
10) 임대차계약서 또는 건물등기부등본	○	○
11) 출자증명원 및 융자금확인서	○	○
12) 유형자산 감가상각명세서	○	○
13) 퇴직급여 추계액 명세서	○	○
14) 부가가치세 신고서 및 합계표	○	○
15) 기타 진단자가 요청하는 서류(계정명세서 등)	○	○

제12조(진단방법 및 진단의견)

① 진단자는 진단을 받는 자가 제출 또는 제시하는 서류를 검토하여 성실하게 평가하여야 하며, 필요한 경우 실제 조사하여 확인하여야 한다.
② 진단자는 제1항의 규정에 의하여 확인한 사항에 대한 조서를 작성·비치하여야 한다.
③ 진단자는 "기업진단보고서"의 진단의견란에 다음 각 호와 같이 기재한다.
1. 진단을 받는 자의 실질자본금이 산림사업법인 등록기준의 자본금 이상인 경우: 적격
2. 진단을 받는 자의 실질 자본금이 산림사업법인 등록기준의 자본금에 미달된 경우: 부적격
3. 제13조의 규정에 해당하여 진단하지 못한 경우: 진단불능

제13조(진단불능)

① 진단자는 다음 각 호의 어느 하나에 해당하는 경우에는 진단불능으로 처리하여야 한다.
1. 제출된 재무제표가 진단을 받는 자의 장부와 일치되지 아니하여 이를 허위라고 인정한 때
2. 진단을 받는 자가 서류의 제출이나 장부 기타 제반 증빙서류 등의 제출을 거부·기피 또는 태만히 하여 진단을 할 수 없을 때
3. 진단을 받는 자가 작성·제출한 서류 중 실질자본에 중대한 영향을 미치는 허위가 발견된 경우

② 진단자는 진단을 받는 자에 대한 장부의 작성 및 재무제표 작성업무를 수행한 경우(수행하는 경우를 포함한다)에는 해당 회계연도에 대한 기업진단을 행할 수 없으며 또한 다음 각 호의 1에 해당하는 자에 대한 기업진단을 행할 수 없다.
1. 진단자 또는 진단자의 배우자가 임원이거나 이에 준하는 직위(재무에 관한 사무의 책임 있는 담당자를 포함한다)에 있거나, 과거 1년 이내에 이러한 직위에 있었던 자(회사를 포함한다. 이하 이 항에서 같다.)
2. 현재 진단자 또는 진단자의 배우자가 사용인이거나 과거 1년 이내에 사용인이었던 자
3. 진단자 또는 진단자의 배우자가 주식 또는 출자지분을 소유하고 있는 자
4. 진단자 또는 진단자의 배우자와 채권 또는 채무관계에 있는 자 (이 경우 진단자를 규율하는 관련 법 등에서 세부적으로 정한 경우에는 해당 규정에 따른다.)
5. 진단자에게 무상으로 또는 통상의 거래가격보다 현저히 낮은 대가로 사무실을 제공하고 있는 자
6. 진단자의 고유 업무 외의 업무로 인하여 계속적인 보수를 지급하거나 그 밖에 경제상의 특별한 이익을 제공하고 있는 자
7. 진단을 수행하는 대가로 자기 회사의 주식·신주인수권부사채·전환사채 또는 주식매수선택권을 제공하였거나 제공하기로 한 자

해 설

진단자와 진단받는 업체와의 독립성을 확보하기 위하여 진단불능사유를 강화하였다. 한국세무사회를 경유하는 경우에는 진단불능사유확인서를 반드시 제출하여야 한다.

■ 진단불능사유에 대한 확인서

확인 내용	해당여부	
	여	부
1. 진단을 받는 자에 대해 장부작성 및 재무제표 작성업무를 수행한 경우 또는 수행하는 경우		
2. 진단자 또는 진단자의 배우자가 임원이거나 이에 준하는 직위(재무에 관한 사무의 책임있는 담당자를 포함한다)에 있거나, 과거 1년 이내에 이러한 직위에 있었던 자(회사 포함)		

<table>
<tr><th rowspan="2">확인 내용</th><th colspan="2">해당여부</th></tr>
<tr><th>여</th><th>부</th></tr>
<tr><td>3. 현재 진단자 또는 진단자의 배우자가 사용인이거나 과거 1년이내에 사용인이었던 자(회사 포함)</td><td></td><td></td></tr>
<tr><td>4. 진단자 또는 진단자의 배우자가 주식 또는 출자지분을 소유하고 있는 자(회사 포함)</td><td></td><td></td></tr>
<tr><td>5. 진단자 또는 진단자의 배우자와 채권 또는 채무관계에 있는 자 또는 회사(진단자를 규율하는 관련 법 등에서 세부적으로 정한 경우에는 해당 규정에 따름)</td><td></td><td></td></tr>
<tr><td>6. 진단자에게 무상으로 또는 통상의 거래가격보다 현저히 낮은 대가로 사무실을 제공하고 있는 자(회사 포함)</td><td></td><td></td></tr>
<tr><td>7. 진단자의 고유업무 외의 업무로 인하여 계속적인 보수를 지급하거나 그 밖에 경제상의 특별한 이익을 제공하고 있는 자(회사 포함)</td><td></td><td></td></tr>
<tr><td>8. 진단을 수행하는 대가로 자기 회사의 주식·신주인수권부사채·전환사채 또는 주식매수선택권을 제공하였거나 제공하기로 한 자(회사 포함)</td><td></td><td></td></tr>
<tr><td colspan="3">위 사항을 충분히 검토하여 허위 사실 없이 해당 여부를 확인하였습니다.

년 월 일
(등록번호) 진단자 : ( ) 인</td></tr>
</table>

제14조(부실자산)

다음 각 호의 경우에는 이를 부실자산으로 처리하여야 한다.

1. 자산의 과대평가로 인한 가공자산
2. 제시 자산 총계의 100분의 2를 초과하는 현금
3. 진단을 받는 자의 소유가 아닌 자산
4. 대손처리하여야 할 자산
5. 비유동 무형자산(사용수익기부자산과 산업재산권은 제외한다)
6. 선급비용
7. 기업회계기준에 따라 비용으로 계상하여야 할 대상금액이 자산으로 계상된 금액
8. 부도어음(담보가 설정되어 있는 경우 회수 가능한 금액은 제외한다.)
9. 제16조 제1항 내지 제3항, 제5항 및 제10항의 규정에 의한 부실자산
10. 신설 법인이 법인설립 등기일(개인사업자인 경우 사업자등록증상의 사업 개시일)부터 30일 이내의 날을 진단하는 날로 하여 제시한 제예금

해 설

1. 제시 자산 총계의 2%를 초과하는 현금
   결산재무제표상의 자산총계의 2%까지의 현금은 실질자산으로 인정받는다. 왜냐하면 진단일은 진단기준일 이후의 날이 되므로 진단기준일 현재의 현금시재를 현실적으로 파악하기 불가능하다. 따라서 회사가 계상한 현금시재 중에서 회사제시 자산총계의 2%까지의 현금을 실질자산으로 인정하고 있다.

사 례

B회사는 재무제표상 현금시재액이 1천만원이고 자산총계는 3억원(평정후 자산총계는 2.8억원)이며 부채총계는 5천만원(평정후 부채총계는 6천만원)이다. 회사가 실질자산으로 인정받을 수 있는 현금시재액은 얼마인가?

해설 회사제시 자산총계의 2%까지를 실질자산으로 인정받는다. 따라서 6백만원까지의 현금시재는 인정된다. 즉 실질자산 6백만원, 부실자산 4백만원으로 처리하여야 한다.

2. 신설법인이 법인설립 등기일부터 30일 이내의 날을 진단하는 날로 하여 제시한 제예금은 부실자산으로 본다. 따라서 진단자는 법인설립등기(개인은 사업 개시일) 이후 30일이 경과된 날을 진단일(= 진단보고서 발급일)로 하여야 한다.

사 례

E법인이 8월 2일에 설립등기를 한 후 숲가꾸기 및 병충해 방제사업을 등록하고자 한다. 가장 빠르게 진단할 경우 진단기준일과 진단일은 언제인가?

해설 신설법인은 법인설립 등기일부터 30일 이내의 날을 진단하는 날로 할 수 없다. 따라서 진단기준일은 등록신청일 전일부터 역산하여 30일 이내의 날 중 하루를 정하여 진단기준일로 하고 9월 1일을 진단일로 하여 진단이 가능하다.

제15조(수익의 인식과 측정)

수익은 기업회계기준상의 손익계산서 작성기준 및 매출총이익 계산방식에 따라 계산하여야 한다. 다만, 공사수익측정에 있어서는 세법의 규정에 따라 계산된 수익을 기업회계기준에 따라 계산된 수익으로 인정할 수 있다.

해 설

수익과 비용은 기업회계기준에 따라 평가한다. 따라서 공사진행기준과 공사완성기준을 통하여 회사의 회계처리를 확인하고 재고자산의 계상여부와 수익과 비용의 올바른 인식에 대한 검토가 이루어져야 한다. 기업회계기준에서는 진행기준을 원칙으로 하고 있으나 중소기업회계처리특례에 의거하여 1년 내의 기간에 완료되는 용역매출 및 건설형 공사계약에 대하여는 용역제공을 완료하였거나 공사 등을 완성한 날에 수익으로 인식할 수 있으므로 진단시 주의를 요하여야 한다. 또한 세법의 경우 중소기업의 단기 공사인 경우에 인도기준(완성기준)이 가능하다.

구 분	원칙	예 외
단기건설(1년미만)	진행기준	(기업회계) 비상장중소기업은 인도기준 또는 완성기준 가능 (세법) 중소기업은 인도기준 또는 완성기준 가능
장기건설(1년이상)		진행기준

제16조(자산의 평가 등)

① 제예금은 진단을 받는 자의 명의(법인인 경우 법인 명의)로 된 계좌에 대하여 진단기준일 전일(신설법인이 법인설립등기일부터 30일 이내의 날을 진단기준일로 하여 진단하는 경우에는 진단하는 날 전일)부터 역산하여 30일 동안의 은행거래 실적평균잔액을 예금액으로 평가하되 진단기준일 현재의 예금 잔액을 초과할 수 없다. 다만, 예금증서 또는 은행거래실적증명서를 제시하지 못하거나 그 예금이 일시적으로 조달된 것으로써 출처가 불분명한 경우와 제예금 중 진단기준일부터 진단시까지 지출 원인이 분명하지 않은 인출 금액은 부실자산으로 보아 제외하고 평가한다.

해 설

1. 예금의 명의자

예금은 진단자 명의로 된 예금만을 말한다. 따라서 법인인 경우 법인명의로된 예금(통장)만을 개인사업자인 경우 개인사업자로 된 예금(통장)만을 인정하게 된다. 다만 신설법인인 경우에는 진단기준일이 설립등기일이고 설립등기일에는 법인의 예금통장이 존재하지 않으므로 주금납입당시의 발기인 대표자 예금통장의 주금납입액을 인정받을 수 있다. 이 경우 발기인 통장의 주금납입액은 법인의 사업자등록증이 발급되어 법인명의의 통장이 개설되는 경우에 이체되어야 한다.

2. 예금의 평가

1) 예금의 확인기간

진단기준일 현재 진단을 받는 자 명의의 금융기관 예금잔액증명과 진단기준일 전 30일을 포함한 진단일까지의 은행거래실적. 따라서 진단자는 수진업체의 통장거래내역을 최소 32일 이상 확인하여야 한다.

2) 예금의 평잔기간

예금의 평잔은 진단기준일 전일부터 역산하여 30일 동안의 은행거래 실적평균잔액을 예금액으로 평가하도록 하고 있다. 따라서 진단자는 진단일(= 진단서 발급일)전일로부터 소급하여 30일을 평잔하는 오류를 범하지 않도록 주의하여야 한다. 다만, 신설법인은 법인설립등기일부터 30일 이내의 날을 진단기준일로 하여 진단하는 경우에는 예외적으로 진단하는 날 전일부터 역산하여 30일 동안 평잔을 인정한다. 또한 진단기준일 현재 재무제표상 예금잔액과 예금 30일 평잔금액을 비교하여 평잔금액이 예금잔액을 초과하는 경우에는 예금잔액으로만 인정한다.

사 례

C법인이 숲가꾸기 및 병해충 방제사업을 등록하고자 8월 31일로 결산재무제표를 작성하였다. 이 경우 법인이 9월 25일까지 숲가꾸기 및 병충해 방제사업을 등록신청하고자 하는 경우 예금 평잔기간을 제시하시오.

해설 진단을 받는 자의 명의(법인인 경우 법인 명의)로 된 계좌에 대하여 진단기준일 전일부터 역산하여 30일 동안의 은행거래 실적평균잔액을 기준으로 하도록 되어 있으므로 8월 1일부터 8월 30일까지 30일간의 예금평균잔액으로 한다. 다만 예금 평균잔액이 8월 31일 재무제표상 예금잔액을 초과하는 경우에는 재무제표상 예금잔액으로 하는 것이 일반적이다. 왜냐하면 예금의 임의 평가증이 이루어질 수 있기 때문이다.

② 매출 채권 등의 평가는 다음 각 호의 방법에 의하여 평가한다.

1. 장·단기 매출채권 및 장단기 미수금 등의 채권은 거래처의 채무증명에 의하되 세금계산서를 확인하여야 한다. 다만, 법인세법에서 정한 대손충당금 설정한도액에 미달하는 경우에는 설정한도 미달액을 차감하여 평가한다.
2. 매출채권 등에 있어서 발생일로부터 1년 이상 경과한 매출채권 등은 부실자산으로 평가한다. 다만, 그 채무자가 국가, 지방자치단체, 「공공기관의 운영에 관한 법률」 제4조에 따라 공공기관으로 지정된 기관인 경우에는 그러하지 아니한다.

해 설

1. 매출채권 등의 구분

매출채권 보유기간	대상 사업	실질 여부
1년 이하	진단대상사업	실질자산
	진단대상사업 외	겸업자산
1년 경과	진단대상사업	부실자산
	진단대상사업 외	부실자산

2. 1년 경과시에도 실질자산으로 인정되는 매출채권

국가, 지방자치단체 또는 공공기관에 대한 받을채권

3. 대손충당금 설정

1년 이내의 매출채권이나 미수금은 반드시 대손충당금을 설정하여야 하며, 회사가 객관적으로 산정한 대손추정률을 알 수 없거나 존재하지 않는 경우에는 세법상 대손충당금 한도액인 대손실적율과 1% 중 큰 금액을 설정한다. 특히 발생일로부터 1년이 경과된 채권은 부실자산이므로 대손충당금을 설정하는 것이 아니라 부실자산으로 평정해야 함에 유의하여야 한다.

사 례

D법인의 진단기준일 현재 매출채권 잔액이 2억원이고 1년이 경과된 채권이 2천만원으로 확인되며 회사가 객관적으로 설정한 대손추정률은 존재하지 않는 경우 평정사항을 제시하시오.

해설 1) 부실자산: 2천만원(= 매출채권 중 1년 경과분)
2) 대손충당금: 1,800,000원(= 1.8억원 × 1%)

③ 가지급금은 급여선급인 경우에만 당해 임직원의 1월 급여액 범위 내에서 인정하고 이를 초과하는 금액에 대하여는 부실자산으로 평가한다.

해 설

가지급금(= 주임종단기대여금)은 부실자산으로 본다. 다만 임직원에 대한 1월 이내의 급여액은 실질자산으로 인정하고 있다. 따라서 대부분의 가지급금 성격의 지출은 모두 부실자산으로 처리하여야 한다.

④ 장단기대여금은 전액 겸업자산으로 평가한다. 다만, 종업원에 대한 주택자금과 우리사주조합에 대여한 것은 제외한다.

해 설

주택자금 대여액은 종업원에 대한 것만 인정되고 임원이나 대표자에 대한 대여금은 인정하지 않는다.

장단기대여금	실질 여부
원 칙	겸업자산
종업원 주택자금 대여액	실질자산
우리사주조합 대여액	실질자산

⑤ 공사용 전도자금에 대하여는 당해 현장책임자 등의 예금잔액증명분에 의하여 인정하고 예금잔액증명서로 확인할 수 없는 금액은 제14조 제2호의 규정에 의하여 부실자산으로 평가한다.
⑥ 유가증권은 다음 각 호의 방법에 의하여 평가한다.
1. 유가증권의 평가는 취득원가로 평가함을 원칙으로 한다. 다만, 증권거래소에 상장되어 있는 주식으로서 시가가 취득원가보다 금액이 낮은 것은 시가로 평가한다.
2. 국채, 공채, 사채 및 기타의 채권으로서 취득가액과 액면가액이 다른 것은 그 차액을 상환기간에 걸쳐 매기 당해 진단을 받는 사가 재택하고 있는 방법으로 재차 가감한 가액으로 평가한다.
3. 신용보증기관에 대한 출자금(출자를 위하여 예치한 출자금액을 포함한다)은 기준일 현재의 지분평가액(출자를 위하여 예치한 출자예정금액은 그 전액)을 산림사업의 실질자산으로 인정한다. 다만, 출자금이 압류되어 있는 경우에는 그 압류금액을, 출자금을 담보로 대부를 받은 경우에는 그 대부금액을 차감하여 평가한다.
4. 잉여금의 자본전입에 의한 주식의 취득은 자산의 증가로 보지 아니한다.
5. 산림사업과 관련이 없는 투자자산은 겸업자산으로 본다.

해설

1. 유가증권(지분증권)

<table>
<tr><th>분 류</th><th>요건</th><th colspan="2">재무상태표 표시</th></tr>
<tr><td>단기매매증권</td><td>단기 매매차익 목적, 빈번한 매매</td><td colspan="2">유동자산</td></tr>
<tr><td rowspan="2">매도가능증권</td><td rowspan="2">단기매매증권, 지분법적용투자주식 외</td><td>1년 이내 처분</td><td>유동자산</td></tr>
<tr><td>이외의 경우</td><td>투자자산</td></tr>
<tr><td>지분법적용 투자주식</td><td>중대한 영향력 행사(20% 이상 지분보유)</td><td colspan="2">투자자산</td></tr>
</table>

2. 유가증권(채무증권)

<table>
<tr><th>분 류</th><th>요건</th><th colspan="2">재무상태표 표시</th></tr>
<tr><td>단기매매증권</td><td>단기 매매차익 목적, 빈번한 매매</td><td colspan="2">유동자산</td></tr>
<tr><td rowspan="2">매도가능증권</td><td rowspan="2">단기매매증권, 지분법적용투자주식 외</td><td>1년 이내 만기</td><td>유동자산</td></tr>
<tr><td>이외의 경우</td><td>투자자산</td></tr>
<tr><td rowspan="2">만기보유증권</td><td rowspan="2">상환금액의 확정가능, 만기까지 보유의도, 능력</td><td>1년 이내 만기</td><td>유동자산</td></tr>
<tr><td>1년 후 만기</td><td>투자자산</td></tr>
</table>

3. 유가증권 평가
1) 지분증권
(1) 원칙: 원가법
(2) 상장주식: 저가법
2) 채무증권
유효이자율법

4. 공제조합 출자금

진단기준일 현재 시가로 평가하여 자산에 반영하고 평가이익은 기업회계기준에 의하여 기타포괄손익누계액에 반영하는 것이 타당하다.

(차변) 출자금	○○○	(대변) 기타포괄손익누계액	○○○

사 례

상황1) E법인의 재무제표상 신용보증기관 등에 대한 출자금이 20,000,000원이고 진단기준일 현재 좌당 평가액이 628,000원이고 출자좌수가 32좌인 경우 평정사항을 반영하시오.

상황2) 수진업체인 E법인이 융자금(16,000,000원)을 재무제표에 반영하지 않은 경우 평정사항을 반영하시오.

해설 상황1) 1) 진단기준일 현재 평가액: 20,096,000원
2) 재무제표상 출자금: 20,000,000원
3) 평가증액: 96,000원
따라서 진단 시 96,000원을 평정에 반영하여야 하며, 이 경우 실질자본인 평정액만큼 증가하게 된다.

상황2) 융자금이 재무제표에 제외된 것이 융자금 확인서로 확인되는 경우에는 평정사항을 반영할 때 16,000,000원을 부채의 증가로 반영하여 진단하여야 한다. 이 경우 부채의 증가액만큼 실질자본은 감소하게 된다.

⑦ 재고자산은 다음 각 호의 방법에 의하여 평가한다.
1. 재고자산은 산림사업을 위한 자산만을 인정하되, 구입증빙서류 및 재고자산수불장표를 대조·확인하여 평가한다.
2. 재고자산이 자산총액의 100분의 10을 초과하는 경우에는 그 금액을 판매용 자산으로 간주하여 겸업자산으로 본다.

해 설

재고자산은 산림사업용 자산만을 인정하되, 자산총액의 10%를 초과하는 재고자산은 산림사업용 자산에 해당한다 하더라도 겸업자산으로 보아 실질자본 계산 시 차감하여야 한다.

사 례

F법인의 자산총계는 4억원이고 부채총계는 1억원이며 산림사업용 재고자산을 6천만원을 보유하고 있다. 이 경우 실질자산으로 인정받을 수 있는 재고자산은 얼마인가?

해설 기존법인이라 하더라도 재고자산을 자산총계의 10%를 초과하여 보유하는 경우에는 판매용 자산으로 보아 겸업자산으로 보도록 하고 있다. 따라서 산림사업용 재고자산 중 실질자산으로 인정받을 수 있는 금액은 4천만원이고 나머지 2천만원은 비록 산림사업과 관련되어 있다하더라도 판매용 자산으로 보아 겸업자산으로 분류된다.

⑧ 토지 및 건물은 취득가액으로 평가함을 원칙으로 한다. 다만, 자산재평가법에 따라 자산을 재평가한 경우에는 그 평가액으로 한다.
⑨ 중기계, 공구, 집기, 차량 등은 사용 가능한 것에 한하여 회사소유임이 확인된 것만 평가한다.

해설

유형자산은 소유권, 자산의 실재성 및 진단대상사업에 대한 관련성을 종합하여 평가하며, 등기 또는 등록대상인 자산으로서 법적 및 실질적 소유권이 없는 경우에는 부실자산으로 본다. 특히, 토지와 건물의 등기부등본을 통하여 부외부채에 대한 평가를 하여야 한다. 따라서 기업진단시 법적 소유권과 실질적 소유권의 구분이 필요한 사항이 발생하는 경우에는 사실판단에 의하되, 실질적 소유권을 우선적으로 적용하여야 할 것으로 사료된다.

1. 유형자산 평가모형

유형자산은 기업회계기준에 따라 취득원가모형이나 재평가모형 중에서 진단을 받는 자가 회계장부에 반영한 방식으로 평가한다. 일반적으로 재무제표는 취득원가모형을 근거로 작성되고 있어 재평가모형을 적용해야 하는 경우에는 회계장부에 반영된 사항만을 기준으로 기업진단 업무를 수행하여야 한다.

2. 감가상각

유형자산의 감가상각은 법인세법에 의한다. 다만, 진단을 받는 자의 회계장부상 감가상각누계액이 클 경우에는 그 금액으로 한다. 따라서 진단자는 진단대상사업연도를 기준으로 감가상각을 수행하면 되며, 일반적으로 진단기준일로부터 소급하여 1년을 기준으로 상각한다.

(가) 법인세법상 감가상각자산의 범위(법인세법 시행령 제24조 제1항)

가) 유형고정자산

㉠ 건물(부속설비를 포함) 및 구축물
㉡ 차량 및 운반구, 공구, 기구 및 비품
㉢ 선박 및 항공기
㉣ 기계 및 장치
㉤ 동물 및 식물
㉥ 기타 ㉠ 내지 ㉥의 자산과 유사한 유형고정자산

(나) 법인세법상 내용연수

법인세법 시행규칙 별표 5에서 규정된 건축물 등의 기준내용연수는 다음과 같다.

구분	기준내용연수 및 내용연수범위(하한-상한)	구조 또는 자산명
1	5년 (4년~6년)	차량 및 운반구(운수업, 기계장비 및 소비용품 임대업에 사용되는 차량 및 운반구를 제외), 공구, 기구 및 비품
2	12년 (9년~15년)	선박 및 항공기(어업, 운수업, 기계장비 및 소비용품 임대업에 사용되는 선박 및 항공기를 제외)

구분	기준내용연수 및 내용연수범위(하한-상한)	구조 또는 자산명
3[20]	20년 (15년~25년)	연와조, 블록조, 콘크리트조, 토조, 토벽조, 목조, 목골모르타르조, 기타 조의 모든 건물(부속설비를 포함)과 구축물[21]
4	40년 (30년~50년)	철골·철근콘크리트조, 철근콘크리트조, 석조, 연와석조, 철골조의 모든 건물(부속설비를 포함한다)과 구축물

⑩ 적정하게 계상된 선급제세와 제세결정기관이 환급 통보한 세액은 자산으로 인정하되 그 외의 제세는 부실자산으로 평가한다.

해 설

조세채권의 경우 선급제세(부가세대급금 등)와 환급이 확정된 부분(국세환급금 등)은 실질자산으로 인정하고 그 외에는 부실자산으로 본다. 예를 들어 선납세금 등은 부실자산에 해당하고 부가세대급금이나 국세환급금은 실질자산에 해당한다.

---

20) 1. 구분 3과 구분 4를 적용함에 있어서 부속설비에는 당해 건물과 관련된 전기설비, 급배수·위생설비, 가스설비, 냉방·난방·통풍 및 보일러설비, 승강기설비 등 모든 부속설비를 포함하고, 구축물에는 하수도, 굴뚝, 경륜장, 포장도로, 교량, 도크, 방벽, 철탑, 터널 기타 토지에 정착한 모든 토목설비나 공작물을 포함한다. 다만, 부속설비를 건축물과 구분하여 업종별 자산으로 회계처리하는 경우에는 별표 6을 적용할 수 있다.

2. 구분 3과 구분 4를 적용함에 있어서 건물중 변전소, 발전소, 공장, 창고, 정거장·정류장·차고용 건물, 폐수 및 폐기물처리용 건물, 유통산업발전법시행령에 의한 대형점용 건물(당해 건물의 지상층에 주차장이 있는 경우에 한한다), 국제회의산업육성에관한법률에 의한 국제회의시설 및 무역거래기반조성에관한법률에 의한 무역거래기반시설(별도의 건물인 무역연수원을 제외한다), 축사, 구축물 중 하수도, 굴뚝, 경륜장, 포장도로와 폐수 및 폐기물처리용 구축물과 기타 진동이 심하거나 부식성 물질에 심하게 노출된 것은 기준내용연수를 각각 10년, 20년으로 하고, 내용연수범위를 각각(8년~12년), (15년~25년)으로 하여 신고내용연수를 선택적용할 수 있다.

21) 건물(부속설비를 포함한다) 및 구축물이 기준내용연수 및 내용연수범위가 서로 다른 2 이상의 복합구조로 구성되어 있는 경우에는 주된 구조에 의한 기준내용연수 및 내용연수범위를 적용한다.

⑪ 무형자산은 당해 자산의 취득을 위하여 소요된 가액에서 감가상각 상당액을 차감한 금액으로 평가한다.

⑫ 보증금은 다음 각 호와 같이 평가한다.

1. 임차보증금은 임대차계약서 및 임대인이 발행한 영수증 등 증빙에 의하여 확인하되, 그 금액이 시가보다 현저히 과다할 경우에는 진단시의 시가에 의하여 이를 평가한다.
2. 계약보증금과 하자보수보증금은 그 보증기간이 만료되지 아니한 것에 한하여 자산으로 인정한다.
3. 차액보증금과 하자보수보증금은 그 보증기간이 만료되지 아니하였거나 공사 준공 후에 공사의 불이행이나 하자의 사유가 없이 보관기관이 보관하고 있음을 증명한 때에는 자산으로 인정한다.
4. 영업보증금은 보증기간이 만료되지 아니한 것과 보증기간 만료 후라도 보증기관이 보관하고 있음을 증명한 경우에 한하여 인정한다.

참 고 **보증금 진단시 유의사항**

1. 사무실보증금
   중소건설업자의 경우 월세에 부가되는 임차보증금이 대부분이므로 임차보증금이 2천만원을 초과하는 경우에는 부실의 징후가 있다고 보아 진단자는 주의를 기울려야 한다. 등록관청에서는 이에 대하여 "가공" 계상의 징후가 있다고 보아 검토에 신중(특별감리 등을 통하여)을 기하고 있다.
2. 기타 보증금
   특수관계인 기타 사업자 등으로부터 각종 건설중장비, 승용차 등을 임차한 것으로 하여 거액의 보증금을 계상하는 행위도 부실자산으로 본다. 다만 정상적인 리스회사를 통한 경우에는 인정된다.

제17조(부채의 평가 등)

① 부채의 발생사유를 충분히 검토하고 자산 및 자본과 비교·관련시켜 부외부채의 유무를 면밀히 검토하여 총 부채를 평가하여야 한다.

② 외화부채는 기준일 현재의 대고객전신환매도율에 의한 환율로 평가한다.

③ 감가상각 및 퇴직급여충당금의 계산은 다음 각 호의 방법에 의한다.

1. 감가상각 또는 퇴직급여충당금은 법인세법에 정한 바에 의하여 계상된 금액을 인정한다. 다만, 동 설정범위를 초과하여 충당한 경우에는 그 설정액을 그대로 인정한다.
2. 진단기준일이 사업전년도 중인 때에는 진단기준일로부터 소급하여 1년을 대상으로 제1항의 규정을 적용한다.

제18조(실질자본금의 평가 등)

① 실질자본금은 실질자산에서 비업무용 자산 및 실질부채를 공제한 것으로 한다. 다만, 겸업의 경우에는 겸업자본을 추가로 공제하며, 겸업자본이 겸업기준 자본금에 미달할 때에는 그 기준 자본금을 공제한다.
② 겸업자본의 평가는 다음 각 호의 방법에 의한다.
1. 겸업자본은 겸업자산에서 겸업부채를 차감한 금액으로 한다.
2. 산림사업법인과 산림사업법인 이외의 사업을 구분 계리하는 자의 겸업자산과 겸업부채는 구분경리에 의한 산림사업법인 이외의 사업과 관련된 자산과 부채를 말한다.
3. 산림사업법인과 산림사업법인 이외의 사업을 구분 경리하지 않은 자의 겸업자산과 겸업부채는 자산총계와 부채총계에 겸업비율을 적용하여 계산한다. 다만, 겸업비율은 다음 각 목 중 1을 선택하여 적용한다.
   가. 산림사업법인의 수입금액과 겸업사업의 수입금액 비율
   나. 산림사업법인의 유형자산과 겸업사업의 유형자산 금액 비율
   다. 산림사업법인 이외의 사업이 다른 법령 등에 기준자본금이 정하여진 경우에는 기준자본금의 비율

해 설

1. 실질자본(금)과의 관계

기업진단 시 실질자본(금)은 다음과 같이 판단한다.

1단계: 등기부등본상 납입자본금(개인은 순자산가액)이 등록기준상 자본금기준을 충족하고 있는가?
2단계: 결산재무제표상 자본총계가 등록기준상 자본금기준을 충족하고 있는가?
3단계: 진단 후 진단대상사업의 실질자본(금)이 등록기준상 자본금기준을 충족하고 있는가?

2. 실질자본 계산구조

회사제시 자산	−	회사제시 부채	=	회사제시 자본
±) 수 정 사 항		±) 수 정 사 항		±) 수 정 사 항
−) 부 실 자 산		+) 부 외 부 채		±) 부실자산, 부외부채
실 질 자 산	−	실 질 부 채	=	실 질 자 본
겸 업 자 산	−	겸 업 부 채	=	겸 업 자 본
진단대상사업 실 질 자 산	−	진단대상사업 실 질 부 채	=	진단대상사업 실질자본

3. 겸업자본의 평가

겸업자본은 겸업자산에서 겸업부채를 차감한 잔액을 말한다. 따라서 겸업자산과 겸업부채는 실질자산(실질부채)에 해당하지만 진단대상사업의 실질자산(실질부채)에는 해당하지 않는다. 따라서 실질자산(실질부채 포함) 중에서 겸업자산(겸업부채 포함)을 분류할 때에는 다음과 같이 확인하여야 한다.

1단계: 겸업자산으로 열거된 자산 및 그와 관련된 부채를 구분할 것

2단계: 구분경리 유무를 확인 할 것. 따라서 구분경리가 되어 있는 경우에는 산림사업부문만을 기준으로 실질자본을 확인하면 된다.

3단계: 구분경리가 되어 있지 않는 경우 수입금액비율, 유형자산비율, 기준자본금 비율 중 선택하여 안분한다.

사 례

제조업(기준자본금 없음)과 숲가꾸기 및 병해충 방제사업(기준자본금 1억원)을 영위하는 (주)K방제에 대한 재무상태 및 경영성과에 대한 기업진단(실태조사 목적)을 수행하고 있다. 다음 자료를 이용하여 산림사업의 실질자본금을 구하시오.

실질자산 10억원 실질부채 4억원	〈총매출액 20억원〉 • 제조업 매출액 10억원 • 산림사업 매출액 10억원
겸업자산 2억원 겸업부채 1억원	
공통자산 4억원 공통부채 2억원	

해설 수입금액 비율이 50% 이므로 공통자산 중 2억원, 공통부채 중 1억원이 겸업에 해당한다. 따라서 진단대상사업의 실질자본은 다음과 같다.
실질자본 6억원 - 겸업자본 1억원 - 공통자본 중 겸업자본(50%) 1억원 = 4억원이 된다.
따라서 ㈜K방제는 실질자본금이 2억원으로 기준자본금 1억원 이상을 충족한다.

제19조(진단보고 및 진단서류의 보존)

① 진단을 실시한 진단자는 진단의 결과를 진단자가 소속된 협회의 확인을 받아 진단을 받는 자에게 교부한다.
② 진단을 실시한 진단자는 진단조서 및 관련 증빙서류 등을 5년 이상 보존하여야 하며, 산림청장이나 시·도지사의 요구가 있을 때에는 제출하여야 한다.
③ 전항의 규정에 따라 진단 서류 등을 제출받은 자는 진단자에 대하여 진단내용을 소명하게 하거나, 소속협회 기업진단감리위원회에 감리를 요청할 수 있다.

해 설

진단자는 진단보고서를 작성하여 전자제출 등의 방법으로 한국세무사회를 경유 확인(사전감리를 통과한 경우에 한함)한 후 진단보고서를 수진업체에게 교부하여야 하며, 진단조서 및 관련 증빙서류는 5년간 반드시 보관하여야 한다. 이러한 증빙서류는 추후 사후감리나 특별감리가 진행되는 상황이 발생하면, 추가로 제출하거나 소명자료로서의 역할을 한다.

제 4 장 산림사업법인의 변경신고

제20조(처리기관)

법 제24조에 따른 산림사업법인이 제출한 변경 신청서는 산림사업법인이 소재한 시·도지사가 처리한다.

제21조(처리방법)

시행규칙 제27조에 따른 변경신청서의 처리방법은 다음 각 호와 같다.

1. 산림사업법인의 소재지를 변경한 경우, 변경신청 서류의 처리기관은 변경 전 소재지를 관할하는 시·도지사로 한다.
2. 위 호의 경우 변경 후 영업소 소재지를 관할하는 시·도지사는 최근 1년 이내 영업소재지를 2회 이상 이전한 업체에 대하여 필요시 사무실 구비여부 등에 대한 실제 확인을 하여야 한다.

제22조(변경등록의 통보 등)

산림사업법인의 변경등록 통보 등은 제6조를 준용한다.

제23조(재검토기한)

산림청장은 이 고시에 대하여 「훈령 · 예규 등의 발령 및 관리에 관한 규정」에 따라 2024년 1월 1일을 기준으로 매 3년이 되는 시점(매 3년째의 12월 31일까지를 말한다)마다 그 타당성을 검토하여 개선 등의 조치를 하여야 한다.

부 칙 〈제2023-133호, 2023. 12. 28.〉

이 고시는 발령한 날부터 시행한다.

[별지 제2호 서식]

진단자 소속협회 경유

기업진단 보고서

진 단 구 분	1. 신규등록 2. 기타 ( )		
상 호		대 표 자	
소 재 지		전화번호	
진 단 기 준 일	년 월 일		

구분	등록업종 종류	등록기준 자본	평정후실질자본	진단의견
기존		원	-	-
		원		
		원		
신규(신고등)		원	원	
계		원	원	-

진 단 내 역			
과목	금액	과목	금액
회사제시자산총계(i)		회사제시부채총계(iv)	
자산증가(ii)		부채증가(v)	
자산감소(iii)		부채감소(vi)	
실질자산(I) (i)+(ii)-(iii)		실질부채(II) (iv)+(v)-(vi)	
겸업자산(vii)		겸업부채(viii)	
진단대상사업의 실질자산(III) (I) - (vii)		진단대상사업의 실질부채(IV) (II) - (viii)	
진단대상사업실질자본(V) (III) - (IV)			
겸업내용			

상기의 실질자본은 산림사업법인 관리지침에 의거 진단하였음을 확인합니다.

년 월 일

* 진단자
- 진단자 상호·명칭(대표자) :
- 사무소 소재지 : (Tel : , Fax :)
- 담당 공인회계사(세무사, 경영지도사) : 등록번호 성명 ㉙
- (진단자)법인등록번호 : 사업자등록번호 :

※ 전문경영진단기관의 경우 고용된 공인회계사·세무사·경영지도사 모두 기재·날인한다.

특별자치시장 · 특별자치도지사 · 도지사 귀하

[별지 제3호 서식]

진 단 평 가 서

년 월 일 현재

등록번호 :

업 체 명 : ______________________

(단위 : 원)

과 목	회사제시금액	평 정		평정후금액
		차 변	대 변	
1. 유동자산				
(1) 당좌자산				
① 현금및현금성자산				
② 단기투자자산				
③ 매출채권				
- 대손충당금				
④ 가지급금				
⑤ 단기대여금				
⑥ 미 수 금				
⑦ 미수수익				
⑧ 선 급 금				
⑨ 선급비용				
⑩ 선급공사원가				
⑪ 선납세금				
⑫ 부가세선급금				
⑬ 전도금				
⑭ 기타				
(2) 재고자산				
① 원재료				
② 가설재				
③ 수목				
④ 용지				
⑤ 미성공사				
⑥ 미완성주택				
⑦ 완성주택				
⑧ 기타				
2. 비유동자산				
(1) 투자자산				
① 장기금융상품				
② 매도가능증권				

과 목	회사제시금액	평 정		평정후금액
		차 변	대 변	
③ 만기보유증권				
④ 장기대여금				
⑤ 투자부동산				
⑥ 기타				
(2) 유형자산				
① 토 지				
② 건 물				
감가상각누계액				
③ 건설장비				
감가상각누계액				
④ 차량운반구				
감가상각누계액				
⑤ 건설중인자산				
⑥ 기타				
(3) 무형자산				
① 사용수익권				
② 지적재산권				
③ 부동산물권				
④ 기타				
(4)기타비유동자산				
① 임차보증금				
② 기타보증금				
③ 기타				
(겸 업 자 산)			( )	
자 산 총 계				

과 목	회사제시금액	평 정		평정후금액
		차 변	대 변	
1. 유동부채				
① 단기차입금				
② 매입채무				
③ 공사미지급금				
④ 공사선수금				
⑤ 분양선수금				
⑥ 미지급금				
⑦ 미지급비용				
⑧ 예수금				
⑨ 부가세예수금				
⑩ 미지급세금				
⑪ 가수금				
⑫ 기타				
2. 비유동부채				
① 장기차입금				
② 퇴직급여충당부채				
③ 하자보수충당부채				
④ 임대보증금				
⑤ 기타				
(겸 업 부 채)		( )		( )
부 채 총 계				
1. 자 본 금				
2. 자본잉여금				
3. 자본조정				
4. 기타포괄손익누계액				
① 매도가능증권평가이익				
② 유형자산평가이익				
③ 기타				
5. 차기이월이익잉여금 (또는 이월결손금)				
(진 단 조 정)		( )		( )
자 본 총 계				
부채와 자본총계				

겸업자산 및 부채에 대한 계산 내역

(1)	겸업자산	=	겸업사업에 제공된 자산	+	겸업자산으로 열거한 자산	+	진단대상사업과 겸업사업에 공통으로 사용된 자산	×	겸업비율
	(　　)		(　　)		(　　)		(　　)		(　)
(2)	겸업부채	=	겸업사업 및 겸업자산으로 열거한 자산과 관련하여 발생한 부채			+	진단대상사업과 겸업사업에 공통으로 발생한 부채	×	겸업비율
	(　　)		(　　)				(　　)		(　)
(3)	겸업비율 계산기준	:	, 겸업비율 (　　)%						

CHAPTER 04

산림사업 기업진단 사례

| 진단회사자료 |

(주)A산림은 신설법인으로써 산림자원의 조성 및 관리에 관한 법률에 의한 숲가꾸기 및 병해충방제 사업을 신규신청하기 위해 실질자본금 확인을 위한 기업진단을 의뢰하였다.

- 회사명: (주)A산림
- 설립등기일: 2025년 06월 16일
- 등기부등본상 납입자본금: ₩100,000,000
- 회계연도: 01월 01일~12월 31일

| 진단관련 추가정보 |

① 07월 25일 임차보증금 ₩5,000,000 지급함
② 07월 30일 이사회 결의를 통하여 설립비용은 대표이사가 부담하기로 함
③ 설립비용은 등록면허세와 수수료 등을 포함하여 ₩1,550,000 지출함
④ 진단기준일: 2025.7.31
⑤ 진 단 일: 2025.8.24

1. 재무상태표

재 무 상 태 표

제 1 기 2025년 07월 31일 현재

회사명 : (주)A산림 (단위 : 원)

과 목	제 1(당)기			
	금 액		금 액	
자 산				
Ⅰ. 유 동 자 산		100,000,000		
① 당 좌 자 산		100,000,000		
현 금		2,100,000		
보 통 예 금		97,900,000		
② 재 고 자 산				
Ⅱ. 비 유 동 자 산		5,000,000		
① 투 자 자 산				
② 유 형 자 산				
③ 무 형 자 산				
④ 기 타 비 유 동 자 산		5,000,000		
임 차 보 증 금		5,000,000		
자 산 총 계		105,000,000		
부 채				
Ⅰ. 유 동 부 채		5,000,000		
가 수 금		5,000,000		
Ⅱ. 비 유 동 부 채				
부 채 총 계		5,000,000		
자 본				
Ⅰ. 자 본 금		100,000,000		
자 본 금		100,000,000		
Ⅱ. 자 본 잉 여 금				
Ⅲ. 자 본 조 정				
Ⅳ. 기 타 포 괄 손 익 누 계 액				
Ⅴ. 이 익 잉 여 금				
미 처 분 이 익 잉 여 금				
(당 기 순 이 익)				
당기: 0				
전기: 0				
자 본 총 계		100,000,000		
부 채 와 자 본 총 계		105,000,000		

2. 손익계산서

손 익 계 산 서

제 1 기 2025년 06월 16일부터 2025년 07월 31일까지

회사명 : (주)A산림 (단위 : 원)

과 목	제 1(당)기			
	금 액		금 액	
Ⅰ. 매 출 액				
Ⅱ. 매 출 원 가				
Ⅲ. 매 출 총 이 익				
Ⅳ. 판 매 비 와 관 리 비		1,550,000		
수 수 료 비 용	1,550,000			
Ⅴ. 영 업 손 실		1,550,000		
Ⅵ. 영 업 외 수 익		1,550,000		
채 무 면 제 이 익	1,550,000			
Ⅶ. 영 업 외 비 용				
Ⅷ. 법 인 세 차 감 전 이 익				
Ⅸ. 법 인 세 등				
Ⅹ. 당 기 순 이 익				

상기 재무제표 및 제시된 상황을 근거로 하여 (주)A산림을 진단하고 기업진단보고서를 작성하면 다음과 같다.

1. 재무상태표 탭

자산, 부채내역을 기재한다. 자산, 부채 내역은 재무상태표를 업로드해도 되고 또는 재무상태표를 초기화 한 후 각각 개별 입력해도 된다. 다만, 해당 위치에 계정과목별 금액이 정확하게 기재되어 있는지는 진단자가 반드시 확인하여야 한다.

MANAGEMENT CONSULTING 산림업

○ 진단업체 (주)A산림 ○ 진단구분 신설회사 신규등록

▪ 진단기준일 2025-07-31 ▪ 진단일 2025-08-24 참조

재무상태표 | 손익계산서 | 평정하기 | 겸업자산 · 부채 | 보고서 | 서류인쇄 | 전자신고

전체 ⊙ 잔액있는 것만 보기 ○ 전체보기 | 계정과목 업로드 | 재무상태표 업로드 | 기수관리 | 재무상태표 초기화

계정과목	당기	전기
자산	0	0
I.유동자산	100,000,000	0
◎당좌자산	100,000,000	0
[10100] 현금	2,100,000	0
[10300] 보통예금	97,900,000	0
◎재고자산	0	0
II.비유동자산	5,000,000	0
◎투자자산	0	0
◎유형자산	0	0
◎무형자산	0	0
◎기타비유동자산	5,000,000	0
[23200] 임차보증금	5,000,000	0
자산총계	105,000,000	0
부채	0	0
I.유동부채	5,000,000	0

차변합계 105,000,000 대변합계 105,000,000

2. 손익계산서 탭

수익, 비용 내역을 기재한다. 진단자는 손익계산서를 업로드 하거나 직접 입력이 가능하다. 역시 계정과목과 입력된 금액이 제대로 일치하는지 여부를 진단자는 반드시 확인하여야 한다.

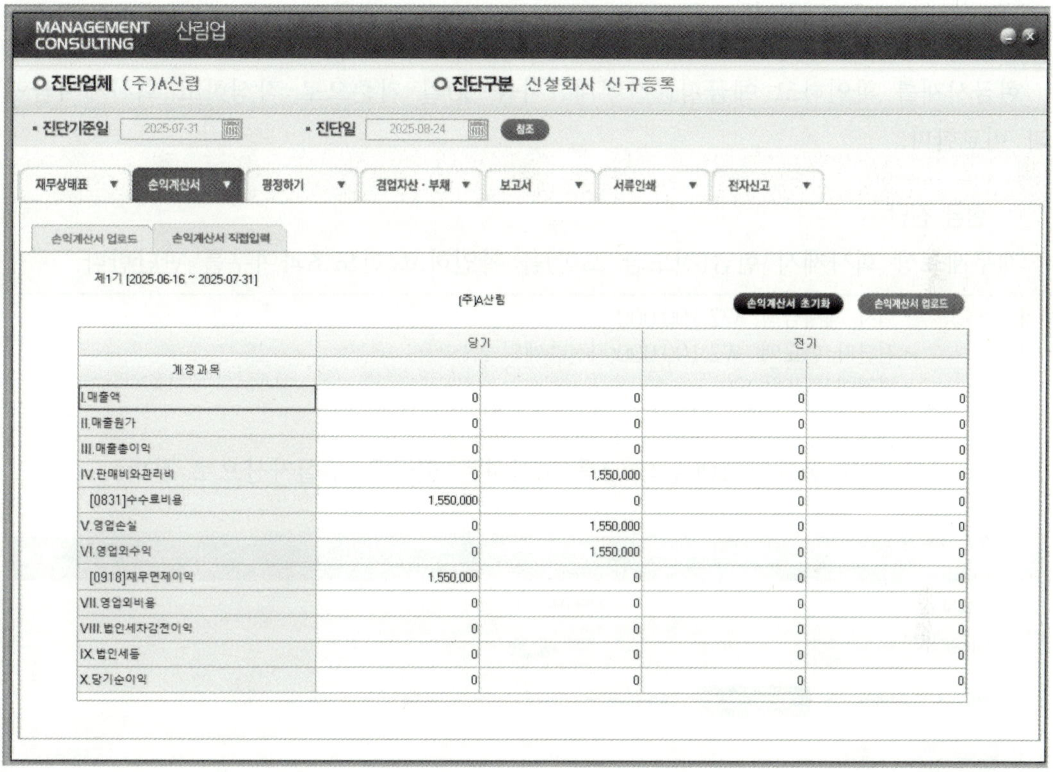

계정과목	당기		전기	
I.매출액	0	0	0	0
II.매출원가	0	0	0	0
III.매출총이익	0	0	0	0
IV.판매비와관리비	0	1,550,000	0	0
[0831]수수료비용	1,550,000	0	0	0
V.영업손실	0	1,550,000	0	0
VI.영업외수익	0	1,550,000	0	0
[0918]채무면제이익	1,550,000	0	0	0
VII.영업외비용	0	0	0	0
VIII.법인세차감전이익	0	0	0	0
IX.법인세등	0	0	0	0
X.당기순이익	0	0	0	0

3. 평정하기 탭

자산과 부채의 평정내역을 기재한다. 현금은 전도금을 포함하되, 현금용인 한도액(회사제시 자산총계의 2%)과 재무제표상 현금(전도금 포함)을 비교하여 현금용인 한도액이 재무제표상 현금액 보다 많은 경우에는 평정금액(= 부실자산)은 없다.

(1) 현금 및 현금성자산 진단

현금시재를 확인하고 예금평균잔액계산서를 30일 기준으로 작성하고 회사제시금액과 비교한다.

① 현금 진단

재무제표상 회사제시 현금(전도금 포함)을 확인하고 한도초과여부를 판단한다.

- 회사 제시금액: ₩2,100,000
- 진단자 한도액: ₩2,100,000(자산총계의 2%)
- 평정대상금액: ₩0

회사 제시 자산 총계의 100분의 2를 초과하는 현금은 부실자산으로 본다.

MANAGEMENT CONSULTING 산림업

진단업체 (주)A산림　진단구분 신설회사 신규등록

진단기준일 2025-07-31　진단일 2025-08-24　참조

재무상태표 / 손익계산서 / 평정하기 / 겸업자산 · 부채 / 보고서 / 서류인쇄 / 전자신고

자산평정하기: 현금, 예금, 매출채권(매출채권등, 대손충당금), 유형자산(유형자산, 감가상각), 기타자산

부채평정하기: 퇴직급여충당금, 미지급세금, 부외부채, 기타부채

▪ 현금　불러오기

구분		금액	메모
1. 현금평가액	① 회사제시(b/s상) 현금	2,100,000	
	② 가산금액	0	
	③ 합계(①+②)	2,100,000	
2. 현금용인 한도액	④ 회사제시(b/s상) 자산총계	105,000,000	
	⑤ 적용율	2%	
	⑥ 한도액(④ x ⑤)	2,100,000	
3. 현금인정액[min(1.현금평가액, 2. 현금용인한도액)]		2,100,000	
4. 평정금액(1.현금평가액- 3.현금인정액)		0	

② 예금 진단

예금평균잔액계산서를 30일 평잔 기준으로 작성하고 회사제시금액과 비교한다.

- 회사 제시금액: ₩97,900,000
- 진단자 확인액: ₩97,900,000(30일 예금평균잔액)
- 평정대상금액: ₩0

제예금은 진단을 받는 자 명의(법인인 경우 법인명의)로 된 계좌에 대하여 진단기준일 전일부터 역산하여 30일 동안의 은행거래실적 평균잔액을 예금액으로 평가하는 것이 원칙이다.

하지만, 신설법인이 법인설립등기일부터 30일이내의 날을 진단기준일로 하여 진단하는 경우에는 진단하는 날 전일부터 역산하여 30일 동안의 은행거래실적 평균잔액을 예금액으로 평가한다.

만약, 예금증서 또는 은행거래실적증명서를 제시하지 못하거나, 그 예금이 일시적으로 조달된 것으로써 출처가 불분명한 경우와 제예금 중 진단기준일부터 진단시까지 지출 원인이 분명하지 않은 인출 금액은 부실자산으로 평가한다.

(2) 보증금 진단

보증금의 실재성을 확인하고 가공여부를 파악하여 부실자산 여부를 판단한다. 특히 임차보증금의 가액이 과다하다고 판단되는 경우에는 입금 통장내역 및 간주임대료 신고 내역 등을 통하여 실재성 여부를 판단할 필요가 있다.

- 회사 제시금액: ₩5,000,000
- 진단자 확인액: ₩5,000,000
- 평정대상금액: ₩0

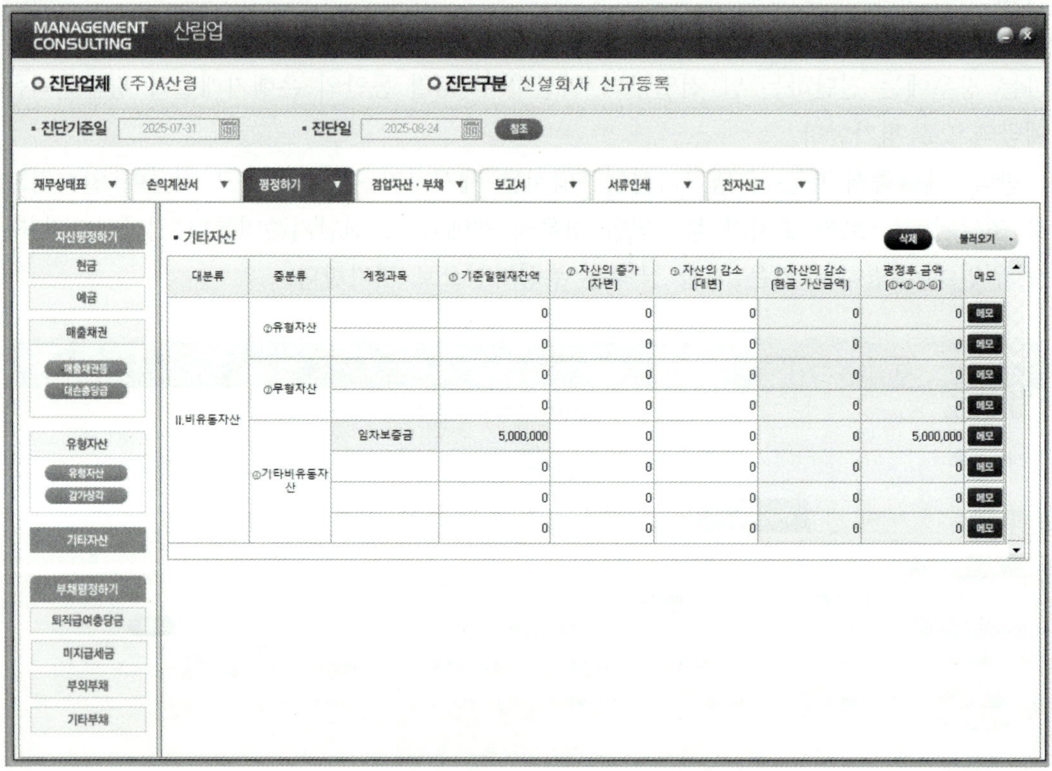

MANAGEMENT CONSULTING 산림업

진단업체 (주)A산림 　 진단구분 신설회사 신규등록

진단기준일 2025-07-31 　 진단일 2025-08-24 　 참조

재무상태표 | 손익계산서 | 평정하기 | 겸업자산 · 부채 | 보고서 | 서류인쇄 | 전자신고

자산평정하기: 현금, 예금, 매출채권(매출채권등, 대손충당금), 유형자산(유형자산, 감가상각), 기타자산
부채평정하기: 퇴직급여충당금, 미지급세금, 부외부채, 기타부채

▪ 기타자산 　 삭제 　 불러오기

대분류	중분류	계정과목	① 기준일현재잔액	② 자산의 증가(차변)	③ 자산의 감소(대변)	④ 자산의 감소(현금 가산금액)	평정후 금액(①+②-③-④)	메모
II.비유동자산	②유형자산		0	0	0	0	0	메모
			0	0	0	0	0	메모
	③무형자산		0	0	0	0	0	메모
			0	0	0	0	0	메모
	④기타비유동자산	임차보증금	5,000,000	0	0	0	5,000,000	메모
			0	0	0	0	0	메모
			0	0	0	0	0	메모
			0	0	0	0	0	메모

5. 보고서 탭

(1) 진단평가서

기업진단조서와 겸업자산, 부채를 기재하고 나면 자동으로 입력되게 된다. 따라서 적절하게 평정이 이루어졌는지를 확인하면 된다.

계정과목	당기 최초제시	평정			평정후 금액	평정내역
		차변	대변	조서(평정근거)		
I.유동자산	100,000,000	0	0		100,000,000	
①당좌자산	100,000,000	0	0		100,000,000	
현금및현금성자산	100,000,000	0	0		100,000,000	
②재고자산	0	0	0		0	
II.비유동자산	5,000,000	0	0		5,000,000	
①투자자산	0	0	0		0	
②유형자산	0	0	0		0	
③무형자산	0	0	0		0	
④기타비유동자산	5,000,000	0	0		5,000,000	
임차보증금	5,000,000	0	0		5,000,000	
(겸업자산)	0	0	0		0	
자산총계	105,000,000	0	0		105,000,000	
I.유동부채	5,000,000	0	0		5,000,000	

(2) 기업진단보고서

자산, 부채의 평정과 겸업자산 및 겸업부채를 기재하고 나면 자동으로 입력되게 된다. 따라서 적절하게 평정이 이루어졌는지를 확인하면 된다. 진단자는 진단 내역상 실질자산과 실질부채, 겸업자산과 겸업부채 그리고 진단자가 올바르게 기재되었는지를 확인하여야 한다. 이러한 사항에 오류가 발생하는 경우에는 진단 경유시 보정을 하여야 하므로 그만큼 불필요한 시간이 소요될 수 있다. 따라서 꼼꼼한 체크가 필요하다.

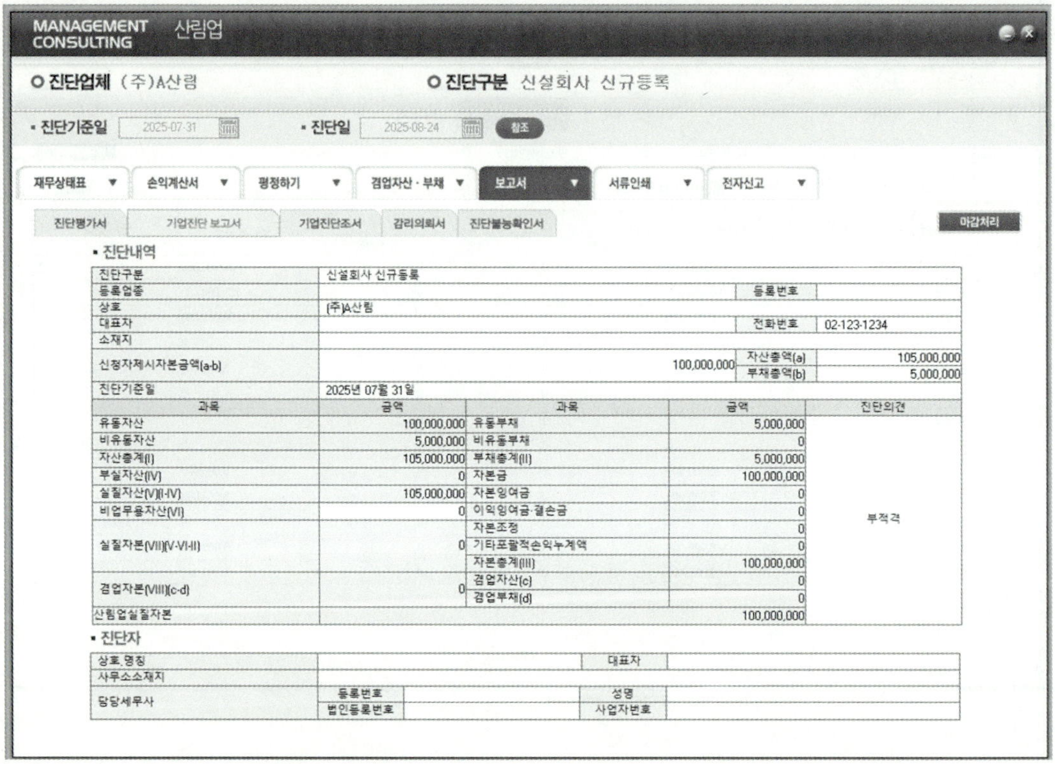

MANAGEMENT CONSULTING 산림업

○ 진단업체 (주)A산림 ○ 진단구분 신설회사 신규등록

▪ 진단기준일 2025-07-31 ▪ 진단일 2025-08-24 참조

재무상태표 ▼ 손익계산서 ▼ 평정하기 ▼ 겸업자산 · 부채 ▼ 보고서 ▼ 서류인쇄 ▼ 전자신고 ▼

진단평가서 기업진단 보고서 기업진단조서 감리의뢰서 진단불능확인서 마감처리

▪ 진단내역

진단구분	신설회사 신규등록		
등록업종		등록번호	
상호	(주)A산림		
대표자		전화번호	02-123-1234
소재지			
신청자제시자본금액(a-b)	100,000,000	자산총액(a)	105,000,000
		부채총액(b)	5,000,000
진단기준일	2025년 07월 31일		

과목	금액	과목	금액	진단의견
유동자산	100,000,000	유동부채	5,000,000	부적격
비유동자산	5,000,000	비유동부채	0	
자산총계(I)	105,000,000	부채총계(II)	5,000,000	
부실자산(IV)	0	자본금	100,000,000	
실질자산(V)(I-IV)	105,000,000	자본잉여금	0	
비업무용자산(VI)	0	이익잉여금·결손금	0	
실질자본(VII)(V-VI-II)	0	자본조정	0	
		기타포괄적손익누계액	0	
		자본총계(III)	100,000,000	
겸업자본(VIII)(c-d)	0	겸업자산(c)	0	
		겸업부채(d)	0	
산림업실질자본			100,000,000	

▪ 진단자

상호.명칭			대표자	
사무소소재지				
담당세무사	등록번호		성명	
	법인등록번호		사업자번호	

(3) 기업진단조서

자산, 부채의 평정과 겸업자산, 겸업부채를 기재하고 나면 자동으로 입력되게 된다. 따라서 적절하게 평정이 이루어졌는지를 확인하면 된다. 따라서 기업진단보고서상 실질자본과 기업진단조서상 실질자본이 일치하는지 여부를 확인하여야 한다.

특히, 겸업이 존재하는 경우에는 겸업비율의 산정근거 등이 제대로 기재되어 있는지를 꼭 확인하여야 한다.

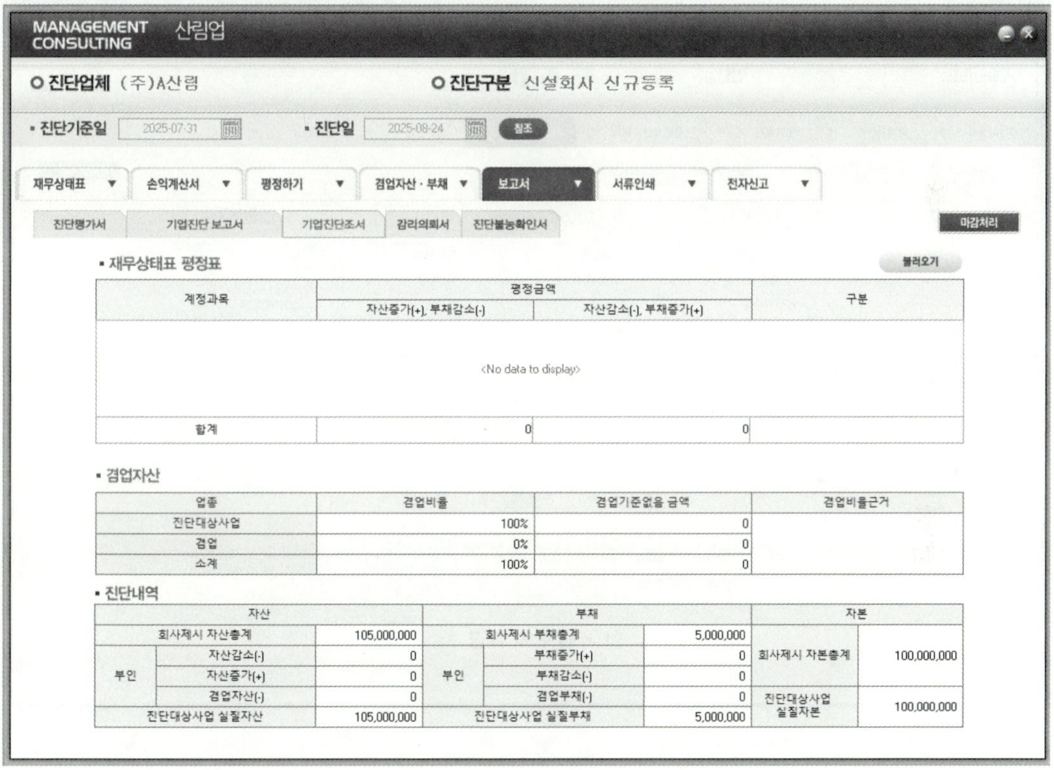

MANAGEMENT CONSULTING 산림업

○ 진단업체 (주)A산림 ○ 진단구분 신설회사 신규등록

▪ 진단기준일 2025-07-31 ▪ 진단일 2025-08-24 참조

재무상태표 ▼ 손익계산서 ▼ 평정하기 ▼ 겸업자산·부채 ▼ 보고서 ▼ 서류인쇄 ▼ 전자신고 ▼

진단평가서 기업진단 보고서 기업진단조서 감리의뢰서 진단불능확인서 마감처리

▪ 재무상태표 평정표 불러오기

계정과목	평정금액		구분
	자산증가(+), 부채감소(-)	자산감소(-), 부채증가(+)	
<No data to display>			
합계	0	0	

▪ 겸업자산

업종	겸업비율	겸업기준없음 금액	겸업비율근거
진단대상사업	100%	0	
겸업	0%	0	
소계	100%	0	

▪ 진단내역

자산			부채			자본	
회사제시 자산총계		105,000,000	회사제시 부채총계		5,000,000	회사제시 자본총계	100,000,000
부인	자산감소(-)	0	부인	부채증가(+)	0		
	자산증가(+)	0		부채감소(-)	0		
	겸업자산(-)	0		겸업부채(-)	0	진단대상사업 실질자본	100,000,000
진단대상사업 실질자산		105,000,000	진단대상사업 실질부채		5,000,000		

(4) 감리의뢰서

진단자가 한국세무사회에 수행한 기업진단보고서의 사전감리 의뢰시 제출하는 서류이다. 진단보고서 및 진단시 구비서류와 같이 제출하여야 한다.

진단에 소요된 투입시간(진단착수일부터 진단서 사전감리신청일까지를 기재하되, 1일 8시간을 기준으로 표시한다)과 보수금액만 직접 기재한다.

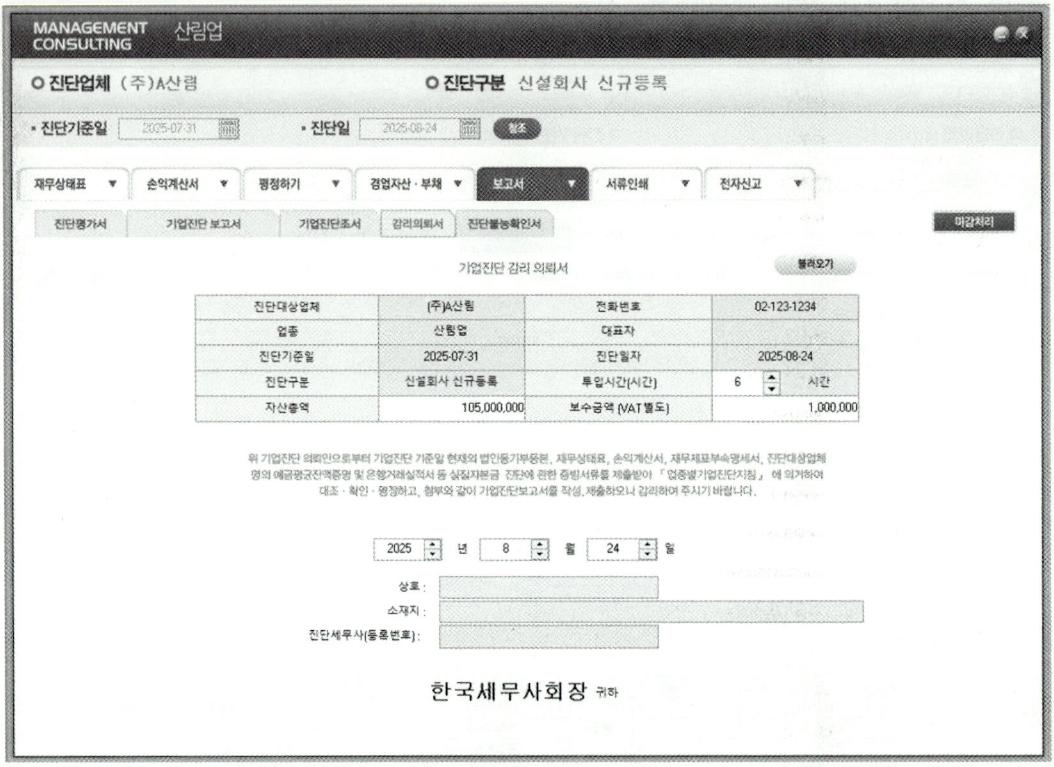

(5) 진단불능확인서

진단불능사유에 해당하는지 여부를 확인하는 서류이다. 한국세무사회 사전감리시 제출용으로 해당여부에 체크한다. 진단불능에 대한 사유확인서는 진단자의 독립성여부를 확인하는 매우 중요한 서류에 해당한다. 다만, 등록관청에 제출시에 제출하는 서류는 아님에 유의하자.

예를 들어, 아래 사유를 포함하여 같은 세무법인 내 기장업체, 같은 조정반 내 기장업체, 자문이나 경영컨설팅 등을 수행한 업체에 대하여는 독립성을 위배하게 되므로 진단업무를 수행할 수 없다.

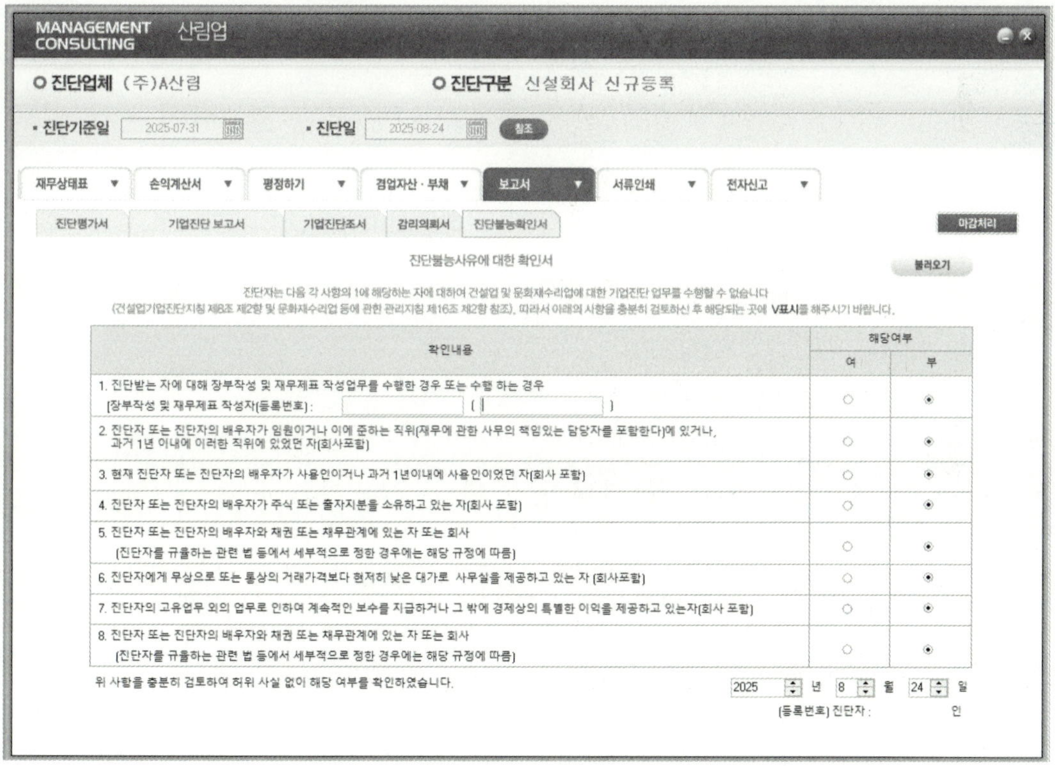
MANAGEMENT CONSULTING 산림업

○ 진단업체 (주)A산림　　○ 진단구분 신설회사 신규등록

▪ 진단기준일 2025-07-31　▪ 진단일 2025-08-24　참조

재무상태표 ▼ | 손익계산서 ▼ | 평정하기 ▼ | 겸업자산 · 부채 ▼ | 보고서 ▼ | 서류인쇄 ▼ | 전자신고 ▼

진단평가서 | 기업진단 보고서 | 기업진단조서 | 감리의뢰서 | 진단불능확인서　마감처리

진단불능사유에 대한 확인서　불러오기

진단자는 다음 각 사항의 1에 해당하는 자에 대하여 건설업 및 문화재수리업에 대한 기업진단 업무를 수행할 수 없습니다
(건설업기업진단지침 제8조 제2항 및 문화재수리업 등에 관한 관리지침 제16조 제2항 참조). 따라서 아래의 사항을 충분히 검토하신 후 해당되는 곳에 **V표시**를 해주시기 바랍니다.

확인내용	해당여부	
	여	부
1. 진단받는 자에 대해 장부작성 및 재무제표 작성업무를 수행한 경우 또는 수행 하는 경우 [장부작성 및 재무제표 작성자(등록번호) : ( )	○	◉
2. 진단자 또는 진단자의 배우자가 임원이거나 이에 준하는 직위(재무에 관한 사무의 책임있는 담당자를 포함한다)에 있거나, 과거 1년 이내에 이러한 직위에 있었던 자(회사포함)	○	◉
3. 현재 진단자 또는 진단자의 배우자가 사용인이거나 과거 1년이내에 사용인이었던 자(회사 포함)	○	◉
4. 진단자 또는 진단자의 배우자가 주식 또는 출자지분을 소유하고 있는 자(회사 포함)	○	◉
5. 진단자 또는 진단자의 배우자와 채권 또는 채무관계에 있는 자 또는 회사 (진단자를 규율하는 관련 법 등에서 세부적으로 정한 경우에는 해당 규정에 따름)	○	◉
6. 진단자에게 무상으로 또는 통상의 거래가격보다 현저히 낮은 대가로 사무실을 제공하고 있는 자 (회사포함)	○	◉
7. 진단자의 고유업무 외의 업무로 인하여 계속적인 보수를 지급하거나 그 밖에 경제상의 특별한 이익을 제공하고 있는자(회사 포함)	○	◉
8. 진단자 또는 진단자의 배우자와 채권 또는 채무관계에 있는 자 또는 회사 (진단자를 규율하는 관련 법 등에서 세부적으로 정한 경우에는 해당 규정에 따름)	○	◉

위 사항을 충분히 검토하여 허위 사실 없이 해당 여부를 확인하였습니다.　2025 년 8 월 24 일

(등록번호) 진단자 :　인

MEMO

PART 07

소방시설공사업

CHAPTER 01

소방시설공사업 이해

제1절 용어 정의

용어의 뜻은 다음과 같다(소방시설공사업 제2조). 다만, 다음에 규정하는 것을 제외하고는 「소방기본법」, 「화재예방, 소방시설 설치·유지 및 안전관리에 관한 법률」, 「위험물안전관리법」 및 「건설산업기본법」에서 정하는 바에 따른다.

1. "소방시설업"이란 다음 각 목의 영업을 말한다.
   가. 소방시설설계업: 소방시설공사에 기본이 되는 공사계획, 설계도면, 설계 설명서, 기술계산서 및 이와 관련된 서류(이하 "설계도서"라 한다)를 작성(이하 "설계"라 한다)하는 영업
   나. 소방시설공사업: 설계도서에 따라 소방시설을 신설, 증설, 개설, 이전 및 정비(이하 "시공"이라 한다)하는 영업
   다. 소방공사감리업: 소방시설공사에 관한 발주자의 권한을 대행하여 소방시설공사가 설계도서와 관계 법령에 따라 적법하게 시공되는지를 확인하고, 품질·시공 관리에 대한 기술지도를 하는(이하 "감리"라 한다) 영업
   라. 방염처리업: 「소방시설 설치 및 관리에 관한 법률」 제20조 제1항에 따른 방염대상물품에 대하여 방염처리(이하 "방염"이라 한다)하는 영업
2. "소방시설업자"란 소방시설업을 경영하기 위하여 제4조에 따라 소방시설업을 등록한 자를 말한다.
3. "감리원"이란 소방공사감리업자에 소속된 소방기술자로서 해당 소방시설공사를 감리하는 사람을 말한다.
4. "소방기술자"란 소방시설공사업법 제28조에 따라 소방기술 경력 등을 인정받은 사람과 다음 각 목의 어느 하나에 해당하는 사람으로서 소방시설업과 「소방시설 설치 및 관리에 관한 법률」에 따른 소방시설관리업의 기술인력으로 등록된 사람을 말한다.
   가. 「소방시설 설치 및 관리에 관한 법률」에 따른 소방시설관리사

나. 국가기술자격 법령에 따른 소방기술사, 소방설비기사, 소방설비산업기사, 위험물기능장, 위험물산업기사, 위험물기능사

5. "발주자"란 소방시설의 설계, 시공, 감리 및 방염(이하 "소방시설공사등"이라 한다)을 소방시설업자에게 도급하는 자를 말한다. 다만, 수급인으로서 도급받은 공사를 하도급하는 자는 제외한다.

제2절 소방시설업

1. 소방시설업 개요(소방시설공사업 제2조)

소방시설업이란 다음의 소방시설 및 공사와 관련된 영업을 하는 업을 말한다.

(1) 소방시설설계업: 소방시설공사에 기본이 되는 공사계획, 설계도면, 설계 설명서, 기술계산서 및 이와 관련된 서류(이하 "설계도서"라 한다)를 작성(이하 "설계"라 한다)하는 영업

(2) 소방시설공사업: 설계도서에 따라 소방시설을 신설, 증설, 개설, 이전 및 정비(이하 "시공"이라 한다)하는 영업

(3) 소방공사감리업: 소방시설공사에 관한 발주자의 권한을 대행하여 소방시설공사가 설계도서와 관계 법령에 따라 적법하게 시공되는지를 확인하고, 품질·시공관리에 대한 기술지도를 하는(이하 "감리"라 한다) 영업

(4) 방염처리업: 「소방시설 설치 및 관리에 관한 법률」에 따른 방염대상물품에 대하여 방염처리하는 영업

2. 소방시설업 종류(소방시설공사업법 시행령 별표1)

(1) 소방시설설계업

1) 전문소방시설설계업

모든 특정소방대상물에 설치되는 소방시설의 설계

2) 일반소방시설설계업

① 기계분야[22)]

가. 아파트에 설치되는 기계분야 소방시설(제연설비는 제외한다)의 설계

나. 연면적 3만제곱미터(공장의 경우에는 1만제곱미터) 미만의 특정소방대상물(제연설비가 설치되는 특정소방대상물은 제외한다)에 설치되는 기계분야 소방시설의 설계

다. 위험물제조소등에 설치되는 기계분야 소방시설의 설계

② 전기분야[23)]

가. 아파트에 설치되는 전기분야 소방시설의 설계

나. 연면적 3만제곱미터(공장의 경우에는 1만제곱미터) 미만의 특정소방대상물에 설치되는 전기분야 소방시설의 설계

다. 위험물제조소등에 설치되는 전기분야 소방시설의 설계

(2) 소방시설공사업

1) 전문소방시설공사업

특정소방대상물에 설치되는 기계분야 및 전기분야 소방시설의 공사·개설·이전 및 정비

2) 일반소방시설공사업

① 기계분야

가. 연면적 1만제곱미터 미만의 특정소방대상물에 설치되는 기계분야 소방시설의 공

---

22) 소방시설의 범위(기계분야)
   1) 소화기구, 옥내소화전설비, 스프링클러설비, 간이스프링클러설비, 물분무등소화설비, 옥외소화전설비, 피난기구, 상수도소화용수설비, 소화수조, 저수조, 제연설비, 연결송수관설비, 연결살수설비 및 연소방지설비
   2) 기계분야 소방시설에 부설되는 전기시설. 다만, 비상전원, 동력회로, 제어회로, 기계분야 소방시설을 작동하기 위하여 설치하는 화재감지기에 의한 화재감지장치 및 전기신호에 의한 소방시설의 작동장치는 제외한다.

23) 소방시설의 범위(전기분야)
   1) 비상경보설비, 비상방송설비, 누전경보기, 자동화재탐지설비, 시각경보기, 자동화재속보설비, 가스누설경보기, 통합감시시설, 유도등, 유도표지, 비상조명등, 휴대용비상조명등, 비상콘센트설비 및 무선통신보조설비
   2) 기계분야 소방시설에 부설되는 전기시설 중 가목2) 단서의 전기시설

사·개설·이전 및 정비

나. 위험물제조소등에 설치되는 기계분야 소방시설의 공사·개설·이전 및 정비

② 전기분야

가. 연면적 1만제곱미터 미만의 특정소방대상물에 설치되는 전기분야 소방시설의 공사·개설·이전·정비

나. 위험물제조소등에 설치되는 전기분야 소방시설의 공사·개설·이전·정비

(3) 소방공사감리업

1) 전문소방공사감리업

모든 특정소방대상물에 설치되는 소방시설공사 감리

2) 일반소방공사감리업

① 기계분야[24)]

가. 연면적 3만제곱미터(공장의 경우에는 1만제곱미터) 미만의 특정소방대상물(제연설비가 설치되는 특정소방대상물은 제외한다)에 설치되는 기계분야 소방시설의 감리

나. 아파트에 설치되는 기계분야 소방시설(제연설비는 제외한다)의 감리

다. 위험물제조소등에 설치되는 기계분야 소방시설의 감리

24) 소방시설 범위(기계분야)
   1) 소화기구, 옥내소화전설비, 스프링클러설비, 간이스프링클러설비, 물분무등소화설비, 옥외소화전설비, 피난기구, 상수도소화용수설비, 소화수조, 저수조, 제연설비, 연결송수관설비, 연결살수설비 및 연소방지설비
   2) 기계분야 소방시설에 부설되는 전기시설. 다만, 비상전원, 동력회로, 제어회로, 기계분야 소방시설을 작동하기 위하여 설치하는 화재감지기에 의한 화재감지장치 및 전기신호에 의한 소방시설의 작동장치는 제외한다.
   3) 실내장식물 및 방염대상물품

② 전기분야[25)]

가. 연면적 3만제곱미터(공장의 경우에는 1만제곱미터) 미만의 특정소방대상물에 설치되는 전기분야 소방시설의 감리

나. 아파트에 설치되는 전기분야 소방시설의 감리

다. 위험물제조소등에 설치되는 전기분야 소방시설의 감리

25) 소방시설 범위(전기분야)

1) 비상경보설비, 비상방송설비, 누전경보기, 자동화재탐지설비, 시각경보기, 자동화재속보설비, 가스누설경보기, 통합감시시설, 유도등, 유도표지, 비상조명등, 휴대용비상조명등, 비상콘센트설비 및 무선통신보조설비

2) 기계분야 소방시설에 부설되는 전기시설 중 가목2) 단서의 전기시설

CHAPTER 02

소방시설업 등록기준

제1절 소방시설공사업 등록기준

1. 소방시설설계업

소방시설설계업의 등록기준은 기술인력을 갖추어야 한다.

2. 소방시설공사업

소방시설공사업의 등록기준은 기술인력과 자본금(자산평가액)을 충족하여야 한다. 여기서 자본금(자산평가액)은 해당 소방시설공사업의 최근 결산일 현재(새로 등록한 자는 등록을 위한 기업진단기준일 현재)의 총자산에서 총부채를 뺀 금액을 말하고, 소방시설공사업 외의 다른 업(業)을 함께 하는 경우에는 자본금에서 겸업 비율에 해당하는 금액을 뺀 금액을 말한다.

3. 소방공사감리업

소방공사감리업 등록기준은 기술인력을 갖추어야 한다.

제2절 소방시설업 등록기준

1. 소방시설설계업

항목 업종별		기술인력
전문 소방시설 설계업		가. 주된 기술인력: 소방기술사 1명 이상 나. 보조기술인력: 1명 이상
일반 소방시설 설계업	기계 분야	가. 주된 기술인력: 소방기술사 또는 기계분야 소방설비기사 1명 이상 나. 보조기술인력: 1명 이상
	전기 분야	가. 주된 기술인력: 소방기술사 또는 전기분야 소방설비기사 1명 이상 나. 보조기술인력: 1명 이상

2. 소방시설공사업

항목 업종별		기술인력	자본금 (자산평가액)
전문 소방 시설공사업		가. 주된 기술인력: 소방기술사 또는 기계분야와 전기분야의 소방설비기사 각 1명(기계분야 및 전기분야의 자격을 함께 취득한 사람 1명) 이상 나. 보조기술인력: 2명 이상	가. 법인: 1억원 이상 나. 개인: 1억원 이상
일반 소방시설 공사업	기계 분야	가. 주된 기술인력: 소방기술사 또는 기계분야 소방설비기사 1명 이상 나. 보조기술인력: 1명 이상	가. 법인: 1억원 이상 나. 개인: 1억원 이상
	전기 분야	가. 주된 기술인력: 소방기술사 또는 전기분야 소방설비 기사 1명 이상 나. 보조기술인력: 1명 이상	가. 법인: 1억원 이상 나. 개인: 1억원 이상

3. 소방공사감리업

<table>
<tr><th colspan="2">항목
업종별</th><th>기술인력</th></tr>
<tr><td colspan="2">전문
소방공사
감리업</td><td>가. 소방기술사 1명 이상
나. 기계분야 및 전기분야의 특급 감리원 각 1명(기계분야 및 전기분야의 자격을 함께 가지고 있는 사람이 있는 경우에는 그에 해당하는 사람 1명. 이하 다목부터 마목까지에서 같다) 이상
다. 기계분야 및 전기분야의 고급 감리원 이상의 감리원 각 1명 이상
라. 기계분야 및 전기분야의 중급 감리원 이상의 감리원 각 1명 이상
마. 기계분야 및 전기분야의 초급 감리원 이상의 감리원 각 1명 이상</td></tr>
<tr><td rowspan="2">일반
소방공사
감리업</td><td>기계
분야</td><td>가. 기계분야 특급 감리원 1명 이상
나. 기계분야 고급 감리원 또는 중급 감리원 이상의 감리원 1명 이상
다. 기계분야 초급 감리원 이상의 감리원 1명 이상</td></tr>
<tr><td>전기
분야</td><td>가. 전기분야 특급 감리원 1명 이상
나. 전기분야 고급 감리원 또는 중급 감리원 이상의 감리원 1명 이상
다. 전기분야 초급 감리원 이상의 감리원 1명 이상</td></tr>
</table>

제3절 소방시설공사업 등록기준

1. 소방시설공사업 등록

(1) 소방시설공사업의 등록절차

특정소방대상물의 소방시설공사등을 하려는 자는 업종별로 자본금(개인인 경우에는 자산 평가액을 말한다), 기술인력 등 대통령령으로 정하는 요건을 갖추어 특별시장·광역시장·특별자치시장·도지사 또는 특별자치도지사(이하 "시·도지사"라 한다)에게 소방시설업을 등록하여야 한다(소방시설공사업법 제4조). 또한 등록기준을 갖추어 국민안전처장관이 지정하는 금융회사 또는 「소방산업의 진흥에 관한 법률」 제23조에 따른 소방산업공제조합이 자본금 기준금액의 20% 이상에 해당하는 금액의 담보를 제공받거나 현금의 예치 또는 출자를 받은 사실을 증명하여 발행하는 확인서를 시·도지사에게 제출하여야 한다(동법 시행령 제2조 제2항).

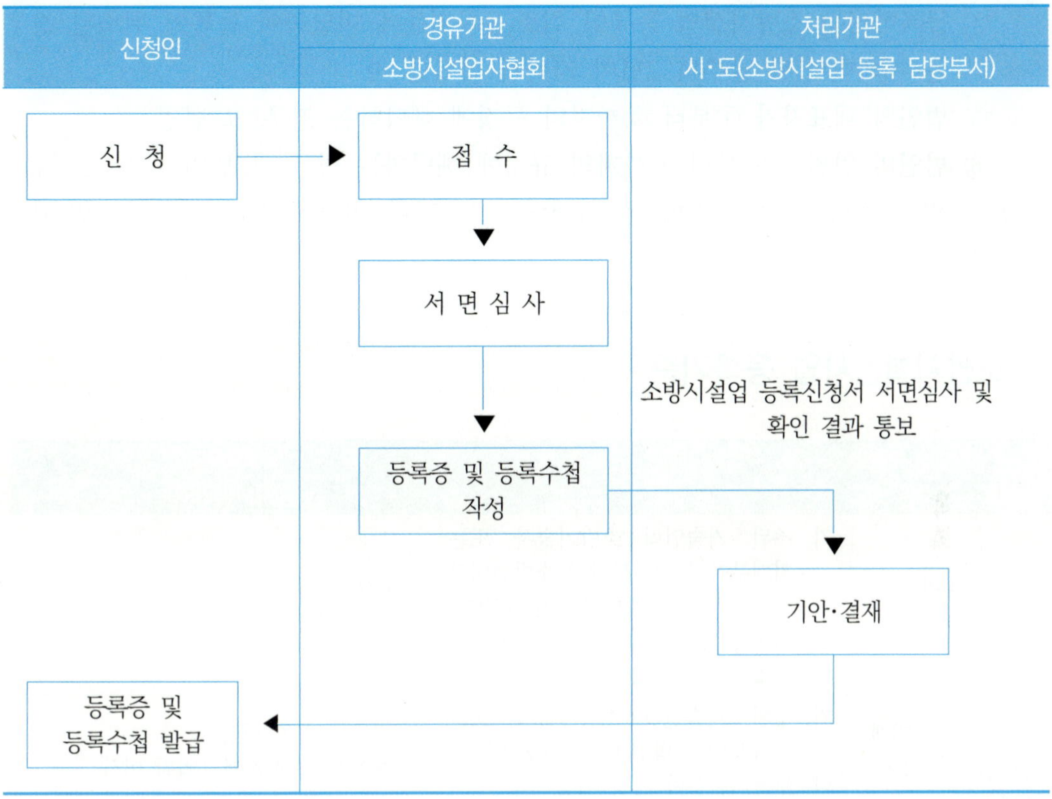

(2) 소방시설공사업 등록 제한

시·도지사는 소방시설공사업 등록신청이 다음 중 어느 하나에 해당되는 경우를 제외하고는 등록을 해주어야 한다(소방시설공사업법 시행령 제2조 3항).

1) 등록기준(자본금 및 기술인력)을 갖추지 못한 경우
2) 예치 또는 출자 확인서를 제출하지 아니한 경우
3) 등록을 신청한 자가 다음 중 어느 하나에 해당하는 경우
   ① 피성년후견인
   ② 소방시설공사업법, 소방기본법, 소방시설설치유지 및 안전관리에 관한 법률 또는 위험물안전관리법에 따른 금고 이상의 실형을 선고받고 그 집행이 끝나거나(집행이 끝난 것으로 보는 경우를 포함한다) 면제된 날부터 2년이 지나지 아니한 사람
   ③ 소방시설공사업법, 소방기본법, 소방시설설치유지 및 안전관리에 관한 법률 또는 위험물안전관리법에 따른 금고 이상의 형의 집행유예를 선고받고 그 유예기간 중에 있는 사람

④ 등록하려는 소방시설업 등록이 취소(등록기준에 미달하여 등록이 취소된 경우는 제외한다)된 날부터 2년이 지나지 아니한 자

⑤ 법인의 대표자가 ①부터 ④까지의 규정에 해당하는 경우 그 법인

⑥ 법인의 임원이 ④부터 ⑤까지의 규정에 해당하는 경우 그 법인

4) 그 밖에 소방시설공사업법, 동 시행령 또는 다른 법령에 따른 제한에 위반되는 경우

2. 소방시설공사업 등록기준

업종별 \ 항목		기술인력	자본금(자산평가액)
전문 소방시설 공사업		가. 주된 기술인력 : 소방기술사 또는 기계분야와 전기분야의 소방설비기사 각 1명(기계분야 및 전기분야의 자격을 함께 취득한 사람 1명) 이상 나. 보조기술인력 : 2명 이상	가. 법인 : 1억원 이상 나. 개인 : 자산평가액 1억원 이상
일반 소방시설 공사업	기계분야	가. 주된 기술인력 : 소방기술사 또는 기계분야 소방설비기사 1명 이상 나. 보조기술인력 : 1명 이상	가. 법인 : 1억원 이상 나. 개인 : 자산평가액 1억원 이상
	전기분야	가. 주된 기술인력 : 소방기술사 또는 전기분야 소방설비 기사 1명 이상 나. 보조기술인력 : 1명 이상	가. 법인 : 1억원 이상 나. 개인 : 자산평가액 1억원 이상

비고

1. 위 표의 일반 소방시설공사업에서 기계분야 및 전기분야의 대상이 되는 소방시설의 범위는 소방시설설계업의 등록기준 및 영업범위의 비고란 제1호 각 목과 같다.
2. 기계분야 및 전기분야의 일반 소방시설공사업을 함께 하는 경우 주된 기술인력은 소방기술사 1명 또는 기계분야 및 전기분야의 자격을 함께 취득한 소방설비기사 1명으로 한다.
3. 자본금(자산평가액)은 해당 소방시설공사업의 최근 결산일 현재(새로 등록한 자는 등록을 위한 기업진단기준일 현재)의 총자산에서 총부채를 뺀 금액을 말하고, 소방시설공사업 외의 다른 업(業)을 함께 하는 경우에는 자본금에서 겸업 비율에 해당하는 금액을 뺀 금액을 말한다.
4. "보조기술인력"이란 소방시설설계업의 등록기준 및 영업범위의 비고란 제4호 각 목의 어느 하나에 해당하는 사람을 말한다.
5. 소방시설공사업을 하려는 자가 소방시설설계업 또는 소방시설관리업 중 어느 하나를 함께 하려는 경우 소방시설설계업 또는 소방시설관리업 기술인력으로 등록된 기술인력은 다음 각 목의 기준에 따라 소방시설공사업 등록 시 갖추어야 하는 해당 자격을 가진 기술인력으로 볼 수 있다.
   가. 전문 소방시설공사업과 전문 소방시설설계업을 함께 하는 경우 : 소방기술사 자격을 취득한 사람
   나. 전문 소방시설공사업과 일반 소방시설설계업을 함께 하는 경우 : 소방기술사 자격을 취득하거나 기계분야 및 전기분야 소방설비기사 자격을 함께 취득한 사람
   다. 일반 소방시설공사업과 전문 소방시설설계업을 함께 하는 경우 : 소방기술사 자격을 취득한 사람

라. 일반 소방시설공사업과 일반 소방시설설계업을 함께 하는 경우 : 소방기술사 자격을 취득하거나 기계분야 또는 전기분야 소방설비기사 자격을 취득한 사람
마. 전문 소방시설공사업과 소방시설관리업을 함께 하는 경우 : 소방시설관리사와 소방설비기사(기계분야 및 전기분야의 자격을 함께 취득한 사람) 또는 소방기술사 자격을 함께 취득한 사람
바. 일반 소방시설공사업 기계분야와 소방시설관리업을 함께 하는 경우 : 소방기술사 또는 기계분야 소방설비기사와 소방시설관리사 자격을 함께 취득한 사람
사. 일반 소방시설공사업 전기분야와 소방시설관리업을 함께 하는 경우 : 소방기술사 또는 전기분야 소방설비기사와 소방시설관리사 자격을 함께 취득한 사람

3. 소방시설업 등록시 제출서류 등

(1) 소방시설업 등록신청시 제출서류

1) 소방시설업 등록신청서
2) 신청인(법인의 경우에는 대표자를 포함한 임원을 말한다)의 인적사항이 적힌 서류
3) 등록기준 중 기술인력에 관한 사항을 확인할 수 있는 다음 각 목의 어느 하나에 해당하는 서류
   가. 국가기술자격증
   나. 소방기술 인정 자격수첩 또는 소방기술자 경력수첩
4) 출자·예치·담보 금액 확인서 1부(소방시설공사업의 경우에만 해당합니다)
5) 자산평가액 또는 기업진단 보고서(소방시설공사업의 경우에만 해당합니다)
6) 신청인이 외국인인 경우에는 다음 중 어느 하나에 해당하는 사유와 같거나 비슷한 사유에 해당하지 아니함을 확인할 수 있는 서류
   ① 피성년후견인
   ② 소방시설공사업법, 소방기본법, 소방시설설치유지 및 안전관리에 관한 법률 또는 위험물안전관리법에 따른 금고 이상의 실형을 선고받고 그 집행이 끝나거나(집행이 끝난 것으로 보는 경우를 포함한다) 면제된 날부터 2년이 지나지 아니한 사람
   ③ 소방시설공사업법, 소방기본법, 소방시설설치유지 및 안전관리에 관한 법률 또는 위험물안전관리법에 따른 금고 이상의 형의 집행유예를 선고받고 그 유예기간 중에 있는 사람
   ④ 등록하려는 소방시설업 등록이 취소(등록기준에 미달하여 등록이 취소된 경우는 제외한다)된 날부터 2년이 지나지 아니한 자
   ⑤ 법인의 대표자가 ①부터 ④까지의 규정에 해당하는 경우 그 법인

⑥ 법인의 임원이 ④부터 ⑤까지의 규정에 해당하는 경우 그 법인

(2) 소방시설업자협회 확인사항

1) 법인등기사항 전부증명서(법인인 경우에만 해당합니다)
2) 사업자등록증(개인인 경우에만 해당합니다)
3) 외국인등록 사실증명(외국인인 경우에만 해당합니다)
4) 국민연금가입자 증명서 또는 「국민건강보험법」에 따라 자격취득 등의 사실을 확인할 수 있는 증명서

제4절 소방시설업 지위승계 (양수도/합병/상속)

1. 소방시설업 지위승계절차

(1) 지위승계 사유

다음 중 어느 하나에 해당하는 자는 소방시설업자의 지위를 승계한다. 또한 민사집행법에 따른 경매, 채무자 회생 및 파산에 관한 법률에 따른 환가(換價), 국세징수법, 관세법 또는 지방세기본법에 따른 압류재산의 매각에 따라 소방시설 전부를 인수한 자는 그 소방시설업자의 지위를 승계한다.

1) 소방시설업자가 사망한 경우 그 상속인
2) 소방시설업자가 그 영업을 양도한 경우 그 양수인
3) 법인인 소방시설업자가 다른 법인과 합병한 경우 합병 후 존속하는 법인이나 합병으로 설립되는 법인

(2) 지위승계 처리절차

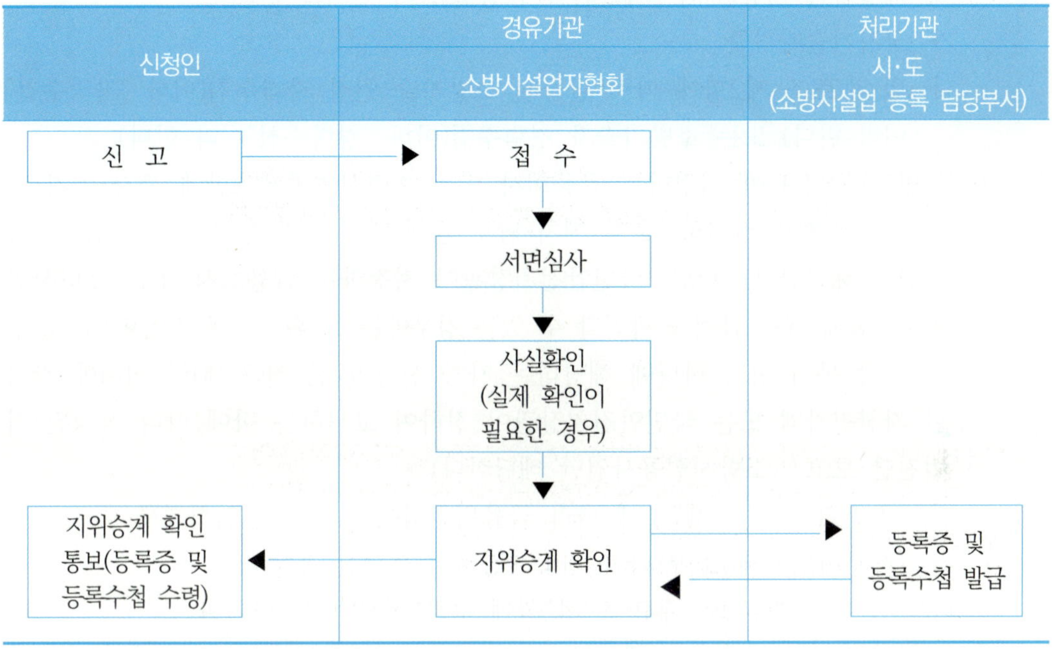

2. 소방시설공사업 지위승계 시 제출서류 등

소방시설업자 지위 승계를 신고하려는 자는 그 지위를 승계한 날부터 30일 이내에 다음에 따른 서류(전자문서를 포함한다)를 협회에 제출하여야 한다.

(1) 양도·양수의 경우(분할 또는 분할합병에 따른 양도·양수의 경우를 포함한다.)

1) 소방시설업 지위승계신고서
2) 양도인 또는 합병 전 법인의 소방시설업 등록증 및 등록수첩
3) 양도·양수 계약서 사본, 분할계획서 사본 또는 분할합병계약서 사본(법인의 경우 양도·양수에 관한 사항을 의결한 주주총회 등의 결의서 사본을 포함한다)
4) 다음에 해당하는 서류. 이 경우 "신청인"을 "신고인"으로 본다.
   ① 신청인(외국인을 포함하되, 법인의 경우에는 대표자를 포함한 임원을 말한다)의 성명, 주민등록번호 및 주소지 등의 인적사항이 적힌 서류

② 등록기준 중 기술인력에 관한 사항을 확인할 수 있는 다음 각 목의 어느 하나에 해당하는 서류(이하 "기술인력 증빙서류"라 한다)

가. 국가기술자격증

나. 법 제28조 제2항에 따라 발급된 소방기술 인정 자격수첩(이하 "자격수첩"이라 한다) 또는 소방기술자 경력수첩(이하 "경력수첩"이라 한다)

③ 국민안전처장관이 지정하는 금융회사 또는 소방산업공제조합에 출자·예치·담보한 금액 확인서(이하 "출자·예치·담보 금액 확인서"라 한다) 1부(소방시설공사업만 해당한다). 다만, 국민안전처장관이 지정하는 금융회사 또는 소방산업공제조합에 해당 금액을 확인할 수 있는 경우에는 그 확인으로 갈음할 수 있다.

④ 다음 각 목의 어느 하나에 해당하는 자가 신청일 전 최근 90일 이내에 작성한 자산평가액 또는 국민안전처장관이 정하여 고시하는 바에 따라 작성된 기업진단 보고서(소방시설공사업만 해당한다)

가. 「공인회계사법」 제7조에 따라 금융위원회에 등록한 공인회계사

나. 「세무사법」 제6조에 따라 기획재정부에 등록한 세무사

다. 「건설산업기본법」 제49조 제2항에 따른 전문경영진단기관

⑤ 신청인(법인인 경우에는 대표자를 말한다)이 외국인인 경우에는 법 제5조 각 호의 어느 하나에 해당하는 사유와 같거나 비슷한 사유에 해당하지 아니함을 확인할 수 있는 서류로서 다음 각 목의 어느 하나에 해당하는 서류

가. 해당 국가의 정부나 공증인(법률에 따른 공증인의 자격을 가진 자만 해당한다), 그 밖의 권한이 있는 기관이 발행한 서류로서 해당 국가에 주재하는 우리나라 영사가 확인한 서류

나. 「외국공문서에 대한 인증의 요구를 폐지하는 협약」을 체결한 국가의 경우에는 해당 국가의 정부나 공증인(법률에 따른 공증인의 자격을 가진 자만 해당한다), 그 밖의 권한이 있는 기관이 발행한 서류로서 해당 국가의 아포스티유(Apostille) 확인서 발급 권한이 있는 기관이 그 확인서를 발급한 서류

5) 양도·양수 공고문 사본

(2) 상속의 경우

1) 소방시설업 지위승계신고서

2) 피상속인의 소방시설업 등록증 및 등록수첩

3) 다음에 해당하는 서류. 이 경우 "신청인"을 "신고인"으로 본다.
   ① 신청인(외국인을 포함하되, 법인의 경우에는 대표자를 포함한 임원을 말한다)의 성명, 주민등록번호 및 주소지 등의 인적사항이 적힌 서류
   ② 등록기준 중 기술인력에 관한 사항을 확인할 수 있는 다음 각 목의 어느 하나에 해당하는 서류(이하 "기술인력 증빙서류"라 한다)
      가. 국가기술자격증
      나. 법 제28조 제2항에 따라 발급된 소방기술 인정 자격수첩(이하 "자격수첩"이라 한다) 또는 소방기술자 경력수첩(이하 "경력수첩"이라 한다)
   ③ 국민안전처장관이 지정하는 금융회사 또는 소방산업공제조합에 출자·예치·담보한 금액 확인서(이하 "출자·예치·담보 금액 확인서"라 한다) 1부(소방시설공사업만 해당한다). 다만, 국민안전처장관이 지정하는 금융회사 또는 소방산업공제조합에 해당 금액을 확인할 수 있는 경우에는 그 확인으로 갈음할 수 있다.
   ④ 다음 각 목의 어느 하나에 해당하는 자가 신청일 전 최근 90일 이내에 작성한 자산평가액 또는 국민안전처장관이 정하여 고시하는 바에 따라 작성된 기업진단 보고서(소방시설공사업만 해당한다)
      가. 「공인회계사법」 제7조에 따라 금융위원회에 등록한 공인회계사
      나. 「세무사법」 제6조에 따라 기획재정부에 등록한 세무사
      다. 「건설산업기본법」 제49조 제2항에 따른 전문경영진단기관
   ⑤ 신청인(법인인 경우에는 대표자를 말한다)이 외국인인 경우에는 법 제5조 각 호의 어느 하나에 해당하는 사유와 같거나 비슷한 사유에 해당하지 아니함을 확인할 수 있는 서류로서 다음 각 목의 어느 하나에 해당하는 서류
      가. 해당 국가의 정부나 공증인(법률에 따른 공증인의 자격을 가진 자만 해당한다), 그 밖의 권한이 있는 기관이 발행한 서류로서 해당 국가에 주재하는 우리나라 영사가 확인한 서류
      나. 「외국공문서에 대한 인증의 요구를 폐지하는 협약」을 체결한 국가의 경우에는 해당 국가의 정부나 공증인(법률에 따른 공증인의 자격을 가진 자만 해당한다), 그 밖의 권한이 있는 기관이 발행한 서류로서 해당 국가의 아포스티유(Apostille) 확인서 발급 권한이 있는 기관이 그 확인서를 발급한 서류

4) 상속인임을 증명하는 서류

(3) 합병의 경우

1) 소방시설업 합병신고서
2) 합병 전 법인의 소방시설업 등록증 및 등록수첩
3) 합병계약서 사본(합병에 관한 사항을 의결한 총회 또는 창립총회 결의서 사본을 포함한다)
4) 다음에 해당하는 서류. 이 경우 "신청인"을 "신고인"으로 본다.
   ① 신청인(외국인을 포함하되, 법인의 경우에는 대표자를 포함한 임원을 말한다)의 성명, 주민등록번호 및 주소지 등의 인적사항이 적힌 서류
   ② 등록기준 중 기술인력에 관한 사항을 확인할 수 있는 다음 각 목의 어느 하나에 해당하는 서류(이하 "기술인력 증빙서류"라 한다)
      가. 국가기술자격증
      나. 법 제28조 제2항에 따라 발급된 소방기술 인정 자격수첩(이하 "자격수첩"이라 한다) 또는 소방기술자 경력수첩(이하 "경력수첩"이라 한다)
   ③ 국민안전처장관이 지정하는 금융회사 또는 소방산업공제조합에 출자·예치·담보한 금액 확인서(이하 "출자·예치·담보 금액 확인서"라 한다) 1부(소방시설공사업만 해당한다). 다만, 국민안전처장관이 지정하는 금융회사 또는 소방산업공제조합에 해당 금액을 확인할 수 있는 경우에는 그 확인으로 갈음할 수 있다.
   ④ 다음 각 목의 어느 하나에 해당하는 자가 신청일 전 최근 90일 이내에 작성한 자산평가액 또는 국민안전처장관이 정하여 고시하는 바에 따라 작성된 기업진단 보고서(소방시설공사업만 해당한다)
      가. 「공인회계사법」 제7조에 따라 금융위원회에 등록한 공인회계사
      나. 「세무사법」 제6조에 따라 기획재정부에 등록한 세무사
      다. 「건설산업기본법」 제49조 제2항에 따른 전문경영진단기관
   ⑤ 신청인(법인인 경우에는 대표자를 말한다)이 외국인인 경우에는 법 제5조 각 호의 어느 하나에 해당하는 사유와 같거나 비슷한 사유에 해당하지 아니함을 확인할 수 있는 서류로서 다음 각 목의 어느 하나에 해당하는 서류
      가. 해당 국가의 정부나 공증인(법률에 따른 공증인의 자격을 가진 자만 해당한다), 그 밖의 권한이 있는 기관이 발행한 서류로서 해당 국가에 주재하는 우리나라 영사가 확인한 서류
      나. 「외국공문서에 대한 인증의 요구를 폐지하는 협약」을 체결한 국가의 경우에는 해당 국가의 정부나 공증인(법률에 따른 공증인의 자격을 가진 자만

해당한다), 그 밖의 권한이 있는 기관이 발행한 서류로서 해당 국가의 아포스티유(Apostille) 확인서 발급 권한이 있는 기관이 그 확인서를 발급한 서류

5) 합병공고문 사본

(4) 소방시설업자협회 확인사항

1) 법인등기사항 전부증명서(법인인 경우에만 해당합니다)
2) 사업자등록증(개인인 경우에만 해당합니다)
3) 외국인등록 사실증명(외국인인 경우에만 해당하며, 법인의 경우에는 대표자를 포함한 임원을 말합니다)
4) 국민연금가입자 증명서 또는 「국민건강보험법」에 따라 자격취득 등의 사실을 확인할 수 있는 증명서

CHAPTER 03

소방시설공사업 기업진단 요령

[소방청고시 제2019-53호, 2019. 12. 3., 일부개정.]

제1절 소방시설공사업 기업진단 요령

제 1 조(목적)

이 요령은 「소방시설공사업법 시행규칙」 제2조 제1항 제4호에 따른 소방시설공사업의 기업진단(이하 "진단"이라 한다)에 관하여 필요한 사항을 규정함을 목적으로 한다.

해 설

기업진단은 소방시설공사업의 영위를 위한 실질자본액을 평가하는 업무를 말한다. 따라서 진단자가 진단대상업체의 실질자본(금)을 확인하기 위하여 기업진단을 수행하는 경우에 반드시 지켜야할 지침(요령)에 해당한다.

제 2 조(정의)

이 요령에서 사용하는 용어의 뜻은 다음과 같다.

1. "실질자산"이란 제시된 총자산에서 이 요령에 따라 평정조정금액 가감 및 부실자산을 공제한 자산을 말한다.
2. "비업무용자산"이란 소방시설공사업에 직접적으로 제공되지 않은 임야, 유휴 토지, 전답 또는 가옥 등을 말한다.
3. "실질부채"란 제시된 총부채에서 이 요령에 따라 평정조정금액을 가감한 부채를 말한다.
4. "겸업자산"이란 소방시설공사업 이외의 사업에 제공된 자산을 말한다.
5. "겸업부채"란 겸업자산과 관련되는 부채를 말한다.

해 설

실질자산과 실질부채는 소방시설공사업 기업진단 요령에 의하여 기업진단업무를 수행한 후 겸업자산과 부채를 고려하기 전의 상태를 말한다. 따라서 진단자는 부실자산과 부채 등을 평정한 이후 실질자산과 실질부채를 계산하고 겸업자산과 겸업부채를 추가로 고려하여 진단대상사업의 실질자산과 실질부채를 계산해야 한다.

특히 겸업부채를 고려하는 경우 진단자 임의로 겸업부채를 분류할 수 없고 반드시 겸업자산에 의하여 확인되는 부분에 한하여 겸업부채로 분류가 가능함에 유의하여야 한다. 예를 들어 부동산임대용 건물을 보유하고 건물을 담보로 저당권 등이 설정된 채무가 확인되는 경우 부동산임대업은 겸업에 해당하므로 해당 건물은 겸업자산에 해당하고 저당권 등이 설정되어 실제 차입한 차입금은 겸업부채에 해당한다. 하지만 건물 등에 담보된 채무는 없고 회사가 보유한 별도의 차입금이 있는 경우 해당 차입금(실제 건물 등의 취득에 사용된 것이 입증되는 경우에는 제외)은 겸업부채로 임의로 분류할 수 없다. 따라서 이러한 경우에는 건물만 겸업자산에 해당하고 겸업부채는 없는 상황이 된다.

사 례

건설업(도장습식방수석공사업, 자본금: 1.5억원)과 전문소방시설공사업(자본금: 1억원) 및 부동산임대업(자본금: 별도로 없음. 임대용 부동산(토지 • 건물)가액 5억원, 담보된 채무 3억원)을 겸업하는 (주)성우소방의 실질자산이 15억원, 실질부채가 8억원이라고 가정하고 도장습식방수석공사업의 실질자산이 4억원, 실질부채가 2억원, 부동산임대업의 실질자산 5억원, 실질부채 3억원으로 겸업을 분류한 경우 (주)성우소방의 전문소방시설공사업(진단대상사업)의 실질자본은 다음과 같이 분류한다.

해설 진단대상사업인 전문소방공사업 실질자본은 3억원이고, 겸업자본(건설업과 부동산임대업)은 4억원이다. 그 계산 근거는 다음과 같다.

실 질 자 산	1,500,000,000	실 질 부 채	800,000,000
겸 업 자 산	900,000,000	겸 업 자 본	400,000,000
겸 업 부 채	500,000,000		
진단대상사업 실질자산	600,000,000	진단대상사업 실질자본	300,000,000
진단대상사업 실질부채	300,000,000		

제 3 조(적용범위)

① 이 요령은 「소방시설공사업법 시행령」(이하 "영"이라 한다) 제2조에 따른 소방시설공사업의 등록기준 중 자본금에 적용한다.
② 진단은 다른 법령에 특별한 규정이 있거나 소방청장의 특별한 지시가 있는 경우를 제외하고는 이 요령을 따른다. 다만, 이 요령에서 정하지 아니한 사항은 기업회계기준을 따른다.

해 설

소방시설공사업 기업진단 요령은 총15개 조문으로 구성되어 소방공사업의 실질자본(금)을 확인하기 위한 기업진단업무를 수행하는데 많이 부족한 측면이 있다. 따라서 기업진단 요령에서는 이 요령에서 정하지 아니한 사항은 기업회계기준에 따른다고 규정하고 있으므로 기업회계기준을 충실히 적용하여 기업진단업무를 수행하여야 한다. 따라서 적용순위는 다음과 같다.

〈1순위〉 다른 법령의 특별한 규정이나 국민안전처장관의 특별한 지시
〈2순위〉 소방시설공사업 기업진단 요령
〈3순위〉 한국회계기준원 회계기준위원회가 공표하여 진단기준일 현재 시행하고 있는 기업회계기준, 다만 IFRS 적용 기업은 한국채택국제회계기준, IFRS 적용 기업외의 비상장기업은 일반기업회계기준(중소기업의 경우 중소기업회계처리기준 적용가능)에 의한다.

제 4 조(진단자 및 진단기준일)

① 진단은 다음 각 호의 어느 하나에 해당하는 자(이하 "진단자"라 한다)가 실시한다.
1. 「공인회계사법」 제7조에 따라 금융위원회에 등록한 공인회계사
2. 「세무사법」 제6조에 따라 기획재정부에 등록한 세무사
3. 「건설산업기본법」 제49조 제2항에 따른 전문경영진단기관[26)]
② 진단기준일은 다음 각 호와 같다.
1. 신규등록: 등록신청전일부터 역산하여 90일 이내의 기간. 다만, 신설법인(법인설립등기일로부터 소방시설공사업 등록신청 접수일까지 90일이 경과되지 아니하고 별도의 영업실적이 없는 법인을 말한다. 이하 같다)의 경우에는 설립등기일을 진단기준일로 한다.
2. 양도·양수: 양도·양수 계약일(분할 또는 분할합병에 따른 양도·양수의 경우에는 그 등기일)
3. 법인합병: 법인합병 등기일
4. 자본금 변경: 자본금 변경일(법인인 경우에는 변경등기일)

해 설

1. 진단자

진단자가 기업진단 업무를 수행하고자 하는 경우에는 반드시 한국세무사회(기획재정부 위임)에 등록한 등록증이 있는 세무사만 기업진단업무가 가능하다. 따라서 기업진단업무를 수행하기 위해서는 반드시 세무사회에 등록을 해야 한다. 또한 진단자와 장부 기장업무 등을 수행하는 세무사는 동일인이 될 수 없도록 독립성 기준을 준수하여야 한다.

진단대상업체 기장 등 수임 세무사 ≠ 진단대상업체 진단업무 수행 세무사

2. 진단기준일

진단자는 진단대상업체(수진업체)로부터 기업진단업무를 수임한 경우에는 진단기준일을 정확하게 파악한 후 기업진단업무를 수행해야 한다. 여기서 진단기준일이란 진단대상업체의 (정기, 수시)결산일을 의미한

26) 「건설산업기본법」 제49조 제2항에 따른 전문경영진단기관
① 당해 법인의 설립목적이나 사업의 범위에 기업경영연구 또는 기업진단이 포함되어 있을 것
② 「공인회계사법」에 의하여 등록한 공인회계사 또는 「경영지도사 및 기술지도사에 관한 법률」 제8조에 따라 등록한 재무관리경영지도사(「주식회사의 외부감사에 관한 법률」에 의한 외부감사대상이 되는 건설사업자를 제외한 건설사업자의 재무관리상태를 진단하는 경우에 한한다) 2인 이상을 상시 고용하고 있을 것

다. 따라서 진단대상업체가 필요로 하는 기업진단보고서의 목적에 맞게 진단기준일이 적정한지 여부를 확인한 후 진단업무를 수행하는 것이 유리하다. 만약 정기결산서를 기준으로 기업진단업무를 수행한다면 세무서에 신고된 표준재무제표와의 일치여부도 반드시 확인하여 진단업무 수행에 오류가 발생하지 않도록 주의해야 하며 수시결산서를 기준으로 기업진단업무를 수행하는 경우에는 재무상태와 손익이 적정한지 여부를 반드시 확인하면서 기업진단업무를 수행해야 한다.

진단대상업체 (정기, 수시) 결산일 = 진단대상업체 진단기준일

(1) 신규등록의 경우 진단기준일

1. 신설법인(법인설립등기일로부터 소방시설공사업 등록신청 접수일까지 90일이 경과되지 아니하고 별도의 영업실적이 없는 법인을 말한다): 설립등기일
2. 기존법인: 등록신청전일부터 역산하여 90일 이내의 기간

사 례

■ 진단기준일

1. 신설법인 A가 8월 20일에 주금납입 1억1천만원을 하고 8월 21일에 설립등기를 한 경우 진단기준일: 8월 21일
2. 기존법인 B가 8월 21일에 전문소방시설공사업을 신규로 등록관청에 등록하고자 하는 경우 진단기준일: 8월 20일부터 역산하여 90일 이내의 날 중에서 진단대상업체가 (수시)결산 재무제표를 작성한 날

(2) 사업양수도 등의 경우 진단기준일

1. 양도·양수: 양도·양수 계약일
2. 분할 또는 분할합병에 따른 양도·양수: 분할 또는 분할합병 등기일
3. 법인합병: 법인합병 등기일

사 례

■ 진단기준일

1. 건설업체 C가 전문소방시설공사업을 양수하면서 양수도계약서상 계약일이 8월 20일 이고 양수도일이 8월 31일인 경우 진단기준일: 8월 20일
2. 건설업체 D가 일반소방시설공사업(전기분야)을 영위하던 E사를 합병한 경우 합병계약서상 합병기일이 9월 17일이고 합병등기일이 9월 23일인 경우 진단기준일: 9월 23일

(3) 자본금 변경의 경우 진단기준일: 자본금 변경일(법인인 경우에는 변경등기일)

소방시설공사업을 신규로 등록하기 위한 기업진단업무를 수행하는 경우에는 진단기준일이 등록신청 전일부터 역산하여 90일 이내의 기간으로서 진단대상업체에서 임의로 정할 수가 있으므로 자본금 변경일을 기준으로 진단업무를 수행할 필요성이 낮다. 만약 진단기준일을 자본금 변경일로 한다면 기업진단 업무 중 예금평정시에 과다한 부실자산(20일 예금평잔으로 부인되는 금액)이 발생하는 상황이 발생할 수 있기 때문이다.

제5조(서류의 제출 등)

① 진단을 받는 자는 진단에 필요한 다음 각 호에 해당하는 서류를 진단자에게 제출하거나 제시하여야 한다.
1. 진단기준일의 재무상태표(진단자가 요구하는 기업회계기준에 따라 작성해야 한다. 이하 이 항에서 같다)
2. 진단기준일의 손익계산서
3. 재무제표 부속명세서
4. 회계장부 및 기타 서류

② 진단자는 필요시 장부 및 기타 자산을 인정하는데 필요한 계약서, 계산서, 증명서, 확인서, 소유권증서 및 세무신고서 등 제반증빙서류의 제출을 요구할 수 있다.

③ 제1항에 따라 제출된 서류는 재작성 또는 정정 등을 이유로 반환을 요구할 수 없다. 다만, 제출된 서류에 오기 또는 오산과 같은 객관적으로 명백한 오류가 있을 때에는 진단자의 동의를 얻어 정정할 수 있다.

④ 제1항과 제3항에 따라 제출되거나 정정된 서류에 대하여 추가서류를 제출하고자 할 때에는 진단자의 동의를 얻어야 한다.

해 설

◎ 기업진단시 구비서류

1. 신설회사

구비서류	개인	법인
1) (정기, 수시) 결산 재무제표	○	○
2) 사업자등록증(있는 경우에 한함)	○	○
3) 법인등기부등본	×	○
4) 일자별 금융거래내역서(20일 이상)- 금융기관 발급분에 한함	○	○
5) 예금잔액 증명서 및 금융거래 확인서 (발급일자 : 진단기준일)- 금융기관 발급분에 한함	○	○
6) 임대차계약서	○	○
7) 공제조합 출자증명원	○	○
8) 기타 진단자 요청하는 서류(계정명세서 등)	○	○

2. 기존회사

입증 구비서류	개인	법인
1) (정기, 수시) 결산 재무제표(비교식) (합계잔액시산표 포함)	○	○
2) 사업자등록증	○	○
3) 법인등기부등본	×	○
4) 타 업종 등록증	○	○
5) 일자별 금융거래내역서(20일 이상)- 금융기관 발급분에 한함	○	○
6) 예금잔액 증명서 및 금융거래 확인서 (발급일자 : 진단기준일)- 금융기관 발급분에 한함	○	○
7) 각 계정별 명세서	○	○
8) 매출채권 명세서 및 세금계산서	○	○
9) 재고자산 명세서 및 공사계약서	○	○
10) 임대차계약서 또는 건물등기부등본	○	○
11) 공제조합 출자증명원 및 융자금확인서	○	○
12) 유형자산 감가상각명세서	○	○
13) 퇴직급여 추계액 명세서	○	○
14) 부가가치세 신고서 및 합계표	○	○
15) 기타 진단자가 요청하는 서류(계정명세서 등)	○	○

제 6 조(진단방법 및 진단의견 등)

① 진단자는 진단을 받는 자가 제출 또는 제시하는 서류를 검토하여 성실하게 평가하여야 하며, 필요한 경우 실제 조사하여 확인하여야 한다.

② 진단자는 제1항에 따라 확인한 사항에 대한 조서를 작성·비치하여야 한다.

③ 진단자는 진단을 받는 자가 제5조 제2항에 따른 장부 및 기타 증빙서류를 제출하지 아니한 경우에는 그 부분에 대하여는 부실자산으로 처리하여야 한다.

④ 진단자는 별지 제1호서식의 진단의견란에 다음과 같이 기재한다.

1. 진단을 받는 자의 실질자본금이 영 제2조에 따른 소방시설공사업 등록기준의 자본금 이상인 경우에는 "적격"으로 기재한다.
2. 진단을 받는 자의 실질자본금이 영 제2조에 따른 소방시설공사업 등록기준의 자본금에 미달된 경우에는 "부적격"으로 기재한다.
3. 제7조에 해당하여 진단하지 못한 경우에는 "진단불능"으로 기재한다.

제 7 조(진단불능)

① 진단자는 다음 각 호의 어느 하나에 해당하는 경우에는 진단불능으로 처리하여야 한다.

1. 제출된 재무제표가 진단을 받는 자의 장부와 일치되지 아니하여 이를 허위라고 인정한 경우
2. 진단을 받는 자가 제5조에 따른 자료의 제출과 제시를 거부하거나, 진단에 필요한 입증서류에 대한 보완요구를 거부·기피 또는 태만히 하여 진단을 할 수 없는 경우
3. 진단을 받는 자가 작성·제출한 서류에서 실질자본에 중대한 영향을 미치는 허위가 발견된 경우

② 진단자는 진단을 받는 자에 대한 장부의 작성 및 재무제표 작성업무를 수행한 경우(수행하는 경우를 포함한다)에는 해당 회계연도에 대한 진단을 행할 수 없으며 또한 다음 각 호의 어느 하나에 해당하는 자에 대한 진단을 행할 수 없다.

1. 진단자 또는 진단자의 배우자가 임원이거나 이에 준하는 직위(재무에 관한 사무의 책임있는 담당자를 포함한다)에 있거나, 과거 1년 이내에 이러한 직위에 있었던 자(회사를 포함한다. 이하 이 항에서 같다)
2. 현재 진단자 또는 진단자의 배우자가 사용인이거나 과거 1년 이내에 사용인이었던 자
3. 진단자 또는 진단자의 배우자가 주식 또는 출자지분을 소유하고 있는 자
4. 진단자 또는 진단자의 배우자와 채권 또는 채무관계에 있는 자. 이 경우 진단자를 규율하는 관련 법 등에서 세부적으로 정한 경우에는 해당 규정에 따른다.
5. 진단자에게 무상으로 또는 통상의 거래가격보다 현저히 낮은 대가로 사무실을 제공하고 있는 자
6. 진단자의 고유업무 외의 업무로 인하여 계속적인 보수를 지급하거나 그 밖에 경제상의 특별한 이익을 제공하고 있는 자
7. 진단을 수행하는 대가로 자기 회사의 주식·신주인수권부사채·전환사채 또는 주식매수선택권을 제공하였거나 제공하기로 한 자

해 설

진단자와 진단대상업체와의 독립성을 확보하기 위하여 진단불능사유를 규정하고 있다. 따라서 진단자가 기업진단보고서를 작성한 후 한국세무사회를 경유하는 경우에는 진단불능사유확인서를 반드시 제출하여야 한다.

■ 진단불능사유에 대한 확인서

진단자는 다음 각 사항의 1에 해당하는 자에 대하여 기업진단 업무를 수행할 수 없습니다. 따라서 아래의 사항을 충분히 검토하신 후 해당되는 곳에 V표시를 해주시기 바랍니다.

확인 내용	해당여부	
	여	부
1. 진단을 받는 자에 대해 장부작성 및 재무제표 작성업무를 수행한 경우 또는 수행하는 경우		

확인 내용	해당여부	
	여	부
2. 진단자 또는 진단자의 배우자가 임원이거나 이에 준하는 직위(재무에 관한 사무의 책임있는 담당자를 포함한다)에 있거나, 과거 1년 이내에 이러한 직위에 있었던 자(회사 포함)		
3. 현재 진단자 또는 진단자의 배우자가 사용인이거나 과거 1년이내에 사용인이었던 자(회사 포함)		
4. 진단자 또는 진단자의 배우자가 주식 또는 출자지분을 소유하고 있는 자(회사 포함)		
5. 진단자 또는 진단자의 배우자와 채권 또는 채무관계에 있는 자 또는 회사(진단자를 규율하는 관련 법 등에서 세부적으로 정한 경우에는 해당 규정에 따름)		
6. 진단자에게 무상으로 또는 통상의 거래가격보다 현저히 낮은 대가로 사무실을 제공하고 있는 자(회사 포함)		
7. 진단자의 고유업무 외의 업무로 인하여 계속적인 보수를 지급하거나 그 밖에 경제상의 특별한 이익을 제공하고 있는 자 (회사 포함)		
8. 진단을 수행하는 대가로 자기 회사의 주식·신주인수권부사채·전환사채 또는 주식매수선택권을 제공하였거나 제공하기로 한 자(회사 포함)		
위 사항을 충분히 검토하여 허위 사실 없이 해당 여부를 확인하였습니다. 년　　월　　일 (등록번호) 진단자 : (　　　　) 인		

제 8 조(부실자산)

다음 각 호의 어느 하나에 해당하는 경우에는 이를 부실자산으로 처리하여야 한다.

1. 자산의 과대평가에 따른 가공자산
2. 제시자산총계의 100분의 2를 초과하는 현금
3. 진단을 받는 자의 소유가 아닌 자산
4. 대손처리하여야 할 자산
5. 비유동 무형자산(사용수익기부자산은 제외한다)
6. 선급비용
7. 기업회계기준에 따라 비용으로 계상하여야 할 대상금액이 자산으로 계상된 금액
8. 부도어음. 단, 담보가 설정되어 있는 경우 회수 가능한 금액은 제외한다.
9. 제10조 제1항부터 제3항까지, 제5항 및 제10항에 따른 부실자산
10. 신설 법인이 법인설립 등기일부터 20일 이내의 날을 진단하는 날로 하여 제시한 제예금

해 설

1. 제시 자산 총계의 2%를 초과하는 현금
   결산재무제표상의 자산총계의 2%까지의 현금은 실질자산으로 인정받는다. 왜냐하면 진단일은 진단기준일 이후의 날이 되므로 진단기준일 현재의 현금시재를 현실적으로 파악하기 어렵기 때문에 회사가 계상한 현금시재 중에서 회사제시 자산총계의 2%까지의 현금을 실질자산으로 인정하고 있는 것이다.
2. 가지급금이나 가공의 매출채권, 타인명의 자산 등이 부실자산에 주로 해당하게 된다. 특히 결산재무제표에 가지급금(부실자산)과 가수금(부채)이 다른 부채 또는 다른 자산 등과 이미 계상되어 있는 경우에는 가지급금과 가수금의 다른 부채·자산와의 상계가 원칙적으로 불가능하므로 진단조정을 해야 함에 주의하여야 한다.
3. 신설법인이 법인설립 등기일부터 20일 이내의 날을 진단하는 날로 하여 제시한 제예금은 부실자산이 되는데 신설법인의 진단기준일은 설립등기일이므로 진단자는 설립등기 후 20일이 경과된 날에 기업진단업무를 수행하여야 한다. 이 경우 예금의 평잔계산기간은 진단기준일인 설립등기일부터 진단일 전일까지로 한다.

〈주의〉 진단기준일 = (정기, 수시) 결산일 ≠ 진단일 = 진단하는 날

사 례

1. 재무상태표상 현금시재액이 5백만원이고 자산총계가 2억원이며, 자본총계가 3억원인 경우 실질자산으로 인정받을 수 있는 금액: 4백만원. 따라서 부실자산에 해당하는 현금은 1백만원이 된다.
2. 재무상태표상 현금및현금성자산이 5백만원이고 자산총계가 5억원이며, 자본총계가 3억원인 경우 실질자산으로 인정받을 수 있는 금액: 5백만원. 따라서 부실자산에 해당하는 현금은 없다.

제 9 조(수익의 인식과 측정)

수익은 기업회계기준상의 손익계산서 작성기준 및 매출 총이익계산방식에 따라 계산하여야 한다. 다만, 공사수익측정에 있어서는 세법의 규정에 따라 계산된 수익을 기업회계기준에 따라 계산된 수익으로 인정할 수 있다.

해 설

수익과 비용은 기업회계기준에 따라 평가한다. 따라서 공사진행기준과 공사완성기준을 통하여 회사의 회계처리를 확인하고 재고자산의 계상여부와 수익과 비용의 올바른 인식에 대한 검토가 이루어져야 한다. 기업회계기준에서는 진행기준을 원칙으로 하고 있으나 중소기업회계처리특례에 의거하여 1년 내의 기간에 완료

되는 용역매출 및 건설형 공사계약에 대하여는 용역제공을 완료하였거나 공사 등을 완성한 날에 수익으로 인식할 수 있으므로 진단시 주의를 요하여야 한다. 또한 세법의 경우 중소기업의 단기 공사인 경우에 인도기준(완성기준)이 가능하다.

구 분	원칙	예 외
단기건설(1년미만)	진행기준	(기업회계) 비상장중소기업은 인도기준 또는 완성기준 가능 (세법) 중소기업은 인도기준 또는 완성기준 가능
장기건설(1년이상)		진행기준

➲ **유의사항:** 장기건설공사계약임에도 불구하고 세금계산서 기준으로 공사수익을 인식하여 미완성공사가 재고자산에 기재된 상태로 결산이 되는 경우에는 기업진단규정에서 미완성공사를 모두 부실자산으로 보도록 하고 있으므로 불이익을 당하지 않도록 장기건설의 경우에는 반드시 진행기준으로 인식하여야 한다.

제10조(자산의 평가 등) 제1항 - 제예금

① 제예금은 진단을 받는 자의 명의(법인인 경우 법인 명의)로 된 계좌에 대하여 진단기준일 전일부터 역산하여 20일 동안(신설법인은 법인 명의의 통장개설일부터 진단일 전일까지)의 은행거래 실적평균잔액을 예금액으로 평가한다. 다만, 예금증서 또는 은행거래실적증명서를 제시하지 못하거나 그 예금이 일시적으로 조달된 것으로써 출처가 불분명한 경우와 제예금 중 진단기준일부터 진단시까지 지출 원인이 분명하지 않은 인출 금액은 부실자산으로 평가한다.

해 설

1. 신설회사

(1) 예금의 확인기간

진단기준일 현재 진단을 받는 자 명의의 금융기관 예금잔액증명과 진단기준일부터 진단일까지 기간의 은행거래실적

(2) 예금의 평잔기간

진단기준일 현재 진단을 받는 자 명의의 금융기관 예금잔액증명과 진단기준일부터 진단일 전일까지 기간의 예금을 평잔한다. 다만, 신설법인이 법인설립등기일 이후 20일 이내의 날을 진단일로 하여 기업진단을 의뢰하는 경우에는 부실자산에 해당하여 진단이 불가능하므로 예금평잔기간은 최소 20일 이상으로 하여야 한다. 따라서 신설법인은 진단기준일을 설립등기일로 하고, 예금의 평잔기간은 법인통장 개설일부터 진단일 전일까지 20일 예금 평잔을 하여야 한다. 특히 주의할 점은 설립등기 후 통장에서 하루라도 인출된 금액이 있는 경우에는 평균잔액이 진단일 현재 예금잔액보다 부족해서 차액만큼의 부실자산(예금부인액)이 발생할 여지가 있다는 점이다. 이렇게 되면 실질자본이 부족해지므로 설립등기 시 등록기준상의 자본금보다 많이 납입자본금을 불입해 두거나 불입한 자본금을 진단서 발급일까지 인출을 제한하는 것이 방법 중의 하나이다. 다만, 평균잔액을 위하여 임의로 불입한 예금은 결국 업무무관자산이 되어 평균잔액 계산 시 제외됨에도 주의할 필요가 있다. 예를 들어, 납입자본금 1억원보다 추가로 불입한 예금 5천만원은 진단대상사업의 실질자산에 해당하지 않으므로 평균잔액 계산 시 제외하고 판단해야 한다.

사 례

(주)E법인이 8월 5일에 설립등기(등기부상 납입자본금: 1.1억원)한 후 사업자등록을 8월 11일에 완료하고 법인통장을 개설하였다. 당 법인은 발기인 홍길동 씨가 주금납입을 8월 4일에 한 후 8월 11일 법인통장개설과 동시에 법인통장에 그대로 이체하였다. 진단 세무사가 진단을 수행하는 경우 평잔기간과 가장 빠른 진단일을 제시하시오.

해설 신설법인의 경우 평잔기간은 법인통장 개설일(8월 11일)부터 진단일 전일까지로 하므로 8월 11일부터 8월 30일까지로 평잔기간을 설정하고 진단기준일은 설립등기일(8월 5일)로 하되, 진단일은 8월 31일이 된다.

2. 기존회사

(1) 예금의 확인기간

진단을 받는 자의 명의(법인인 경우 법인 명의)로 된 계좌에 대하여 진단기준일 전일부터 역산하여 20일 동안 은행거래 실적평균잔액을 예금액으로 평가한다. 따라서 진단자는 진단대상업체의 통장거래내역을 최소한 예금평잔 시작일부터 기업진단보고서 작성일까지 확인하여야 한다. 이 경우 20일 예금평균잔액과 재무상태표상 예금잔액을 비교하여 20일 예금평잔액이 재무제표상 예금잔액보다 큰 경우에는 재무제표상 예금잔액까지만 인정하고 반대의 경우에는 차액만큼을 부실자산으로 처리해야 한다.

따라서 실질자산으로 보는 예금은 다음과 같다.

실질자산으로 보는 예금액 = Min(① 20일 평잔액, ② F/S 예금잔액)

(2) 예금의 평잔기간

예금은 진단을 받는 자의 명의(법인인 경우 법인 명의)로 된 계좌에 대하여 진단기준일 전일부터 역산하여 20일 동안 은행거래내역을 평잔기간으로 한다.

사 례

9월 21일을 진단기준일(결산일)으로 하여 9월 30일에 등록관청에 소방시설공사업(전문)을 등록하고자 하는 경우 예금평잔기간 및 예금 확인기간

(1) 예금평잔기간: 9월 1일부터 20일까지의 기간

(2) 예금확인기간: 9월 1일부터 진단기준일인 21일 경과한 후의 기업진단보고서 발급일(또는 한국세무사회 경유일)까지의 기간

제10조(자산의 평가 등) 제2항 - 매출채권 등의 평가

② 매출채권 등의 평가는 다음 각 호에 따라 평가한다.
1. 장·단기 매출채권 및 장단기 미수금 등의 채권은 거래처의 채무증명에 따른다. 이 경우 세금계산서를 확인하여야 하며 법인세법에서 정한 대손충당금 설정한도액에 미달하는 경우에는 설정한도 미달액을 차감하여 평가한다.
2. 매출채권 등에 있어서 발생일로부터 1년 이상 경과한 매출채권 등은 부실자산으로 평가한다. 다만, 그 채무자가 국가, 지방자치단체, 「공공기관의 운영에 관한 법률」 제4조에 따라 공공기관으로 지정된 기관인 경우에는 그러하지 아니한다.

해 설

1. 매출채권의 구분

매출채권 보유기간	대상 사업	실질 여부
1년 이하	진단대상사업	실질자산
	진단대상사업 외	겸업자산
1년 경과	진단대상사업	부실자산
	진단대상사업 외	부실자산

2. 1년 경과 시에도 실질자산으로 인정되는 매출채권
   그 채무자가 국가, 지방자치단체, 「공공기관의 운영에 관한 법률」 제4조에 따라 공공기관으로 지정된 기관인 경우에는 실질자산으로 본다.
3. 대손충당금 설정
   1년 이내의 매출채권이나 미수금은 반드시 대손충당금을 설정하여야 하며, 회사가 객관적으로 산정한 대손추정률을 알 수 없거나 존재하지 않는 경우에는 세법상 대손충당금 한도액인 대손실적율과 1% 중 큰 금액을 설정한다. 특히 발생일로부터 1년이 경과된 채권은 부실자산이므로 대손충당금을 설정하는 것이 아니라 부실자산으로 평정해야 함에 유의하여야 한다.

사 례

1. 진단기준일 현재 매출채권 잔액이 2억원이고 1년이 경과된 채권이 2천만원으로 확인되며 회사가 객관적으로 설정한 대손추정률은 존재하지 않는 경우 평정사항
   (1) 부실자산: 2천만원(= 매출채권 중 1년 경과분)
   (2) 대손충당금: 1,800,000원(= 1.8억원 × 1%)

2. 진단기준일이 정기결산일(2023년 12월 31일)이고 진단일이 2025년 9월 7일인 경우로서 진단기준일 현재 매출채권 잔액이 2억원이고 1년이 경과된 채권이 2천만원으로 확인되며 2025년 9월 7일 현재에는 진단기준일 당시 매출채권이 전부 회수되어 매출채권 잔액이 없는 경우 평정사항
   (1) 부실자산: 없음
   (2) 대손충당금: 없음

제10조(자산의 평가 등) 제3항 - 가지급금 평가

③ 가지급금은 급여선급인 경우에만 당해 임직원의 1개월 급여액 범위 내에서 인정하고 이를 초과하는 금액에 대하여는 부실자산으로 평가한다.

해 설

가지급금(= 주임종단기대여금)은 부실자산으로 본다. 다만 임직원에 대한 1월 이내의 급여액은 실질자산으로 인정하고 있다. 따라서 대부분의 가지급금 성격의 지출(미수수익 포함)은 모두 부실자산으로 처리하여야 한다.

제10조(자산의 평가 등) 제4항 - 장단기대여금

④ 장단기대여금은 전액 겸업자산으로 평가한다. 다만, 종업원에 대한 주택자금과 우리사주조합에 대여한 것은 제외한다.

해 설

장단기대여금	실질 여부
원 칙	겸업자산
종업원 주택자금 대여액	실질자산
우리사주조합 대여액	실질자산

제10조(자산의 평가 등) 제5항 - 공사용 전도금

⑤ 공사용 전도자금에 대하여는 해당 현장책임자 등의 예금잔액증명분에 따라 인정하고 예금잔액증명서로 확인할 수 없는 금액은 제8조 제2호에 따른 부실자산으로 평가한다.

해 설

공사용 전도자금은 법인통장에서 현장책임자(예를 들어 현장소장 등)에게 이체가 되므로 해당 현장책임장의 통장과 예금잔액증명서로 확인되는 금액을 실질자산으로 인정한다.

제10조(자산의 평가 등) 제6항 - 유가증권

⑥ 유가증권은 다음 각 호에 따라 평가한다.
1. 유가증권의 평가는 취득원가로 평가함을 원칙으로 한다. 다만, 증권거래소에 상장되어 있는 주식으로서 시가가 취득원가보다 금액이 낮은 것은 시가로 평가한다.
2. 국채, 공채, 사채 및 기타의 채권으로서 취득가액과 액면가액이 다른 것은 그 차액을 상환기간에 걸쳐 매 회기 진단을 받는 자가 채택하고 있는 방법으로 재차 가감한 가액으로 평가한다.
3. 소방산업공제조합과 소방청장이 지정하는 금융회사에 대한 출자금(출자를 위하여 예치한 출자금액을 포함한다)은 기준일 현재의 지분평가액(출자를 위하여 예치한 출자예정금액은 그 전액)을 소방시설공사업의 실질자산으로 인정한다. 다만, 출자금이 압류되어 있는 경우에는 그 압류금액을, 출자금을 담보로 대부를 받은 경우에는 그 대부금액을 차감하여 평가한다.
4. 잉여금의 자본전입에 따른 주식의 취득은 자산의 증가로 보지 아니한다.
5. 소방시설공사업과 관련이 없는 투자자산은 겸업자산으로 본다.

해 설

1. 유가증권(지분증권)

<table>
<tr><th>분 류</th><th>요건</th><th colspan="2">재무상태표 표시</th></tr>
<tr><td>단기매매증권</td><td>단기 매매차익 목적, 빈번한 매매</td><td colspan="2">유동자산</td></tr>
<tr><td rowspan="2">매도가능증권</td><td rowspan="2">단기매매증권, 지분법적용투자주식 외</td><td>1년 이내 처분</td><td>유동자산</td></tr>
<tr><td>이외의 경우</td><td>투자자산</td></tr>
<tr><td>지분법적용
투자주식</td><td>중대한 영향력 행사(20%이상 지분보유)</td><td colspan="2">투자자산</td></tr>
</table>

2. 유가증권(채무증권)

<table>
<tr><th>분 류</th><th>요건</th><th colspan="2">재무상태표 표시</th></tr>
<tr><td>단기매매증권</td><td>단기 매매차익 목적, 빈번한 매매</td><td colspan="2">유동자산</td></tr>
<tr><td rowspan="2">매도가능증권</td><td rowspan="2">단기매매증권, 지분법적용투자주식 외</td><td>1년 이내 만기</td><td>유동자산</td></tr>
<tr><td>이외의 경우</td><td>투자자산</td></tr>
<tr><td rowspan="2">만기보유증권</td><td rowspan="2">상환금액의 확정가능, 만기까지 보유 의도, 능력</td><td>1년 이내 만기</td><td>유동자산</td></tr>
<tr><td>1년 후 만기</td><td>투자자산</td></tr>
</table>

3. 유가증권 평가

1) 지분증권
   (1) 원칙: 원가법
   (2) 상장주식: 저가법

2) 채무증권
   유효이자율법

4. 공제조합 출자금

진단기준일 현재 시가로 평가하여 자산에 반영하고 평가이익은 기업회계기준에 의하여 기타포괄손익누계액에 반영하는 것이 타당하다.

(차변) 출자금	○○○	(대변) 기타포괄손익누계액	○○○

사 례

1. I법인의 재무제표상 공제조합 출자금이 20,000,000원이고 진단기준일 현재 좌당 평가액이 628,000원이고 출자좌수가 32좌인 경우 평정사항을 반영하시오.
2. 수진업체인 I법인이 융자금(16,000,000원)을 재무제표에 반영하지 않은 경우 평정사항을 반영하시오.

해설 1. 1) 진단기준일 현재 평가액: 20,096,000원
2) 재무제표상 출자금: 20,000,000원
3) 평가증액: 96,000원
따라서 진단시 96,000원을 평정에 반영하여야 하며 이 경우 실질자본이 평정액만큼 증가하게 된다.

2. 융자금이 재무제표에 제외된 것이 융자금 확인서로 확인되는 경우에는 평정사항을 반영할 때 16.000,000원을 부채의 증가로 반영하여 진단하여야 한다. 이 경우 부채의 증가액만큼 실질자본은 감소하게 된다.

제10조(자산의 평가 등) 제7항 - 재고자산

⑦ 재고자산은 다음 각 호에 따라 평가한다.
1. 재고자산은 소방시설공사업을 위한 자산만을 인정한다. 이 경우 구입증빙서류 및 재고자산수불장표를 대조·확인하여 평가한다.
2. 재고자산이 자산총액의 100분의 10을 초과하는 경우에는 그 금액을 판매용 자산으로 간주하여 겸업자산으로 본다.

해 설

재고자산은 소방공사업용 자산만을 인정하되, 자산총액의 10%를 넘는 재고자산은 겸업자산으로 보아 실질자본 계산시 차감하여야 한다.

사 례

J법인의 자산총계는 4억원이고 부채총계는 1억원이며 소방공사업용 재고자산을 6천만원을 보유하고 있다. 이 경우 실질자산으로 인정받을 수 있는 재고자산은 얼마인가?

해설 기존법인이라 하더라도 재고자산을 자산총계의 10%를 초과하여 보유하는 경우에는 판매용 자산으로 보아 겸업자산으로 보도록 하고 있다. 따라서 소방공사업용 재고자산 중 실질자산으로 인정받을 수 있는 금액은 4천만원이고, 나머지 2천만원은 비록 소방공사업과 관련되어 있다하더라도 판매용 자산으로 보아 겸업자산으로 분류된다.

제10조(자산의 평가 등) 제8항, 제9항 - 토지 및 건물, 중기계 등

⑧ 토지 및 건물은 취득가액으로 평가함을 원칙으로 한다. 다만, 자산재평가법에 따라 자산을 재평가한 경우에는 그 평가액으로 한다.
⑨ 중기계, 공구, 집기, 차량 등은 사용 가능한 것에 한정하여 회사소유임이 확인된 것만 평가한다.

해 설

유형자산은 소유권, 자산의 실재성 및 진단대상사업에 대한 관련성을 종합하여 평가하며, 등기 또는 등록대상인 자산으로서 법적 및 실질적 소유권이 없는 경우에는 부실자산으로 본다. 특히, 토지와 건물의 등기부등본을 통하여 부외부채에 대한 평가를 하여야 한다. 따라서 기업진단시 법적 소유권과 실질적 소유권의 구분이 필요한 사항이 발생하는 경우에는 사실판단에 의하되, 실질적 소유권을 우선적으로 적용하여야 할 것으로 사료된다.

1. 유형자산 평가모형
   유형자산은 기업회계기준에 따라 취득원가모형이나 재평가모형 중에서 진단을 받는 자가 회계장부에 반영한 방식으로 평가한다. 일반적으로 재무제표는 취득원가모형을 근거로 작성되고 있어 재평가모형을 적용해야 하는 경우에는 회계장부에 반영된 사항만을 기준으로 기업진단 업무를 수행하여야 한다.

2. 감가상각
   유형자산의 감가상각은 법인세법에 의한다. 다만, 진단을 받는 자의 회계장부상 감가상각누계액이 클 경우에는 그 금액으로 한다. 따라서 진단자는 진단대상사업연도를 기준으로 감가상각을 수행하면 되며, 일반적으로 진단기준일로부터 소급하여 1년을 기준으로 상각한다.
   (가) 법인세법상 감가상각자산의 범위(법인세법 시행령 제24조 제1항)
      가) 유형고정자산
         ㉠ 건물(부속설비를 포함) 및 구축물
         ㉡ 차량 및 운반구, 공구, 기구 및 비품

ⓒ 선박 및 항공기
ⓓ 기계 및 장치
ⓔ 동물 및 식물
ⓕ 기타 가목 내지 마목의 자산과 유사한 유형고정자산

(나) 법인세법상 내용연수
법인세법 시행규칙 별표 5에서 규정된 건축물 등의 기준내용연수는 다음과 같다.

구분	기준내용연수 및 내용 연수범위(하한-상한)	구조 또는 자산명
1	5년 (4년 ~ 6년)	차량 및 운반구(운수업, 기계장비 및 소비용품 임대업에 사용되는 차량 및 운반구를 제외), 공구, 기구 및 비품
2	12년 (9년 ~ 15년)	선박 및 항공기(어업, 운수업, 기계장비 및 소비용품 임대업에 사용되는 선박 및 항공기를 제외)
3[27)]	20년 (15년 ~ 25년)	연와조, 블록조, 콘크리트조, 토조, 토벽조, 목조, 목골모르타르조, 기타 조의 모든 건물(부속설비를 포함)과 구축물[28)]
4	40년 (30년 ~ 50년)	철골·철근콘크리트조, 철근콘크리트조, 석조, 연와석조, 철골조의 모든 건물(부속설비를 포함한다)과 구축물

제10조(자산의 평가 등) 제10항 - 선급제세와 환급통보세액

⑩ 적정하게 계상된 선급제세와 제세결정기관이 환급 통보한 세액은 자산으로 인정한다. 이 경우 그 외의 제세는 부실자산으로 평가한다.

---

27) 1. 구분 3과 구분 4를 적용함에 있어서 부속설비에는 당해 건물과 관련된 전기설비, 급배수·위생설비, 가스설비, 냉방·난방·통풍 및 보일러설비, 승강기설비 등 모든 부속설비를 포함하고, 구축물에는 하수도, 굴뚝, 경륜장, 포장도로, 교량, 도크, 방벽, 철탑, 터널 기타 토지에 정착한 모든 토목설비나 공작물을 포함한다. 다만, 부속설비를 건축물과 구분하여 업종별 자산으로 회계처리하는 경우에는 별표 6을 적용할 수 있다.
2. 구분 3과 구분 4를 적용함에 있어서 건물중 변전소, 발전소, 공장, 창고, 정거장·정류장·차고용 건물, 폐수 및 폐기물처리용 건물, 유통산업발전법시행령에 의한 대형점용 건물(당해 건물의 지상층에 주차장이 있는 경우에 한한다), 국제회의산업육성에관한법률에 의한 국제회의시설 및 무역거래기반조성에 관한법률에 의한 무역거래기반시설(별도의 건물인 무역연수원을 제외한다), 축사, 구축물 중 하수도, 굴뚝, 경륜장, 포장도로와 폐수 및 폐기물처리용 구축물과 기타 진동이 심하거나 부식성 물질에 심하게 노출된 것은 기준내용연수를 각각 10년, 20년으로 하고, 내용연수범위를 각각(8년~12년), (15년~25년)으로 하여 신고내용연수를 선택적용할 수 있다.

28) 건물(부속설비를 포함한다) 및 구축물이 기준내용연수 및 내용연수범위가 서로 다른 2 이상의 복합구조로 구성되어 있는 경우에는 주된 구조에 의한 기준내용연수 및 내용연수범위를 적용한다.

제10조(자산의 평가 등) 제11항 - 무형자산

⑪ 무형자산은 당해자산의 취득을 위하여 소요된 가액에서 감가상각 상당액을 차감한 금액으로 평가한다.

제10조(자산의 평가 등) 제12항 - 보증금

⑫ 보증금은 다음 각 호와 같이 평가한다.
1. 임차보증금은 임대차계약서 및 임대인이 발행한 영수증 등 증빙에 따라 확인한다. 이 경우 그 금액이 시가보다 현저히 과다할 경우에는 진단시의 시가에 따라 이를 평가한다.
2. 계약보증금과 하자보수보증금은 그 보증기간이 만료되지 아니한 것에 한정하여 자산으로 인정한다.
3. 차액보증금과 하자보수보증금은 그 보증기간이 만료되지 아니하였거나 공사 완공 후에 공사의 불이행이나 하자의 사유가 없이 보관기관이 보관하고 있음을 증명한 경우에는 자산으로 인정한다.
4. 영업보증금은 보증기간이 만료되지 아니한 것과 보증기간 만료 후라도 보증기관이 보관하고 있음을 증명한 경우에 한정하여 인정한다.

참고 **보증금 진단시 유의사항**

1. 사무실보증금

중소건설업자의 경우 월세에 부가되는 임차보증금이 대부분이므로 임차보증금이 2천만원을 초과하는 경우에는 부실의 징후가 있다고 보아 진단자는 주의를 기울려야 한다. 등록관청에서는 이에 대하여 "가공" 계상의 징후가 있다고 보아 검토에 신중(특별감리 등을 통하여)을 기하고 있다.

2. 기타 보증금

특수관계인 기타 사업자 등으로부터 각종 건설중장비, 승용차 등을 임차한 것으로 하여 거액의 보증금을 계상하는 행위도 부실자산으로 본다. 다만 정상적인 리스회사를 통한 경우의 리스보증금은 인정된다.

제11조(부채의 평가 등)

① 부채의 발생사유를 충분히 검토하고 자산 및 자본과 비교·관련시켜 부외부채의 유무를 면밀히 검토하여 총부채를 평가하여야 한다.
② 외화부채는 기준일 현재의 대고객전신환매도율에 따른 환율로 평가한다.
③ 감가상각 및 퇴직급여충당금의 계산은 다음 각 호에 따른다.
1. 감가상각 또는 퇴직급여충당금은 법인세법에 따라 계상된 금액을 인정한다. 다만, 설정범위를 초과하여 충당한 경우에는 그 설정액을 그대로 인정한다.
2. 진단기준일이 사업전년도중인 때에는 진단기준일로부터 소급하여 1년을 대상으로 제1항을 적용한다.

해 설

퇴직급여충당금은 보고기간말 현재 전종업원이 일시에 퇴직할 경우 지급하여야 할 퇴직금에 상당하는 금액을 말하는데 소방시설공사업 기업진단 요령에서는 법인세법에 따라 계상된 금액을 인정하고 있다. 따라서 세법상 한도액까지는 그 금액을 설정하거나 퇴직부담금 등으로 확인해야 한다.

제12조(실질자본금의 평가 등)

① 실질자본금은 실질자산에서 비업무용 자산 및 실질부채를 공제한 것으로 한다. 다만, 겸업의 경우에는 겸업자본을 추가로 공제하며, 겸업자본이 겸업기준 자본금에 미달할 경우에는 그 기준 자본금을 공제한다.
② 겸업자본의 평가는 다음 각 호에 따른다.
1. 겸업자본은 겸업자산에서 겸업부채를 차감한 금액으로 한다.
2. 소방시설공사업과 소방시설공사업 이외의 사업을 구분 계리하는 자의 겸업자산과 겸업부채는 구분계리에 따른 소방시설공사업 이외의 사업과 관련된 자산과 부채를 말한다.
3. 소방시설공사업과 소방시설공사업 이외의 사업을 구분 계리하지 않은 자의 겸업자산과 겸업부채는 자산총계와 부채총계에 겸업비율을 적용하여 계산한다. 다만, 겸업비율은 다음 각 목의 어느 하나를 선택하여 적용한다.
   가. 소방시설공사업의 수입금액과 겸업사업의 수입금액 비율
   나. 소방시설공사업의 유형자산과 겸업사업의 유형자산 금액 비율
   다. 소방시설공사업 이외의 사업이 다른 법령 등에 기준자본금이 정하여진 경우에는 기준자본금의 비율

해 설

1. 실질자본(금)과의 관계

기업진단 시 실질자본(금)은 다음과 같이 판단한다.

1단계: 결산재무제표상 자본금(자산평가액)이 등록기준상 자본금기준을 충족하고 있는가?
2단계: 진단 후 진단대상사업의 실질자본(금)이 등록기준상 자본금기준을 충족하고 있는가?

2. 실질자본 계산구조

회사제시 자산	-	회사제시 부채	=	회사제시 자본
±) 수 정 사 항		±) 수 정 사 항		±) 수 정 사 항
-) 부 실 자 산		+) 부 외 부 채		±) 부실자산, 부외부채
실 질 자 산	-	실 질 부 채	=	실 질 자 본
겸 업 자 산	-	겸 업 부 채	=	겸 업 자 본
진단대상사업 실 질 자 산	-	진단대상사업 실 질 부 채	=	진단대상사업 실질자본

3. 겸업자본의 평가

겸업자본은 겸업자산에서 겸업부채를 차감한 잔액을 말한다. 따라서 겸업자산과 겸업부채는 실질자산(실질부채)에 해당하지만 진단대상사업의 실질자산(실질부채)에는 해당하지 않는다. 따라서 실질자산(실질부채 포함) 중에서 겸업자산(겸업부채 포함)을 분류할 때에는 다음과 같이 확인하여야 한다.

1단계: 겸업자산으로 열거된 자산 및 그와 관련된 부채를 구분할 것

2단계: 구분경리 유무를 확인 할 것. 따라서 구분경리가 되어 있는 경우에는 소방공사업부문만을 기준으로 실질자본을 확인하면 된다.

3단계: 구분경리가 되어 있지 않는 경우 수입금액비율, 유형자산비율, 기준자본금 비율 중 선택하여 안분한다.

〈저자주〉 소방시설공사업 보유법인이 건설업 등 등록기준(실질자본금) 충족을 요하는 업종을 등록하거나 실태조사를 받는 경우 해당 건설업 등 업종 실질자본금 판단

소방시설공사업의 실질자본금(자산평가액)은 진단기준일 현재의 총자산에서 총부채를 뺀 금액으로 하며, 이 경우 겸업자산·부채를 고려하여 실질자본금을 판단한다. 따라서 다른 법률의 등록기준과 다르게 순자산으로 실질자본금을 인정하고 있다. 따라서 법인의 경우 법인등기부등본상 납입자본금 충족여부와 관계없이 기업진단요령에 의해 실질자본금이 충족되는 경우에는 '적격' 기업진단보고서를 발급할 수 있다.

➲ **유의사항** 진단대상업체(법인)가 소방시설공사업(실질자본금 1억원)을 보유한 상태에서 건설업 등 다른 실질자본금을 요하는 업종의 기업진단 업무를 수행해야 하는 경우에는 반드시 해당 등록관청의 확인을 받아서 기업진단을 수행하길 권한다. 건설업 등의 실질자본금 충족여부를 확인하는 등록관청에서는 건설업 등록기준 충족여부를 판단할 때 겸업요건을 충족한 상태에서 건설업 실질자본금을 파악하고 있으므로 법인등기부등본상의 납입자본금이 소방시설공사업과 건설업 모두 충족한 상태에서 건설업 실질자본금을 확인하는 경우가 실무에서 발생하고 있기 때문이다. 이 경우 실질자본금 부족 문제가 발생할 수 있다.

사 례

제조업(기준자본금 없음)과 전문소방시설공사업(기준자본금 1억원)을 영위하는 (주)K에 대한 재무상태 및 경영성과에 대한 기업진단(실태조사 목적)을 수행하고 있다. 다음 자료를 이용하여 전문소방시설공사업의 실질자본금을 구하시오.

실질자산 10억원 실질부채 4억원	〈총매출액 20억원〉 • 제조업 매출액 10억원 • 전문소방시설공사업 매출액 10억원
겸업자산 2억원 겸업부채 1억원	
공통자산 4억원 공통부채 2억원	

해설 수입금액 비율이 50%이므로 공통자산 중 2억원, 공통부채 중 1억원이 겸업에 해당한다. 따라서 진단대상사업의 실질자본은 다음과 같다.
실질자본 6억원-겸업자본 1억원-공통자본 중 겸업자본(50%) 1억원 = 4억원이 된다.
따라서 ㈜k는 실질자본금이 2억원이므로 기준자본금 1억원 이상을 충족한다.

제13조(진단보고)

① 진단자는 진단보고를 별지 제1호서식에 따라 작성하여 소속된 협회의 확인을 받아야 한다.

제14조(진단서류의 보존 등)

① 진단자는 진단서류 등을 소방청장이나 시·도지사 또는 「소방시설공사업법」 제33조에 따라 위임·위탁받은 자의 요구가 있을 경우에는 제출하여야 한다.
② 제1항에 따라 진단서류 등을 제출받은 자는 진단자에 대하여 진단내용을 소명하게 하거나, 제13조 제1항의 소속협회 기업진단감리위원회에 감리를 요청할 수 있다.

제15조(재검토기한)

소방청장은 이 고시에 대하여 「훈령·예규 등의 발령 및 관리에 관한 규정」에 따라 2019년 1월 1일 기준으로 매3년이 되는 시점(매 3년째의 12월 31일까지를 말한다)마다 그 타당성을 검토하여 개선 등의 조치를 하여야 한다.

부 칙 〈제2019-53호, 2019.12.3.〉

이 고시는 발령한 날부터 시행한다.

제2절 기업진단보고서 양식

■ 소방시설공사업 기업진단 요령 [별지 제1호서식]

기업진단보고서

※ [ ]에는 해당되는 곳에 √표를 합니다.

진단구분	[ ] 신규등록 [ ] 양수 [ ] 합병 [ ] 기타( )		
상호(명칭)		대 표 자	
등록업종		전화번호	
영업소소재지			
자산총액(a)		부채총액(b)	
신청인제시 자본금액(a-b)			

진단결과 내역 (진단기준일: 년 월 일)

과목	금액	과목	금액	진단의견
유동자산		유동부채		
비유동자산		비유동부채		
자산총계(Ⅰ)		부채총계(Ⅱ)		
부실자산(Ⅳ)		자 본 금		
실질자산(Ⅴ) (Ⅰ-Ⅳ)		자본잉여금		
비업무용자산(Ⅵ)		이익잉여금·결손금		
실질자본(Ⅶ) (Ⅴ-Ⅵ-Ⅱ)		자본조정		
		기타포괄손익누계액		
		자본총계(Ⅲ)		
겸업자본(Ⅷ) (c-d)		겸업자산(c)		
		겸업부채(d)		
소방시설공사업실질 자본(Ⅶ-Ⅷ)				

소방시설공사업 기업진단 요령에 따라 신청인의 실질자본금을 위와 같이 진단하였음을 확인합니다.

년 월 일

(진단자) [ ] 공인회계사, [ ] 세무사, [ ] 전문경영진단기관
등록(인가)번호: 제 호 (서명 또는 인)
상호(명칭):
사무소소재지:
(전화번호: , 팩스번호:)

본 기업진단보고서는 소방시설공사업 기업진단 요령에 따라 작성·평가되었음을 확인합니다.
(확인) [ ] 한국공인회계사회장, [ ] 한국세무사회장, [ ] 한국경영지도사회장 (서명 또는 인)
사무소소재지:
(전화번호: , 팩스번호:)

※ 첨부: 기업진단 내역서 1부

시·도지사 귀하

210mm×297mm[백상지 80g/㎡]

기업진단 내역서

업체명: (단위: 원)

과목	회사제시금액	평정		평정후금액	평정내역
		차변	대변		
1. 유동자산 (1) 당좌자산 (2) 재고자산 (겸업유동자산) 2. 비유동자산 (1) 투자자산 (2) 유형자산 (3) 무형자산 (4) 기타비유동자산					
자산총계 (겸업자산)					
1. 유동부채 2. 비유동부채 (겸업비유동부채)					
부채총계 (겸업부채)					
1. 자본금 2. 자본잉여금 3. 자본조정 4. 기타포괄손익누계액 5. 이익잉여금 (또는 결손금) (겸업자본)					
자본총계					
부채와 자본총계					
※ 겸업자산 및 겸업부채의 산정내역					
※ 세부계정과목은 기업회계기준서의 유동성 배열순서에 따라 기재함					

210mm×297mm[백상지 80g/㎡]

CHAPTER 04

소방공사업 기업진단 사례

제1절 신규등록 (신설법인)

1. 신설법인(신규등록) 기업진단 사례

〈진단대상업체 자료〉

- 회사명: (주)성우소방공사
- 설립등기일: 2025년 08월 05일
- 등기부등본상 납입자본금: ₩100,000,000
- 회계연도: 1월 1일 ~ 12월 31일
- 법인통장개설일(주금납입액 대체입금됨): 2025년 08월 11일

〈진단관련 추가정보〉

① 8월 05일 이사회 결의를 통하여 설립비용은 대표이사인 甲이 부담하기로 함
② 8월 15일 임차보증금 ₩5,000,000을 지급함
③ 설립비용은 등록면허세, 법무사 수수료 등을 포함하여 ₩2,000,000원 지출함
④ 진단기준일: 2025년 08월 05일
⑤ 진단일: 2025년 08월 31일

2. 재무상태표

재 무 상 태 표

제 1 기 2025년 08월 05일 현재

회사명 : (주)성우소방공사 (단위 : 원)

과 목	제 1(당)기			
	금 액		금 액	
자 산				
Ⅰ. 유 동 자 산		100,000,000		
① 당 좌 자 산		100,000,000		
현 금		2,000,000		
보 통 예 금		98,000,000		
② 재 고 자 산				
Ⅱ. 비 유 동 자 산				
① 투 자 자 산				
② 유 형 자 산				
③ 무 형 자 산				
④ 기 타 비 유 동 자 산				
자 산 총 계		100,000,000		
부 채				
Ⅰ. 유 동 부 채				
Ⅱ. 비 유 동 부 채				
부 채 총 계				
자 본				
Ⅰ. 자 본 금		100,000,000		
자 본 금		100,000,000		
Ⅱ. 자 본 잉 여 금				
Ⅲ. 자 본 조 정				
Ⅳ. 기 타 포 괄 손 익 누 계 액				
Ⅴ. 이 익 잉 여 금				
미 처 분 이 익 잉 여 금				
(당 기 순 이 익)				
당기 : 0				
전기 : 0				
자 본 총 계		100,000,000		
부 채 와 자 본 총 계		100,000,000		

3. 손익계산서

손 익 계 산 서

제 1 기 2025년 08월 05일부터 2025년 08월 05일까지

회사명 : (주)성우소방공사 (단위 : 원)

과 목	제 1(당)기			
	금 액		금 액	
Ⅰ. 매 출 액				
Ⅱ. 매 출 원 가				
Ⅲ. 매 출 총 이 익				
Ⅳ. 판 매 비 와 관 리 비		2,000,000		
수 수 료 비 용	2,000,000			
Ⅴ. 영 업 손 실		2,000,000		
Ⅵ. 영 업 외 수 익		2,000,000		
채 무 면 제 이 익	2,000,000			
Ⅶ. 영 업 외 비 용				
Ⅷ. 법 인 세 차 감 전 이 익				
Ⅸ. 법 인 세 등				
Ⅹ. 당 기 순 이 익				

상기 재무제표 및 제시된 상황을 근거로 하여 (주)성우소방공사를 진단하고 기업진단보고서를 작성하면 다음과 같다.

1. 재무상태표 탭

자산, 부채내역을 기재한다. 자산, 부채 내역은 재무상태표를 업로드해도 되고, 재무상태표를 초기화 한 후 각각 개별 입력해도 된다. 다만, 해당 위치에 계정과목별 금액이 정확하게 기재되어 있는지 여부를 진단자가 반드시 확인하여야 한다.

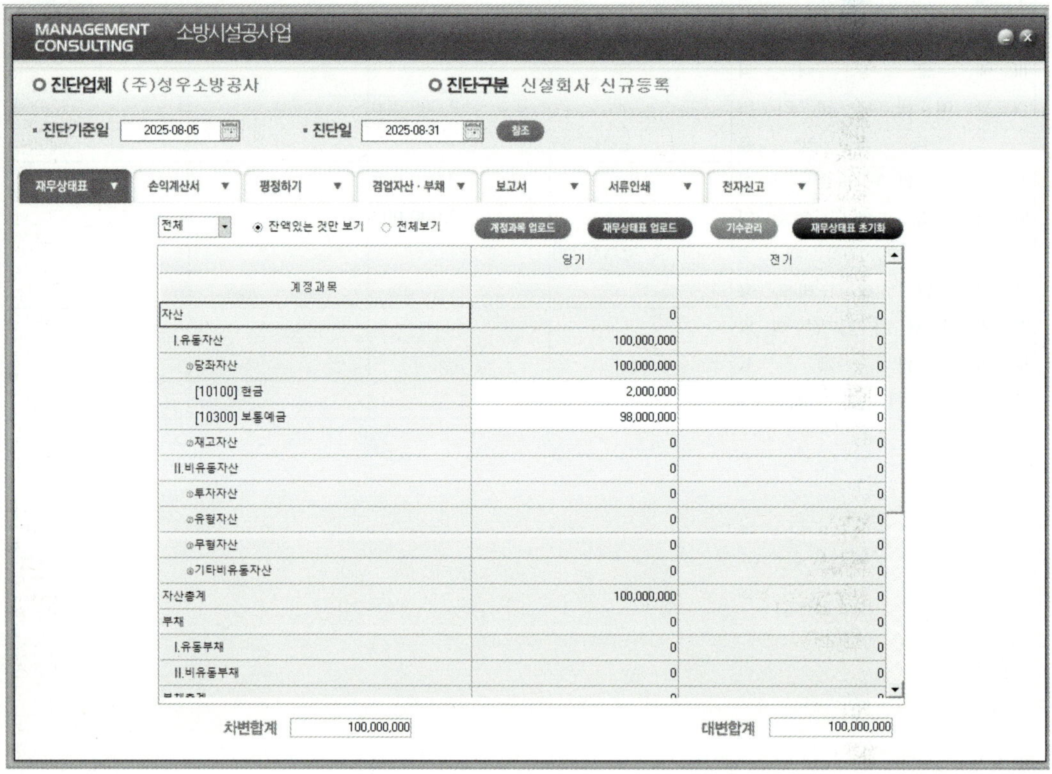

2. 손익계산서 탭

수익, 비용 내역을 기재한다. 진단자는 손익계산서를 업로드 하거나 직접 입력이 가능하다. 역시 계정과목과 입력된 금액이 제대로 일치하는지 여부를 진단자는 반드시 확인하여야 한다.

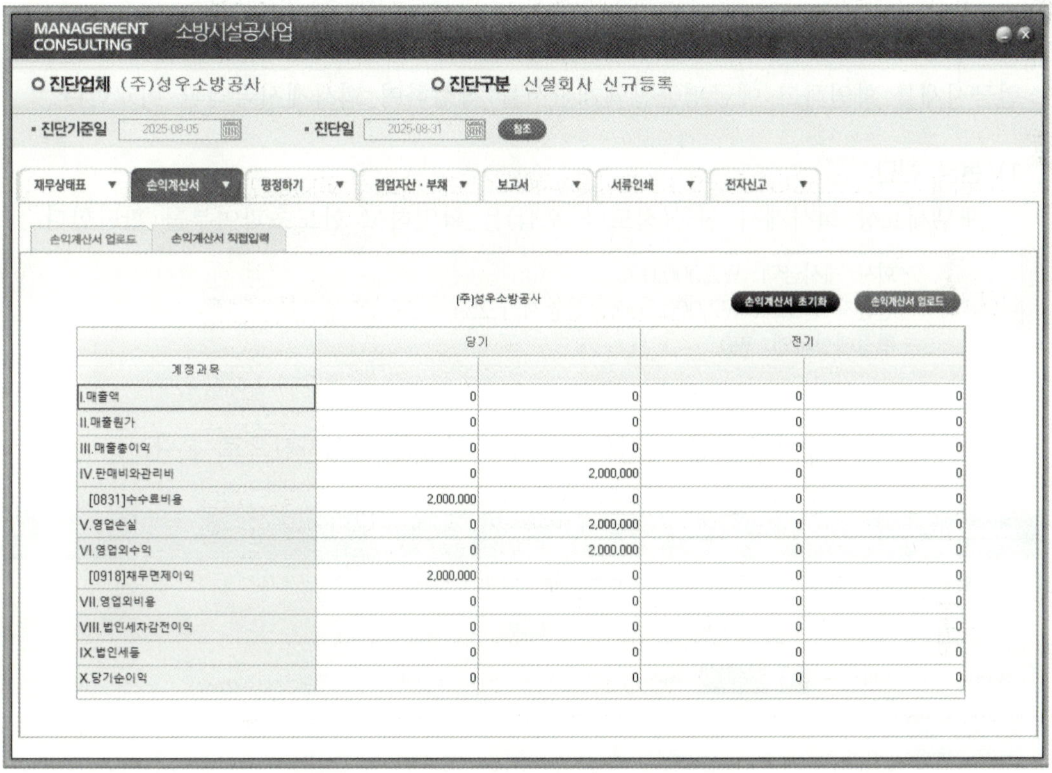

계정과목	당기		전기	
I.매출액	0	0	0	0
II.매출원가	0	0	0	0
III.매출총이익	0	0	0	0
IV.판매비와관리비	0	2,000,000	0	0
[0831]수수료비용	2,000,000	0	0	0
V.영업손실	0	2,000,000	0	0
VI.영업외수익	0	2,000,000	0	0
[0918]채무면제이익	2,000,000	0	0	0
VII.영업외비용	0	0	0	0
VIII.법인세차감전이익	0	0	0	0
IX.법인세등	0	0	0	0
X.당기순이익	0	0	0	0

3. 평정하기 탭

자산과 부채의 평정내역을 기재한다. 현금은 전도금을 포함하되, 현금용인 한도액(회사제시 자산총계의 2%)과 재무제표상 현금(전도금 포함)을 비교하여 현금용인 한도액이 재무제표상 현금액 보다 많은 경우에는 평정금액(= 부실자산)은 없다.

(1) 현금 및 현금성자산 진단

현금시재를 확인하고 예금평균잔액계산서를 작성하여 회사제시금액과 비교한다.

1) 현금 진단

재무제표상 회사제시 현금(전도금 포함)을 확인하고 한도초과여부를 판단한다.

- 회사 제시금액: ₩2,000,000
- 진단자 한도액: ₩2,000,000(자산총계의 2%)
- 평정대상금액: ₩0

회사제시 자산총계의 100분의 2를 초과하는 현금은 부실자산으로 본다.

2) 예금 진단

예금평균잔액계산서를 작성하고 회사제시금액과 비교한다.

- 회사 제시금액: ₩98,000,000 - 진단자 확인액: ₩98,000,000(예금평균잔액) - 평정대상금액: ₩0

신설법인은 진단기준일(= 법인설립등기일)부터 진단일까지의 은행거래실적 평균잔액을 예금액으로 평가한다. 신설법인은 법인통장이 법인설립시점에 바로 개설되지 아니하므로 예금의 평잔은 <u>법인통장개설일부터 20일간으로</u> 하여야 한다.

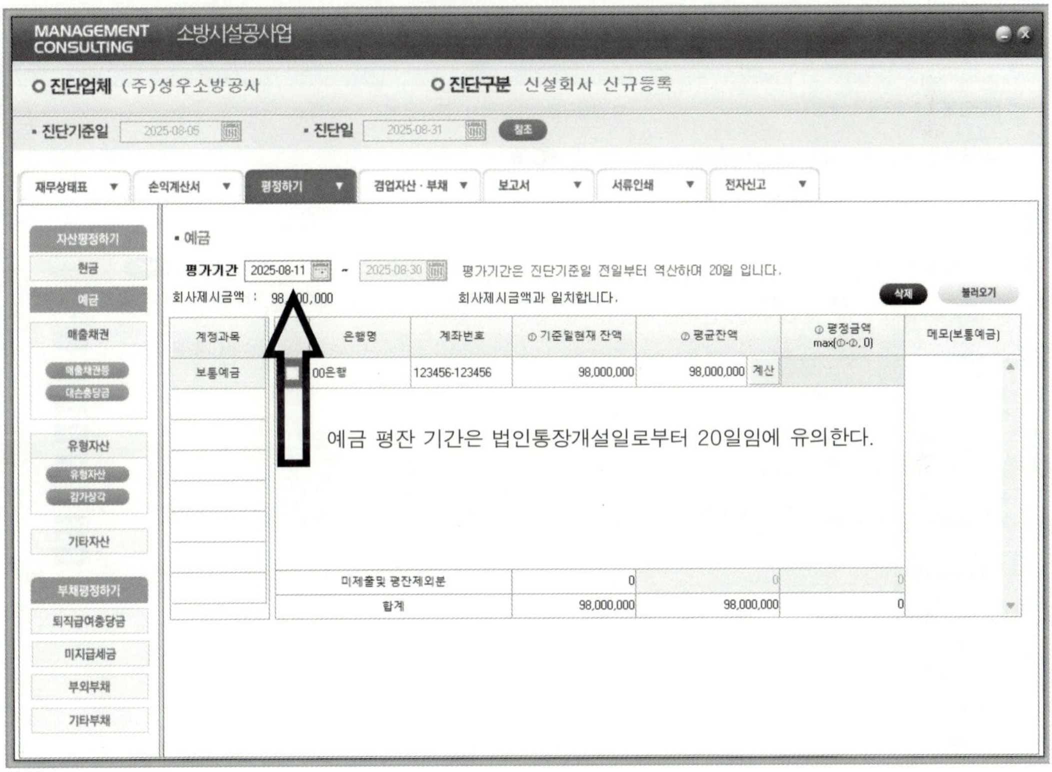

(2) 보증금 진단

보증금의 실재성을 확인하고 가공여부를 파악하여 부실자산 여부를 판단한다. 특히 임차보증금의 가액이 과다하다고 판단되는 경우에는 입금 통장내역 및 간주임대료 신고 내역 등을 통하여 실재성 여부를 판단할 필요가 있다.

사례에서의 보증금은 진단기준일 이후인 8월 15일에 지급하였으므로 재무상태표에 계상할 금액과 평정할 금액은 없다.

- 회사 제시금액: ₩0 - 진단자 확인액: ₩0 - 평정대상금액: ₩0

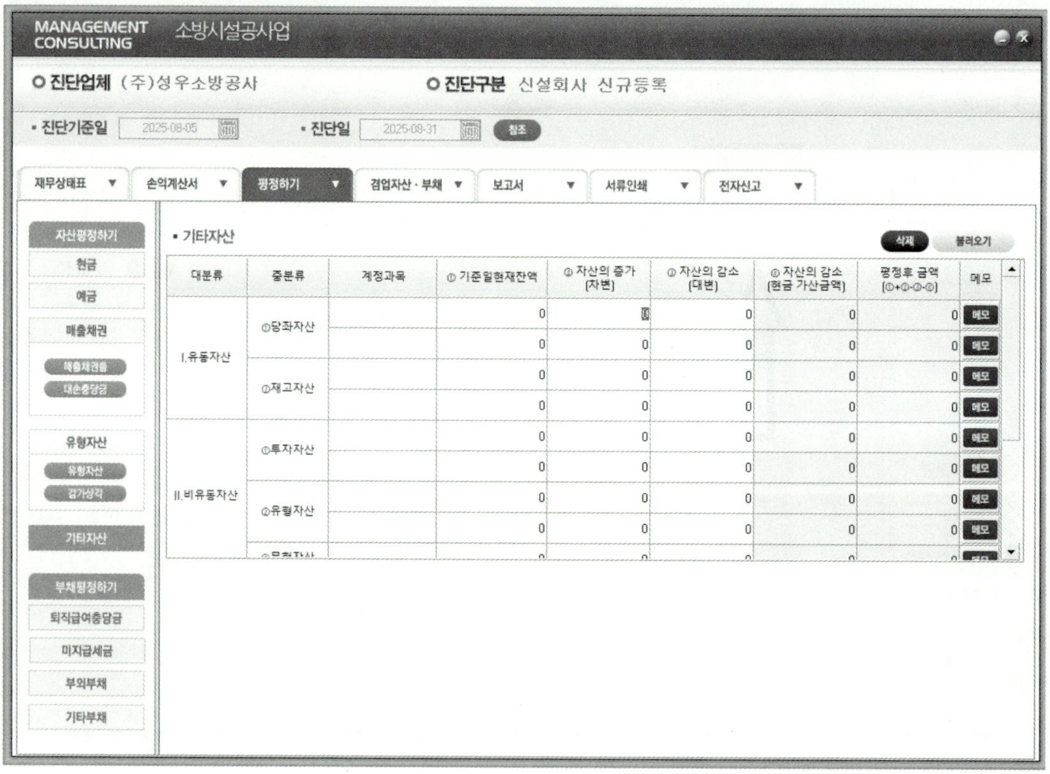

(3) 설립비용

설립비용이란 회사의 설립에 필요한 비용으로 등록면허세와 지방교육세 및 공증비용, 법무사수수료 등으로 구성된다. 회사가 손익계산서에 인식한 설립비용은 세금계산서 등을 통하여 확인한다.

- 회사 제시금액: ₩2,000,000
- 진단자 확인액: ₩2,000,000
- 평정대상금액: ₩0

4. 보고서 탭

(1) 진단평가서

기업진단조서와 겸업자산, 부채를 기재하고 나면 자동으로 입력되게 된다. 따라서 적절하게 평정이 이루어졌는지를 확인하면 된다.

계정과목	당기 최초제시	평정			평정후 금액	평정내역
		차변	대변	조서(평정근거)		
I.유동자산	100,000,000	0	0		100,000,000	
①당좌자산	100,000,000	0	0		100,000,000	
현금및현금성자산	100,000,000	0	0		100,000,000	
②재고자산	0	0	0		0	
II.비유동자산	0	0	0		0	
①투자자산	0	0	0		0	
②유형자산	0	0	0		0	
③무형자산	0	0	0		0	
④기타비유동자산	0	0	0		0	
(겸업자산)	0	0	0		0	
자산총계	100,000,000	0	0		100,000,000	
I.유동부채	0	0	0		0	
II.비유동부채	0	0	0		0	

(2) 기업진단보고서

자산, 부채의 평정과 겸업자산 및 겸업부채를 기재하고 나면 자동으로 입력되게 된다. 따라서 적절하게 평정이 이루어졌는지를 확인하면 된다. 진단자는 진단 내역상 실질자산과 실질부채, 겸업자산과 겸업부채 그리고 진단자가 올바르게 기재되었는지를 확인하여야 한다. 이러한 사항에 오류가 발생하는 경우에는 진단 경유시 보정을 하여야 하므로 그만큼 불필요한 시간이 소요될 수 있다. 따라서 꼼꼼한 체크가 필요하다.

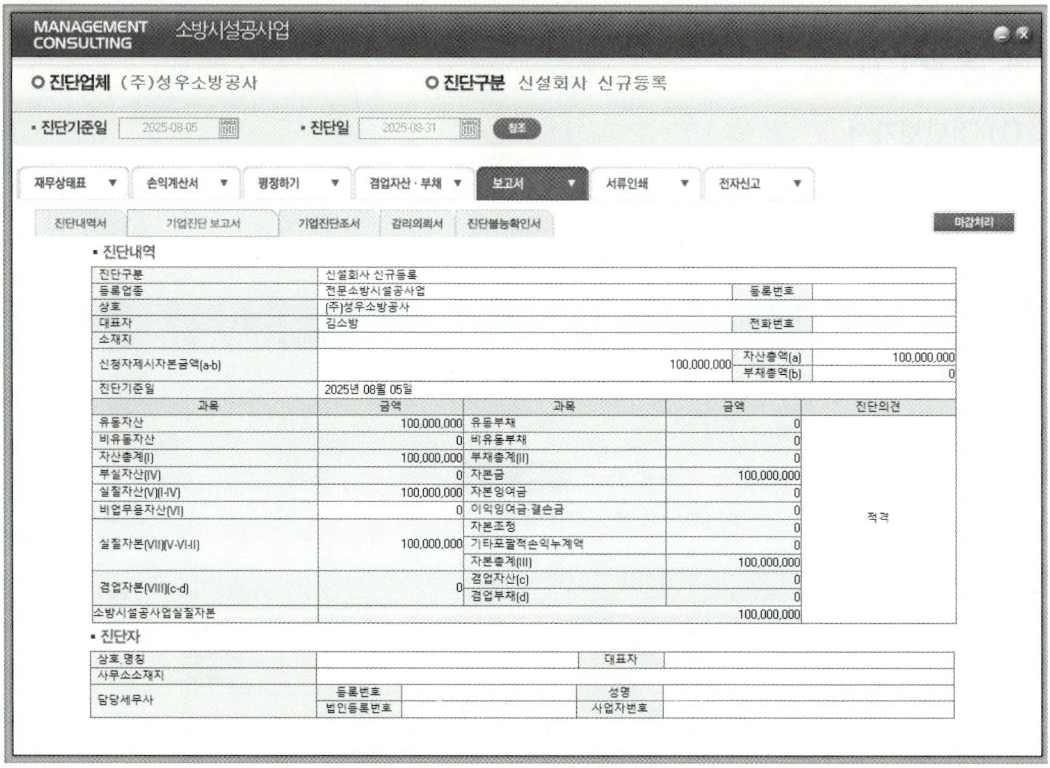

MANAGEMENT CONSULTING 소방시설공사업

○ 진단업체 (주)성우소방공사 ○ 진단구분 신설회사 신규등록

▪ 진단기준일 2025-08-05 ▪ 진단일 2025-08-31 참조

재무상태표 ▼ 손익계산서 ▼ 평정하기 ▼ 겸업자산 · 부채 ▼ 보고서 ▼ 서류인쇄 ▼ 전자신고 ▼

진단내역서 기업진단 보고서 기업진단조서 감리의뢰서 진단불능확인서 마감처리

▪ 진단내역

진단구분	신설회사 신규등록				
등록업종	전문소방시설공사업			등록번호	
상호	(주)성우소방공사				
대표자	김소방			전화번호	
소재지					
신청자제시자본금액(a-b)			100,000,000	자산총액(a)	100,000,000
				부채총액(b)	0
진단기준일	2025년 08월 05일				

과목	금액	과목	금액	진단의견
유동자산	100,000,000	유동부채	0	적격
비유동자산	0	비유동부채	0	
자산총계(I)	100,000,000	부채총계(II)	0	
부실자산(IV)	0	자본금	100,000,000	
실질자산(V)(I-IV)	100,000,000	자본잉여금	0	
비업무용자산(VI)	0	이익잉여금·결손금	0	
실질자본(VII)(V-VI-II)	100,000,000	자본조정	0	
		기타포괄적손익누계액	0	
		자본총계(III)	100,000,000	
겸업자본(VIII)(c-d)	0	겸업자산(c)	0	
		겸업부채(d)	0	
소방시설공사업실질자본			100,000,000	

▪ 진단자

상호.명칭			대표자	
사무소소재지				
담당세무사	등록번호		성명	
	법인등록번호		사업자번호	

(3) 기업진단조서

자산, 부채의 평정과 겸업자산, 겸업부채를 기재하고 나면 자동으로 입력되게 된다. 따라서 적절하게 평정이 이루어졌는지를 확인하면 된다. 따라서 기업진단보고서상 실질자본과 기업진단조서상 실질자본이 일치하는지 여부를 확인하여야 한다.

특히, 겸업이 존재하는 경우에는 겸업비율의 산정근거 등이 제대로 기재되어 있는지를 꼭 확인하여야 한다.

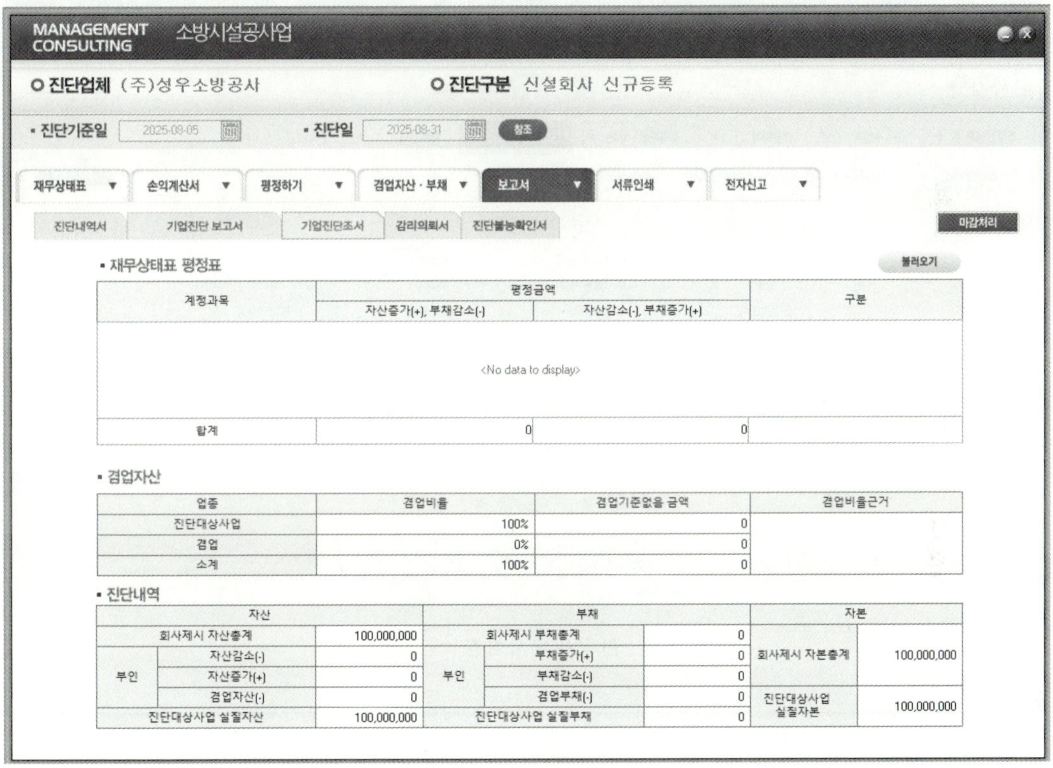

MANAGEMENT CONSULTING 소방시설공사업

○ 진단업체 (주)성우소방공사 ○ 진단구분 신설회사 신규등록

▪ 진단기준일 2025-08-05 ▪ 진단일 2025-08-31 참조

재무상태표 ▼ | 손익계산서 ▼ | 평정하기 ▼ | 겸업자산 · 부채 ▼ | 보고서 ▼ | 서류인쇄 ▼ | 전자신고 ▼

진단내역서 | 기업진단 보고서 | 기업진단조서 | 감리의뢰서 | 진단불능확인서 | 마감처리

▪ 재무상태표 평정표 불러오기

계정과목	평정금액		구분
	자산증가(+), 부채감소(-)	자산감소(-), 부채증가(+)	
<No data to display>			
합계	0	0	

▪ 겸업자산

업종	겸업비율	겸업기준없음 금액	겸업비율근거
진단대상사업	100%	0	
겸업	0%	0	
소계	100%	0	

▪ 진단내역

자산			부채			자본	
회사제시 자산총계		100,000,000	회사제시 부채총계		0	회사제시 자본총계	100,000,000
부인	자산감소(-)	0	부인	부채증가(+)	0		
	자산증가(+)	0		부채감소(-)	0		
	겸업자산(-)	0		겸업부채(-)	0	진단대상사업 실질자본	100,000,000
진단대상사업 실질자산		100,000,000	진단대상사업 실질부채		0		

(4) 감리의뢰서

진단자가 한국세무사회에 수행한 기업진단보고서의 사전감리 의뢰 시 제출하는 서류이다. 진단보고서 및 진단시 구비서류와 같이 제출하여야 한다.

진단에 소요된 투입시간(진단착수일부터 진단서 사전감리신청일까지를 기재하되, 1일 8시간을 기준으로 표시한다)과 보수금액만 직접 기재한다.

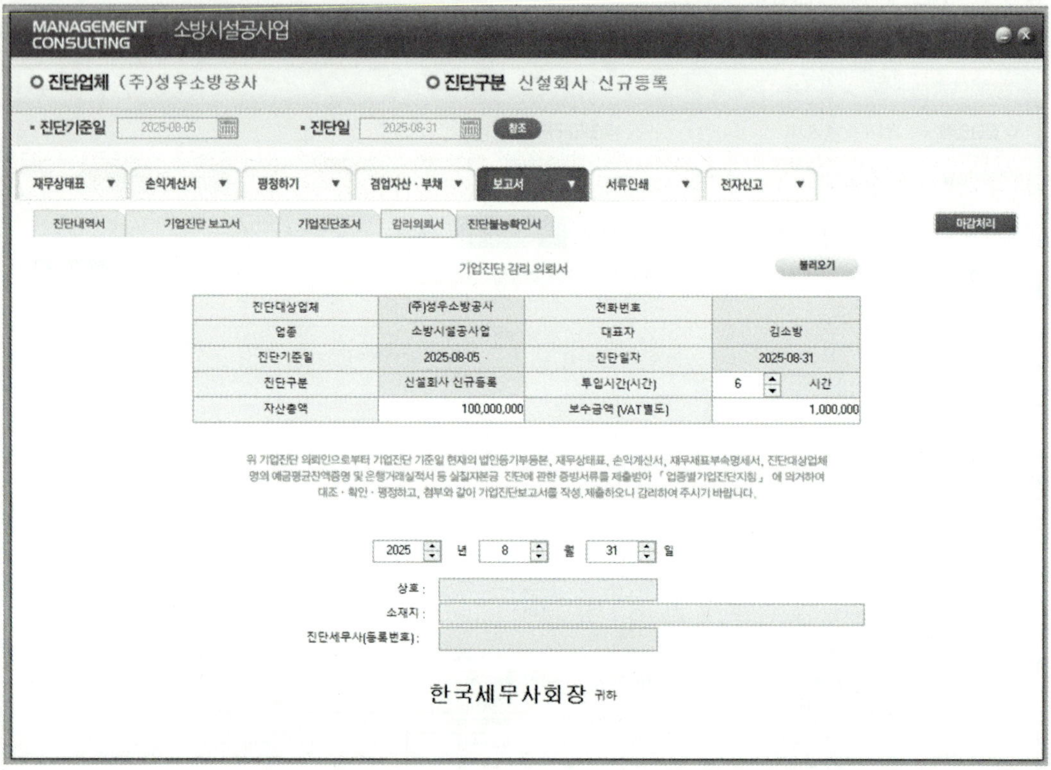
MANAGEMENT CONSULTING 소방시설공사업

○ 진단업체 (주)성우소방공사 ○ 진단구분 신설회사 신규등록

▪ 진단기준일 2025-08-05 ▪ 진단일 2025-08-31 참조

재무상태표 ▼ | 손익계산서 ▼ | 평정하기 ▼ | 겸업자산 · 부채 ▼ | 보고서 ▼ | 서류인쇄 ▼ | 전자신고 ▼

진단내역서 | 기업진단 보고서 | 기업진단조서 | 감리의뢰서 | 진단불능확인서 | 마감처리

기업진단 감리 의뢰서 불러오기

진단대상업체	(주)성우소방공사	전화번호	
업종	소방시설공사업	대표자	김소방
진단기준일	2025-08-05	진단일자	2025-08-31
진단구분	신설회사 신규등록	투입시간(시간)	6 시간
자산총액	100,000,000	보수금액 (VAT별도)	1,000,000

위 기업진단 의뢰인으로부터 기업진단 기준일 현재의 법인등기부등본, 재무상태표, 손익계산서, 재무제표부속명세서, 진단대상업체 명의 예금평균잔액증명 및 은행거래실적서 등 실질자본금 진단에 관한 증빙서류를 제출받아 「업종별기업진단지침」 에 의거하여 대조 · 확인 · 평정하고, 첨부와 같이 기업진단보고서를 작성, 제출하오니 감리하여 주시기 바랍니다.

2025 년 8 월 31 일

상호 :

소재지 :

진단세무사(등록번호) :

한국세무사회장 귀하

(5) 진단불능확인서

진단불능사유에 해당하는지 여부를 확인하는 서류이다. 한국세무사회 사전감리시 제출용으로 해당여부에 체크한다. 진단불능에 대한 사유확인서는 진단자의 독립성여부를 확인하는 매우 중요한 서류에 해당한다. 다만, 등록관청에 제출시에 제출하는 서류는 아님에 유의하자.

예를 들어, 아래 사유를 포함하여 같은 세무법인 내 기장업체, 같은 조정반 내 기장업체, 자문이나 경영컨설팅 등을 수행한 업체에 대하여는 독립성을 위배하게 되므로 진단업무를 수행할 수 없다.

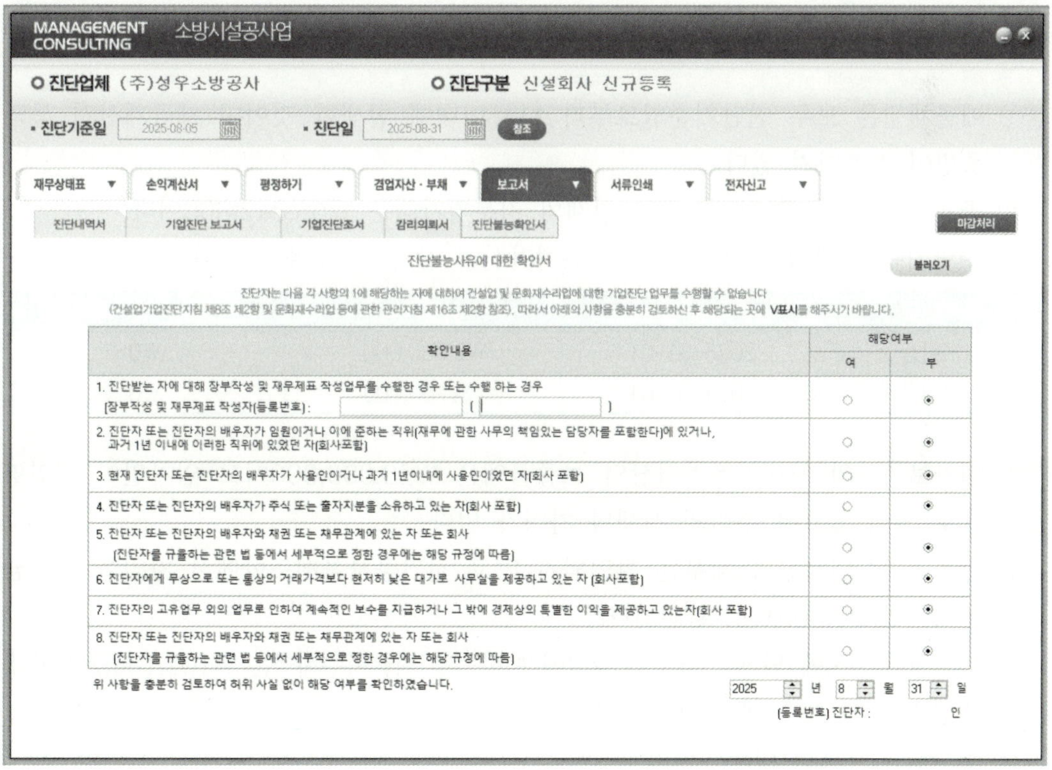

MANAGEMENT CONSULTING 소방시설공사업

O 진단업체 (주)성우소방공사　　O 진단구분 신설회사 신규등록

• 진단기준일 2025-08-05　　• 진단일 2025-08-31　참조

재무상태표 ▼ | 손익계산서 ▼ | 평정하기 ▼ | 겸업자산 · 부채 ▼ | 보고서 ▼ | 서류인쇄 ▼ | 전자신고 ▼

진단내역서 | 기업진단 보고서 | 기업진단조서 | 감리의뢰서 | 진단불능확인서　　마감처리

진단불능사유에 대한 확인서　　불러오기

진단자는 다음 각 사항의 1에 해당하는 자에 대하여 건설업 및 문화재수리업에 대한 기업진단 업무를 수행할 수 없습니다 (건설업기업진단지침 제8조 제2항 및 문화재수리업 등에 관한 관리지침 제16조 제2항 참조). 따라서 아래의 사항을 충분히 검토하신 후 해당되는 곳에 **V표시**를 해주시기 바랍니다.

확인내용	해당여부	
	여	부
1. 진단받는 자에 대해 장부작성 및 재무제표 작성업무를 수행한 경우 또는 수행 하는 경우 [장부작성 및 재무제표 작성자(등록번호) : ( )	○	◉
2. 진단자 또는 진단자의 배우자가 임원이거나 이에 준하는 직위(재무에 관한 사무의 책임있는 담당자를 포함한다)에 있거나, 과거 1년 이내에 이러한 직위에 있었던 자(회사포함)	○	◉
3. 현재 진단자 또는 진단자의 배우자가 사용인이거나 과거 1년이내에 사용인이었던 자(회사 포함)	○	◉
4. 진단자 또는 진단자의 배우자가 주식 또는 출자지분을 소유하고 있는 자(회사 포함)	○	◉
5. 진단자 또는 진단자의 배우자와 채권 또는 채무관계에 있는 자 또는 회사 (진단자를 규율하는 관련 법 등에서 세부적으로 정한 경우에는 해당 규정에 따름)	○	◉
6. 진단자에게 무상으로 또는 통상의 거래가격보다 현저히 낮은 대가로 사무실을 제공하고 있는 자 (회사포함)	○	◉
7. 진단자의 고유업무 외의 업무로 인하여 계속적인 보수를 지급하거나 그 밖에 경제상의 특별한 이익을 제공하고 있는자(회사 포함)	○	◉
8. 진단자 또는 진단자의 배우자와 채권 또는 채무관계에 있는 자 또는 회사 (진단자를 규율하는 관련 법 등에서 세부적으로 정한 경우에는 해당 규정에 따름)	○	◉

위 사항을 충분히 검토하여 허위 사실 없이 해당 여부를 확인하였습니다.　　2025 년 8 월 31 일

(등록번호) 진단자 : 인

제2절 기존회사(신규등록) 기업진단 사례

〈진단회사 자료〉

- 회사명: (주) 성우소방
- 신규등록: 전문소방공사업(기준자본금 1억) 등록예정
- 보유 업종: 기존에 전기공사업 영위(기준자본금 1.5억)
- 등기부등본상 납입자본금: ₩310,000,000
- 회계연도: 01월 01일~12월 31일

〈진단관련 추가정보〉

① 매출채권은 모두 진단기준일로부터 1년 이내에 발생한 것이며 세금계산서 등의 증빙이 갖추어져 있다.

② 공제조합출자금의 진단기준일 현재의 지분평가액은 ₩63,842,800이다.

③ 진단기준일 현재 회사가 계상한 유형자산의 감가상각누계액은 다음과 같다.

과목	취득일	취득가액	감가상각누계액
비품	2025-01-01	₩2,060,000	₩0
시설장치	2024-01-01	₩700,000	₩0

④ 임차보증금의 임대차계약서상의 보증금액은 ₩50,000,000이고 임차인이 법인명으로 되어 있으며 주변의 시세와 차이가 없다.

⑤ 금융거래확인서상의 채무는 확인되지 않고 전기공사공제조합에서 차입한 융자금은 ₩12,000,000으로 확인된다.

⑥ 전직원이 일시에 퇴직할 경우에 설정해야 하는 퇴직급여추계액은 ₩107,104,200이다.

⑦ 진단기준일: 2025년 08월 20일

⑧ 진단일: 2025년 08월 27일

⑨ 2025년 8월 15일 이사회결의로 보통예금 중 1억원을 전문소방공사업에 사용하기로 하였다.

1. 재무상태표

재 무 상 태 표

제 7 기 2025년 08월 20일 현재

제 6 기 2024년 12월 31일 현재

회사명 : (주)성우소방 (단위 : 원)

과 목	제 7(당)기		제 6(전)기	
	금 액		금 액	
자 산				
Ⅰ. 유 동 자 산		341,567,829		257,896,265
① 당 좌 자 산		341,567,829		257,896,265
현 금		806,640		969,147
보 통 예 금		314,725,144		204,165,899
공 사 미 수 금		9,042,000		45,375,000
미 수 수 익		15,506,468		7,386,219
부 가 세 대 급 금		1,487,577		
② 재 고 자 산				
Ⅱ. 비 유 동 자 산		111,609,600		109,549,600
① 투 자 자 산		58,849,600		58,849,600
출 자 금		58,849,600		58,849,600
② 유 형 자 산		2,760,000		700,000
비 품		2,060,000		
시 설 장 치		700,000		700,000
③ 무 형 자 산				
④ 기 타 비 유 동 자 산		50,000,000		50,000,000
임 차 보 증 금		50,000,000		50,000,000
자 산 총 계		453,177,429		367,445,865
부 채				
Ⅰ. 유 동 부 채		7,973,911		43,135,602
미 지 급 금		2,108,400		770,000
예 수 금		1,255,510		1,064,080
부 가 세 예 수 금		4,610,001		11,783,482
가 수 금				22,000,000
미 지 급 비 용				7,518,040
Ⅱ. 비 유 동 부 채		57,000,000		57,000,000
장 기 차 입 금		57,000,000		57,000,000
부 채 총 계		64,973,911		100,135,602
자 본				
Ⅰ. 자 본 금		339,581,475		239,581,475
자 본 금		339,581,475		239,581,475
Ⅱ. 자 본 잉 여 금				
Ⅲ. 자 본 조 정				
Ⅳ. 기 타 포 괄 손 익 누 계 액				

재 무 상 태 표

제 7 기 2025년 08월 20일 현재

제 6 기 2024년 12월 31일 현재

회사명 : (주)성우소방　　　　　　　　　　　　　　　　(단위 : 원)

과 목	제 7(당)기		제 6(전)기	
	금 액		금 액	
V. 이 익 잉 여 금		48,622,043		27,728,788
미 처 분 이 익 잉 여 금		48,622,043		27,728,788
(당 기 순 이 익)				
당기 : 20,893,255				
전기 : 27,728,788				
자 본 총 계		388,203,518		267,310,263
부 채 와 자 본 총 계		453,177,429		367,445,865

2. 손익계산서

손 익 계 산 서

제 7 기 2025년 01월 01일부터 2025년 08월 20일까지

제 6 기 2024년 01월 01일부터 2024년 12월 31일까지

회사명 : (주)성우소방 (단위 : 원)

과 목	제 7(당)기		제 6(전)기	
	금 액		금 액	
Ⅰ. 매 출 액		208,769,111		203,775,432
공 사 수 입 금	208,769,111		203,775,432	
Ⅱ. 매 출 원 가		157,822,257		146,655,783
도 급 공 사 매 출 원 가		157,822,257		146,655,783
Ⅲ. 매 출 총 이 익		50,946,854		57,119,649
Ⅳ. 판 매 비 와 관 리 비		37,262,031		35,283,853
임 원 급 여	17,500,000		22,400,000	
직 원 급 여	780,000			
상 여 금			500,000	
복 리 후 생 비			312,690	
통 신 비	733,066		520,802	
수 도 광 열 비	68,880			
전 력 비	740,539		280,615	
세 금 과 공 과 금	4,106,220		2,493,200	
임 차 료	8,900,000		5,500,000	
수 선 비	100,000			
보 험 료	435,210			
소 모 품 비	145,455		570,546	
수 수 료 비 용	3,752,661		2,706,000	
Ⅴ. 영 업 이 익		13,684,823		21,835,796
Ⅵ. 영 업 외 수 익		8,124,242		7,389,259
이 자 수 익	8,124,124		7,389,177	
잡 이 익	118		82	
Ⅶ. 영 업 외 비 용		915,810		1,496,267
이 자 비 용	915,810		1,496,250	
잡 손 실			17	
Ⅷ. 법 인 세 차 감 전 이 익		20,893,255		27,728,788
Ⅸ. 법 인 세 등				
Ⅹ. 당 기 순 이 익		20,893,255		27,728,788

상기 재무제표 및 제시된 상황을 근거로 하여 (주)한국소방공사를 진단하고 기업진단보고서를 작성하면 다음과 같다.

[한국세무사회 기업진단 프로그램 기준]

1. 회사등록

진단업체등록을 클릭하여 진단업체와 진단자의 인적사항 등을 기입하고 저장을 클릭한다.

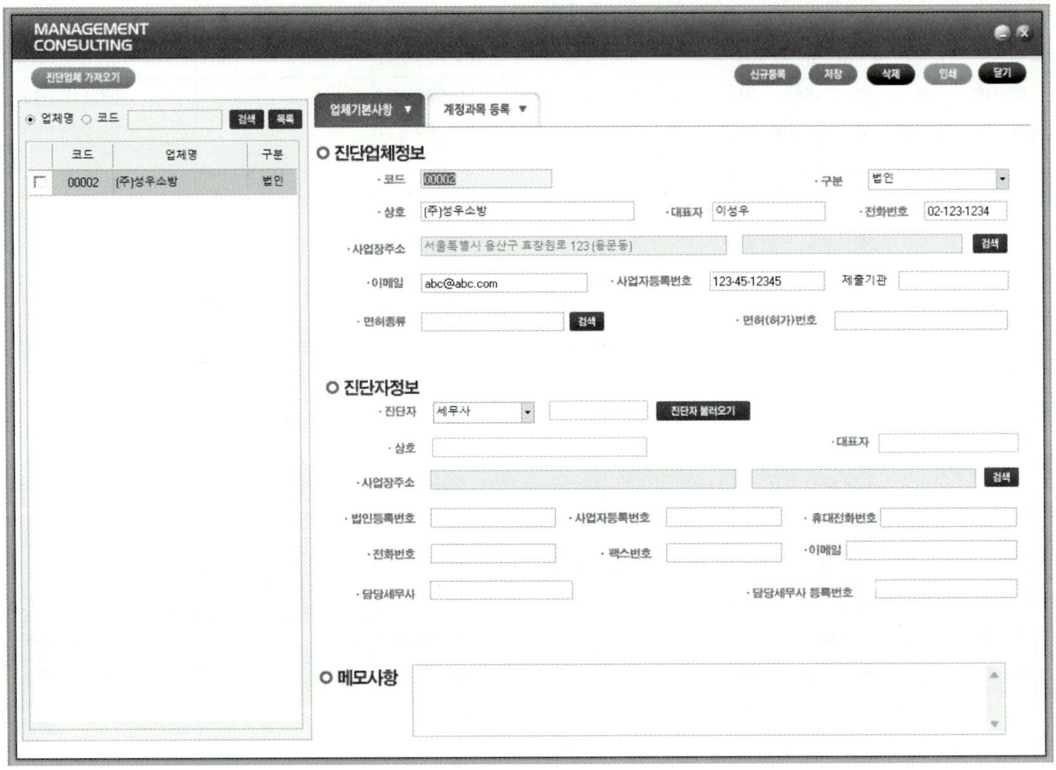

2. 진단내용등록

진단업체를 선택하고 진단목적에 맞게 진단내용을 등록한다.

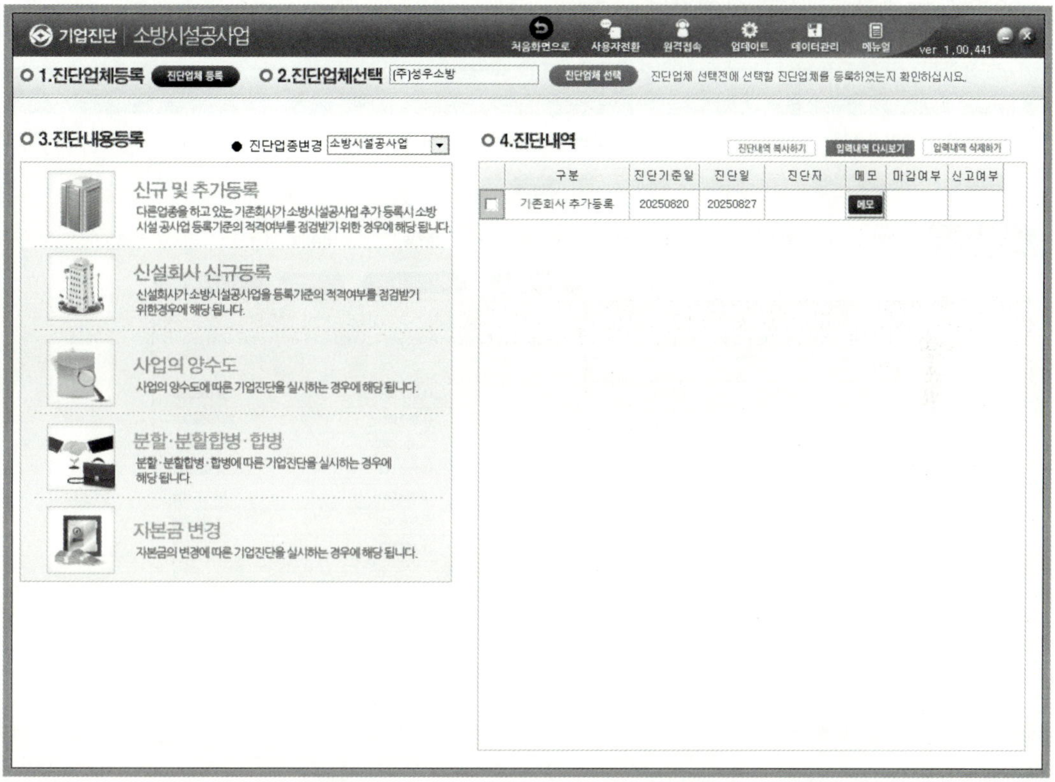

3. 재무상태표와 손익계산서

(1) 재무상태표

자산과 부채의 금액을 기재한다.

계정과목	제 7기 [2025-01-01 ~ 2025-08-20]	제 6기 [2024-01-01 ~ 2024-12-31]
자산	0	0
I.유동자산	341,567,829	257,896,265
◎당좌자산	341,567,829	257,896,265
[10100] 현금	806,640	969,147
[10300] 보통예금	314,725,144	204,165,899
[11200] 공사미수금	9,042,000	45,375,000
[11600] 미수수익	15,506,468	7,386,219
[13500] 부가세대급금	1,487,577	0
◎재고자산	0	0
II.비유동자산	111,609,600	109,549,600
◎투자자산	58,849,600	58,849,600
[18900] 출자금	58,849,600	58,849,600
◎유형자산	2,760,000	700,000
[19500] 시설장치	700,000	700,000
[21200] 비품	2,060,000	0

(2) 손익계산서

수익과 비용의 내용을 기재한다.

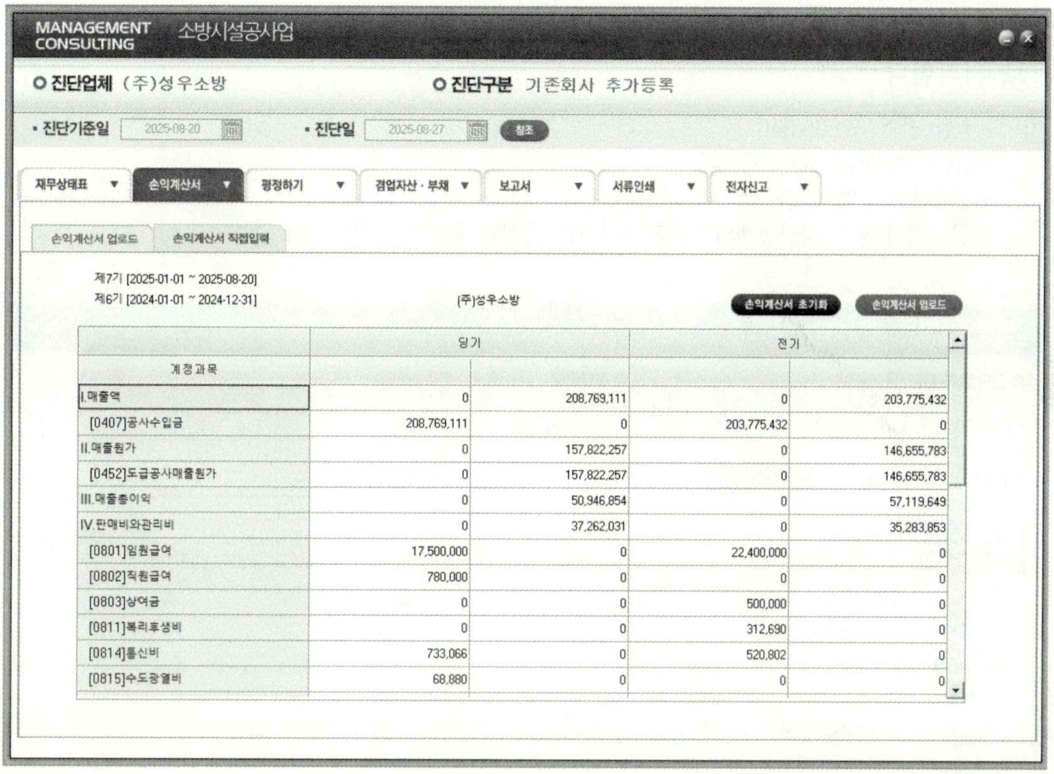

계정과목	당기		전기	
I.매출액	0	208,769,111	0	203,775,432
[0407]공사수입금	208,769,111	0	203,775,432	0
II.매출원가	0	157,822,257	0	146,655,783
[0452]도급공사매출원가	0	157,822,257	0	146,655,783
III.매출총이익	0	50,946,854	0	57,119,649
IV.판매비와관리비	0	37,262,031	0	35,283,853
[0801]임원급여	17,500,000	0	22,400,000	0
[0802]직원급여	780,000	0	0	0
[0803]상여금	0	0	500,000	0
[0811]복리후생비	0	0	312,690	0
[0814]통신비	733,066	0	520,802	0
[0815]수도광열비	68,880	0	0	0

4. 평정하기

(1) 현금

현금잔액이 회사제시 자산총계의 100분의 2를 초과하는 경우 초과금액을 부실자산으로 처리한다.

- 현금 잔액: ₩806,640 - 진단인정 현금: ₩9,063,548 - 평정대상 금액: 없음 현금잔액이 제시 자산총계의 2%를 초과하는 금액이 없으므로 부실자산 없음

구분		금액	메모
1. 현금평가액	① 회사제시(b/s상) 현금	806,640	
	② 가산금액	0	
	③ 합계(①+②)	806,640	
2. 현금용인 한도액	④ 회사제시(b/s상) 자산총계	453,177,429	
	⑤ 적용율	2%	
	⑥ 한도액(④ x ⑤)	9,063,548	
3. 현금인정액[min(1.현금평가액, 2. 현금용인한도액)]		806,640	
4. 평정금액(1.현금평가액- 3.현금인정액)		0	

(2) 예금

제예금은 진단을 받는 자의 명의로 된 계좌에 대하여 진단기준일 전일부터 역산하여 20일 동안(신설법인은 법인통장개설일부터 진단일 전일까지)의 은행거래 실적평균잔액을 예금액으로 평가한다. 다만, 예금증서 또는 은행거래실적증명서를 제시하지 못하거나 그 예금이 일시적으로 조달된 것으로써 출처가 불분명한 경우와 제예금 중 진단기준일부터 진단시까지 지출원인이 분명하지 않은 인출 금액은 부실자산으로 평가한다.

- 회사 제시 보통예금잔액: ₩314,725,144
- 진단인정 예금평균액: ₩305,890,046
- 평정대상 금액: ₩8,835,098

(3) 매출채권

매출채권은 거래처원장(세금계산서 포함)등 거래처의 채무증명을 확인하여 실재성을 평가하고, 매출채권의 기간(1년 이상 여부) 그리고 대손충당금 설정여부를 파악하여 평정하여야 한다.

1) 매출채권 진단

- 회사 제시 매출채권잔액: ₩9,042,000 - 진단인정 매출채권금액: ₩9,042,000 - 평정대상 금액: 없음

장·단기 매출채권 및 장단기 미수금 등의 채권은 거래처의 채무증명에 따른다. 이 경우 세금계산서를 확인하여야 하며 발생일로부터 1년 이상 경과한 매출채권 등은 부실자산으로 평가한다.

구분(계정과목)	기준일현재잔액	부실자산 : 평정금액 부실채권 등	과다수익으로 계상된금액	합계	평정후 금액	메모
11200 공사미수금	9,042,000	0	0	0	9,042,000	메모
11600 미수수익	15,506,468	15,506,468	0	15,506,468	0	메모
	0	0	0	0	0	메모
	0	0	0	0	0	메모
	0	0	0	0	0	메모

2) 미수금 진단

- 회사 제시 미수수익 잔액: ₩15,506,468
- 진단인정 미수수익 금액: ₩0
- 평정대상 금액: ₩15,506,468

미수금 및 미수수익은 부실자산으로 처리하여야 한다.

3) 대손충당금 진단

대손충당금은 법인세법에서 정한 대손충당금 설정한도액에 미달하는 경우에는 설정 한도 미달액을 차감하여 평가한다.

·회사 제시 대손충당금 잔액: ₩0
·진단인정 대손충당금 금액: ₩90,420
·평정대상 금액: ₩90,420

(4) 유형자산 진단

토지·건물등기부등본, 차량등록증 등을 확인하여 실재성 여부를 판단한다. 감가상각은 유형자산 감가상각명세서를 확인하여 금액의 적정성을 평가하여야 한다.

- 회사 제시 감가상각누계액 잔액: ₩0
- 진단인정 감가상각누계액 금액: ₩507,999
- 평정대상 금액: ₩507,999

과 목	취득가액	회사제시 감가상각누계액	감가상각누계액	평정대상 금액
비 품	₩700,000	₩0	₩274,666	₩274,666
시설장치	₩2,060,000	₩0	₩233,333	₩233,333
계	₩2,760,000	₩0	₩507,999	₩507,999

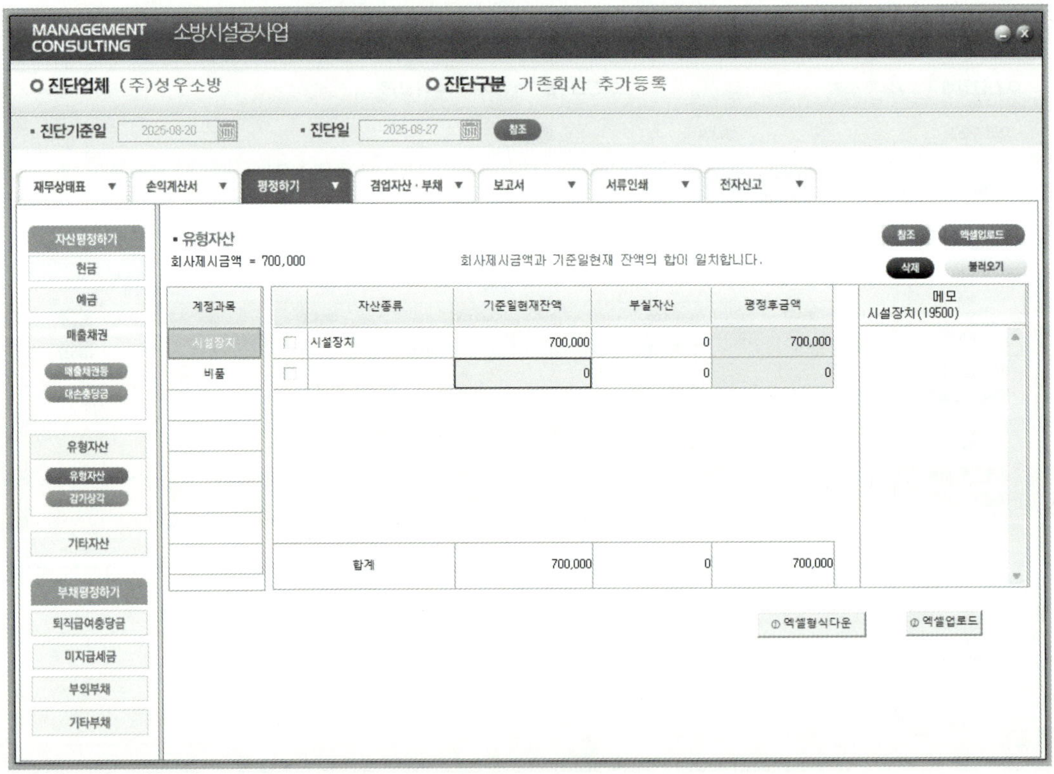

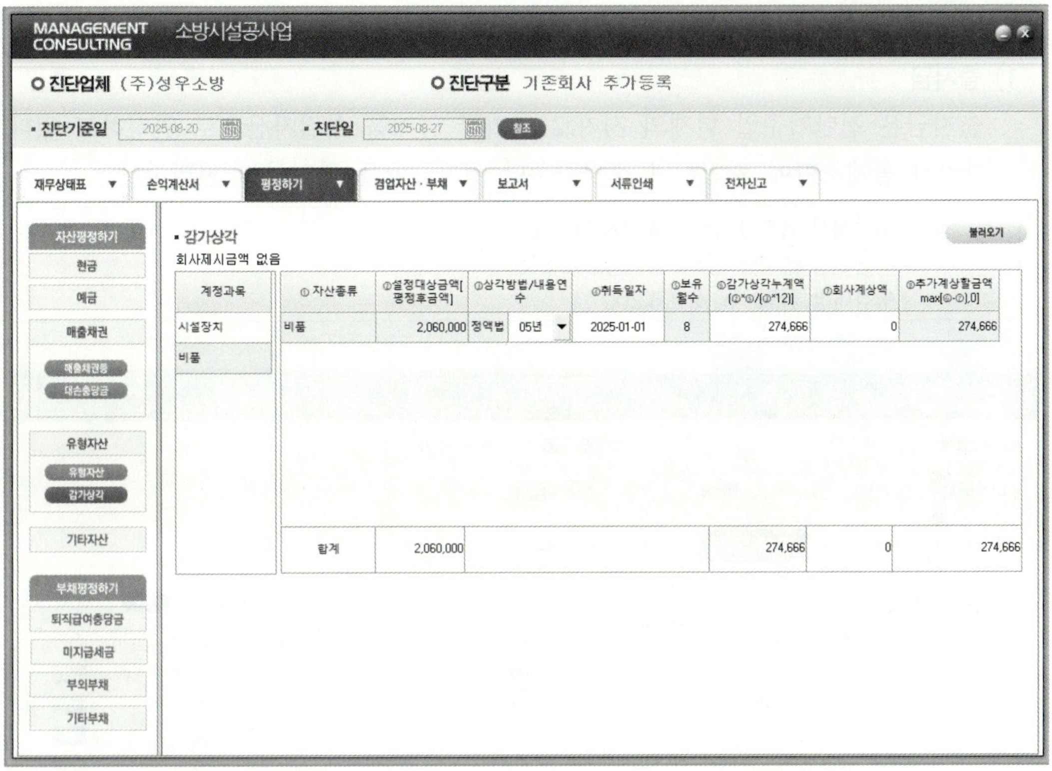
MANAGEMENT CONSULTING 소방시설공사업
진단업체 (주)성우소방
진단구분 기존회사 추가등록
진단기준일 2025-08-20
진단일 2025-08-27
참조
재무상태표
손익계산서
평정하기
겸업자산 · 부채
보고서
서류인쇄
전자신고
자산평정하기
현금
예금
매출채권
매출채권등
대손충당금
유형자산
유형자산
감가상각
기타자산
부채평정하기
퇴직급여충당금
미지급세금
부외부채
기타부채
감가상각
불러오기
회사제시금액 없음
계정과목
시설장치
비품
① 자산종류
②설정대상금액[평정후금액]
③상각방법/내용연수
④취득일자
⑤보유월수
⑥감가상각누계액 [②*⑤/(③*12)]
⑦회사계상액
⑧추가계상할금액 max[⑥-⑦),0]
비품
2,060,000
정액법
05년
2025-01-01
8
274,666
0
274,666
합계
2,060,000
274,666
0
274,666

(5) 기타자산 진단

1) 출자금

출자금은 진단기준일 현재의 시가로 평가한 금액을 실질자산으로 인정하고 있다. 따라서 공제조합에 확인하여 출자좌수당 평가금액을 확인하면 편리하다.

- 회사제시 출자금 잔액: ₩ 58,849,600
- 진단인정 출자금 잔액: ₩ 63,842,800
- 평정대상 금액: ₩ 4,993,200

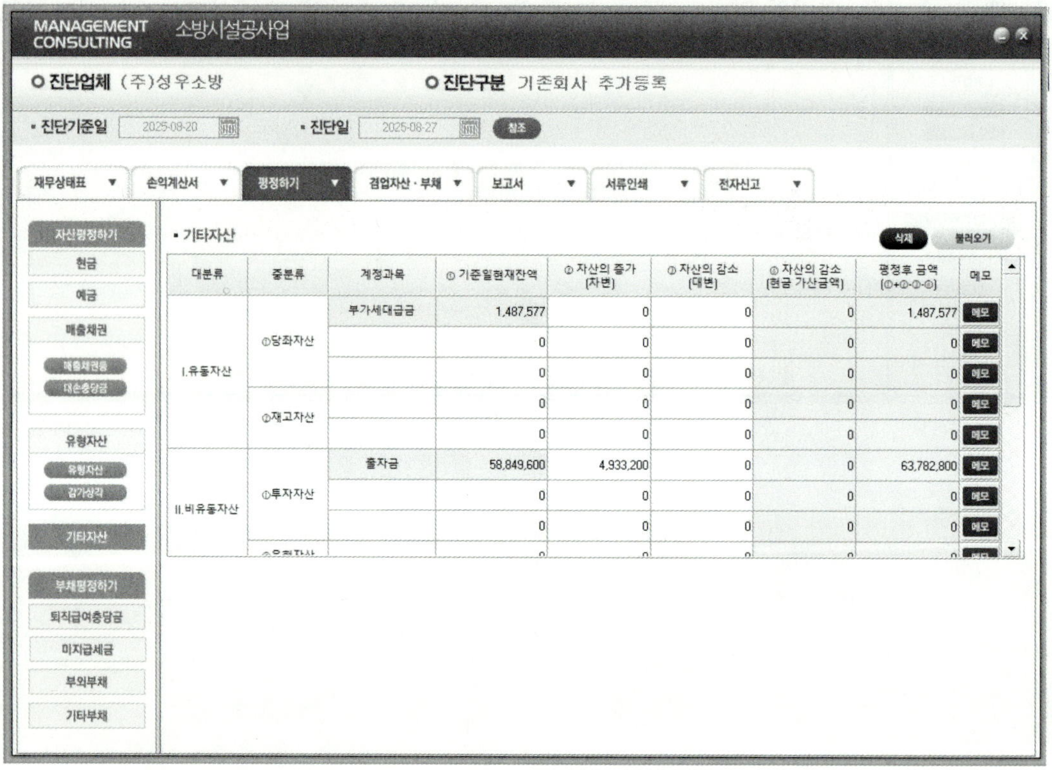

2) 임차보증금

임차계약서 등을 확인하여 회사제시금액과 비교한다. 임차계약서상 보증금이 과다한 경우에는 실재성 확인을 철저히 하여야 한다. 해당 월의 임차료를 지급(미지급 포함)한 경우에는 손익계산서 반영여부를 확인하여 평정하여야 한다.

- 회사제시 임차보증금잔액: ₩50,000,000 - 진단인정 임차보증금: ₩50,000,000 - 평정대상 금액: ₩0

임차보증금은 임대차계약서, 금융자료, 확정일자, 임대인의 세무신고서 및 시가자료 등에 의하여 부실여부를 판정하고, 진단대상사업에 직접 제공되지 않는 임차보증금은 겸업자산으로 본다.

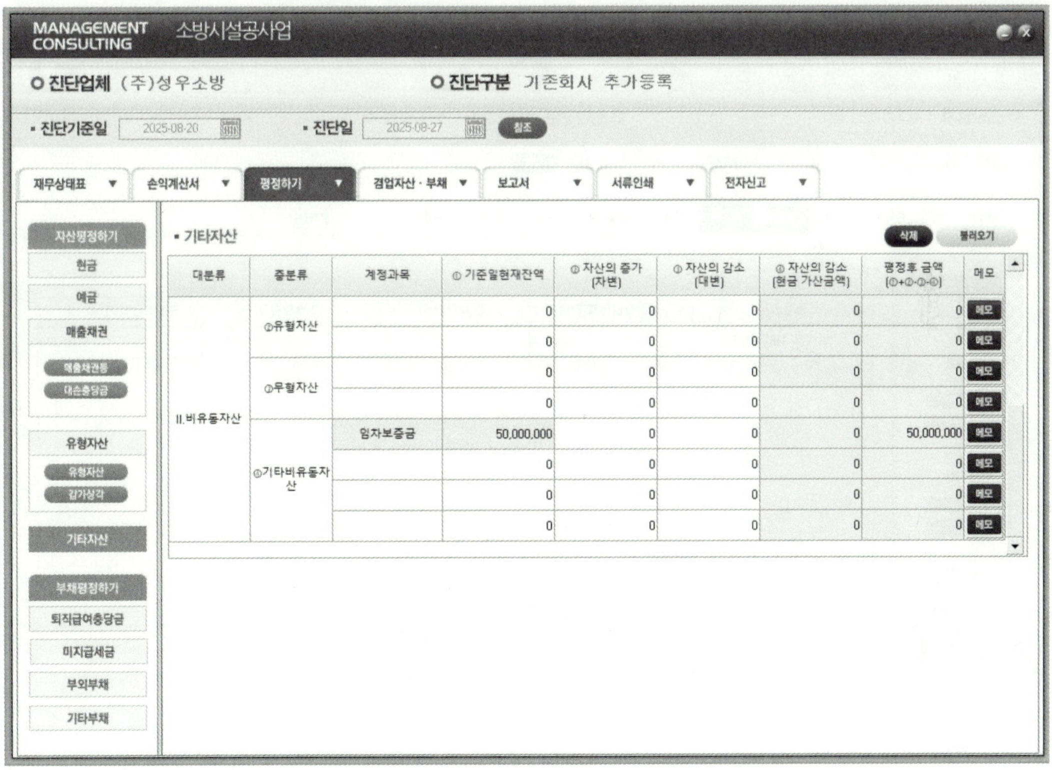

(6) 퇴직급여충당부채 진단

퇴직급여충당금은 법인세법에 따라 계상된 금액(퇴직급여추계액의 5%)만큼 설정하여야 하며, 설정범위를 초과하여 충당한 경우에는 그 설정액을 그대로 인정한다. 퇴직급여추계액 전액을 퇴직급여충당부채로 인식하여야 하는 건설업과는 차이가 있음에 유의하여야 한다. 본 사례에서는 퇴직급여추계액 107,104,200원의 5%인 5,355,210원을 평정한다.

- 회사제시 퇴직급여충당금잔액: ₩0
- 진단인정 퇴직급여충당금: ₩5,355,210(퇴직급여추계액의 5%)
- 평정대상 금액: ₩5,355,210

퇴직급여충당금은 법인세법에 따라 계상된 금액을 인정한다. 다만, 설정범위를 초과하여 충당한 경우에는 그 설정액을 그대로 인정한다.

(7) 미지급세금 진단

당해 사업연도 중에 발생한 미지급법인세는 반영하여 처리한다. 기중 수시결산을 기준으로 기업진단을 수행하는 경우에는 최소한 당기순이익을 기준으로 법인세액을 계산하여 반영하여야 한다.

- 회사제시 미지급세금 잔액: ₩0 - 진단인정 미지급세금: ₩2,298,250 - 평정대상 금액: ₩2,298,250

5. 겸업자산·부채 진단

이사회 결의에 의하여 보통예금 1억원을 전문소방공사업에 사용하기로 하였으므로 겸업비율 산정기준을 이사회 결의로 정하고, 이사회 결의에 의한 유동자산과 비유동자산 입력란에 1억을 입력하면 겸업자산과 부채는 자동으로 계산된다.

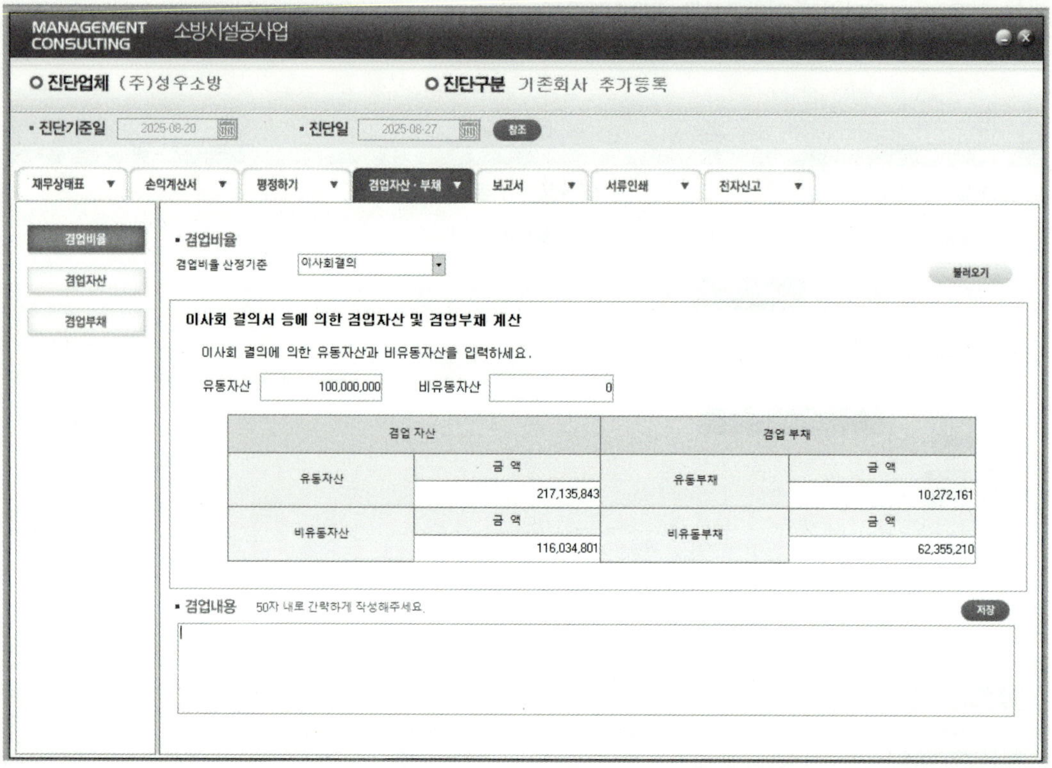

6. 보고서

(1) 진단내역서

자산, 부채를 평정하고 겸업자산 및 부채를 기재하면 진단평가서 탭은 자동으로 입력되므로 진단대상 자본금을 확인한다.

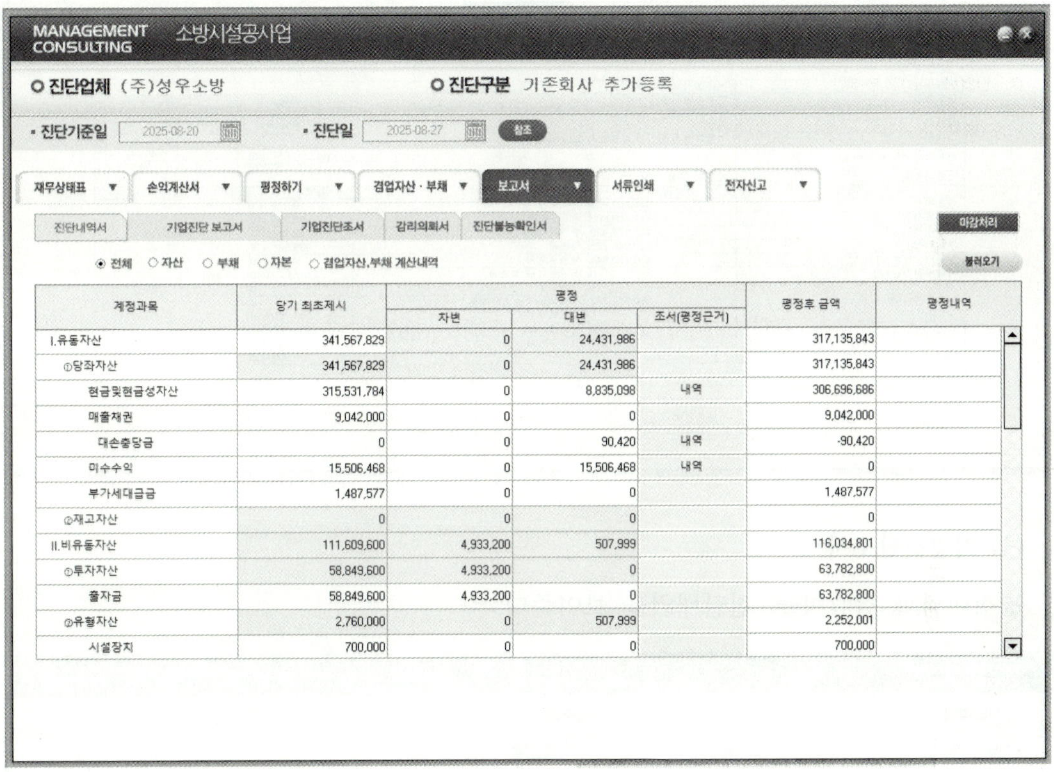

계정과목	당기 최초제시	평정			평정후 금액	평정내역
		차변	대변	조서(평정근거)		
I.유동자산	341,567,829	0	24,431,986		317,135,843	
①당좌자산	341,567,829	0	24,431,986		317,135,843	
현금및현금성자산	315,531,784	0	8,835,098	내역	306,696,686	
매출채권	9,042,000	0	0		9,042,000	
대손충당금	0	0	90,420	내역	-90,420	
미수수익	15,506,468	0	15,506,468	내역	0	
부가세대급금	1,487,577	0	0		1,487,577	
②재고자산	0	0	0		0	
II.비유동자산	111,609,600	4,933,200	507,999		116,034,801	
①투자자산	58,849,600	4,933,200	0		63,782,800	
출자금	58,849,600	4,933,200	0		63,782,800	
②유형자산	2,760,000	0	507,999		2,252,001	
시설장치	700,000	0	0		700,000	

(2) 기업진단보고서

평정후 실질자본금과 기준자본금 금액을 비교하여 진단내용의 적격여부를 확인한다.

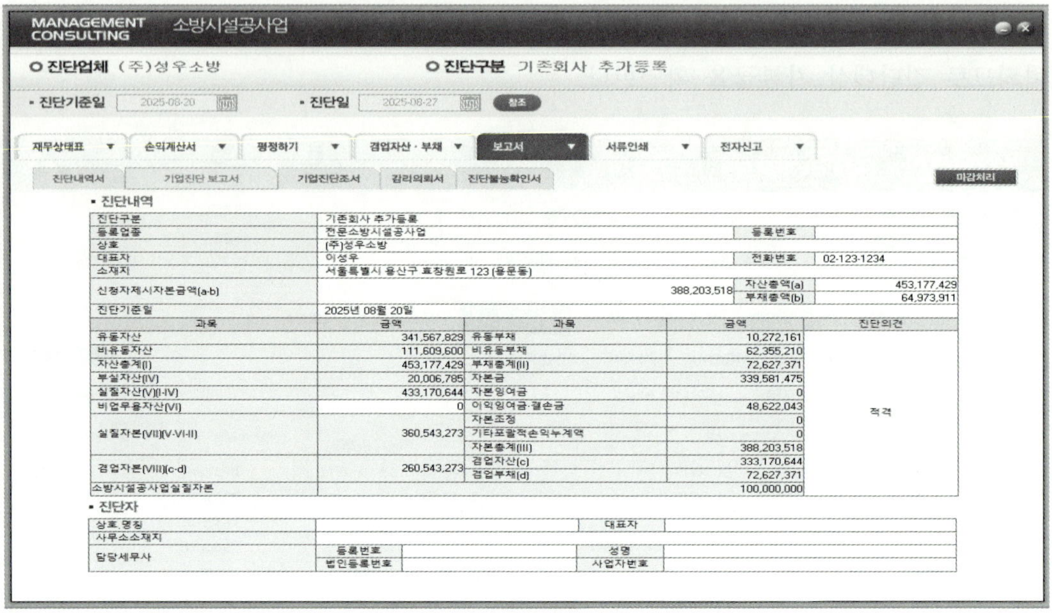

MANAGEMENT CONSULTING 소방시설공사업

○ 진단업체 (주)성우소방 ○ 진단구분 기존회사 추가등록

• 진단기준일 2025-08-20 • 진단일 2025-08-27 참조

재무상태표 | 손익계산서 | 평정하기 | 겸업자산 · 부채 | 보고서 | 서류인쇄 | 전자신고

진단내역서 | 기업진단 보고서 | 기업진단조서 | 감리의뢰서 | 진단불능확인서 | 마감처리

• 진단내역

진단구분	기존회사 추가등록				
등록업종	전문소방시설공사업			등록번호	
상호	(주)성우소방				
대표자	이성우			전화번호	02-123-1234
소재지	서울특별시 용산구 효창원로 123 (용문동)				
신청자제시자본금액(a-b)			388,203,518	자산총액(a)	453,177,429
				부채총액(b)	64,973,911
진단기준일	2025년 08월 20일				
과목	금액	과목	금액	진단의견	
유동자산	341,567,829	유동부채	10,272,161	적격	
비유동자산	111,609,600	비유동부채	62,355,210		
자산총계(I)	453,177,429	부채총계(II)	72,627,371		
부실자산(IV)	20,006,785	자본금	339,581,475		
실질자산(V)(I-IV)	433,170,644	자본잉여금	0		
비업무용자산(VI)	0	이익잉여금·결손금	48,622,043		
실질자본(VII)(V-VI-II)	360,543,273	자본조정	0		
		기타포괄적손익누계액	0		
		자본총계(III)	388,203,518		
겸업자본(VIII)(c-d)	260,543,273	겸업자산(c)	333,170,644		
		겸업부채(d)	72,627,371		
소방시설공사업실질자본			100,000,000		

• 진단자

상호.명칭			대표자	
사무소소재지				
담당세무사	등록번호		성명	
	법인등록번호		사업자번호	

(3) 기업진단조서

평정내역과 겸업비율, 진단내역을 보여준다.

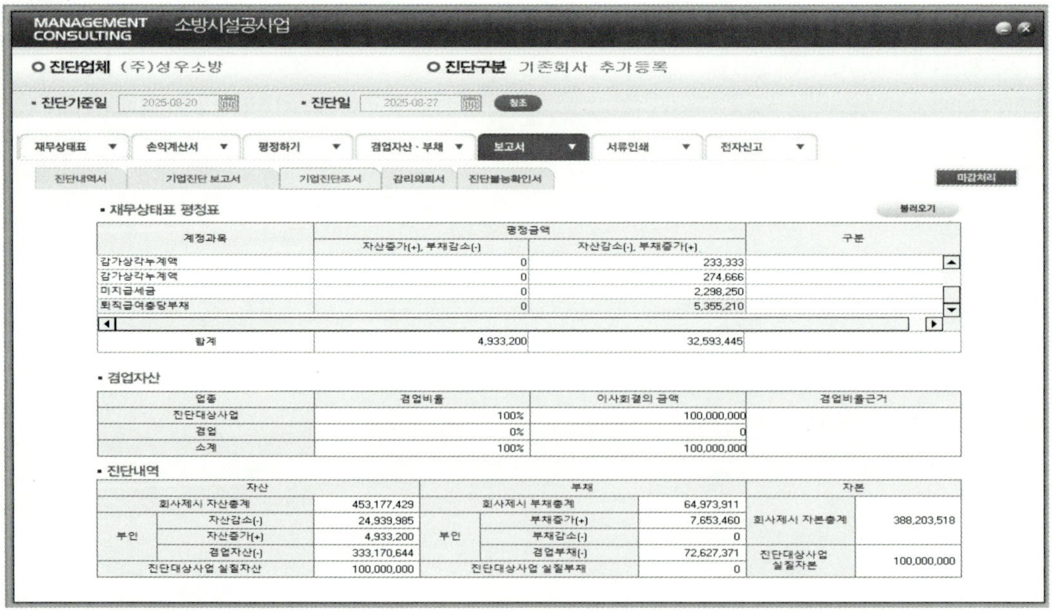

MANAGEMENT CONSULTING 소방시설공사업

○ 진단업체 (주)성우소방 ○ 진단구분 기존회사 추가등록

• 진단기준일 2025-08-20 • 진단일 2025-08-27 참조

재무상태표 | 손익계산서 | 평정하기 | 겸업자산 · 부채 | 보고서 | 서류인쇄 | 전자신고

진단내역서 | 기업진단 보고서 | 기업진단조서 | 감리의뢰서 | 진단불능확인서 | 마감처리

• 재무상태표 평정표 불러오기

계정과목	평정금액		구분
	자산증가(+), 부채감소(-)	자산감소(-), 부채증가(+)	
감가상각누계액	0	233,333	
감가상각누계액	0	274,666	
미지급세금	0	2,298,250	
퇴직급여충당부채	0	5,355,210	
합계	4,933,200	32,593,445	

• 겸업자산

업종	겸업비율	이사회결의 금액	겸업비율근거
진단대상사업	100%	100,000,000	
겸업	0%	0	
소계	100%	100,000,000	

• 진단내역

자산			부채			자본	
회사제시 자산총계		453,177,429	회사제시 부채총계		64,973,911	회사제시 자본총계	388,203,518
부인	자산감소(-)	24,939,985	부인	부채증가(+)	7,653,460		
	자산증가(+)	4,933,200		부채감소(-)	0		
	겸업자산(-)	333,170,644		겸업부채(-)	72,627,371	진단대상사업 실질자본	100,000,000
진단대상사업 실질자산		100,000,000	진단대상사업 실질부채		0		

(4) 감리의뢰서

한국세무사회에 수행한 기업진단보고서의 감리를 의뢰하는 서류이다.

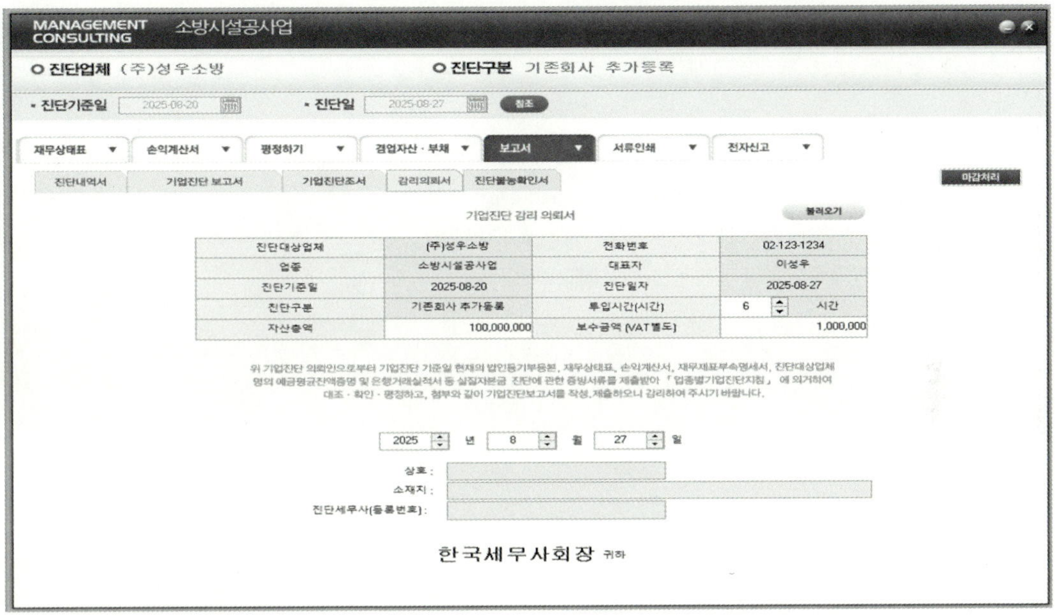
MANAGEMENT CONSULTING 소방시설공사업

○ 진단업체 (주)성우소방 ○ 진단구분 기존회사 추가등록

• 진단기준일 2025-08-20 • 진단일 2025-08-27 참조

재무상태표 ▼ 손익계산서 ▼ 평정하기 ▼ 겸업자산 · 부채 ▼ 보고서 ▼ 서류인쇄 ▼ 전자신고 ▼

진단내역서 기업진단 보고서 기업진단조서 감리의뢰서 진단불능확인서 마감처리

기업진단 감리 의뢰서 불러오기

진단대상업체	(주)성우소방	전화번호	02-123-1234
업종	소방시설공사업	대표자	이성우
진단기준일	2025-08-20	진단일자	2025-08-27
진단구분	기존회사 추가등록	투입시간(시간)	6 시간
자산총액	100,000,000	보수금액 (VAT별도)	1,000,000

위 기업진단 의뢰인으로부터 기업진단 기준일 현재의 법인등기부등본, 재무상태표, 손익계산서, 재무제표부속명세서, 진단대상업체 명의 예금평균잔액증명 및 은행거래실적서 등 실질자본금 진단에 관한 증빙서류를 제출받아 「업종별기업진단지침」 에 의거하여 대조 · 확인 · 평정하고, 첨부와 같이 기업진단보고서를 작성, 제출하오니 감리하여 주시기 바랍니다.

2025 년 8 월 27 일

상호 :

소재지 :

진단세무사(등록번호) :

한국세무사회장 귀하

(5) 진단불능확인서

진단불능사유에 해당하는지 여부를 확인하는 서류이다. 검토 후 해당 여부를 체크한다.

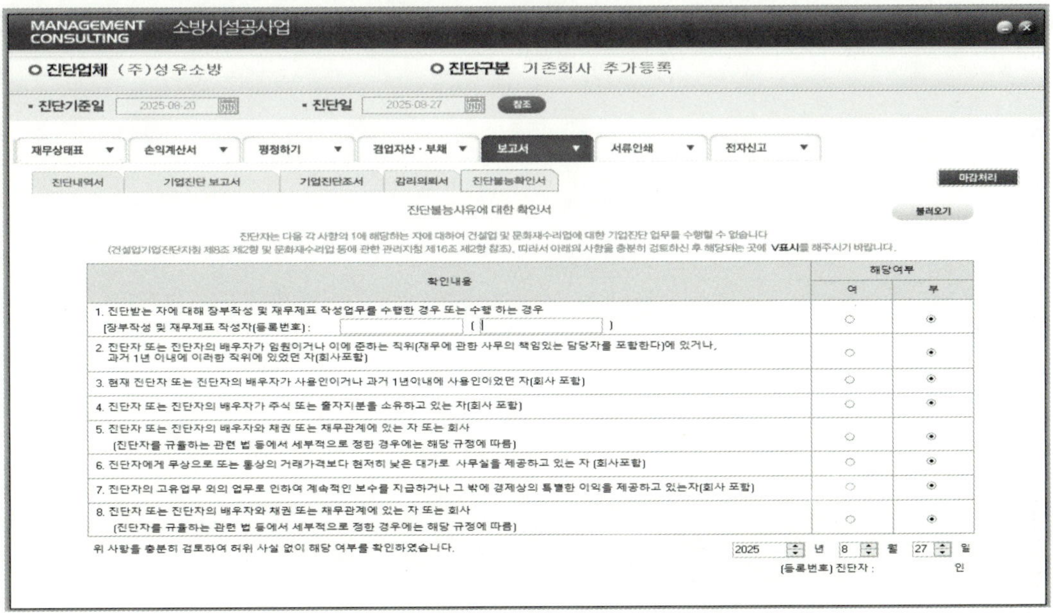
MANAGEMENT CONSULTING 소방시설공사업

○ 진단업체 (주)성우소방 ○ 진단구분 기존회사 추가등록

• 진단기준일 2025-08-20 • 진단일 2025-08-27 참조

재무상태표 ▼ 손익계산서 ▼ 평정하기 ▼ 겸업자산 · 부채 ▼ 보고서 ▼ 서류인쇄 ▼ 전자신고 ▼

진단내역서 기업진단 보고서 기업진단조서 감리의뢰서 진단불능확인서 마감처리

진단불능사유에 대한 확인서 불러오기

진단자는 다음 각 사항의 1에 해당하는 자에 대하여 건설업 및 문화재수리업에 대한 기업진단 업무를 수행할 수 없습니다
(건설업기업진단지침 제8조 제2항 및 문화재수리업 등에 관한 관리지침 제16조 제2항 참조). 따라서 아래의 사항을 충분히 검토하신 후 해당되는 곳에 **V표시**를 해주시기 바랍니다.

확인내용	해당여부	
	여	부
1. 진단받는 자에 대해 장부작성 및 재무제표 작성업무를 수행한 경우 또는 수행 하는 경우 [장부작성 및 재무제표 작성자(등록번호) : ( )	○	◉
2. 진단자 또는 진단자의 배우자가 임원이거나 이에 준하는 직위(재무에 관한 사무의 책임있는 담당자를 포함한다)에 있거나, 과거 1년 이내에 이러한 직위에 있었던 자(회사포함)	○	◉
3. 현재 진단자 또는 진단자의 배우자가 사용인이거나 과거 1년이내에 사용인이었던 자(회사 포함)	○	◉
4. 진단자 또는 진단자의 배우자가 주식 또는 출자지분을 소유하고 있는 자(회사 포함)	○	◉
5. 진단자 또는 진단자의 배우자와 채권 또는 채무관계에 있는 자 또는 회사 (진단자를 규율하는 관련 법 등에서 세부적으로 정한 경우에는 해당 규정에 따름)	○	◉
6. 진단자에게 무상으로 또는 통상의 거래가격보다 현저히 낮은 대가로 사무실을 제공하고 있는 자 (회사포함)	○	◉
7. 진단자의 고유업무 외의 업무로 인하여 계속적인 보수를 지급하거나 그 밖에 경제상의 특별한 이익을 제공하고 있는자(회사 포함)	○	◉
8. 진단자 또는 진단자의 배우자와 채권 또는 채무관계에 있는 자 또는 회사 (진단자를 규율하는 관련 법 등에서 세부적으로 정한 경우에는 해당 규정에 따름)	○	◉

위 사항을 충분히 검토하여 허위 사실 없이 해당 여부를 확인하였습니다. 2025 년 8 월 27 일

(등록번호) 진단자 : 인

MEMO

PART 08

국방부 기술용역 적격심사

CHAPTER 01

국방부 기술용역적격심사 이해

기술용역적격심사기준에 관한 훈령

[국방부 제2987호, 2024. 12. 3, 일부개정]

제 1 조(목적) 이 훈령은 「국가를 당사자로 하는 계약에 관한 법률 시행령」 제42조 제5항 규정에 따라 국방부 본부와 국방부 소속기관, 국직부대·국직기관, 합참 및 각군에서 기술용역입찰의 낙찰자 결정에 적용할 적격심사세부기준을 정함을 목적으로 한다.

제 2 조(적용대상) 이 훈령은 엔지니어링산업 진흥법령, 건설기술진흥법령, 건축서비스산업 진흥법령, 건축사법령, 전기·정보통신·소방 및 그 밖의 다른 법령에 따른 기술용역 등을 대상으로 한다.

제 3 조(적용기준) ① 심사에 따른 평가기준일은 다른 규정이 없는 한 입찰공고일로 한다. 다만, 제8조에 따른 결격사유의 심사에 대하여는 낙찰자결정일을 기준으로 한다.

② 심사서류의 외화표시금액은 입찰공고일의 「외국환거래법」에 의한 기준환율 또는 재정환율(매매기준율)을 적용하여 원화로 환산한다. 다만, 외화와 원화가 같이 표시된 경우에는 원화를 적용한다.

③ 비율, 평점(입찰가격 포함) 등을 계산한 결과 소수점이하의 숫자가 있는 경우에는 소수점 다섯째 자리에서 반올림한다. 이때 비율은 백분율(%)단위로 전환 이전단계의 수치를 의미한다.

제 4 조(심사항목 및 배점한도) ① 적격심사의 심사항목 및 배점한도는 별표 1에서 정한 바에 의한다.

② 발주관서의 장 또는 계약담당공무원은 계약의 특성·목적 및 내용 등을 종합 고려하여 심사분야별 배점한도(입찰가격은 제외)를 20% 범위 내에서 가·감 조정할 수 있으며, 항목별(신인도 제외) 세부사항을 추가하거나 제외할 수 있다. 이 때에는 입찰공고 또는 입찰설명서에 조정내용을 명시하여 입찰참가자가 열람 또는 교부 등을 통해 그 내용을 알 수 있도록 조치하여야 한다.

제 5 조(당해용역 수행능력심사) 개별법에서 정하는 사업수행능력 평가기준에 따라 당해용역 수행능력을 평가한 후 해당 장에서 정하는 배점한도를 만점 환산하여 적용한다. 사업수행능력 평가를 하지 않는 추정가격 고시금액 미만인 용역의 경우에는 관련법령의 평가기준에 의하지 아니하고 별표 1에 명시된 심사항목에 따라 평가한다.

제 6 조(공동수급체 등에 대한 평가) 공동계약이 가능함을 입찰공고에 명시한 경우로서, 심사대상자가 공동수급체를 구성하고 있는 경우의 평가는 다음 각 호에 따른다.

1. 경영상태 평가
   공동수급체 구성원 각각 평가요소별 분모 및 분자에 해당하는 금액에 출자 비율을 곱한 후 이를 각각 분모, 분자별로 수치를 모두 합산하여 평가한다.
2. 신인도(특별신인도 제외) 평가
   공동수급체 구성원별로 각각 산출한 신인도 평가점수에 각각의 출자 비율을 곱하여 이를 합산하여 평가한다. 다만, 감점대상업체가 공동수급체의 구성원으로 입찰에 참가하는 경우에는 해당감점에 당해 업체의 출자 비율을 곱하여 산정한 점수를 감점한다.
3. 특별신인도 평가
   당해용역과 동일한 공종으로서 기초예비가격 대비 최근 3년간 공동수급체 구성원 각각의 이행실적에 구성원 각자의 출자 비율을 곱하여 산정한 후 이를 합산한 실적으로 평가한다.
4. 공동수급체의 구성원 중 다른 법령에 의한 업종을 보완하는 분담이행방식일 경우 당해구성원(업종보완자)은 평가에서 제외한다.

제 7 조(제출서류 등) ① 계약담당공무원은 적격심사 대상자에게 적격심사 서류제출 통보서를 접수한 날로부터 특별히 정한 기일이 없는 한 7일 이내에 제2항 각호의 관련서류를 첨부한 적격심사신청서를 국방전자조달(D2B)시스템을 통해 제출하도록 하여야 한다. 다만, 입찰가격점수와 다른 심사분야의 배점한도를 합산한 종합평점이 적격심사 통과점수에 미달하는 입찰자에 대해서는 적격심사서류 제출 요구를 생략한다.

② 적격심사 대상자는 제1항의 규정에도 불구하고 국방전자조달(D2B)시스템으로 제출할 수 없는 경우에는 다음 각 호의 서류를 첨부한 적격심사 신청서를 제1항의 기한 내에 제출하여야 하며, 국방전자조달(D2B)시스템으로 제출하는 경우에도 원본확인 등이 필요한 서류에 대하여는 계약담당공무원의 요청에 따라 별도로 제

출하여야 한다.

1. 적격심사 신청서 (별지 제1호 서식)
2. 적격심사 자기평가 및 심사표 (별지 제2호 서식)
3. 기술용역이행 실적증명서 (별지 제3호 서식)
4. 공인회계사 또는 세무사가 증명한 정기결산서 또는 기업진단보고서를 첨부한 최초결산서 1부
5. 관련법령에 따른 등록업무 수탁기관이 발급한 등록증, 기술자 보유 증명서 등 업종등록 기준충족 여부를 확인할 수 있는 서류(입찰공고일 및 개찰일 기준 각 1식)
6. 사업수행능력평가 확인서류 등 계약담당공무원이 낙찰자선정에 필요하여 문서로 제출을 요청하는 자료(부대조달정보체계에서 확인이 제한되는 신용평가등급 확인서 등)
7. 재무제표,「신용정보의 이용 및 보호에 관한 법률」제4조 제1항 제1호의 신용정보회사가 발급한 신용평가등급확인서 또는「자본시장과 금융투자업에 관한 법률」제335조의 3에 의거 업무를 영위하는 신용정보회사가 발급한 신용평가서(부대조달정보체계로 입찰자의 신용평가등급을 확인할 수 없는 경우에 한함)
8. 기타 입찰공고에 제출토록 명시된 서류

③ 재무상태 평가시 「주식회사 등의 외부감사에 관한 법률」(이하 “외부감사법”이라 한다)제2조에 의한 외부감사 대상업체는 공인회계사의 감사보고서를, 외부감사 비대상업체는 결산서에 별표 2에 따라 작성된 재무상태 진단결과보고서(별지 제4호 서식)를 첨부한다.

④ 재무제표에 첨부된 감사보고서에 외부감사법 및 회계감사기준에 따라 표명된 감사인의 감사의견이 “의견거절” 또는 “부적정의견”인 경우에는 재무상태 평가자료를 제출하지 않은 것으로 보아 당해업체의 재무상태를 0점 처리한다. 다만, “한정의견”인 경우에는 당해 업체가 한정부분에 대한 수정재무제표를 작성, 공인회계사의 확인을 받아 제출한 경우에는 이에 의해 평가할 수 있으며, 한정부분을 보완하지 않을 경우에는 당해 재무제표상의 한정부분이 적용되는 평가항목에 한해 0점 처리한다.

⑤ 제2항 각 호에 규정된 제출서류를 기한 내 제출하지 아니한 때에는 추가로 제출할 수 없으며, 제출서류상 기재된 첨부서류가 빠졌거나 제출된 서류가 불명확해 인지할 수 없는 경우에는 계약담당공무원은 기한을 정하여 보완을 요구해야 한다.

⑥ 제5항의 규정에 의해 정해진 기한까지 제출서류를 보완하지 아니한 때에는 기

제출한 서류만으로 심사하되, 기제출된 서류가 불명확하여 심사하기가 곤란한 경우에는 심사에서 제외한다.

⑦ 제2항의 규정에 의해 제출한 서류 중 입찰공고일 다음날 이후에 발생 또는 신고하였거나 수정된 자료는 인정하지 않는다. 다만, 이미 제출된 서류에 오기 또는 오산과 같은 명백한 오류가 있는 경우 심사대상자의 신청을 받아 정정할 수 있다

⑧ 신인도 평가는 적격심사대상자의 사업수행능력 취득점수가 심사분야별 배점한도에 부족한 경우에만 배점한도 범위 내에서 가산하여 부여한다.

제 8 조(결격사유의 심사) ① 심사대상자가 부도·파산·해산·영업정지(이하 '부도 등'이라 한다) 및 부정당업자제재 상태인 경우에는 결격사유로 평가하며, 부도 등의 우려가 있어 계약이행이 어렵다고 판단되는 경우에는 적격심사위원회의 심사결과에 따라 결격여부를 결정한다. 이 경우 적격심사위원회는 심사대상자에게 자료제출을 요구하거나 관계자 또는 전문가의 의견을 청취 또는 자문을 받을 수 있다.

② 제3조 제1항에도 불구하고, 관련법령이 정하는 업종 또는 면허등록 기준의 기술자 보유기준은 입찰공고일을 기준으로 결격여부를 판단한다. 다만, 입찰공고일이 관련법령이 정한 변경신고 기한 내에 있고, 입찰서 제출 마감일 전일까지 업종등록기준을 충족한 자는 그러하지 아니하다.

③ 공동수급체 대표자 이외의 구성원이 제1항 및 제2항의 결격사유에 해당하는 경우, 잔여구성원만으로 계약이행이 가능한 경우에는 적격심사를 할 수 있다. 다만, 공동수급체 대표자가 동 결격사유에 해당하는 경우에는 당해 공동수급체의 결격사유로 본다.

제 9 조(낙찰자 결정) ① 예정가격 이하로서 최저가 입찰자에 대한 심사결과 종합평점이 용역규모별 적격통과점수 이상(추정가격이 30억원 이상 용역은 85점, 추정가격이 30억원 미만 10억원 이상인 용역은 90점, 10억원 미만인 용역은 95점 이상을 말한다.)이면 낙찰자로 결정하며, 용역규모별 통과점수 미만인 경우에는 차순위 최저가 입찰자 순으로 심사하여 낙찰자를 결정한다. 다만, 동일가격으로 입찰한 최저가 입찰자가 2인 이상인 경우에는 용역규모별 적격통과점수 이상인 자 중에서 최고점수인 자를 낙찰자로 결정한다.

② 선순위 낙찰자가 계약체결 이전에 부적격자(적격통과점수에 미달된 자를 말한다)로 판명되어 낙찰자 결정이 취소된 경우와 부도 등 불가피한 사유로 해당계약을 이행할 수 없어 적격심사대상에서 제외한 경우에는 차순위자부터 순서대로 적격심사를 하여 낙찰자를 결정한다.

③ 예정가격을 작성할 수 없는 경우 또는 계약의 특성 평가가 곤란한 항목이 있는 경우에는 입찰공고시 그 내용을 명시하여 그 항목을 제외한 나머지 심사항목만으로 심사하여 그 결과 종합평점이 나머지 심사항목의 배점한도에 100분의 용역규모별 적격통과점수를 곱한 점수 이상인 자를 낙찰자로 결정할 수 있다.

제10조(부정한 방법에 의한 심사서류 제출자 및 미제출자 처리) ① 적격심사서류와 "해당용역 수행능력평가(감리용역은 책임감리전문회사 선정평가서)"에 필요한 제출서류를 부정하게 행사하거나 위조·변조·허위 작성된 서류가 포함된 것으로 판명된 자(공동수급체는 각 구성원을 말한다)는 다음 각 호와 같이 처리한다.

1. 계약체결 이전에는 낙찰자 결정대상에서 제외하거나 낙찰자 결정 통보를 취소한다.
2. 계약체결 이후인 경우에는 당해 계약을 해제 또는 해지할 수 있다.

② 계약담당공무원은 제1항에 해당하는 자에 대하여 『국가를 당사자로 하는 계약에 관한 법률 시행령』 제76조에 따라 국방부장관(참조: 계획예산관)에게 입찰참가자격 제한을 건의하여야 한다.

제11조(재심사) ① 제9조의 규정에 의하여 부적격 통보를 받은 자가 통보일로부터 3일 이내에 심사결과에 대한 재심사를 요청하였을 때에는 특별한 사유가 없는 한 재심사요청서 접수일로부터 3일 이내에 재심사를 하여야 한다. 다만, 재심사는 1회에 한한다.

② 제1항에 의한 재심사 결과는 해당자에게 지체 없이 통보하여야 한다.

③ 제1항의 재심사 요청서를 접수할 때에는 적격심사에 필요한 추가서류는 접수할 수 없다.

제12조(적격심사위원회 운영) ① 발주관서의 장 또는 계약담당공무원은 가능한 공정하고 합리적인 심사를 위해 적격심사위원회를 구성하여 심사할 수 있다.

② 제1항의 적격심사위원회 심사위원은 관계부서의 5인 이상 담당관으로 구성한다.

제13조(세칙) 이 훈령을 적용하는 기관의 장은 국방부장관의 승인을 얻어 이 기준의 시행을 위하여 필요한 세부사항을 정할 수 있다. 다만, 사업의 특성에 의하여 계약건별로 적용하는 세부사항에 대하여는 예외로 한다.

제14조(기타사항) 이 훈령에 정하지 아니한 사항에 대하여는 계약예규「적격심사기준」에 의하고, 용역의 특성에 따라 이 지침을 적용하기 곤란하다고 인정되는 사항에 대하여는 입찰공고 또는 입찰설명서 등에 반영하여 시행할 수 있다.

제15조(존속기한) 이 훈령은 「훈령 · 예규 등의 발령 및 관리에 관한 규정」에 따라 이 훈령을 발령한 후의 법령이나 현실 여건의 변화 등을 검토하여야 하는 2027년 12월 2일까지 효력을 가진다.

부 칙 〈제2987호, 2024.12.03.〉

이 훈령은 발령한 날부터 시행한다.

작성관
기획조정실 기획예산관 재정회계담당관 계약관리담당 / 900-5367

[별표 3]

수시결산제 폐지에 따른 경영상태평가기준(제7조제2항 관련)

1. 이 기준은 제7조 제2항의 경영상태 평가에 적용한다.
2. 이 기준시행일 이후 수시·반기결산이 이루어지더라도 모든 업체는 직전년도 정기결산서로 평가하며, 회계연도중 신설, 합병·분할 및 영업양수도 등이 발생하는 경우에는 다음 적용기준에 따라 평가한다.
3. 적용 기준
   가. 최초설립
      최근에 업계전체 평균비율이 산정된 이후 새로이 설립된 업체는 설립일 현재 최초 결산서(개시 재무제표)로 평가한다.
   나. 합 병
      1) 합병으로 존속하는 회사
         새로이 평가하지 않고 존속하는 회사의 전년도 정기결산서로 평가하며 소멸되는 회사의 정기결산서는 반영하지 않는다.
      2) 합병으로 신설된 회사
         합병으로 소멸된 회사들의 직전 회계연도 정기결산서만을 단순합산하나 당기에 신설된 회사의 최초결산서는 합산하지 않는다.
         다만, 직전회계연도의 정기결산서가 하나도 없거나 합병대상업체가 모두 신설업체인 경우에는 합병으로 신설된 회사의 최초 결산서로 평가한다.
   다. 분 할
      1) 분할로 존속하는 회사
         존속하는 회사의 정기결산서만으로 평가하며 분할로 신설되는 회사의 최초결산서는 반영하지 않는다.
         다만 존속하는 회사가 당기에 설립되어 전년도 정기결산서가 없는 경우에는 존속회사의 설립시 최초결산서를 계속 적용한다.
      2) 분할로 신설된 회사
         새로이 신설된 것으로 보아 신설되는 법인의 최초 결산서로 평가한다.
      3) 분할합병한 회사
         상법 제530조의 2 제2항의 규정에 따라 분할합병한 경우에는 분할되는 업체를 제외하고 합병대상업체의 직전 회계연도 정기결산서의 합으로 평가한다.
   라. 영업 양수도
      1) 영업양수도로 존속하는 회사
         새로이 평가하지 않고 존속하는 회사의 전년도 정기결산서로 평가하되, 당기에 설립되어 전년도 정기결산서가 없는 경우에는 설립시 작성한 최초 결산서로 한다.
   마. 기 타
      1) 개인이 법인전환으로 신설된 경우 : 신설당시의 최초결산서로 평가한다.
      2) 인적(물적)회사[*주 참조]간 조직변경의 경우
         새로이 평가하지 않고 조직 변경 이전 회사의 직전회계연도 정기결산서로 평가하며 정기결산서가 없는 경우, 조직변경 이전회사의 설립시 최초결산서로 한다.
      3) 인적(물적)회사에서 물적(인적)회사로 변경한 경우 신설법인의 최초결산서로 평가한다.
      끝.

* 주) 인적회사 : 상법상의 합명회사, 합자회사
물적회사 : 〃 주식회사, 유한회사

[별표 4]

신용평가등급에 의한 경영상태 평가기준

회사채에 대한 신용평가등급	기업어음에 대한 신용평가등급	기업신용평가 등급	평 점(점)	
			배점한도가 10점인 경우	배점한도가 5점인 경우
AAA	-	AAA (회사채에 대한 신용평가등급 AAA에 준하는 등급	10.0	5.0
AA+, AA0, AA-	A1	AA+, AA0, AA- (회사채에 대한 신용평가등급 AA+, AA0, AA-에 준하는 등급	9.9	4.9
A+	A2+	A+ (회사채에 대한 신용평가등급 A+에 준하는 등급	9.8	4.8
A0	A20	A0 (회사채에 대한 신용평가등급 A0에 준하는 등급	9.7	4.7
A-	A2-	A- (회사채에 대한 신용평가등급 A-에 준하는 등급	9.6	4.6
BBB+	A3+	BBB+ (회사채에 대한 신용평가등급 BBB+에 준하는 등급	9.5	4.5
BBB0	A30	BBB0 (회사채에 대한 신용평가등급 BBB0에 준하는 등급	9.4	4.4
BBB-	A3-	BBB- (회사채에 대한 신용평가등급 BBB-에 준하는 등급	9.3	4.3
BB+, BB0	B+	BB+, BB0 (회사채에 대한 신용평가등급 BB+, BB0에 준하는 등급	9.0	4.0
BB-	B0	BB- (회사채에 대한 신용평가등급 BB-에 준하는 등급	8.7	3.7
B+, B0, B-	B-	B+, B0, B- (회사채에 대한 신용평가등급 B+, B0, B-에 준하는 등급	8.5	3.5
CCC+ 이하	C 이하	CCC+ 이하 (회사채에 대한 신용평가등급 CCC+에 준하는 등급	5.0	2.0

[주] ① 신용평가등급은 신용정보의이용및보호에관한법률 제4조 제4항 제1호 또는 제4호의 업무를 영위하는 신용정보업자가 입찰공고일 전일 이전에 평가한 유효기간 내 회사채(또는 기업어음)에 대한 신용평가등급 또는 기업신용평가등급(위의 신용정보업자가 신용평가등급, 등급평가일 및 등급유효기간 등을 명시하여 작성한 '신용평가등급 확인서')을 기준으로 평가한다.(다만 「조달청 신용평가등급 조회시스템」 또는 「중소기업제품 공공구매 종합정보망」에 의하여 신용평가등급 조회가 가능한 경우에는 동 시스템 조회결과에 의해 평가할 수 있다.)

② 적격심사대상자의 회사채(또는 기업어음) 및 기업신용평가에 따른 평점이 다른 경우에는 높은 평점으로 평가하며, '신용평가등급확인서'를 제출하지 않은 경우에는 최저등급으로 평가한다.

③ 합병한 업체에 대하여는 합병후 새로운 신용평가등급으로 심사하여야 하며 합병후의 새로운 신용평가등급이 없는 경우에는 합병대상업체 중 가장 낮은 신용평가등급을 받은 업체의 신용평가등급으로 심사한다.

CHAPTER 02

국방부 기술용역적격심사 기업진단

-외부감사 비대상업체의 재무상태 진단요령(제7조제3항 관련)-

참 고

국방부 기술용역적격심사 기업진단은 경영상태(재무비율)를 확인하는 진단(경영분석)업무임에 주의를 요한다. 즉, 등록기준(실질자본금) 충족여부를 확인하는 기업진단업무가 아니다. 이는 외감비대상업체에 대하여 기업진단업무를 수행하는데 필요한 지침이다.

제1장 총 칙

제 1 조(목적)

이 규정은 본 기준상 적격심사대상업체 중 주식회사의외부감사에관한법률(이하 "외부감사법"이라 한다)의 적용을 받지 않는 사업자(이하 "외감비대상업체"라 한다)의 재무상태 및 경영성과에 대한 진단에 관하여 필요한 사항을 규정함을 목적으로 한다.

제 2 조(적용범위)

① 이 규정은 본 기준상 적격심사대상업체 중 외감비대상업체의 재무상태 및 경영성과에 대한 진단에 관하여 적용한다.
② 진단을 실시함에 있어 이 규정에서 정하는 사항을 제외하고는 기업회계기준에 의한다.

제 3 조(용어의 정의)

① '진단자'란 본 진단규정에 의하여 외감비대상업체의 경영상태 및 경영성과에 대한 진단을 하는 자로서, 공인회계사법에 의하여 등록된 공인회계사 또는 중소기업진흥에 관한 법률에 의하여 등록된 재무관리 경영지도사, 세무사법에 의하여 등록된 세무사를 말한다.
② '신규사업자'란 기중에 설립되어 진단기준일 현재 회계연도가 1년 미만인 개인사업자 및 법인을 말한다.
③ '해당 협회'란 제1항 규정에 의한 재무상태 진단자가 속하는 협회로서 한국공인회계사회, 또는 한국경영기술컨설턴트 협회, 한국 세무사회를 말한다.

제 4 조(진단기준)

① 계속기업의 경우 진단기간은 직전회계연도로 한다. 다만, 신규사업자의 경우에는 영업개시일로부터 회계연도말일까지로 한다.
② 진단기준일은 직전회계연도 말일로 한다.
③ 직전회계연도 종료일 이후 사업의 양수도, 법인의 인수·분할·합병 등에 따른 기업진단의 경우에는 【별표 3】"수시결산제 폐지에 따른 경영상태 평가기준"에 따라 평가한다.

해 설

직전회계연도 종료일 이후 사업의 양수도, 법인의 인수·분할·합병 등에 따른 기업진단의 경우 평기기준일은 다음과 같다.

1. 최초설립

최근에 업계전체 평균비율이 산정된 이후 새로이 설립된 업체는 설립일 현재 최초 결산서(개시 재무제표)로 평가한다.

2. 합 병

1) 합병으로 존속하는 회사

새로이 평가하지 않고 존속하는 회사의 전년도 정기결산서로 평가하며 소멸되는 회사의 정기결산서는 반영하지 않는다.

2) 합병으로 신설된 회사

합병으로 소멸된 회사들의 직전 회계연도 정기결산서만을 단순합산하나 당기에 신설된 회사의 최초결산서는 합산하지 않는다.

다만, 직전회계연도의 정기결산서가 하나도 없거나 합병대상업체가 모두 신설업체인 경우에는 합병으로 신설된 회사의 최초 결산서로 평가한다.

3. 분 할

1) 분할로 존속하는 회사

존속하는 회사의 정기결산서만으로 평가하며 분할로 신설되는 회사의 최초결산서는 반영하지 않는다.

다만 존속하는 회사가 당기에 설립되어 전년도 정기결산서가 없는 경우에는 존속회사의 설립시 최초결산서를 계속 적용한다.

2) 분할로 신설된 회사

새로이 신설된 것으로 보아 신설되는 법인의 최초 결산서로 평가한다

3) 분할합병한 회사

상법 제530조의 2 제2항의 규정에 따라 분할합병한 경우에는 분할되는 업체를 제외하고 합병대상업체의 직전 회계연도 정기결산서의 합으로 평가한다.

4. 영업 양수도

1) 영업 양수도로 존속하는 회사

새로이 평가하지 않고 존속하는 회사의 전년도 정기결산서로 평가하되, 당기에 설립되어 전년도 정기결산서가 없는 경우에는 설립시 작성한 최초 결산서로 한다.

5. 기 타

1) 개인이 법인전환으로 신설된 경우: 신설당시의 최초결산서로 평가한다

2) 인적(물적)회사 간 조직변경의 경우

새로이 평가하지 않고 조직 변경 이전 회사의 직전회계연도 정기결산서로 평가하며 정기결산서가 없는 경우, 조직변경 이전회사의 설립시 최초결산서로 한다.

3) 인적(물적)회사에서 물적(인적)회사로 변경한 경우 신설법인의 최초결산서로 평가한다.

제 5 조(장부와 증빙서류의 제시 등)

① 진단을 받고자 하는 자(이하 "진단을 받는 자"라 한다)는 법인세법 제60조 2항 1호 및 소득세법의 규정에 따라 입찰공고일까지 세무서에 제출하는 재무제표를 세무대리인의 확인을 받아 제출하여야 하며, 부속명세서 및 회계장부, 기타 진단자가 요구하는 서류를 작성 제출하거나 제시하여야 한다.
② 제1항의 규정에 의하여 제출된 서류는 재작성 또는 정정 등을 이유로 반려를 요구하지 못한다. 이미 제출된 서류에 오기 또는 오산과 같은 명백한 오류가 있을 때에 한하여 진단자의 확인절차를 거쳐 정정할 수 있다.
③ 제1항과 제2항의 규정에 의하여 제출하였거나 정정된 서류에 대하여 추가서류를 제출하고자 할 때에는 진단자의 승인을 얻어야 한다.

제 6 조(진단방법)

① 진단자는 진단을 받는 자가 제출 또는 제시하는 서류를 확인하여 성실하게 평가하여야 하며 필요한 경우에는 실제조사하여 확인할 수 있다.
② 진단을 받는 자가 제1항의 규정에 의한 진단자의 진단에 대하여 이의가 있을 때에는 그 반증을 제시하여야 한다.

제 7 조(진단보고서 제출)

① 진단을 실시한 진단자는 별지 제4호 서식에 의해 작성된 진단결과보고서 및 본 규정이 반영된 수정대차대조표 및 수정손익계산서를 기명 날인 후 해당협회의 확인을 거쳐 진단을 받는 자에게 교부하고, 해당협회에 1부를 교부하며, 진단자가 1부를 보관한다.
② 진단자는 다음 각호의 사유에 해당하는 경우에는 진단불능으로 처리하고, 진단보고서에 진단서 작성과 의견제출이 불가하다는 뜻을 표시하여 해당협회를 거쳐 진단을 받는 자에게 통보한다.
1. 제5조 제1항의 규정에 의한 자료의 제출과 제시를 하지 않은 경우
2. 진단에 필요한 입증서류와 보완요구를 거부, 기피, 태만히 하는 경우
3. 진단 받는 자가 작성, 제출한 서류 중 중대한 허위사실이 발견된 경우
③ 진단자는 진단을 받는 자의 요구가 있을 경우, 진단결과의 사본에 기명날인하고 원본과 동일함을 확인(원본대조필)하여 추가로 진단결과를 제공할 수 있다.

제 8 조(진단조서의 작성, 비치)

① 진단을 실시한 진단자는 진단조서를 작성, 비치하여야 하며 이를 5년간 보존하여야 한다.

제 2 장 회계 부문 진단

제 9 조(현금과 전도금의 평가)

① 현금 및 현금등가물은 진단자가 실사한 범위내에서 인정한다.
② 전도금에 대하여는 예금잔액증명이 있는 금액을 자산으로 인정한다.

제10조(제예금의 평가)

① 제예금의 평가는 진단을 받는 자의 명의(법인인 경우에는 법인명의)로 된 진단기준일의 예금잔액증명과 진단일 이전 2개월의 은행거래실적증명을 대조 확인하여 이를 평가한다. 이 경우 예금잔액증명 및 진단일 이전 2개월의 은행거래실적증명을 제시하지 못하는 경우, 또는 그 예금이 일시적으로 조달된 것으로서 출처가 불분명한 경우에는 자산으로 인정하지 아니한다.
② 신규 사업자의 예금잔액이 자산총액의 20%를 초과하는 경우에는 1개월간의 은행거래 평잔으로 평가한다.

해 설

◎ 예금

2개월간의 예금내역을 확인하여 평가하되, 신규사업자의 경우 예금잔액이 자산총액의 20%를 초과하는 경우에는 1개월간의 은행거래 평잔으로 평가한다. 따라서 회사제시 예금잔액이 1개월 평잔금액을 초과하는 경우에는 그 차액을 부실자산으로 본다.

제11조(가지급금 등의 자산인정 제한)

가지급금은 자산으로 인정하지 아니함을 원칙으로 한다. 다만, 신규사업자의 경우에는 특별한 사정이 있는 경우에 한하여 임직원의 1개월 급여액을 초과하지 않는 범위내에서 자산으로 인정할 수 있다.

제12조(매출채권 등의 평가)

매출채권, 미수금 등의 채권은 합리적이고 객관적인 기준에 따라 산출한 대손충당금을 차감하여 평가한다.

제13조(유가증권의 평가)

유가증권 중 상장주식은 진단기준일 현재의 시가로 평가한다.

해 설

① 유가증권에 대한 분류는 기업회계기준과 동일하다.

1. 지분증권

분 류	요건	재무상태표 표시	
단기매매증권	단기 매매차익 목적, 빈번한 매매	유동자산	
매도가능증권	단기매매증권, 지분법적용투자주식 외	1년 이내 처분	유동자산
		이외의 경우	투자자산
지분법적용 투자주식	중대한 영향력 행사 (20%이상 지분보유)	투자자산	

2. 채무증권

분 류	요건	재무상태표 표시	
단기매매증권	단기 매매차익 목적, 빈번한 매매	유동자산	
매도가능증권	단기매매증권, 지분법적용투자주식 외	1년 이내 만기	유동자산
		이외의 경우	투자자산
만기보유증권	상환금액의 확정가능, 만기까지 보유의도, 능력	1년 이내 만기	유동자산
		1년 후 만기	투자자산

제14조(재고자산의 평가)

재고자산은 취득원가로 평가한다.

제15조(출자금의 평가)

출자금은 다음 각호의 경우를 제외하고는 취득원가로 평가함을 원칙으로 한다.

1. 출자한 법인의 순자산가치가 그 출자금의 취득원가보다 하락한 경우에는 이에 상당한 금액을 감액하여 평가한다.
2. 조합 등에 대한 출자금은 기준일 현재의 지분액에 의하여 평가한다. 다만, 출자금이 압류되어 있는 경우에는 지분액에서 압류금액을 감액한다.

제16조(보증금의 평가)

① 임차보증금은 임대차계약서 및 임대인이 발행한 영수증 등 증빙에 의하여 확인하되 그 금액이 시가보다 현저히 과다할 경우에는 진단시의 시가에 의하여 이를 평가한다.

② 계약보증금과 하자보수보증금은 그 보증기간이 만료되지 아니한 것에 한하여 자산으로 인정한다.

③ 영업보증금은 보증기간이 만료되지 아니한 것과 보증기간 만료후라도 보증기관이 보관하고 있음을 중명한 경우에 한하여 인정한다.

제17조(유형자산의 평가)

평가대상이 되는 유형자산은 진단을 받는 자의 소유로서 취득가액 혹은 재평가액에서 세법의 규정에 의한 감가상각 상당액을 차감한 금액으로 이를 평가한다. 취득가액이 불분명한 경우에는 취득당시의 시가나 기준시가 또는 국가가 인정하는 감정기관의 감정가액을 취득가액으로 본다.

제18조(무형자산의 평가)

무형자산은 당해자산의 취득을 위하여 소요된 가액에서 감가상각 상당액을 차감한 금액으로 평가한다.

제19조(부채의 평가)

① 부채의 평가에 있어서는 그 발생사유를 자산 및 자본과 관련하여 회사가 부담할 금액으로 평정하여야 한다.
② 퇴직급여충당금 등 당기의 수익에 대응하는 비용으로서 장래에 지출될 것이 확실하고 당기의 수익에서 차감되는 것이 합리적인 것에 대하여는 그 금액을 추산하여 계상하여야 한다. 다만, 그 계상근거가 기업회계기준 등 다른 법령으로 정하여져 있는 경우에는 그 법령에 따라 계상한다.
③ 만기일이 1년 미만인 부채의 경우에는 유동부채로 분류하여야 한다.

제20조(자본금의 확인)

① 자본금의 조달원천과 증감원인을 검토하여 의제납입 또는 부채의 변태처리 여부를 확인하여 의제납입이나 부채를 변태처리한 경우에는 이를 부실자본으로 보아 감액 처리한다.
② 진단기준일 1개월내에 자본금의 증가가 있는 경우, 진단을 받는 자가 자금의 조달원천 등에 대하여 구체적이고 명백한 증거를 제시하지 못하는 경우에는 자본금의 증가를 인정하지 아니한다.

제21조(수익의 인식기준)

수익은 기업회계기준에 의하여 인식함을 원칙으로 한다.

제22조(감가상각비 등)

감가상각비, 대손상각비, 이자비용 등 당해연도에 현금으로 지급되지 않았더라도 발생주의에 의하여 당해연도에 비용으로 인식하여야 할 금액을 당해연도 비용으로 계상한다.

제23조(자산 등에 대한 입증서류)

① 진단을 받는 자는 다음 각호에 게기하는 입증서류를 구비하여야 하며, 진단자의 요구가 있을 때에는 즉시 제출하여야 한다.
1. 현금에 대하여는 현금출납 제증빙
2. 제예금에 대하여는 진단을 받는 자의 명의(법인의 경우에는 법인명의)로 된 예금증명서 및 진단일 전후 각2개월간의 은행거래실적증명서
3. 매출채권 등에 대하여는 계약서 및 부속명세서
4. 유가증권에 대하여는 현물매입증빙 및 예치보관증
5. 지급보증금에 대하여는 계약서 및 증빙
6. 가지급금 및 대여금에 대하여는 계약서 및 증빙
7. 재고자산에 대하여는 매입영수증 및 수불장부
8. 보증금에 대하여는 임대차계약서, 영수증, 거래 상대방의 인감증명서
9. 토지 및 건물에 대하여는 매매계약서 및 등기부등본
10. 9호외의 유형자산에 대하여는 매매계약서, 매입증빙, 등록부등본, 검사증
11. 무형자산은 유상취득에 한하여 그에 관계되는 증빙서

② 진단자는 제1항에 규정한 자산별 증빙 중 신빙성이 없다고 판단되는 부분에 대하여는 보완증빙의 제시를 요구하여야 한다.

③ 제1항 각호의 1의 서류 중 일부 미비되어 해당자산의 실재성과 적정성을 입증할 수 없을 때에는 이를 자산으로 인정하지 아니한다.

해 설

◎ 기업진단 시 구비서류

입증 구비서류	개인	법인
1) (정기, 수시) 결산 재무제표(비교식) (합계잔액시산표 포함)	○	○
2) 사업자등록증	○	○
3) 법인등기부등본	×	○
4) 타 업종 등록증	○	○
5) 진단일 전후 각2개월간의 은행거래실적증명서	○	○
6) 예금잔액 증명서(진단기준일)	○	○
7) 각 계정별 명세서	○	○
8) 매출채권 명세서 및 세금계산서	○	○
9) 재고자산 명세서 및 공사계약서	○	○
10) 임대차계약서 또는 건물등기부등본	○	○
11) 공제조합 출자증명원 및 융자금확인서	○	○
12) 유형자산 감가상각명세서	○	○

입증 구비서류	개인	법인
13) 퇴직급여 추계액 명세서	○	○
14) 부가가치세 신고서 및 합계표	○	○
15) 기타 진단자가 요청하는 서류(계정명세서 등)	○	○

〈별지 제4호서식〉

해당 협회 확인	
( )회	(인)

재무상태 진단결과 보고서

입찰참가 등록번호							
상 호		대표자		전화번호		팩스번호	
영업소재지							
업 종							
면 번			용 도				

1. 재무상태 검토내용

구 분	경영비율(%)	산출근거 (단위 : 천원)	
매출 증가율		당기매출액-전기매출액	전기매출액
총자산 증가율		당기총자산-전기총자산	전기총자산
매출액 영업이익율		영업이익	총매출액
부채비율		부채총계	자본총계
유동비율		유동자산	유동부채
총자산 회전율		총매출액	자산총계
기계장치비율		기계장치비	총매출액
연구개발비율		연구개발비	총매출액

2. 첨부서류

가. 수정대차대조표
나. 수정손익계산서
다. 기타 첨부자료

※ 연구개발비는 제조원가명세서상의 경상개발비, 손익계산서상의 경상개발비·연구비 및 개발비 상각액을 포함하여 적용한다. 단, 손익계산서상 무형자산상각비의 구분이 곤란할 경우에는 대차대조표상의 무형자산과 개발비의 비율로 안분하여 계산한다.

상기 내용은 상기회사가 법인세법 또는 소득세법에 따라 세무대리인의 확인을 받아 세무서에 제출한 재무제표를 국방부 용역적격심사기준에 관한 예규(국방부 훈령 제 호, 20 . . .) 〈별표 2〉의 "외부감사비대상업체의 재무상태 진단요령"에 의하여 진단하였음을 확인합니다.

20 년 월 일

진단자 (공인회계·경영지도·세무)사 : 등록번호 제 호 성 명 : (인)

※ (공인회계·경영지도·세무)사는 해당부분에 V 표 하시오.
사무소 소재지 :
소속(법인·감사반·사무소)명칭 : (전화번호 : /팩스번호 :)

MEMO

PART 09

의약품 도매상

CHAPTER 01 의약품 도매상 이해

제1절 용어 정의(약사법 제2조)

1. "약사(藥事)"란 의약품·의약외품의 제조·조제·감정(鑑定)·보관·수입·판매[수여(授與)를 포함한다. 이하 같다]와 그 밖의 약학 기술에 관련된 사항을 말한다.
2. "약사(藥師)"란 한약에 관한 사항 외의 약사(藥事)에 관한 업무(한약제제에 관한 사항을 포함한다)를 담당하는 자로서, "한약사"란 한약과 한약제제에 관한 약사(藥事) 업무를 담당하는 자로서 각각 보건복지부장관의 면허를 받은 자를 말한다.
3. "약국"이란 약사나 한약사가 수여할 목적으로 의약품 조 제 업무[약국제제(藥局製劑)를 포함한다]를 하는 장소(그 개설자가 의약품 판매업을 겸하는 경우에는 그 판매업에 필요한 장소를 포함한다)를 말한다. 다만, 의료기관의 조 제실은 예외로 한다.
4. "의약품"이란 다음 각 목의 어느 하나에 해당하는 물품을 말한다.
   가. 대한민국약전(大韓民國藥典)에 실린 물품 중 의약외품이 아닌 것
   나. 사람이나 동물의 질병을 진단·치료·경감·처치 또는 예방할 목적으로 사용하는 물품 중 기구·기계 또는 장치가 아닌 것
   다. 사람이나 동물의 구조와 기능에 약리학적(藥理學的) 영향을 줄 목적으로 사용하는 물품 중 기구·기계 또는 장치가 아닌 것
5. "한약"이란 동물·식물 또는 광물에서 채취된 것으로 주로 원형대로 건조·절단 또는 정제된 생약(生藥)을 말한다.
6. "한약제제(韓藥製劑)"란 한약을 한방원리에 따라 배합하여 제조한 의약품을 말한다.
7. "의약외품(醫藥外品)"이란 다음 각 목의 어느 하나에 해당하는 물품(제4호나목 또는 다목에 따른 목적으로 사용되는 물품은 제외한다)으로서 식품의약품안전처장이 지정하는 것을 말한다.
   가. 사람이나 동물의 질병을 치료·경감(輕減)·처치 또는 예방할 목적으로 사용되는 섬유·고무제품 또는 이와 유사한 것
   나. 인체에 대한 작용이 약하거나 인체에 직접 작용하지 아니하며, 기구 또는 기계가 아닌 것과 이와 유사한 것

다. 감염병 예방을 위하여 살균·살충 및 이와 유사한 용도로 사용되는 제제

8. "신약"이란 화학구조나 본질 조성이 전혀 새로운 신물질의약품 또는 신물질을 유효성분으로 함유한 복합제제 의약품으로서 식품의약품안전처장이 지정하는 의약품을 말한다.

9. "일반의약품"이란 다음 각 목의 어느 하나에 해당하는 것으로서 보건복지부장관과 협의하여 식품의약품안전처장이 정하여 고시하는 기준에 해당하는 의약품을 말한다.

   가. 오용·남용될 우려가 적고, 의사나 치과의사의 처방 없이 사용하더라도 안전성 및 유효성을 기대할 수 있는 의약품

   나. 질병 치료를 위하여 의사나 치과의사의 전문지식이 없어도 사용할 수 있는 의약품

   다. 의약품의 제형(劑型)과 약리작용상 인체에 미치는 부작용이 비교적 적은 의약품

10. "전문의약품"이란 일반의약품이 아닌 의약품을 말한다.

11. "조 제"란 일정한 처방에 따라서 두 가지 이상의 의약품을 배합하거나 한 가지 의약품을 그대로 일정한 분량으로 나누어서 특정한 용법에 따라 특정인의 특정된 질병을 치료하거나 예방하는 등의 목적으로 사용하도록 약제를 만드는 것을 말한다.

12. "복약지도(服藥指導)"란 다음 각 목의 어느 하나에 해당하는 것을 말한다.

   가. 의약품의 명칭, 용법·용량, 효능·효과, 저장 방법, 부작용, 상호 작용이나 성상(性狀) 등의 정보를 제공하는 것

   나. 일반의약품을 판매할 때 진단적 판단을 하지 아니하고 구매자가 필요한 의약품을 선택할 수 있도록 도와주는 것

13. "안전용기·포장"이란 5세 미만 어린이가 열기 어렵게 설계·고안된 용기나 포장을 말한다.

14. "위탁제조판매업"이란 제조시설을 갖추지 아니하고 식품의약품안전처장으로부터 제조판매품목허가를 받은 의약품을 의약품제조업자에게 위탁하여 제조판매하는 영업을 말한다.

15. "임상시험"이란 의약품 등의 안전성과 유효성을 증명하기 위하여 사람을 대상으로 해당 약물의 약동(藥動)·약력(藥力)·약리·임상적 효과를 확인하고 이상반응을 조사하는 시험(생물학적 동등성시험을 포함한다)을 말한다. 다만, 「첨단재생의료 및 첨단바이오의약품 안전 및 지원에 관한 법률」 제2조 제3호에 따른 첨단재생의료 임상연구는 제외한다.

16. "비임상시험"이란 사람의 건강에 영향을 미치는 시험물질의 성질이나 안전성에

관한 각종 자료를 얻기 위하여 실험실과 같은 조건에서 동물·식물·미생물과 물리적·화학적 매체 또는 이들의 구성 성분으로 이루어진 것을 사용하여 실시하는 시험을 말한다.

17. "생물학적 동등성시험"이란 생물학적 동등성을 입증하기 위한 생체시험으로서 동일 주성분을 함유한 두 제제의 생체이용률이 통계학적으로 동등하다는 것을 보여주는 시험을 말한다.
18. "희귀의약품"이란 제4호에 따른 의약품 중 다음 각 목의 어느 하나에 해당하는 의약품으로서 식품의약품안전처장의 지정을 받은 의약품을 말한다.
    가. 「희귀질환관리법」 제2조 제1호에 따른 희귀질환을 진단하거나 치료하기 위한 목적으로 사용되는 의약품
    나. 적용 대상이 드문 의약품으로서 대체 가능한 의약품이 없거나 대체 가능한 의약품보다 현저히 안전성 또는 유효성이 개선된 의약품
19. "국가필수의약품"이란 질병 관리, 방사능 방재 등 보건의료상 필수적이나 시장 기능만으로는 안정적 공급이 어려운 의약품으로서 보건복지부장관과 식품의약품안전처장이 관계 중앙행정기관의 장과 협의하여 지정하는 의약품을 말한다.

제2절 의약품 도매상 관련 규정

1. 의약품 판매업의 허가(약사법 제45조)

① 약사법 제44조 제2항 제2호에 따른 한약업사 및 의약품도매상이 되려는 자는 보건복지부령이 정하는 바에 따라 시장·군수·구청장의 허가를 받아야 한다. 허가받은 사항을 변경할 경우에도 또한 같다.

② 약사법 제45조 제1항에 따라 허가를 받으려는 한약업사 또는 의약품 도매상은 다음 각 호의 구분과 같이 시설을 갖추어야 한다.

1. 한약업사는 영업소와 그 밖에 대통령령으로 정하는 기준에 맞는 시설
2. 의약품 도매상은 영업소와 창고 및 그 밖에 대통령령으로 정하는 기준에 맞는 시설. 이 경우 창고의 면적은 264제곱미터 이상이어야 한다. 다만, 수입의약품·시약·원료의약품만을 취급하는 경우에는 창고의 면적이 66제곱미터 이상이어야 하고, 동물용의약품만을 취급하는 경우에는 창고의 면적이 33제곱미터

이상이어야 하며, 한약·의료용고압가스 및 방사성의약품만을 취급하는 경우에는 창고의 면적기준을 적용하지 아니한다.

③ 제1항에 따른 한약업사는 보건복지부령이 정하는 지역에 한정하여 대통령령으로 정하는 한약업사시험에 합격한 자에게 허가한다.

④ 제1항에 따라 허가를 받은 한약업사는 환자가 요구하면 기존 한약서에 실린 처방 또는 한의사의 처방전에 따라 한약을 혼합 판매할 수 있다.

⑤ 제1항에 따라 허가를 받은 의약품 도매상은 약사를 두고 업무를 관리하게 하여야 하며, 한약 도매상은 다음 각 호의 어느 하나에 해당하는 자를 두고 업무를 관리하게 하여야 한다. 다만, 의약품 도매상 자신이 약사로서 업무를 직접 관리하거나, 한약 도매상이 다음 각 호의 어느 하나에 해당한 자로서 업무를 직접 관리하는 경우에는 그러하지 아니하다.

1. 약사
2. 한약사
3. 한약업사
4. 보건복지부장관이 인정하는 대학의 한약 관련 학과를 졸업한 자

⑥ 의약품 도매상 및 한약 도매상은 제5항에 따라 업무를 관리하는 자를 두려는 경우에는 보건복지부령으로 정하는 바에 따라 시장·군수·구청장에게 신고하여야 한다.

⑦ 제1항에 따른 허가의 기준, 조건 및 관리에 필요한 사항은 보건복지부령으로 정한다.

2. 의약품 도매상의 허가신청(약사법 시행규칙 제36조)

① 약사법 제45조에 따라 의약품 도매상의 허가를 받으려는 자는 별지 제17호서식의 의약품 도매상 신청서(전자문서로 된 신청서를 포함한다)에 다음 각 호의 구분에 따른 서류(전자문서를 포함한다)를 첨부하여 영업소의 소재지를 관할하는 시장·군수·구청장에게 제출하여야 한다. 이 경우 시장·군수·구청장은 「전자정부법」 제36조 제1항에 따른 행정정보의 공동이용을 통하여 법인 등기사항증명서(법인인 경우만 해당한다)를 확인하여야 한다.

1. 법인인 경우
   가. 정관
   나. 대표자가 법 제5조 제1호 본문에 해당되는 사람이 아님을 증명하는 의사의 진단서 또는 같은 호 단서에 해당하는 사람임을 증명하는 전문의의 진단서 및 같은 조 제3호에 해당되는 사람이 아님을 증명하는 의사의 진단서
   다. 법 제45조 제5항에 따라 도매업무를 관리하는 자(이하 "도매업무관리자"라 한다)의 자격을 확인할 수 있는 서류
   라. 재무상태표
   마. 보건복지부장관이 정하는 바에 따라 기업진단기관이 실시한 기업진단서
   바. 운반용 차량 등 장비보유현황
   사. 유통관리업무 위탁계약서(위탁한 경우에만 첨부한다)

2. 개인인 경우
   가. 법 제5조 제1호 본문에 해당되는 사람이 아님을 증명하는 의사의 진단서 또는 같은 호 단서에 해당하는 사람임을 증명하는 전문의의 진단서 및 같은 조 제3호에 해당되는 사람이 아님을 증명하는 의사의 진단서
   나. 영업용 자본액 명세서(증명할 수 있는 서류를 첨부하여야 한다)
   다. 제1호 다목 및 마목부터 사목까지의 서류

② 약사법 시행규칙 제36조 제1항에도 불구하고 「고압가스 안전관리법」에 따른 고압가스판매업 또는 「원자력안전법」에 따른 방사성동위원소 판매업의 허가를 받은 자가 각각 의료용고압가스 또는 방사성의약품 판매를 위하여 의약품 도매상 허가를 받으려는 경우에는 별지 제17호서식의 의약품 도매상 신청서(전자문서로 된 신청서를 포함한다)에 고압가스판매업 허가증 또는 방사성동위원소판매업 허가증 사본을 첨부하여 영업소의 소재지를 관할하는 시장·군수·구청장에게 제출하여야 한다. 이 경우 시장·군수·구청장은 "의료용고압가스 판매에 한정함" 또는 "방사성의약품 판매에 한정함"이라는 조건을 붙여 허가할 수 있다.

③ 시장·군수·구청장은 한약, 의료용고압가스 및 방사성의약품을 제외한 의약품 도매상을 허가하는 경우에는 식품의약품안전처장이 보건복지부장관과 협의하여 정하는 "「의약품 등의 안전에 관한 규칙」 별표 6의 의약품 유통품질 관리기준에 적합하다는 판정을 받은 후 판매할 것"이라는 조건을 붙여야 하며, 허가한 사항을 허가한 날부터 15일 이내에 의약품관리종합정보센터의 장에게 알려야 한다.

④ 약사법 시행규칙 제36조 제1항에 따라 의약품 도매상 허가를 신청하는 자는 별표 1에 따른 수수료[29]를 내야 한다.

---

29) 수수료
   1. 의약품 도매상 허가신청 : 20,000원
   2. 의약품 도매상 허가사항 변경신청 또는 지위 승계 신고 : 10,000원
   3. 허가증의 재발급신청 : 2,000원

제3절 의약품 도매상 준수사항

1. 의약품 구입 및 보관 준수

(1) 의약품의 품목허가를 받은 자, 수입자 또는 의약품 도매상이 아닌 자로부터 의약품을 구입하지 아니할 것. 다만, 폐업하는 약국등의 개설자로부터 의약품을 구입하거나 의사 또는 치과의사가 처방한 의약품이 없어 약국개설자가 다른 약국개설자로부터 해당 의약품을 긴급하게 구입하는 경우는 그러하지 아니하다.

(2) 의약품 도매상의 경우 요건을 갖춘 창고 외의 장소에서 의약품을 보관하지 아니할 것

2. 의약품 판매 질서 준수

의약품 도매상은 다음 각 호의 어느 하나에 해당하는 특수한 관계에 있는 의료기관이나 약국에 직접 또는 다른 의약품 도매상을 통하여 의약품을 판매하여서는 아니 된다. 다만, 한약의 경우에는 이를 적용하지 아니한다.

(1) 의약품 도매상과 다음 각 목의 어느 하나에 해당하는 특수한 관계에 있는 자(이하 "특수관계인"이라 한다)가 의료기관 개설자 또는 약국개설자인 경우 해당 의료기관 또는 약국

가. 의약품 도매상이 개인인 경우 그의 2촌 이내의 친족(「민법」 제767조에 따른 친족을 말한다. 이하 같다)

나. 의약품 도매상이 법인인 경우 해당 법인의 임원 및 그의 2촌 이내의 친족

다. 의약품 도매상이 법인인 경우 해당 법인을 사실상 지배하고 있는 자(해당 법인의 총출연금액·총발행주식·총출자지분의 100분의 50을 초과하여 출연 또는 소유하는 자 및 해당 법인의 임원 구성이나 사업운영 등에 대하여 지배적인 영향력을 행사하는 자를 말한다. 이하 같다)

라. 다목의 특수관계인이 법인인 경우 해당 법인의 임원 및 해당 법인을 사실상 지배하고 있는 자

마. 다목 및 라목의 특수관계인이 개인인 경우 그의 2촌 이내의 친족

바. 의약품 도매상을 사실상 지배하고 있는 법인

사. 이 호의 특수관계인이 사실상 지배하고 있는 법인

아. 의약품 도매상 및 이 호의 특수관계인의 사용인(법인의 경우에는 임원을, 개

인의 경우에는 상업사용인 및 고용계약에 의한 피용인을 말한다. 이하 이 조에서 같다)

(2) 의료기관 개설자 또는 약국개설자와 다음 각 목의 어느 하나에 해당하는 특수관계인이 의약품 도매상인 경우 해당 의료기관 또는 약국

가. 의료기관 개설자 또는 약국개설자가 개인인 경우 그의 2촌 이내의 친족

나. 의료기관 개설자가 법인인 경우 해당 법인의 임원 및 그의 2촌 이내의 친족

다. 의료기관 개설자가 법인인 경우 해당 법인을 사실상 지배하고 있는 자

라. 다목의 특수관계인이 법인인 경우 해당 법인의 임원 및 해당 법인을 사실상 지배하고 있는 자

마. 다목 및 라목의 특수관계인이 개인인 경우 그의 2촌 이내의 친족

바. 법인인 의료기관을 사실상 지배하고 있는 법인

사. 이 호의 특수관계인이 사실상 지배하고 있는 법인

아. 의료기관 개설자, 약국개설자 또는 이 호의 특수관계인의 사용인

CHAPTER 02

의약품 도매상 등록기준

1. 시설기준

의약품 도매상은 보건복지부장관이 식품의약품안전처장과 협의하여 보건복지부령으로 정하는 영업소와 창고[30]를 갖추어야 하며, 해당 시설의 운영 등을 위하여 보건복지부령으로 정하는 자산을 보유하여야 한다. 다만, 의료용 고압가스 도매상의 경우에는 「고압가스 안전관리법」 제4조 제4항에 따른 고압가스 판매 시설기준에 따르고, 방사성 의약품 도매상의 경우에는 「원자력안전법」 제55조 제1항에 따른 방사성동위원소 판매업의 시설 기준에 따른다(약사법 시행령 제31의2).

다만, 의약품 도매상이 요건을 갖춘 다른 의약품 도매상에 의약품의 보관·배송 등 유통관리 업무를 위탁하는 경우에는 창고를 갖추지 아니할 수 있다.

참고

의약품 도매상이 다른 의약품 도매상에 의약품의 보관·배송 등 유통관리 업무를 위탁하는 경우 그 위탁받는 자는 다음 각 호의 요건을 모두 갖추어야 한다(약사법 시행규칙 제37조).

1. 창고의 순 바닥 면적이 800제곱미터 이상일 것
2. 「의약품 등의 안전에 관한 규칙」 별표 6 제7호에 따라 의약품 유통품질 관리기준 적격업소로 지정받은 자일 것
3. 의약품 도매상의 허가를 함께 받은 의약품 또는 의약외품(이하 "의약품등"이라 한다)의 제조업자 또는 의약품등을 수입하려는 자(이하 "수입자"라 한다)가 아닐 것

30) 의약품도매상 창고는 다음의 시설을 보유하여야 한다. 다만, 제4호부터 제7호까지의 시설은 해당 의약품을 취급하는 의약품 도매상에만 해당하고, 제8호의 시설은 불량의약품이나 반품의약품이 있는 의약품 도매상에만 해당한다.
1. 저온 보관 및 빛가림을 위한 시설
2. 쥐·해충 등을 막을 수 있는 시설
3. 의약품의 변질 방지를 위한, 온도 및 습도를 유지할 수 있는 시설
4. 「생물학적 제제 등의 제조·판매관리 규칙」에서 정하는 생물학적 제제 전용의 저장시설(수송용기를 포함한다)
5. 「마약류 관리에 관한 법률」에서 정하는 마약 및 향정신성의약품의 저장시설
6. 인화성 또는 폭발성이 있는 의약품의 보관시설
7. 보관방법이 정해진 의약품인 경우에는 그 보관조건을 유지할 수 있는 시설
8. 불량의약품 또는 반품의약품의 보관실

2. 자산(자본금)기준

의약품 도매상이 보유하여야 할 자본금 또는 자기자본은 5억원 이상으로 한다. 다만, 수입의약품·안전상비의약품·시약·원료의약품·한약 또는 보건복지부장관이 지정·고시하는 일부 의약품만을 취급하는 의약품 도매상의 경우에는 2억원 이상으로 한다. 다만, 의료용고압가스 또는 방사성의약품의 판매만을 하는 의약품 도매상의 경우에는 자본금기준을 적용하지 아니한다(약사법 시행규칙 제38조).

의료용고압가스 또는 방사성의약품의 판매만을 하는 의약품 도매상의 경우에는 자산기준을 적용하지 아니한다.

의약품 도매상 구분	자본금 또는 자기자본
의약품 도매상(원칙)	5억원
수입의약품·안전상비의약품·시약·원료의약품·한약 또는 보건복지부장관이 지정·고시하는 일부 의약품만을 취급하는 의약품 도매상	2억원
의료용고압가스 또는 방사성의약품의 판매만을 하는 의약품 도매상	없음

CHAPTER 03

의약품 도매상 기업진단 요령

[보건복지부고시 제2022-172호, 2022. 7. 7., 일부개정.]

제1장 총 칙

제 1 조(목적)

이 요령은 「약사법시행규칙」제36조 제1항의 규정에 의한 의약품도매상(신설업체를 포함한다)의 기업진단에 관하여 필요한 사항을 규정함을 목적으로 한다.

제 2 조(진단의 기준 및 구분)

제1조의 기업진단(이하 "진단"이라 한다)은 약사법시행규칙 제36조 내지 제38조와 제59조의 규정에 의한 허가요건을 기준으로 하여 회계 및 경영의 2개 부문으로 구분 실시하고 그 종합된 결과에 따라 업체의 실태를 평정한다.

제 3 조(적용범위)

진단에 관하여 다른 법령에 특별한 규정이 있는 경우를 제외하고는 이 요령에서 정하는 바에 따른다.

제 4 조(진단자)

① 이 요령에 의하여 진단을 실시하는 진단자는 다음 각 호의 어느 하나에 해당하는 자로 한다.
1. 「공인회계사법」에 따라 등록한 공인회계사 또는 회계법인
2. 「세무사법」에 따라 등록한 세무사 또는 세무법인
3. 「중소기업진흥에 관한 법률」에 따라 등록한 재무관리 경영지도사

② 보건복지부장관 또는 시장·군수·구청장은 진단을 위해 특히 필요하다고 인정하는 경우에는 제1항의 진단자, 기업의 회계 및 경영에 관한 연구단체 또는 전문적 지식을 가진 자 중에서 보건복지부장관 또는 시장·군수·구청장이 위촉한 자에게 제2조의 규정에 의한 진단의 전부문 또는 일부문을 실시하게 할 수 있다. 이 경우 진단을 실시하고자 하는 시장·군수·구청장은 보건복지부장관의 승인을 얻어야 한다.

해 설

진단자는 등록한 세무사(세무법인), 공인회계사(회계법인), 재무관리경영지도사로 한다. 따라서 등록을 하지 않은 자는 기업진단업무를 수행할 수 없다.

제 5 조(진단기준일)

진단기준일은 다음 각 호와 같다. 다만, 보건복지부장관이 진단기준일을 지정하는 경우에는 예외로 한다.

1. 신규등록: 허가신청 전일부터 역산하여 30일 이내의 기간
2. 양도·양수: 양도·양수계약서 상의 양도·양수일(분할 또는 분할합병에 의한 양도·양수의 경우에는 그 등기일)
3. 법인합병: 법인합병 등기일
4. 자본금 변경: 자본금 변경일(법인인 경우에는 변경등기일)

해 설

신규등록시 진단기준일(= 재무제표 정기·수시 결산일)은 등록신청전일부터 역산하여 30일 이내의 기간 중 하루를 선택하여 진단기준일로 하면 된다. 즉 진단기준일로부터 30일 이내에 등록관청에 의약품도매상 등록신청을 하여야 한다는 의미이다.

사 례

A가 8월 21일에 일반의약품도매상을 신규로 등록관청에 등록하고자 하는 경우 진단기준일을 제시하시오.

해설 신규등록시 진단기준일은 등록신청전일부터 역산하여 30일 이내의 기간이므로 등록신청전일인 8월 20일부터 역산하여 30일 이내인 7월 22일부터 8월 20일 사이의 기간 중 하루를 선택하여 진단기준일(= 재무제표 작성일 = 수시 결산일)로 설정하면 된다.

제 6 조(서류의 제출등)

① 진단을 받는 자는 진단자에게 다음 각 호의 서류를 작성하여 제출 또는 제시하여야 한다.
1. 진단기준일의 재무상태표(진단자가 요구하는 기업회계기준에 의하여 작성해야 한다. 이하 이 항에 같다)
2. 진단기준일의 손익계산서
3. 재무제표부속명세서
4. 회계장부 및 기타서류

② 진단을 받는 자는 재작성 또는 정정 등을 이유로 제1항의 규정에 의하여 제출된 서류에 대한 반려를 요청할 수 없다. 다만, 이미 제출된 서류에 오기 또는 오산과 같은 명백한 오류가 있는 경우에는 진단자의 입회하에 정정할 수 있다.

③ 제1항과 제2항의 규정에 의하여 제출되었거나 정정된 서류에 대하여 추가서류를 제출하고자 할 때에는 진단자의 승인을 얻어야 한다.

해 설

① 기업진단시 구비서류

입증 구비서류	개인	법인
1) (정기, 수시) 결산 재무제표(비교식) (합계잔액시산표 포함)	○	○
2) 사업자등록증	○	○
3) 법인등기부등본	×	○
4) 타 업종 등록증	○	○
5) 1개월 이상의 은행거래증명 및 금융거래확인서	○	○
6) 예금잔액 증명서(진단기준일)	○	○
7) 각 계정별 명세서	○	○
8) 매출채권 명세서 및 세금계산서	○	○
9) 재고자산 명세서 및 공사계약서	○	○
10) 임대차계약서 또는 건물등기부등본(도면 포함)	○	○
11) 유형자산 감가상각명세서	○	○
12) 퇴직급여 추계액 명세서	○	○
13) 부가가치세 신고서 및 합계표	○	○
14) 기타 진단자가 요청하는 서류(계정명세서 등)	○	○

제 7 조(진단자의 지정신청)

① 진단을 받고자 하는 자는 별지 제1호 서식의 기업진단자 지정신청서에 다음 각호의 서류를 첨부하여 제4조에 의한 진단자에게 진단자 지정신청을 하여야 한다.

1. 별지 제2호서식에 의한 재무상태표
2. 별지 제4호서식에 의한 손익계산서

② 진단자 지정신청을 받은 진단자는 신청서류에 제1항 각 호의 서류가 첨부되어 있지 아니하거나 흠이 있다고 인정할 때에는 신청자에게 이를 보완하게 할 수 있다.

제 8 조(진단불능)

① 진단을 받는 자가 정당한 사유로 진단을 받을 수 없을 때에는 진단실시 5일전까지 보건복지부장관 또는 시장·군수·구청장에게 그 사유를 서면으로 제출하여 승인을 얻어야 한다. 다만 의약품도매상 허가증의 갱신 또는 제4조 제2항의 특별한 사유에 의하여 진단을 하는 경우에 한한다.

② 진단자는 다음 각 호의 어느 하나에 해당하는 경우 진단결과를 진단불능으로 처리하고 그 사실을 보건복지부장관 또는 해당 시장·군수·구청장에게 보고하여야 한다. 이 경우 보건복지부장관 또는 시장·군수·구청장은 정당한 사유없이 진단에 불응하거나 진단불능이 된 업체에 대하여는 약사법 제76조 제1항의 규정에 따라 필요한 조치를 하게 하거나 할 수 있다.

1. 진단을 받는 자가 제6조 제1항의 규정에 의한 자료의 제출과 제시를 거부하거나, 진단에 필요한 입증서류에 대한 보완요구를 거부·기피 또는 태만히 하여 진단을 할 수 없는 경우
2. 진단을 받는 자가 작성 제출한 서류에서 실질자본에 중대한 영향을 미치는 허위가 발견된 경우

③ 진단자는 진단을 받는 자에 대한 장부의 작성 및 재무제표 작성업무를 수행한 경우(수행하는 경우를 포함한다)에는 해당 회계연도에 대한 기업진단을 행할 수 없으며 또한 각 호의 어느 하나에 해당하는 자에 대한 기업진단을 행할 수 없다.

1. 진단자 또는 진단자의 배우자가 임원이거나 이에 준하는 직위(재무에 관한 사무의 책임있는 담당자를 포함한다)에 있거나, 과거 1년 이내에 이러한 직위에 있었던 자(회사를 포함한다. 이하 이 항에서 같다.)
2. 현재 진단자 또는 진단자의 배우자가 사용인이거나 과거 1년 이내에 사용인이었던 자
3. 진단자 또는 진단자의 배우자가 주식 또는 출자지분을 소유하고 있는 자
4. 진단자 또는 진단자의 배우자와 채권 또는 채무관계에 있는 자. 이 경우 진단자를 규율하는 관련 법 등에서 세부적으로 정한 경우에는 해당 규정에 따른다.
5. 진단자에게 무상으로 또는 통상의 거래가격보다 현저히 낮은 대가로 사무실을 제공하고 있는 자
6. 진단자의 고유업무 외의 업무로 인하여 계속적인 보수를 지급하거나 그 밖에 경제상의 특별한 이익을 제공하고 있는 자
7. 진단을 수행하는 대가로 자기 회사의 주식·신주인수권부사채·전환사채 또는 주식매수선택권을 제공하였거나 제공하기로 한 자

④ 보건복지부장관 또는 시장·군수·구청장은 정당한 사유로 진단을 받을 수 없는 업체에 대하여는 별도로 진단일자를 지정하여 진단을 받게 할 수 있다.

해 설

진단자와 진단받는 업체와의 독립성을 확보하기 위하여 진단불능사유를 강화하였다. 따라서 한국세무사회를 경유하는 경우에는 진단불능사유확인서를 반드시 제출하여야 한다.

진단불능사유에 대한 확인서

진단자는 다음 각 사항의 1에 해당하는 자에 대하여 기업진단 업무를 수행할 수 없습니다. 따라서 아래의 사항을 충분히 검토하신 후 해당되는 곳에 V표시를 해주시기 바랍니다.

확인 내용	해당여부	
	여	부
1. 진단을 받는 자에 대해 장부작성 및 재무제표 작성업무를 수행한 경우 또는 수행하는 경우		
2. 진단자 또는 진단자의 배우자가 임원이거나 이에 준하는 직위(재무에 관한 사무의 책임있는 담당자를 포함한다)에 있거나, 과거 1년 이내에 이러한 직위에 있었던 자(회사 포함)		
3. 현재 진단자 또는 진단자의 배우자가 사용인이거나 과거 1년이내에 사용인이었던 자(회사 포함)		
4. 진단자 또는 진단자의 배우자가 주식 또는 출자지분을 소유하고 있는 자(회사 포함)		
5. 진단자 또는 진단자의 배우자와 채권 또는 채무관계에 있는 자 또는 회사(진단자를 규율하는 관련 법 등에서 세부적으로 정한 경우에는 해당 규정에 따름)		
6. 진단자에게 무상으로 또는 통상의 거래가격보다 현저히 낮은 대가로 사무실을 제공하고 있는 자(회사 포함)		
7. 진단자의 고유업무 외의 업무로 인하여 계속적인 보수를 지급하거나 그 밖에 경제상의 특별한 이익을 제공하고 있는 자 (회사 포함)		
8. 진단을 수행하는 대가로 자기 회사의 주식·신주인수권부사채·전환사채 또는 주식매수선택권을 제공하였거나 제공하기로 한 자(회사 포함)		
위 사항을 충분히 검토하여 허위 사실 없이 해당 여부를 확인하였습니다. 년 월 일 (등록번호) 진단자 : ( ) 인		

제 9 조(진단방법 및 진단의견 등)

① 진단자는 진단을 받는 자가 제출 또는 제시하는 서류를 검토하여 성실하게 평가하여야 하며, 필요한 경우 실제 조사하여 확인하여야 한다.
② 진단자는 제1항의 규정에 의하여 확인한 사항에 대한 조서를 작성·비치하여야 한다.
③ 진단자는 진단을 받는 자가 제6조 제1항의 규정에 의한 장부 및 기타 증빙서류를 제출하지 아니한 때에는 그 부분에 대하여는 부실자산으로 처리하여야 한다.
④ 진단자는 제7조 제1항의 규정에 의거 지정신청을 받은 날로부터 3주 이내에 진단을 완료하고 그 결과를 별지 제4호 내지 제6호 서식에 따라 작성하여 진단을 받는 자에게 통보하여야 한다. 다만, 부득이한 사유로 인하여 동기간내에 진단완료가 불가능할 때에는 진단기간을 1주간 연장할 수 있다.
⑤ 진단자는 별지 제4호서식의 진단의견란에 다음과 같이 기재한다.
1. 진단을 받는 자의 실질자본금이 「약사법 시행규칙」 제38조의 규정에 의한 의약품도매상의 자본금이상인 경우에는 "적격"으로 기재한다.
2. 진단을 받는 자의 실질자본금이 「약사법 시행규칙」 제38조의 규정에 의한 의약품도매상의 자본금에 미달된 경우에는 "부적격"으로 기재한다.
3. 제8조에 해당하여 진단하지 못한 경우에는 "진단불능"으로 기재한다.
⑥ 진단자는 진단조서와 관련 증빙서류를 5년간 보존하여야 한다.
⑦ 보건복지부장관은 필요한 경우 해당 소속협회의 장에게 기업진단보고서의 감리를 요청할 수 있다.

제10조(진단서의 제출)

진단을 받는 자는 진단일로부터 1월 이내에 제9조 제4항에 의해 통보 받은 진단결과를 허가관청에 제출하여야 한다.

제11조(세부사항)

진단을 실시함에 있어서 필요한 세부적 사항과 기타 기준으로서 이 요령에 규정되지 아니한 것은 보건복지부장관이 정한다.

제 2 장 회계부문

제12조(자본의 평정)

진단을 받는 자의 자본은 평정후 자산에서 평정후 부채를 공제하여 평정후 자본을 산출하고 그 금액에서 겸업자본을 공제한 금액으로 한다.

제13조(겸업자본의 평정)

① 겸업자본은 겸업자산에서 겸업부채를 공제한 금액으로 한다.
② 겸업자본을 산출함에 있어서 겸업자산과 겸업부채를 산출하기 어려운 경우에는 겸업비율을 계산하여 산출할 수 있다.
③ 겸업비율은 의약품도매상 수입금액과 의약품도매상 이외의 수입금액의 비율을 기준으로 한다. 다만, 수입금액비율에 의한 산출이 불가능하거나 심히 불공정하다고 인정되는 경우에는 의약품도매업용 비유동자산과 의약품도매업용 이외의 비유동자산의 비율에 따라 산출할 수 있다.
④ 의약품도매업과 겸업사업에 공통으로 관련된 자산과 부채의 경우는 겸업비율을 적용하여 산출한다.

해 설

1. 실질자본(금)과의 관계
기업진단시 실질자본(금)은 다음과 같이 판단한다.

1단계: 등기부등본상 납입자본금(개인은 순자산가액)이 등록기준상 자본금기준을 충족하고 있는가?
2단계: 결산재무제표상 자본총계가 등록기준상 자본금기준을 충족하고 있는가?
3단계: 진단 후 진단대상사업의 실질자본(금)이 등록기준상 자본금기준을 충족하고 있는가?

2. 실질자본 계산구조

회사제시 자산	-	회사제시 부채	=	회사제시 자본
±) 수 정 사 항		±) 수 정 사 항		±) 수 정 사 항
−) 부 실 자 산		+) 부 외 부 채		±) 부실자산, 부외부채
실 질 자 산	-	실 질 부 채	=	실 질 자 본
겸 업 자 산	-	겸 업 부 채	=	겸 업 자 본
진단대상사업 실 질 자 산	-	진단대상사업 실 질 부 채	=	진단대상사업 실질자본

3. 겸업자본의 평가
겸업자본은 겸업자산에서 겸업부채를 차감한 잔액을 말한다. 따라서 겸업자산과 겸업부채는 실질자산(실질부채)에 해당하지만 진단대상사업의 실질자산(실질부채)에는 해당하지 않는다. 따라서 실질자산(실질부채 포함) 중에서 겸업자산(겸업부채 포함)을 분류할 때에는 다음과 같이 확인하여야 한다.
1단계: 겸업자산으로 열거된 자산 및 그와 관련된 부채를 구분할 것
2단계: 구분경리 유무를 확인 할 것. 따라서 구분경리가 되어 있는 경우에는 의약품도매상부문만을 기준으로 실질자본을 확인하면 된다.
3단계: 구분경리가 되어 있지 않는 경우 수입금액비율, 비유동자산비율 중 선택하여 안분한다.

사 례

제조업(기준자본금 없음)과 일반의약품도매상(기준자본금 5억원)을 영위하는 (주)K약품에 대한 재무상태 및 경영성과에 대한 기업진단(실태조사 목적)을 수행하고 있다. 다음 자료를 이용하여 일반의약품도매상의 실질자본금을 구하시오.

실질자산 15억원 실질부채 4억원	〈총매출액 40억원〉 • 제조업 매출액 20억원 • 의약품도매상 매출액 20억원
겸업자산 5억원 겸업부채 1억원	
공통자산 4억원 공통부채 2억원	

해설 수입금액 비율이 50% 이므로 공통자산 중 2억원, 공통부채 중 1억원이 겸업에 해당한다. 따라서 진단대상사업의 실질자본은 다음과 같다.
실질자본 15억원 - 겸업자본 4억원 - 공통자본 중 겸업자본(50%) 1억원 = 10억원이 된다.
따라서 (주)K약품은 실질자본금(5억원 이상) 요건을 충족하게 된다.

제14조(용어의 정의)

제12조의 규정에 의한 자본의 평정에 있어서 필요한 용어의 정의는 다음 각 호와 같다.

1. "평정후 자산"이라 함은 기업제시 자산총계에서 부실자산을 차감하고 과소 평가된 자산금액을 가산한 금액을 말한다.
2. "평정후 부채"라 함은 기업제시 부채 총계에서 과소평가된 부채금액을 가산하고 과대평가된 부채금액을 공제한 금액을 말한다.
3. "부실자산"이라 함은 다음 각목의 것을 말한다.
   가. 자산총계의 100분의 3을 초과하는 현금(전도자금 포함)
   나. 자산의 과대평가로 인한 가공자산
   다. 진단을 받는 자의 소유가 아닌 자산
   라. 대손처리하여야 할 자산
   마. 선급비용 및 선급세금. 다만, 제세결정기관의 환급통지 있는 세액은 자산으로 인정한다.
   바. 부도어음(담보권있는 부도어음은 제외한다)
   사. 무형자산
   아. 이연자산
   자. 기업회계기준에 따라 비용으로 계상하여야 할 대상금액이 자산에 계상된 금액
   차. 제15조 제2항, 제16조 제1항, 제17조 제2항, 제18조, 제19조 제1항, 제22조 제2항의 규정에 의한 부실자산
4. "겸업자산"이라 함은 의약품도매업 이외의 영업에 제공된 자산을 말한다.
5. "겸업부채"라 함은 겸업자산과 관련되는 부채를 말한다.

해 설

1. 제시 자산 총계의 3%를 초과하는 현금
   결산재무제표상의 자산총계의 3%까지의 현금은 실질자산으로 인정받는다. 왜냐하면 진단일은 진단기준일 이후의 날이 되므로 진단기준일 현재의 현금시재를 현실적으로 파악하기 어렵다. 따라서 회사가 계상한 현금시재 중에서 회사제시 자산총계의 3%까지의 현금을 실질자산으로 인정하고 있다.

사 례

B회사는 재무제표상 현금시재액(전도자금 포함)이 5천만원이고 자산총계는 10억원(평정후 자산총계는 8억원)이며 부채총계는 1.5억원(평정후 부채총계는 1억원)이다. 회사가 실질자산으로 인정받을 수 있는 현금시재액은 얼마인가?

해설 회사제시 자산총계의 3%까지를 실질자산으로 인정받게 된다. 따라서 3천만원까지의 현금시재는 인정된다. 즉 실질자산 3천만원, 부실자산 2천만원으로 처리하여야 한다.

제15조(자산 및 부채의 평정기준)

① 자산 및 부채의 평정은 이 요령에 정하지 아니한 경우에는 일반적으로 인정하는 기업회계기준에 의한다.
② 자산의 가액은 당해 자산의 취득원가를 기초로 하여 평정함을 원칙으로 한다. 다만, 자산재평가법의 규정에 의하여 자산을 재평가할 경우에는 그 평가액을 기초로 하여 평정하고, 선급금, 영업보증금등의 가액을 거래당사자의 인감증명(「본인서명사실확인 등에 관한 법률」제2조제3호에 따른 본인서명사실확인서 또는 같은 조 제4호에 따른 전자본인서명확인서의 발급증으로 대체 할 수 있다)이 첨부된 증명서에 의하여 평정하되, 신규신청자에 한해서는 전도금, 선급금, 영업보증금등의 가액은 부실자산으로 본다.

제16조(예금의 평정)

① 예금은 진단을 받는 자의 명의(법인의 경우에는 법인명의)로 된 계좌에 대하여 진단기준일 전일부터 역산(신규 신청 및 신설법인의 경우에는 진단하는 날 전일부터 역산)하여 1개월 이상의 은행거래증명과 예금증서를 제시받아 예입원천을 확인하여 평정하고 예입원천이 분명하지 아니할 때에는 부실자산으로 본다.
② 제1항에 규정한 예금잔액 증명은 입금되어 있는 예금통장 등의 원본과 대조 확인하여야 한다.

해 설

1. 예금의 명의자

예금은 진단자 명의로 된 예금만을 말한다. 따라서 법인인 경우 법인명의로된 예금(통장)만을 개인사업자인 경우 개인사업자로 된 예금(통장)만을 인정하게 된다. 특히, 신규등록의 경우에 진단기준일을 허가신청 전일로부터 역산하여 30일 이내의 기간 중의 날로 정할 수 있으므로 법인의 경우에는 법인등기 및 사업자 등록 후 법인통장을 개설하여 입금한 후 1개월이 경과되는 시점에서 기업진단을 수행하면 된다. 또한, 개인사업자의 경우에는 사업용계좌를 개설하여 입금한 후 1개월이 경과되는 시점에서 기업진단을 수행하면 된다. 신규신청이나 신규등록의 경우에는 진단하는 날 전일부터 역산하여 1개월 이상의 거래증명을 확인하면 되고, 계속기업의 실질자본금 확인 등 실태조사 시에는 진단기준일 전일로부터 역산하여 1개월 이상의 은행거래증명과 예금증서로 원본과 대조 확인해야 한다.

2. 예금의 평가

진단기준일 현재 진단을 받는 자 명의의 금융기관 예금잔액증명과 진단기준일 전 1개월을 포함한 진단일까지의 은행거래실적. 따라서 진단자는 수진업체의 통장거래내역을 최소 1개월 이상 확인해야 한다.

3. 예금의 평균잔액 검토여부

의약품 도매상은 1개월 이상의 은행거래증명과 예금증서를 제시받아 예입원천을 확인하여 평정하고 예입원천이 분명하지 아니할 때에는 부실자산으로 보도록 규정하고 있어 예금평잔을 특별히 요구하지는 않고 있다. 다만 진단자는 예입원천을 확인하여 출처불명의 예금일때에는 그 금액을 부인하고 진단여부를 검토해야 한다.

사 례

F법인이 일반의약품도매상을 등록하고자 8월 31일로 결산재무제표를 작성하였다. 이 경우 법인이 9월 25일까지 일반의약품도매상을 등록신청하고자 하는 경우 예금 평잔기간을 제시하시오.

해설 진단을 받는 자의 명의(법인인 경우 법인 명의)로 된 계좌에 대하여 진단기준일 전일부터 역산하여 1개월 동안의 은행거래내역을 검토한다. 다만 그 예입의 원천이 명확한 경우에는 8월 31일 기준 예금을 인정하고 그 예입의 원천이 불명한 경우 그 예금은 부실자산으로 처리해야 한다.

제17조(채권의 평정)

① 매출채권 또는 미수금 등 채권은 거래처의 채무증명과 세금계산서를 확인하여야 하고 세법에서 정한 대손충당금을 차감하여 평정한다. 다만, 신규신청자의 매출채권 또는 미수금은 인정하지 아니한다.
② 6월 이상 연체된 채권은 부실자산으로 평정한다. 다만, 채무자가 국가 또는 지방자치단체인 경우에는 1년으로 한다.

해 설

1. 매출채권 등의 구분

매출채권 보유기간	대상 사업	실질 여부
6월 이하	진단대상사업	실질자산
	진단대상사업 외	겸업자산
6월 경과	진단대상사업	부실자산
	진단대상사업 외	부실자산

2. 6개월 초과 1년 이내 실질자산으로 인정되는 매출채권

그 채무자가 국가, 지방자치단체, 정부투자기관 또는 정부출자기관인 경우 받을채권

3. 대손충당금 설정

1년 이내의 매출채권이나 미수금은 반드시 대손충당금을 설정하여야 하며, 회사가 객관적으로 산정한 대손추정률을 알 수 없거나 존재하지 않는 경우에는 세법상 대손충당금 한도액인 대손실적율과 1% 중 큰 금액을 설정한다. 특히 발생일로부터 6월이 경과된 채권은 부실자산이므로 대손충당금을 설정하는 것이 아니라 부실자산으로 평정해야 함에 유의하여야 한다.

사 례

H법인의 진단기준일 현재 매출채권 잔액이 2억원이고 6월이 경과된 채권이 2천만원으로 확인되며 회사가 객관적으로 설정한 대손추정률은 존재하지 않는 경우 평정사항을 제시하시오.

해설 1) 부실자산: 2천만원(= 매출채권 중 6월 경과분)
2) 대손충당금: 1,800,000원(= 1.8억원 × 1%)

제18조(임차보증금의 평정)

임차보증금은 임대차계약서에 의하여 확인하되, 그 금액이 시가보다 현저히 과다할 경우에는 진단시의 시가에 의하여 이를 평가한다. 다만, 그 임차보증금이 자산총액의 100분의 50을 초과하는 금액은 부실자산으로 본다.

해 설

임차보증금은 시가를 기준으로 평가하되, 자산총계의 50%를 초과하는 경우에는 부실자산으로 본다.

제19조(가지급금등의 평정)

① 가지급금은 급여선급인 경우에만 당해 임·직원의 1월 급여액 범위 안에서 인정하고 이를 초과하는 금액에 대하여는 부실자산으로 평정한다.
② 가지급금의 성질이 아닌 대여금은 전액 겸업자산으로 평정한다.

해 설

가지급금(= 주임종단기대여금)은 부실자산으로 본다. 다만 임직원에 대한 1월 이내의 급여액은 실질자산으로 인정하고 있다. 따라서 대부분의 가지급금 성격의 지출은 모두 부실자산으로 처리하여야 한다. 또한 대여금은 전액 겸업자산에 해당한다.

제20조(전도자금의 평정)

의약품도매업과 관련있는 전도자금에 대하여는 당해 전도자자금출납책임자의 예금잔액증명 있는 금액은 자산으로 인정하고 예금잔액증명서로 확인할 수 없는 금액은 현금보유한 것으로 간주하여 현금평가기준에 의하여 평정한다.

제21조(유가증권의 평정)

① 유가증권의 평정은 취득원가로 평정함을 원칙으로 한다.
② 증권거래소에 상장되어 있는 주식과 시장성 있는 일시 소유의 유가증권으로서 그 시가가 현저하게 저락하여 회복할 가능성이 없다고 인정되는 경우에는 시가로 평정한다.
③ 상장되지 아니한 주식은 투자자산으로 간주하여 겸업자산으로 본다.
④ 유가증권총액이 자산총액의 100분의 20을 초과하는 금액은 겸업자산으로 본다.

해 설

1. 유가증권(지분증권)

<table>
<tr><th>분 류</th><th>요건</th><th colspan="2">재무상태표 표시</th></tr>
<tr><td>단기매매증권</td><td>단기 매매차익 목적, 빈번한 매매</td><td colspan="2">유동자산</td></tr>
<tr><td rowspan="2">매도가능증권</td><td rowspan="2">단기매매증권, 지분법적용투자주식 외 지분증권</td><td>1년 이내 처분</td><td>유동자산</td></tr>
<tr><td>이외의 경우</td><td>투자자산</td></tr>
<tr><td>지분법적용
투자주식</td><td>중대한 영향력 행사 (20%이상 지분 보유)</td><td colspan="2">투자자산</td></tr>
</table>

2. 유가증권(채무증권)

분 류	요건	재무상태표 표시	
단기매매증권	단기 매매차익 목적, 빈번한 매매	유동자산	
매도가능증권	단기매매증권, 지분법적용투자주식 외 채무증권	1년 이내 만기	유동자산
		이외의 경우	투자자산
만기보유증권	상환금액의 확정가능, 만기까지 보유의도, 능력	1년 이내 만기	유동자산
		1년 후 만기	투자자산

3. 유가증권 평가
(1) 원칙: 원가법
(2) 상장주식: 저가법
(3) 비상장주식: 겸업자산
(4) 자산총계 20% 초과시 초과분 겸업자산

제22조(재고자산의 평정)

① 재고자산은 의약품도매용 자산만을 인정하되 구입증빙서 및 재고자산수불장표를 대조 확인하여 평정한다. 다만, 시가가 취득원가보다 현저하게 저락하여 회복할 가능성이 없다고 인정되는 경우에는 시가로 평정한다.
② 신규신청자에 한해서는 재고자산을 부실자산으로 본다.

해 설

재고자산은 의약품도매용 자산만을 인정하되 원가법을 원칙으로 하고 저가법을 적용한다. 다만 신규신청자의 재고자산은 부실자산으로 본다.

제23조(유형자산의 평정)

① 유형자산은 취득원가로 평정하고 상각대상 자산은 세법의 규정에 의한 감가상각 상당액을 공제한 가액으로 평정한다.
② 개인이 의약품도매상을 영위하는 경우 당해 자산의 취득가액이 불분명할 경우에는 부동산과세표준 또는 국가가 인정하는 감정기관의 감정가액으로 평정한다.
③ 임야, 전, 답, 유휴토지 등의 임대나 운휴와 같이 진단대상사업과 관련이 없는 유형자산은 겸업자산으로 보며, 토지 또는 건물의 일부가 임대인 경우에는 전체 연면적에 대한 임대면적의 비율로 계산한 금액을 겸업자산으로 본다.

해 설

유형자산은 소유권, 자산의 실재성 및 진단대상사업에 대한 관련성을 종합하여 평가하며, 등기 또는 등록대상인 자산으로서 법적 및 실질적 소유권이 없는 경우에는 부실자산으로 본다. 특히, 토지와 건물의 등기부등본을 통하여 부외부채에 대한 평가를 하여야 한다. 따라서 기업진단시 법적 소유권과 실질적 소유권의 구분이 필요한 사항이 발생하는 경우에는 사실판단에 의하되, 실질적 소유권을 우선적으로 적용하여야 할 것으로 사료된다.

1. 유형자산 평가모형

유형자산은 기업회계기준에 따라 취득원가모형이나 재평가모형 중에서 진단을 받는 자가 회계장부에 반영한 방식으로 평가한다. 일반적으로 재무제표는 취득원가모형을 근거로 작성되고 있어 재평가모형을 적용해야 하는 경우에는 회계장부에 반영된 사항만을 기준으로 기업진단 업무를 수행하여야 한다.

2. 감가상각

유형자산의 감가상각은 법인세법에 의한다. 다만, 진단을 받는 자의 회계장부상 감가상각누계액이 클 경우에는 그 금액으로 한다. 따라서 진단자는 진단대상사업연도를 기준으로 감가상각을 수행하면 되며, 일반적으로 진단기준일로부터 소급하여 1년을 기준으로 상각한다.

(가) 법인세법상 감가상각자산의 범위(법인세법 시행령 제24조 제1항)

가) 유형고정자산

㉠ 건물(부속설비를 포함) 및 구축물
㉡ 차량 및 운반구, 공구, 기구 및 비품
㉢ 선박 및 항공기
㉣ 기계 및 장치
㉤ 동물 및 식물
㉥ 기타 ㉠ 내지 ㉤의 자산과 유사한 유형고정자산

(나) 법인세법상 내용연수

법인세법 시행규칙 별표 5에서 규정된 건축물 등의 기준내용연수는 다음과 같다.

구분	기준내용연수 및 내용연수범위(하한-상한)	구조 또는 자산명
1	5년 (4년~6년)	차량 및 운반구(운수업, 기계장비 및 소비용품 임대업에 사용되는 차량 및 운반구를 제외), 공구, 기구 및 비품
2	12년 (9년~15년)	선박 및 항공기(어업, 운수업, 기계장비 및 소비용품 임대업에 사용되는 선박 및 항공기를 제외)
3[31)]	20년 (15년~25년)	연와조, 블록조, 콘크리트조, 토조, 토벽조, 목조, 목골모르타르조, 기타 조의 모든 건물(부속설비를 포함)과 구축물[32)]
4	40년 (30년~50년)	철골·철근콘크리트조, 철근콘크리트조, 석조, 연와석조, 철골조의 모든 건물(부속설비를 포함한다)과 구축물

31) 1. 구분 3과 구분 4를 적용함에 있어서 부속설비에는 당해 건물과 관련된 전기설비, 급배수·위생설비,

제24조(비품, 차량, 운반구등의 평정)

이용 가능한 것에 한하고 의약품 도매상 소유임이 확인된 것만 평정하되 세법에 의하여 감가상각한 후의 잔액만 자산으로 평정한다.

제25조(투자자산의 평정)

의약품도매업과 관련이 없는 투자자산은 겸업자산으로 본다.

제26조(부채의 평정)

① 부채의 발생사유를 충분히 검토하고 자산 및 자본과 비교 관련시켜 부채를 평정하여야 한다.
② 퇴직급여충당금은 기업회계기준에 따라 평가한다.

해 설

퇴직급여충당금은 보고기간말 현재 전종업원이 일시에 퇴직할 경우 지급하여야 할 퇴직금에 상당하는 금액으로 한다. 다만, 퇴직부담금(DB형, DC형)을 고려한 잔액을 퇴직급여추계액의 100%까지 부족분을 고려하면 된다.

제27조(자본의 확인)

자본의 조달원천과 증감원인을 충분히 검토하여 의제납입 또는 부채의 변칙처리를 확인하여야 한다.

가스설비, 냉방·난방·통풍 및 보일러설비, 승강기설비 등 모든 부속설비를 포함하고, 구축물에는 하수도, 굴뚝, 경륜장, 포장도로, 교량, 도크, 방벽, 철탑, 터널 기타 토지에 정착한 모든 토목설비나 공작물을 포함한다. 다만, 부속설비를 건축물과 구분하여 업종별 자산으로 회계처리하는 경우에는 별표 6을 적용할 수 있다.

2. 구분 3과 구분 4를 적용함에 있어서 건물중 변전소, 발전소, 공장, 창고, 정거장·정류장·차고용 건물, 폐수 및 폐기물처리용 건물, 유통산업발전법시행령에 의한 대형점용 건물(당해 건물의 지상층에 주차장이 있는 경우에 한한다), 국제회의산업육성에관한법률에 의한 국제회의시설 및 무역거래기반조성에관한법률에 의한 무역거래기반시설(별도의 건물인 무역연수원을 제외한다), 축사, 구축물 중 하수도, 굴뚝, 경륜장, 포장도로와 폐수 및 폐기물처리용 구축물과 기타 진동이 심하거나 부식성 물질에 심하게 노출된 것은 기준내용연수를 각각 10년, 20년으로 하고, 내용연수범위를 각각(8년~12년), (15년~25년)으로 하여 신고내용연수를 선택적용할 수 있다.

32) 건물(부속설비를 포함한다) 및 구축물이 기준내용연수 및 내용연수범위가 서로 다른 2 이상의 복합구조로 구성되어 있는 경우에는 주된 구조에 의한 기준내용연수 및 내용연수범위를 적용한다.

제 3 장 경영부문

제28조(영업소 및 창고등)

영업소 및 창고에 대하여는 토지 및 건물의 등기부등록, 토지대장, 건출물관리대장 및 도시계획확인원을 제출받아 소유지·지목·용도·구조·면적 및 소유권자등을 확인하여 평정한다.

해 설

임대차계약서를 기준으로 영업소와 창고의 면적을 확인하고 도면도를 통하여 등기부등본과의 일치여부를 확인하여야 한다.

제29조(전화) 〈삭제〉

제30조(운반장비)

법령에 의하여 등록하여야 하는 차량운반구에 대하여는 등록증등본을 제시받아 소유권등을 확인하여 평정한다.

해 설

차량등 운반장구는 소유자를 확인하고 사업용 여부를 확인하여 실질자산으로 인정하여야 한다.

제31조(재검토기한)

보건복지부장관은 「훈령·예규 등의 발령 및 관리에 관한 규정」(대통령훈령 제334호)에 따라 이 고시에 대하여 2016년 1월 1일을 기준으로 매 3년이 되는 시점(매 3년째의 12월 31일까지를 말한다)마다 그 타당성을 검토하여 개선 등의 조치를 취하여야 한다.

부 칙 〈제2022-172호, 2022.7.7.〉

이 고시는 발령한 날로부터 시행한다.

[별지 제1호서식]

의약품도매상(신설업체포함)의 기업진단자지정신청서

<table>
<tr><td colspan="2">접수번호</td><td>접수일자</td><td colspan="2">처리기간</td></tr>
<tr><td rowspan="6">신청인
(대표자)</td><td>성 명</td><td></td><td>생년월일</td><td></td></tr>
<tr><td>영업소의 명칭</td><td></td><td>전화번호</td><td></td></tr>
<tr><td>영 업 종 별</td><td></td><td colspan="2">법인등록번호(법인인 경우만 해당)</td></tr>
<tr><td>영업소의 소재지</td><td colspan="3"></td></tr>
<tr><td>창고의 소재지</td><td colspan="3"></td></tr>
<tr><td colspan="4"></td></tr>
<tr><td colspan="5">의약품 도매상 기업진단요령 제7조 제1항의 규정에 의하여 의약품도매상의 기업 진단자 지정을 신청합니다.

년 월 일

신청인 (서명 또는 인)

공인회계사(재무관리경영지도사, 세무사) 또는 회계·세무법인 귀하</td></tr>
<tr><td>첨부서류</td><td colspan="4">1. 기업회계기준에 의하여 작성한 진단기준일의 재무상태표 1부.
2. 손익계산서 1부.
3. 재무제표부속명세서 1부.
4. 등기사항증명서 1부.</td></tr>
</table>

210㎜×297㎜[백상지(80g/㎡)]

[별지 제2호서식]

재 무 상 태 표

(제　　기　　년　　월　　일 현재)

회사명 : ______________________

과　　　　목	금	액
자　　산		
Ⅰ. 유동자산		
(1) 당좌자산		
1. 현　　금		
2. 예　　금		
3. 유가증권		
4. 외상매출금		
대손충당금		
5. 받을어음		
대손충당금		
6. 미수금		
대손충당금		
7. 미수수익		
대손충당금		
8. 선급금		
대손충당금		
9. 선급비용		
10. 가지급금		
11. 이연법인세자산		
12.		
(2) 재고자산		
1. 상　　품		
2.		
Ⅱ. 비유동자산		
(1) 투자자산		
1. 투자유가증권		
2. 장기금융상품		
3. 장기대여금		

과 목	금 액	
4.		
(2) 유형자산		
1. 토 지		
2. 건 물		
감가상각누계액		
3. 차량운반구		
감가상각누계액		
4. 비 품		
감가상각누계액		
5.		
(3) 무형자산		
1. 영업권		
2.		
(4) 기타비유동자산		
1. 이연법인세자산		
2. 전세권		
3. 전신전화가입권		
4. 임차보증금		
5. 영업보증금		
6.		
자 산 총 계		
부 채		
Ⅰ. 유동부채		
1. 외상매입금		
2. 지급어음		
3. 당좌차월		
4. 단기차입금		
5. 미지급금		
6. 미지급비용		
7. 선수금		
8. 예수금		
9. 당기법인세부채		
10. 이연법인세부채		
11.		

Ⅱ. 비유동부채		
1. 장기차입금		
2. 사채		
3. 퇴직급여충당부채		
4. 이연법인세부채		
5.		
부 채 총 계		
자　　본		
Ⅰ. 자본금		
1. 보통주자본금		
(수권주식수 ×××주)		
(발행주식수 ×××주/ 1주당 금액 ×××원)		
2. 우선주자본금		
(발행주식수 ×××주/ 1주당 금액 ×××원)		
Ⅱ. 자본잉여금		
1. 주식발행초과금		
2. 감자차익		
3. 기타자본잉여금		
4.		
Ⅲ. 자본조정		
1. 주식할인발행차금		
2. 자기주식		
3.		
Ⅳ. 기타포괄손익누계액		
1. 매도가능증권평가손익		
2.		
Ⅲ. 이익잉여금		
1. 법정적립금		
2. 임의적립금		
3. 미처분이익잉여금(미처리결손금)		
가. 수정후전기이월이익잉여금		
나. 당기순이익		
자 본 총 계		
부채와 자본총계		

210㎜×297㎜[백상지(80g/㎡)]

[별지 제3호서식]

손 익 계 산 서

제　　기　　년　　월　　일부터
년　　월　　일까지

회사명 : ____________________

과　　목	금　　액	
Ⅰ. 매출액		
Ⅱ. 매출원가		
1. 기초상품재고액		
2. 당기상품매입액		
3. 기말상품재고액		
Ⅲ. 매출총이익		
Ⅳ. 판매비와관리비		
1. 급여		
2. 퇴직급여		
3. 복리후생비		
4. 여비교통비		
5. 통신비		
6. 수도광열비		
7. 지급임차료		
8. 감가상각비		
9. 수선비		
10. 보험료		
11. 접대비		
12. 광고선전비		
13. 운반비		
14. 판매수수료		
15. 지급수수료		

과 목	금 액	
16. 대손상각비		
17.		
V. 영업이익(또는 영업손실)		
VI. 영업외수익		
1. 이자수익		
2. 배당금수익		
3. 임대료		
4. 단기투자자산처분이익		
5. 단기투자자산평가이익		
6. 유형자산처분이익		
7. 전기오류수정이익		
8.		
9. 잡이익		
VII. 영업외비용		
1. 이자비용		
2. 기타의대손상각비		
3. 재고자산감모손실		
4. 단기투자자산처분손실		
5. 단기투자자산평가손실		
6. 기부금		
7. 유형자산처분손실		
8. 전기오류수정손실		
9.		
10. 잡손실		
VIII. 법인세차감전순손익		
IX. 법인세비용		
X. 당기순이익(또는 당기순손실)		

210㎜×297㎜[백상지(80g/㎡)]

[별지 제4호서식]

의약품도매상 기업진단보고서

성 명		생 년 월 일	
영업소의 명칭		전 화 번 호	
영 업 종 별		법인등록번호(법인인 경우만 해당)	
영업소의 소재지			
창고의 소재지			
진 단 기 준 일		진 단 일 자	
진단 후 의약품도매업 실질 자본액			
납 입 자 본 금			

종 목	건 평 및 대 수	
	회 사 제 시	진 단 후
영 업 소		
창 고		
운 반 장 비		
진 단 의 견		

의약품도매상 기업진단요령에 의거 의약품도매업의 기업진단을 실시하고 위와 같이 진단하였음을 확인합니다.

년 월 일

*진단자

· 진단자 상호·명칭(대표자) :

· 사무소 소재지(전화번호) :

· 담당공인회계사(경영지도사, 세무사) : 등록(인가)번호 제 호 ㉐

· (진단자)법인등록번호 :

· (진단자)사업자등록번호 :

※ 전문경영진단기관의 경우 고용된 공인회계사·세무사·경영지도사 모두 기재·날인한다.

(제출기관) 귀하

첨부	1. 기업진단 내역서 1부.

210mm×297mm[백상지(80g/㎡)]

기업진단 내역서

업체명 :

1. 회계부문 진단내역

구　　분	금　　액		비　　고
1. 자산			
(1) 회사제시자산총계			
(2) 평정			
자산증가			
자산감소			
(3) 평정후자산총계			
2. 부채			
(1) 회사제시부채총계			
(2) 평정			
부채증가			
부채감소			
(3) 평정후부채총계			
3. 평정후자본			
4. 겸업자본			
5. 의약품도매업자본			

2. 경영부문 진단내역

구　　분	건평 및 대수		소 유 자	적 요
	회 사 제 시	진 단 후		
영　업　소				
창　　고				
운 반 장 비				

[별지 제5호서식]

회 계 부 문 진 단 조 서

(년 월 일 현재)

회사명 : ______________________

과 목	금 액				비 고
	회사B/S	평 정		평정후금액	
		차 변	대 변		
자 산					
Ⅰ.유동자산					
(1) 당좌자산					
1. 현 금					
2. 예 금					
3. 유가증권					
4. 외상매출금					
대손충당금					
5. 받을어음					
대손충당금					
6. 미수금					
대손충당금					
7. 미수수익					
대손충당금					
8. 선급금					
대손충당금					
9. 선급비용					
10. 가지급금					
11. 이연법인세자산					
12.					
(2) 재고자산					
1. 상 품					
2.					
Ⅱ. 비유동자산					
(1) 투자자산					

과 목	금 액				비 고
	회사B/S	평 정		평정후금액	
		차 변	대 변		
1. 투자유가증권					
2. 장기금융상품					
3. 장기대여금					
4.					
(2) 유형자산					
1. 토 지					
2. 건 물					
감가상각누계액					
3. 차량운반구					
감가상각누계액					
4. 비 품					
감가상각누계액					
5.					
(3) 무형자산					
1. 영업권					
2.					
(4) 기타비유동자산					
1. 이연법인세자산					
2. 전세권					
3. 전신전화가입권					
4. 임차보증금					
5. 영업보증금					
6.					
(겸 업 자 산)					
자 산 총 계					
부 채					
Ⅰ. 유동부채					
1. 외상매입금					
2. 지급어음					
3. 당좌차월					
4. 단기차입금					
5. 미지급금					

과 목	금 액				비 고
	회사B/S	평 정		평정후금액	
		차 변	대 변		
6. 미지급비용					
7. 선수금					
8. 예수금					
9. 당기법인세부채					
10. 이연법인세부채					
11.					
Ⅱ. 비유동부채					
1. 장기차입금					
2. 사채					
3. 퇴직급여충당부채					
4. 이연법인세부채					
5.					
(겸 업 부 채)					
부 채 총 계					
자 본					
Ⅰ. 자본금					
1. 보통주자본금					
2. 우선주자본금					
Ⅱ. 자본잉여금					
Ⅲ. 자본조정					
Ⅳ. 기타포괄손익누계액					
Ⅲ. 이익잉여금					
1. 법정적립금					
2. 임의적립금					
3. 미처분이익잉여금 (미처리결손금)					
수정후전기이월이익잉여금					
당기순이익					
자 본 총 계					
부채와 자본총계					

겸업자산 및 부채에 대한 계산 내역

(1)	겸업자산	=	겸업사업에 제공된 자산	+	겸업자산으로 열거한 자산	+	진단대상사업과 겸업사업에 공통으로 사용된 자산	×	겸업비율
	(　　)		(　　)		(　　)		(　　)		(　)
(2)	겸업부채	=	겸업사업 및 겸업자산으로 열거한 자산과 관련하여 발생한 부채			+	진단대상사업과 겸업사업에 공통으로 발생한 부채	×	겸업비율
	(　　)		(　　)				(　　)		(　)
(3)	겸업비율 계산기준	:	, 겸업비율 (　　)%						

[별지 제6호서식]

경 영 부 문 진 단 조 서

(년 월 일 현재)

회사명 : ______________________

1. 토지건물							
소 유 지	지 번	지목용도	구 조	면 적		소 유 자	비 고
				회사제시	진단후		

2. 운반장비						
소 재 지	지 번	용 도	규격·형성·용량	대 수		소 유 자
				회사제시	진단후	

210㎜×297㎜[백상지(80g/㎡)]

CHAPTER 04

의약품 도매상 기업진단 사례

| 진단회사자료 |

- 회사명: (주)A약품
- 설립등기일: 2025년 7월 14일
- 등기부등본상 납입자본금: ₩550,000,000
- 회계연도: 1월 1일 ~ 12월 31일

| 진단관련 추가정보 |

① 2025년 7월 14일 임차보증금 ₩40,000,000 지급하였다.
② 인테리어: ₩19,450,000(2025년 7월 29일에 지급함)
③ 설립비용: ₩7,000,000
④ 창고면적: 344.2m² ⎤ 실제 면적과 동일함. (가정)
⑥ 사무실면적: 13.4m² ⎦
⑦ 차량 2대를 보유하고 있다.
⑧ 진단기준일: 2025.9.11
⑨ 진단일: 2025.9.13

1. 재무상태표

재 무 상 태 표

제 1 기 2025년 09월 11일 현재

회사명 : (주)A약품 (단위 : 원)

과 목	제 1(당)기			
	금 액		금 액	
자 산				
Ⅰ. 유 동 자 산		498,010,000		
① 당 좌 자 산		498,010,000		
보 통 예 금		498,010,000		
② 재 고 자 산				
Ⅱ. 비 유 동 자 산		82,130,000		
① 투 자 자 산				
② 유 형 자 산		42,130,000		
차 량 운 반 구		22,680,000		
시 설 장 치		19,450,000		
③ 무 형 자 산				
④ 기 타 비 유 동 자 산		40,000,000		
임 차 보 증 금		40,000,000		
자 산 총 계		580,140,000		
부 채				
Ⅰ. 유 동 부 채		37,140,000		
미 지 급 금		35,195,000		
부 가 세 예 수 금		1,945,000		
Ⅱ. 비 유 동 부 채				
부 채 총 계		37,140,000		
자 본				
Ⅰ. 자 본 금		550,000,000		
자 본 금		550,000,000		
Ⅱ. 자 본 잉 여 금				
Ⅲ. 자 본 조 정				
Ⅳ. 기 타 포 괄 손 익 누 계 액				
Ⅴ. 결 손 금		7,000,000		
미 처 리 결 손 금		7,000,000		
(당 기 순 손 실)				
당기: 7,000,000				
전기: 0				
자 본 총 계		543,000,000		
부 채 와 자 본 총 계		580,140,000		

2. 손익계산서

손 익 계 산 서

제 1 기 2025년 07월 14일부터 2025년 09월 11일까지

회사명 : (주)A약품 (단위 : 원)

과 목	제 1(당)기			
	금 액		금 액	
Ⅰ. 매 출 액				
Ⅱ. 매 출 원 가				
Ⅲ. 매 출 총 이 익				
Ⅳ. 판 매 비 와 관 리 비		7,000,000		
세 금 과 공 과 금	7,000,000			
Ⅴ. 영 업 손 실		7,000,000		
Ⅵ. 영 업 외 수 익				
Ⅶ. 영 업 외 비 용				
Ⅷ. 법 인 세 차 감 전 손 실		7,000,000		
Ⅸ. 법 인 세 등				
Ⅹ. 당 기 순 손 실		7,000,000		

상기 재무제표 및 제시된 상황을 근거로 하여 ㈜A약품을 진단하고 기업진단보고서를 작성하면 다음과 같다.

[한국세무사회 기업진단 프로그램 기준]

1. 회사등록

진단업체등록을 클릭하여 진단업체와 진단자의 인적사항 등을 기입하고 저장을 클릭한다.

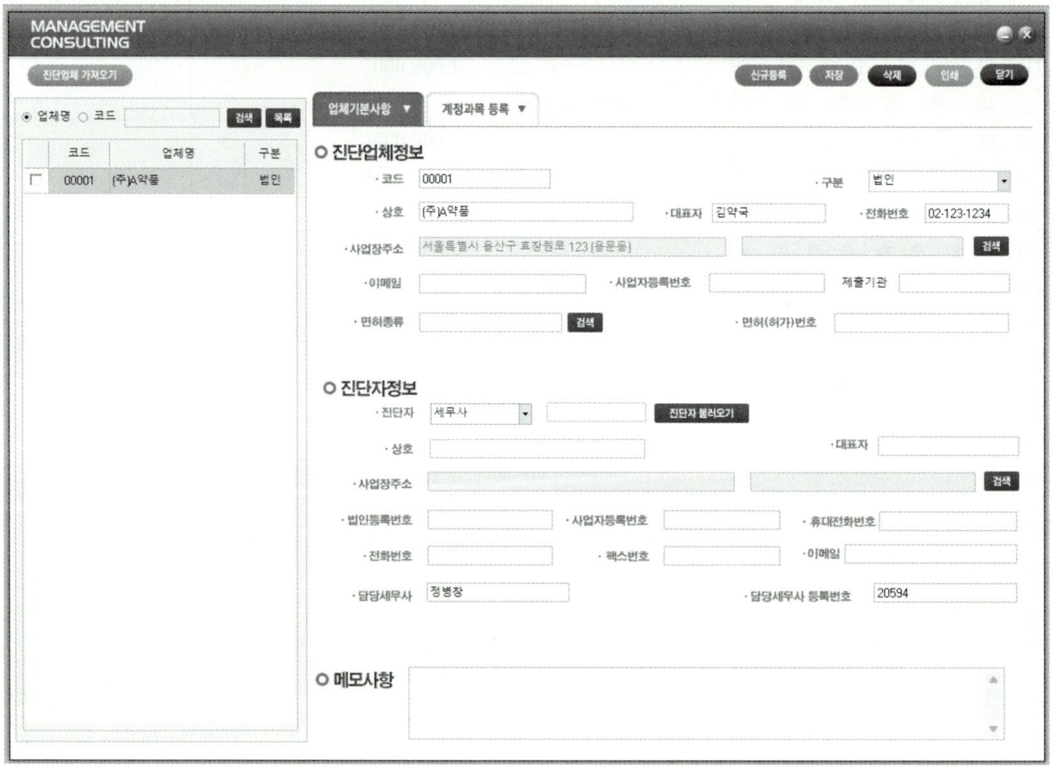

2. 진단내용등록

진단업체를 선택하고 진단목적에 맞게 진단내용을 등록한다.

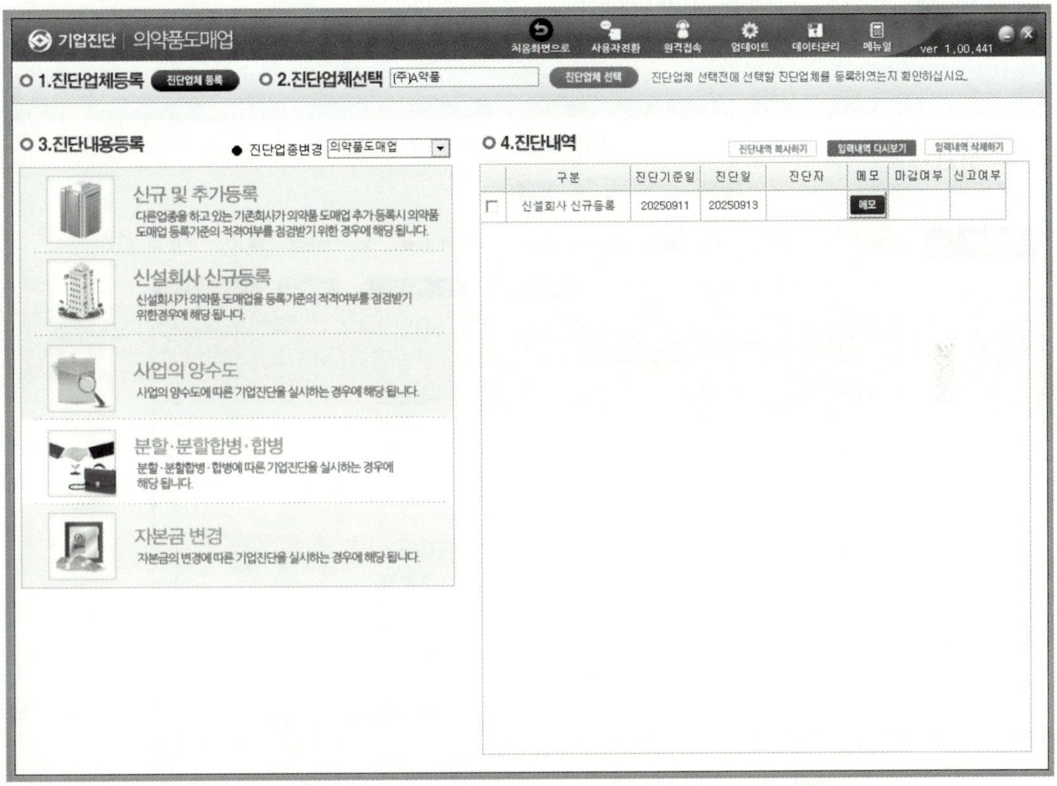

3. 재무상태표와 손익계산서

(1) 재무상태표

자산과 부채의 금액을 기재한다.

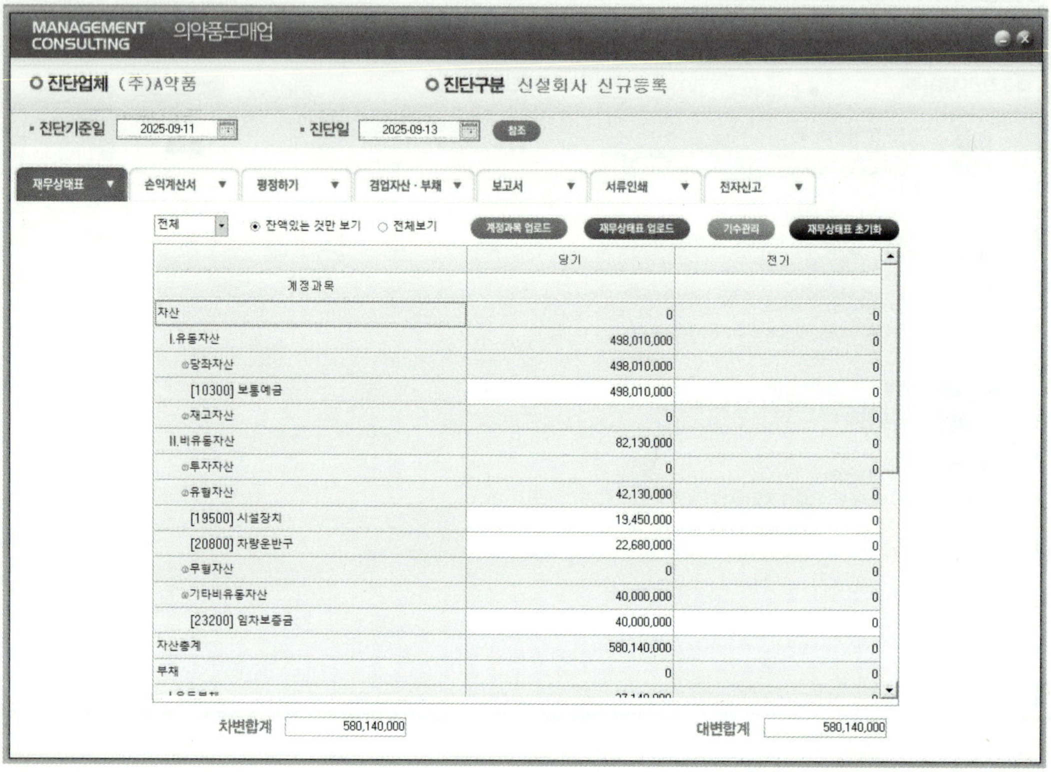

계정과목	당기	전기
자산	0	0
I.유동자산	498,010,000	0
◎당좌자산	498,010,000	0
[10300] 보통예금	498,010,000	0
◎재고자산	0	0
II.비유동자산	82,130,000	0
◎투자자산	0	0
◎유형자산	42,130,000	0
[19500] 시설장치	19,450,000	0
[20800] 차량운반구	22,680,000	0
◎무형자산	0	0
◎기타비유동자산	40,000,000	0
[23200] 임차보증금	40,000,000	0
자산총계	580,140,000	0
부채	0	0

차변합계 580,140,000 대변합계 580,140,000

(2) 손익계산서

수익과 비용의 내용을 기재한다.

계정과목	당기		전기	
I.매출액	0	0	0	0
II.매출원가	0	0	0	0
III.매출총이익	0	0	0	0
IV.판매비와관리비	0	7,000,000	0	0
[0817]세금과공과금	7,000,000	0	0	0
V.영업손실	0	7,000,000	0	0
VI.영업외수익	0	0	0	0
VII.영업외비용	0	0	0	0
VIII.법인세차감전손실	0	7,000,000	0	0
IX.법인세등	0	0	0	0
X.당기순손실	0	7,000,000	0	0

4. 평정하기

(1) 현금

진단기준일 현재 재무제표상 현금잔액이 회사제시 자산총계의 100분의 3을 초과하는 경우 그 초과금액을 부실자산으로 처리한다.

- 현금 잔액: ₩0 - 진단인정 현금: ₩17,404,199 - 평정대상 금액: 없음 현금잔액이 제시 자산총계의 3%를 초과하는 금액이 없으므로 부실자산 없음

(2) 예금

예금은 진단을 받는 자의 명의(법인의 경우에는 법인명의)로 된 계좌에 대하여 진단기준일 전일부터 역산(신규 신청 및 신설법인의 경우에는 진단하는 날 전일부터 역산)하여 1개월 이상의 은행거래증명과 예금증서를 제시받아 예입원천을 확인하여 평정하고 예입원천이 분명하지 아니할 때에는 부실자산으로 본다.

예금잔액 증명은 입금되어 있는 예금통장 등의 원본과 대조 확인하여야 한다.

- 회사 제시 보통예금잔액: ₩498,010,000
- 진단인정 예금평균액: ₩498,010,000
- 평정대상 금액: 없음

(3) 유형자산 진단

유형자산은 취득원가로 평정하고 상각대상 자산은 세법의 규정에 의한 감가상각 상당액을 공제한 가액으로 평정한다. 만약, 개인이 의약품도매상을 영위하는 경우 당해자산의 취득가액이 불분명할 경우에는 부동산과세표준 또는 국가가 인정하는 감정기관의 감정가액으로 평가한다.

임야, 전, 답, 유휴토지 등의 임대나 운휴와 같이 진단대상사업과 관련이 없는 유형자산은 겸업자산으로 보며, 토지 또는 건물의 일부가 임대인 경우에는 전체 연면적에 대한 임대면적의 비율로 계산한 금액을 겸업자산으로 본다.

비품, 차량운반구 등은 이용 가능한 것에 한하고 의약품 도매상 소유임이 확인된 것만 평정하되 세법에 의하여 감가상각한 후의 잔액만 자산으로 평정한다.

- 회사 제시 감가상각누계액 잔액: ₩0 - 진단인정 감가상각누계액 금액: ₩2,106,500 - 평정대상 금액: ₩2,106,500

MANAGEMENT CONSULTING 의약품도매업
진단업체 (주)A약품
진단구분 신설회사 신규등록
진단기준일 2025-09-11
진단일 2025-09-13
참조
재무상태표
손익계산서
평정하기
겸업자산 · 부채
보고서
서류인쇄
전자신고
자산평정하기
현금
매출채권
매출채권등
대손충당금
유형자산
유형자산
감가상각
기타자산
부채평정하기
퇴직급여충당금
미지급세금
부외부채
기타부채
• 감가상각
불러오기
회사제시금액 없음
계정과목
차량운반구
시설장치
① 자산종류
②설정대상금액[평정후금액]
③상각방법/내용연수
④취득일자
⑤보유월수
⑥감가상각누계액[②*⑤/(③*12)]
⑦회사계상액
⑧추가계상할금액 max[⑥-⑦],0]
차량 22,680,000 정액법 05년 2025-07-20 3 1,134,000 0 1,134,000
합계 22,680,000 1,134,000 1,134,000

(4) 임차보증금 진단

임차보증금은 임대차계약서에 의하여 확인하되, 그 금액이 시가보다 현저히 과다할 경우에는 진단시의 시가에 의하여 이를 평가한다. 다만, 그 임차보증금이 자산총액의 100분의 50을 초과하는 금액은 부실자산으로 본다.

- 회사제시 임차보증금잔액: ₩40,000,000
- 진단인정 임차보증금: ₩40,000,000
- 평정대상 금액: ₩0

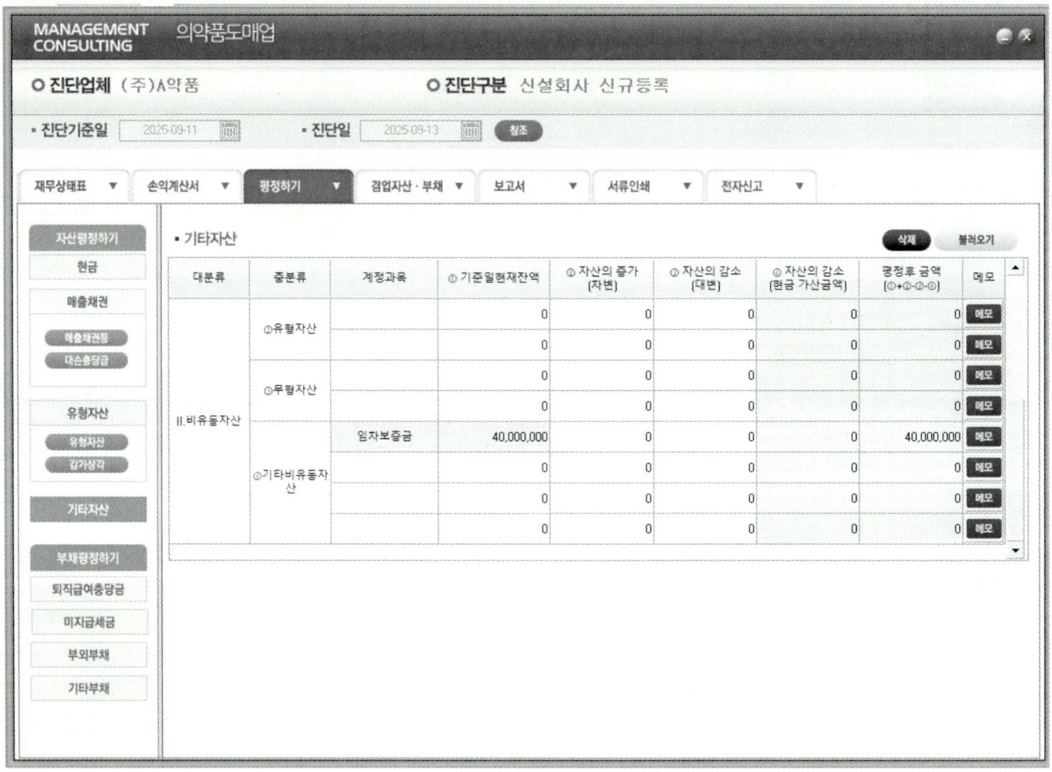

(5) 설립비용 진단

설립비용이란 회사의 설립에 필요한 비용으로 등록면허세와 지방교육세 및 공증비용, 법무사수수료 등으로 구성된다. 회사가 손익계산서에 인식한 설립비용은 세금계산서 등을 통하여 확인하고 미반영시에는 진단조정으로 평정한다.

- 회사제시 설립비용: ₩7,000,000
- 진단인정 설립비용: ₩7,000,000
- 평정대상 금액: ₩0

설립비용은 당기비용으로 처리해야 하는 항목이므로 회사는 이를 손익계산서에 반영하여 결산을 완료하여야 한다. 따라서 설립비용은 자본총계에서 차감된다.

5. 보고서

(1) 회계부문 진단조서

자산, 부채를 평정하고 겸업자산 및 부채를 기재하면 진단평가서 탭은 자동으로 입력되므로 진단대상자본금을 확인한다.

계정과목	당기 최초제시	평정			평정후 금액	평정내역
		차변	대변	조서(평정근거)		
I.유동자산	498,010,000	0	0		498,010,000	
①당좌자산	498,010,000	0	0		498,010,000	
현금및현금성자산	498,010,000	0	0		498,010,000	
②재고자산	0	0	0		0	
II.비유동자산	82,130,000	0	2,106,500		80,023,500	
①투자자산	0	0	0		0	
②유형자산	42,130,000	0	2,106,500		40,023,500	
시설장치	19,450,000	0	0		19,450,000	
감가상각누계액	0	0	972,500	내역	-972,500	
차량운반구	22,680,000	0	0		22,680,000	
감가상각누계액	0	0	1,134,000	내역	-1,134,000	
③무형자산	0	0	0		0	
④기타비유동자산	40,000,000	0	0		40,000,000	

(2) 경영부문 진단서

1) 토지건물 진단

영업소 및 창고에 대하여는 토지 및 건물의 등기부등본, 토지대장, 건축물 관리대장 및 도시계획확인원을 제출받아 소유지, 지목, 용도, 구조, 면적 및 소유권자 등을 확인하여 평정한다.

2) 운반장비 등 진단

법령에 의하여 등록하여야 하는 차량운반구에 대하여는 차량등록증을 제시받아 소유권 등을 확인하여 평정한다.

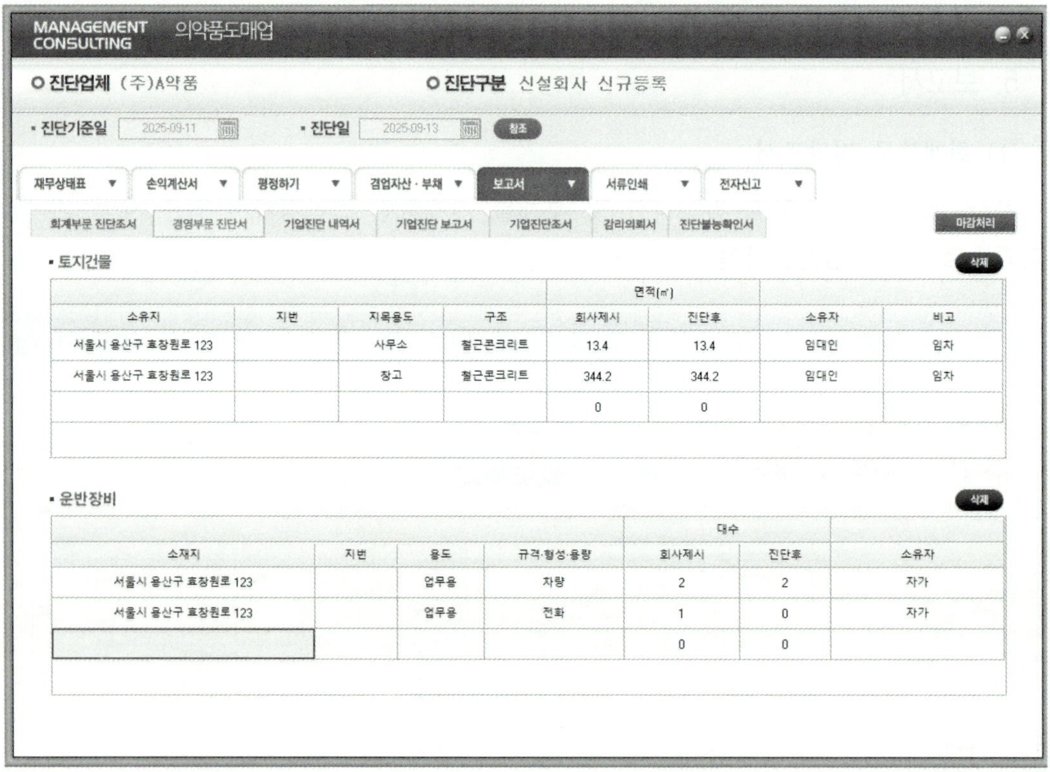

MANAGEMENT CONSULTING 의약품도매업

○ 진단업체 (주)A약품 ○ 진단구분 신설회사 신규등록

▪ 진단기준일 2025-09-11 ▪ 진단일 2025-09-13 참조

재무상태표 ▼ 손익계산서 ▼ 평정하기 ▼ 겸업자산 · 부채 ▼ 보고서 ▼ 서류인쇄 ▼ 전자신고 ▼

회계부문 진단조서 | 경영부문 진단서 | 기업진단 내역서 | 기업진단 보고서 | 기업진단조서 | 감리의뢰서 | 진단불능확인서 | 마감처리

▪ 토지건물 삭제

				면적(㎡)			
소유지	지번	지목용도	구조	회사제시	진단후	소유자	비고
서울시 용산구 효창원로 123		사무소	철근콘크리트	13.4	13.4	임대인	임차
서울시 용산구 효창원로 123		창고	철근콘크리트	344.2	344.2	임대인	임차
				0	0		

▪ 운반장비 삭제

				대수		
소재지	지번	용도	규격·형성·용량	회사제시	진단후	소유자
서울시 용산구 효창원로 123		업무용	차량	2	2	자가
서울시 용산구 효창원로 123		업무용	전화	1	0	자가
				0	0	

(3) 기업진단 내역서

회계부문 진단조서 및 경영부문 진단서의 내용과 일치하게 작성한다.

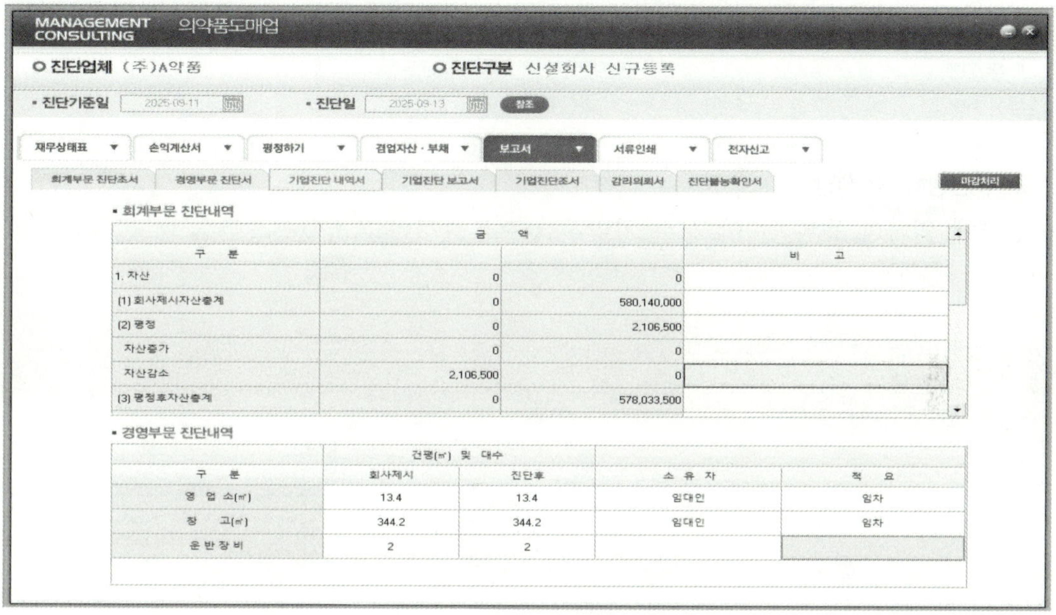
MANAGEMENT CONSULTING 의약품도매업

○ 진단업체 (주)A약품 ○ 진단구분 신설회사 신규등록

▪ 진단기준일 2025-09-11 ▪ 진단일 2025-09-13 참조

재무상태표 | 손익계산서 | 평정하기 | 겸업자산 · 부채 | 보고서 | 서류인쇄 | 전자신고

회계부문 진단조서 | 경영부문 진단서 | 기업진단 내역서 | 기업진단 보고서 | 기업진단조서 | 감리의뢰서 | 진단불능확인서 | 마감처리

▪ 회계부문 진단내역

구 분	금 액		비 고
1. 자산	0	0	
(1) 회사제시자산총계	0	580,140,000	
(2) 평정	0	2,106,500	
자산증가	0	0	
자산감소	2,106,500	0	
(3) 평정후자산총계	0	578,033,500	

▪ 경영부문 진단내역

구 분	건평(㎡) 및 대수		소 유 자	적 요
	회사제시	진단후		
영 업 소(㎡)	13.4	13.4	임대인	임차
창 고(㎡)	344.2	344.2	임대인	임차
운 반 장 비	2	2		

(4) 기업진단보고서

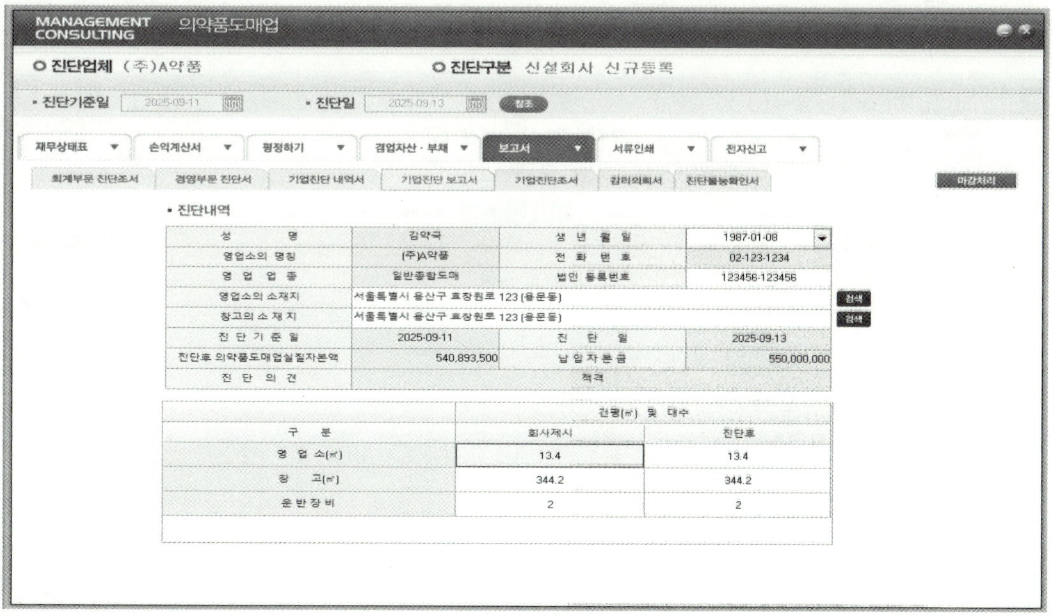
MANAGEMENT CONSULTING 의약품도매업

○ 진단업체 (주)A약품 ○ 진단구분 신설회사 신규등록

▪ 진단기준일 2025-09-11 ▪ 진단일 2025-09-13 참조

재무상태표 | 손익계산서 | 평정하기 | 겸업자산 · 부채 | 보고서 | 서류인쇄 | 전자신고

회계부문 진단조서 | 경영부문 진단서 | 기업진단 내역서 | 기업진단 보고서 | 기업진단조서 | 감리의뢰서 | 진단불능확인서 | 마감처리

▪ 진단내역

성 명	김약국	생 년 월 일	1987-01-08
영업소의 명칭	(주)A약품	전 화 번 호	02-123-1234
영 업 업 종	일반종합도매	법인 등록번호	123456-123456
영업소의 소재지	서울특별시 용산구 효창원로 123 (용문동)		
창고의 소 재 지	서울특별시 용산구 효창원로 123 (용문동)		
진 단 기 준 일	2025-09-11	진 단 일	2025-09-13
진단후 의약품도매업실질자본액	540,893,500	납 입 자 본 금	550,000,000
진 단 의 견	적격		

구 분	건평(㎡) 및 대수	
	회사제시	진단후
영 업 소(㎡)	13.4	13.4
창 고(㎡)	344.2	344.2
운 반 장 비	2	2

(5) 기업진단조서

평정내역과 겸업비율, 진단내역을 보여준다.

MANAGEMENT CONSULTING 의약품도매업

○ 진단업체 (주)A약품 ○ 진단구분 신설회사 신규등록

• 진단기준일 2025-09-11 • 진단일 2025-09-13 참조

재무상태표 | 손익계산서 | 평정하기 | 겸업자산 · 부채 | 보고서 | 서류인쇄 | 전자신고

회계부문 진단조서 | 경영부문 진단서 | 기업진단 내역서 | 기업진단 보고서 | 기업진단조서 | 감리의뢰서 | 진단불능확인서 | 마감처리

• 재무상태표 평정표 (불러오기)

계정과목	평정금액		구분
	자산증가(+), 부채감소(-)	자산감소(-), 부채증가(+)	
감가상각누계액	0	972,500	
감가상각누계액	0	1,134,000	
합계	0	2,106,500	

• 겸업자산

업종	겸업비율	겸업기준없음 금액	겸업비율근거
진단대상사업	100%	0	
겸업	0%	0	
소계	100%	0	

• 진단내역

자산			부채			자본	
회사제시 자산총계		580,140,000	회사제시 부채총계		37,140,000	회사제시 자본총계	543,000,000
부인	자산감소(-)	2,106,500	부인	부채증가(+)	0		
	자산증가(+)	0		부채감소(-)	0		
	겸업자산(-)	0		겸업부채(-)	0	진단대상사업 실질자본	540,893,500
진단대상사업 실질자산		578,033,500	진단대상사업 실질부채		37,140,000		

(6) 감리의뢰서

한국세무사회에 수행한 기업진단보고서의 감리를 의뢰하는 서류이다.

MANAGEMENT CONSULTING 의약품도매업

○ 진단업체 (주)A약품 ○ 진단구분 신설회사 신규등록

• 진단기준일 2025-09-11 • 진단일 2025-09-13 참조

재무상태표 | 손익계산서 | 평정하기 | 겸업자산 · 부채 | 보고서 | 서류인쇄 | 전자신고

회계부문 진단조서 | 경영부문 진단서 | 기업진단 내역서 | 기업진단 보고서 | 기업진단조서 | 감리의뢰서 | 진단불능확인서 | 마감처리

기업진단 감리 의뢰서 (불러오기)

진단대상업체	(주)A약품	전화번호	02-123-1234
업종	의약품도매업	대표자	김약국
진단기준일	2025-09-11	진단일자	2025-09-13
진단구분	신설회사 신규등록	투입시간(시간)	6 시간
자산총액	578,033,500	보수금액 (VAT별도)	1,000,000

위 기업진단 의뢰인으로부터 기업진단 기준일 현재의 법인등기부등본, 재무상태표, 손익계산서, 재무제표부속명세서, 진단대상업체 명의 예금평균잔액증명 및 은행거래실적서 등 실질자본금 진단에 관한 증빙서류를 제출받아 「업종별기업진단지침」 에 의거하여 대조 · 확인 · 평정하고, 첨부와 같이 기업진단보고서를 작성, 제출하오니 감리하여 주시기 바랍니다.

2025 년 9 월 13 일

상호 :

소재지 :

진단세무사(등록번호) :

한국세무사회장 귀하

(7) 진단불능확인서

진단불능사유에 해당하는지 여부를 확인하는 서류이다. 검토 후 해당 여부를 체크한다.

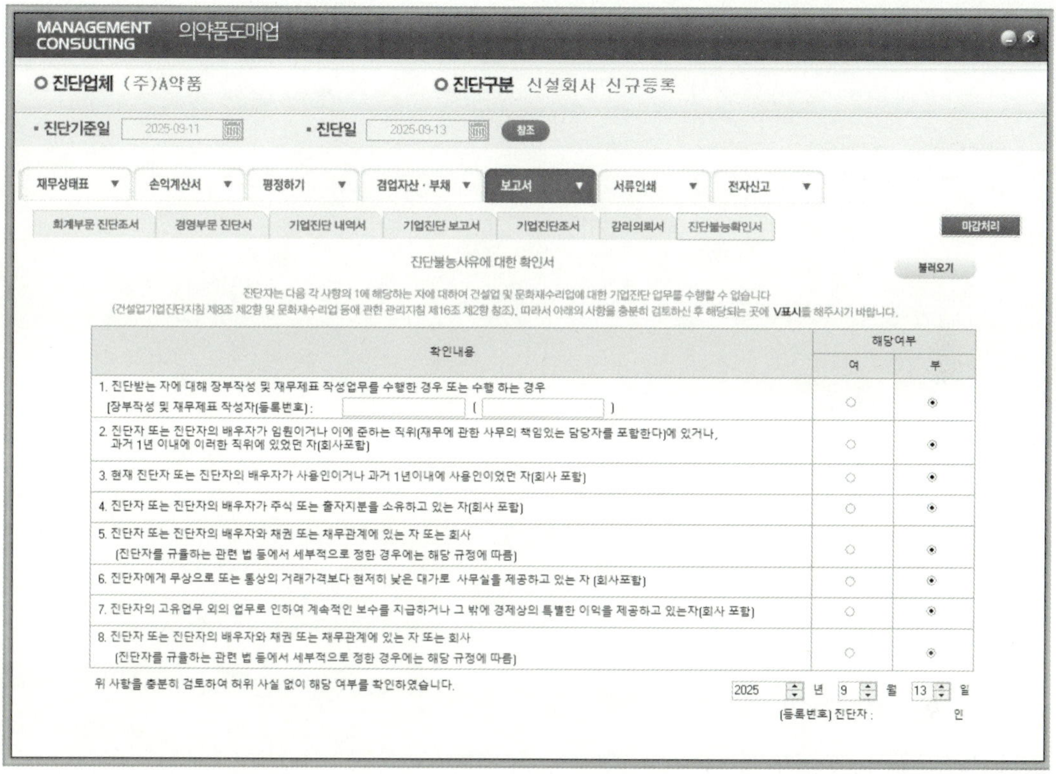

MEMO

PART 10

방송채널사용사업

CHAPTER 01 방송채널사용사업 이해

제1절 방송채널사용사업 개요

지상파방송사업자·종합유선방송사업자 또는 위성방송사업자와 특정채널의 전부 또는 일부 시간에 대한 전용사용계약을 체결하여 그 채널을 사용하는 사업을 방송채널사용사업이라 한다. 방송채널사용사업자란 방송채널사용사업을 하기 위하여 과학기술정보통신부장관에게 등록을 하거나 승인을 얻은 자를 말한다.

제2절 용어 정의(방송법 제2조)

1. "방송"이라 함은 방송프로그램을 기획·편성 또는 제작하여 이를 공중(개별계약에 의한 수신자를 포함하며, 이하 "시청자"라 한다)에게 전기통신설비에 의하여 송신하는 것으로서 다음 각목의 것을 말한다.
   가. 텔레비전방송: 정지 또는 이동하는 사물의 순간적 영상과 이에 따르는 음성·음향 등으로 이루어진 방송프로그램을 송신하는 방송
   나. 라디오방송: 음성·음향 등으로 이루어진 방송프로그램을 송신하는 방송
   다. 데이터방송: 방송사업자의 채널을 이용하여 데이터(문자·숫자·도형·도표·이미지 그 밖의 정보체계를 말한다)를 위주로 하여 이에 따르는 영상·음성·음향 및 이들의 조합으로 이루어진 방송프로그램을 송신하는 방송(인터넷 등 통신망을 통하여 제공하거나 매개하는 경우는 제외한다. 이하 같다)
   라. 이동멀티미디어방송: 이동중 수신을 주목적으로 다채널을 이용하여 텔레비전방송·라디오방송 및 데이터방송을 복합적으로 송신하는 방송
2. "방송사업"이라 함은 방송을 행하는 다음의 사업을 말한다.
   가. 지상파방송사업: 방송을 목적으로 하는 지상의 무선국을 관리·운영하며 이를 이용하여 방송을 행하는 사업
   나. 종합유선방송사업: 종합유선방송국(다채널방송을 행하기 위한 유선방송국설비

와 그 종사자의 총체를 말한다. 이하 같다)을 관리·운영하며 전송·선로설비를 이용하여 방송을 행하는 사업

다. 위성방송사업: 인공위성의 무선설비를 소유 또는 임차하여 무선국을 관리·운영하며 이를 이용하여 방송을 행하는 사업

라. 방송채널사용사업: 지상파방송사업자·종합유선방송사업자 또는 위성방송사업자와 특정채널의 전부 또는 일부 시간에 대한 전용사용계약을 체결하여 그 채널을 사용하는 사업

3. "방송사업자"라 함은 다음의 자를 말한다.
   가. 지상파방송사업자: 지상파방송사업을 하기 위하여 제9조 제1항에 따라 허가를 받은 자
   나. 종합유선방송사업자: 종합유선방송사업을 하기 위하여 제9조 제2항에 따라 허가를 받은 자
   다. 위성방송사업자: 위성방송사업을 하기 위하여 제9조 제2항에 따라 허가를 받은 자
   라. 방송채널사용사업자: 방송채널사용사업을 하기 위하여 제9조 제5항에 따라 등록 또는 신고를 하거나 승인을 받은 자
   마. 공동체라디오방송사업자: 공중선전력 10와트 이하로 공익목적으로 라디오방송을 하기 위하여 제9조 제11항에 따라 허가를 받은 자
4. "중계유선방송"이라 함은 지상파방송(방송을 목적으로 하는 지상의 무선국을 이용하여 행하는 방송을 말한다. 이하 같다) 또는 이 법에 의한 한국방송공사 및 특별법에 의하여 설립된 방송사업자가 행하는 위성방송(인공위성의 무선국을 이용하여 행하는 방송을 말한다. 이하 같다)이나 대통령령이 정하는 방송을 수신하여 중계송신(방송편성을 변경하지 아니하는 녹음·녹화를 포함한다)하는 것을 말한다.
5. "중계유선방송사업"이라 함은 중계유선방송을 행하는 사업을 말한다.
6. "중계유선방송사업자"라 함은 중계유선방송사업을 하기 위하여 제9조 제2항에 따라 허가를 받은 자를 말한다.
7. "음악유선방송"이라 함은 「음악산업진흥에 관한 법률」에 따라 판매·배포되는 음반에 수록된 음악을 송신하는 것을 말한다.
8. "음악유선방송사업"이라 함은 음악유선방송을 행하는 사업을 말한다.
9. "음악유선방송사업자"라 함은 음악유선방송사업을 하기 위하여 제9조 제5항에 따라 등록을 한 자를 말한다.
10. "전광판방송"이라 함은 상시 또는 일정기간 계속하여 전광판에 보도를 포함하는 방송프로그램을 표출하는 것을 말한다.

11. “전광판방송사업”이라 함은 전광판방송을 행하는 사업을 말한다.
12. “전광판방송사업자”라 함은 전광판방송사업을 하기 위하여 제9조 제5항에 따라 등록을 한 자를 말한다.
13. “전송망사업”이라 함은 방송프로그램을 종합유선방송국으로부터 시청자에게 전송하기 위하여 유·무선 전송·선로설비를 설치·운영하는 사업을 말한다.
14. “전송망사업자”라 함은 전송망사업을 하기 위하여 제9조 제10항에 따라 등록을 한 자를 말한다.
15. “방송편성”이라 함은 방송되는 사항의 종류·내용·분량·시각·배열을 정하는 것을 말한다.
16. “방송분야”라 함은 보도·교양·오락등으로 방송프로그램의 영역을 분류한 것을 말한다.
17. “방송프로그램”이라 함은 방송편성의 단위가 되는 방송내용물을 말한다.
18. “종합편성”이라 함은 보도·교양·오락등 다양한 방송분야 상호간에 조화를 이루도록 방송프로그램을 편성하는 것을 말한다.
19. “전문편성”이라 함은 특정 방송분야의 방송프로그램을 전문적으로 편성하는 것을 말한다.
20. “유료방송”이라 함은 시청자와의 계약에 의하여 수개의 채널단위·채널별 또는 방송프로그램별로 대가를 받고 제공하는 방송을 말한다.

20의2. “채널”이라 함은 동일한 주파수 대역을 통해서 연속적인 흐름 또는 정보체계의 형태로 제공되어지는 텔레비전방송, 라디오방송 또는 데이터방송의 단위를 말한다.

21. “방송광고”라 함은 광고를 목적으로 하는 방송내용물을 말한다.
22. “협찬고지”라 함은 타인으로부터 방송프로그램의 제작에 직접적·간접적으로 필요한 경비·물품·용역·인력 또는 장소등을 제공받고 그 타인의 명칭 또는 상호등을 고지하는 것을 말한다.
23. “방송편성책임자”라 함은 방송편성에 대하여 결정을 하고 책임을 지는 자를 말한다.
24. “보도”라 함은 국내외 정치·경제·사회·문화 등의 전반에 관하여 시사적인 취재보도·논평·해설 등의 방송프로그램을 편성하는 것을 말한다.
25. “보편적 시청권”이라 함은 국민적 관심이 매우 큰 체육경기대회 그 밖의 주요행사 등에 관한 방송을 일반 국민이 시청할 수 있는 권리를 말한다.
26. “기술결합서비스”란 지상파방송사업·종합유선방송사업 및 위성방송사업 상호간 또는 이들 방송사업과 「인터넷 멀티미디어 방송사업법」 제2조 제4호가목에 따

른 인터넷 멀티미디어 방송 제공사업 간의 전송방식을 혼합사용하여 제공하는 서비스를 말한다.

27. "외주제작사"란 「문화산업진흥 기본법」 제2조 제20호에 따른 방송영상독립제작사, 같은 조 제21호에 따른 문화산업전문회사 등 방송사업자에게 제공할 목적으로 방송프로그램을 제작하는 자를 말한다.

CHAPTER 02 방송채널사용사업 등록기준

제1절 방송채널사용사업 등록

방송채널사용사업을 하려는 자는 다음 각 호의 구분에 따라 과학기술정보통신부장관에게 등록하거나 신고[33]하여야 하고, 전광판방송사업 또는 음악유선방송사업을 하려는 자는 과학기술정보통신부장관에게 등록하여야 한다. 다만, 종합편성이나 보도에 관한 전문편성을 행하는 방송채널사용사업을 하려는 자는 방송통신위원회의 승인을 받아야 하고, 상품소개와 판매에 관한 전문편성을 행하는 방송채널사용사업을 하려는 자는 과학기술정보통신부장관의 승인을 받아야 한다(방송법 제9조 5항).

1. 텔레비전방송(이 호에서만 시청자가 특정 시간 및 특정 방송프로그램을 선택하여 시청할 수 있도록 방송프로그램을 제공하는 것은 제외한다)을 하는 방송채널사용사업을 하려는 경우: 등록
2. 다음 각 목의 방송채널사용사업을 하려는 경우: 신고
   가. 라디오방송을 하는 방송채널사용사업을 하려는 경우
   나. 데이터방송을 하는 방송채널사용사업을 하려는 경우
   다. 텔레비전방송 중 시청자가 특정 시간 및 특정 방송프로그램을 선택하여 시청할 수 있도록 방송프로그램을 제공하는 방송채널사용사업을 하려는 경우

---

33) 방송채널사용사업의 등록을 하려는 자는 다음 각 호의 사항을 적은 등록신청서에 편성계획서 및 사업계획서를 첨부하여 과학기술정보통신부장관에게 제출하여야 한다(방송법 시행령 제8조 1항).
   1. 사업자명
   2. 대표자 및 편성책임자
   3. 납입자본금 및 실질자본금
   4. 방송프로그램 공급분야
   5. 발행주식 또는 지분 총수의 100분의 5 이상을 가진 주주 또는 출자자의 구성
   6. 주된 사무소의 소재지
   7. 법 제9조의2제1항제2호에 따른 송출시설의 소재지

제2절 방송채널사용사업 등록절차

등록신청서 제출
〈신청사업자〉

↓ (등록요건 미비, 구비서류 미비시 접수 반려)

등록신청서 접수
〈방송통신위원회 방송채널정책과〉
〈처리기한 30일〉

↓

신청내용 심사
〈방송통신위원회 방송채널정책과 및 관련부서〉
〈필요시 처리기간 1회 연장(30일)〉

↓ (보정·보완 필요시)

등록신청 내용 보정·보완
〈신청사업자〉
⇨ (보정·보완 내용 심사)
〈보정·보완자료 제출기간은 처리기한에 불산입〉

↓

신청내용 실사
〈방송통신위원회 방송채널정책과〉

↓

신청 내용 등록 심의·의결
〈방송통신위원회〉

↓ (허위사실 신청 등 확인시 방송채널사용사업 등록 보류·거부)

방송채널사용사업자 등록증 교부
〈방송통신위원회 방송채널정책과〉

↓

방송채널사용사업 등록사항 이행사실 보고
〈방송채널사용사업자〉

※ 등록신청에 대해 필요시 7일 이내의 기간을 정하여 보완 또는 보정을 요구할 수 있으며, 신청인의 요청이 있는 경우 연장 가능(보완 또는 보정기간은 처리기간에 불산입)
※ 처리기간은 접수일로부터 30일 이내(기간 산정시 공휴일 및 보정기간 제외)
 - 등록요건 충족여부 확인 후 방송통신위원회 의결을 통해 등록

제3절 결격사유

1. 방송사업자(법인) 결격사유

다음 중 어느 하나에 해당하는 자는 방송사업 또는 전송망사업을 할 수 없다(방송법 제13조 1항).

① 국가 · 지방자치단체 또는 법인이 아닌 자

② 허가 · 승인 · 등록 또는 신고수리가 취소(2. ②, ③에 해당하여 허가 · 승인 · 등록 또는 신고수리가 취소된 경우는 제외한다)된 후 3년이 지나지 아니한 법인

2. 법인의 대표자나 방송편성책임자 결격사유

다음에 해당하는 자는 허가 또는 승인을 받거나 등록을 한 법인의 대표자 또는 방송편성책임자가 될 수 없다(방송법 제13조 3항).

① 외국인

② 미성년자 또는 피성년후견인

③ 파산선고를 받은 자로서 복권되지 아니한 자

④ 이 법을 위반하여 벌금 이상의 형을 선고받고 그 집행이 종료되거나 그 집행을 받지 아니하기로 확정된 후 3년이 지나지 아니한 자 또는 그 집행유예기간 중에 있는 자

⑤ 「형법」 제87조부터 제90조까지, 제92조, 제101조, 「군형법」 제5조부터 제8조까지, 제9조제2항, 제11조부터 제16조까지 또는 「국가보안법」 제3조부터 제9조까지의 규정에 따른 죄를 저질러 금고 이상의 실형의 선고를 받고 그 형의 집행이 종료되지 아니하거나 집행을 받지 아니하기로 확정되지 아니한 자 또는 그 집행유예기간 중에 있는 자

⑥ 「보안관찰법」에 따른 보안관찰처분, 종전의 「사회보호법」(법률 제7656호로 폐지되기 전의 것을 말한다)에 따른 보호감호 또는 「치료감호법」에 따른 치료감호의 집행 중에 있는 자

⑦ 외국의 법인 또는 단체의 대표자(전송망사업의 경우는 제외한다)

제4절 방송채널사용사업 등록요건

1. 방송채널사용사업 등록요건(방송법 제9조의2)

등록요건(방송법 제9조의 2 제1항 및 2항)			
1) 자본금	2) 방송시설	3) 주된 사무소	4) 채널

(1) 텔레비전방송(시청자가 특정 시간 및 특정 방송프로그램을 선택하여 시청할 수 있도록 방송프로그램을 제공하는 것은 제외한다)을 하는 방송채널사용사업을 하려는 경우

다음의 요건을 갖추어야 한다.

1) 납입자본금과 실질자본금(해당 방송채널사용사업만을 위한 자본금을 말한다. 이하 이 조에서 같다)이 각각 5억원 이상일 것. 이 경우 "자본금"은 주식회사 외의 법인의 경우에는 "출자금"으로 본다.

주식회사		이외의 법인	
납입자본금 실질자본금	5억원 이상	출자금	5억원 이상

2) 주조정실(방송프로그램의 편성 및 송출 등을 종합조정하는 장소를 말한다. 이하 같다), 부조정실(개별 방송프로그램의 제작을 조정하는 장소를 말한다. 이하 같다), 종합편집실(음성 · 영상 · 음향 등을 편집하여 개별 방송프로그램을 완성하는 장소를 말한다. 이하 같다) 및 송출시설을 갖출 것
3) 해당 방송채널사용사업을 영위할 수 있는 사무실을 보유할 것
4) 방송사업자가 사용하고 있는 다른 채널명과 동일한 채널명 또는 시청자가 동일한 채널로 오인할 수 있는 채널명을 사용하지 아니할 것

(2) 라디오방송, 데이터방송 또는 텔레비전방송 중 시청자가 특정 시간 및 특정 방송프로그램을 선택하여 시청할 수 있도록 방송프로그램을 제공하는 방송채널사용사업을 하려는 경우

다음의 요건을 갖추어야 한다.

1) 납입자본금과 실질자본금이 각각 3억원 이상일 것. 이 경우 "자본금"은 주식회사 외의 법인의 경우에는 "출자금"으로 본다.

주식회사		이외의 법인	
납입자본금 실질자본금	3억원 이상	출자금	3억원 이상

2) 주조정실, 종합편집실 및 송출시설을 갖출 것

3) 방송사업자가 사용하고 있는 다른 채널명과 동일한 채널명 또는 시청자가 동일한 채널로 오인할 수 있는 채널명을 사용하지 아니할 것

2. 방송채널사용사업 겸영 시 등록기준

동일인이 여러 개의 방송채널사용사업을 겸영하는 경우에 자본금 요건의 적용 기준은 다음 각 호의 구분에 따른다(방송법 시행령 제13조의3).

등록 또는 신고	납입 및 실질 자본금(출자금) 요건	
1. 텔레비전방송을 하는 방송채널사용사업을 하려는 경우	각각의 텔레비전방송채널사용사업별	5억원 이상
2. 라디오방송을 하는 방송채널사용사업을 하려는 경우	15개 라디오방송채널사용사업별	3억원 이상
3. 데이터방송을 하는 방송채널사용사업을 하려는 경우	3개 데이터방송채널사용사업별	3억원 이상
4. 텔레비전방송 중 시청자가 특정 시간 및 특정 방송프로그램을 선택하여 시청할 수 있도록 방송프로그램을 제공하는 방송채널사용사업을 하려는 경우	각각의 텔레비전방송채널사용사업별	3억원 이상

CHAPTER 03

방송채널사용사업 진단요령

■ 방송채널사용사업 등록신청기업 진단요령 (제4조 제1항 관련)

적용 범위	「방송법」 제9조의2에 따른 방송채널사용사업 등록요건 중 자본금 평가에만 적용한다.
진단자	1) 「공인회계사법」 제7조에 따라 금융위원회에 등록한 개업 공인회계사 및 같은 법 제24조에 따라 등록한 회계법인과 「세무사법」 제6조에 따라 등록한 세무사 및 같은 법 제16조의4에 따라 등록한 세무법인이 실시한다. 2) 진단 보고는 별지 제8호서식에 따른다. 3) 진단서류 등은 5년 이상 보존하여야 하며, 과학기술정보통신부장관이 요구할 때에는 해당 서류를 제출하여야 한다.
진단기준일	1) 신규등록 : 등록 신청 전날부터 역산 (逆算)하여 30일 이내의 기간 2) 양도·양수 : 양도·양수 계약일 3) 법인합병 : 법인합병 등기일 4) 법인분할 : 법인분할 등기일
진단서류	1) 별지 제7호서식의 기업진단신청서 2) 기업회계기준에 따라 작성한 진단기준일의 대차대조표, 손익계산서, 재무제표 부속 명세서와 회계장부, 그 밖에 진단에 필요한 서류
용어의 정의	1) "실질자산"이란 제시된 총자산에서 수정사항과 부실자산을 반영한 후의 자산을 말한다. 2) "비업무용자산"이란 방송채널사용사업에 직접적으로 제공되지 않은 임야, 유휴토지, 논밭 또는 가옥 등을 말한다. 3) "실질부채"란 제시된 총부채에서 이 요령에 따른 수정사항을 반영한 후의 부채를 말한다. 4) "겸업자산"이란 방송채널사용사업 외의 사업에 제공된 자산을 말한다. 5) "겸업부채"란 겸업자산과 관련되는 부채를 말한다.
진단방법	1) 진단자는 별지 제8호서식의 기업진단보고서 진단의견란에 다음의 구분에 따라 적는다. 가) 진단을 받는 자의 실질자본금이 「방송법」 제9조의2에 따른 방송채널사용사업 등록요건의 자본금 이상인 경우 : 적격 나) 진단을 받는 자의 실질자본금이 「방송법」 제9조의2에 따른 방송채널사용사업 등록요건의 자본금에 미달된 경우 : 부적격 2) 진단자는 다음의 어느 하나에 해당하는 경우에는 "진단불능"이라고 적는다. 가) 제출된 재무제표가 진단을 받는 자의 장부와 일치하지 않아 이를 거짓이라고 인정한 경우 나) 진단을 받는 자가 별지 제7호서식에 따른 서류의 제출이나 장부, 그 밖의 각종 증명서류 등의 제출을 거부·기피 또는 게을리하여 진단을 할 수 없는 경우 3) 진단자는 진단을 받는 자가 진단서류를 제출하지 않은 경우에는 그 부분에 대해서는 부실자산으로 처리하여야 한다.

자산 및 부채의 평가	1) 다음의 어느 하나에 해당하는 경우에는 부실자산으로 처리한다. 가) 자산의 과대평가로 인한 가공자산 나) 제시 자산총계의 100분의 2를 초과하는 현금 다) 진단을 받는 자의 소유가 아닌 자산 라) 대손(貸損)처리하여야 할 자산 마) 무형자산(자체 제작했거나 외부에서 취득한 방송프로그램을 계상한 경우는 제외한다.) 바) 선급비용 사) 기업회계기준에 따라 비용으로 계상하여야 할 대상금액이 자산으로 계상된 금액 2) 모든 예금은 진단을 받는 자의 명의(법인인 경우에는 법인 명의를 말한다)로 된 잔액증명서와 1개월 이상 은행거래 실적증명을 대조·확인하여 평가한다. 다만, 예금증서 또는 은행거래 실적증명서를 제시하지 못하거나, 그 예금이 일시적으로 조달된 것으로서 출처가 불분명한 경우와 모든 예금 중 진단기준일부터 진단 시까지 지출 원인이 분명하지 않은 인출금액은 부실자산으로 평가한다. 3) 매출채권 등은 다음과 같이 평가한다. 가) 외상매출금, 미수금 또는 받을 어음 등 채권은 거래처의 잔액조회에 의하되 세금계산서 등 증명서류를 확인하여야 하고, 매출채권에 대한 대손충당금 설정이 「법인세법」에서 정한 대손충당금설정 한도액에 미달하는 경우에는 설정한도 미달액을 차감하여 평가한다. 나) 매출채권 등은 발생일부터 1년 이상 지난 매출채권 등은 부실자산으로 평가한다. 다만, 그 채무자가 국가, 지방자치단체, 정부투자기관 또는 정부출자기관인 경우에는 그러하지 아니한다. 4) 가지급금은 급여선급인 경우에만 해당 임직원의 1개월 급여액 범위에서 인정하고 이를 초과하는 금액은 부실자산으로 평가한다. 5) 대여금은 전액 겸업자산으로 평가한다. 다만, 종업원에 대한 주택자금과 우리사주조합에 대여한 것은 제외한다. 6) 유가증권은 다음과 같이 평가한다. 가) 유가증권은 취득원가로 평가함을 원칙으로 한다. 다만, 증권거래소 및 한국금융투자협회 중개시장에 상장되어 있는 주식으로서 시가가 취득원가보다 금액이 낮은 것은 시가로 평가한다. 나) 국채·공채·사채 또는 그 밖의 채권으로서 취득가액과 액면가액이 다른 것은 그 차액을 상환기간에 걸쳐 매기 해당 진단을 받는 자가 채택하고 있는 방법으로 점차 가감한 가액으로 평가한다. 다) 잉여금의 자본전입에 의한 주식의 취득은 자산의 증가로 보지 아니한다. 라) 방송채널사용사업과 관련이 없는 투자자산은 겸업자산으로 본다. 7) 재고자산은 다음과 같이 평가한다. 가) 방송채널사용사업을 위한 자산만을 인정하되, 구입 증명서류 및 재고자산 수불장표(受拂帳票)를 대조·확인하여 평가한다. 나) 재고자산이 자산총액의 100분의 10을 초과하는 경우에는 그 초과하는 금액을 겸업자산으로 본다. 8) 토지 및 건물은 취득가액으로 평가하는 것을 원칙으로 한다. 다만, 「자산재평가법」에 따라 자산을 재평가한 경우에는 그 평가액으로 한다.

	9) 적정하게 계상된 선급제세와 제세결정기관이 환급통보한 세액은 자산으로 인정하되, 그 외의 제세는 부실자산으로 평가한다. 10) 부채의 발생사유를 충분히 검토하고 자산 및 자본과 비교·관련하여 부외부채(簿外負債) 유무를 면밀히 검토한 후 총부채를 평가하여야 한다. 11) 외화부채는 기준일 현재의 대고객 전신환매도율(電信換賣渡率)에 따른 환율로 평가한다. 12) 감가상각 또는 퇴직급여충당금은 「법인세법」에서 정한 바에 따라 계상된 금액을 인정한다. 다만, 그 설정 범위를 초과하여 충당한 경우에는 그 설정액을 그대로 인정하며, 진단기준일이 사업년도 중인 경우에는 진단기준일부터 소급하여 1년을 대상으로 적용한다.
자본금의 평가	1) 실질자본금은 다음과 같이 평가한다. 가) 실질자산에서 비업무용 자산 및 실질부채를 뺀 것으로 한다. 다만, 겸업의 경우에는 겸업자본을 추가로 빼며, 겸업자본이 겸업기준 자본금에 미달할 때에는 그 기준자본금을 뺀다. 나) 가)에도 불구하고, 방송채널사용사업을 하지 아니하던 법인이 신규로 방송채널사용사업의 등록을 신청하는 경우에 다음의 어느 하나에 해당하는 경우에는 해당 증자분을 방송채널사용사업의 실질자본으로 평정한다. ① 이익잉여금을 자본에 전입하고 해당 전입분에 대해서는 방송채널사용사업에 사용한다는 주주총회 또는 이사회의 결의가 있는 경우 ② 해당 법인이 유상증자를 실시하고 해당 증자분에 대하여 방송채널사용사업에 사용한다는 주주총회 또는 이사회의 결의가 있는 경우 2) 겸업자본은 겸업자산에서 겸업부채를 뺀 금액으로 하며, 방송채널사용사업과 방송채널사용사업 외의 사업을 구분 경리하는 자의 겸업자산과 겸업부채는 구분 경리에 의한 방송채널사용사업 외의 사업과 관련된 자산과 부채로 한다. 3) 방송채널사용사업과 방송채널사용사업 외의 사업을 구분 경리하지 않은 자의 겸업자산과 겸업부채는 자산총계와 부채총계에 겸업비율을 적용하여 계산한다. 다만, 겸업비율은 다음 중 하나를 선택하여 적용한다. 가) 방송채널사용사업의 수입금액과 겸업사업의 수입금액 비율 나) 방송채널사용사업의 고정자산과 겸업사업의 고정자산금액 비율

[별지 제7호서식]

■ 「방송법 시행에 관한 방송통신위원회 규칙」

기업진단신청서

※ [ ]에는 해당되는 곳에 √표를 하고, 바탕색이 어두운 곳은 신청인이 작성하지 않습니다.

접수번호	접수일	처리기간

진단 구분	[ ] 등록 [ ]신고 [ ]양수 [ ]합병 [ ]분할				
채널명			등록번호 또는 신고번호		
법인명(상호)					
대표자			전화번호		
주된 사무소의 소재지주1)					
진단신청 기준일		납입자본금		실질자본금	
주1) 방송채널사용사업을 신고하려는 자로서 별도의 주된 사무소를 운영하지 않는 경우 종합편집실 또는 법인 대표주소를 명기					

겸업 내용

종류	등록번호 또는 신고번호	등록 · 신고기준 자본금

신청자의 실질자본금이 「방송법」 제9조의2에 따른 방송채널사용사업 등록요건 또는 신고요건의 자본금 요건을 충족하고 있는지를 확인받고자 합니다.

년 월 일

신청인

상호

대표자 (서명 또는 인)

공인회계사, 회계법인,
세무사 또는 세무법인 귀하

첨부서류	1. 기업회계기준에 따라 작성한 기업진단기준일의 재무상태표 2. 기업회계기준에 따라 작성한 기업진단기준일의 손익계산서 3. 기업회계기준에 따라 작성한 기업진단기준일의 재무제표 부속명세서 4. 기업회계기준에 따라 작성한 기업진단기준일의 회계장부 5. 법인 등기사항증명서 6. 그 밖에 진단에 필요한 서류

210mm×297mm[백상지 80g/㎡(재활용품)]

MEMO

PART 11

인터넷 멀티미디어 방송사업

CHAPTER 01

인터넷 멀티미디어 방송사업 이해

제1절 용어 정의(인터넷 멀티미디어 방송사업법 제2조)

1. "인터넷 멀티미디어 방송"이란 광대역통합정보통신망등(자가 소유 또는 임차 여부를 불문하고, 「전파법」 제10조 제1항 제1호에 따라 기간통신사업을 영위하기 위하여 할당받은 주파수를 이용하는 서비스에 사용되는 전기통신회선설비는 제외한다)을 이용하여 양방향성을 가진 인터넷 프로토콜 방식으로 일정한 서비스 품질이 보장되는 가운데 텔레비전 수상기 등을 통하여 이용자에게 실시간 방송프로그램을 포함하여 데이터·영상·음성·음향 및 전자상거래 등의 콘텐츠를 복합적으로 제공하는 방송을 말한다.
2. "광대역통합정보통신망등"이란 「지능정보화 기본법」 제2조 제9호에 따른 초연결지능정보통신망과 「전기통신사업법」 제2조 제3호에 따른 전기통신회선설비를 말한다.
3. "실시간 방송프로그램"이란 인터넷 멀티미디어 방송 콘텐츠사업자 또는 「방송법」 제2조 제3호에 따른 방송사업자가 편성하여 송신 또는 제공하는 방송프로그램으로서 그 내용과 편성에 변경을 가하지 아니하고 동시에 제공하는 것을 말한다.
4. "인터넷 멀티미디어 방송사업"이란 다음 각 목의 사업을 말한다.
   가. 인터넷 멀티미디어 방송 제공사업: 인터넷 멀티미디어 방송에 제공하기 위하여 제18조 제1항에 따라 콘텐츠를 공급받은 인터넷 멀티미디어 방송 제공사업자가 해당 콘텐츠를 이용자에게 제공하는 사업
   나. 인터넷 멀티미디어 방송 콘텐츠사업: 인터넷 멀티미디어 방송 제공사업자에게 인터넷 멀티미디어 콘텐츠를 공급하는 사업
5. "인터넷 멀티미디어 방송사업자"란 다음 각 목의 사업자를 말한다.
   가. 인터넷 멀티미디어 방송 제공사업자: 인터넷 멀티미디어 방송 제공사업을 하기 위하여 제4조 제1항에 따른 허가를 받은 자
   나. 인터넷 멀티미디어 방송 콘텐츠사업자: 인터넷 멀티미디어 방송 콘텐츠사업을 하기 위하여 제18조 제2항에 따라 신고·등록하거나 승인을 받은 자

제2절 인터넷 멀티미디어 방송 제공사업의 허가 등

1. 허가 신청

인터넷 멀티미디어 방송 제공사업을 하고자 하는 자(법인에 한함)는 과학기술정보통신부장관의 허가를 받아야 한다. 이 경우 다음 사항을 포함한 허가 신청서를 미래창조과학부장관에게 제출하여야 한다(인터넷 멀티미디어 방송사업법 제4조).

① 법인명, 주소 및 대표자의 성명
② 콘텐츠 수급계획을 포함한 사업계획서
③ 재정 및 기술능력을 입증하는 서류
④ 시설계획서(주요 시설의 임차 시는 임차계획을 포함한다)
⑤ 그 밖에 대통령령으로 정하는 사항

2. 심의 및 결정

과학기술정보통신부장관은 인터넷 멀티미디어 방송 제공사업을 허가함에 있어서 다음 각 호의 사항을 심사하여 그 결과를 공표하여야 한다. 과학기술정보통신부장관은 허가를 함에 있어서 특별한 결격사유가 없는 한 3개월 이내에 하여야 한다.

① 방송의 공적 책임·공정성·공익성의 실현 가능성
② 콘텐츠 수급계획의 적절성 및 방송영상 산업 발전에 대한 기여도
③ 유료 방송시장에서의 공정경쟁 확보 계획의 적정성
④ 조직 및 인력운영 등 경영계획의 적정성
⑤ 재정 및 기술능력
⑥ 신청인이 설립 중인 법인인 경우에는 해당 법인의 설립이 확실한지 여부
⑦ 시설계획이 적정한지 여부
⑧ 그 밖에 사업 수행에 필요한 사항

3. 허가의 유효기간

인터넷 멀티미디어 방송 제공사업 허가의 유효기간은 7년으로 한다. 다만, 과학기술정보통신부장관이 이용자의 권익 보호와 방송의 공적 책임 실현 및 공정성 · 공익성 보

장 등을 위하여 필요하다고 인정하는 경우에는 인터넷 멀티미디어 방송사업법 제4조제4항 및 제5조의2제2항에 따른 심사결과를 고려하여 2년을 초과하지 않는 범위에서 허가의 유효기간을 단축할 수 있다(인터넷 멀티미디어 방송사업법 시행령 제3조).

4. 재허가

인터넷 멀티미디어 방송 제공사업자가 허가 유효기간의 만료 후 계속 인터넷 멀티미디어 방송 제공사업을 하고자 하는 경우 과학기술정보통신부장관의 재허가를 받아야 한다. 과학기술정보통신부장관이 제1항에 따라 재허가를 할 때에는 제4조제4항 각 호 및 다음 각 호의 사항을 심사하고 그 결과를 공표하여야 한다(인터넷 멀티미디어 방송사업법 제5조).

① 이전(以前) 허가 당시의 사업계획, 허가조건 및 그 밖의 준수사항의 이행 여부
② 방송통신위원회 또는 과학기술정보통신부장관의 시정명령, 과징금 · 과태료 부과 처분의 내용 · 횟수와 그 이행 여부

CHAPTER 02

인터넷 멀티미디어 방송사업 등록기준

제1절 인터넷 멀티미디어 방송사업 등록기준

1. 등록기준

(1) 방송채널사용사업의 등록을 하려는 자는 다음 각 호의 요건을 갖추어야 한다.

① 납입자본금과 실질자본금(해당 방송채널사용사업만을 위한 자본금을 말한다)이 각각 5억원 이상일 것. 이 경우 "자본금"은 주식회사 외의 법인의 경우에는 "출자금"으로 본다.

② 주조정실(방송프로그램의 편성 및 송출 등을 종합조정하는 장소를 말한다), 부조정실(개별 방송프로그램의 제작을 조정하는 장소를 말한다), 종합편집실(음성·영상·음향 등을 편집하여 개별 방송프로그램을 완성하는 장소를 말한다) 및 송출시설을 갖출 것

③ 해당 방송채널사용사업을 영위할 수 있는 사무실을 보유할 것

④ 방송사업자가 사용하고 있는 다른 채널명과 동일한 채널명 또는 시청자가 동일한 채널로 오인할 수 있는 채널명을 사용하지 아니할 것

(2) 동일인이 여러 개의 방송채널사용사업을 겸영(兼營)하는 경우에 제1항 제1호에 따른 자본금 요건의 적용 기준 등에 관하여 필요한 사항은 대통령령으로 정한다.

기 업 진 단 신 청 서

<table>
<tr><td>진단 구분</td><td colspan="2">1. 등　　록</td><td colspan="2">2. 양　　수</td><td>3. 합　　병</td><td></td></tr>
<tr><td>등록채널</td><td colspan="3"></td><td>등록번호</td><td colspan="2"></td></tr>
<tr><td>상　　호</td><td colspan="6"></td></tr>
<tr><td>대 표 자</td><td colspan="3"></td><td>전화번호</td><td colspan="2"></td></tr>
<tr><td>소 재 지</td><td colspan="6"></td></tr>
<tr><td>진단신청
기 준 일</td><td></td><td>납입자본금</td><td></td><td>실질자본금</td><td colspan="2"></td></tr>
<tr><td colspan="7">겸　　업　　내　　용</td></tr>
<tr><td colspan="2">종　　류</td><td colspan="2">등 록 번 호</td><td colspan="3">등 록 기 준 자 본 금</td></tr>
<tr><td colspan="2"></td><td colspan="2"></td><td colspan="3"></td></tr>
</table>

신청자의 실질자본금이 방송법 제9조의2 규정에 따라 콘텐츠사업 등록요건의 자본금 요건을 충족하고 있는지 여부를 확인받고자 합니다.

년　　월　　일

신 청 인
상　　호
대 표 자　　　　(서명 또는 인)

공인회계사 또는 회계법인 귀하(귀중)
세무사 또는 세무법인

〈제출서류〉
기업회계기준에 의하여 작성한 기업진단기준일의 대차대조표, 손익계산서, 재무제표부속명세서, 회계장부, 법인등기사항증명서 및 기타 진단에 필요한 서류 각 1부.

[별지 제9-3호서식]

■ 「인터넷 멀티미디어 방송사업의 허가·신고·등록·승인 절차 및 기준」 (제1면)

기 업 진 단 보 고 서

진단구분	1. 등 록	2. 양 수	3. 합 병	
등록채널		등록번호		
상 호				
대표자		전화번호		
소재지				
신청자 제시 자본금액(a-b)		자산총액(a) :	부채총액(b) :	

진단결과 내역(진단기준일 :)

과 목	금 액	과 목	금 액	진 단 의 견
유동자산		유동부채		
고정자산		고정부채		
자산총계(Ⅰ)		부채총계(Ⅱ)		
부실자산(Ⅳ)		자 본 금		
실질자산(Ⅴ) (Ⅰ-Ⅳ)		자본잉여금		
비업무용자산(Ⅵ)		이익잉여금·결손금		
실질자본(Ⅶ) (Ⅴ-Ⅵ-Ⅱ)		자본조정		
		자본총계(Ⅲ)		
겸업자본(Ⅷ) (c-d)		겸업자산(c) :		
		겸업부채(d) :		
콘텐츠사업실질자본 (Ⅶ-Ⅷ)				

콘텐츠사업기업진단요령에 따라 신청인의 실질자본금을 위와 같이 진단하였음을 확인합니다.

년 월 일

(진 단 자) 공인회계사 또는 회계법인

세무사 또는 세무법인 : 등록(인가)번호 제 호 (서명 또는 인)

소재지(전화번호)

첨부 : 기업진단 내역서 1부.

과학기술정보통신부장관 귀하

기업진단 내역서

업체명 : ____________________ (단위 : 원)

과　　목	회사 제시 금액	평　　정		평정 후 금액	평정 내역
		차　변	대　변		
1. 유동자산					
(1) 당좌자산					
① 현금및현금등가물					
② 단기금융상품					
③ 유가증권					
④ 매출채권					
- 대손충당금					
⑤ 단기대여금					
- 대손충당금					
⑥ 미 수 금					
- 대손충당금					
⑦ 미수수익					
- 대손충당금					
⑧ 선 급 금					
⑨ 선급비용					
⑩ 이연법인세차					
⑩ 기타의 당좌자산					
(2) 재고자산					
① 상　품					
② 제　품					
③ 반제품					
④ 재공품					
⑤ 원재료					
⑥ 저장품					
⑦ 기타의 재고자산 (겸업유동자산)					
2. 고정자산					
(1) 투자자산					
① 장기금융상품					
② 투자유가증권					

과　　목	회사 제시 금액	평　정		평정 후 금액	평정 내역
		차　변	대　변		
③ 보증금					
④ 장기대여금					
- 대손충당금					
⑤ 장기성매출채권					
- 현재가치할인차금					
- 대손충당금					
⑥ 투자부동산					
⑦ 기타의 투자자산					
- 평가충당금					
(2) 유형자산					
① 토　지					
② 건　물					
- 감가상각누계액					
③ 구축물					
- 감가상각누계액					
④ 기계장치					
- 감가상각누계액					
⑤ 방송설비					
- 감가상각누계액					
⑥ 차량운반구					
- 감가상각누계액					
⑦ 건설중인 자산					
⑧ 기타의 유형자산					
(3) 무형자산					
① 영 업 권					
② 공업소유권					
③ 광 업 권					
④ 어 업 권					
⑤ 방송프로그램					
⑥ 기타의 무형자산					

과　　목	회사 제시 금액	평　　정		평정 후 금액	평정 내역
		차　변	대　변		
(겸업고정자산)					
자 산 총 계 (겸 업 자 산)					
1. 유동부채 ① 매입채무 ② 단기차입금 ③ 미지급금 ④ 선 수 금 ⑤ 예 수 금 ⑥ 미지급비용 ⑦ 미지급법인세 ⑧ 미지급배당금 ⑨ 유동성장기부채 ⑩ 선수수익 ⑪ 부채성충당금 ⑫ 이연법인세대 ⑬ 기타의 유동부채 (겸업유동부채) 2. 고정부채 ① 사 채 - 사채발행차금 ② 장기차입금 ③ 장기성매입채무 - 현재가치할인차금 ④ 부채성충당금 ⑤ 기타의 고정부채 (겸업고정부채)					

과 목	회사 제시 금액	평 정		평정 후 금액	평정 내역
		차 변	대 변		
부 채 총 계 (겸 업 부 채)					
1. 자 본 금					
① 보통주자본금					
② 우선주자본금					
2. 자본잉여금					
(1) 자본준비금					
① 주식발행초과금					
② 감자차익					
③ 합병차익					
④ 기타 자본잉여금					
(2) 재평가적립금					
3. 이익잉여금 (또는 결손금)					
(1) 이익준비금					
(2) 기타 법정적립금					
(3) 임의적립금					
① 사업확장적립금					
② 감채적립금					
③ 배당평균적립금					
④ 결손보전적립금					
⑤ 기술개발적립금					
⑥ 기타 임의적립금					
(4) 차기이월이익잉여금 (또는 차기이월결손금)					
4. 자본조정					
① 주식할인발행차금					

과　　목	회사 제시 금액	평　　정		평정 후 금액	평정 내역
		차 변	대 변		
② 배당건설이자 ③ 자기주식 ④ 전환권대가 ⑤ 신주인수권대가 ⑥ 미교부주식배당금 ⑦ 투자주식평가이익 (또는 투자주식평가 손실) ⑧ 해외사업환산차 (겸 업 자 본)					
자 본 총 계					
부채와 자본총계					

※ 겸업자산 및 겸업부채의 산정내역

MEMO

PART 12

한국세무사회 기업진단지침

(지침이 없는 업종)

참 고 **진단 지침이 없는 업종에 대한 기업진단**

해당 지침은 등록관청에서 요청하는 실질자본금 확인을 요하는 업종에 대하여, 해당 업종에 대한 관련 법률 및 고시 등에서 기업진단 지침이나 요령을 규정하고 있지 않는 경우에 적용한다.
현재 안전진단전문기관, 정비사업전문관리업, 설비성능점검업, 전문광해방지사업 등의 업종에 적용을 하고 있다.

(진단관계법규에서 별도의 진단지침을 정하지 않은 업종)
제정 2013. 1. 15. 제36차 상임이사회 의결

제1장 총 칙

제 1 조(목 적) 이 기업진단업무수행지침(이하 "지침"이라 한다.)은 당해 법규에 규정된 업종별 법정기준자본금(개인인 경우에는 해당 업종을 위한 법정기준자본금)의 충족 여부와 사업자의 실질자본금진단에 관하여 필요한 사항을 규정함을 목적으로 한다.

제 2 조(적용범위) 이 지침은 당해 법규에서 규정하고 있는 업종에 대한 허가·등록기준중 실질자본의 평가에 관하여 당해 법규에서 별도로 정하는 진단규정이 없는 경우에는 이 지침을 적용하여 업종별 실질자본금 평가를 한다.

제 3 조(용어의 정의) 이 지침에 의한 자산과 부채의 평가에 있어서 필요한 용어의 정의는 다음과 같다.

1. "실질자산"이라 함은 회사제시자산에서 이 지침에 따른 수정사항과 부실자산을 반영한 후의 금액을 말한다.
2. "실질부채"라 함은 회사제시부채에서 이 지침에 따른 수정사항과 부외부채를 반영한 후의 금액을 말한다.
3. "겸업사업"이라 함은 진단 대상이 되는 사업 이외의 사업을 말한다. 이 경우 법인등기사항 등 형식적인 사업목적에 불구하고 그 실질적 사업내용에 따라 적용한다.
4. "겸업자산"이란 겸업사업에 제공된 자산과 이 지침에서 겸업자산으로 열거한 자산 및 진단대상사업과 겸업사업에 공통으로 사용된 자산에 대하여 겸업비율을 적용하여 산출한 자산을 말한다.

5. "겸업부채"란 겸업사업 및 이 지침에서 겸업자산으로 열거한 자산에 관련하여 발생한 부채, 진단대상사업과 겸업사업에 공통으로 관련하여 발생한 부채에 대하여 겸업비율을 적용하여 산출한 부채를 말한다.
6. "겸업자본"이라 함은 겸업자산에서 겸업부채를 차감한 금액을 말한다.
7. "진단대상사업 실질자산"이라 함은 실질자산에서 겸업자산을 차감한 후의 금액을 말한다.
8. "진단대상사업 실질부채"라 함은 실질부채에서 겸업부채를 차감한 후의 금액을 말한다.
9. "진단대상사업 실질자본"이라 함은 진단대상사업의 실질자산에서 진단대상사업의 실질부채를 차감한 후의 금액으로서 진단대상이 되는 사업의 실질자본을 말한다.

제 4 조(진단자) 진단자는 세무사법에 의하여 등록된 개업 세무사 또는 세무법인(이하 "진단자"라 한다)으로 한다.

제 5 조(진단의 기준일) ① 신규신청의 경우 진단기준일은 등록신청일이 속하는 월의 직전월 말일로 한다. 다만, 당해사업자를 인가하는 기관이 지정하는 경우에는 지정하는 날로 진단기준일을 할 수 있다.

② 신설법인인 경우 법인설립 등기 후 20일을 초과하고 등록신청전일로부터 역산하여 30일 이내의 기간

③ 사업의 양수·양도, 법인의 인수·분할·합병, 자본금 변경 등에 따른 기업진단의 경우에는 당해 인가기관이 지정하는 날 또는 다음 각호에서 정하는 날을 진단기준일로 한다.

1. 양수·양도 : 양도·양수 계약일
2. 인수·분할·합병 : 인수·분할·합병 등기일
3. 자본금 변경 : 자본금 변경일(법인인 경우에는 변경등기일)

제 6 조(장표와 증빙서류의 제시 등) ① 진단을 받고자 하는 자(이하 "진단을 받는 자"라 한다)는 기업회계기준에 따라 작성한 재무제표(외부감사 대상회사는 감사보고서 포함), 회계장부, 기타 진단자가 요구하는 입증서류를 작성 제출하거나 제시하여야 한다.

② 제1항의 규정에 의하여 제출된 서류는 재작성 또는 정정 등을 이유로 반려를 요구하지 못한다. 이미 제출된 서류에 오기 또는 오산과 같은 명백한 오류가 있을 때에는 진단자의 입회 하에 정정할 수 있다.

③ 제1항과 제2항의 규정에 의하여 제출되었거나 정정된 서류에 대하여 추가서류를 제출하고자 할 때에는 진단자의 승인을 얻어야 한다.

제 7 조(자산 등에 대한 입증서류) ① 제6조 제1항에서 "기타 진단자가 요구하는 입증서류"로서 진단을 받는 자가 구비하여야 할 입증서류는 다음 각호와 같다.

1. 현금에 대하여는 현금출납 제증빙
2. 제예금에 대하여는 진단을 받는 자의 명의(법인의 경우에는 법인 명의)로 된 진단기준일 현재의 예금증명서 및 진단기준일(신설법인의 경우에는 법인설립등기일)로부터 진단일까지의 동 예금에 대한 은행거래실적증명서
3. 매출채권 등에 대하여는 계약서 및 부속명세서
4. 유가증권에 대하여는 현물매입증빙 및 예치 보관증
5. 지급보증금에 대하여는 계약서 및 증빙
6. 가지급금 및 대여금에 대하여는 계약서 및 증빙서류
7. 재고자산에 대하여는 매입영수증 및 수불장부
8. 임차보증금 등에 대하여는 임대차계약서, 영수증, 거래 상대방의 인감증명서
9. 토지 및 건물에 대하여는 매매계약서, 등기부등본
10. 9호외의 유형자산에 대하여는 매매계약서, 매입증빙 및 등록부등본, 검사증
11. 무형자산은 유상취득에 한하여 그에 관계되는 증빙서류

② 진단자는 제1항에 규정한 자산별 증빙중 신빙성이 없다고 판단되는 부분에 대하여는 보완증빙의 제시를 요구하여야 한다.

③ 제1항 각호의 1의 서류중 일부 미비되어 해당자산의 실재성과 적정성을 검토할 수 없을 때에는 이를 부실자산으로 본다.

제 8 조(진단불능) ① 진단자는 다음 각 호의 사유에 해당하는 경우에는 진단불능으로 처리하고, 진단을 받는 자와 한국세무사회에 각각 통보한다. 다만, 제1호부터 제3호까지의 사유에 따라 진단불능으로 처리된 경우는 다른 진단자로부터 별도의 진단을 받을 수 없다.

1. 제6조 제1항 및 제2항에 따른 자료의 제출과 제시를 하지 않은 경우
2. 진단에 필요한 입증서류와 보완요구를 거부·기피·태만히 하는 경우
3. 진단받는 자가 작성·제출한 서류중 실질자본에 중대한 영향을 미치는 허위가 발견된 경우
4. 신설법인이 법인설립등기일이후 20일 이내의 날을 진단일로 하여 기업진단을 의뢰하는 경우

5. 납입자본금을 유상증자한 경우에도 제4호와 같다.

② 진단자는 진단을 받는 자에 대한 장부의 작성 및 재무제표 작성업무를 수행한 경우(수행하는 경우를 포함한다)에는 해당 회계연도에 대한 기업진단을 행할 수 없으며 또한 다음 각호의 1에 해당하는 자에 대한 기업진단을 행할 수 없다.

1. 진단자 또는 진단자의 배우자가 임원이거나 이에 준하는 직위(재무에 관한 사무의 책임있는 담당자를 포함한다)에 있거나, 과거 1년 이내에 이러한 직위에 있었던 자(회사를 포함한다. 이하 이 항에서 같다)
2. 현재 진단자 또는 진단자의 배우자가 사용인이거나 과거 1년이내에 사용인이었던 자
3. 진단자 또는 진단자의 배우자가 주식 또는 출자지분을 소유하고 있는 자
4. 진단자 또는 진단자의 배우자와 채권 또는 채무관계에 있는 자. 이 경우 진단자를 규율하는 관련 법 등에서 세부적으로 정한 경우에는 해당 규정에 따른다.
5. 진단자에게 무상으로 또는 통상의 거래가격보다 현저히 낮은 대가로 사무실을 제공하고 있는 자
6. 진단자의 고유업무 외의 업무로 인하여 계속적인 보수를 지급하거나 그 밖에 경제상의 특별한 이익을 제공하고 있는 자
7. 진단을 수행하는 대가로 자기 회사의 주식·신주인수권부사채·전환사채 또는 주식매수선택권을 제공하였거나 제공하기로 한 자

제 9 조(진단방법 및 진단의견) ① 진단자는 진단을 받는 자가 제출 또는 제시하는 서류를 검토하여 전문가적 판단에 의하여 성실하게 평가하여야 하며, 필요한 경우 실제조사 등을 하여 확인할 수 있다.

② 진단을 받는 자가 제1항의 규정에 의한 진단자의 평가에 대하여 이의가 있을 때에는 이를 위해 반증을 제시하여야 한다.

③ 진단자는 별지 제1호 서식의 진단의견란에 다음과 같이 기재한다.

1. 진단을 받는 자의 진단대상사업 실질자본이 관련법규에서 정하고 있는 등록기준 자본액 이상인 경우에는 “적격”으로 기재하고, 미달인 경우에는 “부적격”으로 기재한다.
2. 제8조의 규정에 해당하는 경우에는 “진단불능”으로 기재한다.

제10조(진단보고 및 진단조서의 작성·비치) ① 진단을 실시한 진단자는 진단의 결과를 별지 제1호, 제2호, 제3호 및 제4호의 서식에 의하여 4부를 작성하고 기명 날인한 후 한국세무사회의 확인을 받아 진단을 받는 자에게 2부를 교부하고, 한국세

무사회에 1부를 제출하며, 진단자가 1부를 보관한다.

② 진단을 실시한 진단자는 진단조서를 작성·비치하여야 하며 이를 5년간 보존하여야 한다.

제11조(진단보수) 진단보수는 진단업무의 난이도, 진단에 소요되는 시간, 자산규모 등을 종합적으로 판단하여 진단자와 진단을 받는 자가 상호 협의하여 정한다.

제2장 회계 부문 진단

제12조(자산·부채 및 자본의 평가) ① 진단을 실시함에 있어서 자산, 부채 및 자본의 평가는 당해 업종의 관련 법규와 이 지침에서 정하는 사항을 제외하고는 기업회계기준에 따른다.

② 진단을 받는 자의 실질자산은 회사제시자산에서 이 지침에 따른 수정사항을 가감하고 이 지침에서 열거하고 있는 부실자산을 차감한 금액으로 한다.

③ 진단을 받는 자의 실질부채는 회사제시부채에서 이 지침에 따른 수정사항을 가감한 금액으로 한다.

④ 진단을 받는 자의 진단대상사업 실질자본은 실질자산에서 겸업자산을 차감하여 진단대상사업의 실질자산을 산정하고 실질부채에서 겸업부채를 차감하여 진단대상사업의 실질부채를 산정한후 진단대상사업의 실질자산에서 진단대상사업의 실질부채를 차감한 금액으로 한다.

⑤ 이 지침에서 규정하는 계정은 진단을 받는 자가 작성한 재무제표 계정과목이나 계정분류에 불구하고 그 실질적 내용에 따라 적용한다.

제13조(부실자산) 다음 각 호의 경우에는 이를 부실자산으로 처리하여야 한다.

1. 이 실무지침의 다른 조항에서 부실자산으로 분류된 자산
2. 기업회계기준에 위배되는 자산의 과대평가된 자산
3. 제시 자산총계의 100분의 2를 초과하는 현금
4. 진단을 받는 자의 소유가 아닌 자산
5. 대손처리하여야 할 자산
6. 창업비, 개발비, 영업권과 비유동 무형자산(사용수익기부자산과 산업재산권 제외)
7. 선급비용 및 선급세금. 다만, 제세 결정기관의 환급통보가 있는 금액은 제외

한다.

8. 부도어음. 단, 담보가 설정되어 있는 경우 회수가능한 금액은 제외한다.
9. 기업회계기준에 따라 비용으로 계상하여야 할 대상금액이 자산으로 계상된 금액

제14조(현금과 전도금의 평가) ① 현금 및 현금등가물은 진단자가 확인한 제13조 제3호 이내에서 인정한다.

② 진단 대상 업종과 관련이 있는 전도자금에 대하여는 예금잔액증명이 있는 금액을 자산으로 인정한다. 단, 현금과 전도금을 합하여 제13조 제3호 이내에서 인정한다.

제15조(제예금의 평가) 제예금의 평가는 진단을 받는 자의 명의(법인인 경우에는 법인명의)로 된 진단기준일 현재의 예금잔액증명서와 진단기준일(신설법인의 경우에는 법인설립등기일)로부터 진단일까지의 은행거래실적증명서를 대조 확인하여 이를 평가한다. 이 경우 예금잔액증명이나 진단일까지의 은행거래실적증명을 제시하지 못하거나, 그 예금이 일시적으로 조달된 것으로서 출처가 불분명한 경우와 제예금중 진단기준일부터 진단시까지 지출원인이 분명하지 않은 인출금액은 부실자산으로 본다.

제16조(유가증권의 평가) 유가증권은 그 매입에 관련된 증빙과 해당 금융기관의 보관증이나 실물조사를 통하여 확인하고, 일시적으로 조달된 것으로서 출처가 불분명한 경우에는 부실자산으로 본다.

제17조(가지급금 등의 자산인정 제한) ① 가지급금은 급여선급인 경우에만 해당 임직원의 1개월 급여액범위내에서 인정하고 이를 초과하거나 업무와 관련 없는 지출은 부실자산으로 본다.

② 대여금은 겸업자산으로 본다. 다만, 종업원에 대한 주택자금과 우리사주조합에 대한 대여금은 제외한다.

제18조(매출채권 등의 평가) ① 매출채권, 미수금 등의 채권은 기업회계기준에 따라 설정된 대손충당금을 차감하여 평가한다.

② 매출채권 등에 있어서 진단일로부터 역으로 1년 이상 경과한 채권은 이를 부실자산으로 본다. 다만, 매매계약에 의하여 채권회수기일이 정하여 있거나, 그 채무자가 국가, 지방자치단체, 정부투자기관 또는 정부출자기관인 경우에는 그러하지 아니한다.

제19조(재고자산의 평가) ① 시가가 취득원가보다 하락한 경우에는 시가로 평가한다.

② 취득일로부터 1년을 초과 보유한 재고자산은 부실자산으로 본다.

③ 신규면허신청의 경우에는 자산총액의 10%를 초과하는 재고자산은 겸업자산으로 본다. 다만, 분양목적의 주택건설자산은 예외로 한다.

④ 재고자산의 취득일자, 취득사유, 금융자료, 현장일지, 실사 등에 의하여 진단기준일 현재 진단대상사업을 위하여 보유하고 있는 경우에는 실질자산으로 본다.

제20조(투자자산의 평가) ① 진단 대상 업종과 관련이 없는 투자자산은 겸업자산으로 본다.

② 출자금은 다음 각호의 경우를 제외하고는 취득원가로 평가함을 원칙으로 한다.

1. 출자한 법인의 순자산 가치가 그 출자금의 취득원가보다 하락한 경우에는 이에 상당한 금액을 감액하여 평가한다.
2. 조합 등에 대한 출자금은 기준일 현재의 지분액에 의하여 평가한다. 다만, 출자금이 압류되어 있는 경우에는 지분액에서 압류금액을 감액한다.
3. 상장기업에 투자한 지분증권은 진단기준일 종가 기준으로 평가한다.

제21조(보증금의 평가) ① 임차보증금은 임대차계약서 및 임대인이 발행한 영수증 등 증빙에 의하여 확인하되 그 금액이 시가보다 현저히 과다할 경우에는 진단시의 시가에 의하여 이를 평가한다.

② 계약보증금과 하자보수보증금은 그 보증기간이 만료되지 아니한 것에 한하여 자산으로 인정한다.

③ 차액보증금은 그 보증기간이 만료되지 아니하였거나 공사준공후에 공사의 불이행이나 하자의 사유가 없이 보관기관이 보관하고 있음을 증명한 때는 자산으로 인정한다.

④ 영업보증금은 보증기간이 만료되지 아니한 것과 보증기간 만료후라도 보증기관이 보관하고 있음을 증명한 경우에 한하여 인정한다.

제22조(유형자산의 평가) ① 평가대상이 되는 유형자산은 진단을 받는 자의 소유로서 가동 중에 있거나 가동할 수 있는 상태에 있는 것에 한하되, 취득가액 혹은 재평가액에서 기업회계기준에 의한 감가상각 상당액을 차감한 금액으로 이를 평가한다. 단, 취득가액이 불분명할 경우에는 이를 부실자산으로 본다.

② 운휴 중인 자산과 비업무용자산 및 타인에 임대된 자산은 겸업자산으로 본다.

제23조(무형자산의 평가) ① 무형자산은 당해자산의 취득을 위하여 소요된 가액에서

감가상각 상당액을 차감한 금액으로 평가한다.

② 진단대상사업과 관련 없는 무형자산은 겸업자산이다.

제24조(부채의 평가) 부채의 발생사유를 자산, 다른 부채 및 자본과 관련시켜 분석함으로서 부외부채 유무를 검토하여 총부채를 평가하여야 한다.

제25조(겸업자산 및 겸업부채의 평정) ① 회사가 각 계정별로 진단대상업종과 그 이외의 사업을 구분경리하고 있는 경우에는 구분경리에 의한 겸업자산과 겸업부채를 구분한다.

② 회사가 사업별 구분경리를 하고 있지 않거나 일부 계정에 한하여 구분경리하고 있는 경우에는 겸업비율을 적용하여 겸업자산과 겸업부채를 계산한다. 이에 따른 겸업비율은 다음 각호에서 정하는 비율중 가장 합리적인 방법을 선택하여 적용한다.

1. 진단대상사업의 수입금액과 겸업사업의 수입금액 비율
2. 진단대상사업의 유형자산과 겸업사업의 유형자산 금액 비율
3. 진단대상사업과 그 이외의 사업에 대하여 관련 법규등에 기준자본액이 정하여진 경우에는 기준자본액의 비율

③ 겸업비율을 적용하여 산출한 겸업자본이 당해 겸업사업의 기준자본액에 미달하는 경우에는 기준자본액을 겸업자본으로 본다.

제26조(제조 및 판매업체 등의 신규면허 신청시 실질자본액의 평정) ① 제조 및 판매업 등을 영위하는 업체가 면허업종을 신규신청하는 경우에는 다음 각호의 요건충족에 따라 그 해당금액을 진단대상업종의 실질자본으로 평정할 수 있다.

1. 회사가 면허기준자본액을 유상증자한 경우. 다만, 유상증자일 현재, 회사가 자본잠식 상태인 경우는 제외한다.
2. 회사가 면허기준자본액 이상의 이익잉여금을 자본금에 전입한 경우
3. 회사가 면허기준자본액 이상의 이익잉여금을 진단대상업종을 위해 유보하고 있는 경우

② 제1항 각호의 규정에 의한 유상증자와 자본전입 또는 잉여금유보를 하는 경우에는 진단대상업종을 위한 신규출자 또는 잉여금유보를 입증하는 주주총회 또는 이사회 결의서와 동 출자금 및 유보잉여금 해당액을 예치한 예금잔액증명 및 은행거래실적증명서를 진단자에게 제시하여야 한다.

제27조(자본금의 확인) 자본금의 조달원천과 증감원인을 검토하여 의제납입 또는 부채의 변태처리 여부를 확인하여 의제납입이나 부채를 변태처리한 경우에는 이를 감액처

리한다.

제28조(수익과 비용의 인식기준) 수익과 비용은 기업회계기준에 의하여 인식함을 원칙으로 한다.

부 칙

제 1 조(시행일) 이 지침은 2013년 1월 15일 부터 시행한다.

[별지 제1호 서식]

한국세무사회 경유

기 업 진 단 보 고 서

진 단 구 분	1. 신규면허 2. 주기적신고 3. 기 타 ( )		
상 호		대 표 자	
소 재 지		전 화 번 호	
진 단 기 준 일	년 월 일		

구분	면 허 종 류	면허기준자본	평정후실질자본	진 단 의 견
기존		원	-	-
		원		
		원		
신규		원	원	
계		원	원	-

* 진단내역

과 목	금 액	과 목	금 액	겸업내용
회사제시자산총계(ⅰ)		회사제시부채총계(ⅳ)		
자 산 증 가(ⅱ)		부 채 증 가(ⅴ)		
자 산 감 소(ⅲ)		부 채 감 소(ⅵ)		
실 질 자 산(Ⅰ) (ⅰ)+(ⅱ)-(ⅲ)		실 질 부 채(Ⅱ) (ⅳ)+(ⅴ)-(ⅵ)		
겸 업 자 산(ⅶ)		겸 업 부 채(ⅷ)		
진단대상사업의 실질자산(Ⅲ) (Ⅰ) - (ⅶ)		진단대상사업의 실질부채(Ⅳ) (Ⅱ) - (ⅷ)		
진단대상사업실질자본(Ⅴ) (Ⅲ) - (Ⅳ)				

상기의 실질자본은 한국세무사회가 제정한 기업진단지침에 의거 진단하였음을 확인합니다.

년 월 일

사무소 소재지 :

세무사명 또는 세무법인명 : (전화번호 :)

(팩스번호 :)

진단세무사 : 등록번호 제 호 성 명 : 인

(제출기관) 귀하

[별지 제2호 서식]

진 단 평 가 서

년 월 일 현재

면 허 번 호 :

업 체 명 : ____________________

(단위 : 원)

과 목	회사제시금액	평 정		평정후금액
		차 변	대 변	
1. 유동자산				
(1) 당좌자산				
① 현금및현금등가물				
② 단기금융상품				
③ 유가증권				
④ 매출채권				
- 대손충당금				
⑤ 단기대여금				
- 대손충당금				
⑥ 미 수 금				
- 대손충당금				
⑦ 미수수익				
- 대손충당금				
⑧ 선 급 금				
⑨ 선급비용				
⑩ 기타의 당좌자산				
(2) 재고자산				
① 상 품				
② 제 품				
③ 반제품				
④ 재공품				
⑤ 원재료				
⑥ 저장품				
⑦ 기타의 재고자산				
2. 비유동자산				
(1) 투자자산				
① 장기금융상품				
② 투자유가증권				

과 목	회사제시금액	평 정		평정후금액
		차 변	대 변	
③ 장기대여금				
- 대손충당금				
④ 장기성매출채권				
- 현재가치할인차금				
- 대손충당금				
⑤ 투자부동산				
⑥ 보증금				
⑦ 이연법인세차				
⑧ 기타의 투자자산				
(2) 유형자산				
① 토 지				
② 건 물				
- 감가상각누계액				
③ 구축물				
- 감가상각누계액				
④ 기계장치				
- 감가상각누계액				
⑤ 선 박				
- 감가상각누계액				
⑥ 차량운반구				
- 감가상각누계액				
⑦ 건설중인 자산				
⑧ 기타의 유형자산				
(3) 무형자산				
① 영 업 권				
② 산업재산권				
③ 광 업 권				
④ 어 업 권				
⑤ 차 지 권				
⑥ 창 업 비				
⑦ 개 발 비				
⑧ 기타의 무형자산				
(겸 업 자 산)			( )	
자 산 총 계				

과 목	회사제시금액	평 정		평정후금액
		차 변	대 변	
1. 유동부채				
① 매입채무				
② 단기차입금				
③ 미지급금				
④ 선 수 금				
⑤ 예 수 금				
⑥ 미지급비용				
⑦ 미지급법인세				
⑧ 미지급배당금				
⑨ 유동성장기부채				
⑩ 선수수익				
⑪ 단기부채성충당금				
⑫ 기타의 유동부채				
2. 비유동부채				
① 사 채				
- 사채발행차금				
② 장기차입금				
③ 장기성매입채무				
④ 장기부채성충당금				
⑤ 이연법인세대				
⑥ 기타의비유동부채				
(겸 업 부 채)		( )		( )
부 채 총 계				
1. 자 본 금				
① 보통주자본금				
② 우선주자본금				
2. 자본잉여금				
① 주식발행초과금				
② 감자차익				
③ 기타 자본잉여금				
3. 자본조정				
① 주식할인발행차금				
② 자기주식				
4. 기타포괄손익누계액				
① 매도가능증권평가손익				
② 해외사업환산손익				

과　　목	회사제시금액	평　　정		평정후금액
		차　변	대　변	
③ 파생상품평가이익				
④ 자산재평가이익				
⑤ 기타				
5. 이익잉여금				
(1) 이익준비금				
(2) 기타 법정적립금				
(3) 임의적립금				
① 사업확장적립금				
② 감채적립금				
③ 배당평균적립금				
④ 결손보전적립금				
(4) 차기이월이익잉여금 (또는 차기이월결손금)				
(진　단　조　정)		(　　　)		(　　　)
자　본　총　계				
부채와 자본총계				

겸업자산 및 부채에 대한 계산 내역										
(1)	겸업자산	=	겸업사업에 제공된 자산	+	겸업자산으로 열거한 자산	+	진단대상사업과 겸업사업에 공통으로 사용된 자산	×	겸업비율
	(　　)		(　　)		(　　)		(　　　)		(　)
(2)	겸업부채	=	겸업사업 및 겸업자산으로 열거한 자산과 관련하여 발생한 부채			+	진단대상사업과 겸업사업에 공통으로 발생한 부채	×	겸업비율
	(　　)		(　　　　)				(　　　)		(　)
(3)	겸업비율 계산기준	:	지침 제25조 제2항 제　호,				, (　　)%		

[별지 제3호 서식] 기업회계기준에 따라 작성한 재무상태표
[별지 제4호 서식] 기업회계기준에 따라 작성한 손익계산서

세무사 기업진단 실무

저　　자 정 병 창
발 행 인 구 재 이
발 행 처 한국세무사회
발 행 일 2025년 10월

저자협의
인지생략

서울특별시 서초구 명달로 105(서초동)
전　　화 : (02) 597－2941
F A X : 0508-118-1857

I S B N : 979-11-5520-209-8
부가기호 : 93320

♣ 파본은 교환하여 드립니다.　　정가 40,000 원